Praxiswissen TYPO3 CMS 10 LTS

11. AUFLAGE

Praxiswissen TYPO3 CMS 10 LTS

Robert Meyer & Martin Helmich

O'REILLY®

Robert Meyer & Martin Helmich

Lektorat: Alexandra Follenius
Korrektorat: Sibylle Feldmann, *www.richtiger-text.de*
Satz: III-Satz, *www.drei-satz.de*
Herstellung: Stefanie Weidner
Umschlaggestaltung: Michael Oréal, *www.oreal.de*, unter Verwendung eines Fotos von GlobalP bei iStock
Druck und Bindung: mediaprint solutions GmbH, 33100 Paderborn

Bibliografische Information der Deutschen Nationalbibliothek
Die Deutsche Nationalbibliothek verzeichnet diese Publikation in der Deutschen Nationalbibliografie; detaillierte bibliografische Daten sind im Internet über *http://dnb.d-nb.de* abrufbar.

ISBN:
Print 978-3-96009-148-6
PDF 978-3-96010-414-8
ePub 978-3-96010-415-5
mobi 978-3-96010-416-2

Dieses Buch erscheint in Kooperation mit O'Reilly Media, Inc. unter dem Imprint »O'REILLY«. O'REILLY ist ein Markenzeichen und eine eingetragene Marke von O'Reilly Media, Inc. und wird mit Einwilligung des Eigentümers verwendet.

11. Auflage 2021

Wieblinger Weg 17
69123 Heidelberg

Hinweis:
Dieses Buch wurde auf PEFC-zertifiziertem Papier aus nachhaltiger Waldwirtschaft gedruckt. Der Umwelt zuliebe verzichten wir zusätzlich auf die Einschweißfolie.

PEFC zertifiziert
Das Papier für dieses Buch stammt aus nachhaltig bewirtschafteten Wäldern und kontrollierten Quellen.
PEFC/04-31-0810 www.pefc.de

Schreiben Sie uns:
Falls Sie Anregungen, Wünsche und Kommentare haben, lassen Sie es uns wissen: kommentar@oreilly.de.

5 4 3 2 1 0

Inhalt

KAPITEL 1

Einführung

In diesem Kapitel:

- Über dieses Buch
- Aktualisierung auf TYPO3-Version 10.4
- Aufbau dieses Buchs
- Beispielskripte
- Typografische Konventionen
- Support
- Weitere Ressourcen
- Die Geschichte von TYPO3
- Danksagung

TYPO3 ist ein frei konfigurierbares *Content-Management-System* (CMS) zur Pflege von dynamisch generierten Internetpräsentationen. Klingt teuer, ist es aber nicht: TYPO3 ist Open Source und wurde unter der GPL-Lizenz veröffentlicht – keine kostenpflichtige Software, keine Shareware, keine versteckten Kosten, sondern voll und ganz kostenlos. Für Privatanwender steht der Preis bei der Wahl eines CMS auch häufig im Vordergrund, für Unternehmen und Konzerne sind aber die entscheidenden Gründe für den Einsatz von TYPO3 insbesondere Leistungsfähigkeit, Stabilität und Flexibilität des CMS.

Aber was genau ist ein Content-Management-System, und wozu wird es verwendet? Unter dem Begriff wird ein System zur Verwaltung und Administration von Inhalten verstanden. Entscheidend ist, dass durch die Verwendung eines CMS Design und Inhalt voneinander getrennt werden. Reine Content-Management-Systeme müssen dabei nicht unbedingt etwas mit der Thematik Internet zu tun haben. Häufig sind aber bei der Verwendung des Begriffs CMS tatsächlich *Web-Content-Management-Systeme* (WCMS) gemeint. Darunter werden Systeme verstanden, die sich ausschließlich auf die Ausgabe im HTML-Format beschränken. Größere Systeme wie TYPO3 beherrschen neben der Ausgabe im HTML-Format auch den Export in andere Formate, beispielsweise XML, PDF usw.

Die Bandbreite der Funktionalitäten von WCMS reicht vom einfachen Internetbaukasten zum Erstellen einer privaten Homepage bis hin zur vollständigen Workflow-Integration in Unternehmen. Dabei sind die Anforderungen an ein Content-Management-System recht eindeutig: Es sollte Design und Inhalt voneinander trennen können, um die Einrichtung und Pflege der Systeme arbeitsteilig durchführen zu können. Zudem sollte das System auch von Benutzern ohne HTML-, XML- bzw. Programmierkenntnisse verwendbar sein.

Content-Management-Systeme wie TYPO3 versetzen Sie in die Lage, Änderungen schnell und einfach durchzuführen. Während Sie bei statischen HTML-Seiten bei einer Erweiterung der Präsentation um eine zusätzliche Seite durchaus an mehreren Stellen eingreifen müssen, um diese neue Seite mit in die Navigation oder in Sitemaps aufzunehmen, übernimmt TYPO3 diese Arbeiten automatisch nach von Ihnen bestimmten Vorgaben. Dadurch werden fehlerhafte Links deutlich seltener und der Pflegeaufwand auf ein Minimum reduziert. Mehrsprachigkeit und spezielle Druckansichten werden direkt unterstützt, ohne dass Sie ein und denselben Inhalt mehrfach einpflegen müssen. Redakteure erhalten mit TYPO3 ebenfalls ein sehr nützliches Tool, da tiefer gehende Internetkenntnisse nicht mehr erforderlich sind. Durch die intuitive Handhabung der Oberfläche können Änderungen schnell und problemlos durchgeführt werden.

Über dieses Buch

TYPO3 ist mächtig und umfangreich zugleich. Um erste Projekte erfolgreich realisieren zu können, bedarf es einer Einführung in das System, die Sie auch bei den manchmal recht komplizierten Details nicht allein lässt. Dieses Buch ist aber kein vollständiges Handbuch zu TYPO3, sondern eine Einführung in die Arbeit mit dem CMS, die sich besonders zur Schritt-für-Schritt-Einarbeitung eignet. Es vermittelt in erster Linie praktische Kenntnisse, die Sie zu Beginn Ihrer Arbeit mit TYPO3 benötigen werden. Klassische Aufgabenstellungen werden dabei anhand eines umfassenden Praxisbeispiels beschrieben und konkret umgesetzt.

Dieses Buch richtet sich an Webentwickler und Agenturen, die professionelle Internetpräsentationen erstellen. Selbstverständlich können auf Grundlage des hier vermittelten Wissens auch Privat- oder Vereinsseiten mit TYPO3 realisiert werden.

Ihre Kunden wünschen ein Redaktionssystem zur Pflege der Internetpräsentation, scheuen aber hohe Lizenzkosten? Dann ist TYPO3 vermutlich das richtige System und dieses Buch der richtige Einstieg. Ihr Unternehmen wünscht eine flexible, volldynamische Internetpräsentation mit Ausbaufähigkeit und Unabhängigkeit von einem Dienstleister? Auch dann ist TYPO3 das richtige System und dieses Buch ideal, um TYPO3 zu verstehen und anzuwenden.

Erfahrene Webentwickler mit sicheren HTML-Kenntnissen werden mit diesem Buch TYPO3 schnell erlernen können. Grundlagenkenntnisse in PHP sind insbesondere für die Entwicklung von eigenen Erweiterungen vorteilhaft, werden aber nicht zwingend vorausgesetzt. Kenntnisse in einem SQL-basierten Datenbanksystem sind ebenfalls von Vorteil, aber ebenfalls keine Voraussetzung. Eine Einführung in das Internet oder in HTML werden Sie in diesem Buch nicht finden.

Für Redakteure ist dieses Buch nicht bestimmt, auch wenn in den einzelnen Kapiteln gezeigt wird, wie neue Seiten und Seiteninhalte angelegt werden. Redakteure benötigen im Regelfall eine individuelle Einweisung, möglichst vom Entwickler der Internetpräsentation selbst, also Ihnen. Begleitende Materialien für Redakteure, auch in deutscher Sprache, finden Sie online unter *typo3.org*. Außerdem ist zu diesem Thema, ebenfalls bei O'Reilly, das Buch *TYPO3 CMS für Redakteure* (Achtung, Eigenwerbung!) erschienen, das zwar ursprünglich für TYPO3 9 erschienen ist, jedoch – insbesondere aus Sicht eines Redakteurs – auch für TYPO3 10 immer noch aktuell ist.

Aktualisierung auf TYPO3-Version 10.4

Das vorliegende Buch wurde für die 11. Auflage aktualisiert, es behandelt jetzt TYPO3 in der Version 10.4. Im Vergleich zu Version 9.5 haben sich an diversen Stellen Änderungen ergeben, die eine Überarbeitung notwendig gemacht haben, um Ihnen die Arbeit mit der aktuellsten Version zu ermöglichen.

Bei der TYPO3-Version 10 stecken viele Änderungen im Detail, aber auch einige größere Änderungen haben sich ergeben – die natürlich in diesem Buch gebührend berücksichtigt werden.

Die erste große Änderung ergibt sich beim Einrichten des eigenen Projekts. Während in TYPO3 9 das *Site Management* (in der Vorauflage erst in Kapitel 12, *Site Management und Best Practices* erläutert) noch optional war, ist das Erstellen einer *Site Configuration* nun Pflicht. Dementsprechend wird das Site Management bereits in Kapitel 4, *Das Praxisbeispiel vorbereiten*, näher betrachtet. Auch in Kapitel 9, *Erweiterte Darstellung von Inhalten*, spielt das Site Management im Rahmen der Mehrsprachigkeit jetzt eine größere Rolle.

Weitere größere Änderungen haben sich in Kapitel 7, *Menüs erstellen*, ergeben. Zusätzlich zur althergebrachten Weise, Menüs zu konfigurieren, wird nun die Nutzung der Template-Engine *Fluid* für die Generierung von Menüs erläutert.

Seit TYPO3 10 nutzt zudem das Log-in-Formular für Frontend-Benutzer ebenfalls die Template-Engine *Fluid*. Der Abschnitt »Zugriffsbeschränkte Seiten und Seiteninhalte« auf Seite 264 in Kapitel 9, *Erweiterte Darstellung von Inhalten*, in denen die Anpassung dieses Formulars erläutert wurde, ist jetzt entsprechend angepasst worden.

Darüber hinaus enthält diese 11. Auflage einige Korrekturen kleinerer Fehler und Ungereimtheiten, die aufmerksamen Lesern aufgefallen sind (daher auch an dieser Stelle ein herzliches Dankeschön für das konstruktive Feedback).

Aufbau dieses Buchs

Die Aneignung von TYPO3-Praxiswissen steht in diesem Buch an erster Stelle. So wird, sofern möglich und sinnvoll, mit einem kapitelübergreifenden Praxisbeispiel gearbeitet. Sie lernen von Grund auf, wie TYPO3 funktioniert und wie Sie eigene Projekte mit TYPO3 realisieren. Dabei bauen die Kapitel aufeinander auf.

In diesem ersten Kapitel erfahren Sie in späteren Abschnitten, welche hilfreichen Internetadressen es zu TYPO3 gibt und was ein Content-Management-System überhaupt ist.

Kapitel 2, *TYPO3 installieren*, widmet sich der Installation von TYPO3. Wenn Sie es selbstständig installieren und nicht die Vorteile von auf TYPO3 spezialisierten Providern nutzen möchten, erhalten Sie in diesem Kapitel gleich zwei Installationsanleitungen: Der schnelle Weg auf Grundlage der Containervirtualisierung *Docker* ermöglicht es Ihnen, auf allen Betriebssystemen schnell eine TYPO3-Installation zum Ausprobieren an den Start zu bekommen. Darüber hinaus finden Sie eine Installationsanleitung für die Installation auf Linux-Systemen. Hierbei wird sowohl die Installation über den PHP-Paketmanager *Composer* betrachtet als auch die »manuelle« Installation auf dem Server. Weiterhin erhalten Sie in diesem Kapitel eine Einführung in das *Install-Tool*, mit dem die Basiskonfiguration des Systems über eine grafische Oberfläche vorgenommen wird.

Eine Einführung in die Konfigurationsumgebung für Administratoren und Redakteure, das sogenannte Backend, erhalten Sie in Kapitel 3, *Das Backend kennenlernen*. Dort wird gezeigt, welche Funktionen in welchen Menüpunkten enthalten sind. Außerdem lernen Sie in diesem Kapitel den generellen Umgang mit dem TYPO3-Backend kennen.

In Kapitel 4, *Das Praxisbeispiel vorbereiten*, beginnen Sie damit, das Praxisbeispiel mit TYPO3 vorzubereiten. Dazu erstellen Sie zunächst eine sogenannte HTML-Designvorlage und stellen dem System benötigte Dateien zur Verfügung. Dazu erfahren Sie, wie Sie eine Seitenstruktur anlegen und eine grundlegende Seitenkonfiguration erstellen.

Eine Einführung in die TYPO3-eigene Skriptsprache TypoScript erhalten Sie in Kapitel 5, *TypoScript in der Praxis*. Mit dieser Skriptsprache werden Webseiten logisch beschrieben. Sie lernen den objektorientierten Aufbau von TypoScript, die Sprachsyntax sowie die wichtigsten Objekte und deren Eigenschaften kennen. Am Ende dieses Kapitels werden Sie die Designvorlage in Ihr TYPO3-Projekt integriert haben und bereits erste sichtbare TYPO3-Erfolge auf der Website verbuchen können.

Kapitel 6, *Grafiken mit TypoScript erstellen*, widmet sich der Integration von Grafiken in die Designvorlage. Sie erfahren, wie bestehende Grafiken eingebunden und dynamische Grafiken generiert werden. Die dynamische Grafikgenerierung wird hier genutzt, um responsive und auf verschiedene Ausgabegeräte optimierte Grafiken zu erstellen.

Wie Sie dynamisch generierte Menüs erstellen, ist Thema von Kapitel 7, *Menüs erstellen*. Hierzu wird auf die in Kapitel 4, *Das Praxisbeispiel vorbereiten*, angelegte Seitenstruktur zurückgegriffen, und verschiedene Arten von Menüs werden in die Praxis umgesetzt.

In Kapitel 8, *Inhalte ausgeben*, erfahren Sie, wie vom Redakteur eingepflegte Inhalte auf der Webseite ausgegeben und formatiert werden können. Neben der Formatierung von klassischen textbasierten Inhalten erfahren Sie außerdem, wie Sie Sitemaps erstellen, ein Kontaktformular integrieren und mit Backend-Layouts arbeiten.

Wie Sie mehrsprachige Präsentationen mit nur einem Seitenbaum erstellen, steht in Kapitel 9, *Erweiterte Darstellung von Inhalten*. In diesem Kapitel erfahren Sie außerdem, wie eine Druckversion der Webseite und zugriffsgeschützte Bereiche realisiert werden.

Das Integrieren und Individualisieren von Erweiterungen in TYPO3 ist Thema von Kapitel 10, *Bestehende Erweiterungen integrieren*. Sie erlernen anhand des News-Plug-ins ausführlich, wie und wo TYPO3-Erweiterungen im System verankert werden und wie Sie diese Erweiterungen an Ihre eigenen Bedürfnisse anpassen.

Um zu zeigen, wie eigene Funktionalitäten in TYPO3 integriert werden können, wird in Kapitel 11, *Eine eigene Erweiterung schreiben*, eine ebensolche für TYPO3 geschrieben. Zur Realisierung dieser Erweiterung sind PHP-Kenntnisse von Vorteil, aber auch ohne diese werden Sie das grundlegende Prinzip von TYPO3-Erweiterungen verstehen.

Kapitel 12, *Site Management und Best Practices*, dreht sich um die erweiterten Funktionen zur Verwaltung der Website. Beispielsweise wird auf die Konfiguration menschenlesbarer URLs und Multi-Domain-Konfigurationen sowie auf die Erstellung eigener Fehlerseiten eingegangen. Auch das Erzeugen von Site Packages und die Suchmaschinenoptimierung sind Themen in diesem Kapitel.

In Kapitel 13, *Das Backend für Redakteure anpassen*, lernen Sie, wie Benutzerrechte für Redakteure eingestellt werden, sodass nur noch tatsächlich benötigte und vom Praxisprojekt unterstützte Funktionalitäten für diese Redakteure zur Verfügung stehen. Darüber hinaus lernen Sie, wie Sie das TYPO3-Backend an die Bedürfnisse Ihrer Redakteure anpassen können und wie Sie eine Trennung von Entwurfsarbeits- und Live-Umgebung erreichen.

In Kapitel 14, *Tipps und Tricks*, werden weitere interessante und praxisnahe Aufgabenstellungen behandelt, die nicht oder nur schlecht im Praxisbeispiel Platz gefunden hätten. Beispielsweise wird hier erläutert, wie Sie ein Update auf eine höhere TYPO3-Version durchführen können, was zu tun ist, wenn Sie Ihr Passwort vergessen haben, und vieles mehr.

Beispielskripte

Die in diesem Buch verwendeten Skripte, HTML-Vorlagen und Grafiken finden Sie online unter *https://typo3buch.helmich.me/#10.4* zum Download.

Typografische Konventionen

In diesem Buch werden die folgenden typografischen Konventionen verwendet:

Kursivschrift
: Wird für Datei- und Verzeichnisnamen, E-Mail-Adressen und URLs, aber auch bei neuen Fachbegriffen und für Hervorhebungen verwendet.

`Nichtproportionalschrift`
: Wird für Codebeispiele und Variablen, Funktionen, Befehlsoptionen, Parameter, Klassennamen und HTML-Tags verwendet.

`Nichtproportionalschrift fett`
: Wird in den Codebeispielen zur Hervorhebung einzelner Zeilen bzw. Abschnitte verwendet.

Tipp Die Vorspultaste kennzeichnet einen Tipp oder einen generellen Hinweis mit nützlichen Zusatzinformationen zum Thema.

Warnung Die Stopptaste kennzeichnet eine Warnung oder ein Thema, bei dem man Vorsicht walten lassen sollte.

Support Die Abspieltaste markiert Hinweise aus dem täglichen, realen Supportgeschehen, dokumentiert von Mitarbeitern des größten TYPO3-Webhosting-Spezialisten.

Support

TYPO3 ist das Kind von Kasper Skårhøj, der sich 2007 aus der aktiven Entwicklung verabschiedet hat. Ein System, das viele Millionen Mal heruntergeladen wurde, erfordert einiges an Betreuungsaufwand. Derzeit hat es sich ein ganzes Entwicklerteam zur Aufgabe gemacht, das TYPO3-CMS weiterzuentwickeln. Zwischen Version 9.5.0 und der zum Zeitpunkt des Verfassens aktuellen Version 10.4.6 flossen in den Programmquelltext von TYPO3 Beiträge von 251 verschiedenen Entwicklern ein.

Die Weiterentwicklung von TYPO3 wird von der *TYPO3 Association* organisiert, einem nicht kommerziellen und nicht profitorientierten Verein mit Sitz in der Schweiz. Die unterschiedlichen Mitglieder dieses Vereins reichen von Einzelpersonen bis hin zu großen Unternehmen. Erster Vorsitzender des Vereins ist derzeit Olivier Dobberkau. Informationen zum Verein finden Sie online unter *https://typo3.org/project/association*. Weiterhin gibt es die im Jahr 2016 gegründete *TYPO3 GmbH* mit Sitz in Düsseldorf, deren Dienstleistungen hauptsächlich aus Service-Level-Agreements und weiterreichendem Support für das CMS bestehen.

Bei einer so großen Anzahl von Installationen ist es wichtig, bestimmte Regeln einzuhalten. Bug-Reports direkt per E-Mail an die Entwickler von TYPO3 werden zwar häufig zur Kenntnis genommen und vielleicht erhalten Sie auch eine Antwort, aber der reguläre Weg ist das nicht. Unter *forge.typo3.org* steht ein Bugtracking-System zur Verfügung, in dem Sie sich danach erkundigen können, ob Fehler bereits gemeldet oder behoben sind – und Sie können hier natürlich auch Fehler melden. Auch für Erweiterungen stehen dort Bugtracker zur Verfügung. Bevor Sie jedoch als TYPO3-Anfänger gleich in den ersten Tagen damit anfangen, Bugs zu melden, sollten Sie sicherstellen, dass es sich auch wirklich um Fehler handelt. Nützlicher, als eine E-Mail direkt an die Entwickler zu schicken oder eine Information im Bugtracking-System zu hinterlassen, ist daher eine Anfrage an die internationale TYPO3-Gemeinschaft im Slack-Channel unter *typo3.slack.com*.

Supportanfragen können Sie im deutschsprachigen TYPO3-Portal unter der Adresse *www.typo3.net* oder auch in der Newsgruppe stellen. Meistens wird Ihre Frage innerhalb weniger Minuten beantwortet. Versuchen Sie einmal, so einen Support von Ihrem Softwarehersteller zu bekommen (und dazu noch kostenlos)!

Es gibt inzwischen viele Firmen, die kostenpflichtigen Support zu TYPO3 leisten und spezielle Schulungen anbieten. Wenn Sie innerhalb kurzer Zeit eine Lösung für ein komplexeres Problem benötigen, wird dieser Weg eine gute Alternative zu den kostenlosen Supportangeboten sein.

Auf *http://typo3.org/support/professional-services* finden Sie ein Verzeichnis von Unternehmen, die sich auf verschiedene Dienstleistungen rund um TYPO3 spezialisiert haben.

Seit 2004 werden das TYPO3 Core System und häufig genutzte Erweiterungen vom *TYPO3 Security Team* auf Sicherheit geprüft. Das Team gibt regelmäßig Meldungen zu Sicherheitslücken heraus. Diese TYPO3 Security Bulletins stehen auf der Webseite *http://typo3.org/teams/security/* und werden über die Mailingliste *lists.typo3.org* und über den Newsfeed unter *news.typo3.org* verbreitet. Werden Sicherheitslücken in TYPO3 bekannt, wird in der Regel sehr schnell eine neue Version veröffentlicht.

Um Abwärtskompatibilität zu gewährleisten, werden in der Regel stets mehrere Versionszweige von TYPO3 gleichzeitig gepflegt. Aktuell sind die Versionszweige 9 und 10 erhältlich. Jeweils eine Version aus jedem Zweig ist als *Long Term Support*-Version (LTS) gekennzeichnet und wird für volle drei Jahre mit Updates versorgt. Die aktuellen LTS-Versionen sind:

1. TYPO3 9.5, erschienen im Oktober 2018 und unterstützt bis September 2021
2. TYPO3 10.4, erschienen im April 2020 und unterstützt bis April 2023

Darüber hinaus existieren noch die LTS-Versionen 7.6 und 8.7, deren Support im Dezember 2018 bzw. März 2020 auslief. Aufgrund der großen Beliebtheit dieser Versionen werden sie jedoch im Rahmen des *Extended Long Term Support* bis November 2021 bzw. März 2023 mit kostenpflichtigen Updates versorgt. Unabhängig von der ganzen Versionsvielfalt sollte für neue Projekte jedoch stets die derzeit aktuelle LTS-Version 10.4 genutzt werden.

Weitere Ressourcen

https://typo3.org/documentation/
: TYPO3 ist ausgiebig und umfassend dokumentiert. Kaum ein anderes Open-Source-Projekt kann mit über 3.000 Seiten kostenlos erhältlicher Dokumente aufwarten. Nachteilig ist allerdings, dass diese Dokumentationen im Regelfall sehr technisch und auf Englisch verfasst sind. Eine Einführung in das TYPO3-System bieten diese Dokumente nicht. Aber als Nachschlagewerke für Suchende, die ein bestimmtes Problem zu lösen haben, sind sie bestens geeignet.

  Die Dokumente stehen im Regelfall online als HTML-Dokument oder als PDF zur Verfügung.

https://typo3.net
: Dieses deutschsprachige TYPO3-Portal entspricht dem Bedürfnis der deutschsprachigen Gemeinschaft, Informationen über die Anwendung von TYPO3 für Entwickler zu erhalten. In einem umfassenden Forum können Sie in bereits beantworteten Fragen suchen, eigene Fragen stellen und auf Fragen antworten. Zu häufig verwendeten Modulen finden Sie deutschsprachige Anleitungen. Die ursprünglich englischsprachige TypoScript-Referenz finden Sie unter *http://www.typo3.net/tsref/* in einer deutschen Übersetzung.

https://typo3.com
: *typo3.com* ist die Seite der *TYPO3 GmbH*; das Unternehmen vermittelt Dienstleistungen rund um TYPO3 und bietet Support- und Service-Level-Verträge an.

https://typo3.slack.com
: *Slack* ist ein Onlinewerkzeug zur Echtzeitkommunikation in Teams und bietet mächtige und über den Browser nutzbare Chatfunktionen an. Der TYPO3-Slack-Kanal hat über die letzten Jahre die alte Mailingliste als Kommunikationsmedium abgelöst. Für den Zugriff wird ein Benutzerkonto auf *typo3.org* benötigt, mit dem Sie unter der URL *https://my.typo3.org/about-mytypo3org/slack* auf den Slack-Kanal zugreifen können.

https://typo3.org/project/association/
: Dies ist die Homepage der TYPO3-Association.

https://certification.typo3.org
: Im Jahr 2008 wurde erstmals ein offizielles Zertifikat für TYPO3-Entwickler angeboten. Bislang wurden mehrere Tausend Zertifizierungen zu *Certified TYPO3 Integrator*, *Editor*, *Developer* oder *Consultant* durchgeführt. Informationen zur Zertifizierung erhalten Sie unter dieser URL.

https://typo3.org/teams/security/
: Das Security Team von TYPO3 veröffentlicht Meldungen bei Bekanntwerden von Sicherheitslücken in TYPO3 oder in bekannten Erweiterungen. Diese Security Bulletins können über eine Mailingliste, über *http://news.typo3.org* oder über einen Feed abgerufen werden und leisten einen wichtigen Beitrag zur Sicherheit von TYPO3.

https://forge.typo3.org
: Die *TYPO3-Forge* ist ein Portal für Extension- und Core-Entwickler. Hier finden Sie Unterseiten für diverse Projekte wie etwa den TYPO3-Core, verschiedene von der Community entwickelte Erweiterungen sowie die verschiedenen zum System gehörigen Dokumentationen, auf denen Sie Bugs melden und den aktuellen Entwicklungsstand verfolgen können.

Die Geschichte von TYPO3

Die Überlegung, ein Content-Management-System zu entwickeln, entstand bei Kasper Skårhøj, dem Erfinder, langjährigen Hauptentwickler und Kopf von TYPO3, bereits im Jahr 1997. Zu dieser Zeit waren Content-Management-Systeme nicht sonderlich weit verbreitet und der Begriff »Content Management« noch gar nicht geprägt. Unternehmen wünschten jedoch Systeme, mit denen sich umfangreiche Internetpräsentationen auch ohne spezielle Kenntnisse verwalten lassen.

So wurde TYPO3 im Jahr 1998 kommerziell mit Blick auf die Bedürfnisse des Markts entwickelt und über die dänische Agentur Superfish.com vertrieben, bei der Kasper Skårhøj zu diesem Zeitpunkt angestellt war. Aufgrund der Erfahrungen, die mit bereits verkauften Versionen gesammelt worden waren, wurde TYPO3 Anfang 1999 vollständig neu entwickelt. Die Ziele der Agentur Superfish.com sollten jedoch andere sein. Kasper Skårhøj trennte sich daher Mitte 1999 von seinem Arbeitgeber. Das bereits bestehende kommerzielle TYPO3-System durfte Kasper Skårhøj bei seinem Ausscheiden selbstständig weiterentwickeln und auch sein Eigen nennen, inklusive aller Rechte.

Den Schritt, TYPO3 als Open-Source-Projekt unter der GPL-Lizenz zu veröffentlichen, ging Kasper Skårhøj aufgrund seiner Überzeugungen und der bereits bestehenden Konkurrenz an kommerziellen Content-Management-Systemen auf dem Markt.

Bis Mitte 2000 entwickelte Kasper Skårhøj selbstständig eine Betaversion von TYPO3. Nach einjähriger Entwicklungszeit wurde TYPO3 der Öffentlichkeit vorgestellt und von der Open-Source-Gemeinde getestet. Als dieser Härtetest bestanden war, wuchs innerhalb der noch kleinen TYPO3-Gemeinschaft das Interesse an weiteren Funktionalitäten.

Obwohl das System noch nicht sonderlich bekannt und verbreitet war, erkannten einige Entwickler das große Potenzial von TYPO3 und entwickelten bisher fehlende Funktionen, die sie, wie bei Open Source üblich, frei zur Verfügung stellten. Diese Module waren insbesondere das News-System, das Shop-System und ein Gästebuch. Während Kasper Skårhøj mit der Optimierung des Quelltexts beschäftigt war, entwickelte René Fritz diese Erweiterungen, die später in das Grundsystem aufgenommen wurden.

Nur durch das Engagement einer Person und den uneigennützigen Rückfluss von zeitraubenden Entwicklungen aus der Gemeinschaft ist TYPO3 zu dem geworden, was es heute ist: ein zuverlässiges, flexibles Content-Management-System mit umfangreichen Funktionalitäten und großer Beliebtheit.

Im Laufe der Zeit entstanden zudem weitere Produkte in der TYPO3-Community. Zu nennen ist hier beispielsweise das Content-Management-System Neos, dessen Entwicklung zunächst 2008 als Versionszweig von TYPO3 begann, dann als Nachfolgeprodukt fortgeführt und schlussendlich 2015 als eigenes Produkt mit eigener Community ausgegliedert wurde.

Heute, mehr als 20 Jahre nach den Anfängen des Systems, wurde TYPO3 über elf Millionen Mal heruntergeladen, wird weltweit auf über 500.000 Webseiten eingesetzt und steht in 51 Sprachen zur Verfügung.[1]

Auch wenn TYPO3 kostenlos zur Verfügung steht, denken Sie bitte immer daran, dass der Mensch sich nicht nur von Luft und Liebe ernähren kann. Gerade beim Einsatz von TYPO3 in Agenturen, Unternehmen und Konzernen sollten Sie sich überlegen, welche Summe Sie im Vergleich zu kommerziellen Systemen eingespart haben, und dann einen Teil dieser Einsparung an die TYPO3-Association spenden, sich durch persönlichen Einsatz aktiv an der TYPO3-Gemeinschaft beteiligen und/oder Supporting Member in der TYPO3-Association werden.

Danksagung

Herzlich bedanken möchten wir uns bei den Entwicklern, der Community und unseren Kollegen von Mittwald CM Service, die uns über einen langen Zeitraum hinweg motiviert und mit wertvollem Fachwissen unterstützt haben.

Auch O'REILLY, namentlich Alexandra Follenius und Susanne Gerbert, gilt unser Dank für die freundliche und professionelle Unterstützung.

1 Vgl. *https://typo3.com/*

KAPITEL 2

TYPO3 installieren

In diesem Kapitel:

Dieses Kapitel enthält Informationen zu den benötigten Servervoraussetzungen und erläutert, wie Sie TYPO3 installieren. Wenn Sie TYPO3 bei einem darauf spezialisierten Provider mit vorinstallierter Umgebung einsetzen, können Sie dieses Kapitel überspringen. Auf TYPO3 spezialisierte Provider finden Sie beispielsweise leicht durch eine Internetsuche nach dem Begriff *TYPO3 Hosting*.

Anforderungen an Server und Betriebssystem

Grundsätzliches

Grundsätzlich gilt: TYPO3 benötigt mehr Serverressourcen als statische Webseiten oder auch kleine dynamische PHP-Anwendungen. Datenbankabfragen und dynamische Grafikberechnungen unterscheiden TYPO3 von klassischen statischen Webseiten. Daher sollte der gewählte Server über schnelle, zuverlässige Festplatten und ausreichend CPU sowie Arbeitsspeicher verfügen. Die Anforderungen an Arbeitsspeicher und CPU lassen sich nur schwer abschätzen und sind von Projekt zu Projekt unterschiedlich.

Weitgehend statische Seiten – in denen sich die Inhalte also nur selten verändern, sodass die TYPO3-eigenen Caching-Mechanismen (dazu später mehr) besonders gut greifen – können in der Regel von kostengünstigen Angeboten von auf TYPO3 spezialisierten Providern gut bedient werden. Bereits ein durchschnittlich ausgestatteter virtueller Server mit 8 GByte Arbeitsspeicher und SSD-Festplatten kann im günstigen Fall Seiten mit ein bis zwei Millionen Aufrufen am Tag bedienen. Je nach Aufbau Ihrer Seite, insbesondere wenn Inhalte häufig verändert werden oder nutzerspezifischer Inhalt dargestellt werden soll, kann jedoch bereits eher der Wechsel auf einen eigenen Server mit eigener Hardware oder auf ein spezialisiertes, auf hohe Skalierbarkeit ausgelegtes

Cloud-Produkt sinnvoll sein. Spätestens ab ca. zehn Millionen Aufrufen am Tag empfiehlt es sich, TYPO3 in einer Cluster-Umgebung aus mehreren Servern mit Lastverteilung oder einer äquivalenten Cloud-Umgebung zu betreiben. Alternativ können spezielle Caching-Lösungen wie beispielsweise ein Varnish-Proxy eingesetzt werden.

Das geeignete Betriebssystem

TYPO3 ist grundsätzlich auf allen gebräuchlichen Betriebssystemen wie Linux, macOS und Windows lauffähig. Auch als Webserver kann jede übliche Variante eingesetzt werden, z. B. Apache, Nginx, IIS usw. TYPO3 wurde jedoch auf einem LAMP-System (*Linux*, *Apache*, *MySQL*, *PHP*) entwickelt und entfaltet in genau dieser Umgebung optimal sein Leistungsspektrum.

Einige TYPO3-Funktionalitäten können nur auf Linux-Servern mit Apache oder Nginx als Webserver eingesetzt werden. Funktionen wie z. B. die dynamische PDF-Generierung oder die mächtige indizierte Suche, die PDF- und MS-Word-Dokumente durchsuchen kann, stehen auf Windows-Systemen nicht oder nur beschränkt zur Verfügung.

Zum Testen, Entwickeln, Ausprobieren oder Präsentieren können Sie auf Windows- oder macOS-Systemen mittlerweile am einfachsten mit dem Container-Virtualisierungswerkzeug *Docker* installieren. Docker erlaubt es, komplette Betriebssystemabbilder mit einer Applikation und allen ihren Abhängigkeiten zu erstellen und diese portierbar zu machen. Auch für TYPO3 gibt es solche fertigen Images, die einfach importiert und gestartet werden können. Dank Virtualisierungstechnik laufen diese Container auch unter Windows und macOS in einer vollwertigen Linux-Umgebung (wovon Sie aufgrund guter Tools jedoch nicht viel mitbekommen), sodass Sie alle Vorteile eines Linux-Servers nutzen können.

Für den Produktiveinsatz eignet sich ein Docker-Container auf einem Windows-Rechner natürlich nicht unbedingt. Sofern es bei einem Projekt keine gravierenden Gründe gibt, die gegen Linux und Apache sprechen, sollten Sie für den Produktivbetrieb auf die Zuverlässigkeit von TYPO3 auf LAMP-Systemen vertrauen.

Anforderungen an die Software

Wenn Sie TYPO3 bei einem Provider einsetzen möchten, der sich nicht auf TYPO3 spezialisiert hat, müssen Sie vorher abklären, ob die unten beschriebenen Softwareversionen installiert sind. Möchten Sie TYPO3 auf einem eigenen Server selbstständig installieren, erhalten Sie hier Informationen zu den benötigten Versionen.

PHP

Um TYPO3 einsetzen zu können, bedarf es zwingend PHP, da das System in PHP entwickelt wurde. Für alle TYPO3-Versionen ab 9 wird mindestens PHP 7.2 oder höher benötigt. Aus Performance-Gründen sollte PHP stets mit einem sogenannten Opcode-Cache betrieben werden. Dieser ist seit PHP 5.5 fester Bestandteil von PHP, aber nicht unbedingt bei allen Providern standardmäßig aktiviert.

Die PHP-Version sollte mit GDlib-Unterstützung und Freetype kompiliert werden. GDlib und Freetype sind Softwarepakete, die die Bildbearbeitung in TYPO3 ermöglichen. Ohne diese Pakete ist TYPO3 zwar prinzipiell einsatzfähig, Grafikfunktionalitäten können dann jedoch nicht oder nur eingeschränkt genutzt werden. Freetype sollte mit TTF-Unterstützung in der Version 2.x kompiliert werden.

Darüber hinaus sollte der verfügbare Arbeitsspeicher pro einzelnen PHP-Prozess (*memory_limit*) auf nicht weniger als 256 MByte sowie die maximale Ausführungszeit für einzelne PHP-Prozesse (*max_execution_time*) auf nicht weniger als 240 Sekunden beschränkt sein.

ImageMagick oder GraphicsMagick

Als weitere Softwarepakete werden ImageMagick oder GraphicsMagick benötigt. Beide werden unter anderem für die Erzeugung von Vorschaubildern und skalierten Grafiken verwendet. Steht keines der Pakete zur Verfügung, können diese Grafikfunktionen in TYPO3 nicht genutzt werden.

ImageMagick wird in Version 6 oder höher zwingend vorausgesetzt. Alternativ zu ImageMagick kann auch GraphicsMagick in Version 1.1.x oder höher eingesetzt werden. GraphicsMagick basiert ursprünglich auf ImageMagick, ist aber deutlich performanter und damit schonender für Ihren Server.

Datenbank

Des Weiteren wird eine Datenbank benötigt. TYPO3 setzt als Datenbanksystem eine MySQL-Datenbank (oder die voll kompatible MariaDB-Datenbank) in der Version 5.7 oder höher voraus. Neben MySQL und MariaDB werden auch andere Datenbanksysteme wie PostgreSQL und Microsoft SQL Server unterstützt. Grundsätzlich empfehlen wir jedoch, MySQL mindestens in der Version 5.7 oder MariaDB in mindestens Version 10.2 zu verwenden.

TYPO3 installieren – wie und wo?

In den nachfolgenden Abschnitten werden verschiedene Wege vorgestellt, über die Sie TYPO3 installieren können. Je nachdem, was Ihr eigenes spezielles Einsatzszenario für TYPO3 ist, sind manche dieser Wege für Sie mehr und manche weniger gut geeignet. Dieser Abschnitt soll daher eine kurze Entscheidungshilfe dazu liefern, in welchem Fall welcher Installationsweg der beste für Sie sein könnte:

1. Möchten Sie TYPO3 zunächst einmal nur kennenlernen, oder haben Sie bereits ein konkretes Webseitenprojekt, das Sie im Internet umsetzen möchten?
   a. Nur Kennenlernen? Weiter zu Punkt 2.
   b. Konkretes Projekt? Weiter zu Punkt 3.
2. Möchten Sie TYPO3 auf Ihrem eigenen Rechner installieren, oder bevorzugen Sie eine Testumgebung im Internet oder in der Cloud?
   a. Auf dem eigenen Rechner? Folgen Sie den Anweisungen im Abschnitt »Installation per Docker (alle Betriebssysteme)« auf Seite 17.
   b. Lieber irgendwo im Netz? Zahlreiche Provider bieten Hosting-Umgebungen mit vorinstalliertem TYPO3. Dazu zählen häufig auch Testumgebungen, die entweder für eine bestimmte Zeit oder mit reduziertem Funktionsumfang auch kostenfrei genutzt werden können. Weiter zu Punkt 4.
3. Haben Sie bereits Zugriff auf einen Linux-Server und ein wenig Vorerfahrung in der Administration solcher Systeme?
   a. Ja, und ich habe vollen Administrator- bzw. Root-Zugriff auf den Server: Folgen Sie bitte den Anweisungen im Abschnitt »Manuelle Installation von TYPO3 auf Linux« auf Seite 20.
   b. Ich habe Zugriff auf einen schon vorkonfigurierten Webserver, nur TYPO3 muss noch installiert werden: Folgen Sie den Anweisungen im Abschnitt »Manuelle Installation von TYPO3 auf Linux« auf Seite 20 – die Abschnitte zur Installation des Linux-Webservers selbst können Sie dabei überspringen und gleich im Abschnitt »Den Quellcode unter Linux bereitstellen« auf Seite 21 einsteigen.
   c. Falls nicht, oder falls Sie mit der Betreuung des Servers nichts zu tun haben, sondern sich einfach nur um Ihr Projekt kümmern möchten: weiter zu Punkt 4.
4. Sie benötigen eine über das Internet erreichbare TYPO3-Installation (entweder zum Testen oder gleich für Ihr erstes Webprojekt), möch-

ten aber keinen Ärger mit der Installation und der Betreuung des Servers? Für diesen Fall bieten zahlreiche Hosting-Provider bereits vorinstallierte TYPO3-Umgebungen an. Eine einfache Google-Suche nach »TYPO3 Hosting« liefert hier in der Regel bereits verlässliche Ergebnisse. Weiterhin vermittelt die TYPO3 GmbH auf ihrer Seite *typo3.com* verschiedene, um TYPO3 zentrierte Dienstleistungen.

Installation per Docker (alle Betriebssysteme)

Dieser Abschnitt enthält eine Anleitung zur schnellen Installation einer TYPO3-Umgebung auf Grundlage der Containervirtualisierung Docker. Diese Anleitung funktioniert auf allen Betriebssystemen, eignet sich – zumindest auf Windows und macOS – aber nicht unbedingt für den Einsatz in einer Produktivumgebung.

Aller Wahrscheinlichkeit nach kommen Sie mit der Installation über Docker (sofern Sie kein vorinstalliertes TYPO3 von einem Provider an die Hand bekommen haben) am schnellsten mit TYPO3 an den Start, deshalb betrachten wir diese Installationsmethode zuerst. Im darauffolgenden Abschnitt wird zudem die manuelle Installation von TYPO3 unter Linux noch im Detail betrachtet.

Docker unter Windows und macOS X einrichten

Unter Windows und macOS benötigen Sie zunächst ein Docker-Installationspaket. Dieses können Sie von *https://www.docker.com/products/docker-desktop* herunterladen. Wählen Sie auf dieser Seite je nach Betriebssystem den Button *Download for Mac* oder *Download for Windows*. Für den Download ist anschließend eine (kostenlose) Registrierung im Docker-Store erforderlich. Als Mac-Anwender bekommen Sie den Installer als PKG-Datei zum Download, als Windows-Anwender als MSI-Installer.

Tipp Die Windows-Version von Docker benötigt die Virtualisierungsumgebung *HyperV*, die unter Windows 8 und 10 erst in den Professional- und Enterprise-Editionen zur Verfügung steht. Nutzer der Home-Edition können die *Docker Toolbox* nutzen, die Sie unter *https://docs.docker.com/toolbox/overview/* beziehen können.

Führen Sie den Installer aus und befolgen Sie die Anweisungen. Während der Installation wird eine virtuelle Maschine auf Ihrem Rechner erstellt, in der ein minimales Linux mit Docker läuft. Mit dieser VM (*virtuellen Maschine*) werden Sie jedoch nicht besonders in Kontakt kommen, da der Installer Ihnen die meiste Arbeit abnimmt. Nach der Installation stehen Ihnen sowohl die Bedienung über die Kommandozeile als auch die Bedienung über die eingebaute grafische Konfigurationsoberfläche Verfügung.

Nach der Installation starten Sie Docker sowohl unter macOS als auch unter Windows wie eine ganz gewöhnliche Applikation über das Applikations- bzw. Startmenü. Dies startet die Docker-VM (falls sie nicht schon läuft). Sobald Docker läuft, finden Sie in der macOS-Menüzeile oben rechts bzw. in der Windows-Taskbar unten rechts ein entsprechendes Symbol mit dem Docker-Icon.

Abbildung 2-1 ▶ Das Docker-Icon in der macOS-Menüzeile

Ist Docker gestartet, können Sie die Kommandozeile Ihres Betriebssystems öffnen (also beispielsweise das *Terminal* unter macOS oder die *cmd.exe* oder die *PowerShell* unter Windows) und dort über den Befehl `docker` verschiedene Aktionen ausführen.

Tipp Alternativ zur Kommandozeile können Sie sowohl unter macOS als auch unter Windows die grafische Oberfläche *Kitematic* nutzen. Diese müssen Sie jedoch zunächst installieren. Die entsprechenden Installationsdateien finden Sie unter *https://github.com/docker/kitematic/releases* zum Download. Laden Sie dort die *.zip*-Datei für Ihr jeweiliges Betriebssystem herunter. Unter macOS wie auch unter Windows können Sie die Inhalte des Archivs direkt in Ihr jeweiliges *Programme/*-Verzeichnis verschieben.

Benutzen Sie hingegen die *Docker Toolbox*, benötigen Sie eine speziell konfigurierte Kommandozeile, um mit Docker arbeiten zu können. Am einfachsten verwenden Sie hierzu das *Docker Quickstart Terminal*, das Sie im Applikations- bzw. Startmenü finden.

Docker unter Linux einrichten

Unter den meisten modernen Linux-Betriebssystemen können Sie Docker (Root-Zugriff vorausgesetzt) einfach über die Paketverwaltung installieren. Unter Ubuntu funktioniert die Installation beispielsweise wie folgt:

1. Fügen Sie den Signaturschlüssel für die Docker-Installationsdateien hinzu:

   ```
   $ curl -fsSL https://download.docker.com/linux/ubuntu/gpg | sudo
   aptkey add -
   ```

2. Tragen Sie die Paketquellen des Docker-Projekts ein:

   ```
   $ echo "deb https://download.docker.com/linux/ubuntu $(lsb_release
   -cs) stable" > /etc/apt/sources.list.d/docker.list
   $ apt-get update
   ```

3. Installieren Sie das Paket per `apt-get`:

   ```
   $ apt-get install docker-ce
   ```

TYPO3 per Docker starten

Haben Sie Docker (egal auf welchem Betriebssystem) eingerichtet, können Sie über die Docker-Kommandozeile nun einen vorkonfigurierten Container mit einem lauffähigen TYPO3 starten. Zunächst benötigen Sie einen Datenbankserver, der später die Daten Ihrer TYPO3-Installation enthalten kann. Zu diesem Zweck nutzen wir das offizielle MySQL-Docker-Image:

```
$ docker run --name typo3-db -d -e MYSQL_ROOT_PASSWORD=[ihr-passwort] -e
MYSQL_USER=typo3 -e MYSQL_PASSWORD=[ihr-passwort] -e MYSQL_DATABASE=typo3
mysql:5.7 --character-set-server=utf8 --collation-server=utf8_unicode_ci
```

Merken Sie sich die Datenbankzugangsdaten, die Sie hier dem Container übergeben (im obigen Beispiel wird *typo3* als Benutzername verwendet; den Platzhalter *[ihr-passwort]* oben ersetzen Sie mit einem sicheren Passwort Ihrer Wahl). Sie werden diese Zugangsdaten später bei der Durchführung des TYPO3-Installationsassistenten wieder benötigen.

Im Anschluss starten Sie einen zweiten Container, der einen Webserver mit einem vorinstallierten TYPO3 enthält:

```
$ docker run --name typo3-web -d --link typo3-db:db -p 80:80 martinhelmich/
typo3:10
```

Im Anschluss können Sie über die URL *http://localhost* im Browser auf die TYPO3-Installation zugreifen.

Tipp Falls Sie die Docker Toolbox benutzen, müssen Sie stattdessen zunächst die IP-Adresse der Docker-VM ermitteln und sie statt `localhost` im Browser eintragen. Sie erfahren diese über folgenden Befehl:

```
$ docker-machine ip default
```

Möchten Sie die Docker-VM oder gar Ihren Rechner beenden und zu einem späteren Zeitpunkt wieder dort weitermachen, wo Sie aufgehört haben, können Sie beide Container mit dem folgenden Befehl erneut starten:

```
$ docker start typo3-db typo3-web
```

Benötigen Sie eine Kommandozeile innerhalb des Containers (das ist im Grunde immer dann der Fall, wenn in einem der folgenden Kapitel mit Kommandozeilenbefehlen gearbeitet wird – keine Angst, das ist selten), hilft der `docker exec`-Befehl weiter:

```
$ docker exec -it typo3-web bash
```

Manuelle Installation von TYPO3 auf Linux

Falls Sie den Server, auf dem Sie TYPO3 betreiben möchten, selbst administrieren, sind unter Umständen einige Anpassungen an der Serverkonfiguration notwendig. Im folgenden Abschnitt wird daher beschrieben, wie Sie die zum Betrieb notwendige Software auf einem Standard-Linux-System selbst installieren und konfigurieren können. Falls Sie Ihren Server nicht selbst administrieren, sondern von einem Webhosting-Dienstleister betreiben lassen, sind die folgenden Schritte in der Regel jedoch nicht notwendig.

Vorab: Die Welt der Linux-Distributionen ist vielfältig, und leider erlaubt der Platz es nicht, für jede Distribution eine ausführliche Installationsanleitung zu verfassen. Aus diesem Grund beschränken wir uns in diesem Abschnitt auf die Installation unter Ubuntu. Die verwendeten Befehle sollten auch unter Debian Linux funktionieren, da sich die beiden Distributionen sehr ähnlich sind.

Benötigte Software installieren

Fast alle gängigen Linux-Systeme enthalten eine Paketverwaltung, mit der Software einfach nachinstalliert werden kann. Unter Ubuntu oder Debian Linux reicht beispielsweise folgende Anweisung auf einer Administrator-Kommandozeile, um den Webserver, PHP und sämtliche benötigte Software zu installieren:

```
$ apt-get install apache2 libapache2-mod-php7.2 php7.2-mysql php7.2-gd
php7.2-json graphicsmagick mysql-server
```

Beachten Sie bei der Auswahl Ihrer Linux-Distribution, dass TYPO3 ab Version 9 mindestens PHP in Version 7.2 voraussetzt. Mit den aktuellen Versionen der meisten Linux-Distributionen (Ubuntu 18.04, Debian 10 oder CentOS 8) sind Sie auf der sicheren Seite. Andere Distributionen (oder ältere Versionen der genannten) setzen jedoch möglicherweise noch auf ältere PHP-Versionen und eignen sich daher aktuell nicht für den Betrieb von TYPO3 9 und neuer.

Webserver und Datenbank konfigurieren

Im nächsten Schritt muss noch der Webserver konfiguriert werden. Unter Ubuntu und Debian können benutzerdefinierte Anpassungen an der Konfiguration in der Datei */etc/apache2/httpd.conf* vorgenommen werden.

Tragen Sie in diese Datei die folgende Zeile ein:

```
Options FollowSymLinks
```

Stellen Sie zudem sicher, dass das Apache-Modul *rewrite* aktiviert ist:

```
$ a2enmod rewrite
```

Anschließend weisen Sie mit folgendem Befehl auf der Kommandozeile den Webserver an, die Konfigurationsdatei neu einzulesen:

```
$ service apache2 reload
```

Danach können Sie eine neue MySQL-Datenbank und einen entsprechenden Benutzer anlegen. Beides können Sie später für Ihre TYPO3-Installation verwenden.

```
$ mysql -uroot -p -hlocalhost -e"CREATE DATABASE typo3db CHARSET utf8
COLLATE utf8_general_ci; GRANT ALL ON typo3db.* TO typo3@localhost
IDENTIFIED BY '[ihr-passwort]'"
```

Genau wie zuvor bei der Docker-basierten Installation gilt: Merken Sie sich die hier verwendeten Datenbank-Zugangsdaten gut. Im obigen Beispiel wird *typo3* als Benutzername verwendet; den Platzhalter *[ihr-passwort]* ersetzen Sie durch ein sicheres Passwort Ihrer Wahl.

Den Quellcode unter Linux bereitstellen

Nachdem Sie Ihren Server für TYPO3 vorbereitet haben, benötigen Sie noch TYPO3 selbst. Den jeweils aktuellen Quellcode erhalten Sie unter *typo3.org* im Bereich *Download*.

Die Installation von TYPO3 kann auf zwei verschiedene Weisen durchgeführt werden. Sie können die Installation über den PHP-Paketverwalter *Composer* durchführen oder ganz »klassisch« per Download als komprimiertes Archiv beziehen. Die Installation über Composer ist mittlerweile der offiziell empfohlene Weg, um TYPO3 auf einem Server zu installieren. Er mag zunächst komplizierter erscheinen, vereinfacht jedoch spätere Updates des Systems.

Gehen wir von einer Serverumgebung aus, deren *DocumentRoot* für TYPO3 in */var/www/buch/public* liegt. Durch Aufruf der Domain *http://typo3.example* würde somit in diesem Ordner nach einer *index.html* bzw. *index.php* gesucht und diese gegebenenfalls ausgegeben. Nach der Installation von TYPO3 sollte das möglichst ein leeres TYPO3-Projekt sein.

Empfohlener Weg: Installation per Composer

Die Installation von TYPO3 über *Composer* ist seit Version 9 der offiziell empfohlene Weg. Er kann insbesondere dann sinnvoll sein, wenn Sie ohnehin schon Composer zur PHP-Entwicklung nutzen oder später Installation und Updates Ihrer TYPO3-Installation automatisieren möchten. Bei einer Installation über Composer sind insbesondere Updates von TYPO3 und Extensions schnell und einfach möglich. Um TYPO3 per Composer zu installieren, muss zunächst Composer selbst installiert werden. Composer ist ein Paketmanagementwerkzeug für PHP und kann über folgenden Kommandozeilenbefehl installiert werden:

```
$ curl -sS https://getcomposer.org/installer | php
```

Dieser Befehl prüft die Systemvoraussetzungen für Composer und lädt eine *composer.phar*-Datei in Ihr aktuelles Verzeichnis herunter. Wenn Sie möchten, können Sie diese Datei nun in den Suchpfad Ihres Systems verschieben, um Composer unkompliziert aus jedem Verzeichnis aufrufen zu können:

```
$ mv composer.phar /usr/local/bin/composer
```

Im Anschluss können Sie nun Composer nutzen, um die jeweils allerneueste Version von TYPO3 zu installieren:

```
$ composer create-project typo3/cms-base-distribution /var/www/buch
```

Dieser Befehl erstellt das Verzeichnis */var/www/buch* und lädt TYPO3 sowie alle benötigten Abhängigkeiten herunter. Aber Achtung: Standardmäßig installiert Composer auf diese Art die allerneueste Version von TYPO3 (und wenn Sie das eine Zeit nach dem Erscheinen dieses Buchs ausprobieren, bekommen Sie dann möglicherweise bereits eine Vorabversion von TYPO3 11). Falls Sie eine ganz bestimmte Version installieren möchten, können Sie diese als vierten Parameter mit angeben:

```
$ composer create-project typo3/cms-base-distribution /var/www/buch '10.4.*'
```

Das Verzeichnislayout, das Sie bei einer Installation über Composer bekommen, unterscheidet sich leicht vom Standardlayout bei einer manuellen Installation. Haben Sie obigen Composer-Befehl genutzt, um

TYPO3 im Verzeichnis */var/www/buch* zu installieren, werden Sie dort nun folgende Inhalte finden:

```
composer.json
composer.lock
public/
  index.php
  typo3/
  typo3conf/
  typo3temp/
var/
  cache/
  log/
vendor/
  autoload.php
  typo3/
    ...
  ...
```

Sie sehen, dass die Datei *index.php* nun im Verzeichnis *public/* liegt. Dementsprechend muss auch der DocumentRoot des Webservers in dieses *public/*-Verzeichnis zeigen. Die Datei *composer.json* enthält eine Spezifikation dazu, welche Komponenten in Ihrem Projekt installiert sein sollen (also beispielsweise TYPO3 in der neuesten Version des Versionszweigs 10.4), und die Datei *composer.lock* enthält eine genaue Beschreibung aller derzeit im Projekt installierten Pakete.

Tipp Einige Komponenten von TYPO3 werden sich anders verhalten, wenn Sie TYPO3 über Composer installiert haben. So werden Sie beispielsweise Extensions nicht über den Erweiterungsmanager herunterladen können, sondern über Composer. Auch das automatische TYPO3-Versionsupdate im Install-Tool wird von Composer abgelöst.

Alternativer Weg: manuelle Installation

Steht Ihnen Composer auf Ihrem Server nicht zur Verfügung, sollten Sie nach einem neuen Provider Ausschau halten. Ist das keine Option, haben Sie auch die Möglichkeit, TYPO3 »von Hand« ohne Zuhilfenahme eines Paketmanagers zu installieren.

Wechseln Sie hierzu auf einer Kommandozeile in den Ordner */var/www/buch/* und führen Sie die folgenden Befehle aus, um das Quelltextpaket herunterzuladen und zu entpacken:

```
$ cd /var/www/buch
$ wget --content-disposition 'https://get.typo3.org/10'
$ tar -xzf typo3_src-10.4.*.tar.gz
```

Support Auf älteren Systemen kann es sein, dass der oben angegebene `wget`-Befehl mit einer Zertifikatsfehlermeldung fehlschlägt. In diesem Fall können Sie statt `wget` auch den `curl`-Befehl nutzen:

```
$ curl -L 'https://get.typo3.org/10' | tar -xzf -
```

Die im Codebeispiel genutzte URL *https://get.typo3.org/10* erlaubt es Ihnen, stets die aktuellste Unterversion von TYPO3 10 herunterzuladen. Möchten Sie eine ganz bestimmte Version downloaden, können Sie auch beispielsweise die URL *https://get.typo3.org/10.4.6* nutzen (denken Sie jedoch daran, dass es möglicherweise schon neuere Versionen als die exakte Version 10.4.6 geben könnte).

Hier sehen Sie unter */var/www/buch/* den Unterordner *typo3_src-10.4.6/* (beachten Sie, dass die genaue Versionsnummer gegebenenfalls abweichen kann). Die Datei *typo3_src-10.4.6.tar.gz*, die den TYPO3-Quellcode in gepackter und komprimierter Form enthält, können Sie getrost wieder löschen:

```
$ rm typo3_src-10.4.6.tar.gz
```

Das Verzeichnis *typo3_src-10.4.6/* enthält nun alle für den Betrieb von TYPO3 notwendigen Quelldateien. Um das System über den Webserver ausliefern zu können, müssen jetzt noch einige symbolische Links erstellt werden. *Symbolische Links* (oder Symlinks) stehen sowohl unter Linux- als auch Windows-Systemen zur Verfügung und verweisen auf eine Datei oder einen Ordner. Sie werden mit dem Linux-Befehl `ln -s` erstellt. Dieser nimmt als ersten Parameter den Namen des Symlinks entgegen und als zweiten das Ziel des Verweises:

```
$ ln -s typo3_src-10.4.6 typo3_src
$ mkdir public
$ cd public
$ ln -s ..typo3_src/index.php index.php
$ ln -s ..typo3_src/typo3 typo3
```

Schlussendlich sollte Ihre Verzeichnisstruktur somit wie folgt aussehen:

```
public/
  index.php -> ../typo3_src/index.php
  typo3 -> ../typo3_src/typo3/
typo3_src -> typo3_src-10.4.6/
typo3_src-10.4.6
```

Der Inhalt der Datei *index.php* stammt somit aus der angegebenen Datei. Der Ordner *typo3_src/*, in dem die Datei *index.php* erwartet wird, ist jedoch wieder ein Verweis auf den Ordner */typo3_src-10.4.6*.

Diese Konstruktion mag zunächst kompliziert erscheinen, hat jedoch einen einfachen Grund: Möchten Sie später einmal ein Update auf eine aktuelle Version von TYPO3 durchführen, können Sie nun einfach den Symlink `typo3_src` auf ein anderes Verzeichnis zeigen lassen und so den TYPO3-Quelltext austauschen. Dieses Vorgehen ist im Detail in Kapitel 13 im Abschnitt »Updates von TYPO3 und Erweiterungen« auf Seite 469 beschrieben.

Weitere von TYPO3 zwingend benötigte Dateien und Ordner werden in den folgenden Schritten automatisch über das Install-Tool erstellt.

Grundsätzlich dürfte TYPO3 noch nicht über einen Webbrowser aufrufbar sein, da Sie noch einige Rechte anpassen müssen. Die im Folgenden dargestellte Rechteanpassung sollte auf die jeweilige Umgebung abgestimmt werden. Am sichersten dürfte das Recht 755 (statt 777) in Kombination mit einem `chown` (engl. *change owner*, Eigentümer und Gruppenzugehörigkeit ändern) sein. Es ist aber schwer, dazu eine pauschale Aussage zu machen; das folgende Beispiel soll hier genügen:

```
$ cd /var/www/buch
$ chown www-data:www-data . -R
$ chmod 755 . -R
```

Bitte beachten Sie, dass der Benutzername und die Gruppe, die beim `chown`-Kommando angegeben werden, je nach Serverkonfiguration wahrscheinlich abweichen dürften.

Support Dateien können auch per FTP (*File Transfer Protocol*) zum Bearbeiten von Ihrem lokalen Rechner auf den Server kopiert werden. Sofern sich Ihre TYPO3-Installation auf einem Linux-System befindet, achten Sie auf das Dateiformat. Beim Editieren auf Windows-Systemen werden Dateien häufig in das Windows-Format umgewandelt, was nachträglich eine Fehlerquelle aufgrund unterschiedlicher Zeilenumbruchzeichen darstellt.

Durchführung der Erstinstallation

Nun können Sie, sofern alles richtig konfiguriert ist, TYPO3 erstmals über Ihren Webbrowser aufrufen. Geben Sie dazu als URL die jeweilige Domain ein, z. B. *http://typo3.example*. Falls Sie sich zuvor für die lokale Installation per Docker entschieden haben, erreichen Sie Ihre TYPO3-Installation unter der URL *http://localhost*.

Sind alle Rechte richtig gesetzt, können Sie jetzt auf die TYPO3-Installationsoberfläche zugreifen.

Sie werden jedoch beim ersten Seitenaufruf eine Meldung erhalten, die besagt, dass der TYPO3-Installationsassistent noch freigeschaltet werden muss. Wie der Meldung zu entnehmen ist, muss dazu eine Datei mit dem Namen *FIRST_INSTALL* im Installationsverzeichnis angelegt werden. Wechseln Sie also mittels `cd` in den DocumentRoot des Webservers und erstellen Sie die entsprechende Datei:

```
$ cd /var/www/buch/public
$ touch FIRST_INSTALL
```

Wenn Sie nun die Seite in Ihrem Browser aktualisieren, sollte die Meldung verschwunden sein, und Sie können mit der eigentlichen Installation beginnen.

Der TYPO3-Installationsassistent hat hier die Bezeichnung *Install Tool* und wird Ihnen auch nach abgeschlossener Installation ein treuer Begleiter sein. Informationen zum Install-Tool erhalten Sie weiter unten im Abschnitt »Das Install-Tool im Detail« auf Seite 35.

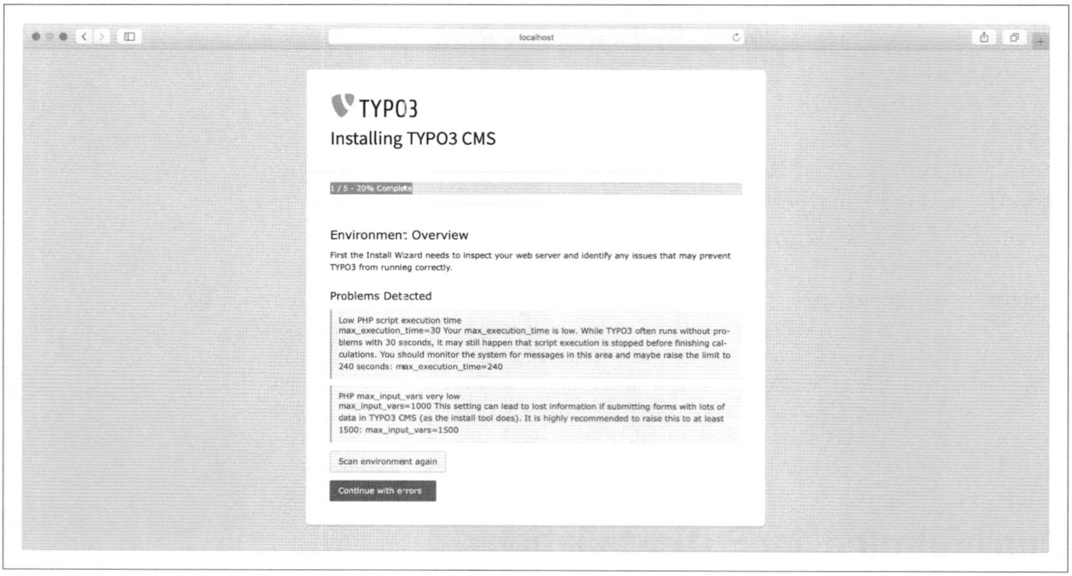

Abbildung 2-2 ▲
System Environment Check

Beim ersten Aufruf des Installationsassistenten überprüft TYPO3 zunächst Ihre Systemumgebung. Möglicherweise erhalten Sie hier entsprechende Warnmeldungen mit detaillierten Beschreibungen, wie Sie Ihr System optimieren können bzw. sollten, wie etwa in Abbildung 2-2 zu sehen ist. So werden Sie möglicherweise Meldungen wie *Low PHP script execution time* oder *PHP max_input_vars very low* erhalten. Diese Fehlermeldungen können Sie durch entsprechende Konfigurationen in der Konfigurationsdatei *php.ini* bearbeiten. Unter Linux-Systemen finden Sie diese üblicherweise im Verzeichnis */etc/php* oder */etc/php7*:

```
max_execution_time = 240
max_input_vars = 1500
```

Alle Warnhinweise sind farbig codiert: Die rot hinterlegten Hinweise sollten bei der Installation unbedingt berücksichtigt werden, da das System andernfalls sicher nicht funktionieren wird. Die gelb hinterlegten Hinweise sollten natürlich ebenso berücksichtigt werden, sind in der Regel jedoch eher Optimierungshinweise.

Über den Button *Scan environment again* können Sie die Prüfung erneut durchführen. Die entsprechenden Warnmeldungen zur Verzeichnisstruktur sind nun verschwunden, möglicherweise erhalten Sie aber noch andere Meldungen, die Sie ebenfalls prüfen sollten. Möchten Sie trotz auftauchender Warnungen mit dem Installationsprozess fortfahren, können Sie das über den Button *Continue with errors* erzwingen.

Falls alle Meldungen verschwunden sein sollten, benutzen Sie den Button *No problems detected, continue with installation.*

Sie sollten nun eine Eingabemaske für die Angabe der Datenbankverbindung erhalten (siehe Abbildung 2-3).

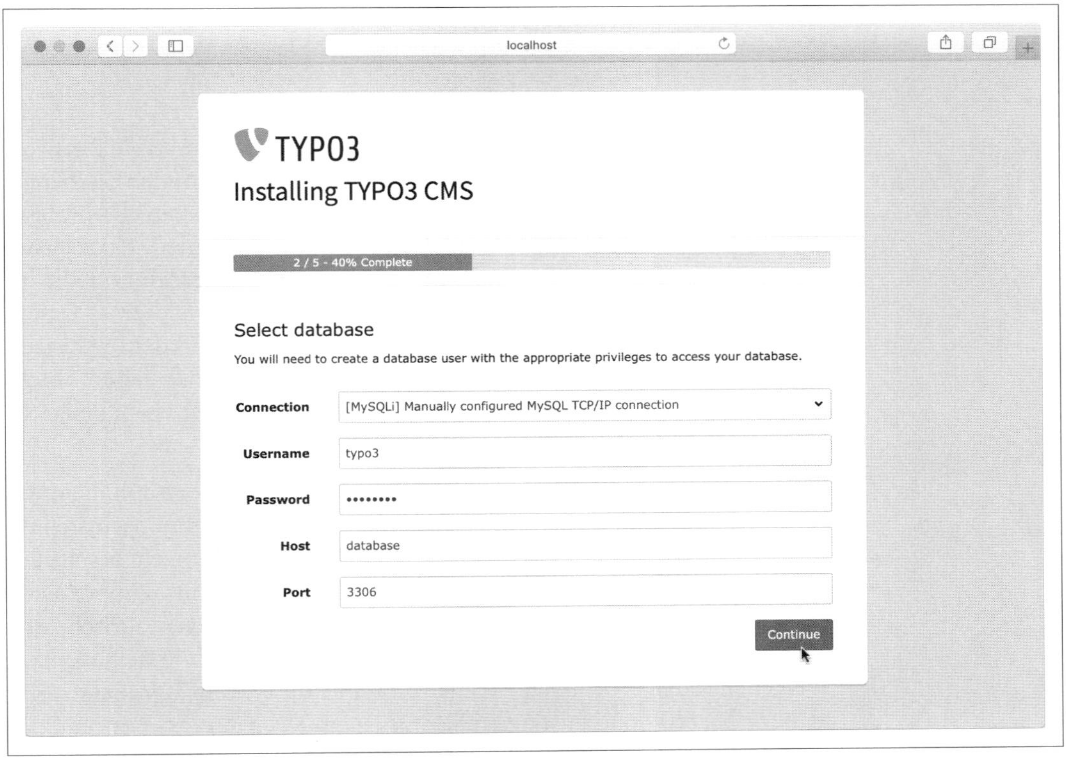

▲ **Abbildung 2-3**
Die Datenbankverbindung herstellen

Geben Sie in die drei Felder *Username*, *Password* und *Host* die Zugangsdaten für die Verbindung zur Datenbank ein und speichern Sie Ihre Angaben, indem Sie auf den Button *Continue* klicken. Sofern die Verbindung zum Datenbankserver erfolgreich war, können Sie auf der folgenden Seite aus einer Liste der Ihnen zur Verfügung stehenden Datenbanken diejenige auswählen, die für das TYPO3-Projekt genutzt werden soll. Beachten Sie, dass diese Datenbank eine leere Datenbank sein sollte, da vorhandene Daten gelöscht bzw. überschrieben werden. Wenn Sie sich nicht sicher sind, legen Sie am besten eine neue Datenbank an. Bestätigen Sie Ihre Angabe erneut mit dem Button *Continue*.

Falls Sie auf einem lokalen System arbeiten und gerade keinen laufenden Datenbankserver zur Verfügung haben, können Sie unter *Connection* auch die Option *Manually configured SQLite connection* auswählen. Dies erstellt eine kleine Datenbank, die direkt im Dateisystem Ihres Webservers liegt und sich hervorragend für Testzwecke eignet. Im Produktivbetrieb sollten Sie von dieser Lösung aus Performance-Gründen jedoch Abstand nehmen.

Tipp Falls Sie TYPO3 im vorigen Abschnitt mit Docker installiert haben, benötigen Sie hier die Zugangsdaten, die Sie als Parameter beim Starten des Datenbank-Containers mitgegeben haben. Der Hostname des Datenbankservers lautet dann einfach nur *db*.

Im nächsten Schritt vergeben Sie einen Benutzernamen und ein Passwort für Ihren zukünftigen Admin-Benutzer. Gleichzeitig können Sie bereits den sogenannten Site-Namen Ihrer geplanten Website angeben (dieser kann jedoch im Nachhinein auch noch geändert werden, dazu später mehr). Durch einen Klick auf den Button *Continue* werden nun alle für TYPO3 benötigten Tabellen und Felder angelegt sowie diverse Datensätze importiert. Zudem wird ein Backend-Benutzer mit dem Benutzernamen und dem Passwort angelegt, das Sie zuvor vergeben haben. Sofern Sie auch einen Seitentitel angegeben haben, wird dieser ebenfalls in die Datenbank geschrieben.

Im vorerst letzten Arbeitsschritt nimmt TYPO3 dann noch abhängig von Ihrer Systemumgebung automatisiert einige Konfigurationseinstellungen vor. In diesem Schritt bietet TYPO3 Ihnen zudem an, ein bereits fertig vorkonfiguriertes Projekt in Ihrer TYPO3-Installation zu importieren (*Want a pre-configured site?*). Dies ist zum Kennenlernen praktisch, aber andererseits möchten wir uns in diesem Buch ja mit der Erstellung eines eigenen Projekts befassen. Wählen Sie daher die Option *Take me straight to the backend* und bestätigen Sie mit einem Klick auf den Button *Open the TYPO3 Backend*, um das Backend Ihrer frisch aufgesetzten Installation aufzurufen.

Damit ist die Installation von TYPO3 abgeschlossen. Durch einen erneuten Aufruf der TYPO3-Installation über die Domain *http://typo3.example* können Sie sich vergewissern, dass die Installation korrekt ausgeführt wurde: Sie sollten jetzt die Meldung *No site configuration found* bzw. die allgemeine Fehlermeldung *Page Not Found* erhalten. In Kapitel 3, *Das Backend kennenlernen*, erhalten Sie nähere Informationen zu dieser Meldung.

Wichtige Aufgaben im Install-Tool

Neben dem Backend, das Sie im nächsten Kapitel näher kennenlernen werden, ist das Install-Tool eines der wichtigsten Werkzeuge zur Administration und Wartung Ihres TYPO3-Projekts. Direkt nach der Ausführung des Installationsassistenten gibt es hier einige wichtige Konfigurationseinstellungen, die Sie vornehmen sollten und die in diesem Abschnitt näher betrachtet werden.

Im regulären Betrieb Ihres Projekts werden Sie das Install-Tool selbst eher selten benötigen. Alle vom Install-Tool angebotenen Funktionen können Sie später auch direkt über das TYPO3-Backend aufrufen (entsprechende Benutzerberechtigungen vorausgesetzt). Diese stehen im Menü unter dem Abschnitt *ADMIN TOOLS* zur Verfügung (dazu später mehr).

Tipp

Um über das TYPO3-Backend Zugriff auf die Funktionen des Install-Tools zu haben, benötigen Sie einen Backend-Benutzer, der zur Gruppe der *Systemverantwortlichen* gehört. Der erste Benutzer, den Sie bei der Installation erstellt haben, ist standardmäßig Mitglied dieser Gruppe – alle weiteren Benutzer, die Sie im Nachhinein erstellen, sind es standardmäßig erst einmal nicht.

Unabhängig von einem funktionierenden Backend-Log-in können Sie das Install-Tool auch aufrufen, indem Sie den Pfad */typo3/install.php* zu Ihrer Domain hinzufügen, also z.B. *http://typo3.example/typo3/install.php*. Der direkte Zugriff auf das Install-Tool kann insbesondere dann nützlich sein, wenn Sie sich aus dem Backend »ausgesperrt« haben.

Sollte sich das Install-Tool nicht öffnen lassen und mit der Textmeldung *The Install Tool is locked* beendet werden, müssen Sie es sich zunächst zugänglich machen. Wenn Sie über das TYPO3-Backend zugreifen, klicken Sie hierzu einfach auf die Schaltfläche *Unlock the Install Tool*. Andernfalls legen Sie eine neue leere Datei mit dem Namen *ENABLE_INSTALL_TOOL* im Verzeichnis *typo3conf/* an. Das bloße Vorhandensein dieser Datei aktiviert bereits das Install-Tool.

Sofern Sie einen direkten Zugriff auf den Server haben, z.B. über SSH, können Sie die Datei so anlegen:

```
$ cd /var/www/buch/public/typo3conf/
$ touch ENABLE_INSTALL_TOOL
```

Die Datei *ENABLE_INSTALL_TOOL* kann ebenfalls über einen (S)FTP-Zugang in das Verzeichnis übertragen werden. Auf Windows-Systemen wird bei der Erstellung einer leeren Datei meist zwingend eine Dateiendung vorgegeben. Diese Dateiendung muss jedoch nach dem Übertragen auf den Server entfernt werden, z. B. durch Umbenennen der Datei.

Support Dateien können auch per FTP (*File Transfer Protocol*) zum Bearbeiten von Ihrem lokalen Rechner auf den Server kopiert werden. Sofern sich Ihre TYPO3-Installation auf einem Linux-System befindet, achten Sie auf das Dateiformat. Beim Editieren auf Windows-Systemen werden Dateien häufig in das Windows-Format umgewandelt, was nachträglich eine Fehlerquelle aufgrund unterschiedlicher Zeilenumbruchzeichen darstellt.

Wundern Sie sich nicht, wenn die Datei nach einer Stunde wieder verschwunden und das TYPO3-Install-Tool blockiert ist. TYPO3 prüft, ob die Datei innerhalb der letzten 60 Minuten erstellt wurde, und löscht sie automatisch, falls sie bereits existiert, aber schon älter ist.

Das Passwort für das Install-Tool ändern

Falls Sie direkt aus dem Install-Tool zugreifen (also nicht über das TYPO3-Backend), müssen Sie sich mit dem *Install-Tool-Passwort* anmelden. Dabei handelt es sich standardmäßig um das Passwort des ersten Benutzers, den Sie während der Installation angelegt haben – es kann jedoch unabhängig vom Benutzerpasswort jederzeit nachträglich geändert werden.

Abbildung 2-4 ▼
Das Passwort für das Install-Tool ändern

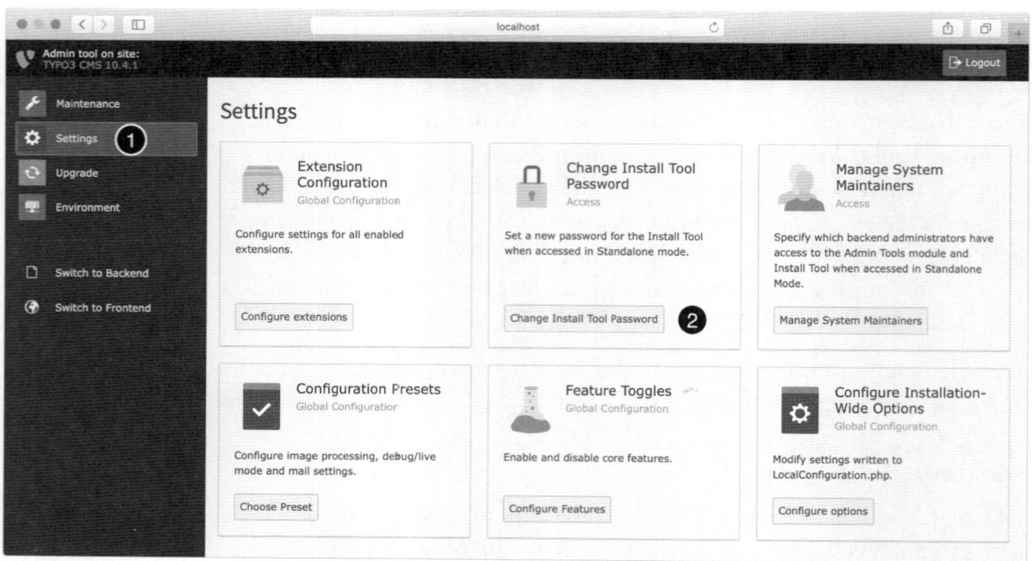

Um das Install-Tool-Passwort zu ändern, wechseln Sie wie in Abbildung 2-4 gezeigt im Install-Tool in den Bereich *Settings* ❶ und klicken auf den

Button *Change Install Tool Password* ❷. Anschließend geben Sie im Feld *Enter new password* ein neues Passwort ein, wiederholen Ihre Eingabe im Feld *Repeat Password* und bestätigen dieses neue Passwort über den Button *Set new password*.

Haben Sie TYPO3 vorinstalliert bei einem auf TYPO3 spezialisierten Provider erhalten, wurde Ihnen das Passwort für das Install-Tool von Ihrem Provider mitgeteilt. Der Sicherheit halber sollten Sie ein solches vordefiniertes Passwort jedoch zügig ändern.

Mailversand testen

Unter dem Menüpunkt *Environment* bietet das Install-Tool einige Optionen, um zu prüfen, ob Ihre Serverumgebung alle Anforderungen von TYPO3 erfüllt. Die offensichtlichen (beispielsweise die PHP-Konfiguration) wurden bereits bei der Durchführung der Installation geprüft. Darüber hinaus gibt es jedoch noch ein paar spezielle Konfigurationseinstellungen, die während der Erstinstallation nicht explizit geprüft werden.

Beispielsweise wird über den Punkt *Test Mail Setup* geprüft, ob der Versand von E-Mails aus TYPO3 heraus möglich ist (etwa bei der Nutzung von Kontaktformularen). Standardmäßig erfolgt das über die Anwendung *sendmail* (die dafür natürlich auf dem Server installiert sein muss) oder andernfalls über ein konfiguriertes SMTP-Postfach. Ob Nachrichten aus dem System versendet werden, kann über die E-Mail-Testfunktion überprüft werden. Geben Sie dazu Ihre E-Mail-Adresse in das in Abbildung 2-5 gezeigte Feld ein und bestätigen Sie die Eingabe über die Schaltfläche *Send test mail*.

▼ Abbildung 2-5 Überprüfung der E-Mail-Funktion

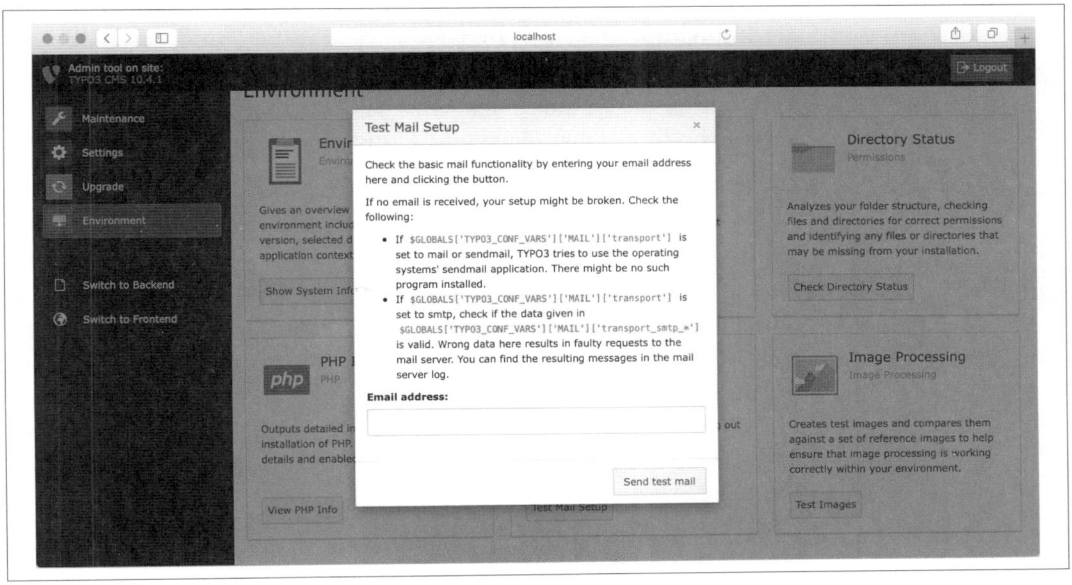

Support

Die über die Testfunktion versendeten Nachrichten verwenden als Absenderadresse *no-reply@example.com*. Die erzeugten Nachrichten werden von Spamfiltern häufig aussortiert. Sollten Sie die Testmail nicht erhalten, überprüfen Sie – bevor Sie den Fehler in der Serverkonfiguration suchen – zunächst, ob die E-Mail nicht eventuell vom Spamfilter aussortiert wurde.

In den meisten Serverumgebungen sollte der Versand von E-Mails aus TYPO3 heraus einfach funktionieren. Falls die Konfiguration Ihrer PHP-Umgebung keinen E-Mail-Versand zulässt, ist allerdings noch nicht alle Hoffnung verloren: Sie können TYPO3 auch instruieren, über einen externen SMTP-Server zu versenden. Wechseln Sie hierzu in den Abschnitt *Settings* und wählen Sie die Option *Configuration Presets*. Im nun erscheinenden Fenster finden Sie den Abschnitt *Mail handling settings*.

Aktivieren Sie hier die Option *Custom configuration*, ändern Sie das Feld *MAIL/transport* von **`sendmail`** auf **`smtp`** und geben Sie in den nachfolgenden Feldern die Zugangsdaten zu Ihrem eigenen SMTP-Server ein.

Darüber hinaus können (und sollten) Sie auch die standardmäßig genutzte Absenderadresse von *no-reply@example.com* auf eine Adresse ändern, die für Ihr Projekt sinnvoll ist. Das können Sie im Abschnitt *Settings* unter der Option *Configure Installation-Wide Options*. Hier wird die Absenderadresse über die Variablen *MAIL/defaultMailFromAddress* und *MAIL/defaultMailFromName* beschrieben.

Bildverarbeitung testen

Des Weiteren stehen Prüffunktionen zur Verfügung, die feststellen, ob die Konfigurationen von ImageMagick, Freetype und der GDlib mit TYPO3 korrekt zusammenspielen. Dies ist insbesondere wichtig für die Bildverarbeitungs-Funktionen von TYPO3. Um diese zu testen, wählen Sie im Abschnitt *Environment* die Option *Image Processing*.

Die Prüffunktion nutzt die Bildverarbeitungswerkzeuge auf Ihrem Server, um verschiedene Testbilder zu generieren. Diese können Sie im Anschluss optisch mit vorliegenden Referenzbildern vergleichen. Sollten Sie leichte Unterschiede zu den mitgelieferten Testbildern feststellen – nicht optischer Art, sondern bei den erzeugten Bildgrößen –, ist das kein Problem. Wichtig ist, dass die Bilder erzeugt werden und Sie keine visuellen Veränderungen feststellen können. Sind Veränderungen sichtbar oder sind die von TYPO3 verglichenen Dateigrößen dramatisch unterschiedlich, sollten Sie die Installationen der jeweiligen Softwarepakete noch einmal überprüfen.

Falls bei Ihnen gar keine Bilder generiert werden, lässt sich das eventuell auch auf eine falsche Konfigurationseinstellung zurückführen. Unter dem Menüpunkt *Settings → Configuration Presets* können Sie die am häufigsten genutzten Konfigurationsvariablen für Ihre TYPO3-Installation anpassen. Dabei sind die möglichen Einstellungen in verschiedene Teilbereiche gegliedert, die Sie mit einem Klick auf den entsprechenden Titel (beispielsweise *Image handling settings*) einfach auf- und zuklappen können.

Im Bereich *Image handling settings* können Sie angeben, ob TYPO3 Image Magick oder GraphicsMagick zur Grafikgenerierung nutzen soll (normalerweise erfolgt diese Konfiguration jedoch während des Installationsprozesses automatisch). Falls keines der beiden Programme unter den üblichen Pfaden gefunden werden kann, können Sie die Option *Custom configuration* nutzen, um im Eingabefeld *GFX/im* selbst anzugeben, in welchem Ordner sich die ausführbaren Dateien *convert*, *combine* und *identify* befinden (siehe Abbildung 2-6).

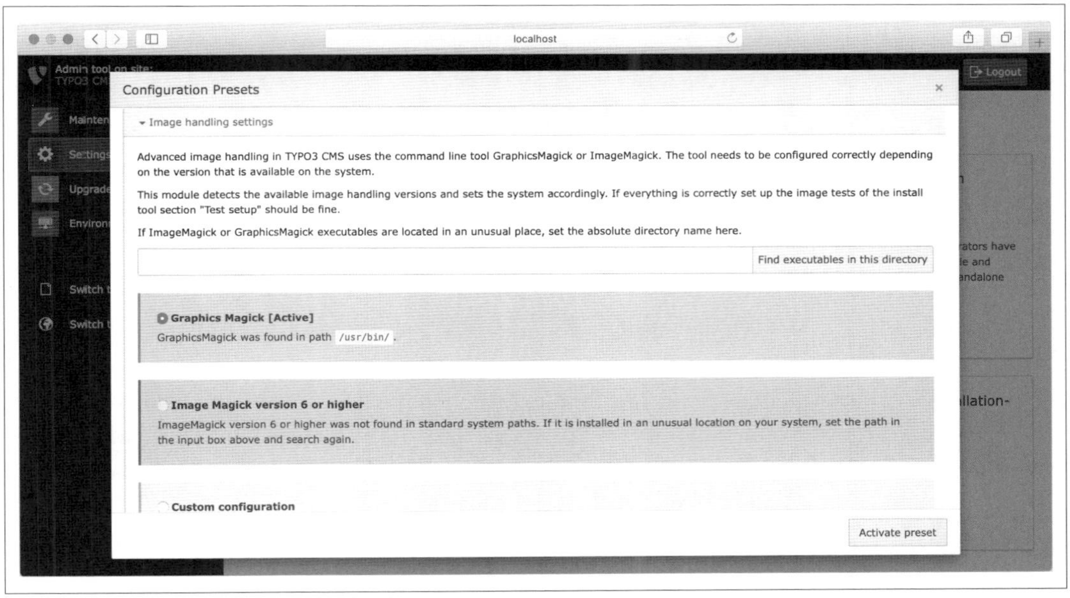

▲ **Abbildung 2-6**
Pfad zu den ImageMagick-Programmen angeben

Wie oben bereits erwähnt: Sollten Sie bei den erzeugten Bildgrößen in diesen Prüffunktionen leichte Unterschiede zu den jeweils mitgelieferten Testbildern feststellen, ist das kein Problem.

Deutsche Sprachpakete installieren

Wie Ihnen vielleicht aufgefallen ist, haben sich Ihnen der Setup-Assistent und das Install-Tool ausschließlich in englischer Sprache präsentiert.

Falls Sie – oder andere Anwender, die womöglich später mit dem System arbeiten – im Englischen nicht so sprachsicher sind, ist zumindest für das TYPO3-Backend Abhilfe in Sicht.

Standardmäßig enthält TYPO3 nur die Sprachdateien für die englische Sprache. Zusätzliche Sprachen können allerdings nachträglich über die Sprachverwaltung im Install-Tool installiert werden.

Um in die Sprachverwaltung zu gelangen, wählen Sie im Install-Tool (oder im TYPO3-Backend) den Menüpunkt *Maintenance* im Bereich *ADMIN TOOLS* an. Hier finden Sie (gegebenenfalls nach ein wenig Scrollen) die Option *Manage Language Packs*. Klicken Sie auf *Manage Languages*, und Sie finden sich in der in Abbildung 2-7 gezeigten Übersicht wieder. Die Liste der verfügbaren Sprachen wird sichtbar, sobald Sie auf den *Add language*-Button klicken.

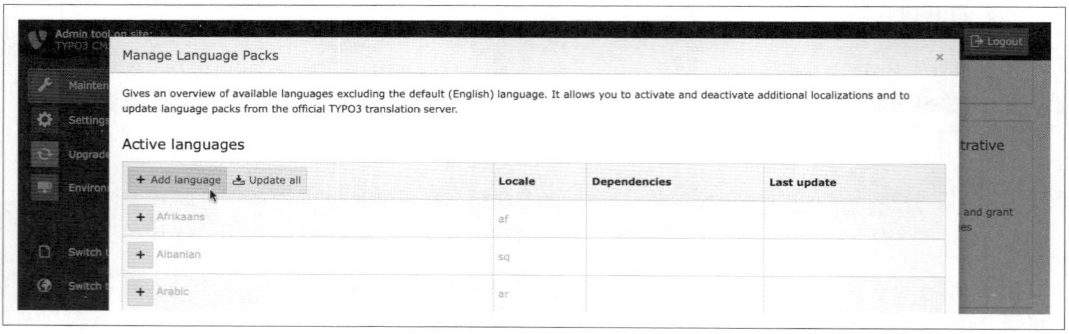

Abbildung 2-7 ▲
Neue Sprachen hinzufügen

Allerdings wurden die Sprachen bisher noch nicht installiert. Die entsprechenden Sprachpakete müssen von einem zentralen Server heruntergeladen bzw. mit ihm abgeglichen werden. Über den *Update all*-Button können Sie jetzt veranlassen, dass die aktuellste veröffentlichte Version des jeweiligen Sprachpakets in Ihr TYPO3-Projekt übertragen wird (siehe Abbildung 2-8).

Support

Damit die Übertragung der Sprachpakete stattfinden kann, ist es erforderlich, dass von Ihrer TYPO3-Installation aus eine Verbindung in das Internet aufgebaut werden kann. Bei auf TYPO3 spezialisierten Providern können Sie die globale PHP-Einstellungsdatei *php.ini* selbst anpassen. Sie müssen *allow_url_fopen* aktivieren, und über *memory_limit* muss ausreichend Speicher zur Verfügung stehen.

Falls Ihre TYPO3-Installation das Internet nur über einen Proxy-Server erreichen kann, können Sie diesen im Install-Tool unter dem Abschnitt *Settings → Configure Installation-Wide Options → Connection* konfigurieren.

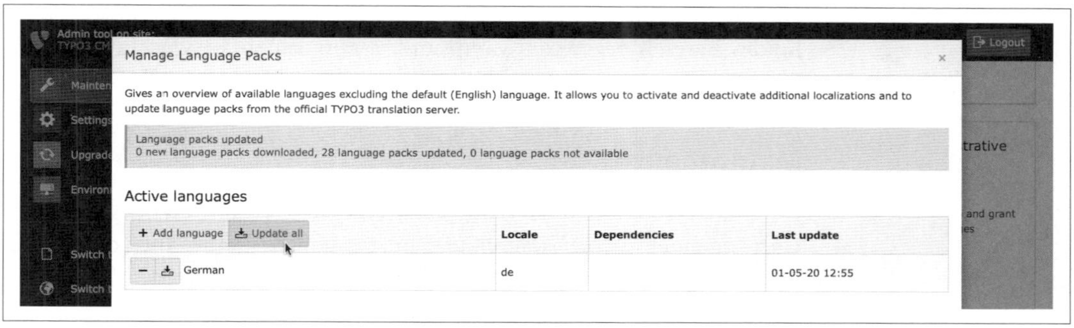

▲ **Abbildung 2-8**
Die benötigten Sprachpakete werden übertragen.

Sie können auf genau dieselbe Weise auch mehrere Sprachen gleichzeitig aktivieren. Jeder Backend-Benutzer kann später für sich selbst einstellen, in welcher Sprache er das TYPO3-Backend bedienen möchte.

Das Install-Tool im Detail

Neben den zuvor schon vorgestellten Optionen bietet das Install-Tool zahlreiche weitere Konfigurationsmöglichkeiten. Direkt nach der Installation wird TYPO3 mit einer Standardkonfiguration ausgeliefert, die im Regelfall nur noch an wenigen Stellen angepasst werden muss. Eine klassische Anpassung, die Sie bereits in den vorherigen Abschnitten vorgenommen haben, ist die Angabe der Daten für die Verbindung zur Datenbank, das Ändern des Install-Tool-Passworts oder die Konfiguration des Mailversands.

Einstellungen, die über das Install-Tool vorgenommen werden, speichert TYPO3 in der Datei *typo3conf/LocalConfiguration.php*. Wenn Sie sich sehr gut auskennen, können Sie diese Datei auch manuell bearbeiten, z. B. per FTP. Beachten Sie aber, dass eine fehlerhafte *LocalConfiguration.php* das Arbeiten mit TYPO3 unmöglich macht. Auch kann das Install-Tool unter Umständen bei einer fehlerhaften Datei so lange nicht mehr aufgerufen werden, wie nicht alle Fehler beseitigt sind.

TYPO3 hält im Auslieferungszustand sämtliche Grundeinstellungen in der Datei *typo3/sysext/core/Configuration/DefaultConfiguration.php* vor. Die Anpassungen werden in der Datei *typo3conf/LocalConfiguration.php* gespeichert, die über das Install-Tool komfortabel editiert werden kann und die Basiskonfiguration überschreibt.

Support Nehmen Sie an der Datei *typo3/sysext/core/Configuration/DefaultConfiguration.php* keinerlei Änderungen vor, da sonst die Updatefähigkeit von TYPO3 nicht mehr gegeben ist.

Das Install-Tool gliedert sich in verschiedene Bereiche, die über die im linken Bereich gezeigten Menüpunkte aufgerufen werden können. Im Folgenden werden die gebräuchlichsten Bereiche vorgestellt.

Maintenance

Der Bereich *Maintenance* hält die wichtigsten Funktionen zur Systemwartung einer TYPO3-Installation bereit. Hierzu gehört auch das Erstellen von Benutzern und die Verwaltung von Sprachpaketen.

Flush TYPO3 and PHP Cache

Über den Button *Flush cache* können Sie verschiedene von TYPO3 genutzte Zwischenspeicher leeren. Dies kann dann notwendig sein, wenn nach der Installation einer Extension über das Backend Fehler auftreten. Mehr über die genaue Funktionsweise der TYPO3-Zwischenspeicher erfahren Sie in Kapitel 5, *TypoScript in der Praxis*.

Außerdem leert dieser Button den Opcode-Cache des PHP-Interpreters (sofern aktiviert). Dieser speichert sämtliche vom Server interpretierten PHP-Dateien zwischen; nach einem Versionsupdate oder der Aktualisierung einer Extension kann es gegebenenfalls notwendig sein, diesen Cache zu leeren.

Analyze Database Structure

Hinter der Option *Analyze Database Structure* verbirgt sich mehr als nur ein Analysewerkzeug: Sie können hier die Datenbank auf die Existenz von benötigten Tabellen und Feldern hin überprüfen (Button *Analyze database*). Falls Unstimmigkeiten festgestellt werden, erhalten Sie eine Auflistung der Abweichungen mit Vorschlägen dazu, welche Tabellen und Felder angelegt oder geändert werden sollten. Für TYPO3 überflüssige Tabellen und Felder werden ebenfalls mit aufgelistet, würden aber lediglich umbenannt und sind für diese Aktion auch nicht vorausgewählt. Sie können dann die gewählten Änderungen direkt über den Button *Apply selected changes* vornehmen.

Diese Funktion wird bei einem Update von TYPO3 auf eine höhere Version benötigt. Hier stellen Sie sicher, dass alle neuen Tabellen und Felder angelegt bzw. Änderungen an Datenbankfeldern vorgenommen werden. Nähere Informationen dazu, wie Sie ein Update von TYPO3 auf eine höhere Version durchführen, finden Sie in Kapitel 14, *Tipps und Tricks*.

Support Häufig hilft eine Analyse der Datenbankstruktur bei MySQL-Fehlermeldungen im TYPO3-Backend und -Frontend. Fehler in der Datenbankstruktur können beispielsweise bei der Installation und Deinstallation von TYPO3-Erweiterungen entstehen. Nach der Ausführung der

Analyze Database-Funktion findet eine Überprüfung der Datenbankstruktur und der benötigten Tabellenstrukturen statt. Sie erhalten eine Ausgabe der benötigten Änderungen, die Sie direkt über die Schaltfläche *Apply selected changes* ausführen lassen können.

Remove Temporary Assets

TYPO3 generiert im laufenden Betrieb eine ganze Menge an Hilfsdateien, um Inhalte schneller und effizienter an Nutzer ausliefern zu können. Dies umfasst beispielsweise auf bestimmte Größen heruntergerechnete Bilder oder zusammengefasste und komprimierte CSS- und JavaScript-Dateien. Mit der Option *Remove Temporary Assets* können diese Hilfsdateien gelöscht werden.

Support Das Entfernen temporärer Dateien kann helfen, wenn beispielsweise Bilder oder CSS-Dateien im Frontend nach einer Änderung im Backend nicht korrekt aktualisiert werden.

Rebuild PHP Autoload information

Der Button *Dump autoload* sammelt Informationen über PHP-Klassen, die von Drittanbieter-Erweiterungen zum System hinzufügt werden. Im Normalbetrieb sollten Sie diesen Button nie benötigen. In Ausnahmefällen kann er jedoch hilfreich sein, wenn nach der Installation von Erweiterungen oder nach einem größeren Versionsupdate Fehler auftreten.

Clear Persistent Database Tables

Die TYPO3-Datenbank enthält einige Tabellen, die sogenannte »semiflüchtige« Daten beinhalten. Dazu zählen beispielsweise Sitzungsdaten und Protokolle. Diese sind für die reibungslose Funktion der Seite nicht unbedingt erforderlich und können über diese Funktion bei Bedarf gelöscht werden. Insbesondere die Protokoll-Tabellen können nach einiger Zeit oder bei stark frequentierten Seiten beachtliche Größen erreichen, sodass es aus technischen Gründen gegebenenfalls sinnvoll sein kann, diese zu leeren.

Create Administrative User

Eine nützliche Funktion bietet der Menüpunkt *Create Administrative User*, der es Ihnen ermöglicht, einen Backend-Benutzer mit Administratorrechten über das Install-Tool anzulegen. Über die entsprechende Checkbox können Sie einen neu erstellten Benutzer auch gleich zur Gruppe der *Systemverantwortlichen* (engl. *System Maintainers*) hinzufügen.

Beachten Sie, dass Benutzernamen stets eindeutig sein müssen. Wird ein Benutzername gewählt, der bereits vorhanden ist, kann dieser kein zweites Mal angelegt werden.

Beachten Sie, dass zumindest bei den Benutzernamen Groß- und Kleinschreibung keine Rolle spielen. Sie können zwar zum Beispiel einen Benutzer *MMustermann* anlegen, der mit genau dieser Groß- und Kleinschreibung gespeichert wird, einen zweiten Benutzer namens *mmustermann* können Sie danach allerdings nicht mehr anlegen.

Reset Backend User Preferences
Dieser Button setzt alle benutzerdefinierten Einstellungen, die Ihre Benutzer für sich selbst konfiguriert haben, wieder auf die Standardwerte zurück.

Manage Language Packs
Diese Option erlaubt Ihnen die Verwaltung der installierten Sprachpakete. Im vorherigen Abschnitt »Deutsche Sprachpakete installieren« auf Seite 33 haben Sie bereits mit dieser Option gearbeitet.

Settings

Der Bereich *Settings* enthält zahlreiche verschiedene Einstellungen, die Sie im Rahmen der Systemwartung vornehmen können. Die Option *Change Install Tool Password* haben Sie zuvor vielleicht bereit benutzt.

Extension Configuration
Unter dieser Option können Sie Dritterweiterungen konfigurieren, die möglicherweise in Ihrem System installiert sind. Mehr zur Installation und Verwaltung von Erweiterungen erfahren Sie in den folgenden Kapiteln.

Manage System Maintainers
Diese Option erlaubt Ihnen die Verwaltung der Gruppe der *Systemverantwortlichen* (engl. *System Maintainers*). Hierbei handelt es sich um die Nutzer, die im TYPO3-Backend später Zugriff auf die Funktionalitäten des Install-Tools und einige weitere, wie etwa den Extension Manager, haben. Beispielsweise können Sie hier nachträglich Benutzer zur Gruppe hinzufügen und auch entfernen (und ja, Sie können sich selbst aus dieser Gruppe entfernen – also Vorsicht!).

Configuration Presets
Unter dem Punkt *Configuration Presets* erhalten Sie abhängig von Ihrer Systemumgebung einzelne Konfigurationsvorschläge. Zudem gibt es die Möglichkeit, vorgefertigte Konfigurationseinstellungen zu verwenden. So können Sie auch schnell zwischen speziellen Einstellungen für den Produktiveinsatz und die Entwicklung wechseln. Beispielsweise ist für die Produktivumgebung die Debug-Ausgabe standardmäßig deaktiviert und die Protokollierung von Fehlermeldungen eingeschränkt, während beides in der Entwicklungsumgebung voll verfügbar ist.

Feature Toggles

Die Option *Feature Toggles* ermöglicht es Ihnen, einzelne Funktionen von TYPO3 gezielt ein- und auszuschalten. Diese Option ist erst in TYPO3 9 eingeführt worden; dementsprechend gibt es hier nicht viele Funktionen, die sich darüber ein- und ausschalten lassen. Dennoch ist damit zu rechnen, dass in späteren TYPO3-Versionen mehr Funktionalitäten dazukommen, die sich explizit ein- oder ausschalten lassen.

Configure Installation-Wide Options

Klicken Sie auf den Button *Configure options*, hört das System auf, Sie an die Hand zu nehmen, und Sie können jede in der Datei *LocalConfiguration.php* konfigurierbare Option separat konfigurieren. Das sind eine ganze Menge, von der wir daher einige besonders erwähnenswerte Optionen später im Abschnitt »Installation-Wide Options« auf Seite 40 noch einmal gesondert aufgreifen.

Upgrade

Unter dem Abschnitt *Upgrade* sind alle Maßnahmen zusammengefasst, die Sie üblicherweise beim Upgrade von einer früheren TYPO3-Version ergreifen können (müssen). Da der Durchführung von Versionsupdates in Kapitel 14 ein ganz eigener Abschnitt »Update auf eine höhere TYPO3-Version« auf Seite 457, gewidmet ist, klammern wir diesen Menüpunkt an dieser Stelle aus.

Environment

Im Bereich *Environment* wird eine Überprüfung von generell wichtigen Einstellungen vorgenommen. So wird unter anderem überprüft, ob die PHP-Konfiguration den Ansprüchen von TYPO3 genügt. Sie können an entsprechenden grafischen Hinweisen erkennen, ob der jeweilige Punkt kritische Auswirkungen auf die Ausführung von TYPO3 hat.

Die Optionen *Test Mail Setup* und *Image Processing* haben Sie im vorherigen Abschnitt »Wichtige Aufgaben im Install-Tool« auf Seite 29 bereits kennengelernt.

Environment Status

Dieser Menüpunkt überprüft die PHP-Konfiguration auf Ihrem Server. Dies umfasst beispielsweise Konfigurationseinstellungen, die Sie über die *php.ini*-Datei einstellen können, aber auch notwendige PHP-Erweiterungen, Drittanbieter-Tools und die Konfiguration des konfigurierten Datenbankservers.

Directory Status

Im Bereich *Directory Status* werden automatisiert Prüfungen durch TYPO3 vorgenommen. Überprüft wird, ob die Rechte für Verzeichnisse stimmen, TYPO3 also in diesen Verzeichnissen schreiben darf. Werden fehlerhafte oder auch zu großzügige Berechtigungen gefunden, ist es in den meisten Fällen möglich, diese über den dann erscheinenden Button *Fix errors* zu korrigieren.

Installation-Wide Options

Unter dem Punkt *Installation-Wide Options* im *Settings*-Abschnitt finden Sie fast alle in TYPO3 möglichen Konfigurationsoptionen. Die Liste der Möglichkeiten ist sehr lang, daher wird hier nicht auf jeden einzelnen Punkt eingegangen. Im Folgenden werden lediglich die wichtigsten Konfigurationsmöglichkeiten vorgestellt:

Backend: lockSSL

Wenn Sie das TYPO3-Backend, also die Konfigurationsumgebung, in der Administratoren und Redakteure die Webseite verwalten, mit einer SSL-Verschlüsselung schützen möchten (*https*), können Sie diese Option aktivieren. Ist sie aktiviert, wird für jeden Zugriff auf das TYPO3-Backend TLS-Verschlüsselung erzwungen. Gegebenenfalls wird dabei auf die entsprechende HTTPS-URL umgeleitet (also beispielsweise von *http://typo3.example/typo3* auf *https://typo3.example/typo3*).

Support Die verschlüsselte Übertragung von Zugangsdaten, beispielsweise bei Log-in-Formularen, ist heutzutage ein Muss. Völlig zu Recht warnen moderne Browser ihre Nutzer mittlerweile vor unverschlüsselten Log-in-Formularen. Im Produktivbetrieb sollten Sie sich also in jedem Fall um eine SSL-Verschlüsselung für Ihr Projekt kümmern und diese Option aktivieren.

System: fileCreateMask

Unter Unix-Systemen gibt es für jede Datei Zugriffsrechte. Wenn Sie neue Dateien in TYPO3 erzeugen, können Sie über *fileCreateMask* deren Rechte festlegen. Sollten Sie beim Arbeiten mit TYPO3 zwischenzeitlich Rechteprobleme bekommen, könnte das an einer falschen *fileCreateMask* bzw. *folderCreateMask* liegen. Ein geeigneter Wert wäre beispielsweise *0644*.

System: folderCreateMask

Ähnlich wie beim Punkt *fileCreateMask* werden die hier angegebenen Unix-Rechte für alle über TYPO3 erzeugten Verzeichnisse gesetzt. Ein geeigneter Wert wäre beispielsweise *2755*.

Support Wenn Sie nach der Installation der TYPO3-Erweiterung einen Internal Server Error angezeigt bekommen, kann das an einer falschen *file CreateMask* oder *folderCreateMask* liegen.

Backend: sessionTimeout

Um einen unbefugten Zugriff auf das TYPO3-Backend zu verhindern, werden angemeldete Benutzer nach langer Inaktivität automatisch vom System abgemeldet. Das geschieht durch ein Cookie im Browser, in dem eine Zeit gespeichert ist, nach deren Ablauf der Benutzer abgemeldet wird. Diese Zeit können Sie über *sessionTimeout* verändern, indem Sie einen Wert in Sekunden eintragen. Wenn Sie also auch nach der Mittagspause noch am System angemeldet sein möchten, müssen Sie hier den voreingestellten Wert erhöhen.

Backend: interfaces

TYPO3 bietet dem Backend-Benutzer verschiedene Oberflächen, um Inhalte zu bearbeiten. Über den Punkt *Interfaces* kann ein Auswahlfeld für die Log-in-Maske erzeugt werden, die dem Benutzer wahlweise auch den direkten Log-in zum sogenannten Frontend-Editing-Modus ermöglicht. Im Frontend-Editing kann der Redakteur Seiteninhalte direkt in der Webseite über dargestellte Bearbeitungssymbole bearbeiten. Mögliche Eingaben für das Feld *Interfaces* sind *backend* und *frontend*.

Backend: adminOnly

Mit dieser Option haben Sie die Möglichkeit, den Zugriff auf das TYPO3-Backend auf bestimmte Benutzer einzuschränken. Dies kann beispielsweise dann sinnvoll sein, wenn Sie gerade Wartungsarbeiten am System vornehmen (wie etwa ein Update auf eine neuere Version) und nicht möchten, dass Redakteure während dieser Zeit Änderungen im Backend vornehmen. Mögliche Werte für diese Einstellung sind *–1*, *0*, *1* und *2*. Der Standardwert ist *0* und beschreibt den regulären Betrieb, in dem sich jeder Nutzer wie gewohnt anmelden kann. *–1* sperrt das System für alle Nutzer, *1* für alle Nutzer außer Administratoren und *2* für alle Nutzer außer Administratoren und Kommandozeilennutzer.

Mail: transport

Diese Variable beschreibt, welche Methode TYPO3 zum Versand von E-Mails verwenden soll. Mögliche Eingaben sind die Werte *mail*, *smtp*, *sendmail* und *mbox*.

Die Standardeinstellung für diese Variable ist der Wert *mail*. Dabei werden E-Mails über die PHP-interne Funktion *mail()* versandt. Diese Einstellung sollte für die meisten Standardanforderungen genügen.

Wird hier der Wert *smtp* eingegeben, erfolgt der Mailversand über einen externen SMTP-Server. Die Zugangsdaten für diesen Server (typischerweise der Servername sowie ein Benutzername mit Passwort) können Sie in den Variablen *transport_smtp_server*, *transport_smpt_username* und *transport_smtp_password* angeben.

Der Wert *sendmail* hingegen bewirkt, dass E-Mails mithilfe der Anwendung *sendmail* verschickt werden. Das setzt natürlich voraus, dass diese auf Ihrem Serversystem installiert ist.

Mit dem Wert *mbox* werden sämtliche E-Mails, die über TYPO3 versandt werden, nicht tatsächlich verschickt, sondern stattdessen in einer Datei gespeichert. Diese Einstellung ist sehr nützlich für Entwicklungssysteme.

Mail: defaultMailFromAddress und defaultMailFromName
: Diese beiden Variablen definieren, mit welcher Absenderadresse (bzw. welchem Namen) E-Mails verschickt werden sollen, die von TYPO3 selbst verschickt werden.

HTTP: proxy
: Falls Sie Ihre TYPO3-Installation in einem internen Netzwerk ohne direkten Zugriff in das Internet betreiben, können Sie unter dieser Option einen Proxy-Server eintragen, der diesen Zugriff ermöglicht. Andernfalls werden einige Komponenten im TYPO3-Backend und -Frontend nicht funktionieren, die auf Kommunikation mit externen Diensten angewiesen sind. Dies betrifft beispielsweise den Extension Manager oder auch installierte Drittanbieter-Erweiterungen.

System: sitename
: Erinnern Sie sich noch an den Site-Namen, den Sie bei der Durchführung des Setup-Wizards eingeben mussten? Hier können Sie diesen Wert ändern.

System: phpTimeZone
: Hier können Sie die Zeitzone einstellen, in der Ihr TYPO3-Backend arbeiten soll. Falls hier kein Wert angegeben ist, wird TYPO3 versuchen, die Zeitzone der Server-Umgebung zu übernehmen. Falls Sie eine andere Zeitzone verwenden möchten, können Sie hier einen Wert wie beispielsweise **`Europe/Berlin`** eintragen.

System: ipAnonymization
: Diese Option definiert, wie TYPO3 mit IP-Adressen umgehen soll, die beispielsweise in Protokolldateien gespeichert werden – üblicherweise werden sie anonymisiert gespeichert. Sie können diese Einstellung ändern; beachten Sie jedoch, dass nicht-anonymisierte IP-Adressen als personenbezogene Daten im Sinne der Datenschutz-Grundverordnung zählen und Sie eine entsprechende Rechtsgrundlage für deren Verarbeitung benötigen.

TYPO3 über die Kommandozeile bedienen

Statt den Weg über das Install-Tool zu gehen, können Sie einige Wartungsarbeiten auch über Befehle auf der Kommandozeile vornehmen. Das Vorgehen über die Kommandozeile kann in einigen Fällen sinnvoll sein: Eventuell nehmen Sie gerade Wartungsarbeiten an Ihrem Webserver vor, und Ihr Projekt ist über das Web gar nicht erreichbar. Vielleicht möchten Sie auch manche Aktionen in einem Skript oder zeitgesteuert automatisieren. Und eventuell liegt Ihnen die Arbeit auf der Kommandozeile auch einfach mehr als über grafische Oberflächen.

Um mit der TYPO3-Kommandozeile zu arbeiten, müssen Sie zunächst das entsprechende Skript lokalisieren. Falls Sie TYPO3 per Composer installiert haben, finden Sie dieses üblicherweise unter *vendor/bin/typo3* in Ihrem Projektverzeichnis. Andernfalls liegt die Datei unter *typo3/sysext/core/bin/typo3*.

Rufen Sie dieses Skript nun auf der Kommandozeile mit dem Argument `list` auf. Sie sollten eine Ausgabe ähnlich der in Abbildung 2-9 sehen. Hier werden Ihnen sämtliche unterstützten Kommandozeilenbefehle aufgelistet.

An dieser Stelle gehen wir nicht weiter auf die einzelnen Befehle ein, die die TYPO3-Kommandozeile bietet. Wir werden im weiteren Verlauf dieses Buchs immer wieder einmal darauf zurückkommen, wenn sich die Gelegenheit bietet.

▼ Abbildung 2-9
Die TYPO3-Kommandozeile

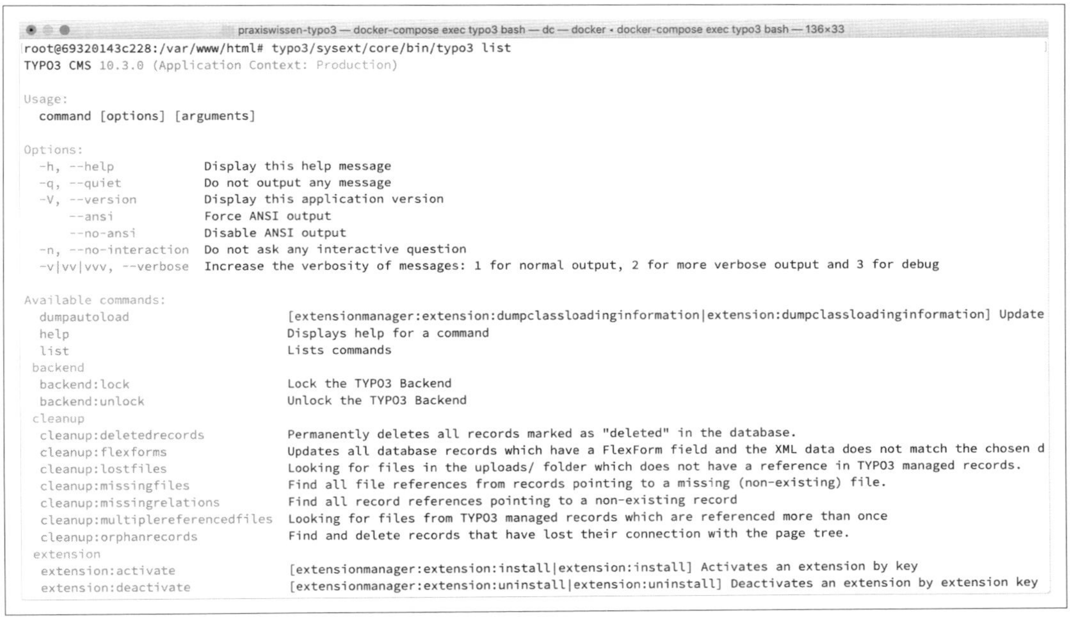

KAPITEL 3

Das Backend kennenlernen

In diesem Kapitel:

- Der ideale Browser und Browsereinstellungen
- Begriffe der TYPO3-Welt
- Der erste Frontend-Aufruf
- Log-in in das Backend
- Die Backend-Module kennenlernen
- Die Backend-Sprache ändern
- Zugangsdaten ändern
- Eine erste Seite anlegen

Nachdem Sie im vorigen Kapitel die Details der TYPO3-Installation kennengelernt haben, widmet sich dieses Kapitel Ihren ersten TYPO3-Gehversuchen. Sie erfahren, welche Begriffe Ihnen bei TYPO3 begegnen werden und was sich hinter diesen Begriffen verbirgt. Außerdem lernen Sie die Bedienung der TYPO3-Oberfläche kennen und legen eine erste Seite an.

Der ideale Browser und Browsereinstellungen

Für die Arbeit im Backend ist es erforderlich, dass JavaScript ausgeführt werden darf und Cookies für das Backend angelegt werden können. Vom Backend aus wird in manchen Bereichen zur Konfiguration ein neues Fenster geöffnet. Deaktivieren Sie daher einen möglicherweise installierten Pop-up-Blocker bzw. weisen Sie den Pop-up-Blocker an, das Öffnen von Fenstern für Ihr TYPO3-Projekt zu gestatten.

Begriffe der TYPO3-Welt

Die Arbeit mit TYPO3 bringt zwischendurch ein ganz eigenes Vokabular mit sich – einige dieser »Vokabeln« haben Sie bereits in den bisherigen Kapiteln kennengelernt. Damit es später keine Verwirrung gibt, seien an dieser Stelle einige der wichtigsten Begriffe definiert:

Frontend und Backend

Bis zu diesem Abschnitt haben wir stets von einer »Konfigurationsoberfläche« gesprochen, mit der Administratoren und Redakteure die Webseite erstellen und pflegen können. Diese Konfigurationsoberfläche wird bei Content-Management-Systemen, so auch bei TYPO3, als *Backend* bezeichnet. Im Backend wird die Präsentation administrativ erstellt und aufgebaut sowie redaktionell gepflegt.

Und da, wo es ein Backend gibt, muss es natürlich auch ein *Frontend* geben. Das ist die eigentliche Internetpräsentation, also die Umgebung, die normale Besucher der Webseite sehen können. Die Begriffe Frontend und Backend bzw. ihre Abkürzungen FE und BE werden in diesem Buch durchgängig verwendet.

Templates

Die englischen Dokumentationen sprechen mehrdeutig von *Templates*. Das können sowohl HTML-Designvorlagen als auch TypoScript-Templates sein. Das mag verwirrend klingen; wichtig ist jedoch, dass Designvorlagen aus (mehr oder weniger) regulären HTML-Seiten bestehen, während TypoScript-Templates in TypoScript geschrieben werden, der eigenen Konfigurationssprache von TYPO3. Um diese Mehrdeutigkeit zu umgehen, werden in diesem Buch die Begriffe »Designvorlagen« für HTML-Templates sowie »Templates« für TypoScript-Templates verwendet.

Seiten, Pages und Sites

Im englischsprachigen Original werden Sie im TYPO3-Backend mit *Pages* und *Sites* arbeiten. Unglücklicherweise wird in der deutschen Übersetzung beides mit *Seite* bezeichnet. Eine Page ist eine Sammlung von Inhalten, die vom CMS später als einzelne HTML-Seite mit eigener URL dargestellt wird. Eine Site hingegen bezeichnet eher die Website als Ganzes – einschließlich Seiten (also Pages), Inhalten, Designvorlagen, Templates und Dateien.

Um Verwirrung zu vermeiden, wird in diesem Buch der Begriff »Seite« im Sinne von »Page« verwendet. Für die Site nutzen wir den ursprünglichen englischen Begriff.

Arbeitsumgebungen, Workspaces

TYPO3 unterstützt das Arbeiten mit verschiedenen Versionen eines Projekts. Anstatt Änderungen direkt an der für alle Besucher sichtbaren Version, der *Live-Umgebung*, vorzunehmen, stellt TYPO3 weitere Arbeitsumgebungen zur Verfügung, die als *Workspaces* bezeichnet werden. Neben genau einer Live-Umgebung gibt es eine oder mehrere *Entwurfsarbeitsumgebungen* bzw. *Draft-Workspaces*. Die Versionierung kann nicht direkt nach der Installation genutzt werden, sondern ist eine Erweiterung, die nachträglich aktiviert werden muss. In Kapitel 14, *Tipps und Tricks*, erfahren Sie, wie Sie die Erweiterung aktivieren und mit Entwurfsarbeitsumgebungen arbeiten. Bis dahin werden wir bei sämtlichen Beispielen in diesem Buch ohne Versionierung und direkt in der Live-Ansicht arbeiten.

Der erste Frontend-Aufruf

Wenn Sie TYPO3 korrekt installiert haben, erhalten Sie beim Frontend-Aufruf unter *http://<ihre-domain>* (beim Einsatz auf dem lokalen Rechner also *http://localhost*) die in Abbildung 3-1 gezeigte Fehlermeldung.

Diese Meldung ist – trotz ihres bedrohlichen Aussehens – nicht kritisch und nicht einmal eine wirkliche Fehlermeldung. Sie erscheint lediglich, da noch keine Seite angezeigt werden kann. Das dürfte auch nicht verwunderlich sein, da zurzeit noch keine Seite existiert. Auch wurde bisher nicht angegeben, wie eine gegebenenfalls existierende Seite überhaupt dargestellt werden soll. Sie werden in diesem Kapitel erfahren, wie im Backend eine erste Seite angelegt wird. Dazu müssen Sie sich aber zunächst in das Backend einloggen.

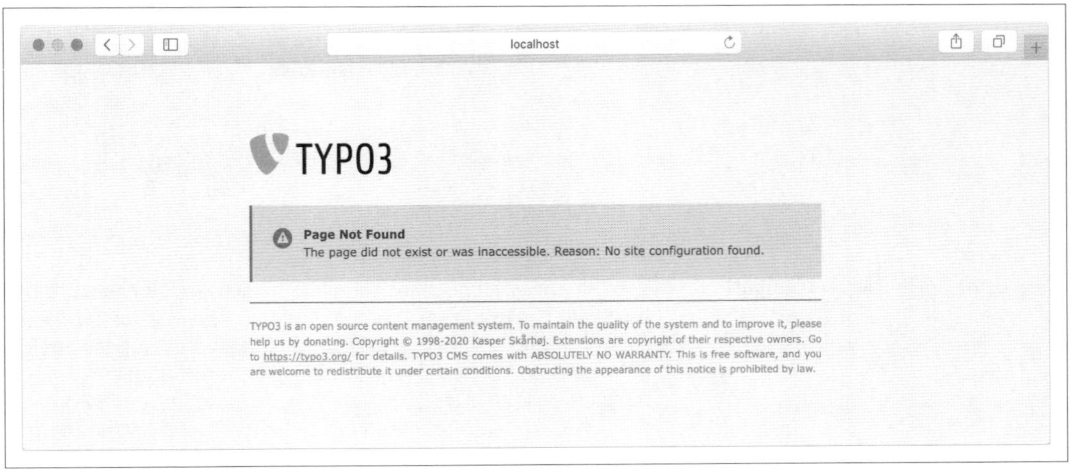

▲ **Abbildung 3-1**
Es wurden noch keine Seiten angelegt.

Log-in in das Backend

Zum Anlegen neuer Seiten, in diesem Fall unserer ersten Seite, müssen Sie im Backend eingeloggt sein. Dorthin gelangen Sie, indem Sie an die URL im Browser den Ordner */typo3* anhängen, z.B. *http://<ihre-domain>/typo3*. Sie erhalten eine Log-in-Seite, wie sie in Abbildung 3-2 zu sehen ist.

Wenn Sie TYPO3 von einem auf TYPO3 spezialisierten Provider installiert bekommen haben, wird dieser Ihnen die Zugangsdaten mitteilen. Haben Sie bereits selbst einen Benutzer angelegt, wie in Kapitel 2, *TYPO3 installieren*, beschrieben, sind Ihnen die Zugangsdaten schon bekannt.

Wie Sie Ihre Zugangsdaten für das Backend ändern können, wird weiter unten im Abschnitt »Zugangsdaten ändern« auf Seite 57 erläutert.

Der Ordner */typo3* selbst stellt kein großes Sicherheitsrisiko dar, sofern Sie eine sichere Kombination aus Benutzername und Passwort gewählt haben. Möchten Sie die Sicherheit erhöhen, ist es ratsam, das Backend nur verschlüsselt über HTTPS aufrufen zu lassen. Sie können im Install-Tool im Abschnitt *All configuration* die Option `BE/lockSSL` aktivieren, wodurch das Backend nur noch über eine gesicherte Verbindung erreichbar ist.

Abbildung 3-2 ▶ Log-in-Maske zum TYPO3-Backend

Support Aus sicherheitstechnischer Sicht gilt es mittlerweile als nahezu selbstverständlich, dass Log-in-Formulare (wie beispielsweise für das TYPO3-Backend) nur noch über verschlüsselte HTTPS-Verbindungen erreichbar sind (Ausnahme bilden lokale Entwicklungsumgebungen, die beispielsweise auf `http://localhost` laufen). Moderne Browser blenden bei unverschlüsselten Log-in-Seiten (völlig zu Recht) entsprechende Warnhinweise ein.

Die Log-in-Maske kann problemlos angepasst werden und dadurch von obigem Screenshot abweichen. So kann es durchaus sein, dass die Log-in-Maske noch eine dritte Zeile enthält, in der man das sogenannte *Interface* auswählen kann (Frontend, Backend). Sie können die Auswahl der Interfaces im Install-Tool im Abschnitt *Installation-Wide Options* aktivieren und für `BE/interfaces` die Werte *backend* und *frontend* setzen.

Die Backend-Module kennenlernen

Nachdem Sie sich als Administrator eingeloggt haben, gelangen Sie in das Backend von TYPO3, das für Administratoren wie in Abbildung 3-3 aussieht.

Im linken Bereich sehen Sie eine Auflistung der sogenannten *Backend-Module*, die Ihnen bei TYPO3 zur Verfügung stehen. Diese Backend-Module werden zur besseren Übersicht in Abschnitte unterteilt. Im Folgenden werden die einzelnen Abschnitte und die gängigsten Module beschrieben; auf sehr selten benötigte Module wird nicht näher eingegangen. Die Umstellung des Backends auf die deutsche Sprache nehmen wir dann im nächsten Abschnitt vor.

Dashboard

Das *Dashboard*-Modul ist seit TYPO3 10 der erste Einstiegspunkt in das TYPO3-Backend. In der Standardkonfiguration finden Sie hier einen Informationskasten über das CMS selbst, einen Link zu einem englischsprachigen Einstiegstutorial sowie aktuelle Nachrichten aus dem TYPO3-Umfeld.

Das Dashboard können Sie an Ihre eigenen Bedürfnisse anpassen. So können Sie beispielsweise die bestehenden Kästen verschieben oder entfernen, und über den Plus-Button in der unteren rechten Ecke können Sie auch weitere Elemente hinzufügen.

Web

Im Abschnitt *Web* finden Sie Backend-Module, die zur redaktionellen Arbeit benötigt werden. Zu sämtlichen Modulen, die sich unterhalb von *Web* befinden, öffnen sich auf der rechten Seite zwei Bereiche. Im linken Bereich wird eine Baumdarstellung der angelegten Seiten angezeigt, im rechten Bereich eine Detaildarstellung.

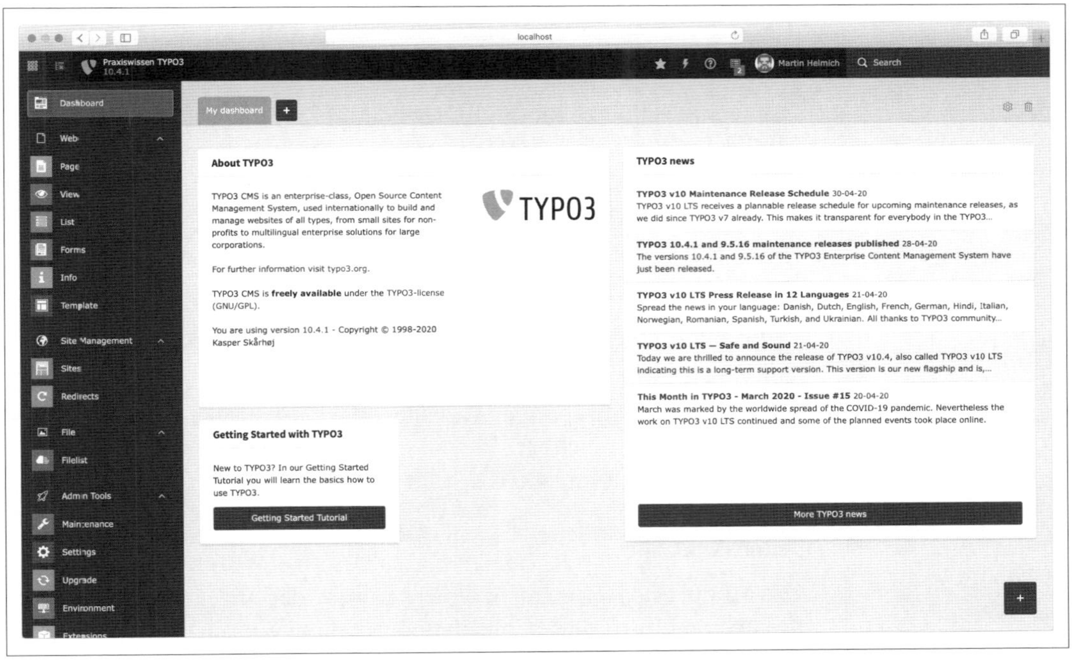

▲ Abbildung 3-3
TYPO3-Backend für Administratoren in englischer Sprache

Der Baum Ihres TYPO3-Projekts ist noch leer, sodass derzeit kein Baum zu erkennen ist. Wie der Seitenbaum zu bedienen ist, erfahren Sie weiter unten im Abschnitt »Eine erste Seite anlegen« auf Seite 58.

Seite (engl. Page)

Mithilfe des Moduls *Seite* werden der strukturelle Aufbau sowie die Pflege der Internetpräsentation erledigt. Dabei wird die Struktur im Regelfall von Administratoren vorgegeben und von Redakteuren erweitert bzw. modifiziert. Weiterhin können in diesem Modul Seiteninhalte komfortabel eingegeben werden. Das Backend-Modul *Seite* ist also sowohl für Administratoren als auch für Redakteure wichtig.

Liste (engl. List)

Im Modul *Liste* werden sämtliche Datenbankdatensätze angezeigt, die sich auf einer bestimmten Seite befinden. Diese Datensätze werden in einer – etwas gewöhnungsbedürftigen – Listing-Ansicht dargestellt.

Formulare (engl. Forms)

Unter dem Menüpunkt *Formulare* haben Sie die Möglichkeit, Eingabeformulare zu konfigurieren, die Sie später auf Ihrer Seite platzieren können. Dies ist ein nützliches Feature, um beispielsweise Kontaktformulare oder auch einfache Bestellformulare zu erstellen. Mehr dazu erfahren Sie in Kapitel 8, *Inhalte ausgeben*.

Template

Das wohl wichtigste Modul findet sich im Bereich *Template*. In diesem Modul wird mit TypoScript gearbeitet. Zusätzlich stehen hier einige Analysewerkzeuge zur Verfügung. Was genau TypoScript ist und wofür die Analysewerkzeuge benötigt werden, erfahren Sie in Kapitel 5, *TypoScript in der Praxis*.

Seitenverwaltung (engl. Site Management)

Seit Version 9 bietet TYPO3 eine verbesserte Unterstützung für die Verwaltung mehrerer separater Websites (die beispielsweise über verschiedene Domains erreichbar sind) in einer einzelnen TYPO3-Installation. Diese Funktionen sind im Abschnitt *Seitenverwaltung* zusammengefasst.

Seiten (engl. Sites)

Das Modul *Seiten* ermöglicht die Verwaltung der einzelnen Sites, die wiederum von Ihrer TYPO3-Installation verwaltet werden. Verwechseln Sie es nicht mit dem *Seite*-Modul im *Web*-Abschnitt (mehr zur Zweideutigkeit des Begriffs *Seite* finden Sie im Abschnitt »Begriffe der TYPO3-Welt« auf Seite 45 weiter oben in diesem Kapitel). Der genauere Umgang mit Sites wird in Kapitel 12, *Site Management und Best Practices*, beschrieben.

Weiterleitungen (engl. Redirects)

Das *Weiterleitungen*-Modul ermöglicht die Verwaltung von Weiterleitungsregeln. Diese definieren beispielsweise, dass TYPO3 den Nutzer beim Aufruf bestimmter URLs weiterleiten soll, etwa an eine andere von TYPO3 verwaltete Seite oder eine externe URL. Wenn Sie ein neues Projekt mit TYPO3 starten, ist dieses Modul wahrscheinlich weniger interessant als in Bestandsprojekten, die bereits seit einer Weile existieren. Wenn beispielsweise Inhalte verschoben oder ganze Teile des Seitenbaums gelöscht oder umbenannt werden, können Sie über Weiterleitungsregeln sicherstellen, dass alte Links auf Ihre Seite weiterhin funktionieren.

Datei (engl. File)

Im Abschnitt *Datei* finden Sie Backend-Module, mit denen Sie (und gegebenenfalls auch die Redakteure) sich innerhalb des Verzeichnisses *fileadmin/* bewegen können.

Dateiliste (engl. Filelist)

Im Modul *Dateiliste* finden Sie ein kleines Online-FTP-Programm, mit dem Sie direkt im Backend unkompliziert Dateien hochladen, bearbeiten und löschen können. Auch hier steht Ihnen wieder eine Baumdarstellung zur Verfügung, die in diesem Fall von TYPO3 verwaltete Verzeichnisse enthält.

Über dieses Modul verwaltete Dateien befinden sich üblicherweise auf Ihrem Server unterhalb des Verzeichnisses *fileadmin/* (bzw. in dem im Install-Tool unterhalb von `[BE][fileadminDir]` angegebenen Ordner). Darauf ist jedoch nicht unbedingt Verlass; per Konfiguration über das Install-Tool oder Drittanbieter-Erweiterungen ist es beispielsweise auch möglich, dass die über das Dateiliste-Modul verwalteten Dateien in einem Cloud-Speicher abgelegt werden.

Jedoch kommt es dabei oft zu Problemen mit Dateirechten, da auch die Möglichkeit besteht, Dateien mit echtem FTP zu übertragen. Wird zum Beispiel eine Datei per FTP übertragen, gehört sie in der Regel dem FTP-Benutzer. Wird eine Datei jedoch über das Backend hochgeladen, gehört sie dem Benutzer des Webservers (häufig *www-data* oder *apache*). Dadurch können störende Effekte auftreten, die die Arbeit mit Dateien und Ordnern erschweren. Gewöhnen Sie sich deshalb möglichst an, entweder nur mit FTP oder nur mit der Dateiliste zu arbeiten. Bei auf TYPO3 spezialisierten Providern treten diese Probleme nicht auf.

Support Der Upload bestimmter Dateien, z.B. mit der Endung *.php*, ist über den Menüpunkt *Dateiliste* nicht erlaubt. Wenn Sie ihn dennoch erlauben möchten, müssen Sie im Install-Tool im Abschnitt *All configuration* die Konfigurationsvariable `[BE][fileDenyPattern]` anpassen.

Verwaltungswerkzeuge (engl. Admin Tools)

Der Abschnitt *Verwaltungswerkzeuge* enthält Funktionen, die mit der Wartung der TYPO3-Installation selbst zu tun haben. Sie sehen diesen Menüpunkt nur dann, wenn Ihr Backend-Benutzer sich in der speziellen Gruppe der *Systemverantwortlichen* (engl. *System Maintainers*) befindet. Der erste Benutzer, den Sie während der Installation erstellen, ist üblicherweise ein Systemverantwortlicher, alle danach erstellten Benutzer standardmäßig nicht.

Bis auf den Menüpunkt *Erweiterungen* (engl. *Extensions*) sind die hier verfügbaren Optionen exakt dieselben wie auch im Install-Tool. Anders als beim direkten Zugriff über das Install-Tool müssen Sie diese Funktionen nicht explizit über eine *ENABLE_INSTALL_TOOL*-Datei im Dateisystem Ihres Servers aktivieren. In aller Regel ist der Zugriff auf die Funktionen des Install-Tools über das Backend daher deutlich bequemer.

Wartung (engl. Maintenance)

Im *Wartung*-Modul stehen Ihnen zahlreiche Funktionen für diverse Wartungsmaßnahmen zur Verfügung. Beispielsweise können Sie hier neue Backend-Benutzer mit Systemverantwortungsberechtigungen erstellen, diverse Zwischenspeicher leeren und auch neue Sprachpakete installieren.

Einstellungen (engl. Settings)

Das *Einstellungen*-Modul bietet Ihnen Zugriff auf zahlreiche Konfigurationseinstellungen. Nach der erstmaligen Installation (wir haben diesen Abschnitt bereits in Kapitel 2, *TYPO3 installieren*, ausführlich betrachtet) werden Sie dieses Modul wahrscheinlich nur selten benötigen. Eine Ausnahme könnte die Option *Manage System Maintainers* darstellen, über die Sie neue Backend-Benutzer zur *Systemverantwortlichen*-Gruppe hinzufügen können.

Tipp Seien Sie vorsichtig, welchen Benutzern Sie Systemverantwortungsberechtigungen geben. Jeder Systemverantwortlicher hat absolute Macht über die TYPO3-Installation und kann diese durch unbedarfte Fehler auch vollständig unbenutzbar machen.

Aktualisierung (engl. Upgrade)

Dieser Menüpunkt bietet zahlreiche Funktionen, die bei einem Versionsupdate von TYPO3 benötigt werden. Auf die Durchführung eines solchen Updates gehen wir im Abschnitt »Update auf eine höhere TYPO3-Version« in Kapitel 14 auf Seite 457 gesondert ein.

Umgebung (engl. Environment)

Der *Umgebung*-Menüpunkt bietet zahlreiche Funktionen zur Analyse der Systemumgebung, in der Ihre TYPO3-Installation betrieben wird. Nach der erstmaligen Installation werden Sie diese Option – außer bei Versionsupdates – wahrscheinlich selten benötigen.

Erweiterungen (engl. Extensions)

Über den Erweiterungsmanager können Sie die Vorteile des modularen Aufbaus von TYPO3 nutzen. Alle hier vorgestellten Backend-Module, auch der Erweiterungsmanager, lassen sich per Knopfdruck installieren, deinstallieren und updaten. Sie können somit fast jeden Menüpunkt, den Sie auf der linken Seite im Backend sehen, einzeln anpassen. Aber seien Sie damit besonders vorsichtig, denn auch Ihnen als Administrator stehen diese Module im Fall einer Deinstallation nicht mehr zur Verfügung. Für Nicht-Administratoren, also Redakteure, können Sie anhand von Benutzerrechten jedes einzelne Modul explizit aktivieren.

System

Der *System*-Abschnitt enthält zahlreiche Funktionen für Administratoren, die sich auf die Konfiguration und den täglichen Betrieb des Systems beziehen. Anders als für die *Verwaltungswerkzeuge* benötigen Sie für diese Funktionen keinen Systemverantwortlichen-Zugriff.

Zugriff (engl. Access)

Im Modul *Zugriff* können einzelne Seiten oder ganze Seitenbäume mit Zugriffsrechten versehen werden. Sie können so z. B. angeben, wie auch unter Linux üblich, wer der Besitzer einer Seite ist, welcher Gruppe diese Seite angehört und welche Rechte (Lesen, Schreiben, Löschen) Besitzer, Gruppen und sonstige Personen bezüglich dieser Seite haben. Diese Rechte beziehen sich in diesem Modul lediglich auf die redaktionelle Arbeit im Backend, also üblicherweise auf Redakteure. Dieses Modul ist insbesondere dann wichtig, wenn Redakteure ohne Administratorrechte arbeiten sollen. Eine ausführliche Erläuterung zur Arbeit mit

Redakteuren mit bestimmten Rechten erhalten Sie in Kapitel 13, *Das Backend für Redakteure anpassen*.

Backend-Benutzer (engl. Backend users)

Dieser Menüpunkt gibt Ihnen Zugriff auf die Benutzerverwaltung. Hier können Sie als Administrator neue Benutzer für das TYPO3-Backend anlegen und bestehende Benutzer bearbeiten.

Protokoll (engl. Log)

Mit dem Modul *Protokoll* erhalten Sie einen Überblick über alle vorgenommenen Änderungen – also darüber, welcher Benutzer wann was geändert hat. Viele Aktivitäten, z.B. Änderungen an Seiten oder an TypoScript-Templates, werden hier unter Angabe von Datum, Uhrzeit und Benutzer protokolliert. TYPO3 bietet Ihnen über diese History eine Rollback- bzw. Zurücksetzen-Funktion, die das Umkehren der getätigten Änderungen ermöglicht.

DB-Überprüfung (engl. DB check)

Das Modul *DB-Überprüfung* bietet Ihnen verschiedene Analyse- und Wartungsfunktionen für die unterliegende Datenbank an. Üblicherweise werden Sie diese Funktionen eher selten benötigen.

Konfiguration (engl. Configuration)

Unter diesem Menüpunkt können Sie verschiedene Konfigurationsvariablen einsehen. Die Bearbeitung dieser Variablen muss jedoch über das Install-Tool erfolgen.

Berichte (engl. Reports)

Das Modul *Berichte* stellt eine Vielzahl von Berichten über den Systemstatus der TYPO3-Installation zur Verfügung. Dies ermöglicht eine effizientere Fehlerdiagnose, da beispielsweise fehlerhafte Konfigurationseinstellungen auf einen Blick erkennbar sind.

Benutzereinstellungen (engl. User settings)

Die *Benutzereinstellungen* finden Sie wie in Abbildung 3-4 gezeigt: Klicken Sie in der oberen Navigationsleiste auf Ihren Nutzernamen ❶ und wählen Sie anschließend den Menüpunkt *User settings* ❷.

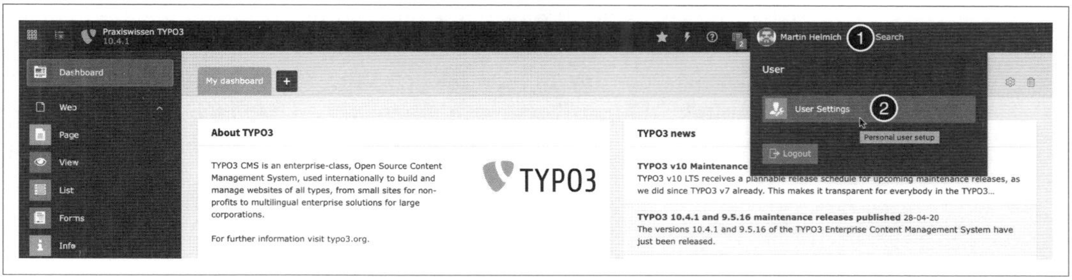

▲ **Abbildung 3-4**
Benutzereinstellungen in der oberen Navigationsleiste

Im Modul *Benutzereinstellungen* kann der Benutzer für sich selbst Einstellungen vornehmen, also insbesondere persönliche Daten wie Name und E-Mail-Adresse angeben. Einige TYPO3-Erweiterungen, beispielsweise das *News*-Modul, greifen auf diese Daten zurück, um den Autor eines Beitrags ausfindig machen und namentlich nennen zu können.

In diesem Bereich wird auch die Backend-Sprache für den gerade angemeldeten Benutzer festgelegt. Der Redakteur kann momentan aus 51 Sprachen wählen. Welches Backend-Modul nach der Anmeldung als Startseite aufgerufen werden soll, können Sie über eine Auswahlliste einstellen. Für einen Sprachwechsel müssen Sie jede gewünschte Backend-Sprache mit Ausnahme von Englisch nachträglich über die Sprachverwaltung installieren. Nähere Informationen erhalten Sie unten im Abschnitt »Die Backend-Sprache ändern« auf Seite 55.

Obacht: In den Benutzereinstellungen können Sie auch einige Funktionen des CMS aktivieren, die normalerweise zu Ihrer eigenen Sicherheit deaktiviert sind. Durch Aktivieren der Funktionalität des *rekursiven Löschens* können ganze Seitenbäume und ihre Inhalte gelöscht werden, was nicht ganz ungefährlich ist. Redakteuren kann durch die Vergabe von entsprechenden Zugriffsrechten das Löschen von nicht selbst erstellten Seiten untersagt werden. Das Wiederherstellen von irrtümlich gelöschten Seiten ist nämlich nur durch mühselige Kleinarbeit oder das Einspielen eines Backups möglich. Ihr TYPO3-Provider kann Ihnen in einem solchen Fall sicherlich auch weiterhelfen.

Die Backend-Sprache ändern

Die erste Aktion, die Sie in der Regel bei einem englischsprachigen Backend starten, ist das Ändern der Sprache in *Deutsch*. Standardmäßig enthält TYPO3 nur die Sprachdateien für die englische Sprache. Zusätzliche Sprachen können nachträglich über die Sprachverwaltung installiert werden. Das Vorgehen hierfür wurde bereits in Kapitel 2, *TYPO3 instal-*

lieren, im Abschnitt »Wichtige Aufgaben im Install-Tool« auf Seite 29 betrachtet. Falls Sie noch weitere Sprachpakete installieren möchten, können Sie auch im TYPO3-Backend die Sprachverwaltung über den Menüpunkt *Admin Tools → Maintenance → Manage Language Packs* auswählen. Dort können Sie wie in Kapitel 2 beschrieben neue Sprachen hinzufügen und herunterladen.

Die über die Sprachverwaltung geladenen Sprachen werden in den *Benutzereinstellungen* für den Benutzer aktiviert ❶. Die Sprache Ihres Benutzerkontos können Sie unter *User settings → Personal data → Language* einstellen. Ändern Sie hier in dem in Abbildung 3-5 gezeigten Pull-down-Menü die Sprache von *English* auf *German* ❷. Speichern Sie die ausgewählte Sprache über den Button *Save* ❸.

Abbildung 3-5 ▼
Die Sprache für das Backend ändern

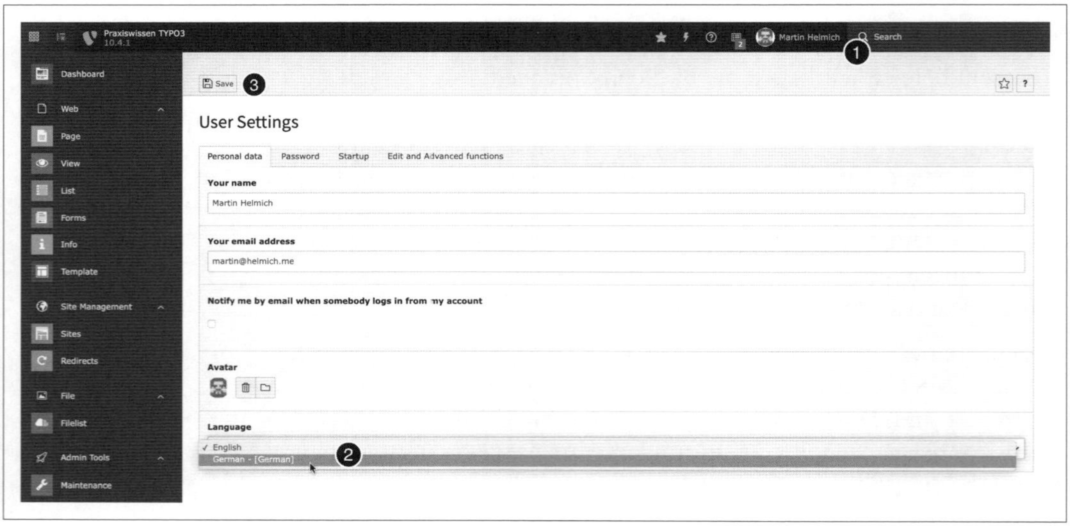

Tipp Die Sprachdateien werden im Verzeichnis *typo3conf/l10n/* gespeichert. Dort wird ein Verzeichnis pro Sprache angelegt. Für Deutsch ist das der Ordner *typo3conf/l10n/de*. In diesem Verzeichnis gibt es für jede TYPO3-Erweiterung einen Ordner, in dem die Sprachdateien gespeichert sind.

Die neue Backend-Sprache müsste nach dem Speichern des Benutzers in der Regel ohne Umschweife und weiteres Zutun aktiv sein. Sollte das nicht der Fall sein, hilft es, das gesamte Backend einmal neu zu laden. Klicken Sie dazu in Ihrem Browser auf das Icon *Aktualisieren* oder loggen Sie sich einmal aus und dann wieder ein.

Zugangsdaten ändern

Wenn Sie TYPO3 selbst installiert haben, haben Sie Ihre Zugangsdaten bei der Installation selbst vergeben. Nutzen Sie ein vorinstalliertes TYPO3 oder eine von einem Dienstleister bereitgestellte Installation sollte der nächste Schritt (nach dem Anpassen der Sprache) das Ändern von Benutzername und Backend-Passwort sein.

In TYPO3 gibt es gleich mehrere Möglichkeiten, die Zugangsdaten zu ändern (Sie werden bei Ihrer Arbeit mit TYPO3 feststellen, dass das für einige Aktivitäten gilt). Eine Möglichkeit ist, über das bereits bekannte Backend-Modul *Benutzer → Einstellungen* das Passwort für Sie selbst, also den momentan angemeldeten Benutzer, zu ändern. In diesem Bereich haben Sie sich bereits im vorigen Abschnitt beim Anpassen der Sprache befunden. Da Sie aber Administrator sind und sich auch auf dieser Ebene weiterbewegen möchten, wird jetzt das Ändern von Zugangsdaten für jeden angelegten Benutzer beschrieben, auch wenn es zurzeit nur einen gibt. Abbildung 3-6 zeigt das nötige Vorgehen:

1. Wechseln Sie in das Backend-Modul *SYSTEM → Backend-Benutzer* ❶.
2. Hier finden Sie eine Liste aller derzeit im System existierenden Nutzer. Suchen Sie den Nutzer, den Sie bearbeiten möchten, und klicken Sie in der rechten Spalte auf den *Bearbeiten*-Button ❷. Falls Ihre TYPO3-Installation sehr viele Nutzer enthält, können Sie auch die Filteroptionen nutzen, die sich im oberen Bereich der Nutzerliste befinden.

▼ Abbildung 3-6
Der Benutzerliste im Modul »Backend-Benutzer«

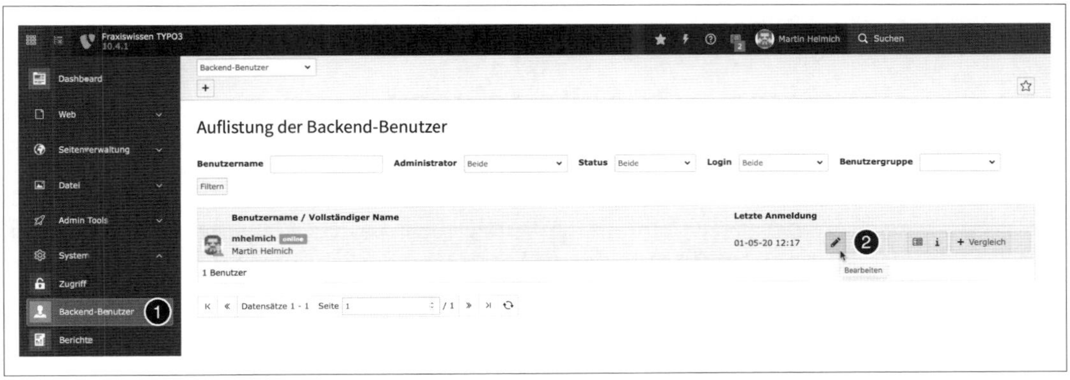

Sie erhalten eine umfassende Maske mit vielen Einstellungsmöglichkeiten, in der Sie auf der ersten Registerkarte *Allgemein* die beiden Felder *Be-*

nutzername und *Passwort* ❶ sehen (siehe Abbildung 3-7). Sie können hier neue Zugangsdaten eingeben und sie mit einem Klick auf das Diskettensymbol ❷, *Speichern*, übernehmen.

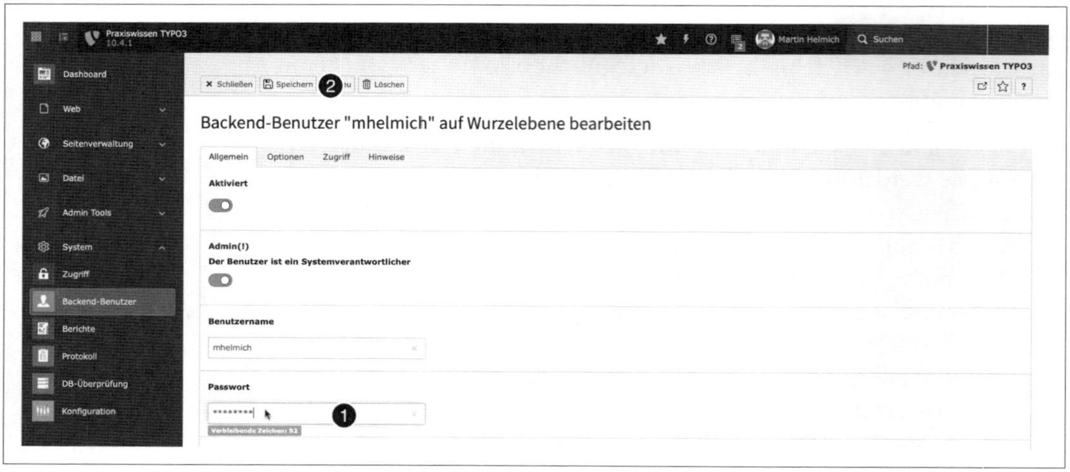

Abbildung 3-7 ▼ Zugangsdaten für einen Benutzer ändern

Tipp Auch wenn es keine Pflicht ist, sollten Sie für Ihr Benutzerkonto über das entsprechende Eingabefeld eine funktionierende E-Mail-Adresse hinterlegen. Falls Sie einmal Ihr Passwort vergessen haben, können Sie es über diese E-Mail-Adresse unkompliziert wieder zurücksetzen.

Sollten Sie Ihre Zugangsdaten zum Backend vergessen haben und sich nicht mehr einloggen können, finden Sie in Kapitel 14, *Tipps und Tricks*, Informationen dazu, wie Sie sich auch ohne Hackversuche wieder Zugang zum Backend verschaffen können.

Eine erste Seite anlegen

Um eine erste Seite mit TYPO3 anzulegen, klicken Sie im Menü links auf den Menüpunkt *Web → Seite*. In der Mitte öffnet sich der Seitenbaum, der derzeit nur aus der Wurzelebene besteht (dargestellt durch das Icon mit dem TYPO3-Logo). Auf der rechten Seite öffnet sich noch ein kleiner Hinweis. Im Seitenbaum gibt es drei Klickmöglichkeiten: Über die Pfeilsymbole lässt sich der Seitenbaum öffnen bzw. schließen, um Unterseiten anzuzeigen (sofern denn vorhanden). Zum Anzeigen des Inhalts kann mit der linken Maustaste auf die jeweilige Zeile geklickt werden. Ein Rechtsklick auf eine Zeile öffnet ein Kontextmenü mit weiteren Aktionsmöglichkeiten.

Um eine neue (erste) Seite anzulegen, klicken Sie mit rechts auf die Wurzelebene (TYPO3-Logo) und wählen aus dem Kontextmenü die Option *Neu* aus (siehe Abbildung 3-8).

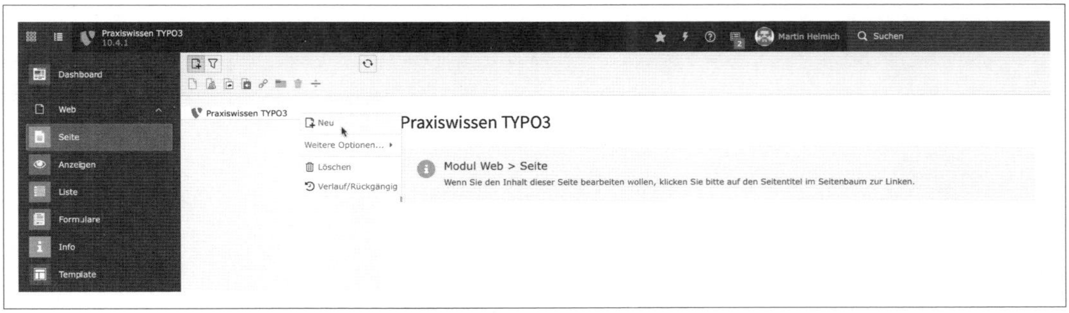

▲ Abbildung 3-8
Das Pop-up-Menü

In der rechten Maske (siehe Abbildung 3-9) können nun diverse Felder ausgefüllt werden. Pflichtfelder sind mit einem roten Ausrufezeichen gekennzeichnet. Ein solches Pflichtfeld ist hier z. B. der *Seitentitel*. Dieser wird unter anderem als Bezeichner für den Seitenbaum benötigt, aber auch für das HTML-Title-Tag im Frontend, wenn die Seite aufgerufen wird.

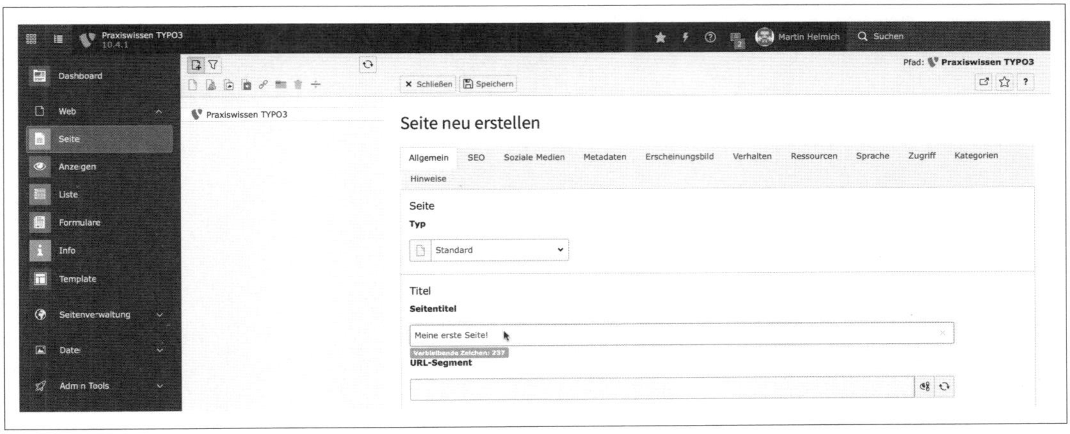

▲ Abbildung 3-9
Die Maske zum Erstellen und Bearbeiten einer Seite

Nennen Sie Ihre erste erzeugte Seite *Test* (Angabe im Feld *Seitentitel*) und entfernen Sie das Häkchen auf der Registerkarte *Zugriff* bei *Sichtbarkeit → Seite → Deaktivieren*. Speichern Sie die Seite anschließend ab, indem Sie auf das Symbol *Speichern* klicken (zweites Icon oben links).

Sie haben jetzt also Ihre erste Seite ohne Seiteninhalt angelegt. Das ist die Mindestvoraussetzung, um ein TypoScript-Template erzeugen zu können. Über TypoScript-Templates wird TYPO3 mitgeteilt, wie und was das System im Frontend, also auf der Webseite, darstellen soll. Die Funktion und den Einsatz von Templates lernen Sie in Kapitel 5, *TypoScript in der Praxis*, näher kennen, doch zuvor bereiten wir unser Praxisbeispiel vor, indem wir das Aussehen und die Funktionalität der Beispiel-Website festlegen, eine Designvorlage erstellen und uns Gedanken zur Navigationsstruktur machen.

KAPITEL 4

Das Praxisbeispiel vorbereiten

In diesem Kapitel:

- Die Anforderungen an das Praxisbeispiel
- Eine Designvorlage erstellen
- Aufbau der Navigationsstruktur
- Eine Seitenkonfiguration erstellen
- Hilfsseiten und Verweise
- Die Navigationsstruktur und URLs
- TYPO3-Fehlermeldungen

In diesem Kapitel erfahren Sie, welche Überlegungen Sie vor Beginn der Realisierung eines TYPO3-Projekts anstellen und wie Sie dann das Projekt mit TYPO3 angehen sollten. Dazu wurde ein umfassendes Praxisbeispiel gewählt, das in den folgenden Kapiteln Schritt für Schritt umgesetzt wird.

Grundsätzlich werden Sie sich bei der Entwicklung von TYPO3-Projekten am meisten mit zwei Komponenten beschäftigen:

1. Designvorlagen sind HTML-Dokumente, die dem CMS als Vorlage für die Generierung von dynamischen HTML-Seiten dienen. In TYPO3 sind diese Dokumente keine reinen HTML-Dokumente, sondern nutzen die TYPO3-eigene Template-Sprache *Fluid*. Diese ergänzt HTML um einige weitere Funktionen, mit denen die Generierung der endgültigen HTML-Ausgabe einfacher vonstattengehen kann.
2. TypoScript-Templates beschreiben, auf welche Art und Weise der vom CMS verwaltete Inhalt und die HTML-Designvorlagen miteinander verknüpft werden sollen. Hierzu bringt TYPO3 eine eigene Konfigurationssprache mit: TypoScript.

Im weiteren Verlauf dieses Kapitels wird nun zunächst eine Designvorlage entwickelt. Dabei handelt es sich erst einmal um eine einfache statische HTML-Datei mit einem CSS-Stylesheet, das die Struktur und das Aussehen der Seite beschreibt. Im Anschluss wird diese Vorlage in eine Fluid-Vorlage konvertiert, und im TYPO3-Backend wird eine geeignete Seitenstruktur für die Seite erstellt. In den nächsten Kapiteln dieses Buchs werden Sie diese Vorlage dann nach und nach mit Leben füllen.

Die Anforderungen an das Praxisbeispiel

Als Beispiel soll eine Internetpräsentation für die Snowboardschule *Meyer, Müller & Schmidt* erstellt werden. Diese Internetpräsentation soll folgende Features enthalten, die Sie im Laufe dieses Praxisbeispiels umsetzen werden.

Präsentation auf Basis von HTML und CSS
: Die Präsentation wird auf klassischem Weg mit HTML und CSS-Formatierung erstellt.

Responsives Design
: Die Seite soll später auf allen Gerätetypen gut benutzbar sein. Speziell auf Mobilgeräten mit kleineren Bildschirmen muss sich das Layout der Seite an die besonderen Gegebenheiten dieser Geräte anpassen.

Menüs
: Es soll zwei Menüs geben, ein primäres im oberen Bereich der Seite und eine sekundäre Navigation im Fußbereich. Das primäre Menü enthält klassische Navigationspunkte wie z. B. *Aktuelles* und *Über uns*. Das sekundäre Menü im unteren Bereich dient hingegen als reine Hilfsnavigation. Hier finden sich Menüpunkte wie *Sitemap*, *Impressum*, *Kontakt* usw.

Grafischer Trailer
: Im oberen Bereich soll ein grafischer Trailer erscheinen. Das im Trailer verwendete Bild soll ausgetauscht werden können, auch für einzelne Seitenbereiche. Diesen Austausch nehmen Redakteure vor, daher sollte die Pflege der Seite so unkompliziert wie möglich sein. Auf dem Trailer soll zudem vom Redakteur bearbeitbarer Inhalt eingefügt werden können.

Zwei Content-Bereiche
: Der zentrale Inhaltsbereich soll aus zwei Spalten bestehen: einer Hauptspalte für den primären Inhalt der jeweiligen Seite und einer Randspalte. Die Informationen in der Randspalte können sich von Seite zu Seite ändern, andererseits soll es aber auch möglich sein, dass Inhalte im Randbereich während der gesamten Präsentation zu sehen sind, ohne dass sie auf jeder Seite neu angelegt werden müssen.

News-Beiträge
: Es gibt, wie eben erwähnt, News-Beiträge. Diese sollen über das TYPO3-Backend verwaltet werden können. Auf jeder Seite soll es im Fußbereich einen Abschnitt geben, in dem die letzten drei News-Beiträge angezeigt werden.

Suchfunktion

Dem Benutzer soll eine umfangreiche Suche in den redaktionellen Beiträgen ermöglicht werden. Eine erweiterte Suchfunktion durchsucht auch PDF- und Word-Dokumente.

Sitemap

Neben der Suche soll als Service auch eine Sitemap angeboten werden, die dynamisch ist und automatisch neue bzw. gelöschte oder versteckte Seiten berücksichtigt.

Mehrsprachigkeit

Da die Snowboardschule Kunden aus der ganzen Welt hat, soll die gesamte Präsentation mehrsprachig sein. Dabei soll der Besucher der Website jeweils von Seite zu Seite zwischen der deutschen und der englischen Version wechseln können; eine Sprachänderung soll ihn dabei nicht automatisch zurück zur Homepage bringen, sondern sich lediglich auf die angezeigte Seite auswirken.

Druckansicht

Mithilfe einer speziellen Druckansicht sollen auch optisch ansprechende Ausdrucke möglich werden. Unnötige Elemente wie die Navigation oder der grafische Trailer werden in der Druckansicht nicht benötigt, dafür aber ein Copyright-Hinweis. Die Druckansicht soll ebenfalls mehrsprachig zur Verfügung stehen und dynamisch erstellt werden.

Klickpfad

In einem Klickpfad soll dem Besucher angezeigt werden, wo er sich gerade in der Internetpräsentation befindet.

Zeitabhängige Begrüßung

Abhängig von der Tageszeit soll der Besucher mit *Guten Morgen*, *Guten Tag* oder *Guten Abend* begrüßt werden. Zusätzlich soll das aktuelle Datum angezeigt werden.

Geschützter Bereich

In einem geschützten Bereich, der nur für Kunden nach der Authentifizierung mit Benutzername und Passwort zugänglich ist, sollen Benutzer zusätzliche Inhalte herunterladen können, z.B. Fotos eines bestimmten Snowboardkurses.

Bedienfreundlichkeit für Redakteure

Die Inhalte sollen von Mitarbeitern der Snowboardschule (Redakteuren) ohne spezielle Internetkenntnisse so leicht wie möglich bearbeitet und erweitert werden können. Nicht benötigte Funktionen sollen den Mitarbeitern deshalb gar nicht erst zur Verfügung stehen.

Sie werden in diesem Praxisbeispiel mit einer einfachen HTML-Datei arbeiten; die Formatierungen werden mit CSS vorgenommen. Abbildung 4-1 zeigt das gewünschte Ergebnis, das Sie in den folgenden Abschnitten und Kapiteln mithilfe von TYPO3 herstellen werden.

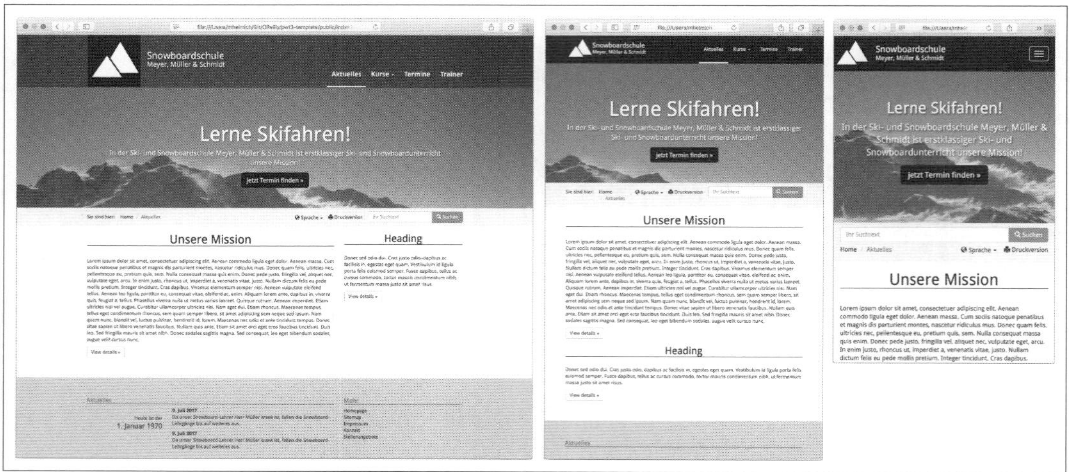

Abbildung 4-1 ▲
Das angestrebte Aussehen der Beispielwebseite

Eine Designvorlage erstellen

Obwohl uns TYPO3 das Erstellen von Webseiten abnimmt, wird eine HTML-Vorlage benötigt. Und auch wenn wir uns in den nächsten Kapiteln häufig mit HTML und CSS beschäftigen werden, ist die Entwicklung mit HTML und CSS nicht der eigentliche Gegenstand dieses Buchs. Für eine Einführung in HTML-/CSS-Entwicklung können wir das Buch *HTML und CSS von Kopf bis Fuß* von Elisabeth Robson und Eric Freeman, O'Reilly Verlag, empfehlen.

Grafiken und Designvorlagen

Eine erstellte HTML-Designvorlage werden Sie in der Praxis nicht direkt über den Browser aufrufen. Wenn Sie eine TYPO3-Präsentation aufrufen, z. B. über die URL *https://<ihre-domain>.de*, wird die Datei *index.php* geladen, die bereits Bestandteil des TYPO3-Systems ist. In dieser Datei wird ausgeführt, was Sie in den folgenden Kapiteln konfigurieren und mit TypoScript beschreiben.

Wenn Sie in Ihrer Designvorlage mit statischen Bildern arbeiten, sollten Sie schon beim Erstellen dieser Designvorlage auf die spätere Dateistruktur achten. Statische Bilder innerhalb der Designvorlage sind im Regelfall Grafiken, die sich innerhalb der Präsentation nie ändern, also z. B. grafische Elemente, die sich über die gesamte Präsentation erstrecken. Ein typisches statisches grafisches Element ist beispielsweise das Logo einer Firma. Im folgenden Praxisbeispiel wird das Logo allerdings dynamisch erstellt, um grafische Funktionalitäten von TYPO3 zu demonstrieren.

In diesem Praxisbeispiel ändert sich die generelle Struktur aus `div`-HTML-Tags nicht; somit kann die gesamte Containerstruktur statisch in die Designvorlage aufgenommen werden.

Der Aufruf einer TYPO3-Präsentation findet in der Regel über *http://<ihre-domain>/index.php* statt (gängige Webserver sind jedoch so konfiguriert, dass auch ein einfacher Aufruf von *http://<ihre-domain>/* bereits die *index.php* ausführt). Beim Ausführen dieser *index.php* wird, je nach Konfiguration mit TypoScript, die HTML-Designvorlage von einem beliebigen lokalen Speicherort eingebunden und verarbeitet. Das zurückgelieferte HTML-Ergebnis fragt dann alle Grafiken und eingebundenen Dateien relativ zum Verzeichnis der Datei *index.php* an.

Bei TYPO3-Projekten sollten Sie eigene Dateien möglichst unterhalb des Ordners *fileadmin/* ablegen, z.B. in *fileadmin/images/*. Grafiken aus der Designvorlage werden also in diesem Unterverzeichnis erwartet. Der Ordner *fileadmin/* wird nativ von TYPO3 unterstützt, aus dem Backend kann z.B. über das Backend-Modul *Dateiliste* darauf zugegriffen werden.

Tipp

Anstatt Dateien Ihrer Designvorlage im *fileadmin/*-Verzeichnis abzulegen, können Sie auch ein *Site Package* erstellen. Das erfordert jedoch ein paar weitere Vorkenntnisse über die internen Strukturen von TYPO3 und wird daher gesondert in Kapitel 12, *Site Management und Best Practices*, betrachtet.

Um diese Situation auf Ihrem Arbeitsplatz bei der Erstellung von Designvorlagen zu simulieren, empfiehlt es sich daher, die Grafiken ausgehend vom Ort Ihrer Designvorlage im Unterordner *fileadmin/images/* abzuspeichern. Ihre HTML-Designvorlage gehört daher zum Beispiel in den Ordner *C:\Projekte\Snowboardschule*, wohingegen Sie die verwendeten Grafiken in *C:\Projekte\Snowboardschule\fileadmin\images* ablegen.

Der statische HTML-Code des Praxisbeispiels

Wenn Sie ein TYPO3-Projekt beginnen, sollten Sie sich zunächst vorstellen, Sie erstellten die Website traditionell, also statisch und ohne jegliche Form von Dynamik. Testen und optimieren Sie diese statische Seite auf den gewünschten Webbrowsern. Die Massenproduktion von Seiten, grafischen Menüpunkten usw. ist nicht notwendig.

Ein Beispiel für eine solche Ausarbeitung finden Sie auf unserer Downloadseite unter *https://typo3buch.helmich.me/#10.4*. Es handelt sich dabei um eine statische HTML-Seite mit einigen Beispielinhalten. In dem Beispiel wurde ein auf dem *Twitter Bootstrap*-Framework (*https://getbootstrap.com*) basierendes CSS-Stylesheet verwendet.

In dem herunterladbaren ZIP-Archiv finden Sie die Dateien für die Designvorlage im Verzeichnis *site/fileadmin/*. Für den Anfang sind dabei die folgenden Dateien besonders relevant:

templates/vorlage_statisch.html
: Diese Datei ist eine statische HTML-Seite, die bereits einige Beispielinhalte enthält. Sie wird im Lauf dieses Kapitels in ein Fluid-Template umgewandelt.

templates/vorlage-v1.html
: Diese Dateien enthalten die bereits in ein Fluid-Template umgewandelte Vorlage. Wir werden zunächst mit der *v1*-Datei starten; die Dateien mit höheren Versionsnummern, etwa v2 oder v3, nutzen einige fortgeschrittene Funktionen, die wir im späteren Verlauf des Buchs nutzen werden.

css/style.css
: Diese Datei ist das CSS-Stylesheet für diese Seite. Erschrecken Sie nicht, wenn Sie die Datei öffnen: Neben den speziellen Stylesheets für unsere Seite enthält sie das komplette Bootstrap-Framework und kommt somit auf ca. 6.000 Zeilen Quelltext.

javascript/main.js
: Diese Datei enthält einige notwendige JavaScript-Quelltexte für die Seite. Das JavaScript steuert einige Funktionen der Seite, wie beispielsweise die Drop-down-Menüs in der primären Navigation. Auch diese Datei ist ein wenig größer, da sie zudem die vollständige jQuery-Bibliothek enthält.

images/logo.png
: Dies ist das Firmenlogo der Snowboardschule *Meyer, Müller & Schmidt*.

fonts/DroidSans400.woff2, fonts/DroidSand700.woff2
: Dies sind Schriftarten, die für die Darstellung der Seite benötigt werden. Sie werden diese Dateien später wahrscheinlich nicht wieder aktiv anfassen, da sie automatisch vom CSS-Stylesheet eingebunden werden.

*fonts/bootstrap/glyphicons-halflings-regular.**
: Dies sind verschiedene Icon-Schriftarten. Sie werden vom Bootstrap-Framework benötigt, um skalierbare Icons auf der Seite darstellen zu können.

Die Template-Engine Fluid

Einige Teile der nun vorliegenden HTML-Designvorlage sollen später von TYPO3 dynamisch mit den Inhalten ersetzt werden, die vom CMS in der Datenbank verwaltet werden. Dies umfasst beispielsweise den zentralen Inhalt der Seite (hier soll später schließlich kein schnödes »Lorem Ipsum« stehen, sondern Inhalt, den ein Redakteur über das TYPO3-Backend pflegen kann). Auch das Menü soll automatisch von TYPO3 aus einer bestehenden Seitenstruktur erstellt werden (die Sie später in diesem Kapitel noch anlegen werden). Insgesamt enthält die Designvorlage also folgende dynamische Elemente, die später von TYPO3 befüllt werden müssen:

- den grafischen Trailer,
- das primäre Menü im oberen Bereich,
- das sekundäre Menü im Fußbereich,
- den eigentlichen Content-Bereich in der Mitte,
- den Content-Bereich auf der rechten Seite,
- den Sprachwechsler (Textlinks),
- den Textlink zur Druckversion,
- den Klickpfad, aufgrund der Mehrsprachigkeit auch inklusive des Einleitungstexts *Sie sind hier*, sowie
- die aktuellen Mitteilungen im Fußbereich, einschließlich des heutigen Datums.

Diese Aufgabe – die dynamische Generierung von HTML-Dokumenten aus einer Vorlage und bestimmten Eingabedaten – übernimmt bei TYPO3 die Template-Engine *Fluid*. Fluid erweitert HTML um zwei Sprachkonstrukte:

Variablen

Eine Variable in Fluid wird durch einen Namen bezeichnet und kann beliebige Werte enthalten. Innerhalb des Fluid-Templates kann auf den Inhalt einer Variablen zugegriffen werden, indem er in geschweiften Klammern referenziert wird. So könnte beispielsweise eine Seitenüberschrift in einer Variablen `heading` gespeichert sein und im Fluid-Template dann wie folgt referenziert werden:

```
<h1>
  {heading}
</h1>
```

ViewHelper

ViewHelper ermöglichen es, einfache Kontrollstrukturen in einem Fluid-Template zu realisieren. Über folgendes Konstrukt kann beispielsweise ein Teil eines Templates ein- oder ausgeblendet werden, je nachdem, ob eine bestimmte Variable gesetzt ist:

```
<f:if condition="{heading}">
  <h1>{heading}</h1>
</f:if>
```

Wäre die Variable heading im obigen Beispiel nicht definiert, würde Fluid ohne den <f:if>-ViewHelper ein leeres <h1>-Tag darstellen. Durch den <f:if>-ViewHelper erscheint gar kein <h1>-Tag, wenn keine heading-Variable definiert ist.

Eine Fluid-Variable kann verschiedene Arten von Werten enthalten: Im einfachsten Fall enthält eine Variable lediglich eine Zeichenkette, die dann im Fluid-Template »ersetzt« werden kann. Würde die Variable heading im obigen Beispiel den Wert 'Hallo Welt' enthalten, käme am Ende der HTML-Quelltext <h1>Hallo Welt</h1> dabei heraus.

Dabei gilt es zu beachten: Enthält eine Fluid-Variable HTML-Code, wird dieser von Fluid bei der Ausgabe so konvertiert (»escapt«), dass er vom Browser nicht interpretiert, sondern einfach auf der Seite ausgegeben wird. Enthielte die Variable heading also den Wert '<b>Hallo</b> Welt', würde Fluid aus dem Template <h1>{heading}</h1> nun folgenden HTML-Code generieren:

```
<h1>
  &lt;b&gt;Hallo&lt;b&gt; Welt
</h1>
```

Dies ist ein (eigentlich sinnvolles) Sicherheitsmerkmal von Fluid, da die unkontrollierte Ausgabe von HTML-Quelltext eine sehr häufig anzutreffende Sicherheitslücke auf vielen Webseiten darstellt. In diesem Fall ist die automatische Konvertierung jedoch eher hinderlich, da zahlreiche der dynamisch generierten Elemente in unserer Designvorlage (wie beispielsweise der über das Backend bearbeitbare Inhalt, aber auch die Menüs) durchaus HTML-Quelltext enthalten können. Um die automatische Konvertierung von HTML-Sonderzeichen zu verhindern, kann der f:format.raw()-ViewHelper genutzt werden:

```
<h1>
  {heading -> f:format.raw()}
</h1>
```

Diese Notation sorgt nun dafür, dass die Fluid-Variable {heading} tatsächlich einfach so ausgegeben wird, wie sie ist – also ohne die Konvertierung von Sonderzeichen in der Ausgabe:

```
<h1>
  <b>Hallo</b> Welt!
</h1>
```

Fluid-Variablen können jedoch noch andere Werte enthalten als nur Text. Eine detaillierte Betrachtung komplexerer Fluid-Variablen erfolgt in Kapitel 7, *Menüs erstellen*.

Sämtliche dynamischen Elemente werden im Folgenden aus dem erstellten HTML-Dokument (*vorlage_statisch.html*) entfernt und durch Fluid-Variablen ersetzt. Über TypoScript werden diese später mit HTML-Code und seinen dynamischen Bestandteilen befüllt. Redakteure erhalten dadurch die Möglichkeit, schnell und problemlos die Präsentation auch ohne HTML-Kenntnisse zu bearbeiten.

Das Logo kann in vielen Fällen statisch in die Designvorlage integriert werden. Um Grafikfunktionalitäten zu erläutern, wird das Logo für unser Beispiel in Kapitel 6, *Grafiken mit TypoScript erstellen*, dynamisch eingelesen. Klassische Anwendungsfälle für das dynamische Ersetzen eines Logos sind z. B. unterschiedliche Geschäftsbereiche mit abweichenden Logos.

Die fertige Designvorlage

Im folgenden Codebeispiel können Sie den HTML-Quellcode der fertig ersetzten Designvorlage sehen, und Abbildung 4-2 zeigt das Resultat, also wie die Designvorlage dann im Browser aussieht. Vom anfänglich erstellten HTML-Dokument bleibt dabei nicht mehr viel übrig. Da die Vorlage jetzt nur noch den Inhalt des `<body>`-Tags enthält, wird auch das Stylesheet nicht mehr geladen. Die fertige Designvorlage finden Sie in der Downloaddatei unter dem Dateinamen *site/fileadmin/templates/vorlage-v1.html*.

In dem erstellten Fluid-Template werden sämtliche Variablen, die später HTML-Quelltext enthalten könnten, durch den `f:format.raw()`-View-Helper gefiltert. Ein paar weitere Besonderheiten:

1. Das Fluid-Template ist kein vollständiges HTML-Dokument mehr, sondern enthält nur noch das HTML-Markup, das innerhalb des `<body>`-Tags stehen soll. Der HTML-Head und das eigentliche `<body>`-Tag werden später automatisch von TYPO3 generiert, sodass das Fluid-Template diese Tags nicht mehr enthalten muss.
2. Das Trailer-Bild wird per CSS als Hintergrundbild in das Element der Klasse `trailer` eingefügt. Beachten Sie die Fluid-Variable `{image}` in Zeile 2 des Codebeispiels:

   ```
   style="background-image: url({image})"
   ```

3. Das Suchformular in der Kopfzeile wurde insgesamt durch die Variable `{search -> f:format.raw()}` ersetzt. Das eigentliche Suchformular wird später vollständig von einem entsprechenden TYPO3-Plug-in generiert werden.

4. Im Hauptinhaltsbereich werden die Variablen `{contentMain}` und `{contentMargin}` genutzt. Diese sollen später den Hauptinhalt und den Inhalt einer Randspalte enthalten. Über einen `<f:if>`-ViewHelper in Zeile 45 wird hierbei die rechte Spalte komplett ausgeblendet, wenn kein Inhalt für die Randspalte vorhanden ist.
5. Da die Webseite später mehrsprachig sein soll, wurden auch alle Beschriftungen wie etwa der Firmenname in der Kopfzeile, die Beschriftung des Suchbuttons und zahlreiche weitere in Fluid-Variablen ausgelagert. Diese können später abhängig von der gewählten Sprache mit unterschiedlichen Werten befüllt werden.

Beispiel 4-1: Designvorlage

```
01 <header>
02   <div class="trailer" style="background-image: url({image})">
03     <nav class="navbar navbar-inverse navbar-fixed-top" data-spy="affix"
                         data-offset-top="80">
04       <div class="container">
05         <div class="navbar-header">
06           <button type="button" class="navbar-toggle collapsed"
                         data-toggle="collapse" data-target="#navbar">
07             <span class="sr-only">Toggle navigation</span>
08             <span class="icon-bar"></span>
09             <span class="icon-bar"></span>
10             <span class="icon-bar"></span>
11           </button>
12           {logo -> f:format.raw()}
13           <a class="navbar-brand" href="#">
14             <div class="brand-line">{brandLineFirst}</div>
15             <div class="brand-line">{brandLineSecond}</div>
16           </a>
17         </div>
18         <div id="navbar" class="navbar-collapse collapse">
19           {menuPrimary -> f:format.raw()}
20         </div>
21       </div>
22     </nav>
23
24     <div class="jumbotron">
25       <div class="container">{contentTrailer -> f:format.raw()}</div>
26     </div>
27   </div>
28
29   <div class="infobar">
30     <div class="container">
31       <div class="pull-right search">
32         {search -> f:format.raw()}
33       </div>
34       <div class="language">
35         {language -> f:format.raw()}
36       </div>
37
```

Beispiel 4-1: Designvorlage (Fortsetzung)

```
      {menuBreadcrumb -> f:format.raw()}
    </div>
  </div>
</header>

<main class="container">
  <div class="row">
    <f:if condition="{contentMargin}">
      <f:then>
        <div class="col-md-8 content-main">{contentMain ->
                    f:format.raw()}</div>
        <div class="col-md-4 content-margin">{contentMargin ->
                    f:format.raw()}</div>
      </f:then>
      <f:else>
        <div class="col-md-12 content-main">{contentMain ->
                    f: format.raw()}</div>
      </f:else>
    </f:if>
  </div>
</main>

<footer>
  <div class="container">
    <div class="row">
      <div class="col-md-8">
        <h4>{labelNews}</h4>
        <aside class="row">
          <div class="col-md-4 date-wrapper">
            {labelToday -> f:format.raw()}
            <div class="date">{today}</div>
          </div>
          <div class="col-md-8 news-wrapper">
            {footerNews -> f:format.raw()}
          </div>
        </aside>
      </div>
      <div class="col-md-4">
        <h4>{labelMore}</h4>
        <nav>{menuSecondary -> f:format.raw()}</nav>
      </div>
    </div>
  </div>
</footer>
```

Tipp Der genaue Fluid-Quelltext der Designvorlage wird sich im Verlauf dieses Buchs noch ein wenig verändern, wenn wir fortgeschrittene Funktionen von TYPO3 betrachten. Die oben gezeigte Version der Vorlage finden Sie in den Dateien zum Buch unter dem Dateinamen *vorlage-v1.html*.

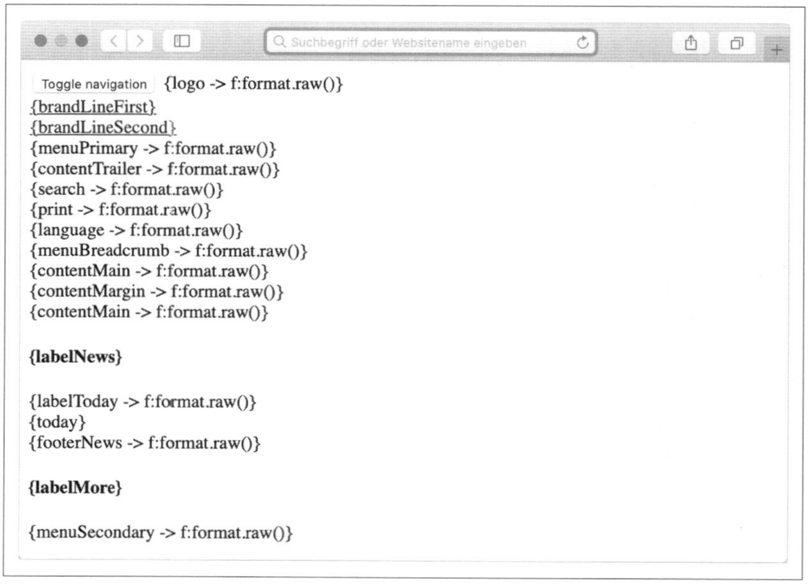

Abbildung 4-2 ▶
Die substituierte Designvorlage im Browser

Dateien mit dem Dateimanager zur Verfügung stellen

Damit die soeben erstellte Designvorlage in Ihrer TYPO3-Umgebung zur Verfügung steht, muss sie zunächst auf den Server hochgeladen werden. Das ist prinzipiell mit FTP möglich, hier soll jedoch das Hochladen mithilfe des integrierten Dateimanagers gezeigt werden. Wenn Sie die Designvorlage per FTP zur Verfügung stellen möchten, achten Sie darauf, dass Sie sie im Ordner *fileadmin/* oder einem seiner Unterordner speichern.

Neben der Designvorlage müssen Sie außerdem noch die verwendeten Grafiken im System zur Verfügung stellen. Die HTML-Vorlagen sollen im Ordner *fileadmin/templates/*, Grafiken im Ordner *fileadmin/images/*, Stylesheets in *fileadmin/css/* und Schriftarten in *fileadmin/fonts/* abgelegt werden.

Erstellen Sie im Dateimanager zunächst die vier Ordner *fileadmin/templates/*, *fileadmin/images/*, *fileadmin/css/* und *fileadmin/fonts/* (siehe auch Abbildung 4-3):

❶ Wechseln Sie über das Menü in das *Dateiliste*-Modul.

❷ Klicken Sie auf das Icon des *fileadmin/*-Ordners, um dessen Kontextmenü zu öffnen.

❸ Wählen Sie im Kontextmenü die Option *Neu*.

❹ Geben Sie über das Auswahlfeld an, dass Sie fünf Ordner anlegen möchten.

❺ Tragen Sie in die fünf Felder die gewünschten Unterordner *templates*, *images*, *javascript*, *css* und *fonts* ein.

❻ Bestätigen Sie Ihre Angaben mit *Ordner anlegen*.

Die Designvorlage *vorlage-v1.html* soll im Verzeichnis *fileadmin/templates/* zur Verfügung gestellt werden. Klicken Sie dazu erneut im Verzeichnisbaum auf das Icon vor dem Textlink *templates* und wählen Sie aus dem Pop-up-Menü den Eintrag *Dateien hochladen* aus.

Klicken Sie *Durchsuchen* an, um die Dateien von Ihrem lokalen PC zu übertragen. Wählen Sie die Datei *vorlage-v1.html* aus (und gern auch bereits die darauffolgenden Versionen der Vorlage, die Sie in späteren Kapiteln benötigen werden).

Damit Sie den aktuellen Inhalt des Ordners *fileadmin/templates/* angezeigt bekommen, klicken Sie im Verzeichnisbaum direkt auf den Textlink des Ordners *templates*.

Neben der Designvorlage sollen noch die verwendeten Grafiken, Stylesheets und Schriftarten im System zur Verfügung gestellt werden. Die benötigten Grafiken legen Sie nach dem gleichen Prinzip im Ordner *fileadmin/images/* ab, die Stylesheets im Ordner *fileadmin/css/* und die Schriftarten im Ordner *fileadmin/fonts/*.

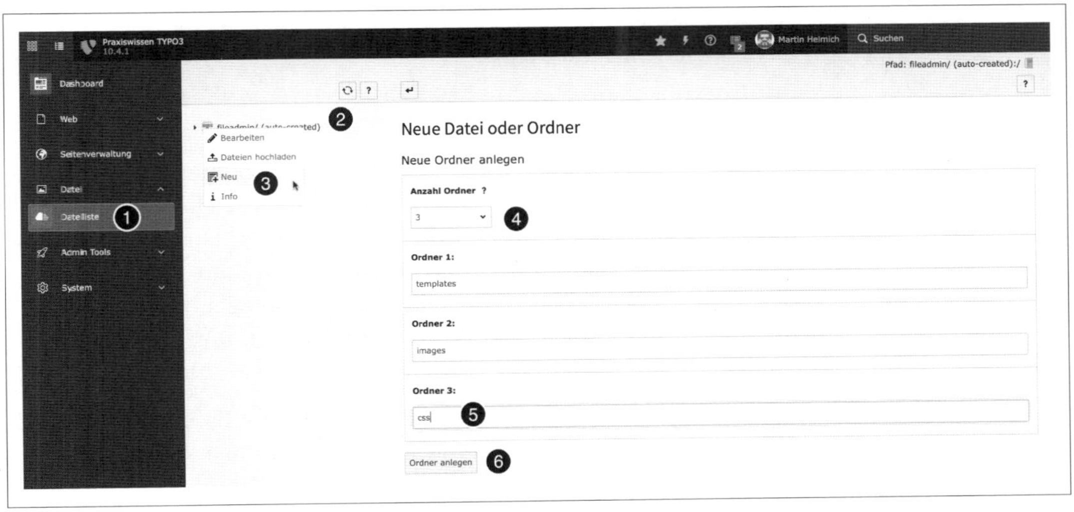

▲ **Abbildung 4-3**
Neue Ordner in der Dateiliste erstellen

Aufbau der Navigationsstruktur

Der erste Schritt zur Umsetzung des gelieferten Designs ist das Anlegen einer geeigneten Seitenstruktur, die in TYPO3 abgebildet wird. Dabei sind folgende Überlegungen nötig:

Welche Navigationen gibt es?
: Für das Praxisbeispiel der *Snowboardschule* wird es eine primäre Navigation und ein Menü im Fußbereich geben. Zum Abbilden dieser Struktur werden Hilfsseiten eingeführt, die dem Besucher der Website nicht zur Verfügung stehen sollen.

Wie viele Ebenen wird die Navigation enthalten?
: Es wurden bei den Anforderungen keine konkreten Angaben darüber gemacht, wie tief bzw. über wie viele Ebenen die Navigation gehen wird. Das Hauptmenü soll daher willkürlich für maximal zwei Ebenen beschrieben werden. Das untere Textmenü hingegen wird keine weiteren Unterseiten enthalten. Diese Ebenenanzahl sehen Sie auch im Screenshot zu den Anforderungen an das Praxisbeispiel (siehe Abbildung 4-1).

Wo befindet sich die Homepage?
: Eigentlich sollte der Begriff *Homepage* eindeutig sein. Sie werden später beim Aufbau der Struktur allerdings feststellen, dass der genaue Ort der Homepage nicht unbedingt eindeutig festgelegt ist.

Überlegungen zur richtigen Struktur

In diesem Abschnitt werden Sie an die geeignete Seitenstruktur herangeführt und lernen so die Hintergründe und Vorteile der in diesem Beispiel verwendeten Struktur kennen.

Navigationsstruktur abbilden

Im Praxisbeispiel werden zwei Navigationen eingesetzt: im oberen Bereich die primäre Navigation mit Menüpunkten wie *Homepage*, *Aktuelles*, *Geschützter Bereich* usw. und im unteren Teil die Hilfsnavigation, die die Menüpunkte *Homepage*, *Sitemap*, *Impressum* und *Kontakt* enthält. Wie Sie bereits erkennen können, gibt es innerhalb der Navigation gleich zweimal die Seite *Homepage*. Welche Seite davon nun die tatsächliche Homepage sein soll, erfahren Sie am Ende dieses Abschnitts.

In TYPO3 wird die Seitenstruktur ähnlich wie ein Baum aufgebaut: Es gibt eine Wurzel, von der aus im Regelfall ein Stamm und diverse Zweige abgehen. An der Wurzel kann im wahrsten Sinne des Wortes nicht gerüttelt werden, denn sie ist tief und fest im System verankert. In TYPO3 wird die Wurzel als *rootlevel* bezeichnet (Root-Ebene oder zu Deutsch auch Wurzelebene).

Ausgehend von dieser Root-Ebene können Sie in TYPO3 die Navigationsstruktur abbilden. Das ist ähnlich wie bei Betriebssystemen, in denen Verzeichnisstrukturen erstellt werden können, die mit einem Datenträger beginnen. In TYPO3 legen Sie mit der Navigationsstruktur bzw. mit

Seiten im Allgemeinen allerdings keine Verzeichnisse an, sondern eine Struktur von Seiten, die lediglich in der Datenbank abgebildet wird.

Beim Aufbau der Navigationsstruktur müssen Sie berücksichtigen, dass es Redakteuren möglich sein muss, das Menü selbstständig zu erweitern bzw. zu reduzieren. Dabei soll von TYPO3 dynamisch all das gemacht werden, was zur Aufnahme eines weiteren Menüpunkts in die Navigation erforderlich ist, ohne dass der Redakteur über besondere TYPO3-Kenntnisse verfügen muss.

Zur Realisierung von Navigationen mit mehreren Bereichen gibt es zwei Möglichkeiten. Die erste besteht darin, dass Sie später mit TypoScript angeben, welche Seiten zu welcher Navigation gehören. Diese statische Verankerung in TypoScript hat den Nachteil, dass neu angelegte Seiten einer ersten Navigationsebene erst mit in das TypoScript-Template aufgenommen werden müssen, bevor die neue Seite im Menü angezeigt wird.

Die zweite, flexiblere Möglichkeit ist, über TypoScript mitzuteilen, dass Seiten, die sich unterhalb einer definierten Seite befinden, ein ganz bestimmtes Menü bilden. Wenn Redakteure nun unterhalb einer solchen Hilfsseite weitere Seiten anlegen, werden diese automatisch mit in das Menü aufgenommen. Da die Vorteile der zweiten Möglichkeit genutzt werden sollen, müssen mindestens zwei solcher sogenannten *Hilfsseiten* existieren: eine für das obere Menü und eine für das untere.

Zwischengeschaltete Seite zur Template-Vererbung

Nach diesen Überlegungen gibt es zurzeit ausgehend von der Root-Ebene zwei Hilfsseiten für die beiden Menüs, die die Seiten der jeweiligen Menüs als Unterseiten haben. Allerdings ist noch folgendes Problem zu lösen: In Kapitel 5, *TypoScript in der Praxis*, werden Sie erfahren, dass TypoScript-Templates auf einer Seite angelegt werden und sich auf die Unterseiten vererben. Sie möchten in der Regel aber nur ein TypoScript-Template erstellen, das für das gesamte TYPO3-Projekt gültig ist. Auf der Root-Ebene können Sie keine Templates anlegen, da es sich dabei nicht um eine reguläre Seite handelt. Somit könnten Sie zum jetzigen Zeitpunkt nur ein TypoScript-Template auf den Hilfsseiten anlegen, die sich dann auf die Unterseiten auswirken. Ein TypoScript-Template müssten Sie auf der Seite *Hauptnavigation* anlegen und das gleiche Template noch einmal auf der Seite *Hilfsnavigation*. Sie würden somit das gleiche Template mit identischem TypoScript-Code zweimal vorhalten.

Abhilfe schafft hier eine weitere zwischengeschaltete Hilfsseite, die sich direkt unterhalb der Root-Ebene befindet und die beiden Hilfsseiten für die Menüs als Unterseiten hat. Da diese Seite lediglich dem Zweck dient, das TypoScript-Template aufzunehmen, damit es an nur einer Stelle gepflegt werden muss und sich auf sämtliche Unterseiten vererbt, wird diese

Seite ebenfalls als Hilfsseite bezeichnet und soll im Folgenden den Seitentitel *root* tragen.

Wo befindet sich die Homepage?

Die erste Seite, die sich unterhalb der Root-Ebene befindet, wird beim Aufruf der Domain *http://<ihre-domain>/* aufgerufen – und das sollte im Regelfall auch die Homepage sein. Jedoch befindet sich zum jetzigen Zeitpunkt unterhalb dieser Root-Ebene die Seite *root*, die lediglich dem Zweck dient, das TypoScript-Template an die Unterseiten zu vererben. Die Homepage wurde als Seite an zwei Stellen definiert: einmal im oberen Hauptmenü und einmal im unteren Hilfsmenü.

Es gibt in TYPO3 die Möglichkeit, eine Seite als *Verweis* zu definieren. Die Seite zeigt dann auf eine andere Seite, in diesem Fall auf eine der beiden Seiten *Homepage*. Landet ein Websitebesucher auf der Seite *root*, z.B. weil er die Website über die Domain *http://meinedomain.tld* aufgerufen hat, wird er auf die Homepage verwiesen.

Allerdings gibt es die Seite *Homepage* zweimal, wobei die eine die tatsächliche Homepage sein soll und die andere wiederum nur ein Verweis auf diese ist. Theoretisch können Sie sich aussuchen, welche der beiden Seiten nun Ihre tatsächliche Homepage sein wird. Es spricht allerdings einiges dafür, dass sich die Homepage in der Hauptnavigation befindet: Einer der Vorteile davon ist z.B., dass Sie hier sogenannte *Menüzustände* definieren können. Befindet sich der Websitebesucher auf dieser *Homepage*, kann im Hauptmenü der Menüeintrag als aktuelle Seite besonders hervorgehoben werden.

Die fertige Seitenstruktur könnte somit wie in Abbildung 4-4 aussehen.

Abbildung 4-4 ▶ Überlegungen zur Seitenstruktur

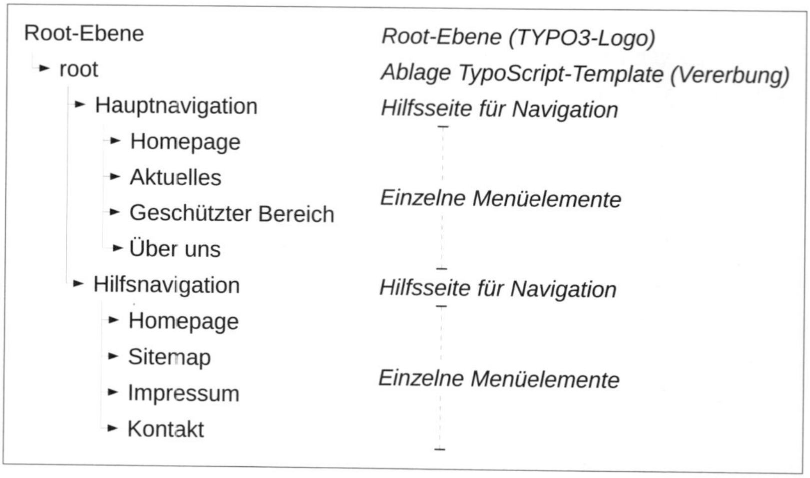

Die gewünschte Struktur anlegen

Die in Abbildung 4-4 gezeigte Navigation soll nun in der TYPO3-Umgebung abgebildet werden. Die Seite *Test*, die Sie schon in Kapitel 3, *Das Backend kennenlernen*, angelegt haben, kann bestehen bleiben, soll aber keinen Einfluss auf das Projekt haben. Sie können die Seite *Test* löschen, indem Sie im Modul *Seite* im Abschnitt *Web* im Seitenbaum mit rechts auf die Seite klicken und im Auswahlmenü die Option *Löschen* anwählen.

Legen Sie jetzt eine Seite unterhalb der Root-Ebene an. Gehen Sie dazu wie folgt vor (siehe auch Abbildung 4-5):

❶ Wechseln Sie in das Modul *Web → Seite* und klicken Sie auf den Button *Neue Seite* im oberen Bereich des Seitenbaums.

❷ Sie haben nun die Auswahl zwischen verschiedenen verfügbaren Seitentypen. Für den Anfang am wichtigsten sind dabei die normale Seite (das erste Icon) und die Verknüpfung (das dritte Icon).

❸ Sie können jetzt dem Seitenbaum eine neue Seite hinzufügen, indem Sie per Klicken und Ziehen das Symbol des jeweiligen Seitentyps an die gewünschte Stelle im Seitenbaum ziehen. Da der Seitenbaum derzeit noch leer ist, gibt es allerdings nicht allzu viele Möglichkeiten, die Seite zu platzieren.

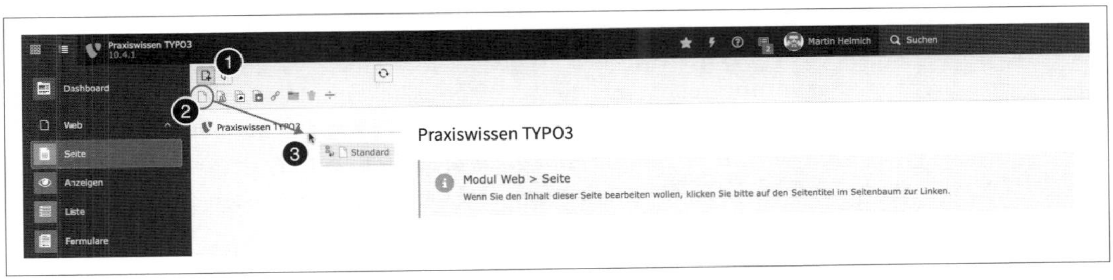

▲ Abbildung 4-5
Eine neue Seite anlegen

Direkt im Seitenbaum kann der Seitentitel bearbeitet werden. Geben Sie hier *root* als Seitentitel an.

Bearbeiten Sie nun die neu erstellte Seite, indem Sie mit rechts auf den Seitenbaumeintrag klicken und den Menüpunkt *Bearbeiten* auswählen. Es öffnet sich die Maske zum Bearbeiten der *Seiteneigenschaften*, in der Sie grundlegende Eigenschaften für eine neue Seite angeben können (siehe Abbildung 4-6):

1. Da die Seite sichtbar sein soll, wechseln Sie auf die Registerkarte *Zugriff* ❶ und aktivieren die Option *Sichtbarkeit → Seite sichtbar* ❷. Das Ein- und Ausblenden von Seiten können Sie auch direkt über den Seitenbaum vornehmen, indem Sie mit rechts auf eine Seite klicken und im Kontextmenü die Option *Deaktivieren* oder *Aktivieren* anwählen.

2. Um TYPO3 mitzuteilen, dass es sich bei dieser Seite um die Wurzel eines ganz neuen Seitenbaums handeln soll, aktivieren Sie des Weiteren auf der Registerkarte *Verhalten* die Option *Als Anfang der Website benutzen*.
3. Über das Icon *Speichern* ❸ wird die neue Seite gespeichert, und die Maske mit den Seitentitelinformationen wird geschlossen.

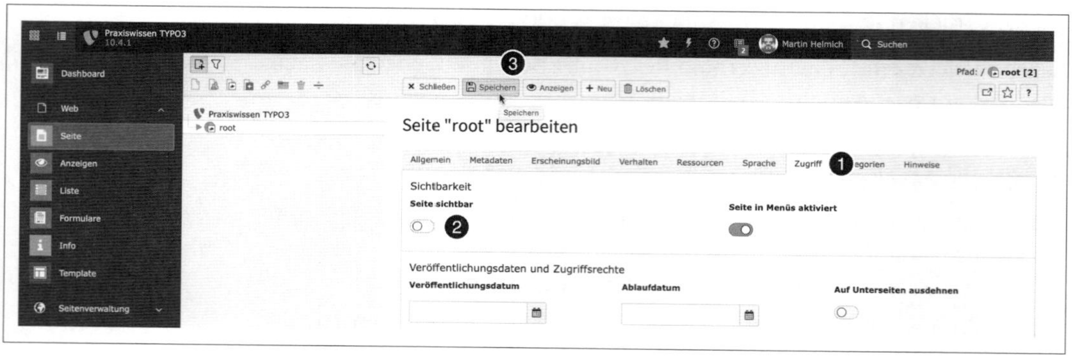

Abbildung 4-6 ▲
Die Maske mit den Eigenschaften für eine Seite

Auf den ersten Blick ändert sich im Frontend durch das Erstellen dieser neuen Seite noch nicht viel. Wenn Sie die Einstiegsseite (also einfach nur *http://<ihre-domain>*) aufrufen, werden Sie immer noch die Fehlermeldung *No site configuration found* vorfinden.

Anders verhält es sich, wenn Sie im TYPO3-Backend direkt im Seitenbaum mit rechts auf die Seite *root* klicken und aus dem Pop-up-Menü den Eintrag *Ansehen* auswählen. Sie werden nun auf eine URL der Form *http://<ihre-domain>/autogenerated-1/en* weitergeleitet, wo die Fehlermeldung *No TypoScript template found!* erscheint (siehe Abbildung 4-7).

Abbildung 4-7 ▶
Für die aufgerufene Seite wurde kein TypoScript-Template gefunden.

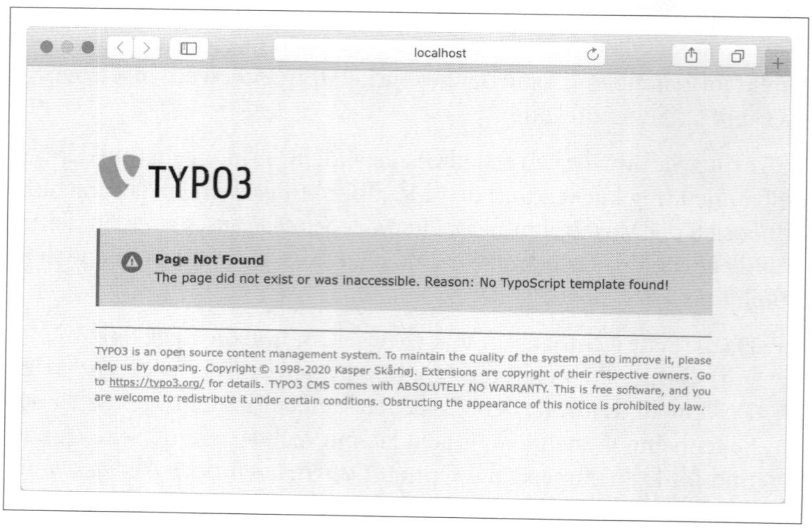

Die Fehlermeldung *No TypoScript template found* rührt daher, dass Sie TYPO3 noch mitteilen müssen, wie genau TYPO3 aus der hinterlegten Designvorlage nun die fertige Webseite zu generieren hat. Das geschieht in einem TypoScript-Template, das Sie im folgenden Kapitel 5, *TypoScript in der Praxis*, erstellen werden.

Die Fehlermeldung *No site configuration found* auf der Einstiegsseite ist ebenfalls kein Grund zur Beunruhigung. Hierzu muss noch eine *Seitenkonfiguration* (engl. *Site Configuration*) erstellt werden, die TYPO3 mitteilt, welche genaue URL (also Domain und Pfad) auf welche *root*-Seite im Seitenbaum abgebildet wird (denn in größeren TYPO3-Projekten könnte es theoretisch mehrere *root*-Seiten geben, die beispielsweise über verschiedene Domains angesprochen werden sollen). Mit Seitenkonfigurationen werden Sie sich später in diesem Kapitel im Abschnitt »Eine Seitenkonfiguration erstellen« befassen.

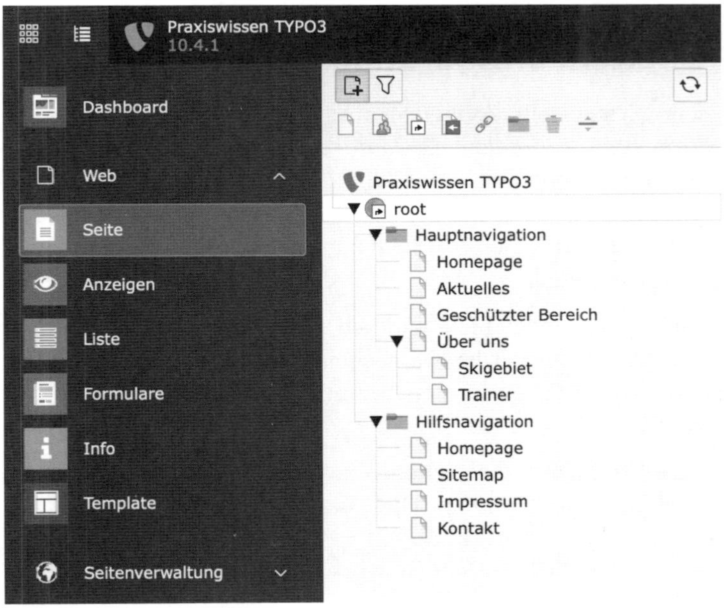

◀ **Abbildung 4-8**
Die fertige Seitenstruktur im Seitenbaum

Ausgehend von der Seite *root* können Sie nun die bekannten Seiten *Hauptnavigation* und *Hilfsnavigation* sowie die jeweiligen Unterseiten anlegen. Die beiden Seiten *Haupt-* und *Hilfsnavigation* sind dabei ein wenig besonders: Sie dienen später nicht dazu, Inhalte darzustellen, sondern lediglich, um die Unterseiten sinnvoll zu gruppieren. Aus diesem Grund sollten Sie diese Seiten nicht als reguläre Seiten erstellen, sondern als *Ordner*.

Bei *Ordnern* handelt es sich um spezielle Elemente im Seitenbaum, die später selbst keinen Inhalt enthalten und zu denen auch nicht über URLs navigiert werden kann. Ihr einziger Zweck ist die logische Gruppierung von Seiten im Seitenbaum. Um einen Ordner zu erstellen, ziehen Sie beim Erzeugen einer neuen Seite das Ordnersymbol aus dem oberen Bereich des Seitenbaums dorthin, wo der Ordner erstellt werden soll.

Tipp Wenn Sie zunächst eine reguläre Seite erstellt haben und im Nachhinein merken, dass Sie eigentlich doch einen Ordner erstellen wollten, können Sie den Typ eines bestehenden Seitenbaumelements auch nachträglich ändern. Bearbeiten Sie hierzu die Seite über den *Bearbeiten*-Eintrag im Kontextmenü der Seite und ändern Sie im Bearbeitungsformular den *Typ* der Seite von *Standard* auf *Ordner*.

Nachdem Sie Ordner für die Haupt- und Hilfsnavigation erzeugt haben, erstellen Sie die restlichen Unterseiten der Navigationsstruktur als ganz reguläre Seiten. Die von Ihnen fertiggestellte Seitenstruktur sollte in TYPO3 so wie in Abbildung 4-8 aussehen.

Eine Seitenkonfiguration erstellen

Wie schon festgestellt, können Sie Ihre *root*-Seite bereits über eine URL der Form *http://<ihre-domain>/autogenerated-1/en* aufrufen (dort erscheint dann noch die Fehlermeldung *No TypoScript template found* – aber ein Problem nach dem anderen). Ein einfacher Aufruf der URL *http://<ihre-domain>* liefert jedoch nach wie vor die Fehlermeldung *No site configuration found*.

Diese Situation ist noch nicht wirklich schön, denn die meisten späteren Besucher Ihrer Seite werden wahrscheinlich einfach nur den Namen Ihrer Domain in den Browser eingeben und keine komplizierten URLs wie */autogenerated-1/en*.

Alle diese Konfigurationen erfolgen in TYPO3 über Seitenkonfigurationen (engl. *Site Configuration*). Diese beschreiben beispielsweise, welche Kombinationen aus URL und Pfad später auf welchen Teil des Seitenbaums abbilden. Das ermöglicht insbesondere in größeren TYPO3-Projekten sehr vielfältige Konfigurationen, in denen beispielsweise verschiedene Domains (etwa *https://www.snowboardschule.example* und *https://karriere.snowboardschule.example*) jeweils verschiedene *root*-Seiten ausliefern.

Tipp TYPO3 arbeitet in der englischen Variante mit den Begriffen *Page* (für einzelne Seiten im Seitenbaum) und *Site* (für eine gesamte Domain). In der deutschen Übersetzung werden beide Begriffe unglücklicherweise mit *Seite* übersetzt. Um Verwirrung vorzubeugen, arbeiten wir in diesem Buch stets mit dem Begriff *Seitenkonfiguration* oder mit dem englischen Begriff *Site*.

Seitenkonfigurationen sind auch für mehrsprachige Seiten wichtig. So könnte beispielsweise konfiguriert werden, dass unter *https://showboardschule.example/de/* und *https://showboardschule.example/en/* die gleiche Seite in verschiedenen Übersetzungen zur Verfügung steht (mehr zum Thema Mehrsprachigkeit in Kapitel 9, *Erweiterte Darstellung von Inhalten*).

Tipp An dieser Stelle des Buchs beschäftigen wir uns nur so weit mit Seitenkonfigurationen, um ein wenig voranzukommen. In späteren Kapiteln, wie etwa in Kapitel 9 im Abschnitt »Mehrsprachige Websites« auf Seite 251 oder in Kapitel 12 im Abschnitt »Site Management im TYPO3-Backend« auf Seite 377 werden wir noch einmal ausführlicher auf das Thema eingehen.

Für eine einfache TYPO3-Seite ohne verschiedene Domains oder Sprachen kann solch eine Seitenkonfiguration ganz einfach aussehen: Sie müssen TYPO3 lediglich mitteilen, dass unter dem Pfad / die *root*-Seite in der Standardsprache ausgeliefert werden soll.

Wechseln Sie hierzu im TYPO3-Backend in den Menüpunkt *Seitenverwaltung → Seiten*. Hier erhalten Sie, wie in Abbildung 4-9 gezeigt, eine Übersicht über die bereits bestehenden Seitenkonfigurationen. Wie Sie sehen, hat TYPO3 für Ihre *root*-Seite schon eine Seitenkonfiguration automatisch erstellt. Die Standardeinstellungen sind allerdings womöglich ein bisschen unglücklich; die Standardsprache der Seite ist Englisch, und sie ist nur über die URL *http://<ihre-domain>/autogenerated-2/en/* erreichbar.

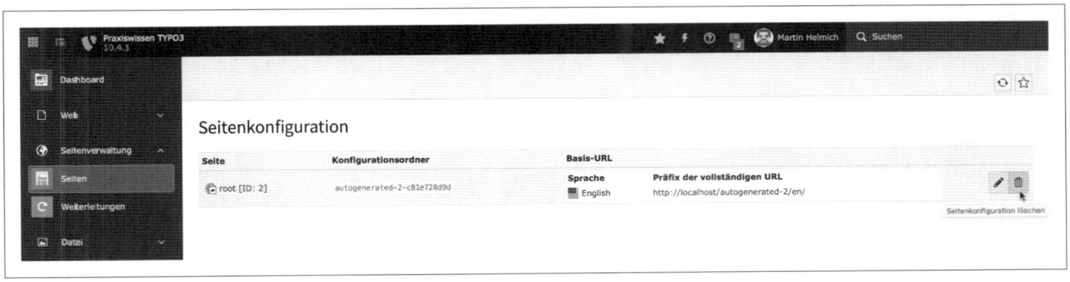

▲ **Abbildung 4-9**
Die automatisch erstellte Seitenkonfiguration für Ihre root-Seite

Um eine eigene Seitenkonfiguration zu erstellen, löschen Sie die automatisch generierte Seitenkonfiguration am besten zunächst wieder. Benutzen Sie hierzu den in Abbildung 4-9 gezeigten Button *Seitenkonfiguration löschen*. Im Anschluss können Sie, wie in Abbildung 4-10 zu sehen, über den Button *Eine neue Seitenkonfiguration für diese Seite anlegen* eben genau dies für die *root*-Seite tun.

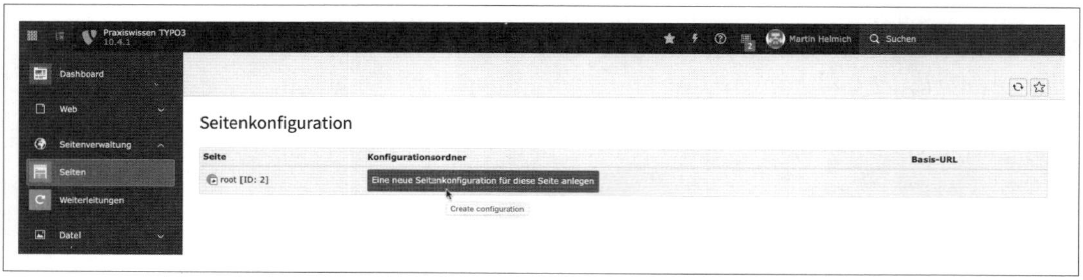

Abbildung 4-10 ▲
Erstellen einer neuen Seitenkonfiguration für die root-Seite

Im Anschluss öffnet sich ein komplexes Formular mit mehreren Tabs (siehe Abbildung 4-11). Das sieht auf den ersten Blick kompliziert aus, aber keine Angst: Die meisten der Einstellungsmöglichkeiten benötigen wir anfangs gar nicht.

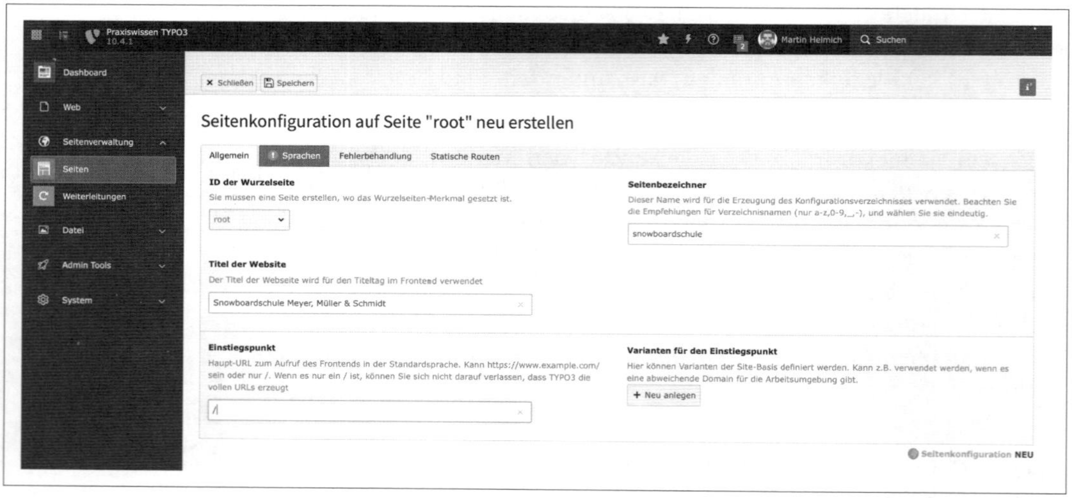

Abbildung 4-11 ▲
Formular zum Erstellen einer neuen Seitenkonfiguration

Folgende Einstellungsmöglichkeiten sollten Sie im Tab *Allgemein* beachten:

- Im Feld *ID der Wurzelseite* können Sie die *root*-Seite der Seitenkonfiguration auswählen. Solange Sie nur eine *root*-Seite in Ihrem Seitenbaum haben, gibt es hier keine große Auswahl.
- Der *Seitenbezeichner* ist ein eindeutiger Bezeichner der Seitenkonfiguration. Er sollte ausschließlich aus Kleinbuchstaben, Ziffern und (Unter-)Strichen bestehen. Dieser Wert dient lediglich dazu, die Seitenkonfiguration später eindeutig zu identifizieren – ein Besucher der Seite wird diesen Wert nicht zu Gesicht bekommen. Allerdings muss er eindeutig sein, was bedeutet, dass es keine zweite Seitenkonfiguration mit demselben Bezeichner geben darf.

- Der *Titel der Webseite* wird von TYPO3 später im `<title>`-Tag der generierten HTML-Seiten verwendet.
- Der *Einstiegspunkt* ist die URL (Domain und Pfad), unter der die Startseite der Site später erreichbar sein soll. Wenn Sie die Domain noch nicht kennen (oder sie egal ist), können Sie auch nur einen Pfad angeben. Geben Sie hier für den Anfang einfach / als Wert ein.

Warnung Wenn Sie als Einstiegspunkt (*Entry Point*) eine absolute URL einschließlich Domain eingeben, wird TYPO3 Sie bei jedem Aufruf an diese URL weiterleiten. Geben Sie hier also nur dann eine absolute URL an, wenn Ihre Site auch tatsächlich unter dieser Domain erreichbar ist. Andernfalls bleiben Sie lieber beim einfachen / als Eingabe.

Neben dem Tab *Allgemein* verdient noch der *Sprachen*-Tab Ihre Aufmerksamkeit.

Unsere Beispielseite wird anfangs nicht mehrsprachig sein (das Thema Mehrsprachigkeit wird in Kapitel 9, *Erweiterte Darstellung von Inhalten*, betrachtet). Dennoch muss in der Seitenkonfiguration zumindest die eine Standardsprache der Seite konfiguriert sein.

Abbildung 4-12 zeigt die relevanten Eingabefelder des *Sprachen*-Tabs. Das Feld *Verfügbare Sprachen für diese Seite* ist anfangs leer. Sobald Sie weitere Übersetzungen Ihres Projekts hinzufügen, werden sie in dieser Liste auftauchen. Darunter können Sie die Standardsprache der Seite bearbeiten:

- Der *Titel* der Sprache ist genau das – einfach nur ein Name.
- Der Schalter *Sichtbar im Frontend* wird später interessant, wenn Sie ein Sprachwechsler-Menü einbauen möchten. Auch das werden wir in Kapitel 9 betrachten.
- Der *Einstiegspunkt* gibt – ähnlich wie bei der Seitenkonfiguration selbst – an, unter welcher Domain und welchem Pfad die jeweilige Übersetzung der Site erreichbar sein soll. Wenn Sie hier lediglich einen Pfad und keine Domain angeben, wird der Pfad mit dem Einstiegspunkt der Seitenkonfiguration selbst kombiniert. Ist der Einstiegspunkt der Seitenkonfiguration also beispielsweise *http://<ihre-domain>/test* und der Einstiegspunkt der Sprache */de/*, erreichen Sie die deutsche Version der Seite am Ende über die URL *http://<ihre-domain>/test/de/*. Für den Anfang tragen Sie hier einfach den Wert / ein.
- Der *Sprachschlüssel für XLF*-Dateien wird verwendet, wenn Sie übersetzbare TYPO3-Extensions im Frontend nutzen (dazu später mehr). Wählen Sie hier *Deutsch* bzw. *German* als Sprachschlüssel aus.

- Die *Spracheinstellung* wird beispielsweise für Datums-, Zeit, Zahlen- und Währungsformate genutzt. Tragen Sie hier beispielsweise den Wert *de_DE*, *de_AT* oder *de_CH* ein.
- Im Abschnitt *bzgl. Frontend* können Sie das Verhalten der Sprache im Frontend konfigurieren. Diese Einstellungen werden später interessant, wenn Sie mehrere Sprachen hinterlegt haben und einen Sprachwechsler ins Frontend Ihrer Seite integrieren möchten.

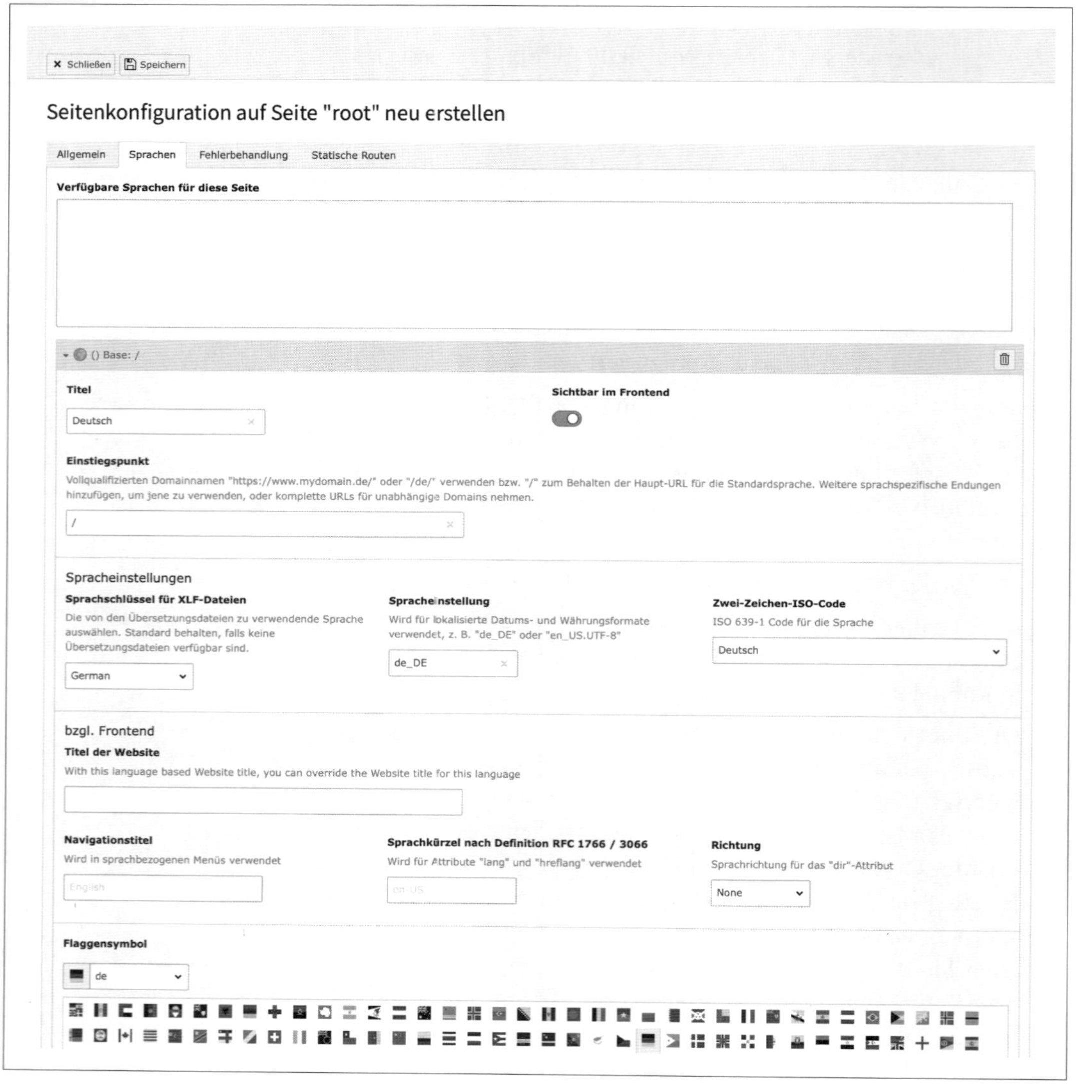

Abbildung 4-12 ▼
Konfiguration der Sprachen einer Seitenkonfiguration

Speichern Sie anschließend Ihre Seitenkonfiguration über den *Speichern*-Button ab. Die soeben erstellte Seitenkonfiguration reicht für ein einfaches TYPO3-Projekt ohne Mehrsprachigkeit völlig aus. Wir werden uns erneut mit dieser Seitenkonfiguration beschäftigen, wenn wir uns in Kapitel 9 mit dem Thema Mehrsprachigkeit auseinandersetzen.

Support

Seitenkonfigurationen werden von TYPO3 in Form von YAML-Dateien im Verzeichnis *typo3conf/sites/<seitenbezeichner>/* gespeichert. Diese können Sie zur Not auch ohne Zugriff auf das TYPO3-Backend bearbeiten, beispielsweise über einen Texteditor. Aber Achtung: Eine unbedachte Bearbeitung dieser Dateien kann das gesamte Frontend Ihres Projekts unbenutzbar machen!

Rufen Sie im Anschluss das Frontend Ihrer TYPO3-Seite ohne besonderen Pfad in der URL auf (also einfach nur *http://<ihre-domain>/*), sollten die *No site configuration found*-Fehlermeldung nun verschwunden und einer Fehlermeldung mit dem Text *No TypoScript template found* gewichen sein.

Seitenkonfigurationen im Texteditor bearbeiten

Seitenkonfigurationen werden von TYPO3 in Form von YAML-Dateien im Verzeichnis *typo3conf/sites/<seitenbezeichner>/* gespeichert (in unserem Fall also beispielsweise *typo3conf/sites/snowboardschule/*). Diese Dateien können auch ohne Zugriff auf das TYPO3-Backend etwa in einem Texteditor bearbeitet werden.

Warnung

Falls Sie mit dem YAML-Dateiformat bisher nicht vertraut sind, passen Sie gut auf, wenn Sie diese Dateien mit einem Texteditor bearbeiten. Die Einrückung der einzelnen Zeilen (jeweils in Zweierschritten mit Leerzeichen eingerückt) ist wichtig für die Struktur der in der Datei enthaltenen Daten. Eine unbedachte Bearbeitung dieser Dateien kann das gesamte Frontend Ihres Projekts unbrauchbar machen!

Wenn Sie die YAML-Datei einer Seitenkonfiguration bearbeiten, legen Sie vorher unbedingt eine Sicherheitskopie der entsprechenden Datei an!

Beispiel 4-2 zeigt, wie die soeben erstellte Seitenkonfiguration im YAML-Format gespeichert wird. Lediglich der Wert `rootPageId` kann von Projekt zu Projekt abweichen; er enthält die (interne) ID der *root*-Seite im Seitenbaum und kann in Ihrem Projekt gegebenenfalls abweichen.

Beispiel 4-2: Die Seitenkonfiguration im YAML-Format

```
base: 'http://localhost/'
baseVariants: { }
errorHandling: { }
languages:
  -
```

Beispiel 4-2: Die Seitenkonfiguration im YAML-Format (Fortsetzung)

```
    title: Deutsch
    enabled: true
    base: /
    typo3Language: de
    locale: de_DE
    iso-639-1: de
    websiteTitle: ''
    navigationTitle: ''
    hreflang: de
    direction: ''
    flag: de
    languageId: '0'
rootPageId: 2
routes: {  }
websiteTitle: 'Snowboardschule Meyer, Müller & Schmidt'
```

Hilfsseiten und Verweise

In der Seitenstruktur gibt es einige Seiten, die nicht zur Ablage von Inhalten bestimmt sind: die Seiten *root*, *Hauptnavigation* und *Hilfsnavigation*. Diese Seiten werden in diesem Projekt als Hilfsseiten bezeichnet und dienen lediglich der Strukturierung sowie der Template-Vererbung.

Die Besucher der Website sollen keine Möglichkeit bekommen, irgendwie auf diese Seiten zu gelangen. Beim Frontend-Aufruf ohne Angabe einer expliziten Seiten-ID, zum Beispiel über die URL *http://<ihre-domain>* / (oder, allgemeiner formuliert, über den konfigurierten Einstiegspunkt Ihrer zuvor erstellten Seitenkonfiguration), würde der Besucher auf die Seite *root* gelangen, die aber nur existiert, um das Template zu vererben. Sie können diese Seiten jedoch unzugänglich machen. Trifft ein Besucher auf eine dieser Hilfsseiten, wird er dann z.B. auf die Seite *Homepage* verwiesen.

Stellen Sie diesen Verweis her, indem Sie den Seitentyp von *Standard* auf *Verweis* setzen. Klicken Sie dazu im Seitenbaum auf das Icon vor der Seite *root* ❶ und wählen Sie aus dem Kontextmenü den Eintrag *Bearbeiten* ❷ aus. Auf der rechten Seite öffnet sich nun die Seite mit den allgemeinen Seiteneigenschaften. Wählen Sie hier auf der Registerkarte *Allgemein* aus dem Drop-down-Menü *Typ* den Eintrag *Verweis* ❸ aus (siehe Abbildung 4-13) und bestätigen Sie die folgende Meldung mit *OK*.

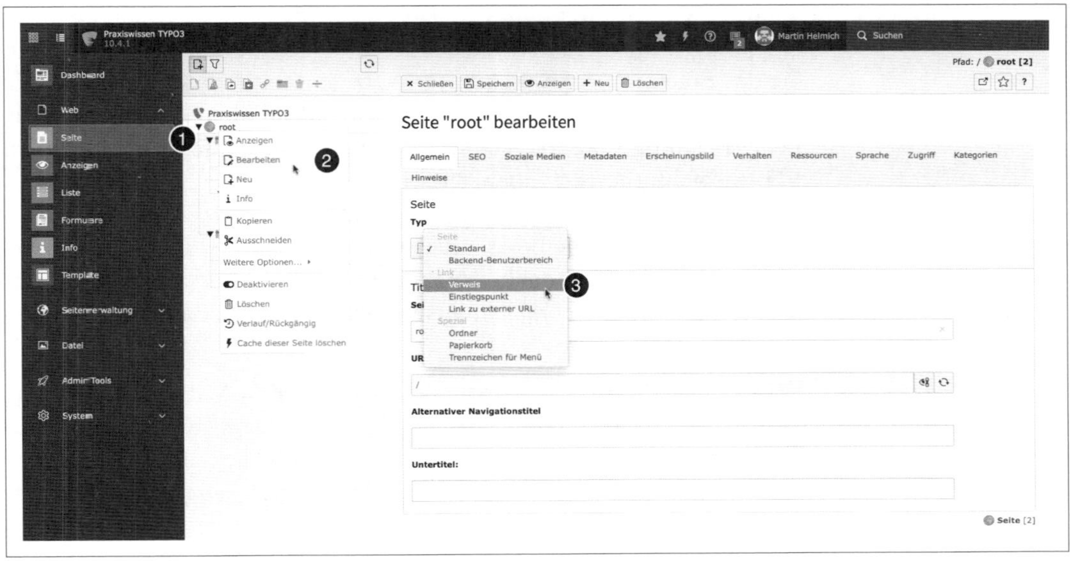

Die rechte Seite mit den Seiteneigenschaften wird neu geladen, und es erscheint eine andere Maske, in der Sie auf der Registerkarte *Allgemein* im Feld *Ausgewähltes Verweisziel* auswählen können, wohin der Verweis zeigen soll (siehe Abbildung 4-14). Nutzen Sie das in der Abbildung mit einer ❶ gekennzeichnete Eingabefeld, um nach einer bestehenden Seite zu suchen, auf die die Seite verweisen soll.

▲ **Abbildung 4-13**
Den Seitentyp ändern

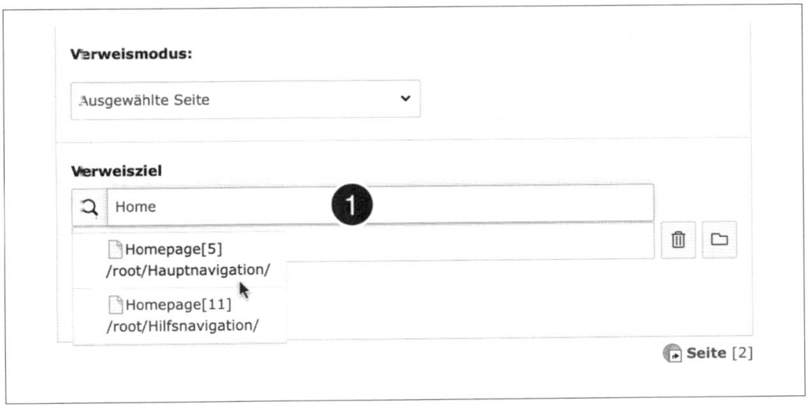

◀ **Abbildung 4-14**
Einen Verweis auf eine Seite setzen

Tipp

Alternativ können Sie auch die Schaltfläche mit dem Ordnersymbol nutzen, um die Zielseite des Verweises interaktiv auswählen zu können.

Bei der Auswahl der Seite, auf die der Verweis zeigen soll, öffnet sich ein neues Browserfenster. Beachten Sie, dass Pop-up-Blocker das Öffnen eines neuen Fensters eventuell unterdrücken. Nehmen Sie entsprechende Einstellungen in Ihrem Browser bzw. der Software vor, sodass die TYPO3-Umgebung Fenster öffnen darf.

Suchen Sie nach Ihrer Startseite *Homepage*, die sich unterhalb der Seite *Hauptnavigation* befindet. Speichern Sie danach die Seite und betrachten Sie das Ergebnis im Frontend. Zum jetzigen Zeitpunkt müssten Sie die Fehlermeldung *No TypoScript template found!* erhalten. Sollte jedoch die Fehlermeldung *Page Not Found* erscheinen, überprüfen Sie, ob Sie den Verweis richtig gesetzt haben. Diese Fehlermeldung besagt nämlich, dass Sie einen Verweis ins Nirwana gesetzt haben, z.B. auf eine nicht existierende Seite. Sie können diesen Fehler korrigieren, indem Sie im Seitenbaum auf das Icon vor der betroffenen Seite klicken und aus dem Pop-up-Menü den Eintrag *Bearbeiten* auswählen. Setzen Sie dann den Verweis auf eine reguläre Seite.

Wiederholen Sie diesen Schritt nun als auch für die Seite *Homepage*, die sich im Hilfsmenü befindet. Die offizielle Homepage soll sich in der Hauptnavigation befinden, Sie müssen also für die Seite *Homepage* in der Hilfsnavigation einen Verweis auf die Seite *Homepage* in der Hauptnavigation setzen.

Werden Verweise auf andere Seiten gesetzt, deren Zielseite nicht existiert, erscheint beim Frontend-Aufruf die Meldung *Page Not Found*. Indem Sie in den *Seiteneigenschaften* über das Feld *Verweismodus* die Einstellung *Erste Unterseite* auswählen, verhindern Sie eine mögliche Anzeige der Fehlermeldung im Frontend im Live-Betrieb Ihrer Website. Eine Auflistung einiger wichtiger TYPO3-Fehlermeldungen samt ihrer Bedeutung finden Sie im letzten Abschnitt dieses Kapitels.

Tipp

Für Suchmaschinen sind URLs, die aus unterschiedlichen Zeichen bestehen, aber den gleichen Inhalt haben, ein Negativkriterium, wenn es um die Platzierung Ihrer Seite geht. Es handelt sich dabei um *Duplicate Content* – doppelten Inhalt. Durch die Verwendung von Verweisen erhält eine Seite bzw. derselbe Inhalt zwei unterschiedliche URLs, über die jedoch derselbe Inhalt ausgegeben wird. Gehen Sie daher mit dem Inhaltselement *Verweis* (engl. *Shortcut*) sparsam um.

Die Navigationsstruktur und URLs

Wählen Sie im Seitenbaum einmal eine Seite aus einer der tieferen Ebenen per Rechtsklick aus und klicken Sie im Kontextmenü auf die *Anzeigen*-Option. Werfen Sie anschließend in dem sich nun öffnenden Browserfenster einen etwas genaueren Blick auf die Adresszeile.

Womöglich fällt Ihnen auf, dass sich die URL einer TYPO3-Seite aus ihrem eigenen Namen und den Namen der übergeordneten Seiten im Seitenbaum ableitet. Die Seite *root → Hauptnavigation → Über uns → Ski-*

gebiet bekommt beispielsweise die URL *http://<ihre-domain>/ueber-uns/skigebiet*. Diese URLs werden von TYPO3 nach den folgenden Regeln konstruiert:

1. Die *root*-Seite ist unter dem *Einstiegspunkt* der Seitenkonfiguration erreichbar. In unserem Beispiel ist das einfach nur der Pfad / mit einem beliebigen Domainnamen.
2. Die URL einer Unterseite setzt sich zusammen aus der URL der übergeordneten Seite, einem Slash und dem konvertierten Namen der Seite selbst. Bei der Konvertierung werden sämtliche Sonderzeichen entfernt, und der gesamte Name wird in Kleinschreibung konvertiert (wie Sie an */ueber-uns/* sehen, werden auch Leerzeichen und Umlaute umgewandelt).
3. Die Namen von Seiten des Typs *Ordner* sind nicht in der URL enthalten. Das führt beispielsweise dazu, dass die URLs unserer Seiten nicht von unschönen Elementen wie */hauptnavigation/* oder */hilfsnavigation/* verunstaltet werden.
4. Ein paar Beispiele für die Konstruktion solcher URLs anhand des Praxisbeispiels:
   - *root*: URL ist der Einstiegspunkt der Seitenkonfiguration = */*.
   - *root* → *Hauptnavigation*: Ist ein Ordner und bekommt keine URL.
   - *root* → *Hauptnavigation* → *Über uns*: URL der übergeordneten Seite (*/*) + / + konvertierter Name der Seite selbst (*ueber-uns*) = */ueber-uns*.
   - *root* → *Hauptnavigation* → *Über uns* → *Skigebiet*: URL der übergeordneten Seite (*/ueber-uns*) + / + konvertierter Name der Seite selbst (*skigebiet*) = */ueber-uns/skigebiet*.

TYPO3 generiert die URLs, die später einer Seite zugeordnet werden, also zunächst einmal völlig automatisch. Meistens macht es dabei einen ordentlichen Job – manchmal passt Ihnen eine der von TYPO3 erstellten URLs jedoch möglicherweise nicht so ganz. In diesem Fall können Sie für eine Seite eine abweichende URL konfigurieren. Bearbeiten Sie hierzu die Seite (Rechtsklick auf die Seite und dann *Bearbeiten* auswählen). Im Bearbeitungsformular finden Sie das Feld *URL-Segment*. Dieser Wert ist standardmäßig nicht bearbeitbar (denn TYPO3 generiert ihn ja normalerweise automatisch). Über den in Abbildung 4-15 gezeigten Button *Umschalten manuelles URL Segment* können Sie den Wert jedoch bearbeitbar machen.

Abbildung 4-15 ▶
Das URL-Segment einer Seite bearbeiten

Über den daneben befindlichen Button *Neuberechnen des URL-Segments aus dem Seitentitel* können Sie das URL-Segment auch erneut automatisch generieren lassen, nachdem Sie es manuell verändert haben.

Warnung Wenn Sie das URL-Segment einer Seite von Hand ändern, verändern sich naturgemäß auch die URL-Segmente eventueller untergeordneter Seiten. Die vormaligen URLs der Unterseiten funktionieren allerdings trotzdem weiter, denn TYPO3 erstellt für Seiten, deren URL verändert wurde, sogenannte *Weiterleitungsregeln*. Diese sorgen dafür, dass Aufrufe veralteter URLs an die jeweils neuen URLs weitergeleitet werden. Diese Regeln können Sie über den Menüpunkt *Seitenverwaltung → Weiterleitungen* auch einsehen und verwalten.

TYPO3-Fehlermeldungen

Werden im Frontend TYPO3-Fehlermeldungen angezeigt, sind diese oft schon durch kleine Änderungen zu beheben. Ich möchte Ihnen an dieser Stelle einen Überblick über Fehlermeldungen geben, die bei der Frontend-Ausgabe auftreten können.

No site configuration found
: Diese Fehlermeldung erscheint, wenn für die aufgerufene URL keine Seitenkonfiguration hinterlegt wurde. Überprüfen Sie im TYPO3-Backend im Modul *Seitenverwaltung → Seiten*, ob eine Seitenkonfiguration hinterlegt ist, deren *Einstiegspunkt* Teil der aufgerufenen URL ist.

No pages are found on the rootlevel
: Die Meldung wird angezeigt, wenn innerhalb von TYPO3 noch keine Seiten angelegt sind. Auf der obersten Ebene – *rootlevel* – wird daher auch keine Seite gefunden, was durch das Anlegen einer Seite im Backend behoben werden kann. Die Nachricht erhalten Sie meist bei einer neuen TYPO3-Installation. Nach dem Anlegen der Seite folgt oft die nächste Meldung.

No TypoScript template found

Auf der aufgerufenen Seite ist kein Datensatz vom Typ *Template* vorhanden. In einem TypoScript-Template beschreiben Sie mit der TYPO3-eigenen Skriptsprache TypoScript unter anderem, wie die spätere Website aussehen soll. Wie Sie diese Meldung durch Anlegen eines TypoScript-Templates vermeiden und was TypoScript eigentlich ist, erfahren Sie in Kapitel 5, *TypoScript in der Praxis*.

Page Not Found

Diese Fehlermeldung kann verschiedene Ursachen haben. Die einfachste ist, dass in der URL eine Seite aufgerufen wurde, die innerhalb von TYPO3 nicht existiert (oder existiert und nicht sichtbar ist). Das Verhalten von TYPO3 beim Aufruf von nicht existierenden Seiten kann in der Seitenkonfiguration im Tab *Fehlerbehandlung* konfiguriert werden. Mehr dazu finden Sie in Kapitel 12, *Site Management und Best Practices*, im Abschnitt »Verwaltung von Fehlerseiten« auf Seite 379.

Außerdem ist es möglich, dass es sich bei der aufgerufenen Seite um einen falsch konfigurierten Verweis handelt (beispielsweise wenn die Seite, auf die der Verweis zeigt, gar nicht existiert). Zur Behebung muss der Verweis auf eine vorhandene Seite gerichtet werden.

KAPITEL 5

TypoScript in der Praxis

In diesem Kapitel:

- Was genau ist TypoScript?
- TypoScript-Templates
- Objekte und Eigenschaften einer Webseite
- Die erstellte Designvorlage integrieren
- TypoScript-Funktionen nutzen
- Die Seite auf Mobil-Darstellung vorbereiten
- Das TYPO3-Caching-Konzept

In diesem Kapitel lernen Sie die Arbeitsweise von TypoScript kennen. Sie erfahren, was Objekte und Eigenschaften sind und welche Operatoren in TypoScript zur Verfügung stehen. Damit Sie die Grundlagen gut nachvollziehen können und nicht gleich mit den TYPO3-spezifischen Eigenarten konfrontiert werden, erfolgt die Einführung in die Syntax an dieser Stelle – losgelöst von der Erstellung von Internetseiten – am Beispiel eines Schiffs.

Später in diesem Kapitel werden Sie TypoScript in der Praxis einsetzen. Sie erfahren, was TypoScript-Templates sind und wozu sie benötigt werden. Sie werden außerdem die in Kapitel 4, *Das Praxisbeispiel vorbereiten*, angelegte Designvorlage mithilfe von TypoScript integrieren und erste konkrete Erfolge im Frontend erzielen.

Was genau ist TypoScript?

TypoScript ist keine Programmiersprache und streng genommen auch keine Skriptsprache. TypoScript ist eine Konfigurationssprache. Mit ihr beschreiben Sie, auf welche Weise TYPO3 aus den vom CMS verwalteten Inhalten in der Datenbank Ausgabedokumente (üblicherweise HTML-Dateien) erstellen soll.

Im letzten Kapitel haben Sie sich bereits mit der Template-Engine Fluid beschäftigt und eine HTML-Designvorlage erstellt. Über eine entsprechende Konfiguration in TypoScript können Sie TYPO3 nun mitteilen, dass diese Vorlage zur Darstellung der Webseite genutzt werden soll und welche Variablen mit welchen Inhalten zu befüllen sind.

Objekte und Eigenschaften

In der Syntax von TypoScript würde eine Bauanleitung für ein Schiff in etwa so aussehen:

```
queenMary = SCHIFF
```

Diese Beschreibung liefert bereits einiges an Eckdaten zum Bau eines Schiffs. In obiger Zeile wird TYPO3 mitgeteilt, dass `queenMary` ein Schiff werden soll. `queenMary` ist dabei ein frei gewählter Name. Hinter dem Gleichheitszeichen sehen Sie ein Objekt, das vollständig großgeschrieben wird. In diesem Fall soll `queenMary` also eine Instanz des Objekts `SCHIFF` werden.

Wenn Sie einem Kind »Mal mir bitte ein Schiff« sagen, wird Ihnen das Kind im Handumdrehen ein Schiff zeichnen, ohne nähere Informationen zu benötigen. Das Kind bzw. wir alle assoziieren mit einem Objekt gleich bestimmte Eigenschaften, und zwar auf Grundlage unserer Erfahrungen und unseres Wissens. Ein Ingenieur hingegen wird, bevor er auch nur einen Strich zeichnet, stundenlang nachfragen und versuchen, jede auch nur erdenkliche Eigenschaft sowie Abhängigkeiten von Eigenschaften ausfindig zu machen.

TYPO3 besitzt intern schon eine genaue Bauanleitung dazu, wie ein Objekt auszusehen hat. In unserem Beispiel nehmen wir an, TYPO3 würde die Eigenschaften eines Schiffs kennen. So hat ein Schiff gewöhnlich eine Schraube, einen Dieselmotor, mindestens ein Deck und ist unten immer geschlossen – Räder, ein Antiblockiersystem oder einen Kofferraum werden Sie nicht finden.

Obige einzeilige Definition, die besagt, dass `queenMary` ein Schiff sein soll, könnte bereits zu einer vollständigen Bauanleitung eines Schiffs führen, die uns TYPO3 zur Verfügung stellt, einschließlich eines Namensschilds vorne links am Bug. Das Schiff wäre 30 Meter lang und 10 Meter breit. Wir haben TYPO3 aber nirgendwo mitgeteilt, dass das Schiff 30 Meter lang sein soll. Wenn wir dem System keine speziellen Angaben über die Eigenschaften machen, nimmt es dafür Standardwerte. Diese mit Standardwerten gefüllten Eigenschaften können aber problemlos überschrieben werden:

```
queenMary = SCHIFF
queenMary.laenge = 10
queenMary.breite = 4
queenMary.maxGeschwindigkeit = 6
```

Damit wird TYPO3 mitgeteilt, dass die `queenMary` 10 Meter lang und 4 Meter breit sein soll und die Geschwindigkeit bei maximal 6 Knoten liegt.

Auf die richtige Schreibweise achten

Geben wir hier nun Eigenschaften für das Objekt `SCHIFF` an, die das System nicht kennt, werden diese Eigenschaften einfach nicht beachtet. TYPO3 sucht bei der Zusammenstellung einer Bauanleitung nach Eigenschaften, die gegebenenfalls von den Standardwerten abweichen können. So sucht TYPO3 in der `queenMary` nach einer Eigenschaft `maxGeschwindigkeit`. Ist diese Eigenschaft nicht vorhanden, wird der Standardwert verwendet, den TYPO3 gespeichert hat. Dabei ist auf die richtige Schreibweise von Eigenschaften und auch Objekten zu achten, denn TYPO3 unterscheidet auch nach Groß- und Kleinschreibung (engl. *case-sensitive*). Das folgende Beispiel enthält eine Reihe von falschen Schreibweisen:

```
01 queenMary = Schiff
02 queenMary.Länge = 10
03 queenMary.Breite = 4
04 queenMary.Max_geschwindigkeit = 6
```

Dieses Beispiel würde nichts bewirken. In Zeile 1 steht, dass `queenMary` ein Schiff sein soll. Jedoch weiß TYPO3 jetzt nicht, was genau gemeint ist, da das Objekt großgeschrieben werden muss. Richtig wäre also in Zeile 1 `queenMary = SCHIFF`. In Zeile 2 gibt es bei der Schreibweise der Eigenschaft gleich zwei Fehler: Zum einen wird die Eigenschaft kleingeschrieben, zum anderen mit ae statt mit ä. Richtig ist also `queenMary.laenge = 10`. In Zeile 3 haben wir nur einen Fehler: Die Eigenschaft für die Breite wird kleingeschrieben, also `queenMary.breite = 4`; das muss auch in Zeile 4 beachtet werden.

Regeln für die richtige Schreibweise

In TYPO3 gibt es für Objekte und deren Eigenschaften Regeln zur Schreibweise. Die Regel für Objekte ist einfach: Jedes Objekt wird immer komplett großgeschrieben, so z.B. SCHIFF statt Schiff.

Die Regel für Eigenschaften ist nur geringfügig komplizierter. Code ist wesentlich besser lesbar, wenn er nicht nur aus Kleinbuchstaben besteht. So werden die Anfangsbuchstaben aller in einer Eigenschaft vorkommenden Wörter mit Ausnahme des ersten Worts großgeschrieben, alle anderen Buchstaben klein. Damit bekommen die Eigenschaften »Kamelhöcker« (*Camel Caps*) und sind im Code einfacher zu lesen. Eine Eigenschaft wie z.B. *Name des Schiffs* würde somit in TYPO3 wie folgt geschrieben:

```
nameDesSchiffs
```

Selbstverständlich können tatsächliche TypoScript-Objekte und deren Eigenschaften in der richtigen Schreibweise in diesem Buch und auch in sonstigen TYPO3-Referenzen (z.B. der TSRef = TypoScript-Referenz) nachgeschlagen werden.

Wertzuweisungen

Primärer Operator von TypoScript ist die Wertzuweisung mit dem Gleichheitszeichen. Links neben dem Gleichheitszeichen steht ein Bezeichner oder eine Eigenschaft, dem bzw. der ein Wert zugewiesen wird, der sich rechts neben dem Gleichheitszeichen befindet. Alle folgenden

Operatoren könnten theoretisch auf das Gleichheitszeichen reduziert werden, was allerdings zu einer aufwendigen Tipparbeit führen würde.

```
queenMary = SCHIFF
```

Mit dieser Zeile erzeugen wir ein Objekt vom Typ `SCHIFF` mit dem Namen `queenMary`. Das Gleichheitszeichen wird in Programmiersprachen als *Wertzuweisung* bezeichnet. In unserem Fall weisen wir `queenMary` allerdings keinen Wert zu, sondern wir erzeugen eine *Objektinstanz* eines Schiffs. Im Klartext bedeutet dies, dass es mehrere Schiffe geben kann und `queenMary` nun eines von vielen möglichen Schiffen ist.

Eine Wertzuweisung mit dem Gleichheitszeichen reicht bei TypoScript (und bei den meisten anderen Sprachen auch) immer nur über eine Zeile. Wie eine Wertzuweisung über mehrere Zeilen ermöglicht wird, sehen Sie im nächsten Abschnitt.

Wertzuweisung über mehrere Zeilen

Angenommen, der Auftraggeber des Schiffs Queen Mary möchte, dass das Schiff mit dem Label *QueenMary London* versehen wird, *London* dabei aber in der nächsten Zeile steht. Nehmen wir weiter an, es gibt eine Eigenschaft für das `SCHIFF`-Objekt namens `label`, mit dem vorne links am Bug der angegebene Name auf einem großen Holzschild präsentiert wird. Das wäre auf folgende Art lösbar:

```
queenMary = SCHIFF
queenMary.label = QueenMary London
```

So würde allerdings der Aufdruck in einer Zeile stehen und nicht, wie vom Kunden gewünscht, in zweien. Abhilfe schafft eine Wertzuweisung über mehrere Zeilen, die mit runden Klammern ein- und ausgeleitet wird. Das Gleichheitszeichen als Wertzuweisung über eine Zeile entfällt in diesem Fall:

```
queenMary = SCHIFF
queenMary.label (
   QueenMary
   London
)
```

Damit später keine Missverständnisse auftreten, sei an dieser Stelle ein kurzer Ausblick auf unsere Internetpräsentation gegeben: Sie können mit einer Wertzuweisung über mehrere Zeilen keinen im Webbrowser sichtbaren Zeilenumbruch auslösen. Mehrere Zeilen sind nur in der Ausgabe innerhalb des von TYPO3 ausgelieferten HTML-Quellcodes zu sehen und dienen der Übersichtlichkeit innerhalb des TypoScript-Codes. Gerade wenn Sie komplexe Tabellenverschachtelungen haben, ist es sinnvoll, diese für mehr Übersichtlichkeit auf mehrere Zeilen aufzuteilen. Der Browser zeigt einen Zeilenumbruch aber erst mit einem <br> oder vergleichbaren HTML-Tags an.

Kommentare

Kommentare werden in TYPO3 mit einem Rautezeichen eingeleitet. Dabei reicht ein Kommentar mit Raute immer nur über eine Zeile.

```
# Allgemeine Beschreibung der Queen Mary
queenMary = SCHIFF
queenMary.laenge = 150
queenMary.breite = 35
```

In diesem Beispiel sehen Sie in der ersten Zeile ein Rautezeichen. In vielen Sprachen ist es möglich, Kommentare auch hinter eine Zeile zu schreiben, in TYPO3 allerdings nicht. Folgendes ist somit ungültig:

```
queenMary = SCHIFF # Dieser Kommentar ist nicht zulässig!
```

Alles, was nach einer Wertzuweisung (Gleichheitszeichen) steht, wird als Wert einer Eigenschaft bzw. als Objekt verwendet und macht vor Rautezeichen keinen Halt. Darum würde TYPO3 in diesem Fall nach einem Objekt suchen, das es nicht gibt.

In TYPO3 stehen auch die aus anderen Sprachen bekannten Zeichen für Kommentare zur Verfügung. Äquivalent zum Rautezeichen können auch zwei Schrägstriche // verwendet werden, die ebenfalls einen einzeiligen Kommentar einleiten und am Beginn einer Zeile stehen müssen.

Auch mehrzeilige Kommentare sind in TYPO3 möglich; sie werden mit einem »Strich-Sternchen« /* eingeleitet und mit einem »Sternchen-Strich« */ beendet. In Beispiel 5-1 werden die möglichen Kommentare eingesetzt. In Zeile 5 wird ein mehrzeiliger Kommentar eingeleitet, der in Zeile 8 beendet wird. Die in Zeile 7 angegebene Wertzuweisung steht somit innerhalb des Kommentars und wird nicht ausgeführt. Dadurch beträgt die Länge des Schiffs immer noch die in Zeile 4 angegebene Länge von 150 Einheiten.

Beispiel 5-1: Unterschiedliche Kommentare anwenden

```
01  # Dies ist ein Kommentar
02  queenMary = SCHIFF
03  // Dies ist auch ein Kommentar
04  queenMary.laenge = 150
05  /* Dieser Kommentar geht
06     über mehrere Zeilen
07     queenMary.laenge = 300
08  */
09  queenMary.breite = 35
```

Geschweifte Klammern für Schreibfaule

In TYPO3 kann mit geschweiften Klammern die Schreibweise vereinfacht werden. In unserem Beispiel sehen Sie, dass jeder Zeile `queenMary` vorangestellt wird. Durch Ausklammern mit geschweiften Klammern können Sie sich das monotone Voranstellen sparen:

```
01  # Allgemeine Beschreibung der Queen Mary
02  queenMary = SCHIFF
03  queenMary {
04      laenge = 150
05      breite = 35
06  }
```

Nachdem definiert worden ist, dass es sich bei der Queen Mary um ein Schiff handelt, wird in Zeile 3 der Bezeichner ausgeklammert. Dieses Ausklammern reicht bis Zeile 6, in der die geschweifte Klammer wieder geschlossen wird. In den Zeilen 4 und 5 können Sie beobachten, wie TYPO3 jeweils das voranstellt, was vor den geschweiften Klammern steht. Dabei können auch geschweifte Klammern verschachtelt werden.

Das Ausklammern findet besonders dann Anwendung, wenn es sich um längere TypoScript-Zeilen handelt, was bei TYPO3-Projekten aus unterschiedlichen Gründen der Fall sein kann. Sie werden später in diesem Kapitel und auch in folgenden Kapiteln viele Beispiele dafür finden. Richtiges Ausklammern wird Ihnen so bei der praktischen Arbeit in Fleisch und Blut übergehen. Sie werden das Ausklammern aber nur dann wirklich zu schätzen lernen, wenn Sie all das, was sich in den geschweiften Klammern befindet, auch richtig einrücken. Durch richtiges Einrücken wird der TypoScript-Code übersichtlich und leicht änderbar. Wenn Sie nicht richtig einrücken, werden Sie aufgrund der unübersichtlichen Struktur unter Umständen sehr lange nach Fehlern suchen müssen.

Intern bereitet TYPO3 den TypoScript-Code so auf, dass jede Zeile eine Wertzuweisung enthält. Da wir davon allerdings praktisch nichts mitbekommen, muss es uns auch nicht weiter kümmern.

Kopieren von Objekten und Eigenschaften

In TypoScript lassen sich ganze Objektbäume kopieren, also Objektinstanzen mit ihren jeweiligen Eigenschaften. Dazu erweitern wir unsere Beschreibung des Schiffs um Stockwerke. Das Schiff soll mehrere Etagen erhalten, nämlich ein Autodeck, zwei identische einfache Kabinendecks und ein Luxuskabinendeck.

Beispiel 5-2: Die Beschreibung verschiedener Ebenen mit TypoScript

```
# Allgemeine Beschreibung der Queen Mary
queenMary = SCHIFF
```

Beispiel 5-2: Die Beschreibung verschiedener Ebenen mit TypoScript (Fortsetzung)

```
03 queenMary.laenge = 150
04 queenMary.breite = 35
05
06 # Beschreibung der ersten Etage: Autodeck
07 queenMary.1 = AUTODECK
08
09 # Beschreibung der zweiten Etage: einfache Kabinen
10 queenMary.2 = KABINEN
11 queenMary.2.anzahl = 250
12 queenMary.2.bettenJeKabine = 3
13
14 # Beschreibung der dritten Etage: einfache Kabinen
15 queenMary.3 = KABINEN
16 queenMary.3.anzahl = 250
17 queenMary.3.bettenJeKabine = 3
18
19 # Beschreibung der vierten Etage: Luxuskabinen
20 queenMary.4 = KABINEN
21 queenMary.4.anzahl = 50
22 queenMary.4.bettenJeKabine = 3
```

In Beispiel 5-2 wird durch Angabe einer Zahl direkt nach dem Bezeichner des Schiffs die jeweilige Etage beschrieben. In Zeile 10 wird angegeben, dass in der zweiten Etage ein Deck mit Kabinen entstehen soll. Dabei sollen in dieser Etage 250 Kabinen mit jeweils 3 Betten zur Verfügung stehen. Die dritte Etage, die in Zeile 15 eingeführt wird, hat dieselben Eigenschaften. Auch die Beschreibung der Etage mit den Luxuskabinen, die in Zeile 20 beginnt, ist bis auf Zeile 21 identisch mit den anderen beiden Etagen.

Durch Kopieren von Objektinstanzen und Eigenschaften kann die Pflege des Codes wesentlich erleichtert werden, und es wird eine bessere Übersicht ermöglicht. Wenn auf den Etagen 2 und 3 statt 250 Kabinen nun 260 Kabinen entstehen sollen, ist eine Modifizierung an zwei Stellen notwendig. Wenn statt 3 Betten je Kabine 4 Betten je Kabine vorhanden sein sollen, ist diese Änderung sogar an drei Stellen notwendig.

Das Kopieren von Objektinstanzen geschieht mit dem Kleiner-als-Zeichen (<). Dabei kann sowohl absolut als auch relativ kopiert werden. Folgendes Beispiel verwendet die absolute Kopie:

Beispiel 5-3: Nutzen der absoluten Kopie zur Vereinfachung

```
# Allgemeine Beschreibung der Queen Mary
queenMary = SCHIFF
queenMary.laenge = 150
queenMary.breite = 35

# Beschreibung der ersten Etage: Autodeck
queenMary.1 = AUTODECK
```

Beispiel 5-3: Nutzen der absoluten Kopie zur Vereinfachung (Fortsetzung)

```
08
09 # Beschreibung der zweiten Etage: einfache Kabinen
10 queenMary.2 = KABINEN
11 queenMary.2.anzahl = 250
12 queenMary.2.bettenJeKabine = 3
13
14 # Beschreibung der dritten Etage: einfache Kabinen
15 queenMary.3 < queenMary.2
16
17 # Beschreibung der vierten Etage: Luxuskabinen
18 queenMary.4 < queenMary.2
19 queenMary.4.anzahl = 50
```

In den Zeilen 10 bis 12 wird die zweite Etage – wie im vorigen Beispiel auch – vollständig beschrieben. Da die dritte und die zweite Etage völlig identisch sind, wird in Zeile 15 in `queenMary.3` der Inhalt von `queenMary.2` kopiert. Damit ist `queenMary.3` eine reine Kopie von `queenMary.2`.

In Zeile 18 wird die Beschreibung der zweiten Etage in die vierte kopiert. In Zeile 19 wird jedoch ein Wert überschrieben, da die Anzahl der Kabinen auf dieser Etage von der auf der zweiten abweicht.

Beispiel 5-3 lässt sich durch Ausklammern mit noch weniger Aufwand gestalten, wie Sie in Beispiel 5-4 sehen.

Beispiel 5-4: Ausklammern vereinfacht das Lesen und Schreiben des Codes.

```
# Allgemeine Beschreibung der Queen Mary
queenMary = SCHIFF
queenMary {
   laenge = 150
   breite = 35

   # Beschreibung der ersten Etage: Autodeck
   1 = AUTODECK

   # Beschreibung der zweiten Etage: einfache Kabinen
   2 = KABINEN
   2.anzahl = 250
   2.bettenJeKabine = 3

   # Beschreibung der dritten Etage: einfache Kabinen
   3 < queenMary.2

   # Beschreibung der vierten Etage: Luxuskabinen
   4 < queenMary.2
   4.anzahl = 50
}
```

Nach dem Ausklammern steht uns nun auch noch die Möglichkeit zur Verfügung, relativ zu kopieren, was uns erneut ein bisschen Tipparbeit erspart und bei der praktischen Arbeit ebenfalls für eine bessere Übersicht sorgen kann.

Dabei funktioniert das relative Kopieren äquivalent zum absoluten Kopieren. Es muss aber nicht mehr der gesamte Pfad (in unserem Fall noch ein recht kurzer: `queenMary.2` mit zwei Komponenten) angegeben werden. Mit einem vorangestellten Punkt wird beim Kopieren angegeben, dass es sich um eine relative Kopie handelt, nämlich relativ zur zuletzt geöffneten geschweiften Klammer. Das, was sich vor der geschweiften Klammer befindet, muss und darf hier nicht mehr mit angegeben werden. Im folgenden Beispiel sind die absoluten Kopien durch relative ersetzt.

Beispiel 5-5: Relatives Kopieren beim Ausklammern nutzen

```
# Allgemeine Beschreibung der Queen Mary
queenMary = SCHIFF
queenMary {
   laenge = 150
   breite = 35

   # Beschreibung der ersten Etage: Autodeck
   1 = AUTODECK

   # Beschreibung der zweiten Etage: einfache Kabinen
   2 = KABINEN
   2.anzahl = 250
   2.bettenJeKabine = 3

   # Beschreibung der dritten Etage: einfache Kabinen
   3 < .2

   # Beschreibung der vierten Etage: Luxuskabinen
   4 < .2
   4.anzahl = 50
}
```

Löschen von Objektinstanzen und Eigenschaften

Analog zum Kopieren von Objektinstanzen und Eigenschaften können diese auch wieder gelöscht werden. Das Löschen geschieht hier mit dem Größer-als-Zeichen (>). Ein Beispiel wäre an dieser Stelle zu abstrakt und wird daher im nächsten Abschnitt folgen.

Ausführungsreihenfolge beim Kopieren und Löschen

Beim Kopieren und Löschen ist die Ausführungsreihenfolge entscheidend. Kopiert wird immer nur das, was bis zur jeweiligen Zeile beschrieben wurde. Folgen weitere Eigenschaftszuweisungen an späterer Stelle, werden diese bei einer vorher eingefügten Kopie nicht berücksichtigt. Das folgende Beispiel verdeutlicht das.

Beispiel 5-6: Kopieren von Werten und anschließendes Überschreiben

```
01 # Allgemeine Beschreibung der Queen Mary
02 queenMary = SCHIFF
03 queenMary {
04    laenge = 150
05    breite = 35
06
07    # Beschreibung der ersten Etage: Autodeck
08    1 = AUTODECK
09
10    # Beschreibung der zweiten Etage: einfache Kabinen
11    2 = KABINEN
12    2.anzahl = 250
13    2.bettenJeKabine = 3
14
15    # Beschreibung der dritten Etage: einfache Kabinen
16    3 < .2
17
18    # Beschreibung der vierten Etage: Luxuskabinen
19    4 < .2
20    4.anzahl = 50
21
22    # Ändern der Kabinenanzahl in Etage 2
23    2.anzahl = 300
21 }
```

In Beispiel 5-6 wird in Zeile 23 die Anzahl der Kabinen auf der zweiten Etage mit einem neuen Wert versehen. Jedoch wurde die Anzahl der Kabinen vorher in Zeile 12 schon auf 250 gesetzt. Dieser Wert wurde in Zeile 16 mit in die dritte Etage übernommen. Da die Änderung in Zeile 23 erst nach dem Kopieren erfolgt, hat sie keinen Einfluss auf die dritte Etage. Praktisch bedeutet das, dass sich nach der Verarbeitung des TypoScript-Codes auf der zweiten Etage 300 Kabinen befinden, auf der dritten 250 und auf der vierten 50.

Referenzieren statt kopieren

Neben dem Kopieroperator < steht in TYPO3 noch der zusammengesetzte Operator =< zur Verfügung, der nicht kopiert, sondern referenziert. Das Referenzieren unterscheidet sich vom Kopieren dadurch, dass der Kopiervorgang erst ganz am Ende ausgeführt wird, egal, an welcher Stelle innerhalb des TypoScript-Codes referenziert wurde.

Wenn Sie referenzieren möchten, müssen Sie einen absoluten Wert für ein Objekt angeben. Relative Angaben zu Objekten mit einem vorangestellten Punkt sind beim Referenzieren nicht möglich. In Tabelle 5-1 werden die Unterschiede zwischen Kopieren und Referenzieren anhand von Beispielen gegenübergestellt.

Kopieren		Referenzieren	
TypoScript	Enthaltener Wert	TypoScript	Enthaltener Wert
`1 < .3`	`1 = ?`	`1 < .3`	`1 = ?`
`2 = KABINEN`	`1 = ?`	`2 = KABINEN`	`1 = ?`
`2.anzahl = 250`	`1 = ?` `2.anzahl = 250`	`2.anzahl = 250`	`1 = ?` `2.anzahl = 250`

`3 < .2`	`1 = ?`
	`2.anzahl = 250`
	`3.anzahl = 250`
		`3 =< .2`	`1.anzahl = ?`
			`2.anzahl = 250`
			`3.anzahl = 250`

`4 < .2`	`1 = ?`
	`2.anzahl = 250`
	`3.anzahl = 250`
	`4.anzahl = 250`
		`4 =< .2`	`1.anzahl = ?`
			`2.anzahl = 250`
			`3.anzahl = 250`
			`4.anzahl = 250`

`4.anzahl = 50`	`1 = ?`
	`2.anzahl = 250`
	`3.anzahl = 250`
	`4.anzahl = 50`
		`4.anzahl = 50`	`1.anzahl = ?`
			`2.anzahl = 250`
			`3.anzahl = 250`
			`4.anzahl = 50`

`2.anzahl = 300`	`1 = ?`
	`2.anzahl = 300`
	`3.anzahl = 250`
	`4.anzahl = 50`
		`2.anzahl = 300`	`1.anzahl = ?`
			`2.anzahl = 300`
			`3.anzahl = 300`
			`4.anzahl = 50`

Tabelle 5-1
Die Unterschiede zwischen Kopieren und Referenzieren

Und was hat das mit Content Management zu tun?

Selbstverständlich kann TYPO3 keine Bauanleitungen für Schiffe erstellen, auch kennt es kein Objekt `SCHIFF`. Mit TYPO3 können Sie Webseiten dynamisch generieren lassen. Und Objekte, die mit Webseiten zu tun haben, stehen in TypoScript zur Verfügung.

Statt eines Objekts `SCHIFF` gibt es somit beispielsweise ein `PAGE`-Objekt, mit dem Sie den grundlegenden Aufbau der zu generierenden HTML-Seiten beschreiben können. Über die Eigenschaften eines `PAGE`-Objekts können die üblichen Eigenschaften einer HTML-Seite konfiguriert werden, etwa welches Stylesheet oder welche JavaScript-Dateien zu laden sind oder aus welcher Designvorlage der Inhalt generiert werden soll.

Mit dem `PAGE`-Objekt (und vielen weiteren) werden wir es im Laufe dieses Kapitels (und auch im Rest des Buchs) noch häufig zu tun haben. Im Anhang in der »TypoScript-Kurzreferenz« finden Sie eine Übersicht über die gebräuchlichsten TypoScript-Objekte und ihre Eigenschaften. Die Referenz im Anhang erhebt jedoch keinen Anspruch auf absolute Vollständigkeit. Eine vollständige (englischsprachige) Referenz finden Sie im Netz unter *https://typo3buch.helmich.me/tsref/10*.

Syntax-Kurzübersicht

In den folgenden Tabellen sind TypoScript-Operatoren und reservierte Symbole noch einmal zusammengefasst.

Tabelle 5-2 ▶ TypoScript-Operatoren

Operator	Beschreibung	Beispiel

=	Wertzuweisung.	`page = PAGE`
		`page.typeNum = 0`
		`page.10 = TEXT`
		`page.10.value = HELLO WORLD`

>	Löschoperator; löscht alle Eigenschaften und Wertzuweisungen ab einem gegebenen Punkt.	`page = PAGE` `page >`

<	Kopieroperator; kopiert alle Eigenschaften und Wertzuweisungen ab einem gegebenen Punkt.	`page = PAGE`
		`page.typeNum = 0`
		`page.10 = TEXT`
		`page.10.value = HELLO WORLD`
		`page.20 < page.10`

=<	Referenzieroperator; referenziert Objekte.	`page = PAGE`
		`page.typeNum = 0`
		`page.10 = TEXT`
		`page.10.value = HELLO WORLD`
		`page.20 =< page.10`
		`page.10.value = HALLO WELT`
		`# Liefert jetzt auch in`
		`page.20`
		`"Hallo Welt"`

{ }	Geschweifte Klammern; dienen der vereinfachten Schreibweise (kein echter Operator).	`page = PAGE`
		`page {`
		`typeNum = 0`
		`10 = TEXT`
		`10.value = HELLO WORLD`
		`}`

( )	Einfache Klammern; dienen der Wertzuweisung über mehrere Zeilen (kein echter Operator).	`page = PAGE`
		`page.typeNum = 0`
		`page.wrap (`
		`<table>`
		`<tr>`
		`<td> | </td>`
		`<tr>`
		`</table>`
		`)`

#
//
/* */
	Kommentar; Kommentare dürfen nicht (!) nach einer Wertzuweisung eingesetzt werden.	Erlaubt:
		`# Das ist ein Kommentar`
		Nicht erlaubt:
		`page = PAGE # Dieser Kommentar ist nicht gestattet`

Symbol	Beschreibung	Beispiel

`{$var}`	Verwendung von Variablen, die unter *Constants* definiert wurden.	`page = PAGE`
		`page.typeNum = 0`
		`page.10 = TEXT`
		`page.10.value = <font face="{$var}">Hallo Welt</font>`

`[bedingung]`
`[...]`
`[global]`
	Condition; Definition einer Bedingung innerhalb der eckigen Klammern. Nähere Informationen folgen in Kapitel 9, *Erweiterte Darstellung von Inhalten*.	

`@import 'dateiname.typoscript'`	*Include;* lädt TypoScript-Quelltext aus einer Datei im Dateisystem des Servers nach.	`@import 'fileadmin/typoscript/page.typoscript'`
`<INCLUDE_TYPOSCRIPT: source="dateiname.typoscript">`	*Include;* wie `@import` oben, aber veraltete Syntax.	`<INCLUDE_TYPOSCRIPT: source="dateiname.typoscript">`

◀ **Tabelle 5-3**
Sonstige reservierte Symbole

TypoScript-Templates

Im vorigen Abschnitt haben Sie die grundlegende Syntax von TypoScript kennengelernt und sich in die Arbeitsweise dieser Sprache eingedacht. Im nächsten Schritt erfahren Sie jetzt, was *TypoScript-Templates* sind und welche Rolle sie bei der Erstellung unseres Praxisbeispiels spielen.

Ein Template ist eine Vorlage, die wiederverwendet wird. In einem TypoScript-Template beschreiben Sie mit der TYPO3-eigenen Konfigurationssprache TypoScript unter anderem, wie die spätere Webseite aussehen soll. Diese Beschreibung soll natürlich nicht immer nur für eine Seite gelten, sondern als Vorlage für alle weiteren Seiten dienen, die in TYPO3 angelegt werden. Templates teilen TYPO3 mit, welcher Inhalt in welcher Form auf der Webseite dargestellt werden soll. Ohne ein Template auf einer Seite oder auf einer übergeordneten Seite weiß TYPO3 nicht, dass es überhaupt etwas im Frontend darstellen soll.

In Kapitel 4, *Das Praxisbeispiel vorbereiten*, haben Sie die benötigte Seitenstruktur und eine Seitenkonfiguration schon angelegt. Ohne eine angelegte Seite oder ohne eine Seitenkonfiguration erhalten Sie im Frontend Fehlermeldungen wie etwa *No pages are found on the rootlevel* oder *No site configuration found*. Wurde bereits eine Seite angelegt und einer Seitenkonfiguration zugeordnet, erhalten Sie im Frontend eine andere Fehlermeldung: *No TypoScript template found*.

Templates werden immer auf einer Seite angelegt und gelten sowohl für diese als auch für alle untergeordneten Seiten. Das wird in TYPO3 als *Template-Vererbung* oder *Kaskadierung* bezeichnet.

Templates – kurz & knapp

- Ein Template ist ein Datensatz, der auf einer Seite liegt.
- Ein Template enthält eine Ansammlung von Informationen, die die spätere Webseite beschreiben. Diese Beschreibung wird mit TypoScript vorgenommen.
- Auf einer Seite können mehrere Templates liegen.
- Sämtliche Template-Einstellungen und auch der TypoScript-Code selbst werden in der Datenbank in einem Datensatz gespeichert.
- Templates werden immer *nach unten* an untergeordnete Seiten vererbt.

Template-Vererbung

Templates werden immer von einer Seite auf untergeordnete Seiten vererbt. Sämtliche Darstellungs- und Funktionalitätsbeschreibungen, die mit der TYPO3-eigenen Skriptsprache TypoScript erfolgen, gelten somit für die Seite, auf der das Template angelegt wurde, sowie für alle Unterseiten. Dadurch ersparen Sie sich für jede angelegte neue Seite einen enormen Mehraufwand: Sie beschreiben in einem zentralen Template das Verhalten der Website im Frontend. Diese Beschreibung, die mit TypoScript vorgenommen wird, enthält z. B. Informationen darüber, wie der Inhalt dargestellt werden soll, von wo aus Menüs aufgebaut werden und wie diese aussehen sollen. Ein solches zentrales Template wird im Folgenden als *Projekt-Template* bezeichnet.

Dieses System ermöglicht die strikte Trennung von Design, Inhalt und Struktur: Das Design wird mit TypoScript in einem Template festgelegt; der Inhalt kann ohne besondere Kenntnisse von Redakteuren eingepflegt werden und beeinflusst normalerweise nicht die Darstellung; die Struktur wird im Backend über den Seitenbaum gepflegt, je nach Benutzerrechten auch von Redakteuren.

Template-Vererbung beeinflussen

Soll dennoch ab einer bestimmten Seite das Design von der Definition im vererbten Template abweichen, steht Ihnen mit den sogenannten *Erweiterungs-Templates* (engl. *Extension Templates*) eine mächtige Funktion zur Verfügung: Sie können einzelne Definitionen überschreiben, die Sie in einem Projekt-Template vorgenommen haben.

Diese Funktion kann unter anderem bei Internetpräsentationen mit Farbkonzepten Anwendung finden: Es ist bei entsprechender Vorbereitung z. B. möglich, durch nur eine einzige Zeile in einem solchen Erweiterungs-Template ab einer bestimmten Seite als Hintergrundfarbe Grün statt Blau zu verwenden.

Ein Template anlegen

Ein Template kann nur auf einer bestehenden Seite angelegt werden; zum Anlegen gibt es mehrere Möglichkeiten, von denen eine im Folgenden dargestellt wird.

1. Klicken Sie im linken Menü auf das Backend-Modul *Template* ❶.
2. Wählen Sie im Seitenbaum die Seite *root* ❷ aus, die Sie in Kapitel 4, *Das Praxisbeispiel vorbereiten*, angelegt haben; sie dient als Hilfsseite der Template-Vererbung.

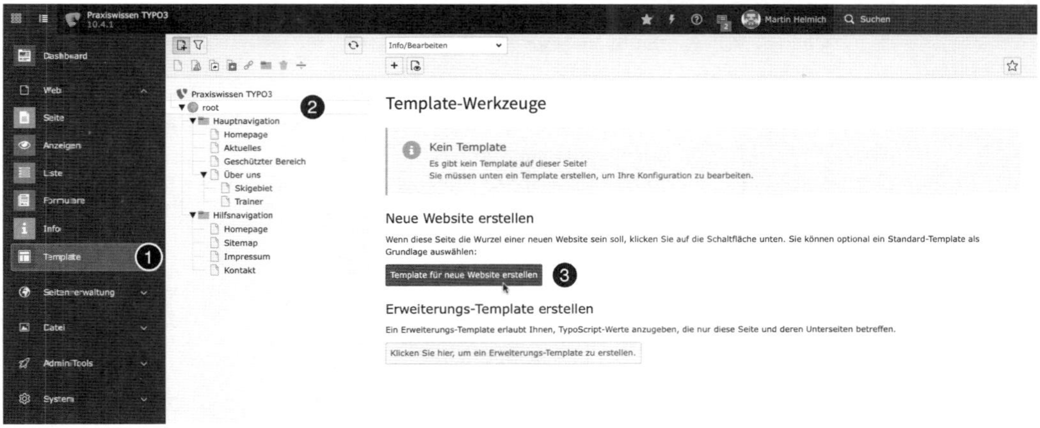

▲ Abbildung 5-1
TYPO3 kann auf der Seite »root« kein Template finden.

Die Überschrift *Kein Template* im rechten Bereich weist Sie darauf hin, dass auf der aktuellen Seite *root* noch kein Template angelegt worden ist (siehe Abbildung 5-1). Eventuell müssen Sie zunächst im oberen Auswahlmenü den Punkt *Konstanten-Editor* oder *Info/Bearbeiten* auswählen, um die Ausgabe *Kein Template* zu erhalten.

Zum Anlegen eines neuen Templates haben Sie nun auf der Seite *root* folgende Möglichkeiten:

- Sie klicken auf den Button *Template für neue Website erstellen* ❸. Dadurch wird ein neues, leeres Projekt-Template erzeugt.
- Über den Textlink *Klicken Sie hier, um ein Erweiterungs-Template zu erstellen* können Sie ein Erweiterungs-Template anlegen.

Template für neue Website erstellen

Ein Klick auf den Button *Template für neue Website erstellen* legt ein neues Projekt-Template an. Wenn Sie über diesen Button ein neues Template anlegen, wird die Vererbung von einem übergeordneten Template unterbrochen, und auf dieser Seite kann ein neues Projekt begonnen werden (anders als bei Erweiterungs-Templates). Für die Seite *root* gibt es keine übergeordneten Seiten, die Templates enthalten könnten.

Mit dem Klick auf den Button wird ein neues, leeres Template erstellt. Ein auf diese Weise erstelltes Template wird auch *Projekt-Template* genannt.

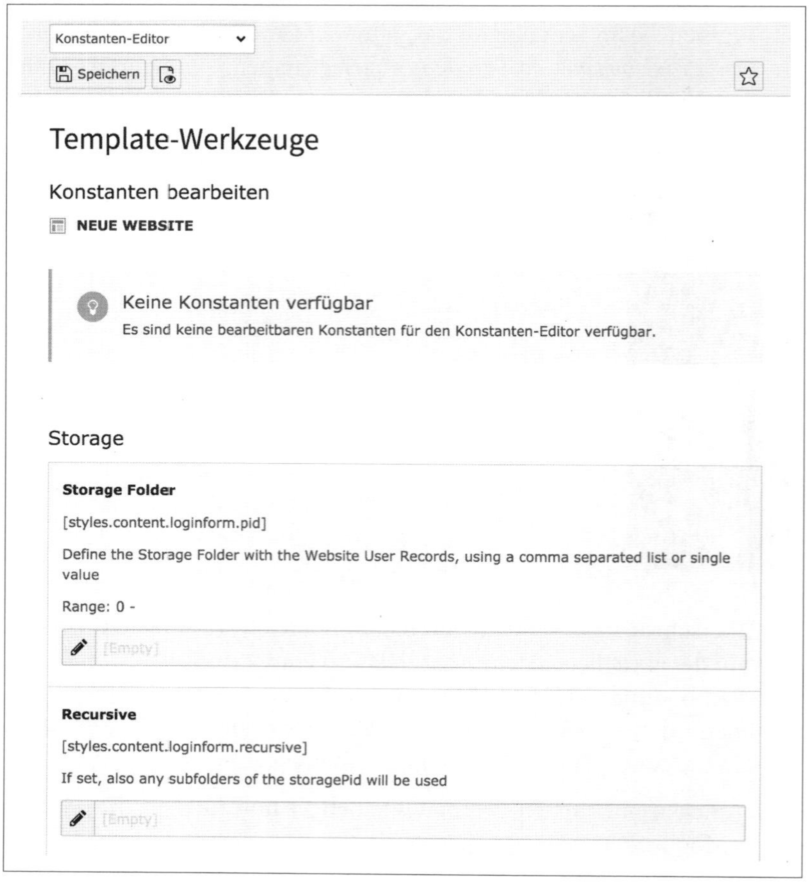

Abbildung 5-2 ▶ Diese Seite erscheint, wenn ein neues Template angelegt wurde.

Erweiterungs-Template erstellen

Erweiterungs-Templates bieten die Möglichkeit, vererbte Eigenschaften, Objekte, Variablen usw. zu überschreiben, zu modifizieren und zu erweitern. Ein Template wird immer auf die untergeordneten

Seiten vererbt. Mit einem Erweiterungs-Template wird diese Vererbung nicht unterbrochen, es können jedoch einzelne Ausnahmen definiert werden, die ebenfalls wieder *nach unten hin* vererbt werden.

Erweiterungs-Templates sollten dann angewendet werden, wenn ein Projekt-Template existiert, es also eine allgemeine Definition für die Internetseite gibt, die aber ab einer bestimmten Seite in Teilbereichen anders sein soll.

Um ein neues Projekt-Template anzulegen, klicken Sie auf den Button *Template für neue Website erstellen*. Anschließend erscheint im rechten Bereich die in Abbildung 5-2 gezeigte Seite.

Info/Bearbeiten

Links oben auf dem soeben neu angelegten Projekt-Template sehen Sie ein Auswahlfeld, das mehrere Elemente enthält. Eines dieser Elemente trägt die Bezeichnung *Info/Bearbeiten*. Das ist das Element, mit dem Sie überwiegend arbeiten werden. *Info/Bearbeiten* bietet unter anderem die Möglichkeit, direkt mit TypoScript die Präsentation zu beschreiben. Wählen Sie aus diesem Auswahlfeld, wie in Abbildung 5-3 gezeigt, nun den Eintrag *Info/Bearbeiten* aus.

Wenn *Info/Bearbeiten* ausgewählt wird, stehen mehrere Felder zur Bearbeitung zur Verfügung:

Titel

Im Feld *Titel* kann ein Titel für das aktuelle Template angegeben werden. Dieser Titel ist lediglich für interne Zwecke bestimmt und hat keinen Einfluss auf das Frontend.

Einen Template-Titel anzugeben, ist besonders dann sinnvoll, wenn auf einer Seite mehrere Templates vorhanden sind. Der Vorteil der Verwendung mehrerer Templates auf einer Seite ist, dass Sie ein großes Template in mehrere kleine aufteilen und in Ihrem zentralen Projekt-Template wieder zusammenfügen können (siehe Abschnitt »Vollständigen Template-Datensatz bearbeiten« auf Seite 111 auf der nächsten Seite). Statt mit einem großen Template wird mit mehreren kleinen gearbeitet. Im Regelfall enthält jedes Template einen thematischen Abschnitt, z.B. die Beschreibung eines Menüs.

Um die Übersicht zu behalten, sollten Sie daher bei der Verwendung mehrerer Templates auf einer Seite jeweils einen Template-Titel angeben.

Titel der Website (engl. Sitetitle)

Im Feld *Titel der Website* kann das Präfix für Seitentitel angegeben werden. Wenn Sie eine Website im Frontend betrachten, wird in der Regel nur der Titel aus dem Seitenbaum der aktuellen Seite als

HTML-Titel-Tag aufgenommen. Soll z.B. der Firmenname immer mit erscheinen, kann dieser im Feld *Titel der Website* angegeben werden. Das erzeugte HTML-Titel-Tag wäre dann der im Template angegebene *Titel der Website*, gefolgt von einem Doppelpunkt und dem Titel der aktuellen Seite, also z.B. *Snowboardschule: Homepage*, sofern *Snowboardschule* der im Template angegebene *Titel der Website* ist und *Homepage* die aktuell betrachtete Seite.

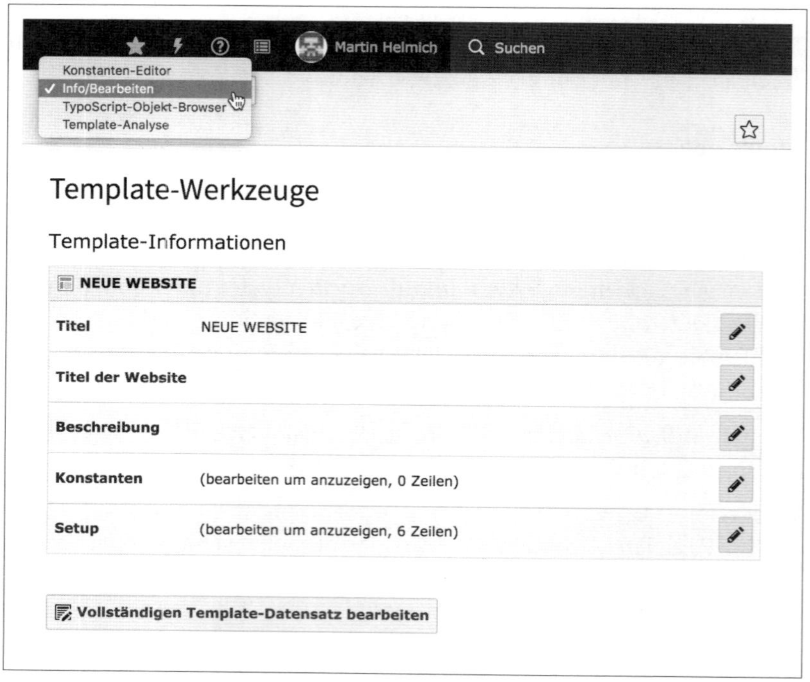

Abbildung 5-3 ▶ Die einzelnen Felder des Template-Bereichs »Info/Bearbeiten«

Beschreibung
: Unter *Beschreibung* können Sie eine Beschreibung des Templates ablegen. Dieses Feld ist lediglich zur besseren Übersicht bestimmt und hat keine Auswirkungen auf das Frontend.

Konstanten
: Unter *Konstanten* können Variablen definiert werden, die in TypoScript als Konstanten ausgelesen werden. Konstanten sind Variablen, die sich nicht mehr verändern lassen (und somit einen konstanten Wert haben).

  Die Verwendung der Begriffe »Konstante« und »Variable« in TYPO3 ist nicht unbedingt aus anderen Programmiersprachen übertragbar. In klassischen Programmiersprachen kann einer Konstanten nur genau einmal ein Wert zugewiesen werden, der sich dann nicht mehr verändern lässt. In TYPO3 sind Konstanten praktisch nichts anderes als Variablen. Diese Variablen können im Feld *Konstanten* (engl. *Constants)* beliebig oft mit einem neuen Wert versehen werden. Die jeweils letzte Wertzuweisung ist die gültige.

Diese Konstanten bzw. Variablen können in TypoScript ausgelesen werden. Eine Veränderung einer Variablen ist in TypoScript nicht möglich, woraus auch die Bezeichnung »Konstante« resultiert. Das Feld *Konstanten* selbst enthält allerdings kein TypoScript. Mit TypoScript arbeiten Sie im nun folgenden Feld *Setup*.

Setup

Der von Ihnen in einem TYPO3-Projekt und auch in diesem Buch am häufigsten verwendete Bereich wird der Bereich *Setup* sein. In *Setup* wird TypoScript-Code verwendet – Sie beschreiben an dieser Stelle die gesamte Internetpräsentation. Sie erhalten hier ein großes klassisches Textfeld (*textarea*), in dem Sie direkt programmieren können.

Vollständigen Template-Datensatz bearbeiten

Unter *Info/Bearbeiten* finden Sie den Button *Vollständigen Template-Datensatz bearbeiten*. Hier können Sie in das gesamte Template eingreifen und alle Konfigurationsmöglichkeiten auf einen Blick sehen, aufgeteilt auf verschiedene Registerkarten. Es stehen die bereits oben beschriebenen Felder zur Verfügung sowie noch einige weitere, z.B. *Statische Templates einschließen*, das Sie in Kapitel 8, *Inhalte ausgeben*, kennenlernen werden. Abbildung 5-4 zeigt die Maske, die sich hinter diesem Textlink verbirgt.

Soll ein Template nur vorübergehend deaktiviert werden, ist dafür das Feld *Inaktiv* auf der Registerkarte *Zugriff* sinnvoll. Das Template wird dann im Frontend nicht mehr berücksichtigt, im Backend hingegen steht es noch zur Verfügung und kann jederzeit wieder aktiviert werden.

Mit den Flags *Constants Löschen/Setup Löschen* auf der Registerkarte *Optionen* kann die Vererbung von oben unterbrochen bzw. erlaubt werden. Ist beispielsweise *Setup Löschen* aktiviert, wird von einem übergeordneten Template (einer anderen übergeordneten Seite) das Feld *Setup* (TypoScript) nicht mehr vererbt. Das ist auch der wesentliche Unterschied zwischen *Extension Templates* und *Projekt-Templates*.

Im Feld *Statische Templates einschließen* (engl. *Include static*) auf der Registerkarte *Enthält* können sogenannte statische Templates in das Template aufgenommen werden. Dort sehen Sie alle verfügbaren statischen Templates. Markierte bzw. ausgewählte Einträge werden mit in das Template inkludiert. Diese statischen Templates enthalten vordefinierten TypoScript-Code und Variablen, die Ihnen die Arbeit mit TYPO3 erleichtern können. Die Funktionsweise ist grundsätzlich vergleichbar mit *include*- und *use*-Anweisungen von Programmiersprachen – Überschreibungen sind aber problemlos möglich.

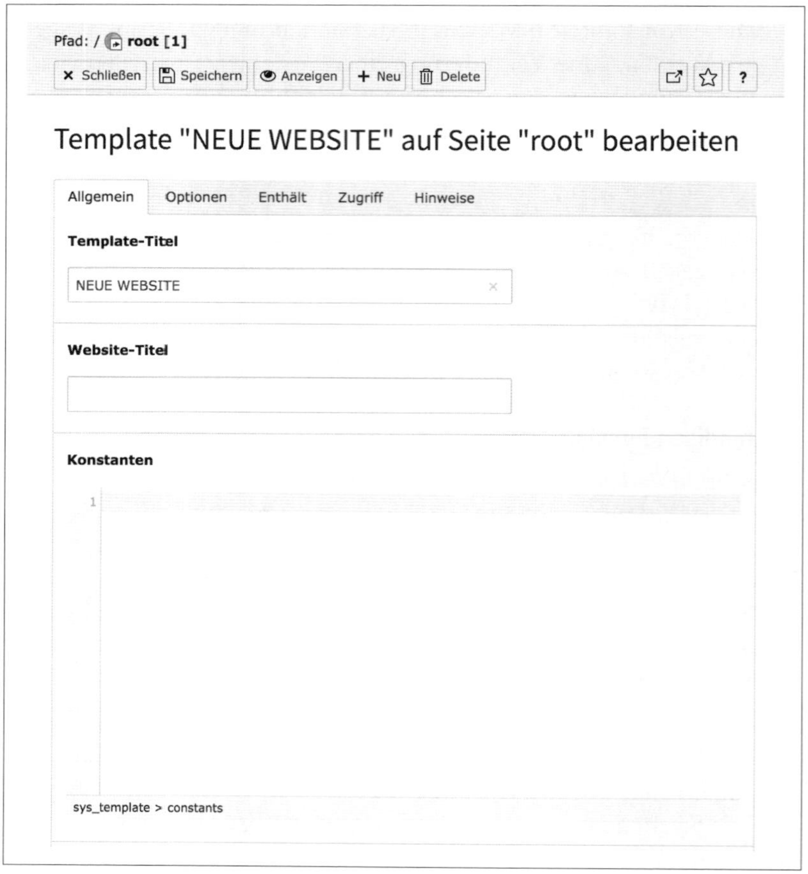

Abbildung 5-4 ▶ Die Maske »Vollständigen Template-Datensatz bearbeiten«

Unter *Inkludieren* versteht man das Hinzufügen von Code, der an einer anderen Stelle definiert wurde. In klassischen Programmiersprachen geht es dabei normalerweise um Dateien, die einen bestimmten Programmiercode enthalten und durch das Hinzufügen bzw. Inkludieren nicht mehrfach geschrieben werden müssen. Über das Feld *Statische Templates einschließen* fügen Sie keine Dateien hinzu, sondern ein anderes Template, das z.B. TypoScript-Code und -Konstanten enthält, die Sie in Ihrem aktuellen Template wiederverwenden und anpassen können.

Sie werden an späterer Stelle (Kapitel 8, *Inhalte ausgeben*) ein statisches Template einfügen bzw. inkludieren, das eine funktionsfähige und ausgearbeitete Definition zur Darstellung von Inhalten enthält.

TypoScript-Objekt-Browser

Mit dem TypoScript-Objekt-Browser (siehe Abbildung 5-5) können Sie sich durch das TypoScript-Template hangeln. Der Objekt-Browser zeigt den intern aufbereiteten TypoScript-Code in Form eines strukturierten Baums an. Er ist immer dann hilfreich, wenn im TypoScript-Code, den Sie im Feld *Setup* finden, ein Fehler vorliegt, der schwer zu identifizieren ist. Sind Fehler im TypoScript vorhanden, werden vom TypoScript-Objekt-Browser Meldungen ausgegeben. Eine Übersicht über alle vorkommenden Meldungen in der Ansicht *Fehler und Warnungen* sehen Sie zur einfacheren Analyse hier:

Line xxx: The script is short of yyy brace(s)
: Einer der am häufigsten vorkommenden TypoScript-Fehler wird durch fehlende oder falsch gesetzte Klammern ausgelöst. Der Fehler muss sich jedoch nicht in der vom TypoScript-Objekt-Browser ausgegebenen Zeile befinden. Zur Behebung müssen Sie akribisch prüfen, ob alle Klammern richtig geschlossen wurden.

Line xxx: An end brace is in excess
: Im Gegensatz zur vorigen Meldung kennzeichnet dieser Fehler eine zu viel gesetzte Klammer. Auch hier ist die Zeilennummer vermutlich falsch, da der Objekt-Browser nicht wissen kann, an welcher Stelle die Klammer zu viel gesetzt wurde. Die Lösung kann nur eine manuelle Suche nach der falsch gesetzten Klammer im *Setup*-Feld sein.

Line xxx: On return to [GLOBAL] scope, the script was short of yyy end brace(s)
: Der Parser bemerkt, dass innerhalb einer Condition eine Klammer fehlt. Hier wird der Fehler bereits eingegrenzt, da Sie Ihre Suche auf den Block innerhalb der Condition beschränken können.

Line xxx: A multiline value section is not ended with a parenthesis!
: Wenn Sie einen Abschnitt über mehrere Zeilen nicht richtig beendet haben, wird vom Parser diese Meldung erzeugt. Mehrzeilige TypoScript-Anweisungen werden mit runden Klammern umschlossen. Fehlt die schließende Klammer, können die TypoScript-Anweisungen nicht mehr richtig ausgeführt werden, was Ihnen der Objekt-Browser mit der obigen Meldung anzeigt.

Line xxx: Object Name String, »yyy« contains invalid character »zzz«. Must be alphanumeric or one of:»_ - .«
: Wird ein Zeichen gesetzt, das in der TypoScript-Syntax so nicht verwendet werden kann, wird diese Meldung erzeugt. Beispielsweise ist die Verwendung einer Condition innerhalb einer geschweiften Klammer nicht erlaubt und erzeugt einen Fehler.

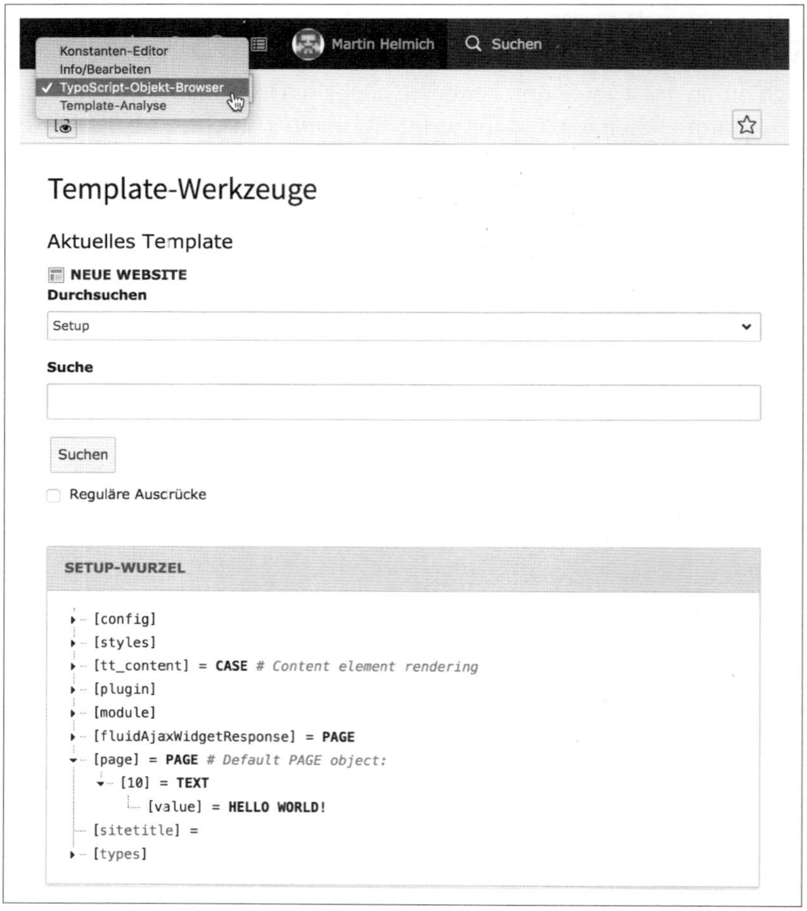

Abbildung 5-5 ▶ Der TypoScript-Objekt-Browser

Line xxx: Object copied in this line »yyy« would leave either the value or properties untouched in TypoScript Version1. Please check that this is not a problem for you

Die Zuweisung von Werten kann durch nachfolgende Kopieroperationen überschrieben werden. Ist dies in Ihrem TypoScript der Fall, wird der Objekt-Browser Sie darauf hinweisen. Das ist ein Hinweis und kein Fehler, sollte jedoch von Ihnen beachtet werden, sofern nicht die gewünschten Erfolge mit Ihrem TypoScript erzielt werden.

Line xxx: Object Name String, »yyy« was not proceeded by any operator, = <>({

Ist in einer Codezeile nicht mindestens eines der Zeichen =, <, >, (oder { enthalten, kann die Zeile nicht ausgewertet werden. Eine Zeile TypoScript kann ohne eines der Zeichen keine Funktion haben, demzufolge muss mindestens ein Kommentarzeichen vorangestellt werden. Der Fehler ist mit hoher Wahrscheinlichkeit in der angezeigten Zeile zu finden.

Sie werden den TypoScript-Objekt-Browser sicherlich während der Arbeit mit TYPO3 schätzen lernen. Eine tiefer gehende Beschreibung des Objekt-Browsers ist an dieser Stelle wenig hilfreich, da sich die tatsächlichen Vorteile erst in der Praxis zeigen.

Template Analyzer

Mit dem Template Analyzer können komplexe Template-Strukturen betrachtet werden. So gibt der Template Analyzer zum Beispiel einen Überblick darüber, in welcher Reihenfolge Templates inkludiert werden, und mit ihm kann der Inhalt eines inkludierten Templates eingesehen werden (auch bei Frontend-Plug-ins werden häufig Templates inkludiert).

Konstanten-Editor

Mit dem Konstanten-Editor können Anpassungen an Variablen bzw. Konstanten vorgenommen werden. Voraussetzung für eine vernünftige Verwendung des Konstanten-Editors ist, dass innerhalb der Konstantendefinition zusätzliche Informationen darüber angegeben sind, wie diese Konstanten zu editieren sind (welche Werte möglich sind usw.). Nähere Informationen dazu erhalten Sie in Kapitel 10 im Abschnitt »Hintergrund: So arbeitet der Konstanten-Editor« auf Seite 322.

Mit dem Konstanten-Editor können in TypoScript verwendete Variablen auf komfortable Art und Weise angepasst werden. Von einer exzessiven Nutzung des Konstanten-Editors ist abzuraten, da Sie damit nur in einem begrenzten Umfang Anpassungen durchführen können.

Objekte und Eigenschaften einer Webseite

Wie schon zuvor angekündigt, werden Sie in TYPO3 nicht mit TypoScript-Objekten wie `SCHIFF` arbeiten, sondern mit Objekten, die die Generierung und den Aufbau der vom CMS generierten HTML-Seiten beschreiben. Der erste Objekttyp, mit dem wir zunächst arbeiten werden, ist das `PAGE`-Objekt. Das `PAGE`-Objekt beschreibt, wie genau TYPO3 aus den Seiten des Seitenbaums (und den darauf platzierten Inhalten) jeweils Webseiten im HTML-Format erstellen soll.

Doch welche Eigenschaften kann eine Webseite haben? Zum Beispiel hat eine Webseite normalerweise einen Titel, der im Browser links oben angezeigt wird, und dazu eine Hintergrundfarbe, auch wenn es nur Weiß ist.

Sie bemerken vielleicht, dass beide dieser Eigenschaften im Header-Bereich einer HTML-Seite definiert werden, entweder in Form eines `<title>`- oder `<style>`-Tags. Keine dieser beiden Eigenschaften einer

Webseite wird zwischen den <body>-Tags angegeben, denn das, was sich zwischen den <body>-Tags befindet, ist gewöhnlich das, was vom Browser angezeigt wird.

Überlegen wir doch einfach einmal anders herum, welche Eigenschaften im Header-Bereich definiert werden. Das sind unter anderem

- der Titel der Webseite,
- Metadaten für Suchmaschinen,
- Stylesheet- (CSS) sowie JavaScript-Dateien und
- der Dokumenttyp, beispielsweise HTML oder XHTML.

Nach der Angabe von Werten für diese Eigenschaften einer Webseite wird normalerweise noch kein sichtbarer Inhalt vom Browser ausgegeben, lediglich der Hintergrund kann durch Angabe einer Farbe innerhalb des Stylesheets oder direkt im <body>-Tag eine andere Farbe als Weiß haben.

Die Eigenschaften einer Webseite werden in TYPO3 als Eigenschaften des `PAGE`-Objekts bezeichnet. Folgende keineswegs vollständige Auflistung enthält einige wichtige und häufig gebrauchte Eigenschaften von `PAGE`-Objekten. Die offizielle Referenz zu TypoScript nennt sich TSref und wird von den Entwicklern in englischer Sprache bereitgestellt. Der Link *https://typo3buch.helmich.me/tsref/10* leitet Sie zur jeweils aktuellen Version der Dokumentation weiter. Eine gekürzte Referenz zu den einzelnen Objekten finden Sie im Anhang.

config.doctype
: In dieser Eigenschaft können Sie den Dokumenttyp Ihrer Seite angeben. Diese Einstellung wirkt sich unter Umständen darauf aus, wie verschiedene Browser Ihre Seite darstellen. Beispiele für Dokumenttypen sind (das mittlerweile eher historische) HTML 4.1, XHTML und HTML 5 (Letzteres ist auch die Standardeinstellung, wenn Sie keinen Dokumenttyp angeben).

includeCSS
: Wie der Name bereits erkennen lässt, werden über dieses Attribut CSS-Dateien inkludiert, also in den Seiten-Header eingefügt. Durch die Vergabe unterschiedlicher Bezeichner können Sie verschiedene CSS-Dateien in einem Dokument verwenden. Das ist durchaus sinnvoll, wenn Sie die Ausgabe für verschiedene Medien unterschiedlich gestalten möchten. Zum Beispiel können Sie zusätzlich zur Bildschirmausgabe eine Datei *print.css* für die Ausgabe einer Druckansicht und eine *mobile.css* für die optimierte Darstellung auf Smartphones einfügen. Sie müssen einen Bezeichner und den vollständigen Pfad zur CSS-Datei angeben. TYPO3 überprüft, ob die angegebene Datei vorhanden ist. Wenn die CSS-Datei existiert, wird das

HTML-Tag `<link rel="stylesheet" ...>` in den Seiten-Header geladen. Zu jeder Datei kann noch der Medientyp über die Eigenschaft `media` und ein Titel über `title` vergeben werden. Die verfügbaren Medientypen sind laut CSS2 vorgegeben und können beispielsweise `print`, `handheld` oder `screen` lauten. Es gibt noch weitere Möglichkeiten, CSS-Dateien zu integrieren (Inline-CSS, Stylesheet usw.). Die Eigenschaften für mögliche alternative Ansätze sind in der *TypoScript-Kurzreferenz* im Anhang aufgelistet. Im Abschnitt »Stylesheets und JavaScript-Dateien einbinden« auf Seite 123 werden Sie die Funktion verwenden.

includeJS und includeJSFooter

Analog zu `includeCSS` dient dieses Attribut dazu, JavaScript-Dateien in den Kopfbereich einer Seite einzufügen. Auch hier können mehrere Dateien eingefügt werden; jedes Unterattribut wird am Ende genutzt, um einen `<script src="...">`-HTML-Tag zu generieren. Genau wie `includeCSS` fügt `includeJS` diese Anweisungen in den `<head>`-Bereich der Seite ein.

Das `includeJSFooter`-Attribut funktioniert genauso, fügt die generierten `<script>`-Tags jedoch ans Ende des `<body>`-Bereichs ein.

meta.[bezeichner]

Hier können Sie beliebige Metatags angeben, z.B. `meta.author`, `meta.description` usw. Als Bezeichner kann eine beliebige Zeichenkette verwendet werden, auch der angegebene Wert wird direkt übernommen (Beispiel: `meta.author = Robert Meyer`).

shortcutIcon

Dieser Wert kann einen Dateipfad zum Icon Ihrer Webseite enthalten. Die hier verlinkte Datei muss eine Icon-Datei mit der Endung `.ico` sein.

Seiteneigenschaften mit TypoScript angeben

Nachdem Sie das Projekt-Template angelegt haben, können Sie damit beginnen, allgemeine Seiteneigenschaften mit TypoScript festzulegen. Gehen Sie dazu so vor:

1. Wechseln Sie in das *Template*-Backend-Modul ❶.
2. Klicken Sie, wie in Abbildung 5-6 gezeigt, im Seitenbaum auf die Seite *root* ❷.
3. Wählen Sie anschließend auf der rechten Seite aus dem Auswahlfeld den Eintrag *Info/Bearbeiten* ❸ aus.
4. Klicken Sie dann auf das Bleistiftsymbol hinter dem Feld *Setup* ❹. Sie erhalten ein Textfeld, in dem Sie TypoScript-Code ablegen können.

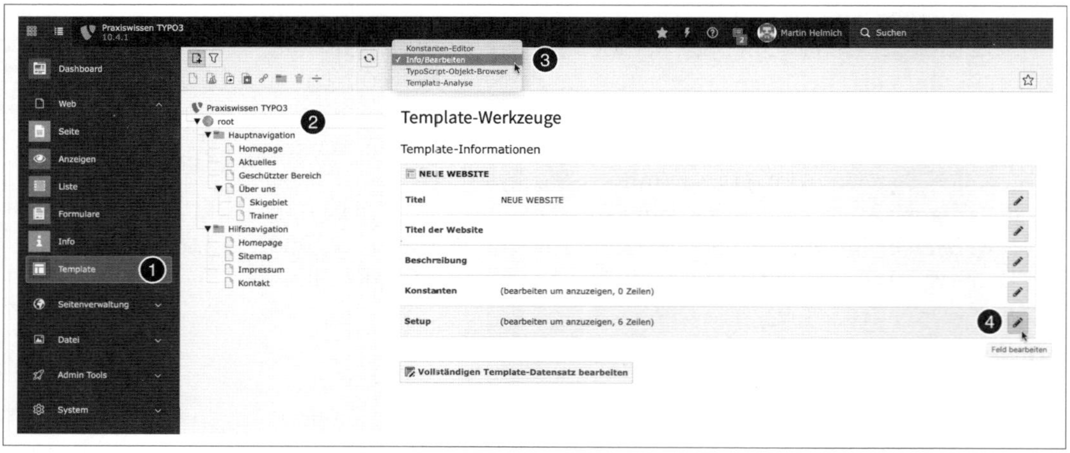

Abbildung 5-6 ▲
So gelangen Sie in das Typo-Script-Feld »Setup«.

5. Löschen Sie die bereits im Setup-Feld vorhandenen »HELLO WORLD!«-Zeilen und fügen Sie die in Beispiel 5-7 angegebenen Typo-Script-Zeilen ein.
6. Speichern Sie das TypoScript, indem Sie auf den *Speichern*-Button klicken.

Beispiel 5-7: Eigenschaften des »PAGE«-Objekts setzen

```
01 page = PAGE
02
03 # Allgemeine Seiteneigenschaften setzen
04 page.config.doctype = html5
05
06 # Metatags angeben
07 page.meta.author = Robert Meyer, Martin Helmich
08 page.meta.description = Hier steht eine Beschreibung
```

In Zeile 1 wird eine Instanz eines PAGE-Objekts gebildet. Der Bezeichner page hat ab sofort PAGE-Eigenschaften. page ist hier als Bezeichner frei gewählt und könnte auch anders lauten. Wie auch immer der Bezeichner gewählt wird, muss er weitergeführt werden, da er jetzt PAGE-Eigenschaften hat. Lassen Sie sich nicht durch die doppelte Namensgebung irritieren. Statt page = PAGE könnte z.B. auch seite = PAGE angegeben werden. PAGE ist ein feststehender Objektname, während page oder seite ein frei wählbarer Bezeichner ist.

In Zeile 4 wird der Dokumenttyp Ihrer Seite angegeben, in diesem Fall mit *HTML 5*. Der Dokumenttyp kann beeinflussen, wie verschiedene Browser Ihre Seite darstellen.

In den Zeilen 7 und 8 haben Sie Werte für die <meta>-Tags author und description angegeben. Diese <meta>-Tags werden mit in den erzeugten

HTML-Code aufgenommen. Dabei können Sie beliebige <meta>-Tags mit beliebigen Werten angeben: Wenn Sie in Ihrem TypoScript-Code `page.meta.BESTESBUCH = Praxiswissen TYPO3` angeben, fließt auch das mit in die Ausgabe ein.

Der ausgegebene HTML-Code

Klicken Sie links auf das Symbol *Anzeigen*, um das Ergebnis dieses Templates zu betrachten. Im Frontend wird eine leere weiße Seite zurückgeliefert. Wenn Sie aber einen Blick in den HTML-Quellcode (siehe Abbildung 5-7) werfen, werden Sie bemerken, dass die Zuweisungen bereits Anwendung gefunden haben.

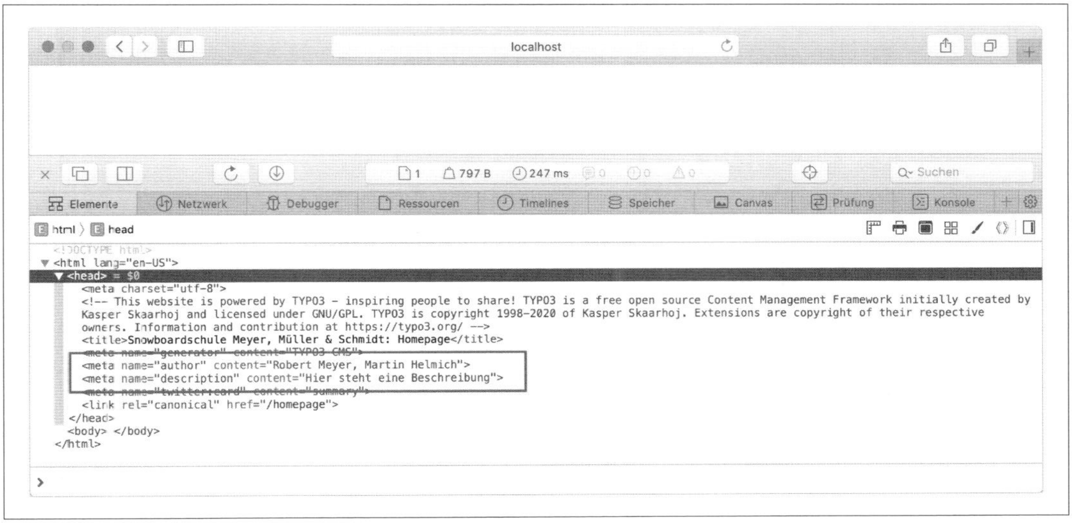

▲ Abbildung 5-7
Der HTML-Quellcode enthält die <meta>-Tags sowie das <body>-Tag.

Zu Beginn des HTML-Quellcodes wird innerhalb von Kommentaren ein genereller Hinweis auf TYPO3 gegeben. Sie sollten diesen Hinweis nicht entfernen, können ihn aber um eigene Zeilen ergänzen. Nähere Informationen zum Ergänzen dieses Hinweises finden Sie in der TypoScript-Kurzreferenz im Anhang im Abschnitt »Primäre Objekte« auf Seite 512 unter *CONFIG/headerComment*.

Nach dem TYPO3-Kommentar wird das <title>-Tag ausgegeben. Obwohl Sie die Seite *root* betrachten, sehen Sie im HTML-Quellcode als Seitentitel *Homepage*. Aufgrund des angelegten Verweises auf der Seite *root* wird der Besucher der Website direkt auf die Homepage verwiesen. Durch Angabe eines *Sitetitle* in den Template-Feldern kann der Titel um eine statische Komponente erweitert werden (z.B. *Snowboardschule: Homepage*). Näheres zu diesem Präfix finden Sie weiter vorn in diesem Kapitel. Nähere Informationen darüber, wie Sie die Ausgabe des <title>

-Tags beliebig beeinflussen können, finden Sie in der TypoScript-Kurzreferenz im Anhang im Abschnitt zu *CONFIG* auf Seite 512.

Ausklammern

Wie Sie sicherlich bemerkt haben, führen Sie derzeit zu Beginn einer jeden TypoScript-Zeile den Bezeichner page mit. Diesen Bezeichner können Sie durch Ausklammern mit geschweiften Klammern ganz einfach »eliminieren« und so Ihren Code übersichtlicher und einfacher gestalten. Beispiel 5-8 zeigt den TypoScript-Code in der ausklammernden Version.

Beispiel 5-8: Ausklammern zur besseren Übersicht

```
01  page = PAGE
02  page {
03
04    # Allgemeine Seiteneigenschaften setzen
05    page.config.doctype = html5
06
07    # Metatags angeben
08    meta.author = Robert Meyer, Martin Helmich
09    meta.description = Hier steht eine Beschreibung
10  }
```

In Zeile 2 wird page ausgeklammert – die Ausklammerung reicht in diesem Beispiel bis Zeile 10. page wird somit intern in den Zeilen 3 bis 10 vorangestellt. Also steht in Zeile 8 statt `meta.author = Robert Meyer` in Wirklichkeit `page.meta.author = Robert Meyer`. Das Ausklammern erleichtert Ihnen die Arbeit und ermöglicht eine Strukturierung – bessere Übersicht ist aber nur dann gegeben, wenn durchgängig eingerückt wird.

Die erstellte Designvorlage integrieren

In diesem Abschnitt werden Sie die in Kapitel 4, *Das Praxisbeispiel vorbereiten*, erstellten Dateien, unter anderem auch die Designvorlage, in das TYPO3-Projekt integrieren und ansprechen. Das Integrieren der Designvorlage erfolgt wieder mit TypoScript.

Elemente mit in die Seite aufnehmen

Damit Sie in Ihrem Browser eine sichtbare Ausgabe erhalten, muss sich im ausgelieferten HTML-Quellcode etwas innerhalb des `<body>`-Tags befinden. Das kann eine beliebige Anzahl von Elementen sein. So wollen Sie vermutlich nicht, dass sich auf Ihrer Internetseite im Inhaltsbereich immer nur genau eine Überschrift mit genau einem folgenden Fließtext befindet, sondern es sollen mehrere hintereinander sein. Und selbst eine Überschrift mit anschließendem Fließtext besteht ja aus zwei Elementen.

Mit TypoScript können Sie eine beliebige Anzahl von Elementen in den Body-Bereich aufnehmen. Diese müssen natürlich auf eine bestimmte Art angeordnet werden. Sie können angeben, welche Elemente in welcher Reihenfolge ausgegeben werden sollen.

Einige TypoScript-Objekte besitzen numerische Listen, die mehrere Elemente aufnehmen können – das `PAGE`-Objekt zum Beispiel ist ein solches Objekt. Durch Angabe einer Nummer direkt im Anschluss an den Bezeichner der Objektinstanz können mehrere Objekte sortiert ausgeführt werden. Auch wenn nur ein einziges Element mit in die Seite aufgenommen werden soll, kann die Ausgabe nur über eine solche numerische Liste erfolgen. Die beiden folgenden Beispiele sind nicht ausführbar und dienen lediglich der Veranschaulichung.

```
page.1 = OBJEKT
page.1.eigenschaft = wert
page.2 = OBJEKT_2
page.2.eigenschaft = wert_2
```

Durch die Verwendung von direkt aufeinanderfolgenden Nummern nehmen Sie sich allerdings einiges an Flexibilität. Möchten Sie z. B. zu einem späteren Zeitpunkt zwischen `page.1` und `page.2` ein weiteres Objekt aufnehmen, müssten Sie so nachträglich Änderungen an der Sortierung vornehmen. Daher empfiehlt es sich, die Sortiernummern in Zehnerschritten anzugeben:

```
page.10 = OBJEKT
page.10.eigenschaft = wert
page.20 = OBJEKT_2
page.20.eigenschaft = wert_2
```

Tipp In Kapitel 7, *Menüs erstellen*, erhalten Sie im Abschnitt »Einen Klickpfad realisieren« auf Seite 179 anhand des Objekts `COA` weitergehende Informationen zu diesem Prinzip.

Die Designvorlage integrieren

Die in Kapitel 4, *Das Praxisbeispiel vorbereiten*, erstellte und bereits hochgeladene Designvorlage können Sie nun in das Projekt integrieren. Dazu wird zunächst der Inhalt dieser Datei über das Objekt `FLUIDTEMPLATE` mit der Eigenschaft `.file` importiert (siehe Beispiel 5-9).

Beispiel 5-9: Einlesen der Designvorlage

```
page = PAGE
page {

```

Beispiel 5-9: Einlesen der Designvorlage (Fortsetzung)

```
04    # Allgemeine Seiteneigenschaften setzen
05    page.config.doctype = html5
06
07    # Metatags angeben
08    meta.author = Robert Meyer, Martin Helmich
09    meta.description = Hier steht eine Beschreibung
10
11    # Die Designvorlage integrieren
12    10 = FLUIDTEMPLATE
13    10.file = fileadmin/templates/vorlage-v1.html
14  }
```

Mit dem Objekt `FLUIDTEMPLATE`, das Sie in Zeile 12 verwendet haben, kann eine Fluid-Designvorlage geladen und auch gleich ausgewertet werden (dazu später mehr). Das Objekt `FLUIDTEMPLATE` hat die wesentliche Eigenschaft `.file`, mit der Sie festlegen können, welche Datei eingebunden werden soll. Diese Eigenschaft wurde in Beispiel 5-9 in Zeile 13 verwendet, und als Datei wurde die erstellte Designvorlage angegeben.

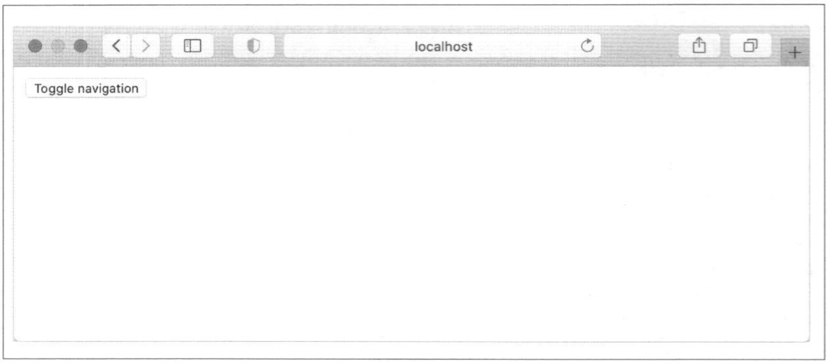

Abbildung 5-8 ▶ Die Designvorlage wird – ohne Inhalte und Styles – im Frontend angezeigt. Wie enttäuschend.

Wenn Sie das gespeicherte Template im Frontend betrachten, sehen Sie ... erst mal nichts (siehe Abbildung 5-8). Ein Blick in den HTML-Quelltext der Seite zeigt, dass die Fluid-Designvorlage zwar geladen wird, aber offensichtlich fehlt noch das CSS-Stylesheet. Außerdem wurden alle in der Vorlage definierten Fluid-Variablen mit leeren Werten ersetzt – insgesamt also ein recht trauriges Ergebnis.

Tipp

Die im Frontend ausgegebenen Inhalte werden von TYPO3 in der Datenbank zwischengespeichert. Dieses Verfahren nennt sich Caching. Wenn Sie Änderungen an der Konfiguration durchführen, diese jedoch nicht im Frontend sichtbar werden, kann es am Caching von TYPO3 liegen. Bitte löschen Sie dann über die Schaltfläche mit dem Blitz-Icon im oberen rechten Bereich den *Seiteninhalts-Cache*. Mehr Informationen zum Caching folgen in diesem Kapitel im Abschnitt »Das TYPO3-Caching-Konzept« auf Seite 137.

Die fehlenden Styles und die fehlenden Inhalte sind zwei separate Probleme. Lösen wir also eins nach dem anderen und kümmern wir uns zunächst um die fehlenden Styles.

Stylesheets und JavaScript-Dateien einbinden

Das Stylesheet wird derzeit nicht eingebunden, da das Fluid-Template nur den Inhalt des `<body>`-Tags enthält. Der `<head>`-Bereich der HTML-Seite wird von TYPO3 selbst generiert. Im nächsten Schritt muss über TypoScript konfiguriert werden, dass das CSS-Stylesheet im Kopfbereich der Seite geladen werden soll.

Dies ist über das Attribut `includeCSS` des `PAGE`-Objekts möglich. In Beispiel 5-10 wurde das TypoScript-Template um diese Funktion erweitert. Da Sie über die Funktion mehrere CSS-Dateien einbinden können, wird ein Bezeichner für jede Datei angegeben. Über die Angabe des Dateipfads wird die CSS-Datei zugewiesen. Ergänzend kann ein Titel für die Datei angegeben werden sowie der Medientyp, für den die CSS-Datei bestimmt ist.

Beispiel 5-10: Ein Stylesheet einbinden

```
page = PAGE
page {

  # Seiteneigenschaften setzen
  config.doctype = html5

  # Metatags angeben
  meta.author = Robert Meyer, Martin Helmich
  meta.description = Hier steht eine Beschreibung

  # CSS-Dateien einfügen
  includeCSS {
    main = fileadmin/css/style.css
    main.title = main
    main.media = all
  }

  # Die Designvorlage integrieren
  [...]
```

Das Gleiche gilt für die JavaScript-Dateien, die die Designvorlage nutzt. Die Vorlage enthält eine Version der weitverbreiteten JavaScript-Bibliothek jQuery. Diese wurde zusammen mit einigen Plug-ins, die das Bootstrap-Framework mitliefert, in der Datei *main.js* zusammengefasst.

Um JavaScript-Dateien auf eine Seite einzubinden, stehen im `PAGE`-Objekt die Attribute `includeJS` (analog zu `includeCSS`) und `includeJSFooter` zur Verfügung. Erstere lädt JavaScript-Dateien im Kopfbereich der Seite,

Letztere unter dem <body>-Bereich. Da das Laden größerer JavaScript-Dateien im Kopfbereich deutlich negative Auswirkungen auf die Seitenaufbauzeit haben kann, ist es im Normalfall günstiger, JavaScript-Dateien mit den includeJSFooter-Attribut unterhalb des Bodys zu laden. Beispiel 5-11 zeigt das includeJSFooter-Attribut im Einsatz:

Beispiel 5-11: JavaScript-Dateien laden

```
page = PAGE
page {
  [...]
  # JS-Dateien einfügen
    includeJSFooter {
    main = fileadmin/javascript/main.js
  }

  # Die Designvorlage integrieren
  10 = FLUIDTEMPLATE
  10.file = fileadmin/templates/vorlage-v1.html
}
```

Das Template laden und Variablen definieren

Wenn Sie nun Ihre Seite im Browser betrachten, sollte das Ergebnis in etwa aussehen wie in das Abbildung 5-9. Ihnen wird auffallen, dass die Seite nur marginal besser aussieht als vorher – die Styles werden nun zwar korrekt dargestellt, die Inhalte fehlen jedoch nach wie vor. Das liegt daran, dass alle Fluid-Variablen, die in der Designvorlage definiert wurden, bisher einfach mit einem leeren Wert ersetzt werden. Das bedeutet, dass die grundsätzlichen Inhaltsbereiche der Designvorlage (die Kopfzeile, der Hauptinhaltsbereich, die Fußzeile) und die dazugehörigen Styles schon da sind – nur die Inhalte fehlen noch komplett.

Abbildung 5-9 ▶ In der Designvorlage werden nun alle Variablen mit nichts ersetzt.

Nachdem nun die Designvorlage eingelesen ist, können die verwendeten Fluid-Variablen befüllt werden, sodass im Frontend dort, wo diese Variablen genutzt werden, auch der entsprechende Inhalt ausgegeben wird. Innerhalb eines `FLUIDTEMPLATE`-Objekts definieren Sie Variablen innerhalb des Attributs `.variables`. Die Zuweisung von Variablen erfolgt dabei stets nach dem Schema `variables.[VARIABLENNAME] = [OBJEKT]`.

Beginnen wir mit etwas Einfachem: Für den Markennamen (engl. *Brand*) in der Kopfzeile der Seite sind im Fluid-Template die zwei Variablen `{brandLineFirst}` und `{brandLineSecond}` vorgesehen. Das Angenehme an diesen zwei Werten: Egal welche Unterseite Sie später im Frontend aufrufen, diese beiden Werte sind immer gleich. Sie können diese Fluid-Variablen im TypoScript-Template also einfach mit statisch definierten Werten befüllen.

Um in TypoScript einen einfachen, statischen Text zu beschreiben, nutzen Sie das `TEXT`-Objekt. Wie das genau funktioniert, zeigt Beispiel 5-12:

Beispiel 5-12: Die Variablen »brandLineFirst« und »brandLineSecond« definieren und befüllen

```
page = PAGE
page {
  [...]
  # Die Designvorlage integrieren
  10 = FLUIDTEMPLATE
  10 {
    file = fileadmin/templates/vorlage-v1.html

    variables {
      brandLineFirst = TEXT
      brandLineFirst.value = Snowboardschule

      brandLineSecond = TEXT
      brandLineSecond.value = Meyer, Müller & Schmidt
    }
  }
}
```

Betrachten Sie das Ergebnis im Frontend, werden Sie feststellen, dass die beiden Variablen in der Kopfzeile nun korrekt ausgegeben werden (siehe Abbildung 5-10).

◀ **Abbildung 5-10**
Die Ausgabe der Variablen »brandLineFirst« und »brandLineSecond«

In Zeile 29 wird die Variable `brandLineFirst` angesprochen und durch ein `TEXT`-Objekt ersetzt. Das `TEXT`-Objekt wird noch in diesem Kapitel weiter unten ausführlich behandelt. Prinzipiell liefert das `TEXT`-Objekt eine Zeichenkette zurück, die z.B. über die Eigenschaft `.value` angegeben werden kann. In unserem Fall ist im TypoScript-Template an dieser Stelle die Zeichenkette hartcodiert. Im Folgenden (im Abschnitt »TypoScript-Funktionen nutzen« auf Seite 127) lernen Sie weiterhin, wie Sie auf dieselbe Art und Weise dynamische Inhalte einfügen können.

Mit Variablen arbeiten: Fehleranalyse

Zur Fehlersuche bei der Nutzung von Fluid-Variablen ist es hilfreich zu wissen, an welcher Stelle innerhalb des TypoScript-Templates oder der Fluid-Vorlage zu suchen ist. Im Frontend werden alle noch nicht definierten Variablen grundsätzlich mit einer leeren Zeichenkette ersetzt (einerseits ist das zwar praktisch, da der Besucher der Seite später keine Platzhalter sieht, wenn Sie mal eine Variable vergessen; andererseits erschwert es die Fehlersuche).

Um Programmierfehler zu finden, können Sie innerhalb des Fluid-Templates den ViewHelper `f:debug()` nutzen. Beispiel 5-13 zeigt, wie Sie diesen ViewHelper nutzen können, um Wert und Datentyp einer Variablen auszugeben. Ist die Variable nicht definiert, gibt dieser ViewHelper in der HTML-Ausgabe den Wert NULL aus, andernfalls Datentyp und Inhalt der Variablen. Den ViewHelper können Sie an einer beliebigen Stelle in Ihrem Fluid-Template einfügen – die Debug-Ausgabe erscheint dann an der entsprechenden Stelle in der generierten HTML-Ausgabe Ihres Templates.

Beispiel 5-13: Nutzung des »f:debug«-ViewHelpers für einzelne Variablen

```
{variable -> f:debug()}
```

Sie können den `f:debug`-ViewHelper auch nutzen, um alle zur Verfügung stehenden Variablen auszugeben:

Beispiel 5-14: Nutzung des »f:debug«-ViewHelpers für alle Variablen

```
{_all -> f:debug()}
```

Abbildung 5-11 zeigt eine Beispielausgabe, die Sie erhalten können, wenn Sie alle Variablen mit `f:debug()` ausgeben. Sie erkennen hier die zwei Variablen `brandLineFirst` und `brandLineSecond`, die Sie zuvor selbst im TypoScript-Template definiert haben. Darüber hinaus sehen Sie auch eine Variable `data`, die von TYPO3 selbst definiert wurde und verschiedene Informationen über die aktuell dargestellte Seite des Seitenbaums enthält. Auch auf diese Variable können Sie innerhalb Ihres eigenen Fluid-Templates zugreifen – beispielsweise mit {data.title}, um den Titel der aktuellen Seite auszugeben.

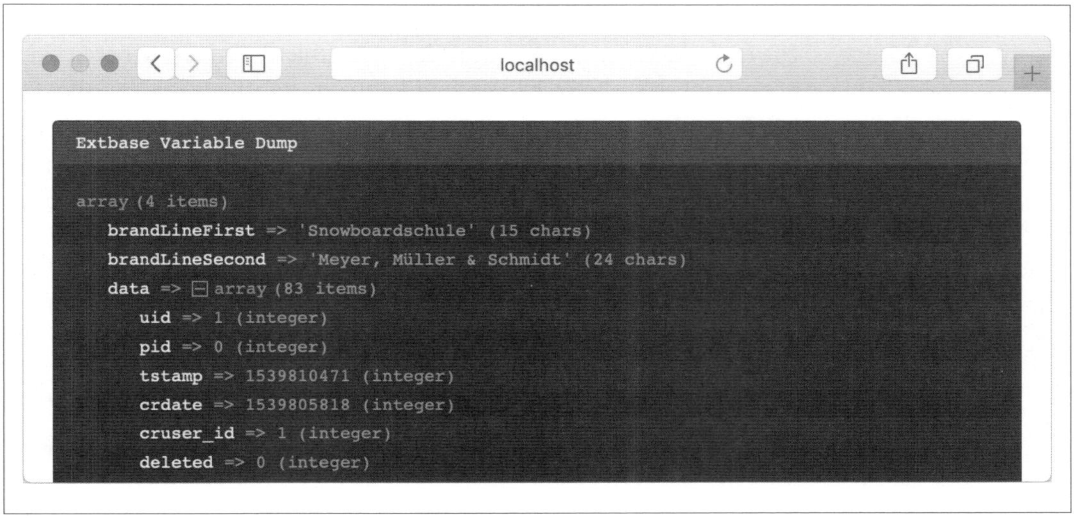

▼ **Abbildung 5-11**
Ausgabe des »f:debug«-ViewHelpers

TypoScript-Funktionen nutzen

In Ihrer bisherigen Karriere als TYPO3-Entwickler haben Sie bereits Text mit TypoScript an zwei Variablen namens brandLineFirst und brandLineSecond übergeben. Dieser ausgegebene Text ist aber eher statisch als dynamisch.

Interessanter ist die Variable {today}, die in der Designvorlage genutzt werden soll, um das aktuelle Datum auszugeben. Auch dieses kann dynamisch per TypoScript generiert werden.

Das TEXT-Objekt ist gut geeignet, um die Mächtigkeit von TypoScript-Funktionen zu demonstrieren. Das TEXT-Objekt selbst ist recht dumm und liefert nur einen statischen Text zurück, z.B. an einen Platzhalter. Das haben Sie im vorigen Abschnitt am Beispiel der Variablen brandLineFirst und -Second bereits kennengelernt.

In den folgenden Abschnitten werden Sie sich langsam an die Funktionen von TypoScript herantasten und am Ende dieses Kapitels das Datum dynamisch ersetzt haben. Um die Funktionen kennenzulernen, die nichts mit der Datumsausgabe zu tun haben, werden Sie die Variable {today} allerdings kurzzeitig missbrauchen und an dieser Stelle sonstige dynamische Inhalte ausgeben, z.B. den Seitentitel der gerade angezeigten Seite.

Datenbankinhalte dynamisch auslesen

Mit TypoScript-Funktionen lassen sich Objekte, z.B. das TEXT-Objekt, um mächtige dynamische Funktionalitäten erweitern. Eine TypoScript-Funktion ermöglicht beispielsweise das Auslesen von Datenbankfeldern. Die einfache Eigenschaft `.value` des TEXT-Objekts haben Sie bereits kennengelernt. Mit dieser Eigenschaft kann ein statischer Inhalt zurückgeliefert werden.

TYPO3 speichert alle Inhalte und auch Seiten in einer Datenbank. Mit der Installation von TYPO3 (siehe Kapitel 2, *TYPO3 installieren*) haben Sie die benötigten Datenbanktabellen und deren Datenbankfelder angelegt. In Kapitel 4, *Das Praxisbeispiel vorbereiten*, wurde die für das Praxisbeispiel benötigte Seitenstruktur vorbereitet. Beim Anlegen der Struktur haben Sie eine Datenbanktabelle mit dem Namen pages mit Datensätzen gefüllt. Auch das Projekt-Template und sogar der von Ihnen angegebene TypoScript-Code werden nur in der Datenbank gespeichert.

Eine einfache TypoScript-Funktion, mit der dynamisch ein Inhalt aus der Datenbank ausgelesen werden kann, ist die Funktion `.field`. Dabei muss als Wert lediglich angegeben werden, welches Datenbankfeld ausgelesen werden soll. Nicht einmal die Angabe einer Tabelle ist notwendig, da TYPO3 von allein weiß, um welche Datenbanktabelle es sich handelt. Wenn diese Funktion übergeordnet das PAGE-Objekt findet, wird in der Tabelle `pages` nach einem angegebenen Datenbankfeld gesucht. Die Tabelle pages enthält die Datensätze der angelegten Seiten.

Ein interessantes, in diesem Zusammenhang häufig verwendetes Datenbankfeld dieser Tabelle ist das Feld `title`, das den Seitentitel einer jeden Seite enthält, die Sie im Seitenbaum sehen können.

Die TypoScript-Funktion `.field` arbeitet ausschließlich mit dem aktuell betroffenen Datensatz. Wenn also zum Beispiel die Seite *Homepage* geöffnet ist, können mit dieser Funktion nur die Felder dieses Datensatzes in der Tabelle pages ausgelesen werden. Dazu baut TYPO3 intern eine SQL-Abfrage auf, die in vereinfachter Form so aussieht:

```
SELECT * FROM pages WHERE uid = [aktuelle Seite] AND hidden=0 AND
deleted = 0
```

Folgendes Beispiel soll die Anwendung des `.field`-Attributs demonstrieren, auch wenn die Variable `{today}` in diesem Beispiel zweckentfremdet wird:

Beispiel 5-15: Den Seitentitel der aktuellen Seite ausgeben

```
01 page = PAGE
02 page {
    [...]
```

Beispiel 5-15: Den Seitentitel der aktuellen Seite ausgeben (Fortsetzung)

```
23  # Die Designvorlage integrieren
24  10 = FLUIDTEMPLATE
25  10 {
      [...]
28    variables {
        [...]
35      today = TEXT
36      today.field = title
37    }
38  }
39 }
```

In Zeile 36 wird anstelle der Eigenschaft `.value` das Attribut `.field` genutzt, das den Titel der momentan geöffneten Seite anzeigt.

Tipp Alle Eigenschaften der aktuellen Seite, die Sie mit `.field` ansprechen können, stehen Ihnen auch im Fluid-Template unter der Variablen `data` zur Verfügung. Statt des obigen Beispiels können Sie also auch direkt den Ausdruck `{data.title}` im Fluid-Template verwenden.

Wenn das Datenbankfeld leer ist

Das Feld `title` sollte unter normalen Umständen keine leere Zeichenkette enthalten, da Redakteure bei der Arbeit mit dem Backend beim Anlegen oder Bearbeiten einer Seite zwingend einen Seitentitel angeben müssen. Allerdings können Sie mit dem Attribut `.field` auch andere Datenbankfelder als `title` abfragen.

Nehmen wir an, Sie stehen vor folgender Problematik: Der Seitentitel, der z.B. für die Navigation verwendet wird, soll mit einer anderen Angabe überschreibbar sein. Dafür erhält der Redakteur neben dem Seitentitel noch ein weiteres Feld, in dem er optional eine Angabe machen kann. Wenn in diesem optional auszufüllenden Feld eine Angabe gemacht wird, soll diese verwendet werden; ohne explizite Angabe soll der Seitentitel Verwendung finden.

Eine mehrzeilige Programmierung ist für diesen durchaus häufig auftretenden Anwendungsfall nicht notwendig. TYPO3 bietet eine einfache Möglichkeit, dieses Vorhaben zu realisieren. Zur Demonstration soll das Datenbankfeld `subtitle` (Untertitel) verwendet werden (siehe Kapitel 4, *Das Praxisbeispiel vorbereiten*).

Wenn in diesem Datenbankfeld ein Inhalt steht, soll er an der Stelle der zweckentfremdeten Variablen `{today}` angezeigt werden, ansonsten der Inhalt des Datenbankfelds `title`. Als Wert kann jetzt nicht mehr nur das Datenbankfeld *title* abgefragt werden, auch das Feld `subtitle` muss in die Überprüfung mit einbezogen werden.

Die Syntax in TypoScript zur Umsetzung solcher Vorhaben ist denkbar einfach. Als Parameter für die TypoScript-Funktion werden gleich mehrere Datenbankfelder angegeben, die jeweils durch zwei Schrägstriche voneinander getrennt sind. Dabei wird eine so angegebene Liste von Datenbankfeldern von links nach rechts verarbeitet. Wenn eine Abfrage auf das erste Datenbankfeld eine leere Zeichenkette zurückliefert, wird das nächste Element in der mit zwei Schrägstrichen separierten Liste verwendet.

Im folgenden Beispiel wird der Inhalt des Datenbankfelds `subtitle` ausgegeben. Wenn dieses Datenbankfeld nichts enthält, wird der Inhalt des Felds `title` zurückgeliefert.

Beispiel 5-16: Den Untertitel ausgeben, sofern er Inhalt hat, ansonsten den Seitentitel

```
page = PAGE
page {
  [...]
  10 = FLUIDTEMPLATE
  10 {
    [...]
    variables {
      [...]
      today = TEXT
      today.field = subtitle // title
    }
  }
}
```

HTML-Formatierungen einbinden

Angenommen, die Formatierung der Variablen `{today}` soll geändert werden, indem sie zum Beispiel mit dem Bold-Tag `<b>` eingeschlossen wird. Das ließe sich zum einen direkt in der Designvorlage ändern, indem wir die Variable `{today}` mit einem solchen Bold-Tag versehen. Es lässt sich aber auch in TypoScript realisieren, was nun zunächst anhand von Beispiel 5-17 umgesetzt werden soll. Hier wurde mit der Eigenschaft `.value` ein Inhalt direkt an den Platzhalter gesendet. Natürlich kann in den angegebenen Wert dieser Eigenschaft auch HTML-Code aufgenommen werden:

Beispiel 5-17: In die Eigenschaft ».value« kann HTML-Formatierung aufgenommen werden.

```
page = PAGE
page {
  [...]
  10 = FLUIDTEMPLATE
  10 {
    [...]
    variables {
```

Beispiel 5-17: In die Eigenschaft ».value« kann HTML-Formatierung aufgenommen werden. (Fortsetzung)

```
        [...]
        today = TEXT
        today.value = <b>2. 5. 2020</b>
      }
    }
}
```

Ein so einfacher Lösungsweg wäre keinen eigenen Abschnitt wert, gäbe es da nicht einen (eigentlich sogar zwei) Haken. Zunächst macht uns Fluid hier womöglich einen Strich durch die Rechnung: Enthält eine Variable HTML-Quelltext, der im generierten HTML erhalten bleiben soll, muss die Variable im Fluid-Template unbedingt durch den `f:format.raw`-ViewHelper gefiltert werden, also als `{today -> f:format.raw()}`. Andernfalls würde Fluid die HTML-Sonderzeichen umcodieren und als `>b<2. 5. 2020>/b<` ausgeben.

Zudem ist diese Vorgehensweise mit der Ausgabe von statischen Inhalten durch die Textobjekt-Eigenschaft `.value` auch keine echte Herausforderung. Wenn allerdings die TypoScript-Funktion `.field` verwendet wird, ist ein solches Umhüllen nicht mehr möglich. Auf die Angabe

```
# Folgendes Beispiel ist falsch!!
page.10.variables.today.field = <b>title</b>
```

hin würde TYPO3 nach einem Datenbankfeld mit dem Namen `<b>title</b>` suchen, das natürlich nicht existiert. Im Frontend erhalten Sie beim Aufruf einer solchen falschen Variante keine Fehlermeldung, allerdings wird die Variable `{today}` lediglich durch eine leere Zeichenkette ersetzt.

Es muss also einen anderen Lösungsansatz geben, mit dem zurückgelieferte Werte von TypoScript-Funktionen *umhüllt* werden können. Dafür stellt TYPO3 eine weitere Funktion namens `.wrap` zur Verfügung. Da beim Umhüllen eines Werts mit einem HTML-Tag im Regelfall ein sich öffnendes und ein sich schließendes HTML-Tag benötigt werden, kann dieses Paar direkt als Wert angegeben werden, wobei die Stelle, an der der zurückgelieferte Inhalt steht, der umhüllt werden soll, von einem Pipe-Symbol | (gerader Strich) ersetzt wird. Folgendes Beispiel der Nutzung der beiden TypoScript-Funktionen `.field` und `.wrap` soll diesen Lösungsansatz demonstrieren:

Beispiel 5-18: Den Titel der Seite mit HTML-Code umhüllen

```
page = PAGE
page {
    [...]
    10 = FLUIDTEMPLATE
    10 {
      [...]
```

Beispiel 5-18: Den Titel der Seite mit HTML-Code umhüllen (Fortsetzung)

```
    variables {
      [...]
      today = TEXT
      today.value = 2. 5. 2020
      today.wrap = <b> | </b>
    }
  }
}
```

Die Funktion `.wrap` steht nur beim `TEXT`-Objekt direkt zur Verfügung. Werden andere Objekte verwendet, muss auf eine Funktionssammlung zugegriffen werden, den `stdWrap`-Baukasten. StdWrap ist ein leistungsfähiges Konzept, das Funktionen für die unterschiedlichsten Aufgaben zur Verfügung stellt und in der TSref genau beschrieben wird.

Weitere Werte abfragen

Neben den beiden TypoScript-Funktionen `.field` und `.wrap` existiert noch eine weitere häufig benötigte Funktion namens `.data`. Mit ihr können diverse an unterschiedlichsten Stellen definierte Werte abgefragt werden.

Datenbankinhalte mit .data abfragen

Bei der Verwendung der Funktion `.data` werden normalerweise mehrere Werte (Parameter) angegeben, was im Folgenden am Beispiel einer Datenbankabfrage demonstriert wird. Hier gibt es gleich zwei Varianten. Die einfachere ist vom Ergebnis her identisch mit der Verwendung der Funktion `.field`, die weiter oben vorgestellt wurde. Mit der Syntax `.data = field:[Feldname]` wird ein bestimmtes Feld eines aktuellen Datensatzes ausgegeben. In Beispiel 5-19 wird der Inhalt des Datenbankfelds `title` ausgegeben, das Resultat ist somit identisch mit dem von Beispiel 5-15.

Beispiel 5-19: Inhalt des Datenbankfelds »title« mit der Funktion ».data« auslesen

```
page = PAGE
page {
  [...]
  10 = FLUIDTEMPLATE
  10 {
    [...]
    variables {
      [...]
      today = TEXT
      today.data = field:title
```

Beispiel 5-19: Inhalt des Datenbankfelds »title« mit der Funktion ».data« auslesen (Fortsetzung)

```
      }
    }
  }
```

Mit einer zweiten Variante kann genau ein Datenbankfeld aus einer angegebenen Datenbanktabelle und einem bestimmten Datensatz abgefragt werden. Die Syntax ist Folgende:

```
.data = DB: [Tabelle] : [uid des gewünschten Datensatzes] : [Feld]
```

Im folgenden Beispiel wird aus der Tabelle `pages` der Inhalt des Felds `title` ausgegeben, bei dem das Feld `uid` den Wert `1` hat. Beachten Sie, dass TYPO3 die Seiten-IDs (im unteren Beispiel also die `1`) beim Erstellen von Seiten dynamisch hochzählt. Je nachdem, in welcher Reihenfolge Sie die Seiten in Ihrer TYPO3-Installation angelegt und/oder eventuell wieder gelöscht haben, ist es möglich, dass es die Seite mit der genauen ID 1 in Ihrer TYPO3-Installation gar nicht gibt.

Beispiel 5-20: Einen definierten Datenbankinhalt einer beliebigen Datenbanktabelle auslesen

```
    variables {
      [...]
      today = TEXT
      today.data = DB:pages:1:title
    }
```

GET- und POST-Variablen abfragen

Auch Parameter, die mithilfe der Variablen `GET` bzw. `POST` an die Internetseite übergeben wurden, können mit der TypoScript-Funktion `.data` abgefragt werden. `GET`-Variablen werden direkt in der URL angegeben und können zum Testen dieser `.data`-Funktionalität genutzt werden. Zur Demonstration wird in Beispiel 5-21 die Variable `test` abgefragt. Diese muss beim Betrachten des Ergebnisses im Frontend als Parameter mit in die URL aufgenommen werden. Die URL könnte z. B. wie folgt lauten: *http://<ihre-domain>/index.php?id=0&test=Testtext*.

Beispiel 5-21: Abfrage eines mit »GET« oder »POST« übergebenen Werts

```
    variables {
      [...]
      today = TEXT
      today.data = GP:test
    }
```

Dieses Beispiel lässt die Frage aufkommen, ob nicht auch hier der Inhalt eines Datenbankfelds angezeigt werden kann, wenn die Abfrage von `GET`-/`POST`-Variablen ein leeres Ergebnis zurückliefert. Das ist ebenfalls durch Angabe einer Liste möglich, die einzelne Abfragen mit zwei Schrägstrichen trennt. Mit folgender Angabe wird zunächst überprüft, ob der Inhalt der GET-/POST-Variablen `test` zurückgeliefert werden kann. Enthält `test` keinen gültigen Wert, wird der Inhalt des Datenbankfelds `title` des momentan angezeigten Datensatzes ausgegeben:

```
page.10.variables.today.data = GP:test // field : title
```

Tipp Ändert sich die Anzeige im Browser nicht, drücken Sie die Tastenkombination *Strg+F5* nach der Eingabe der URL. Dadurch wird der Cache geleert und der übergebene GET-Parameter angezeigt.

Datum mit .data abfragen und formatieren

Zur Umsetzung des Praxisbeispiels soll von der Variablen `{today}` selbstverständlich das aktuelle Datum des Servers angezeigt werden. Auch dafür bietet die `.data`-Funktion mit der Syntax `.data = date:[Datumsformatierung]` eine Lösung, die in Beispiel 5-22 angewendet wird.

Beispiel 5-22: Das aktuelle Datum an die Variable »{today}« ausgeben

```
variables {
  [...]
  today = TEXT
  today.data = date:d.m.Y
}
```

Die Zeichenkette nach dem Doppelpunkt stellt die gewünschte Formatierung des Serverdatums dar, in diesem Fall *02.05.2020*. Diese Formatierungsangaben sind identisch mit den Angaben der PHP-Funktion `date()`. Die gebräuchlichsten Formatierungszeichen finden Sie in Tabelle 5-4.

Tabelle 5-4 ▶ Formatierungszeichen für die »date«-Funktion

Formatierung	Beschreibung	Beispiel
d	Tag des Monats, zweistellig mit führender Null	01 bis 31
j	Tag des Monats ohne führende Null	1 bis 31
m	Monat als Zahl mit führender Null	01 bis 12
n	Monat als Zahl ohne führende Null	1 bis 12
Y	Jahreszahl vierstellig	2017
y	Jahreszahl zweistellig	17
H	Stunde im 24-Stunden-Format	00 bis 23
i	Minute mit führender Null	00 bis 59
s	Sekunde mit führender Null	00 bis 59

Um das Beispiel und den Datumsbereich im unteren Teil der Seite zu vervollständigen, definieren Sie nun noch die restlichen Variablen, die in diesem Fall jedoch zunächst nur statische Texte enthalten. Noch übrig sind die Variablen {labelNews} und {labelToday}. Beispiel 5-23 zeigt, wie diese Variablen mit dem bereits bekannten TEXT-Objekt befüllt werden können:

Beispiel 5-23: Die restlichen Variablen für den Datumsbereich definieren

```
variables {
  [...]
  today = TEXT
  today.data = date:d. m. Y

  labelNews = TEXT
  labelNews.value = Aktuelles

  labelToday = TEXT
  labelToday.value = Heute ist der
}
```

Die Seite auf Mobil-Darstellung vorbereiten

Das CSS-Stylesheet der Designvorlage enthält ein responsives Layout; es passt sich automatisch an die Bildschirmgröße und Pixeldichte des Ausgabebildschirms an, sodass sich die Seite später auf einem Smartphone mit 5-Zoll-Display genauso gut bedienen lässt wie auf einem 4K-Bildschirm.

Die wichtigste Einstellung für mobile Webseiten ist der sogenannte *Viewport*. Der Viewport beschreibt den vom Nutzer sichtbaren Bereich der Seite. Ohne weitere Anpassungen gehen mobile Browser von einer festen Breite des Viewports aus (Safari Mobile beispielsweise von 980 Pixeln), in die eine (nicht auf Mobil-Darstellung optimierte!) Seite bequem hineinpasst. Nachteil dieser Einstellung ist, dass die meisten Webseiten zwar komplett auf das Smartphone-Display passen, jedoch so weit herunterskaliert wurden, dass sie nicht mehr benutzbar sind. Bei einem speziell auf Mobildarstellung optimierten Stylesheet ist diese Annahme nicht mehr zutreffend, sodass dem Browser über ein Metatag mitgeteilt werden muss, dass als Viewport-Breite die tatsächliche Bildschirmbreite des Geräts angenommen werden soll:

```
<meta name="viewport" content="width=device-width, initial-scale=1">
```

Abbildung 5-12 zeigt zwei Screenshots derselben Designvorlage: einmal ohne den wie oben definierten Viewport und einmal mit. Sie sehen, dass insbesondere der Kopfbereich der Seite ohne Viewport-Definition so weit herunterskaliert wurde, dass das Menü, aber auch die Sprachauswahl oder der Klickpfad kaum noch benutzbar sind.

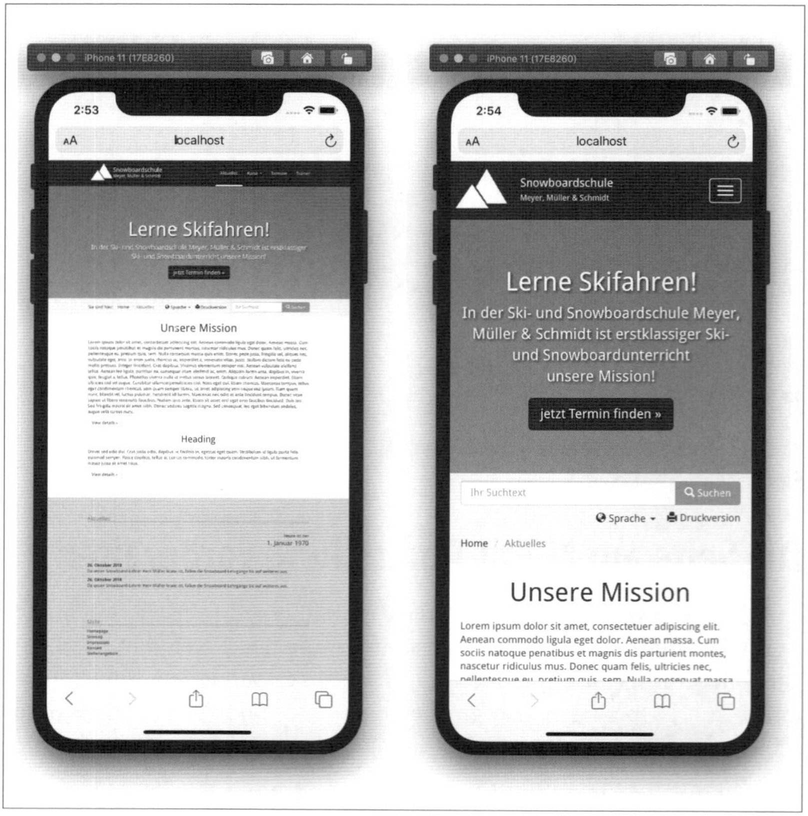

Abbildung 5-12 ▶ Darstellung der Seite auf Mobilgeräten mit unterschiedlichen Viewports

Standardmäßig liefert TYPO3 selbst kein entsprechendes Metatag aus; es kann aber über TypoScript hinzugefügt werden. Am Beispiel der `author`- und `description`-Tags haben Sie das bereits zuvor in diesem Kapitel selbst durchgeführt. Beispiel 5-24 zeigt, wie Sie auf die gleiche Weise auch das `viewport`-Tag hinzufügen können.

Beispiel 5-24: Konfiguration des Browser-Viewports über TypoScript

```
page = PAGE
page {
    [...]
    # Metatags angeben
    meta.author = Robert Meyer, Martin Helmich
    meta.description = Hier steht eine Beschreibung
    meta.viewport = width=device-width, initial-scale=1

    [...]
}
```

Das TYPO3-Caching-Konzept

TYPO3 ist dynamisch. Alle Inhalte werden in Datenbanken gehalten und auf Abruf entsprechend erzeugt. Um jedoch die Serverlast zu verringern bzw. die Performance zu erhöhen, werden Seiten und Seiteninhalte in TYPO3 grundsätzlich gecacht. Dadurch werden zum Beispiel vom System erzeugte Grafiken statisch gehalten, bis sich Veränderungen ergeben.

Die Datenbankabfragen zum Erzeugen einer Seite sind so komplex, dass bei großen Präsentationen mit viel Traffic eine hohe Serverlast entsteht. In der Praxis sind es immer die gleichen Daten, die die Benutzer bekommen, bis sich am Content eine Veränderung ergeben hat. TYPO3 nutzt das aus und speichert die Ergebnisse einer Datenbankabfrage in einer Caching-Tabelle – also ebenfalls in der Datenbank. Komplexe Abfragen über mehrere Tabellen sind somit nicht notwendig, da TYPO3 einmal gespeicherte Ergebnisse als fertigen HTML-Code aus einigen wenigen Tabellen holen kann.

Es ist möglich, auch andere Mechanismen des Cachings von Daten zu nutzen. Der Cache muss nicht mehr zwingend in der Datenbank gespeichert werden. Das Caching ist auch auf Dateiebene möglich. Darüber hinaus ist mit der PHP-Erweiterung APCu auch ein Caching von Daten direkt im RAM des Servers möglich; außerdem können spezielle Caching-Server wie beispielsweise Redis oder Memcache eingesetzt werden. Interessant werden diese Möglichkeiten jedoch erst bei großen Projekten, die auf verteilten Systemen zum Einsatz kommen. Wir gehen in diesem Buch vom klassischen Caching in der Datenbank aus.

Bei der Erzeugung von Grafiken führt Caching ebenfalls zu enormen Vorteilen (siehe Kapitel 6, *Grafiken mit TypoScript erstellen*). Müssten für jeden Frontend-Aufruf die benötigten Grafiken erneut erzeugt werden, wäre die Serverlast um ein Vielfaches höher, und das hätte TYPO3 in die Schublade »langsam« verfrachtet. TYPO3 weiß aber, wann sich eine Seite verändert hat, wann neue Grafiken berechnet werden müssen und wann Inhalte bzw. Grafiken aus den vorhandenen Quellen verwendet werden können.

Trotzdem sind nicht alle Aufgaben stets dynamisch durchführbar. TYPO3 bietet sogar die Möglichkeit, das Ergebnis einer Suchanfrage grafisch darzustellen. Bei der (Aus-)Nutzung dieser grafischen Möglichkeiten stellt Caching ein Problem dar, denn normalerweise sieht jede Suchanfrage anders aus. Die vorhandenen Daten aus der Caching-Tabelle sind nicht in jedem Anwendungsfall verwertbar. Caching lässt sich aber deaktivieren, sowohl global als auch partiell. Unterlassen Sie solche Spielereien aber besser zugunsten der Geschwindigkeit Ihrer Präsentation.

Anders als beim vorigen Beispiel kann Caching manchmal auch zu weiteren Problemen führen – nicht in Bezug auf die Geschwindigkeit, sondern vielmehr in Bezug auf die Darstellung innerhalb der Präsentation. TYPO3 bemerkt, wie oben schon erwähnt, wenn sich Inhalte verändert haben – aber leider nur dann, wenn es sich um veränderte Datensätze handelt (z.B. Content oder Templates). Sie können jedoch beispielsweise auch den Inhalt einer Datei in Ihrer Präsentation anzeigen lassen. Das passiert häufig bei der Verwendung von Designvorlagen, die in eine separate HTML-Datei *ausgelagert* werden. Nehmen Sie nun Änderungen an dieser Datei vor, etwa per FTP oder aber auch über das Modul *Dateiliste*, löscht TYPO3 den Cache nicht, auch nicht partiell. Es wird die alte Version aus dem Cache ausgeliefert, bis der Cache geleert wurde.

Aus diesem Grund besteht im Backend die Möglichkeit, den gesamten Cache manuell zu leeren (siehe Abbildung 5-13). Über die Schaltfläche *Seiteninhalts-Cache löschen* werden die Caching-Tabellen von TYPO3 in der Datenbank geleert. Diese beginnen mit *cache_*.

Abbildung 5-13 ▼
Den Cache manuell leeren

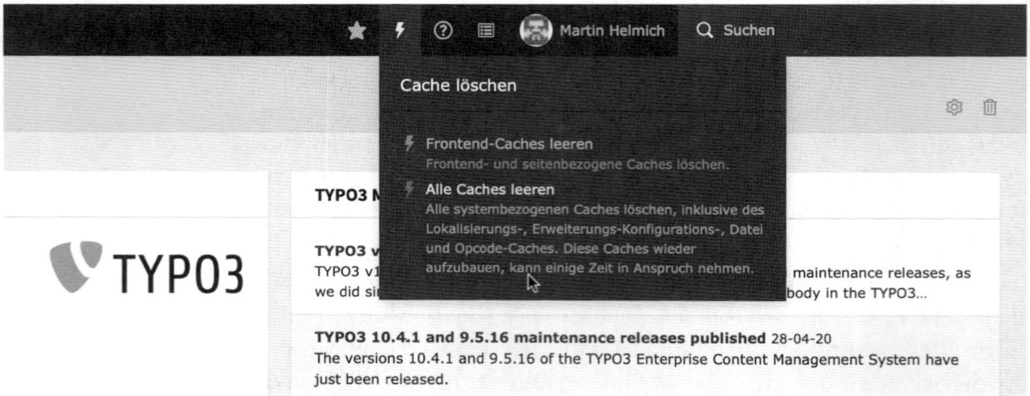

Support Die Caching-Tabellen von TYPO3 können bei großen Websites stark anwachsen. Meist geschieht das durch die falsche Konfiguration von TYPO3-Erweiterungen. Die Tabellen können schnell mehrere Hundert MByte oder sogar GByte groß werden. Große Tabellen verlangsamen die Auslieferung der TYPO3-Webseiten und sollten daher regelmäßig kontrolliert werden.

Wenn Sie den Cache einer bestimmten Seite leeren möchten, können Sie das auch im Frontend tun. Wenn Sie als Backend-Benutzer angemeldet sind, drücken Sie im Frontend im Browser den *Reload*-Button oder die Taste *F5* und gleichzeitig die *Strg*-Taste.

Der Cache ist in zwei separate Gruppen aufgeteilt: System- und Frontend-Caches. Dabei werden bei einem Klick auf *Frontend-Caches leeren* nur die Cache-Tabellen in der Datenbank geleert, die auch für den Frontend-Cache zuständig sind. Auf der anderen Seite werden bei einem Klick auf *Allgemeine Caches leeren* nur die Cache-Tabellen in der Datenbank geleert, die auch für die systemnahen Caches zuständig sind.

Sollten Sie mit dem Caching von Grafiken Probleme haben, können Sie den Inhalt des Ordners *typo3temp/* löschen. Danach müssen Sie allerdings den Seiten-Cache leeren, da TYPO3 ansonsten den fertigen HTML-Quellcode aus der Datenbank nimmt, der noch auf Grafiken verweist, die es nicht mehr gibt. Nach dem Leeren des Cache werden die Grafiken bei Bedarf wieder neu erstellt. Wie man dynamische Grafiken erstellt, erfahren Sie in Kapitel 6, *Grafiken mit TypoScript erstellen*.

Caching-Problemen begegnen

In Beispiel 5-25 werden Sie auf den ersten Blick keine Caching-Probleme feststellen. Erweitern Sie jedoch die Datumsangabe um die Angabe von Stunde, Minute und Sekunde, werden Sie auch bei permanentem Aktualisieren im Browser keine Veränderung der Sekunde erreichen.

Beispiel 5-25: Ausgabe der aktuellen Uhrzeit in der Variablen »{today}«

```
variables {
  [...]
  today = TEXT
  today.data = date:d.m.Y - H:i:s
}
```

Haben Sie die Änderung in Ihrem TypoScript-Code vorgenommen, wird der TYPO3-Cache geleert. Mit dem Aufruf der Seite im Frontend wird der Cache mit den aktuellen Werten gefüllt, und erneute Anfragen an die Seite werden dem Cache entnommen. Eine Aktualisierung der Sekunde werden Sie daher nicht feststellen können.

Der TYPO3-Cache für eine Seite wird standardmäßig nur für 24 Stunden vorgehalten. Die 24 Stunden sind jedoch nicht um 0 Uhr nachts abgelaufen, sondern 24 Stunden, nachdem die Seite in den Cache aufgenommen wurde. Sie können über die übergeordnete Konfigurationseigenschaft `config` angeben, wie lange der Cache generell vorgehalten werden soll, und so den Standardwert von 24 Stunden mit einem neuen Wert versehen. Die zugehörige Eigenschaft heißt `config.cache_period` und erwartet als Wert die Sekundenanzahl, die angibt, wie viele Sekunden der Seiten-Cache gültig sein soll. In Beispiel 5-26 wurde dieser Wert auf zehn Sekunden gesetzt. Wenn Sie nun im Frontend die Seite permanent neu laden, werden Sie im Abstand von zehn Sekunden in der Variablen {today} einen neuen Wert erkennen können.

Beispiel 5-26: Den TYPO3-Cache maximal zehn Sekunden vorhalten

```
config.cache_period = 10

page = PAGE
page {
  [...]
  10 = FLUIDTEMPLATE
  10 {
    [...]
    variables {
      [...]
      today = TEXT
      today.data = date:d.m.Y - H:i:s
    }
  }
}
```

Tun Sie Ihrem Server und auch sich selbst einen Gefallen und nutzen Sie diese Möglichkeit nicht über Gebühr. Normalerweise sollte es ausreichen, das aktuelle Datum ohne eine Uhrzeit auszugeben. Wenn Sie das ausgereifte Caching-Konzept von TYPO3 umgehen möchten, indem Sie den Cache ausschalten bzw. die Lebensdauer auf einen sehr niedrigen Wert setzen, dürfen Sie sich nicht wundern, wenn Sie mit der Performance Ihres TYPO3-Projekts über kurz oder lang nicht glücklich werden.

In den folgenden Kapiteln wird mit aktiviertem Cache weitergearbeitet – die in Beispiel 5-26 angegebene Konfiguration zum Vorhalten des TYPO3-Cache für maximal zehn Sekunden können Sie also getrost wieder aus Ihrem TypoScript-Template herausnehmen. In Kapitel 9, *Erweiterte Darstellung von Inhalten*, werden Sie ein weiteres Objekt namens `COA_INT` kennenlernen, mit dem Teilbereiche von TypoScript nicht gecacht werden.

KAPITEL 6

Grafiken mit TypoScript erstellen

In diesem Kapitel:

- Das vorhandene Logo einbinden
- Responsive Grafiken generieren
- Den grafischen Trailer erstellen

In den bisherigen Kapiteln haben Sie ein neues Projekt-Template erstellt, die Designvorlage integriert und einen ersten Platzhalter durch ein stets aktuelles Datum ersetzt. In diesem Kapitel erfahren Sie, wie Sie mit TypoScript Grafiken logisch beschreiben, sodass sie dynamisch erstellt werden können.

Das vorhandene Logo einbinden

Sie können mit TypoScript existierende Grafiken recht einfach einbinden. Dafür gibt es das Objekt `IMAGE` mit der wesentlichen Eigenschaft `.file`, mit deren Hilfe die einzubindende Grafik angegeben wird. TYPO3 übernimmt dazu die gesamte HTML-Arbeit und erzeugt ein vollständiges `<img>`-Tag. Dabei werden selbst Informationen wie Breite und Höhe der Grafik ausgelesen und als Parameter in das erzeugte `<img>`-Tag aufgenommen.

Im Folgenden wird die Fluid-Variable `{logo}` mit dem Firmenlogo der Snowboardschule befüllt. Dieses Firmenlogo haben Sie bereits in Kapitel 4, *Das Praxisbeispiel vorbereiten*, unter dem Dateinamen *logo.jpg* in das TYPO3-System übertragen, und zwar in den Ordner *fileadmin/images/*.

Beispiel 6-1: Den Platzhalter »logo« ansprechen

```
page = PAGE
page {
  [...]
  10 = FLUIDTEMPLATE
  10 {
    [...]
    variables {
      [...]
```

Beispiel 6-1: Den Platzhalter »logo« ansprechen (Fortsetzung)

```
36        logo = IMAGE
37        logo.file = fileadmin/images/logo.png
38
          [...]
47      }
48    }
49  }
```

In Zeile 36 wird die Variable `{logo}` angesprochen; an dieser Stelle wird eine Instanz des Objekts `IMAGE` erstellt. Darunter, in Zeile 37, gibt die Eigenschaft `.file` des `IMAGE`-Objekts dann an, welche Grafik eingebunden werden soll.

Im Frontend können Sie das Ergebnis Ihrer TypoScript-Arbeit begutachten (siehe Abbildung 6-1). Dabei werden Sie feststellen, dass die eingebundene Grafik für die Kopfzeile viel zu groß und außerdem falsch positioniert ist. Im nächsten Abschnitt erfahren Sie, wie Sie die Größe der Grafik ändern und die Grafik korrekt positionieren können.

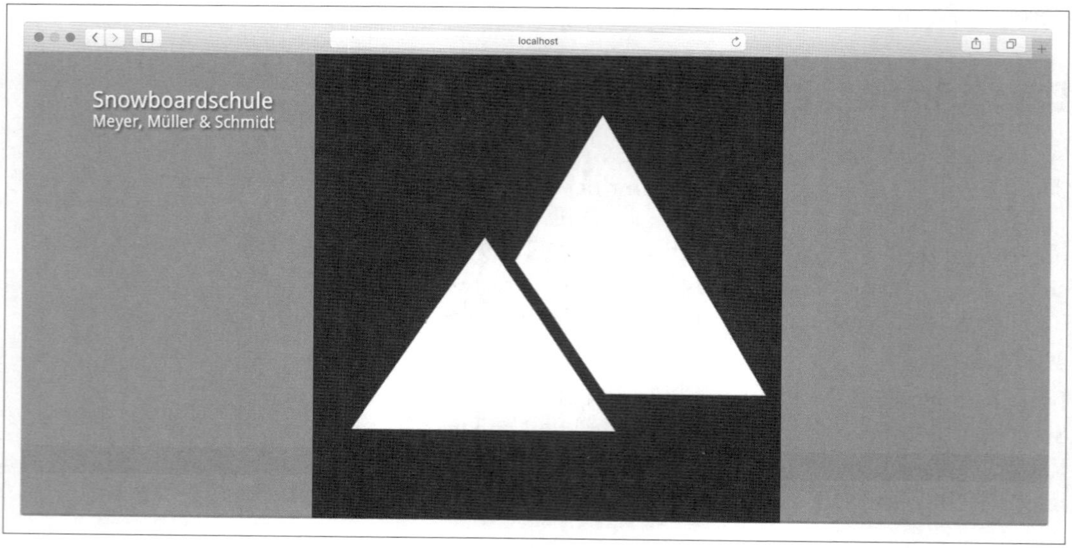

Abbildung 6-1 ▲
Statt der Variablen »{logo}« wird eine Grafik eingebunden, die zu groß und falsch positioniert ist.

Um Näheres zur eingebundenen Grafik zu erfahren, sollten Sie einen Blick auf ihre Eigenschaften werfen und sich außerdem den Quellcode anzeigen lassen. Die Eigenschaften der Grafik können Sie sich ansehen, indem Sie im Frontend nach einem Rechtsklick auf die Grafik (je nach verwendetem Browser) den Menüpunkt *Eigenschaften*, *Prüfen* oder *Inspizieren* aus dem erscheinenden Menü auswählen. Sie können hier sehen, von wo der Browser die Grafik nachgeladen hat. Die angegebene Adresse dürfte Sie nicht verwundern, da es exakt der Pfad zur Grafik ist, den Sie in Zeile 37 im Beispiel 6-1 angegeben haben.

Im angeforderten HTML-Quellcode (siehe Abbildung 6-2) können Sie erkennen, dass ein vollständiges `<img>`-Tag an die Stelle des Platzhalters gesetzt wurde, einschließlich der Angaben zu Breite und Höhe der Grafik.

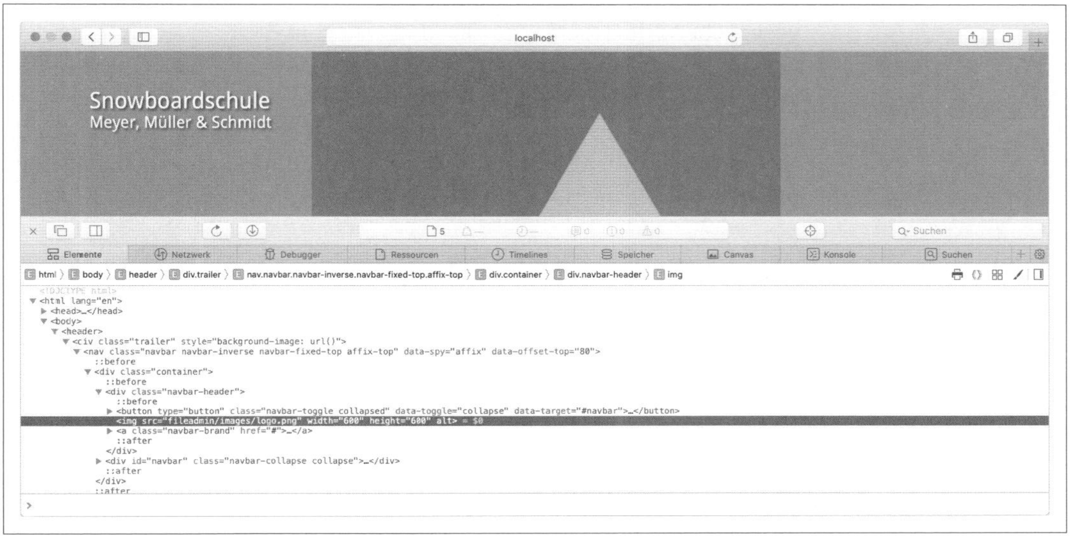

▲ Abbildung 6-2
Der ausgelieferte HTML-Quellcode mit einem vollständigen <img>-Tag

Zwei Probleme müssen noch gelöst werden: Zunächst einmal ist das Logo falsch positioniert. In der ursprünglichen HTML-Designvorlage hatte das `<img>`-Tag die CSS-Klasse `logo`; im von TYPO3 generierten `<img>`-Tag fehlt diese CSS-Klasse jedoch noch. Außerdem ist das Logo mit 600 Pixeln viel zu groß (angesichts moderner hochauflösender Displays ist das nur die halbe Wahrheit; dazu später mehr).

CSS-Klassen zum Logo hinzufügen

Zunächst muss das im letzten Abschnitt generierte Bild mit der CSS-Klasse `logo` ausgezeichnet werden, damit das Bild im Seitenlayout korrekt positioniert wird. Hierzu können Sie das Attribut `.params` des `IMAGE`-Objekts nutzen (siehe Beispiel 6-1).

Beispiel 6-2: Hinzufügen einer CSS-Klasse zum generierten Bild

```
logo = IMAGE
logo {
  file = fileadmin/images/logo.png
  params = class="logo"
}
```

Das `.params`-Attribut können Sie grundsätzlich nutzen, um beliebige HTML-Attribute zu dem generierten `<img>`-Tag hinzuzufügen.

Wenn Sie anschließend einen Blick auf das Frontend Ihrer Seite werfen, werden Sie merken, dass das Logo nun richtig positioniert ist und überraschenderweise auch bereits die korrekte Größe hat. Dies liegt daran, dass in der CSS-Definition der Klasse `logo` bereits eine bestimmte Größe vorgegeben wird; das Logo wird nun also vom Browser heruntergerechnet. Das vom Server zum Browser übertragene Bild hat jedoch immer noch eine Größe von 600 mal 600 Pixeln. Das ist unschön, da das Logo gar nicht in dieser Größe benötigt wird und speziell auf mobilen Geräten und/oder mit schwacher Netzwerkanbindung wertvolle Bandbreite belegt.

Die Größe der Grafik ändern

Die Größe der Grafik kann geändert (also in unserem Fall auf die gewünschte Höhe verkleinert) werden, sodass das vom Browser geladene Logo nur so groß ist wie benötigt. Mit der Eigenschaft `.file.width` des `IMAGE`-Objekts wird die Breite der Grafik neu angepasst. Dabei wird die Grafik serverseitig physisch neu erstellt. Während die ursprüngliche Grafik im Original erhalten bleibt, wird die geänderte Version mit den neuen Abmessungen im separaten Verzeichnis *fileadmin/_processed_/* unter einem kryptischen Namen abgelegt. Beispiel 6-3 zeigt, wie die Größe des Logos auf eine Breite von 200 Pixeln skaliert wird. Neben dem Attribut `.width` können Sie auch das Attribut `.height` verwenden, um die Höhe der Grafik anzugeben. Geben Sie für eine Grafik nur Breite oder Höhe an (wie in diesem Fall), skaliert die andere Dimension automatisch, sodass das Seitenverhältnis des Bilds erhalten bleibt.

Da die exakte Größe des Bilds über das CSS-Stylesheet definiert wird und sich aufgrund des responsiven Designs auch zusammen mit der Bildschirmgröße ändern kann, beschränken wir uns hier auf eine Größe von 200 mal 200 Pixeln für das Logo.

Beispiel 6-3: Die Höhe des Logos an das Layout anpassen

```
36        logo = IMAGE
37        logo {
38          file = fileadmin/images/logo.png
39          file.width = 200
40
41          params = class="logo"
42        }
```

Ein Blick auf die Eigenschaften der Grafik im neu geladenen Frontend zeigt, dass die angezeigte Grafik vom Browser nicht mehr von dem in Zeile 38 angegebenen Pfad nachgeladen wird: Sie sehen stattdessen eine Datei mit kryptischer Namensgebung aus dem Ordner *fileadmin/_processed_*.

Responsive Grafiken generieren

Das Logo auf unserer Seite hat derzeit eine feste Größe von 200 mal 200 Pixeln. Die Kopfzeile, in der das Logo eingebettet ist, hat je nach Bildschirmgröße eine Höhe zwischen 80 und 160 Pixeln. Das klingt zunächst so, als wäre alles in bester Ordnung.

Problematisch wird es dann, wenn Sie die Webseite auf einem Display mit hoher Pixeldichte betrachten – so manches moderne Notebook bringt beispielsweise 2.560 mal 1.600 Pixel auf einem 13-Zoll-Display unter. Um Webseiten nicht mit einer Lupe betrachten zu müssen, stellen Browser auf solchen Geräten daher in der Regel größer dar als eigentlich im Stylesheet vorgegeben. Eine Kopfzeile, deren Höhe im CSS-Stylesheet mit 160 Pixeln definiert ist, würde auf solch einem Display also womöglich tatsächlich mit einer Höhe von 320 Pixeln dargestellt – und das darin enthaltene Bild von 200 Pixeln Höhe muss dann auf einmal auf 320 Pixel hochgerechnet werden und kann die eigentlich höhere Pixeldichte des Displays nicht ausnutzen.

Für diesen Zweck steht ab HTML5 das `srcset`-Attribut zur Verfügung. Dieses kann in einem `<img>`-Tag eingesetzt werden und eine Liste verschiedener Bilder enthalten, die je nach Pixeldichte oder anderen Geräteeigenschaften geladen werden können. Ein Beispiel für die Verwendung zeigt das nachfolgende Codebeispiel:

Beispiel 6-4: Beispiel für die Verwendung des »srcset«-Attributs

```
<img src="path/to/image-small.png"
     srcset="path/to/image-small.png 1x,path/to/image-large.png 2x" />
```

Das `srcset`-Attribut kann somit eine kommaseparierte Liste verschiedener Bilddateien enthalten. Hinter jedem Dateinamen steht ein Kennzeichner für die Pixeldichte: `1x` für normale Pixeldichte und `2x` für hochauflösende Displays. Ältere Browser, die das `srcset`-Attribut nicht kennen, nutzen stattdessen wie gewohnt die URL aus dem `src`-Attribut.

Auch das `IMAGE`-Objekt, mit dem Sie bisher in TypoScript gearbeitet haben, kann `<img>`-Tags mit `srcset`-Attribut generieren. Beispiel 6-5 zeigt eine Beispielimplementierung für das Logo:

Beispiel 6-5: Das Logo in verschiedenen Größen präsentieren

```
logo = IMAGE
logo {
  file = fileadmin/images/logo.png
  file.width = 200
```

Beispiel 6-5: Das Logo in verschiedenen Größen präsentieren (Fortsetzung)

```
40
41          params = class="logo"
42
43          sourceCollection {
44            small {
45              width = 200
46              srcsetCandidate = 1x
47            }
48            big {
49              width = 200
50              pixelDensity = 2
51              srcsetCandidate = 2x
52            }
53          }
54
55          layoutKey = srcset
56          layout {
57            srcset {
58              element = <img src="###SRC###"
                               srcset="###SOURCECOLLECTION###"
                               ###PARAMS### ###ALTPARAMS###>
59              source = |*|###SRC### ###SRCSETCANDIDATE###,|*|###SRC###
                                   ###SRCSETCANDIDATE###
60            }
61          }
62        }
```

Betrachten wir den Code im Einzelnen: In den Zeilen 43 bis 53 wird eine `sourceCollection` definiert. Dieses Attribut enthält eine Sammlung aller Bilder, die später im `srcset` enthalten sein sollen; prinzipiell kann es beliebig viele Elemente enthalten. Jedes dieser Elemente hat eine Breite in Pixeln und eine Pixeldichte (`.width` und `.pixelDensity`); die Pixeldichte dient dabei als Multiplikator für die Größe, sodass wir am Ende zwei Versionen des Logos mit je 200 und 400 Pixeln Breite erhalten.

Die `.layout`-Definition in den Zeilen 55 bis 61 definiert ein Layout für die Darstellung des `<img>`-Tags. Hierbei enthält `.element` einen HTML-String, der Platzhalter beinhaltet, die später von TYPO3 ersetzt werden. Das `.source`-Attribut beschreibt zudem den genauen Inhalt des `srcset`-Attributs: Der Platzhalter `###SRC###` wird später mit der URL des generierten Bilds gefüllt, der Platzhalter `###SRCSETCANDIDATE###` mit dem `.srcsetCandidate`-Attribut des jeweiligen Elements der `.sourceCollection` aus Zeile 43 ff.

Wenn Sie anschließend einen Blick in den generierten HTML-Quelltext der Seite werfen, werden Sie sehen, dass das `<img>`-Tag nun mit einem korrekten `srcset`-Attribut erstellt wird (siehe Abbildung 6-3).

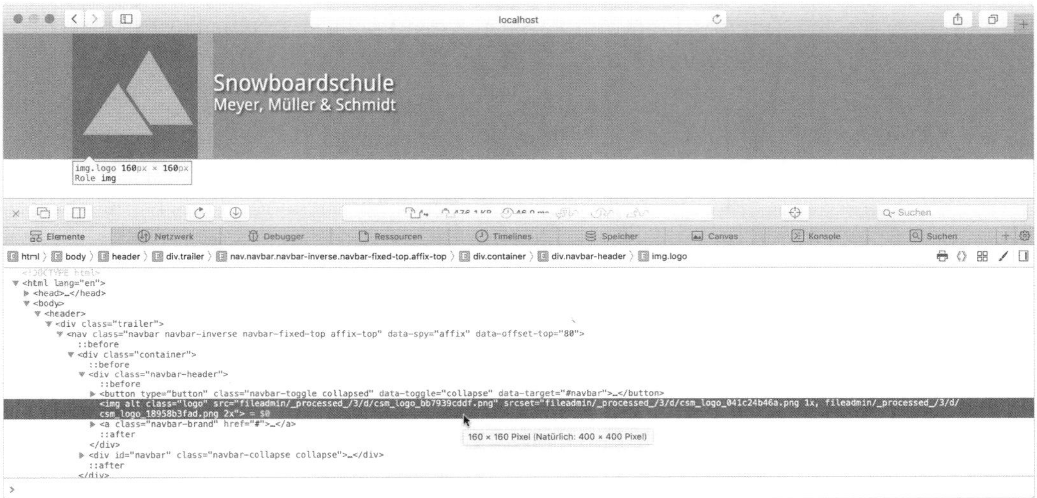

▼ Abbildung 6-3
Im TYPO3-Frontend wird nun ein korrektes »srcset« generiert.

Dateien im Ordner fileadmin/_processed_/

Im obigen Beispiel wurde eine geänderte Version der Originalgrafik im Ordner *fileadmin/_processed_/* zwischengespeichert. Wenn Sie nun beispielsweise in Ihrem TypoScript-Code statt einer Breite von 200 Pixeln 201 Pixel angeben, muss die Grafik neu erstellt werden. Mit jeder Änderung an einer dieser Grafiken wird eine neue, geänderte Version im Ordner *fileadmin/_processed_/* abgelegt, aber die alten Grafiken werden nicht gelöscht.

Das kann zu Unmengen an nicht mehr benötigten Grafiken in diesem Ordner führen, und die veralteten Daten nehmen mehr und mehr Webspace in Anspruch. Sie können die Dateien in den Ordnern *fileadmin/_processed_/, typo3temp/GB/* usw. aber getrost löschen, z.B. per FTP oder über das Install-Tool im Bereich *typo3temp*. Nach dem Löschen dieser Dateien müssen Sie den Seiten-Cache ebenfalls löschen, da sich im Cache noch immer Verweise auf die nicht mehr existenten Grafiken befinden. Sie löschen den Seiten-Cache im Backend durch Anklicken des Textlinks *Alle Caches löschen*, den Sie auf der linken Seite oberhalb des Buttons *Logout* finden.

Nach dem Löschen der Grafiken aus dem Ordner *fileadmin/_processed_/* und dem Leeren des Seiten-Cache wird der Server intensiver beansprucht, da für alle aufgerufenen Seiten einmalig die fehlenden Daten, z.B. auch die Grafiken, neu erstellt werden müssen. In Live-Umgebungen sollten Sie daher möglichst keine solchen Arbeiten tätigen, wenn die Webseite gerade stark in Anspruch genommen wird. Die beste Zeit für solche Aufräumarbeiten ist immer dann, wenn Sie die Entwicklung der TYPO3-Präsentation abgeschlossen oder nachträglich Änderungen an entsprechenden Stellen in Ihrem TypoScript-Template vorgenommen haben.

Den grafischen Trailer erstellen

Im vorigen Abschnitt haben Sie am Beispiel des Logos die Einbindung von bestehenden Grafiken und das Erzeugen von responsiven Grafiken über die Bildverarbeitungsfunktionen von TYPO3 kennengelernt. In diesem Abschnitt werden Sie nun den Trailer so erstellen, wie er für das Praxisbeispiel benötigt wird.

Laut Designvorlage wird das Trailer-Bild als Hintergrundbild in den Trailer eingefügt. Über das Bild gelegt fügt sich die Kopfzeile ein sowie ein Inhaltsbereich, dessen Inhalt später vom Redakteur gepflegt werden soll. Für einzelne Seiten sollen sich abweichende Trailer-Bilder definieren lassen. Dies soll auch für Redakteure möglich sein.

Das Ziel bei der Erstellung des grafischen Trailers ist, dem Redakteur möglichst viel Arbeit abzunehmen. Beim Anlegen einer neuen Seite soll er mit dem Trailer keine Arbeit haben und lediglich einen Seitentitel angeben müssen. Außerdem soll der Redakteur die Möglichkeit erhalten, ein beliebiges Bild hochzuladen, wobei eventuell fehlende Bilder automatisch aus einer übergeordneten Seite übernommen werden.

Den grafischen Trailer vorbereiten

In der Fluid-Designvorlage gibt es bereits eine Variable für das Trailer-Hintergrundbild: die Variable `{image}`. Beispiel 6-6 zeigt noch einmal, wie diese in der Fluid-Vorlage benutzt wird:

Beispiel 6-6: Nutzung der »{image}«-Variablen im Fluid-Template

```
01 <header>
02   <div class="trailer" style="background-image: url({image})">
     [...]
```

Im Unterschied zu Ihren bisherigen Arbeiten mit Bildern in TypoScript benötigen Sie hier kein `<img>`-Tag, sondern lediglich die URL des Bilds, um sie in die Fluid-Vorlage einfügen zu können. Glücklicherweise gibt es auch hierfür ein TypoScript-Objekt: das `IMG_RESOURCE`-Objekt; dieses funktioniert ähnlich wie `IMAGE`, gibt jedoch nur den Pfad eines Bilds aus.

Auch wenn die Hintergrundbilder später vom Redakteur selbst hochgeladen werden sollen, enthält die Designvorlage im Ordner *images/* einige Beispielbilder, mit denen Sie arbeiten können, wie beispielsweise das Bild *trailer1.jpg*.[1]

1 Bildquelle: *https://commons.wikimedia.org/wiki/File:Winter_is_Coming_(15252945587).jpg*

Eine statische Grafik in den Trailer einbeziehen

Als ersten Schritt begnügen wir uns damit, ein statisches Bild in den Trailer einzufügen. Die Bearbeitung durch den Redakteur wird im nächsten Abschnitt dieses Kapitels angegangen.

Vorab: Das der Vorlage beiliegende Bild *trailer1.jpg* ist 8,1 MByte groß, hat eine Bildgröße von 4.991 mal 3.031 Pixeln und ist damit selbst für die Darstellung auf einem Desktoprechner mit großzügiger Netzwerkanbindung viel zu groß. Dies ist auch etwas, mit dem Sie im laufenden Betrieb Ihrer Seite rechnen müssen: Geben Sie Ihren Redakteuren die Möglichkeit, im TYPO3-Backend Bilder hochzuladen, ist es nach Murphy's Gesetz nur eine Frage der Zeit, bis jemand ein 40-Megapixel-Bild einfügt. Glücklicherweise können Sie die Grafikfunktionen von TYPO3 nutzen, um auch solche Bilder auf fürs Web annehmbare Größen herunterzurechnen.

Wie schon im vorigen Abschnitt beschrieben, können Sie das `IMG_RESOURCE`-Objekt nutzen, um eine Fluid-Variable mit der URL eines Bilds zu befüllen. Beispiel 6-7 zeigt die Nutzung dieses Objekts.

Beispiel 6-7: Nutzung des »IMG_RESOURCE«-Objekts, um den Link zu einer Hintergrundgrafik einzufügen

```
page = PAGE
page {
    [...]
  # Die Designvorlage integrieren
  10 = FLUIDTEMPLATE
  10 {
    [...]
    variables {
      [...]
      logo = IMAGE
      logo {
        [...]
      }

      image = IMG_RESOURCE
      image {
        file = fileadmin/images/trailer1.jpg
        file.width = 1920
      }
      [...]
    }
  }
}
```

Das Hintergrundbild wird in diesem Fall auf eine feste Breite von 1.920 Pixeln skaliert – das CSS-Stylesheet im Frontend sorgt dann dafür, dass das Bild genau auf die Breite des Browsers skaliert wird. Abbildung 6-4 zeigt das Ergebnis im Browser.

Abbildung 6-4 ▲ Die Trailer-Grafik mit einem statischen Hintergrund

Bildpfade und absolute URLs

Die Konfiguration aus Beispiel 6-7 sieht auf den ersten Blick so aus, als würde sie ihre Aufgabe erfüllen. Wenn Sie jedoch über den Seitenbaum einmal die anderen Seiten im Frontend öffnen (Rechtsklick auf eine Seite im Seitenbaum, dann *Anzeigen* auswählen), fällt Ihnen womöglich auf, dass auf der Unterseite *Über uns → Skigebiet* keine Hintergrundgrafik angezeigt wird.

Ein Blick in den HTML-Quelltext der Seite offenbart, warum: Die Seite *Über uns → Skigebiet* wird von TYPO3 standardmäßig mit der URL */ueber-uns/skigebiet* ausgeliefert (Sie erinnern sich bestimmt, dass wir in Kapitel 4 im Abschnitt »Die Navigationsstruktur und URLs« auf Seite 88 darüber gesprochen hatten, wie diese URLs zustande kommen). Der vom `IMG_RESOURCE` generierte Bildlink folgt der Form *fileadmin/_processed_/...*

Hier liegt das Problem: Da die URL des verlinkten Bilds nicht mit einem Slash (*/*) beginnt, versucht Ihr Browser, dieses Bild relativ zum Verzeichnis der aufgerufenen Seite zu laden, also über die URL */ueber-uns/fileadmin/_processed_/...* – unter der es das Bild aber dummerweise gar nicht gibt. Um dieses Problem zu beheben, reicht es, dem Pfad zum Bild den fehlenden Slash voranzustellen. Das geht mit der bereits in Kapitel 5 vorgestellten `wrap`-Eigenschaft. Bei `IMG_RESOURCE`-Objekten steht der Wrap unter der Eigenschaft `.stdWrap.wrap` zur Verfügung:

Beispiel 6-8: Die von IMG_RESOURCE generierte Bild-URL muss eine absolute URL sein.

```
    image = IMG_RESOURCE
    image {
      file = fileadmin/images/trailer1.jpg
      file.width = 1920
      stdWrap.wrap = /|
    }
```

Eine Grafik in die aktuelle Seite einbinden

Bisher wurde der Trailer mit einer statischen Grafik im Hintergrund erzeugt. Der Redakteur soll allerdings die Möglichkeit erhalten, die Trailer-Grafik pro Seite selbstständig zu ändern. Dabei soll z. B. für die Seite *Skigebiet* eine andere Grafik verwendet werden. TYPO3 kann Ihnen dabei die Fleißarbeit abnehmen und die vom Redakteur angegebene Grafik automatisch in das richtige Format und die richtige Größe konvertieren.

In TYPO3 besteht die Möglichkeit, für jede Seite mehrere Dateien zu hinterlegen. Zur Realisierung des grafischen Trailers wird hier allerdings nur eine Grafikdatei in einem beliebigen unterstützten Grafikformat benötigt.

Dateien zu einer Seite hinterlegen

Damit Sie zu einer Seite eine Datei hinterlegen können, müssen Sie wieder einmal die Seite bearbeiten. Klicken Sie, wie in Abbildung 6-5 zu sehen, im Seitenbaum auf das Icon der Seite *Skigebiet* ❶ und wählen Sie anschließend aus dem sich öffnenden Kontextmenü den Eintrag *Bearbeiten* ❷.

In der daraufhin erscheinenden Maske können Sie im oberen Bereich den Tab mit der Beschriftung *Ressourcen* ❸ erkennen, die Sie auswählen müssen. Unterhalb des Tabs sehen Sie jetzt das Feld mit der Überschrift *Dateien*, über das Sie die gewünschte Grafik hochladen können. Verwenden Sie die auf unserer Downloadseite angebotene Datei *images/trailer-skigebiet.jpg*, die Sie bereits im Abschnitt »Dateien mit dem Dateimanager zur Verfügung stellen« auf Seite 72 auf den Server geladen haben. Klicken Sie auf die Schaltfläche *Neue Relation erstellen* ❹. Es öffnet sich ein Pop-up-Fenster mit dem Dateibrowser, über den Sie Zugriff auf den Ordner *fileadmin* erhalten. Der Dateibrowser ist eine veränderte Ansicht des Moduls *Dateiliste*, über das Sie Dateien auf den Server übertragen oder bereits vorhandene Dateien auswählen können. Wechseln Sie in den Ordner *fileadmin/images/* und klicken Sie dort auf den Textlink der Datei *trailer-skigebiet.png* ❺.

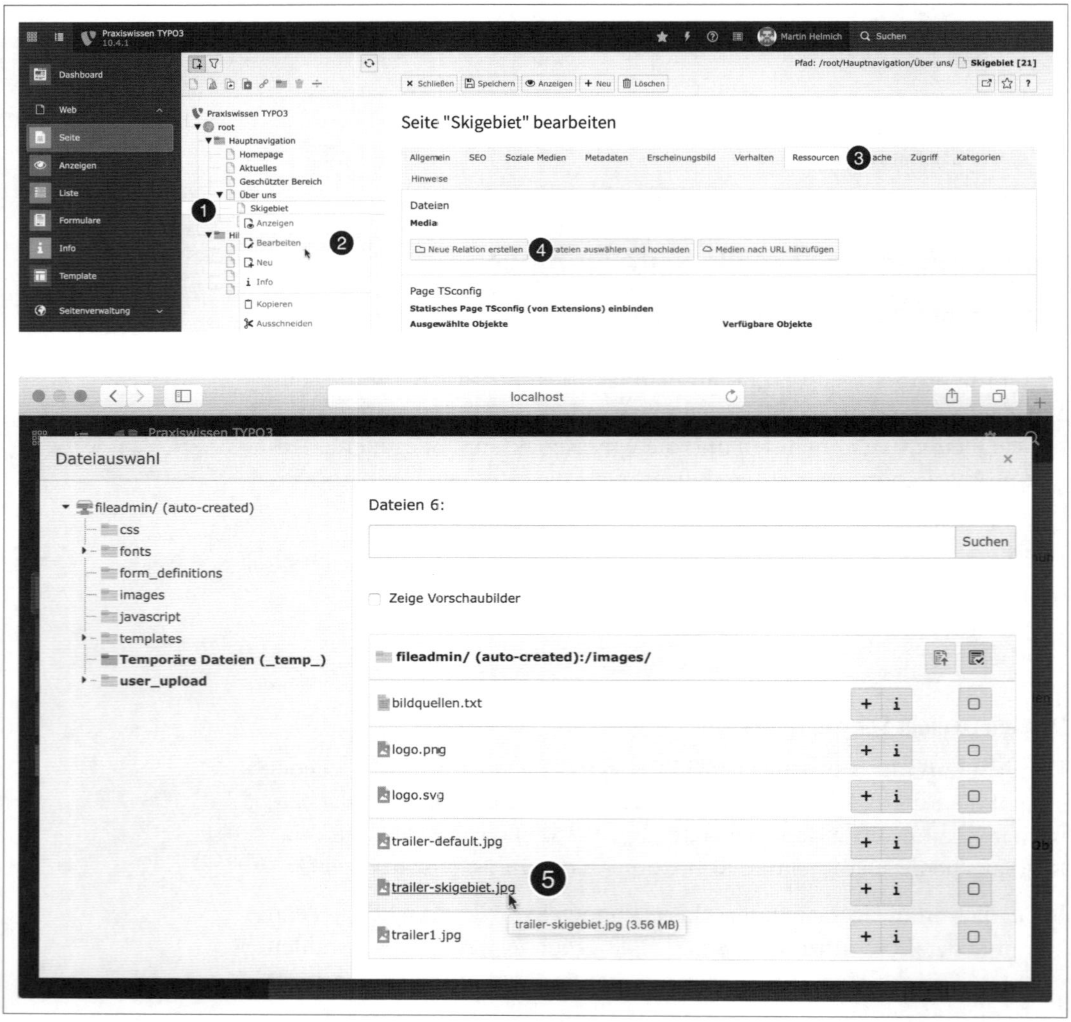

Abbildung 6-5 ▲
Eine Datei über den Dateibrowser einfügen

Der Dateibrowser schließt sich, und die Auswahl der Datei wird übernommen, wie Sie in Abbildung 6-6 erkennen können. Bestätigen Sie die vorgenommenen Einstellungen über das Symbol *Dokument speichern und schließen*.

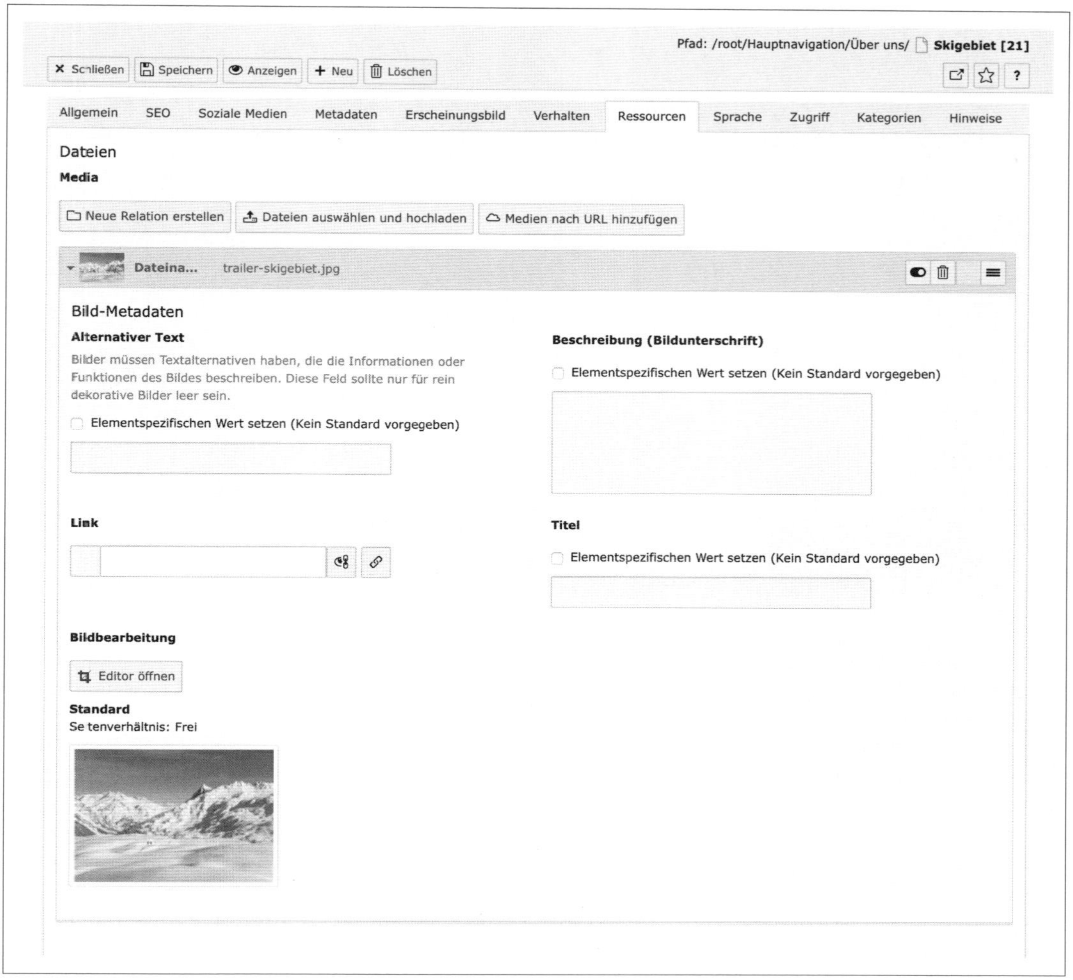

▲ Abbildung 6-6
In den Seiteneigenschaften eine Grafik als Ressource hinzufügen

Die ausgewählte Grafik ist nun mit dieser Seite verknüpft (jede Seite kann dabei mit mehreren Dateien verknüpft sein und jede Datei ihrerseits auch mit mehreren Seiten). Wie Sie sehen, haben Sie auch die Möglichkeit, zahlreiche Metadaten zu dem ausgewählten Bild zu bearbeiten. Unter anderem können Sie über den Button *Editor öffnen* einen bestimmten Ausschnitt des Bilds auswählen (siehe Abbildung 6-7).

Abbildung 6-7 ▲ Bearbeitung des ausgewählten Bilds über das TYPO3-Backend

Grafikdatei aus der Datenbank auslesen

In den vorangegangenen Beispielen war das Header-Hintergrundbild im TypoScript noch einfach statisch mit der Datei *trailer1.jpg* verknüpft. Im nächsten Schritt muss das TypoScript-Template nun so angepasst werden, dass nicht mehr einfach nur ein statisch hinterlegtes Bild verwendet wird, sondern genau die Grafik, die mit der jeweils aufgerufenen Seite verknüpft wurde.

Dazu wird in Beispiel 6-9 eine `.file.import`-Funktion genutzt. Diese bewirkt, dass das Bild nicht aus einer statischen Datei geladen wird (denn bisher haben Sie stets mit `.file = <dateiname>` eine feste Datei geladen), sondern aus dem Datensatz der aktuell dargestellten Seite geladen werden soll.

In TYPO3 gibt es die Möglichkeit, das Seitenattribut `media` rekursiv zu durchlaufen, bis eine Seite gefunden wird, die ein Bild vorhält. In Beispiel 6-9 kommt in Zeile 69 wieder einmal die Funktion `.data` zum Einsatz, die bereits im vorigen Kapitel vorgestellt wurde. Über die an `.data` übergebene Option `levelmedia:-1` wird das Feld *media* ausgelesen. `-1` gibt dabei an, dass die Daten aus dem Dateifeld der aktuell aufgerufenen Seite gelesen werden sollen. Sofern das Feld *media* der aktuellen Seite leer ist, wird durch die Option `slide` geprüft, ob eine übergeordnete Seite eine Dateiangabe im Feld *media* besitzt, damit diese Datei dann verwendet werden kann.

Beispiel 6-9: Den Seitenbaum rekursiv durchlaufen, bis eine Seite mit Bild gefunden wurde

```
64        image = IMG_RESOURCE
65        image {
66          file {
67            import = 1
68            import {
69              data = levelmedia:-1,slide
70              listNum = 0
71            }
72            treatIdAsReference = 1
73            width = 1920
74          }
75          stdWrap.wrap = /|
76        }
```

Das Attribut `listNum` in Zeile 70 bewirkt, dass von mehreren auf der Seite hinterlegten Bildern stets das erste (bedenken Sie: Informatiker fangen stets bei 0 an zu zählen!) für den Trailer ausgewählt wird. Die Option `treatIdAsReference` in Zeile 72 ist nötig, wenn Sie Bilder aus Seiten (und anderen Inhaltselementen) ausgeben, und teilt TYPO3 mit, dass der aktuelle Seitendatensatz lediglich einen Verweis auf das eigentliche Bild enthält.

Um im folgenden Beispiel einen Effekt auf allen Seiten zu sehen, ist es sinnvoll, auf der Seite *root* im Tab *Ressourcen* ebenfalls die anfangs verwendete Grafik *fileadmin/images/trailer1.jpg* im Feld *Dateien* einzubinden. Dafür müssen Sie, wie im vorherigen Abschnitt beschrieben, zunächst die Seite bearbeiten (Rechtsklick auf die Seite *root*, dann *Bearbeiten* auswählen) und anschließend unter dem Tab *Ressourcen* im Bereich *Dateien* den Button *Neue Relation erstellen* anklicken. Nun können Sie die Grafik aus dem Ordner *fileadmin/images/* mit der Seite verknüpfen. Da unser TypoScript den Seitenbaum immer weiter nach oben durchsucht, bis eine Verknüpfung zu einer Bilddatei gefunden wurde, dient eine mit der *root*-Seite verknüpfte Bilddatei quasi als »Reservedatei«, falls auf einer Unterseite keine abweichende Bilddatei verknüpft wurde.

Derzeit ist auf der Seite noch kein Menü zum Navigieren vorhanden. Möchten Sie dennoch schon andere Seiten als die *root*-Seite im Frontend aufrufen, können Sie zum Testen die *Anzeigen*-Funktion im Seitenbaum benutzen. Klicken Sie hierzu mit rechts auf die Seite, die Sie im Frontend betrachten möchten, und wählen Sie die Option *Anzeigen*.

Das Trailer-Bild in verschiedenen Auflösungen bereitstellen

Zu Beginn dieses Kapitels haben Sie bereits das Logo so konfiguriert, dass es für verschiedene Bildschirmgrößen in verschiedenen Auflösungen zur Verfügung steht. Das Trailer-Hintergrundbild, das Sie im letzten Abschnitt eingefügt haben, hat nun derzeit eine Breite von 1.920 Pixeln, wird per CSS im Frontend jedoch stets auf die volle Breite der Seite skaliert. Für die meisten Displays reicht diese Größe vollkommen aus. Bei hochauflösenderen Displays müsste der Browser das Bild jedoch über seine eigentliche Größe hinaus hochskalieren.

Zu Beginn dieses Kapitels wurde bereits das `srcset`-Attribut vorgestellt. Mit diesem Attribut konnten dem Browser mehrere Versionen eines Bilds mit unterschiedlichen Auflösungen angeboten werden. Da es sich beim Trailer-Hintergrundbild nicht um ein `<img>`-Tag, sondern um ein CSS-Hintergrundbild handelt, besteht hier leider nicht die Möglichkeit, ein `srcset`-Attribut zu nutzen. Stattdessen können Sie jedoch mit CSS Media Queries arbeiten. Diese können jedoch nicht mit Inline-Style-Definitionen genutzt werden (zur Erinnerung: im Fluid-Template hat der Trailer derzeit das Attribut `style="background-image: url({image})"`).

Erstes Ziel sollte somit sein, die Definition des Trailer-Hintergrunds vom Inline-`style`-Attribut in ein eigenes `<style>`-Tag im Head der Seite zu verlagern. Hierzu entfernen Sie das `style`-Attribut aus dem `<div class="trailer">`-Element in der Designvorlage.

Tipp In den Beispieldateien zum Buch finden Sie die wie oben beschriebene veränderte Vorlage in der Datei *vorlage-v2.html*. Denken Sie beim folgenden Codebeispiel daran, den Dateinamen gegebenenfalls auszutauschen.

Beispiel 6-10 zeigt, wie Sie die Style-Definition stattdessen im HTML-Head der Seite unterbringen können:

Beispiel 6-10: Nutzung des »IMAGE«-Objekts mit eigenem Layout zur Darstellung eines CSS-Hintergrunds

```
page = PAGE
page {
  [...]
  headerData {
    10 = IMAGE
    10 {
      file {
        import = 1
```

Beispiel 6-10: Nutzung des »IMAGE«-Objekts mit eigenem Layout zur Darstellung eines CSS-Hintergrunds (Fortsetzung)

```
29         import {
30           data = levelmedia:-1,slide
31           listNum = 0
32         }
33         treatIdAsReference = 1
34         width = 1920
35       }
36
37       layoutKey = cssbg
38       layout {
39         cssbg {
40           element = <style type="text/css">.trailer { background-image:
                                                  url(###SRC###); }</style>
41         }
42       }
43     }
44   }

46   # Die Designvorlage integrieren
47   10 = FLUIDTEMPLATE
48   10 {
49     file = fileadmin/templates/vorlage-v2.html
       [...]
95   }
96 }
```

In Zeile 24 wird hier das headerData-Attribut des PAGE-Objekts genutzt. Genau wie das PAGE-Objekt selbst ist dessen headerData-Attribut eine Sammlung aus beliebig vielen weiteren Elementen, die über numerische Indizes identifiziert werden. Alle Elemente, die sich in dieser Sammlung befinden, werden jedoch nicht im <body>-Bereich, sondern im <head> der generierten HTML-Seite ausgegeben. In diesem Beispiel wurde in Zeile 25 ein IMAGE-Objekt eingefügt, in dem das konfigurierte Trailer-Bild geladen wird (die Konfiguration des .file-Attributs hat sich gegenüber dem Vorabschnitt nicht verändert). Da ein <img>-Tag im Head der Seite nicht besonders sinnvoll ist, wird in den Zeilen 37 bis 42 ein benutzerdefiniertes Layout für das Bild konfiguriert, das stattdessen ein <style>-Tag mit entsprechenden CSS-Definitionen ausgibt.

Der »Hack«, der zuvor bei der Nutzung des IMG_RESOURCE-Objekts noch nötig war, um eine absolute Bild-URL zu generieren (siehe Beispiel 6-8), ist bei diesem Ansatz nicht mehr nötig. Das IMAGE-Objekt generiert von allein und ohne weiteres Zutun gültige absolute Bild-URLs.

Abbildung 6-8 zeigt das Ergebnis dieser Aktion:

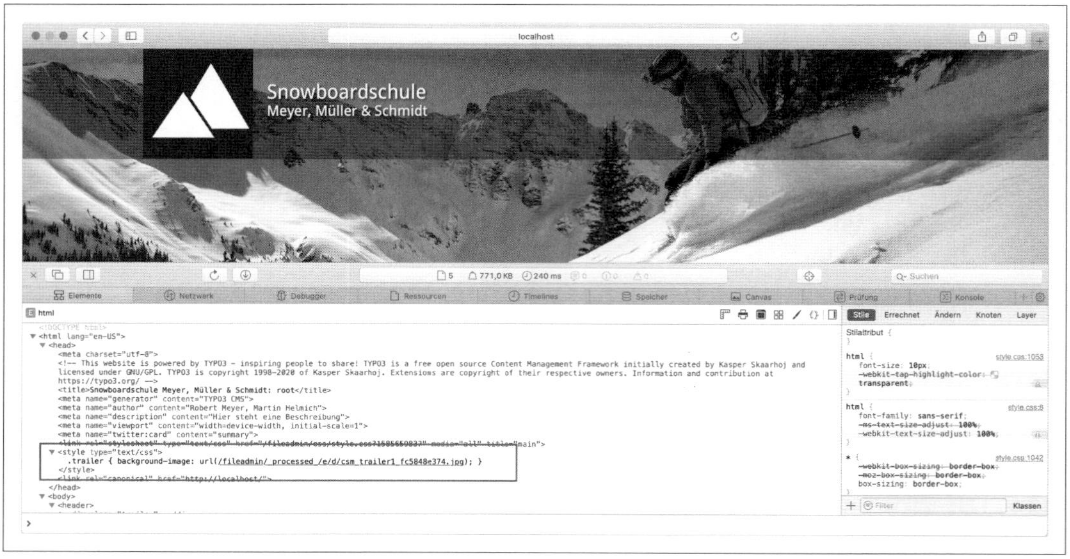

Abbildung 6-8 ▲ Das Hintergrundbild wird nun in einem eigenen <style>-Tag definiert.

Im nächsten Schritt können nun über CSS Media Queries je nach Bildschirmgröße verschiedene Versionen des Bilds geladen werden. Zur Erinnerung: Eine Abfrage der Bildschirmgröße erfolgt in CSS mit dem `min-resolution`-Selektor. Dies könnte beispielsweise so aussehen:

```
@media(min-resolution: 1dppx) {
  .trailer {
    background-image: url(image_small.jpg);
  }
}

@media(min-resolution: 2dppx) {
  .trailer {
    background-image: url(image_large.jpg);
  }
}
```

Die Media Query `min-resolution` zusammen mit einem `dppx`-Wert wird allerdings nicht vom Safari-Browser unterstützt. Hier hilft stattdessen die `-webkit-min-device-pixel-ratio`-Abfrage, sodass das endgültige (und mit allen Browsern kompatible) Stylesheet wie folgt aussehen würde:

```
@media(min-resolution: 1dppx), (-webkit-min-device-pixel-ratio: 1) {
  // ...
}

@media(min-resolution: 2dppx), (-webkit-min-device-pixel-ratio: 2) {
  // ...
}
```

Beispiel 6-11 zeigt nun, wie Sie diese CSS-Definitionen mit den aus TypoScript bereits bekannten Bordmitteln selbst generieren können. Auch hier wird ab Zeile 37 zunächst eine `sourceCollection` definiert. Diese beschreibt die verschiedenen Varianten des Bilds; in diesem Falle eine mit 1.920 Pixeln Breite und eine mit 3.840 Pixeln Breite. Ab Zeile 50 wird das Layout des Bilds so konfiguriert, dass jede Variante des Bilds als Hintergrund in eine CSS-Klasse eingefügt wird, umschlossen mit einer Media Query auf die Pixeldichte der jeweiligen Variante. Abbildung 6-9 zeigt das Endergebnis im HTML-Quelltext.

Beispiel 6-11: Generierung eines responsiven CSS-Hintergrunds mit CSS Media Queries

```
001 page = PAGE
002 page {

024   headerData {
025     10 = IMAGE
026     10 {
027       file {
028         import = 1
029         import {
030           data = levelmedia:-1,slide
031           listNum = 0
032         }
033         treatIdAsReference = 1
034         width = 1920
035       }
036
037       sourceCollection {
038         small {
039           width = 1920
040           pixelDensity = 1
041         }
042         big {
043           width = 1920
044           pixelDensity = 2
045         }
046       }
047
048       layoutKey = cssbg
049       layout {
050         cssbg {
051           element = <style type="text/css">###SOURCECOLLECTION###
                    </style>
052           source = @media(min-resolution: ###PIXELDENSITY###dppx),
              (-webkit-min-device-pixel-ratio: ###PIXELDENSITY###)
              { .trailer { background-image: url(###SRC###); }}
053         }
054       }
055     }
056   }
```

Abbildung 6-9 ▲
Mehrere Varianten des Hintergrundbilds für verschiedene Auflösungen

KAPITEL 7

Menüs erstellen

In diesem Kapitel:

- Einführung in die Erstellung dynamischer Menüs
- TypoScript-Konstanten definieren
- Das untere Textmenü erstellen
- Das Hauptmenü erstellen
- Einen Klickpfad realisieren
- Menüs mit Fluid erstellen
- Fluid-Templates mit Partials strukturieren

Im vorigen Kapitel haben Sie die Grundlagen der dynamischen Bilderzeugung und -manipulation kennengelernt und Ihre allgemeinen TypoScript-Kenntnisse vertieft. In diesem Kapitel erfahren Sie, wie Sie dynamische Menüs erstellen bzw. beschreiben können. Dabei werden Sie die Erfahrungen aus den vorangegangenen Kapiteln nutzen und neue Objekte, Eigenschaften und Funktionen kennenlernen.

Einführung in die Erstellung dynamischer Menüs

TYPO3 bietet die Funktion, aus der im Backend hinterlegten Seitenstruktur mehr oder weniger automatisch Navigationsmenüs für das Frontend zu generieren.

Warum aber »mehr oder weniger automatisch«? Da TYPO3 ein sehr mächtiges Content-Management-System ist, steht Ihnen auch und gerade bei den Menüs eine Vielzahl von Möglichkeiten zur Verfügung. Um diese nutzen zu können, werden zur Beschreibung von Menüs die schon bekannten Werkzeuge *TypoScript* und *Fluid* verwendet, mit denen sich beliebige Menüs erstellen lassen, die das Verhalten und Aussehen annehmen, das Sie bevorzugen.

TypoScript oder Fluid?

In diesem Kapitel werden zwei Wege vorgestellt, auf denen Sie in TYPO3 ein dynamisches Menü aus den Seiten im Seitenbaum generieren können: Die erste Möglichkeit nutzt ausschließlich TypoScript, die zweite nur ein kleines bisschen TypoScript und vornehmlich Fluid.

Die Beschreibung in TypoScript ist der althergebrachte Weg zur Generierung dynamischer Menüs. Er ist häufig ein wenig einfacher – daher beginnen wir in diesem Kapitel zunächst damit.

Die Generierung von Menüs über Fluid-Templates hingegen ist (auf den ersten Blick) etwas komplexer, bietet dafür aber auch weitaus mehr gestalterische Möglichkeiten. Dieser Weg steht seit TYPO3 8 zur Verfügung und wird im zweiten Teil dieses Kapitels betrachtet.

Unterschiedliche Arten von Menüs

Üblicherweise werden die Navigationselemente auf einer Seite als HTML-Quelltext ausgegeben und per CSS gestylt. Die Aufgabe von TYPO3 besteht in diesem Fall also darin, das korrekte HTML-Markup für das Menü auszugeben.

Wenn Sie ein Menü über TypoScript generieren, unterstützt TYPO3 neben diesem HTML-basierten Menü (in TYPO3 auch als *Textmenü* bezeichnet) die Generierung von grafischen Menüs. In diesen ist jedes Menüelement eine dynamisch von TYPO3 generierte Grafik. In Zeiten responsiven und barrierefreien Webdesigns und angesichts der Möglichkeiten von CSS3 halten wir diesen Ansatz jedoch nicht mehr für zeitgemäß. Daher werden wir die Erstellung grafischer Menüs in diesem Praxisbeispiel auch nicht betrachten und nur der Vollständigkeit halber erwähnen.

Die folgende Auflistung von Menüobjekten soll Ihnen einen Überblick darüber geben, welche häufig verwendeten Arten von Menüs in TYPO3 zur Verfügung stehen. Diese Menüobjekte können jedoch nicht direkt aufgerufen werden, sondern nur indirekt über ein übergeordnetes Objekt `HMENU` (*hierarchisches Menü*), das im Abschnitt über die Erstellung des Textmenüs vorgestellt wird.

TMENU
: Mit dieser Menüart können *textbasierte Menüs* erstellt werden. Diese einfachsten Menüs bieten in Kombination mit Stylesheets (CSS) viele Designmöglichkeiten. Häufig wird `TMENU` auch zur Erstellung von menüähnlichen Bereichen eingesetzt, z.B. für Klickpfade oder Sitemaps.

GMENU
: Das *grafische Menü* erstellt aus jedem Menüelement eine Grafik, die mit TypoScript beschrieben wird. Dieser Menütyp bietet zahlreiche Gestaltungsmöglichkeiten, hat jedoch den Nachteil einer langen Seitenladezeit (sofern eine Anfrage nicht aus dem Cache bedient werden kann). Außerdem können grafische Menüs Hilfssoftware wie beispielsweise Screenreader durcheinanderbringen.

Mögliche Zustände von Menüelementen

Einzelne Menüelemente können unterschiedliche Zustände erhalten. Ein Menüelement bzw. Menü-Item ist ein einzelner Eintrag aus der Navigation, z.B. ein Textlink *Homepage*. Ein klassischer und direkt nachvollziehbarer Zustand eines Menüelements ist beispielsweise der Aktiv-Zustand. Ein Menüelement ist in diesem Zustand, wenn sich der Besucher gerade auf derjenigen Seite befindet, auf die das Element verlinkt. Über TypoScript können Sie dann konfigurieren, dass das aktuell ausgewählte Menüelement anders dargestellt werden soll als die anderen.

TYPO3 bietet aber noch mehr Zustände als nur den Aktiv-Zustand. Dabei sind fast alle diese Zustände in den oben genannten Menüarten vorhanden, eine Ausnahme bildet das JavaScript-Menü, bei dem z.B. kein RollOver-Zustand möglich ist. Folgende Auflistung zeigt, welche Zustände für Menüelemente zur Verfügung stehen:

NO
: Mit dem Zustand `NO` wird der *normale* Zustand eines Menüelements beschrieben. Die Angabe einer Beschreibung für diesen elementaren Zustand ist zwingend notwendig.

CUR
: Der Menüpunkt mit der aktuell geöffneten Seite erhält den Zustand `CUR` (engl. *current*, aktuell). Dadurch kann dem Menüpunkt der geöffneten Seite ein anderes Aussehen gegeben werden, z.B. durch Hervorhebung.

ACT
: Alle Menüpunkte, die die momentan geöffnete Seite als Unterseite haben, können mit dem Zustand `ACT` (engl. *active*) anders beschrieben werden. Auch die momentan geöffnete Seite gehört mit zu diesem Zustand, kann über `CUR` aber explizit angesprochen werden.

IFSUB
: Wenn ein Menüeintrag mindestens eine Unterseite hat, sich also weitere Menüeinträge *unterhalb* eines Menüeintrags befinden, kann die Darstellung über den Zustand `IFSUB` anders beschrieben werden.

SPC
: Mit `SPC` (engl. *space*, Platz) lässt sich das Aussehen eines Abstands beschreiben. Seiten können in der Navigation vom Seitentyp *Abstand* angelegt werden, um zwischen zwei Menüelementen einen bestimmten Freiraum zu erreichen. Ist eine Seite von diesem Typ, greift der Zustand `SPC`.

USR
: Wenn für eine Seite eine Beschränkung auf Frontend-User festgelegt ist, greift der Zustand `USR`. Dieser Zustand kann nicht mit an-

deren Zuständen kombiniert werden und ist somit ein exklusiver Zustand.

RO
: *RollOver* bzw. MouseOver. Änderungen z. B. an der Schrift oder der Grafik beim Darüberfahren mit der Maus können hier beschrieben werden. Der `RO`-Zustand findet insbesondere bei der Menüart *GMENU* bzw. *GMENU_LAYER* Anwendung.

IFSUBRO/CURRO/ACTRO
: Die einzelnen Zustände können teilweise auch miteinander kombiniert werden. So können Sie z. B. für `ACT` und `RO` jeweils eigene Beschreibungen vornehmen. Treffen auf einen Menüeintrag aber beide Zustände zu, hat also in diesem Beispiel die momentan geöffnete Seite Unterseiten, können Sie hier eine gesonderte Beschreibung für das gleichzeitige Auftreten beider Zustände vornehmen.

TypoScript-Konstanten definieren

Bevor wir mit der Erstellung der Menüs beginnen, ist noch etwas Vorarbeit gefragt: In den folgenden Abschnitten werden wir an verschiedenen Stellen mit den internen Seiten-IDs der TYPO3-Seiten arbeiten. Sie erfahren die ID einer Seite, indem Sie mit der Maus über das Icon der Seite im Seitenbaum fahren. Abbildung 7-1 zeigt, wie Sie beispielsweise die Seiten-ID der Seite *Hilfsnavigation* auslesen.

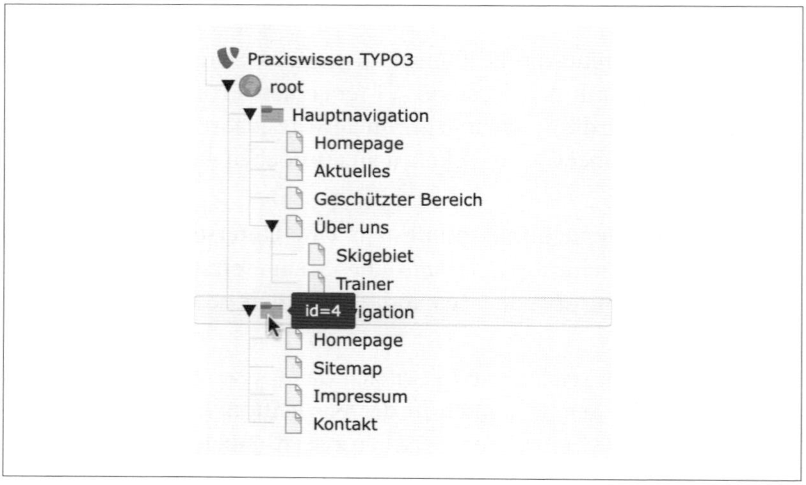

Abbildung 7-1 ▶ Ermitteln der Seiten-ID

Die Schwierigkeit bei der Sache: Die IDs von TYPO3-Seiten zählen einfach hoch. Je nachdem, in welcher Reihenfolge Sie die Seiten erstellt haben, werden Sie somit unterschiedliche Seiten-IDs haben. Im obigen Beispiel ist die ID der Seite *Hilfsnavigation* `4` – wenn Sie das Praxisprojekt selbst nachbauen, ist es jedoch gut möglich, dass die Seiten in Ihrem TYPO3-Projekt andere IDs haben.

Im TypoScript-Setup werden wir diese IDs an mehreren Stellen benötigen – beispielsweise um zu bestimmen, aus den Unterseiten welcher Seite die Menüs generiert werden sollen. Statt diese mehr oder weniger bedeutungslosen (und möglicherweise immer unterschiedlichen) IDs direkt im TypoScript-Quelltext unterzubringen, ist es allgemein empfehlenswert, diese als *Konstanten* zu definieren. Im TypoScript selbst müssen Sie dann nur noch angeben, aus welcher Konstanten ein bestimmter Wert befüllt werden soll.

Tipp Die TypoScript-Beispieldateien dieses Buchs gehen davon aus, dass die betroffenen Seiten-IDs in den Konstanten `navigation.primaryStartpoint` und `navigation.secondaryStartpoint` definiert sind. Diese zwei Konstanten müssen Sie nun einmal selbst mit den jeweiligen Seiten-IDs aus Ihrer TYPO3-Installation befüllen – danach können Sie einfach die beiliegenden Beispieldateien nutzen, ohne weiter auf diese IDs achten zu müssen.

Die Konstanten sind – genauso wie das TypoScript-Setup – Bestandteil des *Template*-Objekts. Um sie zu bearbeiten, wechseln Sie (wie in Abbildung 7-2 gezeigt) zunächst in das *Template*-Modul ❶, wählen dann die *root*-Seite ❷ und klicken auf den *Bearbeiten*-Button in der *Konstanten*-Zeile ❸.

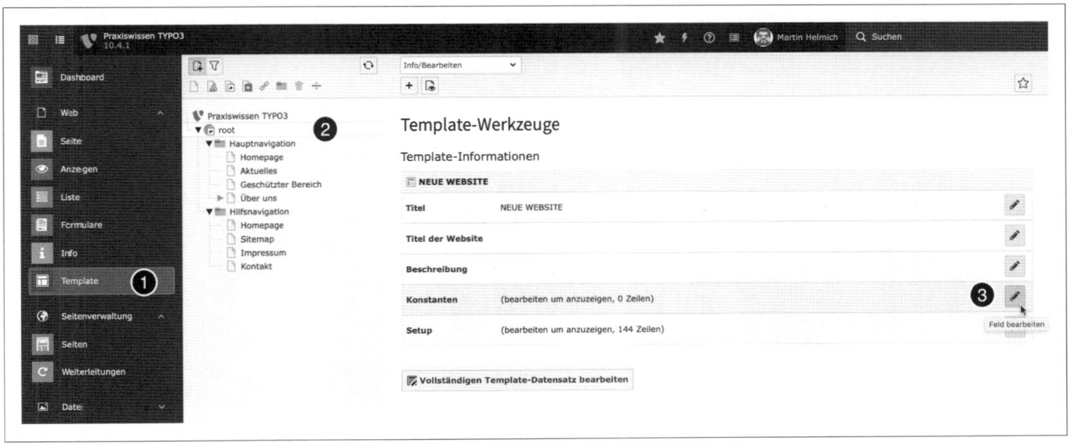

▲ **Abbildung 7-2**
Bearbeiten von Konstanten

Es öffnet sich ein Eingabefenster, in dem Sie Konstanten für Ihr TypoScript-Setup definieren können. In den Konstanten arbeiten Sie mit der gewohnten TypoScript-Syntax: Mit Ausdrücken wie `[name] = [wert]` können Sie Konstanten definieren, und Sie können auch verschachtelte Werte definieren und ausklammern.

Ermitteln Sie nun die Seiten-IDs Ihrer *Hauptnavigation*- und *Hilfsnavigation*-Seiten, indem Sie, wie in Abbildung 7-1 gezeigt, mit der Maus über deren Icon fahren, und tragen Sie die IDs wie folgt in die Konstanten Ihres TypoScript-Templates ein:

```
navigation {
  primaryStartpoint = 3
  secondaryStartpoint = 4
}
```

Im regulären TypoScript-Setup können Sie nun über die Syntax `{$konstantenname}` auf den Wert einer Konstanten zugreifen. So bezieht sich der Ausdruck `{$navigation.primaryStartpoint}` beispielsweise auf den jeweils konfigurierten Startpunkt des Hauptmenüs.

Das untere Textmenü erstellen

Zur Erinnerung: Die Designvorlage des Praxisbeispiels brachte gleich zwei Menüs mit: eine primäre Navigation im oberen Bereich der Seite und eine Hilfsnavigation im Fußbereich der Seite. Da Letztere weniger komplex (und daher auch einfacher umzusetzen) ist, nehmen wir uns diese in diesem Abschnitt als Erstes vor. Abbildung 7-3 zeigt noch einmal den angestrebten Endzustand im Frontend.

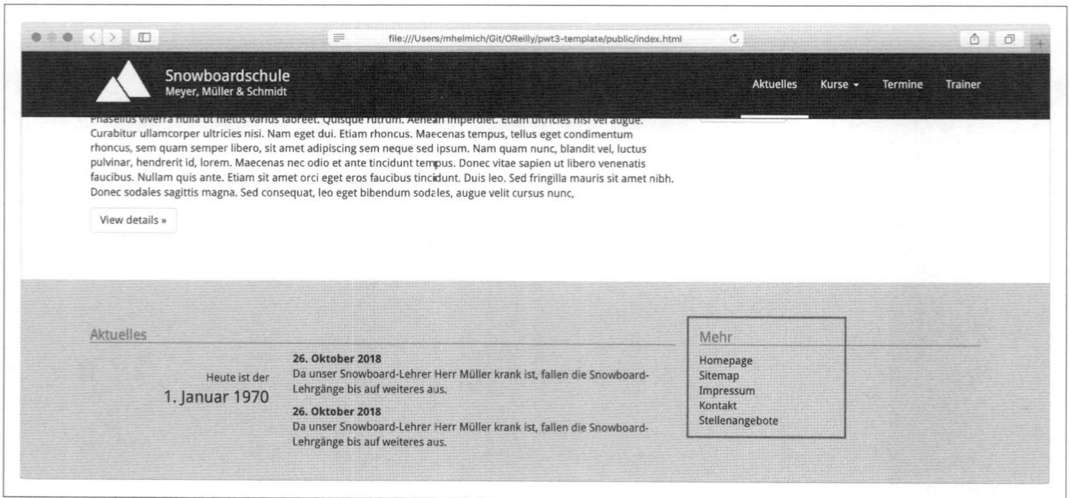

Abbildung 7-3 ▲
Gewünschtes Aussehen der sekundären Navigation

Im HTML-Quelltext ist dieses Menü eine einfache Liste (also ein `<ul>`-Element), das mehrere `<li>`-Elemente enthält. Jedes Listenelement enthält einen Link auf die entsprechende Zielseite. Beispiel 7-1 zeigt den HTML-Quelltext, der das Menü später auszeichnen soll.

Beispiel 7-1: Die HTML-Struktur, die die sekundäre Navigation später einmal haben soll

```
<ul>
  <li><a href="/">Homepage</a></li>
  <li><a href="/sitemap.html">Sitemap</a></li>
  <li><a href="/impressum.html">Impressum</a></li>
  <li><a href="/kontakt.html">Kontakt</a></li>
  <li><a href="/jobs.html">Stellenangebote</a></li>
<ul>
```

Dieses Menü soll ein einfaches Textmenü ohne besondere Verschachtelung oder spezielle Menüzustände werden. Die einzelnen Menüelemente werden dynamisch der Seitenstruktur entnommen. Bevor allerdings die Beschreibung der Menüelemente losgeht, muss zunächst im TypoScript beschrieben werden, wie und woher das Menü überhaupt aufgebaut werden soll. Dafür gibt es das Objekt `HMENU` (hierarchisches Menü), in dem diese Eigenschaften gesetzt werden können.

Sprechen Sie, wie in Beispiel 7-2 zu sehen ist, zunächst per TypoScript die Fluid-Variable `{menuSecondary}` an.

Beispiel 7-2: Die Fluid-Variable »{menuSecondary}« befüllen

```
001 page = PAGE
002 page {
      [...]
058   # Die Designvorlage integrieren
059   10 = FLUIDTEMPLATE
060   10 {
        [...]
063     variables {
          [...]
107       labelMore = TEXT
108       labelMore.value = Mehr
109
110       menuSecondary = HMENU
111       menuSecondary {
112
113       }
114     }
115   }
116 }
```

In Zeile 110 wird die Variable `{menuSecondary}` mit einem (derzeit leider noch leeren) Menü befüllt. Außerdem wird in Zeile 107 die Variable `{labelMore}` mit der Überschrift des Menüs befüllt.

Den Startpunkt des Menüs angeben

Sie müssen dem System jetzt noch mitteilen, wo der Startpunkt des Menüs liegen soll. Der *Startpunkt* ist die Seite im Seitenbaum, aus deren Unterseiten die Menüeinträge generiert werden sollen. Dafür gibt es die

Eigenschaft `.special` des `HMENU`-Objekts. Um diese Eigenschaft zu nutzen, muss zunächst genau bekannt sein, von welcher Seite aus das Menü dargestellt wird. Sie wissen zwar, dass es die Hilfsseite *Hilfsnavigation* ist – für TypoScript wird aber eine eindeutige ID (*unique ID* = uid) des Seitendatensatzes benötigt.

Hier kommen Ihnen die Konstanten zugute, die Sie zuvor im Abschnitt »TypoScript-Konstanten definieren« auf Seite 164 erstellt haben. Dort haben wir bereits eine Konstante `navigation.secondaryStartpoint` erzeugt, die nun einfach genutzt werden kann. Beispiel 7-3 zeigt, wie die definierte Konstante genutzt werden kann, um den Menüstartpunkt zu definieren.

Beispiel 7-3: Angeben, von welcher Hilfsseite aus das Menü dargestellt werden soll

```
110        menuSecondary = HMENU
111        menuSecondary {
112          special = directory
113          special.value = {$navigation.secondaryStartpoint}
114        }
```

In Zeile 112 geben Sie über die Eigenschaft `.special` an, dass es sich beim erzeugten Menü um ein `directory`-Menü handeln soll, also um ein klassisches Menü. Weitere Werte für Menümöglichkeiten, die mit `.special` realisiert werden können, finden Sie weiter unten in diesem Kapitel und in der TypoScript-Referenz im Anhang.

In Zeile 113 wird für das `special=directory`-Menü über die Eigenschaft `.special.value` ein Wert angegeben, der bestimmt, von wo aus das Menü dargestellt werden soll. Hier könnten Sie direkt eine Seiten-ID eintragen, die aus dem Seitenbaum abgelesen werden kann (in Abbildung 7-1 war das die `4`, es könnte aber auch genauso gut jeder andere Wert sein). Da jedoch ohnehin bereits eine passende Konstante definiert wurde, kann diese hier nun einfach genutzt werden.

Die Anzeige im Frontend wird noch kein Resultat liefern – ein Menü wird noch nicht dargestellt.

Das Textmenü darstellen

Um das Menü nun im Frontend sichtbar zu machen, muss TYPO3 zumindest mitgeteilt werden, wie der normale Zustand der ersten Menüebene aussehen soll. Die einzelnen Navigationsebenen werden wieder mit Nummern beschrieben, dieses Mal jedoch nicht in Zehnerschritten zur Kennzeichnung einer Reihenfolge, sondern in Einerschritten zur Beschreibung der Navigationsebene.

Zur Erzeugung der Hilfsnavigation wird auch nur eine Ebene `1` benötigt, da für diese Navigation keine Unterseiten vorgesehen sind. Diese erste

Ebene soll ein Textmenü sein, das in TYPO3 durch das Objekt `TMENU` erstellt wird. Die Beschreibung des Textmenüs erfolgt, wie Sie in Beispiel 7-4 sehen, unter Angabe des Kennzeichners `NO` für den normalen Zustand.

Beispiel 7-4: Das Textmenü erzeugen

```
[...]
110       menuSecondary = HMENU
111       menuSecondary {
112         special = directory
113         special.value = {$navigation.secondaryStartpoint}
114
115         1 = TMENU
116         1 {
117           NO = 1
118         }
119       }
[...]
```

In Zeile 115 wird angegeben, dass auf der ersten Menüebene ein Textmenü (`TMENU`) angewendet werden soll. Somit stehen auf der ersten Ebene alle Eigenschaften von `TMENU` zur Verfügung. In Zeile 117 wird für die erste Menüebene der normale Zustand aktiviert.

Zustände müssen im Regelfall explizit mit `[Zustand] = 1` aktiviert werden. Eine Ausnahme bildet der Zustand `NO`, der nicht ausdrücklich aktiviert werden muss; Sie sollten es aber dennoch tun, denn es wird Ihnen an späterer Stelle die Arbeit vereinfachen. Zur Durchführung des folgenden Beispiels *muss* allerdings der Zustand `NO` aktiviert werden, da die Ausführung sonst aufgrund einer fehlenden Beschreibung für den normalen Zustand verhindert würde. Im Frontend sollten Sie jetzt das in Abbildung 7-4 dargestellte Menü sehen.

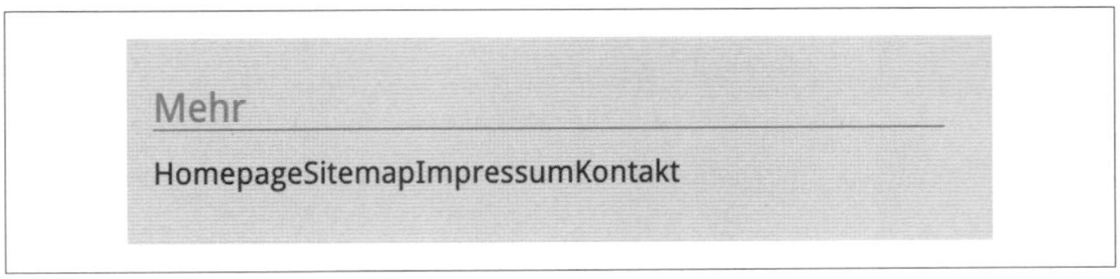

◀ **Abbildung 7-4**
Das Menü wird für die angegebene Variable angezeigt.

Menüeinträge voneinander trennen

Die Menüeinträge »kleben« zurzeit noch aneinander. Die ursprüngliche Designvorlage sah vor, dass die Menüelemente in einer HTML-Liste angeordnet sein sollten. Diese gilt es nun noch zu konstruieren.

Mit der Eigenschaft `.linkWrap` des `TMENU`-Objekts kann jeder einzelne Menüeintrag mit HTML-Code umhüllt werden, um so jeden Menüeintrag in ein Listenelement `<li>` einzubetten. Das bereits bekannte Wrap-

Symbol |, das in Kapitel 5, *TypoScript in der Praxis*, vorgestellt wurde, bestimmt auch hier wieder die Position, an der ein Inhalt einfließen soll. Im folgenden Beispiel wird an der Stelle des Wrap- bzw. Pipe-Symbols jeweils der Link eines Menüeintrags gesetzt. Auch das `HMENU`-Objekt selbst hat ein Attribut namens `.wrap`, das dieselbe Funktion für das Menü als Ganzes anbietet. Mit dem `.linkWrap`-Attribut der einzelnen Elemente und dem `.wrap`-Attribut des Menüs zusammen können nun also alle Menüeinträge mit einem `<li>`-Tag und das Menü als Ganzes mit einem `<ul>`-Tag umschlossen werden.

Beispiel 7-5: Die Menüelemente werden in Listenelemente eingebettet.

```
menuSecondary = HMENU
menuSecondary {
  special = directory
  special.value = {$navigation.secondaryStartpoint}

  wrap = <ul>|</ul>

  1 = TMENU
  1 {
    NO = 1
    NO {
      linkWrap = <li>|</li>
    }
  }
}
```

Ein erneuter Blick ins Frontend zeigt, dass das Menü im Fußbereich jetzt korrekt dargestellt wird. Abbildung 7-5 zeigt das Endergebnis im Frontend.

Abbildung 7-5 ▼
Das Hilfsmenü wird korrekt dargestellt.

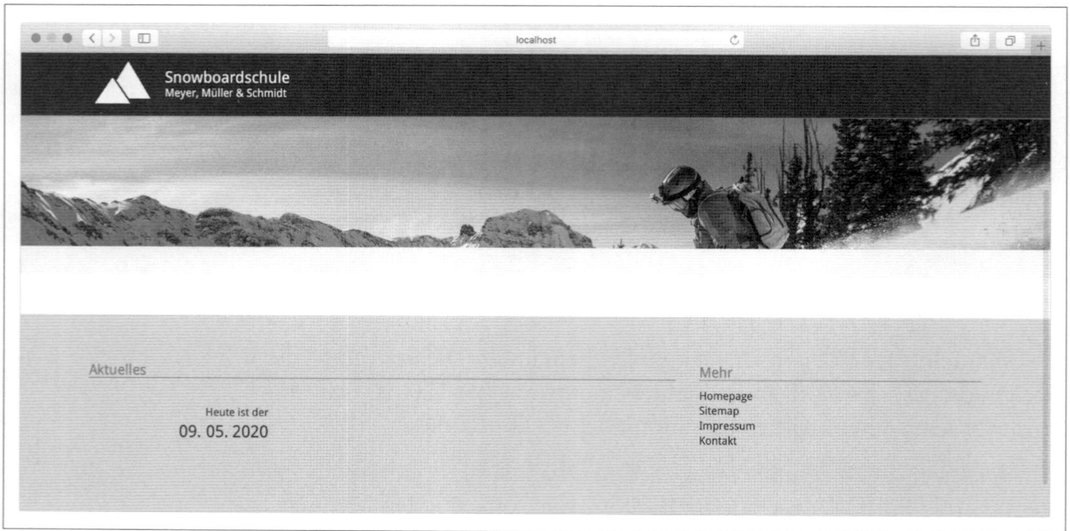

Das Hauptmenü erstellen

Im Kopfbereich der Seite soll nun eine horizontale Hauptnavigationsleiste erscheinen, die nach der Umsetzung so aussehen soll wie die in Abbildung 7-6. Unterseiten sollen in einem Drop-down-Menü dargestellt werden; die aktive Seite soll im Menü hervorgehoben werden. Ist der Bildschirm für die Darstellung des Menüs zu klein, sorgen das CSS-Stylesheet und ein wenig JavaScript in der Designvorlage dafür, dass aus dem horizontalen Menü ein vertikales Menü wird, das auf Knopfdruck ausklappt. Beide Varianten des Menüs werden jedoch über dasselbe HTML-Markup generiert und müssen im TypoScript somit nicht separat berücksichtigt werden.

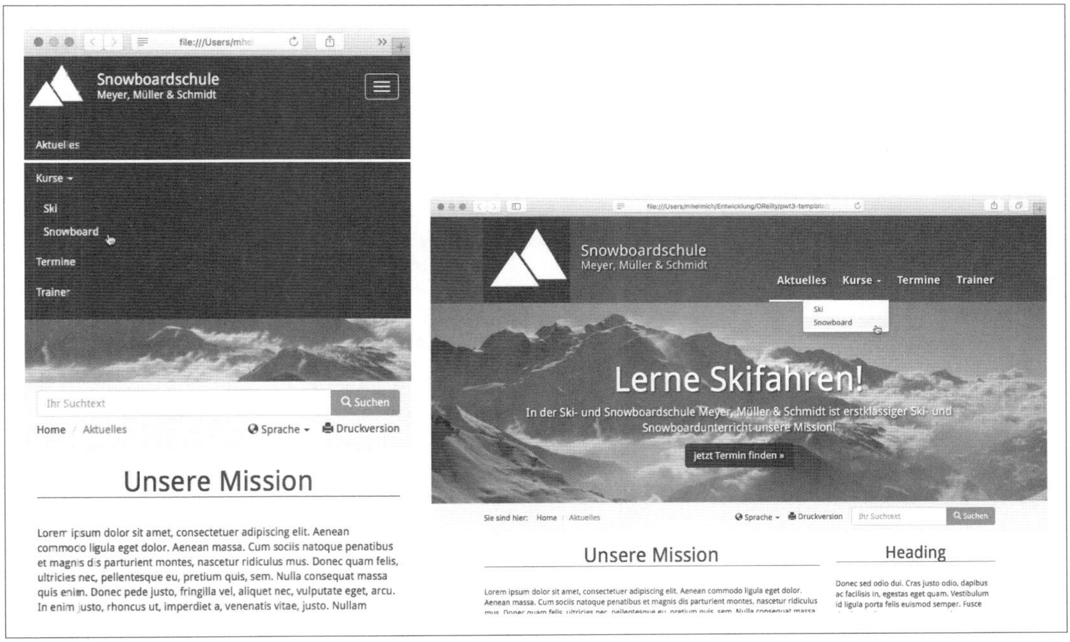

▲ **Abbildung 7-6**
Die Vorgabe zur Hauptnavigation

Beispiel 7-6 zeigt, wie das Menü später im HTML-Quelltext aussehen muss. Sie erkennen bereits, dass Navigationselemente im Bootstrap-Framework bevorzugt als Listen dargestellt werden. Auch die Unternavigation wird so umgesetzt: Hier sind einfach mehrere Listen ineinander verschachtelt.

Ein paar Besonderheiten bezüglich des Markups, die Sie beachten sollten:

1. Das jeweils aktive Menüelement wird mit der CSS-Klasse `active` ausgezeichnet. Beachten Sie, dass das Listenelement ausgezeichnet wird, nicht der darin enthaltene Link (Zeile 2).
2. Hat ein Menüpunkt Unterelemente, hat das Listenelement die CSS-Klasse `dropdown-toggle` sowie ein `data-toggle="dropdown"`-Attribut

(Zeile 4). Neben dem Link enthält das Listenelement auch eine weitere Liste mit den Untermenüpunkten. Diese Liste hat die CSS-Klasse `dropdown-menu` (Zeilen 8 bis 11). Außerdem enthält der Link noch ein HTML-Element mit der CSS-Klasse `caret` (Zeile 6). Dieses Element fügt ein kleines Dreieck hinter dem Link ein und verdeutlicht optisch, dass dieses Menüelement ausklappbar ist.

Beispiel 7-6: Der HTML-Quelltext des Hauptmenüs

```
01 <ul class="nav navbar-nav navbar-right">
02   <li class="active"><a href="aktuelles.html">Aktuelles</a></li>
03   <li class="dropdown">
04     <a href="#" class="dropdown-toggle" role="button"
                          data-toggle="dropdown">
05       Kurse
06       <span class="caret"></span>
07     </a>
08     <ul class="dropdown-menu">
09       <li><a href="kurse/ski.html">Ski</a></li>
10       <li><a href="kurse/snowboard.html">Snowboard</a></li>
11     </ul>
12   </li>
13   <li><a href="termine.html">Termine</a></li>
14   <li><a href="trainer.html">Trainer</a></li>
15 </ul>
```

Zunächst wird die Variable `{menuPrimary}` mit dem Objekt `HMENU` angesprochen. Genau wie schon bei der Hilfsnavigation zuvor müssen Sie wieder der `.special`-Eigenschaft den Wert `directory` zuweisen, um anzugeben, dass ein *normales* Menü ausgehend von einer bestimmten Seite erstellt werden soll. Für die Eigenschaft `.special.value` müssen Sie die Seiten-ID der Seite *Hauptnavigation* angeben. In Beispiel 7-7 wird dafür die zuvor definierte Konstante `navigation.primaryStartpoint` angenommen. Wie bereits zuvor bei der Hilfsnavigation wird das ganze Menü in Form einer HTML-Liste erstellt. In Zeile 121 wird zudem das bisher noch nicht erwähnte Attribut `wrapItemAndSub` genutzt. Dieses hat eine ähnliche Funktion wie das `linkWrap`-Attribut, umschließt jedoch zusätzlich zu dem Link des Menüpunkts auch eventuelle Untermenüs.

Beispiel 7-7: Die Variable »{menuPrimary}« befüllen

```
001 page = PAGE
002 page {
      [...]
058   # Die Designvorlage integrieren
059   10 = FLUIDTEMPLATE
060   10 {
        [...]
063     variables {
          [...]
110       menuPrimary = HMENU
```

Beispiel 7-7: Die Variable »{menuPrimary}« befüllen (Fortsetzung)

```
      menuPrimary {
        special = directory
        special.value = {$navigation.primaryStartpoint}

        wrap = <ul class="nav navbar-nav navbar-right">|</ul>

        1 = TMENU
        1 {
          NO = 1
          NO {
            wrapItemAndSub = <li>|</li>
          }
        }
      }
      [...]
    }
  }
}
```

Im Frontend werden mit dieser TypoScript-Konfiguration bereits die ersten Menüpunkte dargestellt.

Falls einige Ihrer Seitentitel zu lang sind, um in dem horizontalen Menü dargestellt zu werden, können Sie über das TYPO3-Backend einen abweichenden Seitentitel für die Navigation vergeben. Sie finden dieses Feld in den Seiteneigenschaften unter dem Feld *Alternativer Navigationstitel* (siehe Abbildung 7-7).

▼ **Abbildung 7-7**
Navigationstitel in den Seiteneigenschaften vergeben

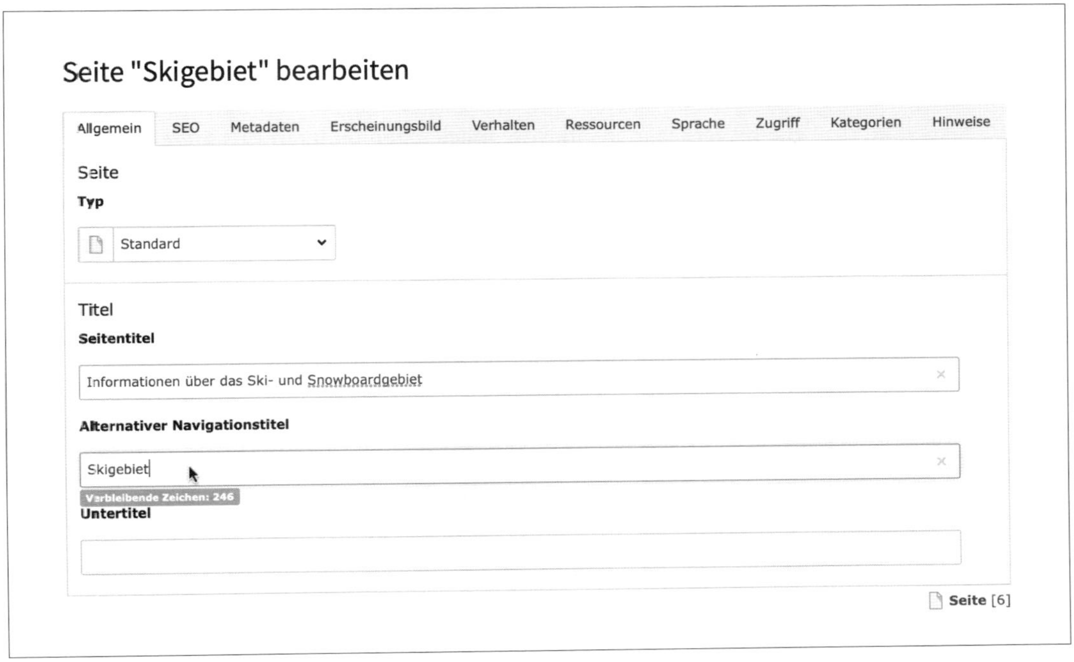

Unterschiedliche Menüzustände integrieren

Die Designvorlage gibt auch das Aussehen von Menüelementen im aktiven Zustand oder beim Vorhandensein von Untermenüelementen vor. Die von TypoScript unterstützten Menüzustände wurden bereits am Anfang dieses Kapitels zusammengefasst.

In unserem Beispiel unterscheiden sich die Menüzustände hauptsächlich durch unterschiedliche CSS-Klassen voneinander; beim Vorhandensein von Untermenüelementen soll zusätzlich ein Icon innerhalb des Links dargestellt werden.

Neben dem Menüzustand `NO` (für *Normal*) müssen im Folgenden nun also noch weitere Menüzustände implementiert werden:

1. `ACT` für gerade aktive Seiten. Hier soll das `<li>`-Element zusätzlich durch die CSS-Klasse `active` ausgezeichnet werden.
2. `IFSUB` für Seiten mit Untermenüpunkten. Hier hat das `<li>`-Element zusätzlich die CSS-Klasse `dropdown-toggle` und ein `data-toggle="dropdown"`-Attribut. Außerdem soll innerhalb des `<a>`-Tags ein `<span class="caret"></span>`-Element eingefügt werden.
3. `ACTIFSUB` für beides in Kombination.

Beispiel 7-8 zeigt die Implementierung des `ACT`-Zustands. In Zeile 140 wird zunächst die Definition des Zustands `ACT` erstellt, indem der Menüzustand `NO` kopiert wird. Anschließend wird in Zeile 142 der `linkWrap` überschrieben, sodass das Listenelement nun mit der CSS-Klasse `active` ausgezeichnet wird. Beachten Sie, dass Sie die Definition in Zeile 140 auch mit `ACT = 1` neu hätten erstellen können. Durch die Kopie haben Sie jedoch später die Möglichkeit, den `NO`-Zustand um weitere Attribute zu erweitern, die hinterher in alle davon abgeleiteten anderen Zustände übernommen werden.

Beispiel 7-8: Implementierung des »active«-Zustands im Hauptmenü

```
126     menuPrimary = HMENU
127     menuPrimary {
128       special = directory
129       special.value = {$navigation.primaryStartpoint}
130
131       wrap = <ul>|</ul>
132
133       1 = TMENU
134       1 {
135         NO = 1
136         NO {
137           wrapItemAndSub = <li>|</li>
138         }
139
```

Beispiel 7-8: Implementierung des »active«-Zustands im Hauptmenü (Fortsetzung)

```
140           ACT < .NO
141           ACT {
142             wrapItemAndSub = <li class="active">|</li>
143           }
144         }
145       }
```

Der IFSUB-Zustand wird in Zeile 129 auf ähnliche Weise implementiert (siehe Beispiel 7-9). Zusätzlich wird noch das Attribut ATagParams verwendet, um das generierte <a>-Tag um weitere Attribute zu erweitern (das Bootstrap-Framework benötigt beispielsweise die dropdown-toggle-Klasse und das data-toggle="dropdown"-Attribut, um per JavaScript das Drop-down-Menü zu generieren). Über die Attribute linkWrap und ATagBeforeWrap wird zudem das Caret-Zeichen in den Link eingefügt. Insbesondere ATagBeforeWrap sorgt dafür, dass der Wrap innerhalb des Links eingefügt wird.

Ohne ATagBeforeWrap = 1 würde der Link wie folgt generiert werden:

```
<a ...>Linktext</a> <span class="caret"></span>
```

Mit ATagBeforeWrap = 1 ist das <span>-Tag hingegen innerhalb des Links:

```
<a ...>Linktext <span class="caret"></span></a>
```

Der ACTIFSUB-Zustand wird in Zeile 138 als Kopie des IFSUB-Zustands implementiert; lediglich die CSS-Klasse active wird hinzufügt.

Beispiel 7-9: Implementierung des »IFSUB«-Zustands im Hauptmenü

```
110       menuPrimary = HMENU
111       menuPrimary {
112         special = directory
113         special.value = {$navigation.primaryStartpoint}
114
115         wrap = <ul class="nav navbar-nav navbar-right">|</ul>
116
117         1 = TMENU
118         1 {
119           NO = 1
120           NO {
121             wrapItemAndSub = <li>|</li>
122           }
123
124           ACT < .NO
125           ACT {
126             wrapItemAndSub = <li class="active">|</li>
127           }
128
129           IFSUB < .NO
130           IFSUB {
131             wrapItemAndSub = <li class="dropdown"> | </li>
```

Beispiel 7-9: Implementierung des »IFSUB«-Zustands im Hauptmenü (Fortsetzung)

```
          linkWrap = | <span class="caret"></span>

          ATagParams = class="dropdown-toggle" role="button"
                       data-toggle="dropdown"
          ATagBeforeWrap = 1
        }

        ACTIFSUB < .IFSUB
        ACTIFSUB {
          wrapItemAndSub = <li class="active dropdown"> | </li>
        }
      }
    }
```

Ein Blick in das Frontend zeigt, dass das Hauptmenü (oder zumindest dessen erste Ebene) so aussieht, wie in der Designvorlage vorgegeben.

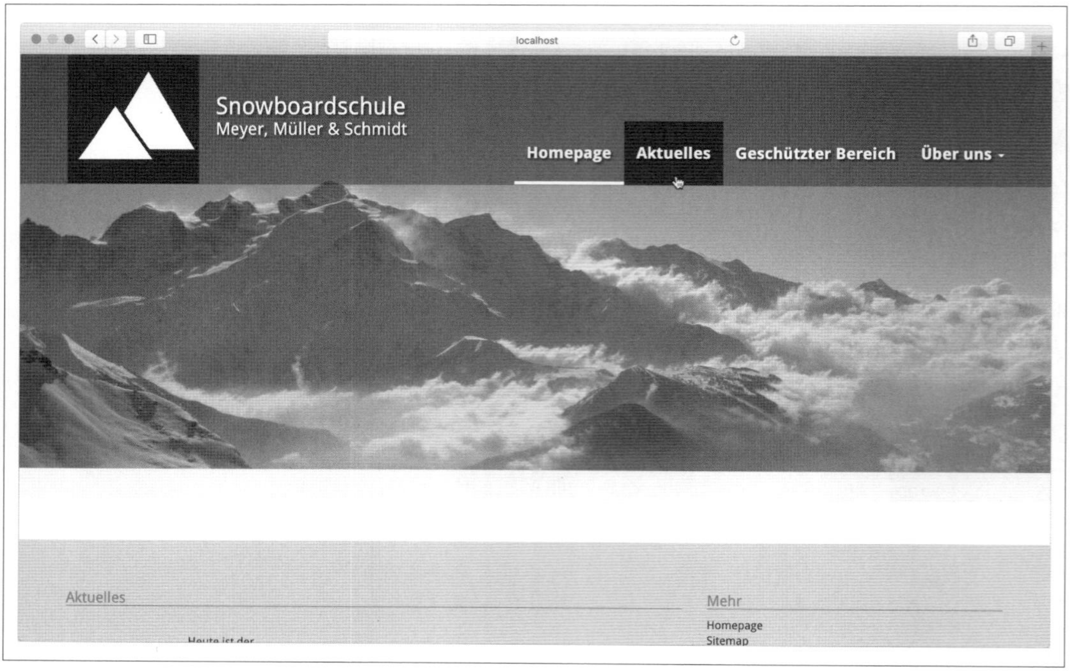

Abbildung 7-8 ▲
Die erste Ebene des Menüs wird wie in der Vorlage definiert ausgegeben.

Eine zweite Navigationsebene hinzufügen

In der Vorgabe des Praxisbeispiels ist für das Hauptmenü noch eine zweite Navigationsebene vorgesehen. Wenn es zu einer Seite Unterseiten gibt, sollen diese als Untermenü in Form eines Drop-down-Menüs dargestellt werden.

Unterseiten anlegen

Bevor Sie die zweite Navigationsebene mit TypoScript beschreiben, ist es sinnvoll, zunächst im Seitenbaum Unterseiten anzulegen, falls Sie dies nicht bereits zuvor getan haben. Der im Folgenden vorgestellte Weg ist eine Alternative zu dem aus Kapitel 4, *Das Praxisbeispiel vorbereiten*, und eignet sich besonders dann, wenn Sie mehrere Seiten gleichzeitig anlegen möchten.

1. Klicken Sie im Backend, wie in Abbildung 7-9 zu sehen ist, im Seitenbaum mit rechts auf die Seite, für die Sie mehrere Unterseiten erstellen möchten ❶ (in diesem Beispiel die Seite *Über uns*, die noch ein paar Unterseiten bekommen soll). Wählen Sie im Kontextmenü die Option *Weitere Optionen…* ❷ und anschließend die Option *Mehrere Seiten erzeugen* ❸.
2. Auf der rechten Seite erscheint dann eine Maske ❹, in der Sie bis zu neun Unterseiten auf einen Schlag anlegen können. Geben Sie hier einige Unterseiten wie beispielsweise *Geschichte*, *Anfahrt* oder *Trainer* an.
3. Bestätigen Sie anschließend das Anlegen der Seiten mit dem Button *Seiten anlegen* ❺.

Achten Sie darauf, dass Sie die Unterseiten auch auf der richtigen Seite anlegen. Das Anlegen mehrerer Seiten geht über die Funktion *Mehrere Seiten erzeugen* schnell, das Löschen von Seiten hingegen muss manuell über den Seitenbaum erfolgen.

▼ Abbildung 7-9
Mehrere Seiten mit einem Assistenten anlegen

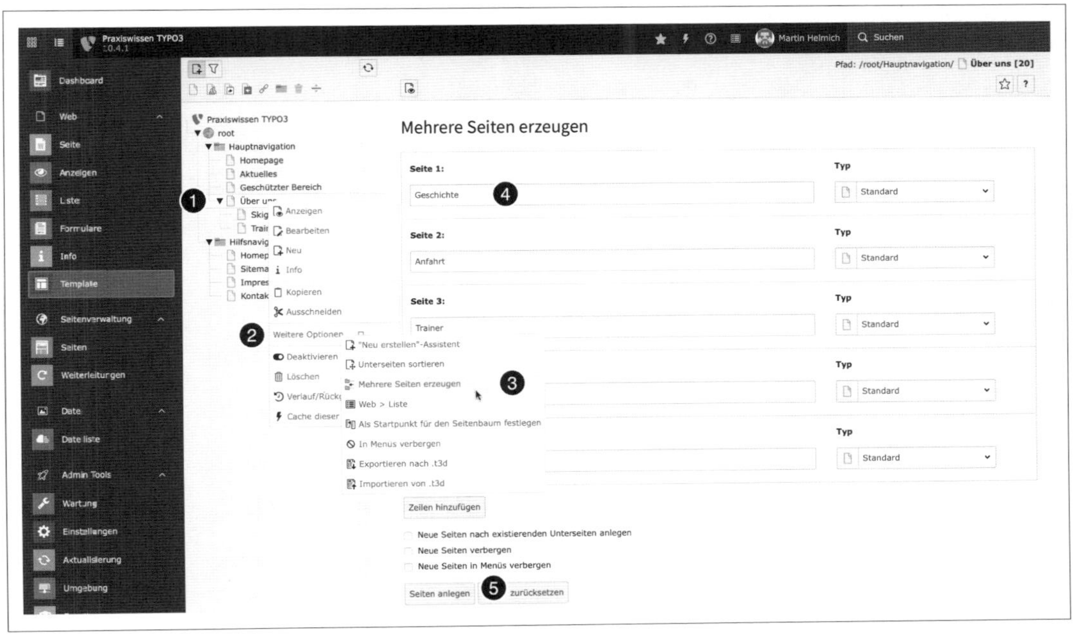

Die zweite Navigationsebene beschreiben

In den bisherigen Beispielen haben Sie die erste Menüebene mit `.1 = TMENU`, `.1.NO = 1` usw. beschrieben. Die `.1` steht dabei für die erste Navigationsebene. Es liegt also auf der Hand, dass eine `.2` die zweite Navigationsebene beschreibt.

Im folgenden Beispiel wird in Zeile 146 die Beschreibung der ersten Ebene auf die zweite Ebene kopiert. Die Zahlen `1`, `2` usw. geben dabei die Navigations- bzw. Menüebenen an. In die zweite Ebene wird lediglich die TypoScript-Beschreibung der ersten Menüebene kopiert, nicht der Inhalt der Menüeinträge. Somit ist die Beschreibung der zweiten Menüebene identisch mit der der ersten. Da das Bootstrap-Framework verschachtelte Menüs grundsätzlich über ineinander verschachtelte HTML-Listen abbildet (und der bisherige TypoScript-Quelltext diese bereits generiert), muss darüber hinaus nicht mehr viel verändert werden. Der Wrap um die zweite Menüebene in Zeile 148 sorgt dafür, dass ein Untermenü als HTML-Liste mit der Klasse `dropdown-menu` ausgezeichnet wird.

Ebenfalls wichtig ist das Attribut `expAll`, mit dem die erste Menüebene ausgezeichnet wird. Dieses Attribut bewirkt, dass TYPO3 auch tatsächlich zu jedem Zeitpunkt alle Untermenüelemente eines Menüpunkts anzeigt. Andernfalls würde das Untermenü zu einer Seite nur dann dargestellt, wenn diese auch aktiv ist – das würde in diesem Fall bedeuten, dass der Nutzer der Webseite das Drop-down-Menü für die Seite *Über uns* erst dann sehen könnte, wenn er diese vorher anklickt.

Beispiel 7-10: Die zweite Ebene als Kopie der ersten anlegen

```
110        menuPrimary = HMENU
111        menuPrimary {
112          special = directory
113          special.value = {$navigation.primaryStartpoint}
114
115          wrap = <ul class="nav navbar-nav navbar-right">|</ul>
116
117          1 = TMENU
118          1 {
119            expAll = 1
               [...]
144          }
145
146          2 < .1
147          2 {
148            wrap = <ul class="dropdown-menu">|</ul>
149          }
150        }
```

Ein erneutes Betrachten der Seite im Frontend sollte Sie zufriedenstellen: Für die Seite *Über uns* wird nun die zweite Menüebene dargestellt.

Einen Klickpfad realisieren

Für den Begriff *Klickpfad* werden häufig andere Bezeichnungen wie *Brotkrumenpfad* oder die englischen Wörter *Breadcrumb*, *Trail* bzw. *Rootline* verwendet. Alle bezeichnen aber das Gleiche: ein »Sie befinden sich hier«-Menü, wie Sie es in Abbildung 7-10 sehen können. Die Fluid-Variable `{menuBreadcrumb}` wurde bereits in der Designvorlage definiert und soll zur Umsetzung dieses Menüs verwendet werden.

Auch bei der Realisierung des Klickpfads handelt es sich wieder um ein `HMENU`-Objekt. Allerdings wird für die Eigenschaft `.special` dieses Mal nicht der Wert `directory` angegeben, der ein normales Menü kennzeichnet, sondern der Wert `rootline`, mit dem sich ein Klickpfad realisieren lässt.

▲ **Abbildung 7-10**
Der Klickpfad auf unserer Website

Auch bei der Erstellung eines Klickpfads muss eine Ebene definiert werden. Allerdings reicht es hier aus, eine Ebene `1` für den Zustand `NO` zu beschreiben, so wie es in Beispiel 7-11 geschehen ist. Alle folgenden Ebenen werden identisch verarbeitet und müssen nicht explizit angegeben werden.

Beispiel 7-11: Einen Klickpfad erstellen

```
page = PAGE
page {
  [...]
  10 = FLUIDTEMPLATE
  10 {
    [...]
    variables {
      [...]

      menuBreadcrumb = HMENU
      menuBreadcrumb {
        special = rootline

        1 = TMENU
        1 {
          NO = 1
        }
      }
    }
  }
}
```

Beim Betrachten des Ergebnisses im Frontend werden Sie feststellen, dass der Klickpfad bereits angezeigt wird. Allerdings stimmt derzeit weder die Formatierung noch der Startpunkt, an dem der Klickpfad beginnt. Die Formatierung des Klickpfads lässt sich wieder mit der `TMENU`-Objekteigenschaft `.linkWrap` realisieren. In Beispiel 7-12 werden wie bei den vorherigen Menüs jedes Element von einem HTML-Listenelement und das ganze Menü von einer HTML-Liste mit der CSS-Klasse `breadcrumb` umschlossen.

Beispiel 7-12: Die einzelnen »breadcrumbs« formatieren

```
page = PAGE
page {
  [...]
  # Die Designvorlage integrieren
  10 = FLUIDTEMPLATE
  10 {
    [...]
    variables {
      [...]
      menuBreadcrumb = HMENU
      menuBreadcrumb {
        special = rootline

        1 = TMENU
        1 {
```

Beispiel 7-12: Die einzelnen »breadcrumbs« formatieren (Fortsetzung)

```
          wrap = <ol class="breadcrumb">|</ol>

          NO = 1
          NO {
            linkWrap = <li>|</li>
          }
        }
      }
    }
  }
}
```

Den Startpunkt des Klickpfads setzen

Im Backend können Sie erkennen, dass die Hilfsseiten Bestandteil des Klickpfads sind. Diese Hilfsseiten sollen im Klickpfad allerdings nicht erscheinen und werden in Beispiel 7-13 über die Eigenschaft `.special.range` des `HMENU`-Objekts aus dem entsprechenden Bereich herausgenommen.

Dazu wurde in Beispiel 7-13 in Zeile 171 der Eigenschaft `.special.range` der Wert `2|-1` zugewiesen. Dieser Wert gibt an, dass der Klickpfad erst an der zweiten Ebene der Root-Ebene beginnen und nie enden (`-1`) soll. Die zweite Ebene ist eine öffentliche, sichtbare Seite, da sich die Seite *root* auf Ebene 0 befindet und die Hilfsseiten *Hauptnavigation* und *Hilfsnavigation* auf Ebene 1.

Tipp

Bei den Seiten *Hauptnavigation* und *Hilfsnavigation* handelt es sich in unserem Beispiel um Ordner. Diese werden bei der Darstellung von Menüs ohnehin ausgeschlossen. Sie könnten den Klickpfad statt auf Ebene 2 ebenso auf Ebene 1 beginnen lassen und (da die Ordner im Menü sowieso nicht dargestellt werden) dasselbe Ergebnis erhalten.

Beispiel 7-13: Den Start- und den Endpunkt mit ».special.range« angeben

```
168       menuBreadcrumb = HMENU
169       menuBreadcrumb {
170         special = rootline
171         special.range = 2|-1
172
173         1 = TMENU
174         1 {
175           wrap = <ol class="breadcrumb">|</ol>
176
177           NO = 1
178           NO {
179             linkWrap = <li>|</li>
180           }
181         }
182       }
```

Alternativ dazu können Sie die Hilfsseiten auch über eine Konfigurationsvariable in den Seiteneigenschaften aus dem Menü ausblenden. Bearbeiten Sie hierzu die Seite im Seitenbaum und aktivieren Sie auf der Registerkarte *Zugriff* die Option *In Menüs verbergen*.

Beispiel 7-14 zeigt zudem noch die Implementierung eines Aktiv-Zustands für das Menü. Im Unterschied zu den bisherigen Beispielen wird hier der TypoScript-Zustand `CUR` (statt `ACT`) genutzt. Im `ACT`-Zustand befinden sich in einem Menü alle Seiten, die Oberseiten der aktuell ausgewählten Seite sind. Dieses Verhalten ist nützlich, damit beispielsweise ein Menüpunkt im horizontalen Menü auch dann noch aktiv ist, wenn sich der Nutzer auf einer Unterseite dieses Menüpunkts befindet. Da ein Klickpfad sämtliche der aktuellen Seite übergeordneten Seiten anzeigt, befänden sich somit prinzipbedingt alle Elemente des Klickpfads im `ACT`-Zustand – daher wäre es recht nutzlos, diesen Zustand explizit zu definieren. Im `CUR`-Zustand hingegen befindet sich ausschließlich der aktuell ausgewählte Menüpunkt – in einem Klickpfad also stets der letzte von allen. Deshalb kann es gerade in einem Klickpfad sehr nützlich sein, diesen Zustand zu definieren.

Das Attribut `doNotLinkIt` in Zeile 185 sorgt zusätzlich dafür, dass das entsprechende Menüelement nicht verlinkt ist – beim letzten Element eines Klickpfads kann das ebenfalls durchaus sinnvoll sein, da der Link ohnehin nur auf die aktuelle Seite zeigen würde.

Beispiel 7-14: Klickpfad mit aktivem Element

```
168      menuBreadcrumb = HMENU
169      menuBreadcrumb {
170        special = rootline
171        special.range = 2|-1
172
173        1 = TMENU
174        1 {
175          wrap = <ol class="breadcrumb">|</ol>
176
177          NO = 1
178          NO {
179            linkWrap = <li>|</li>
180          }
181
182          CUR = 1
183          CUR {
184            linkWrap = <li class="active">|</li>
185            doNotLinkIt = 1
186          }
187        }
188      }
```

Einen Text vorschalten

Der Klickpfad wird bereits vollständig angezeigt, jedoch soll der Text *Sie sind hier* vorgeschaltet werden. Dazu gibt es gleich mehrere Möglichkeiten, die im Folgenden beschrieben werden. Eine Variante, die ein neues Objekt einführt und größtmögliche Flexibilität bietet, wird anschließend in die Praxis umgesetzt.

Integration in die Designvorlage

Die erste Möglichkeit sieht vor, den scheinbar statischen Text *Sie sind hier* mit in die Designvorlage aufzunehmen und vor die Variable `{menuBreadcrumb}` zu stellen. Diese Möglichkeit klingt einfach, hat aber einen großen Nachteil: Bei mehrsprachigen Präsentationen kann nicht mehr mit nur einer Designvorlage gearbeitet werden, es muss aufgrund dieses einen Satzes für jede Sprache eine separate Datei vorhanden sein. Daher ist diese Methode lediglich für Internetpräsentationen geeignet, die in nur einer Sprache zur Verfügung stehen sollen. Eine Lösung mit TypoScript ist in diesem Fall besser geeignet, da sich hiermit in sogenannten *Conditions* die jeweils verwendete Sprache separat beschreiben lässt. Nähere Informationen zu Conditions erhalten Sie in Kapitel 9, *Erweiterte Darstellung von Inhalten*.

Vorschaltung mit wrap

Die zweite Möglichkeit ist, den Text mit der `.wrap`-Funktion voranzustellen. Diese Vorgehensweise, die ausschließlich über TypoScript gelöst wird, ist für kleine zusätzliche Angaben sicherlich praktikabel, für umfangreichere Vorhaben allerdings nicht übersichtlich genug. Theoretisch reicht diese Funktion aus, um ein recht einfaches Vorhaben umzusetzen.

```
menuBreadcrumb = HMENU
menuBreadcrumb {
   wrap = <span class="youarehere">Sie sind hier:</span> |
   special = rootline
   [...]
}
```

An einem Platzhalter mehrere Objekte ausführen

Die dritte Möglichkeit, die hier ausführlich vorgestellt wird, erlaubt es, an einem Platzhalter gleich mehrere Objekte in einer angegebenen Reihenfolge auszuführen. In der Praxis ist es allerdings nicht möglich, einem Platzhalter mehrere Objekte zuzuweisen, weshalb das neue Objekt `COA` eingeführt wird. `COA` kann mehrere Objekte mit ihren jeweiligen Definitionen in einer numerischen Liste aufnehmen. Diese Liste wird wieder mit den Zahlen `10`, `20`, `30` usw. beschrieben, wobei jedes einzelne Listenelement genau einem Objekt zugewiesen werden kann. Die Reihenfolge der Ausführung wird mit der Zahl bestimmt. Die Zahlen der numerischen Liste müssen zwar nicht in Zehnerschritten angegeben werden, dieser Zahlenabstand hat sich aber als praktisch erwiesen, um nachträglich Korrekturen vornehmen zu können.

Es kann nun erreicht werden, dass vor der Ausführung des `HMENU`-Objekts zunächst ein `TEXT`-Objekt ausgeführt wird, das den Text *Sie sind hier* ausgibt. In Beispiel 7-15 wird in Zeile 168 in der Variablen `menuBreadcrumb` eine `COA`-Instanz erzeugt. Der vorgeschaltete Text wird an Position `10` mit dem `TEXT`-Objekt und der Eigenschaft `.value` ausgegeben. An Position `20` folgt die Ausgabe des eigentlichen Klickpfads.

Beispiel 7-15: Das Objekt »COA« anwenden

```
168         menuBreadcrumb = COA
169         menuBreadcrumb {
170           10 = TEXT
171           10 {
172             value = Sie sind hier:
173             wrap = <span class="youarehere"> | </span>
174           }
175
176           20 = HMENU
177           20 {
                [...]
196           }
197         }
```

Menüs mit Fluid erstellen

Wie zu Anfang des Kapitels erwähnt, haben Sie die Möglichkeit, Menüs über die Template-Sprache *Fluid* zu erstellen. Diese Lösung kommt insgesamt mit weniger TypoScript aus – dafür muss die Fluid-Designvorlage um einige Elemente erweitert werden.

Der Nachteil der (bisher genutzten) TypoScript-basierten Darstellung liegt daran, dass der generierte HTML-Quelltext der Seite an zwei verschiedenen Stellen definiert wird: die Gestaltung des Menüs in den `HMENU`-Objekten im TypoScript und alles andere in der Fluid-Designvorlage. Insbesondere in größeren Projekten ist das unpraktisch, wenn beispielsweise ein Entwickler für die Programmierung der Fluid-Designvorlage verantwortlich ist und ein anderer für das TypoScript-Template. Soll die HTML-Ausgabe der Seite angepasst werden, müssten diese beiden sich ständig absprechen. Und auch für einen einzelnen Entwickler kann es nervig sein, für HTML-Designanpassungen ständig zwischen TypoScript und Fluid-Template hin- und herspringen zu müssen.

Der Vorteil bei der Umsetzung des Menüs mit Fluid liegt darin, dass das TypoScript-Template lediglich die zur Generierung des Menüs benötigten Rohdaten als Variable in die Fluid-Vorlage einfließen lässt – und kein fertig generiertes HTML. Wie genau aus diesen Daten die HTML-Ausgabe des Menüs generiert wird, beschreibt ausschließlich die Fluid-Vorlage. Neben der »saubereren« Trennung von Design und Inhalt haben Sie in der Fluid-Vorlage zudem viel weitreichendere gestalterische Möglichkeiten.

Die Menüdaten in der Vorlage verfügbar machen

Um die Menüs in der Fluid-Vorlage generieren zu können, müssen zunächst die dafür benötigten Daten in der Vorlage zur Verfügung gestellt werden. Das passiert – wie gewohnt – in Form von Fluid-Variablen, allerdings mit einem wichtigen Unterschied: In den vorherigen Beispielen wurden die Variablen `menuSecondary`, `menuPrimary` und `menuBreadcrumb` einfach mit dem vollständigen HTML-Quelltext des jeweiligen Menüs gefüllt. Genau das soll beim Fluid-basierten Ansatz nicht passieren.

Wie bereits zuvor beim TypoScript-basierten Menü werden wir zunächst mit der Hilfsnavigation beginnen, da diese am einfachsten umzusetzen ist. Erst danach werden wir uns dem Hauptmenü und dem Klickpfad zuwenden.

Statt einer fertigen HTML-Zeichenkette sollen nun die Rohdaten, die für die Darstellung des Menüs benötigt werden, im Template als Variable zur Verfügung stehen. Konkret soll die Fluid-Variable `{menuSecondaryItems}` mit einer *Liste* der im Menü darzustellenden Seiten befüllt werden. Jedes Element dieser Liste repräsentiert einen Menüpunkt mit den dazugehörigen Eigenschaften, etwa dem Text, dem zugehörigen Link, dem aktuellen Zustand (aktiv oder nicht) und eventuellen Unterseiten.

Die Herausforderung: Die TypoScript-Objekte, mit denen Sie bisher gearbeitet haben (wie `TEXT` und `IMAGE`), generieren einfach nur HTML-Code, den Sie im Fluid-Template ausgeben können. Um *strukturierte Daten* im Fluid-Template verfügbar machen zu können, benötigen Sie einen sogenannten *Data Processor*. Dieser wird in der `.dataProcessing`-Eigenschaft des `FLUIDTEMPLATE`-Objekts definiert. Dabei handelt es sich um spezielle PHP-Klassen, die direkt mit dem Namen angesprochen werden und spezielle Datenverarbeitungen vornehmen, die über die üblichen TypoScript-Funktionen hinausgehen.

Beispiel 7-16 zeigt, wie Sie den Data Processor für die Hilfsnavigation in TypoScript definieren können. Die zuvor definierte Fluid-Variable `menuSecondary = HMENU` kann dafür entfallen.

Beispiel 7-16: Daten für das Hilfsmenü im Fluid-Template bereitstellen

```
058  # Die Designvorlage integrieren
059  10 = FLUIDTEMPLATE
060  10 {
061    file = fileadmin/templates/vorlage-v2.html
062
063    dataProcessing {
064      10 = TYPO3\CMS\Frontend\DataProcessing\MenuProcessor
065      10 {
066        special = directory
067        special.value = {$navigation.secondaryStartpoint}
068        levels = 1
069        as = secondaryMenuItems
070      }
071    }
072
073    variables {
       [...]
192    }
193  }
```

Gehen wir das Beispiel einmal Zeile für Zeile durch: Die in Zeile 63 genutzte Eigenschaft `dataProcessing` enthält (wie beispielsweise auch schon das `PAGE`-Objekt) eine Liste beliebig vieler Objekte, die über numerische Kennzeichner angesprochen werden – in diesem Beispiel die `10`.

In den Zeilen 64 bis 70 wird der Data Processor für die Menüdaten des Hilfsmenüs definiert. Dieser sorgt dafür, dass das Fluid-Template nach den im Data Processor konfigurierten Regeln mit den nötigen Daten für das Menü bestückt wird.

Tipp

Machen Sie sich keine Sorgen, sollte das Ganze derzeit noch ein wenig unübersichtlich erscheinen! Im nächsten Abschnitt werden wir das Fluid-Template anpassen, um die vom Data Processor bereitgestellten Daten auch zu benutzen – was die Sache um einiges klarer erscheinen lässt.

Die Eigenschaften `special` und `special.value` in den Zeilen 66 und 67 definieren die Art des Menüs. Sie erfüllen denselben Zweck wie die gleichnamigen Eigenschaften des `HMENU`-Menüs aus dem Abschnitt »Das untere Textmenü erstellen« auf Seite 166.

Über die Eigenschaft `levels` in Zeile 68 kann kontrolliert werden, bis zu welcher Tiefe das Menü generiert werden soll. Für das Hilfsmenü beschränken wir uns auf eine einzelne Menüebene, da für dieses Menü ohnehin keine Verschachtelung vorgesehen ist (spannender wird es beim Hauptmenü, dem wir uns im Abschnitt »Das Hauptmenü mit Fluid generieren« auf Seite 189 widmen).

Zu guter Letzt wird über die Eigenschaft as in Zeile 69 angegeben, unter welchem Variablennamen die Menüelemente letztlich im Fluid-Template verfügbar gemacht werden sollen.

Strukturierte Daten in Fluid-Templates

Bisher haben Variablen, mit denen wir in Fluid-Templates gearbeitet haben, immer nur Zeichenketten als Inhalt enthalten. Die »Regeln« für diese Variablen waren relativ einfach. Wir wissen aus Kapitel 4: Eine Variable `heading` mit dem Wert `'Hallo Welt'` und ein Template `<h1>{heading}</h1>` ergeben am Ende die HTML-Ausgabe `<h1>Hallo Welt</h1>`.

Eine Fluid-Variable kann allerdings noch viel mehr enthalten als nur Text. Sie kann auch sogenannte *strukturierte Daten* wie etwa *Objekte* oder *Listen* enthalten. Ein Objekt kann wiederum verschiedene »Attribute« beinhalten (die ihrerseits auch wieder Werte in Form von Text oder strukturierten Daten haben können). So könnte eine Variable `menuItem` beispielsweise ein Objekt mit den Attributen `link` und `title` enthalten – beides Textwerte, die den Link und die Beschriftung eines Menüelements enthalten. Der Zugriff auf diese Attribute erfolgt (ähnlich wie auch in TypoScript) über einen Punkt:

```
<a href="{menuItem.link}">{menuItem.title}</a>
```

Neben Objekten könnte eine Fluid-Variable auch eine Liste von Werten enthalten (die ihrerseits natürlich ebenfalls wieder Objekte sein können). Diese lassen sich in der Fluid-Vorlage jedoch nicht so ohne Weiteres ausgeben. Allerdings können Sie den `f:for`-ViewHelper benutzen, um jedes einzelne Element einer Liste einzeln zu betrachten und eine Ausgabe dafür zu generieren. Hätten wir also eine Variable `menuItems` (die Benennung im Plural impliziert, dass eine Variable mehrere Werte enthalten könnte), die mehrere Objekte mit den Attributen `link` und `title` (wie oben) enthält, könnte sie in Fluid wie folgt verarbeitet werden:

```
<f:for each="{menuItems}" as="menuItem">
  <a href="{menuItem.link}">{menuItem.title}</a>
</f:for>
```

Was geschieht hier? Das Konstrukt verhält sich ähnlich wie eine `for`-Schleife in einer Programmiersprache: Der Wert, der in dem Parameter each übergeben wird, ist die Liste, über die die Schleife iterieren soll. Im Parameter as hingegen wird angegeben, unter welchem Namen das jeweils aktuelle Element der Liste im Inneren des ViewHelpers zur Verfügung stehen soll.

Diese Techniken werden Ihnen in den kommenden Abschnitten helfen, die vom Data Processor bereitgestellten Daten für die Menügenerierung in Ihrem Fluid-Template zu verarbeiten. Falls Sie genau wissen möchten, welche Daten im Template zur Verfügung stehen, können Sie den schon bekannten `f:debug`-ViewHelper benutzen. Fügen Sie in Ihr Fluid-Template einfach irgendwo die Zeile `{secondaryMenuItems -> f:debug()}` ein, und Sie sollten eine Ausgabe ähnlich der in Abbildung 7-11 erblicken.

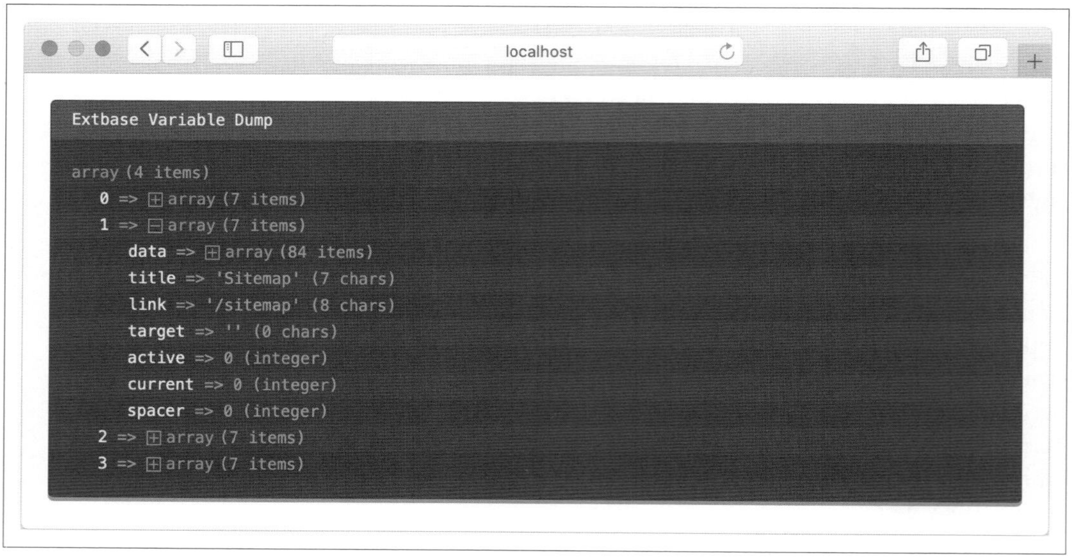

Abbildung 7-11 ▲
Die Fluid-Variable »secondaryMenuItems«, per »f:debug« ausgegeben

Die Menüdaten im Template auswerten

Der in Beispiel 7-16 definierte Data Processor sorgt dafür, dass im Fluid-Template nun die Variable `secondaryMenuItems` zur Verfügung steht und mit den Daten für die entsprechenden Menüelemente gefüllt ist. Mit ein paar Zeilen HTML und ein paar ViewHelpern kann daraus nun die endgültige HTML-Ausgabe des Menüs generiert werden.

Warnung In den folgenden Abschnitten werden wir nach und nach die Fluid-Designvorlage *vorlage-v2.html* um einige Elemente verändern. Die einzelnen Schritte sehen Sie wie gewohnt in den Codebeispielen; das Endergebnis finden Sie zusätzlich im *fileadmin/templates/*-Verzeichnis in der Datei *vorlage-v3.html*.

Die Variable `secondaryMenuItems` enthält eine Liste der jeweiligen Menüeinträge. Im Template muss sie daher mit dem `f:for`-ViewHelper verarbeitet werden. Beispiel 7-17 zeigt, wie das geht (der eingefügte Code ersetzt die vorher genutzte Referenz auf die Variable `secondaryMenu`).

Beispiel 7-17: Das Hilfsmenü mit Fluid generieren

```
      <div class="col-md-4">
        <h4>{labelMore}</h4>
```

Beispiel 7-17: Das Hilfsmenü mit Fluid generieren (Fortsetzung)

```
        <nav>
          <ul>
            <f:for each="{secondaryMenuItems}" as="item">
              <li><a href="{item.link}">{item.title}</a></li>
            </f:for>
          </ul>
        </nav>
      </div>
```

In diesem Beispiel werden verschiedene Attribute der jeweiligen Menüeinträge benutzt (beispielsweise `.link` für die URL einer verlinkten Seite und `.title` für den Titel des Menüeintrags). Neben diesen beiden Attributen stehen noch einige weitere zur Verfügung, die unter Umständen nützlich sein können:

1. `.active` enthält als Wert 1, wenn die aktuell dargestellte Seite eine Unterseite der mit dem Menüeintrag verknüpften Seite ist. In Bezug auf die TypoScript-basierte Menüdefinition entspricht dieses Attribut somit in etwa dem `ACT`-Zustand.
2. `.current` enthält als Wert 1, wenn der Menüeintrag genau der aktuell dargestellten Seite entspricht. Dieses Attribut entspricht somit dem `CUR`-Zustand der TypoScript-basierten Menüdefinition.
3. Mit dem `.data`-Attribut wird es spannend: Es enthält den gesamten Datensatz der mit dem Menüelement verknüpften Seite. Über `{item.data.author}` können Sie somit beispielsweise auf den Autor der Seite zugreifen (sofern gesetzt) und diesen ebenfalls in die Darstellung des Menüs mit einfließen lassen.
4. Das `.children`-Attribut enthält zu guter Letzt alle Unterseiten der jeweiligen Seite. Dieses Attribut enthält wiederum eine Liste mit genauso aufgebauten Menüeinträgen. Sie werden es dann benötigen, wenn Sie ein verschachteltes Menü mit mehreren Navigationsebenen aufbauen möchten.

Diese gerade aufgezählten Attribute reichen, um beliebig komplexe Menüs in Fluid zu konstruieren. Versuchen wir uns im nächsten Abschnitt am Hauptmenü.

Das Hauptmenü mit Fluid generieren

Das Hauptmenü kann auf dieselbe Weise generiert werden wie das Hilfsmenü. Der einzige Unterschied besteht darin, dass es gestalterisch etwas aufwendiger ist und sich über zwei Menüebenen erstreckt.

Beginnen wir zunächst wieder mit dem Data Processor. Beispiel 7-18 zeigt, wie dieser im TypoScript aussehen würde (die bisher verwendete

Fluid-Variable primaryMenu = HMENU mit allem, was dazugehört, kann damit entfallen).

Beispiel 7-18: Daten für das Hauptmenü bereitstellen

```
059  10 = FLUIDTEMPLATE
060  10 {
061    file = fileadmin/templates/vorlage-v2.html
062
063    dataProcessing {
064      10 = TYPO3\CMS\Frontend\DataProcessing\MenuProcessor
065      10 {
           [...]
070      }
071
072      20 = TYPO3\CMS\Frontend\DataProcessing\MenuProcessor
073      20 {
074        special = directory
075        special.value = {$navigation.primaryStartpoint}
076        levels = 2
077        as = primaryMenuItems
078      }
079    }
```

Wie Sie sehen, unterscheidet sich der Data Processor nicht sonderlich von dem für das Hilfsmenü. Die Unterschiede bestehen lediglich in einem anderen Startpunkt für das Menü (Zeile 75), einer höheren Verschachtelungstiefe (dieses Mal zwei Ebenen, Zeile 76) und einem anderen Variablennamen (Zeile 77).

Wie zuvor enthält die Variable primaryMenuItems nun die für das Hauptmenü benötigten Menüeinträge und kann im Fluid-Template mit dem f:for-ViewHelper ausgewertet werden. Beispiel 7-19 zeigt die Umsetzung, die die vorher genutzte Referenz auf die Variable primaryMenu ersetzt – da das Hauptmenü etwas komplexer und verschachtelt ist, fällt diese nun etwas komplizierter aus.

Beispiel 7-19: Erstellung des Hauptmenüs in Fluid

```
      <div id="navbar" class="navbar-collapse collapse">
        <ul class="nav navbar-nav navbar-right">
          <f:for each="{primaryMenuItems}" as="item">
            <f:if condition="{item.children}">
              <f:then>
                <li class="dropdown {f:if(condition: '{item.active}',
                                    then: 'active')}">
                  <a class="dropdown-toggle" role="button"
                          data-toggle="dropdown" href="{item.link}">
                    {item.title} <span class="caret"></span>
                  </a>
                  <ul class="dropdown-menu">
                    <f:for each="{item.children}" as="subitem">
```

Beispiel 7-19: Erstellung des Hauptmenüs in Fluid (Fortsetzung)

```
029                  <li class="{f:if(condition: '{subitem.active}',
                                  then: 'active')}">
030                    <a href="{subitem.link}">{subitem.title}</a>
031                  </li>
032                </f:for>
033              </ul>
034            </li>
035          </f:then>
036          <f:else>
037            <li class="{f:if(condition: '{item.active}',
                              then: 'active')}">
038              <a href="{item.link}">{item.title}</a>
039            </li>
040          </f:else>
041        </f:if>
042      </f:for>
043    </ul>
044  </div>
```

Ein paar Besonderheiten zu diesem Template: Jeder einzelne Menüpunkt wird unterschiedlich dargestellt, wenn er Untermenüpunkte hat. Diese Unterscheidung wird über den `<f:if condition="{item.children}">`-ViewHelper in den Zeilen 21 bis 41 umgesetzt. Enthält ein Menüpunkt Unterelemente, wird der `<f:then>`-Teil des ViewHelpers (Zeilen 22 bis 35) dargestellt, ansonsten der `<f:else>`-Teil (Zeilen 36 bis 40).

Für die Untermenüs enthält die `<f:for>`-Schleife noch eine zweite `<f:for>`-Schleife in den Zeilen 28 bis 32, die für die Darstellung der Untermenüpunkte verantwortlich ist und das ganze Spiel noch einmal wiederholt.

Den Klickpfad mit Fluid generieren

Zu guter Letzt können Sie auch das Klickpfadmenü über Fluid generieren. Die Funktionsweise ist dabei dieselbe wie schon beim Haupt- und beim Hilfsmenü. Lediglich die Konfiguration des Data Processor ist leicht unterschiedlich, wie Beispiel 7-20 zeigt (die Fluid-Variable `menuBreadcrumb = HMENU` und alles, was dazugehört, kann damit entfallen):

Beispiel 7-20: Daten für den Klickpfad bereitstellen

```
10 = FLUIDTEMPLATE
10 {
  file = fileadmin/templates/vorlage-v2.html

  dataProcessing {
    [...]

    30 = TYPO3\CMS\Frontend\DataProcessing\MenuProcessor
    30 {
      special = rootline
```

Beispiel 7-20: Daten für den Klickpfad bereitstellen (Fortsetzung)

```
083          special.range = 2|-1
084          as = rootlineItems
085        }
086      }
087
088      variables {
           [...]
135        labelYouAreHere = TEXT
136        labelYouAreHere.value = Sie sind hier
137      }
138    }
```

An den Konfigurationsparametern (`special` und `special.range` in den Zeilen 82 und 83) des Klickpfads selbst ändert sich gegenüber der ursprünglichen Konfiguration in Beispiel 7-13 nichts. Die Beschreibung *Sie sind hier* wurde aus dem in Beispiel 7-15 genutzten `COA`-Objekt in ein einzelnes `TEXT`-Objekt ausgelagert.

Im Fluid-Template steht nun die Variable `rootlineItems` zur Verfügung, aus der – wie gewohnt – mit einem `f:for`-ViewHelper das Klickpfadmenü generiert werden kann.

Beispiel 7-21: Das Klickpfadmenü in Fluid generieren

```
<div class="infobar">
  <div class="container">
    [...]

    <span class="youarehere">{labelYouAreHere}:</span>
    <ol class="breadcrumb">
      <f:for each="{rootlineItems}" as="item">
        <f:if condition="{item.current}">
          <f:then>
            <li class="active">{item.title}</li>
          </f:then>
          <f:else>
            <li><a href="{item.link}">{item.title}</a></li>
          </f:else>
        </f:if>
      </f:for>
    </ol>
  </div>
</div>
```

Jedes Menü, das über TypoScript generiert werden kann, kann mithilfe eines Data Processor auch über Fluid generiert werden. Tatsächlich sparen Sie über diesen Weg einiges an TypoScript-Code – allerdings ist das Fluid-Template durch die Umstellung im gleichen Maße größer geworden und wird nun langsam unübersichtlich. Im folgenden Abschnitt werden wir daher ein weiteres Fluid-Feature betrachten, um etwas mehr Übersicht in größere Templates zu bringen: *Partials*.

Fluid-Templates mit Partials strukturieren

In den vergangenen Abschnitten haben wir die Fluid-Vorlage schrittweise so erweitert, dass alle Menüs der Seite direkt aus den Rohdaten im Fluid-Template generiert werden. Das bietet weitreichende gestalterische Möglichkeiten, hat aber dafür gesorgt, dass unser Template ein wenig unübersichtlich geworden ist.

In diesem Abschnitt betrachten wir daher, wie in Fluid mit *Partials* gearbeitet werden kann. Mit diesen können Sie einzelne Teile einer HTML-Vorlage in eigene Dateien auslagern und diese dann wiederverwenden. Nehmen Sie als Beispiel zunächst ein einfaches `FLUIDTEMPLATE`-Objekt wie das im nachfolgenden Codebeispiel an:

Beispiel 7-22: Ein »FLUIDTEMPLATE« mit Partials

```
01 test = FLUIDTEMPLATE
02 test {
03   file = fileadmin/templates/vorlage-v4.html
04
05   partialRootPaths {
06     10 = fileadmin/templates/partials
07   }
08
09   variables {
10     header = Test-Überschrift
11   }
12 }
```

Zusätzlich zu den Attributen, die Sie bereits kennen, wurde hier in Zeile 5 das Attribut `partialRootPaths` gesetzt. Dieses Attribut enthält eine Liste mit Dateipfaden (die in diesem Fall aus nur einem Element besteht), in denen nach Partial-Dateien gesucht wird.

Tipp Im folgenden Abschnitt wird wieder einmal das Fluid-Template in einigen Schritten angepasst. Das Endergebnis finden Sie in den Beispieldateien in der Datei *vorlage-v4.html*. Die TypoScript-Beispieldateien binden diese Datei ab Beispiel 7-23 bereits ein.

Eine Partial-Datei (die in diesem Beispiel den Dateinamen *fileadmin/templates/partials/header.html* tragen könnte) ist selbst ein ganz normales Fluid-Template (also eine HTML-Datei mit Variablen und ViewHelpern). Ein einfaches Partial könnte also beispielsweise wie folgt aussehen:

```
<h1>
  {header}
</h1>
```

Im eigentlichen Fluid-Template können Sie nun den `<f:render>`-ViewHelper nutzen, um dieses Partial an eine beliebige Stelle in Ihr Template einzufügen – gern auch mehrfach und mit unterschiedlichen Parametern:

```
1 <div class="row">
2   <div class="col-md-6">
3     <f:render partial="header" arguments="{header: 'Hallo Welt'}" />
4   </div>
5   <div class="col-md-6">
6     <f:render partial="header" arguments="{header: header}" />
7   </div>
8 </div>
```

Dasselbe Partial wird in diesem Template zweimal eingebunden, jeweils in Zeile 3 und Zeile 6. Über das `arguments`-Attribut können Sie Fluid-Variablen an das Partial durchreichen. Dabei kann es sich um feste Werte handeln (Zeile 3) oder um andere Fluid-Variablen. Im obigen Beispiel wird also zunächst in Zeile 3 das Partial `header` ausgewertet; innerhalb des Partials hat die Fluid-Variable `{header}` dann den Wert `"Hallo Welt"`. Beim zweiten Aufruf des Partials in Zeile 6 wird die bereits definierte Variable `{header}` einfach an das Partial durchgereicht.

Die Menüs in Partials auslagern

Für mehr Übersicht im Fluid-Template können wir die einzelnen Menüs nun in Partials auslagern. Dazu muss im TypoScript-Template zunächst im `FLUIDTEMPLATE`-Objekt konfiguriert werden, unter welchem Dateipfad die Partials zu finden sind. Fügen Sie daher die in Beispiel 7-23 gezeigte Eigenschaft `partialRootPaths` hinzu:

Beispiel 7-23: Konfiguration von »partialRootPaths« des Fluid-Templates

```
10 = FLUIDTEMPLATE
10 {
  file = fileadmin/templates/vorlage-v4.html

  partialRootPaths {
    10 = fileadmin/templates/partials
  }

  dataProcessing {
            [...]
  }
            [...]
}
```

Im nächsten Schritt können nun die eigentlichen Partial-Dateien erstellt werden. Wir zeigen das exemplarisch anhand des Hauptmenüs in der Datei *fileadmin/templates/partials/primary.html* in Beispiel 7-24. Die Partials *secondary.html* und *rootline.html* für die anderen beiden Menüs finden Sie in den Beispieldateien.

Beispiel 7-24: Inhalt des primary.html-Partials

```
<ul class="nav navbar-nav navbar-right">
  <f:for each="{menuItems}" as="item">
    <f:if condition="{item.children}">
      [...]
    </f:if>
  </f:for>
</ul>
```

Das Partial enthält jetzt nur noch den HTML-Code des Hauptmenüs und nichts anderes. Der Code ist derselbe wie der in Beispiel 7-19. Lediglich die Variable `primaryMenuItems` wurde nun einfach in `menuItems` umbenannt, denn Variablen existieren lediglich innerhalb eines Templates oder eines Partials (und innerhalb eines einzelnen Menü-Partials wird es immer nur eine einzelne Liste mit Menüelementen geben).

Im letzten Schritt muss jetzt lediglich noch das Haupt-Template angepasst werden, um an den entsprechenden Stellen die neu erstellten Partials einzubinden. Beispiel 7-25 zeigt die notwendigen Anpassungen:

Beispiel 7-25: Einbinden der Partials im Haupt-Template

```
<header>
  <div class="trailer">
    <nav class="navbar navbar-inverse navbar-fixed-top" data-spy="affix"
data-offset-top="80">
      <div class="container">
        [...]
        <div id="navbar" class="navbar-collapse collapse">
          <f:render partial="menu/primary" arguments="{menuItems:
                                          primaryMenuItems}" />
        </div>
      </div>
    </nav>

    [...]
  </div>

  <div class="infobar">
    <div class="container">
      [...]

      <span class="youarehere">{labelYouAreHere}</span>
      <f:render partial="menu/rootline" arguments="{menuItems:
                                     rootlineItems}" />
    </div>
  </div>
</header>

  [...]

<footer>
```

Beispiel 7-25: Einbinden der Partials im Haupt-Template (Fortsetzung)

```
  <div class="container">
    <div class="row">
      [...]
      <div class="col-md-4">
        <h4>{labelMore}</h4>
        <nav>
          <f:render partial="menu/secondary" arguments="{menuItems:
            secondaryMenuItems}" />
        </nav>
      </div>
    </div>
  </div>
</footer>
```

Beliebig verschachtelte Menüs mit rekursiven Partials

Wie Sie sehen, sind Partials eine gute Möglichkeit, komplizierte Fluid-Templates etwas übersichtlicher zu strukturieren. Man kann jedoch noch mehr damit anfangen.

Bislang ist unsere Hauptnavigation auf maximal zwei Ebenen ausgelegt. Im TYPO3-Backend würde einen Redakteur allerdings nichts daran hindern, einfach eine dritte oder vierte Menüebene anzulegen (beispielsweise eine Unterseite der *Skigebiet*-Seite). Ein Besucher der Website könnte zu solchen Seiten über die bisherige Navigationsstruktur jedoch gar nicht navigieren.

In diesem Abschnitt werden wir das mit Fluid generierte Hauptmenü daher so erweitern, dass es beliebig viele Menüebenen darstellen kann.

Tipp Dieser Abschnitt zeigt, was mit Fluid technisch alles möglich ist. In der Praxis ist es nicht unbedingt eine gute Idee, ein beliebig tief verschachteltes Menü zu implementieren, da es Ihre Nutzer womöglich eher verwirrt. Auf Mobilgeräten kommt noch dazu, dass diese Menüs irgendwann nicht mehr dargestellt (geschweige denn sinnvoll bedient) werden können.

Für das beliebig tief verschachtelte Hauptmenü werden wir eins der ältesten Prinzipien der Informatik anwenden: die *Rekursion*. In der Programmierung kann eine Funktion beispielsweise *rekursiv* sein, wenn sie sich in ihrer Ausführung selbst wieder aufruft. Und das Spannende: Genau dasselbe geht mit Fluid-Partials, denn auch in einem Fluid-Partial können weitere Fluid-Partials eingebunden werden. Und ja, ein Fluid-Partial kann sich sogar selbst aufrufen.

Prinzipiell könnte ein tief verschachteltes Menü dadurch umgesetzt werden, dass sich innerhalb des Drop-down-Menüs immer wieder neue

Drop-down-Menüs öffnen. Das wird gern in den Menüzeilen von Desktopanwendungen genutzt – Abbildung 7-12 zeigt beispielsweise ein Menü des macOS-E-Mail-Programms.

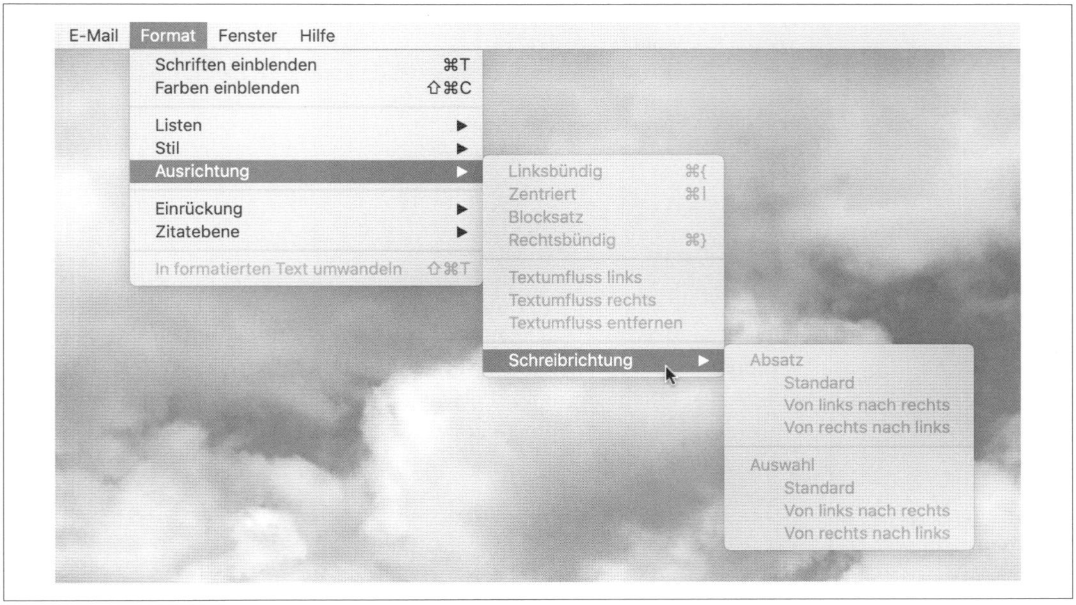

▲ Abbildung 7-12
Desktopanwendungen sind hin und wieder für tief verschachtelte Menüs berüchtigt.

Im Web – und spätestens auf Webseiten, die auch auf mobilen Endgeräten bedient werden sollen – funktionieren solche Menüs jedoch nicht mehr. Aus diesem Grund unterstützt das im Praxisbeispiel genutzte *Bootstrap*-Framework auch keine verschachtelten Untermenüs.

Stattdessen werden wir das Menü für unser Praxisbeispiel so bauen, dass Unterseiten einer Unterseite auf derselben Menüebene angezeigt werden, aber dabei den Titel der Oberseite vorangestellt bekommen. Hätte die *Skigebiet*-Seite also noch eine Unterseite *Anfahrt*, könnte sie im Menü als *Skigebiet* → *Anfahrt* auftauchen.

Bevor wir die Fluid-Templates des Menüs anpassen, muss zunächst dem Data Processor mitgeteilt werden, dass mehr Menüebenen generiert werden sollen. Dies geht über die `levels`-Eigenschaft des Data Processor, wie in Beispiel 7-26 zu sehen. In diesem Fall wird die Anzahl der gewünschten Menüebenen einfach auf 10 erhöht (zehn bedeutet zwar nicht unendlich, sollte in den meisten Fällen aber reichen).

Beispiel 7-26: Das »levels«-Attribut steuert, wie viele Menüebenen generiert werden sollen.

```
10 = FLUIDTEMPLATE
10 {
  [...]
  dataProcessing {
```

Beispiel 7-26: Das »levels«-Attribut steuert, wie viele Menüebenen generiert werden sollen. (Fortsetzung)

```
          [...]

          20 = TYPO3\CMS\Frontend\DataProcessing\MenuProcessor
          20 {
            special = directory
            special.value = {$navigation.primaryStartpoint}
            levels = 10
            as = primaryMenuItems
          }

          [...]
        }
        [...]
      }
```

Um das Ganze testen zu können, brauchen wir nun auch eine etwas tiefer verschachtelte Seitenstruktur. Legen Sie daher über das TYPO3-Backend einige zusätzliche Seiten auf etwas tieferen Ebenen des Seitenbaums an. Abbildung 7-13 zeigt ein Beispiel für einige mögliche (Unter-)Unterseiten der *Über uns*-Seite.

Abbildung 7-13 ▶ Die Hauptnavigation besteht nun aus vier Ebenen.

Im nächsten Schritt können nun die Fluid-Partials entsprechend erweitert werden. Dazu werden wir zunächst das *primary.html*-Partial anpassen, sodass auch Unterseiten von Unterseiten berücksichtigt werden. Hierzu wird ein neues Partial *primary/submenuitems.html* aufgerufen:

Beispiel 7-27: Darstellung von Untermenüelementen im Hauptmenü

```
<ul class="nav navbar-nav navbar-right">
  <f:for each="{menuItems}" as="item">
    <f:if condition="{item.children}">
      <f:then>
        <li class="dropdown {f:if(condition: '{item.active}',
                                  then: 'active')}">
          <a class="dropdown-toggle" role="button"
                                 data-toggle="dropdown" href="{item.link}">
            {item.title} <span class="caret"></span>
          </a>
          <ul class="dropdown-menu">
```

Beispiel 7-27: Darstellung von Untermenüelementen im Hauptmenü (Fortsetzung)

```
10          <f:render partial="menu/primary/submenuitems"
                      arguments="{menuItems: item.children}" />
11          </ul>
12        </li>
13      </f:then>
14      <f:else>
15        <li class="{f:if(condition: '{item.active}', then: 'active')}">
16          <a href="{item.link}">{item.title}</a>
17        </li>
18      </f:else>
19    </f:if>
20  </f:for>
21 </ul>
```

In diesem Beispiel wird in Zeile 10 das *menu/primary/submenuitems*-Partial aufgerufen. Dieses wird in der Datei *fileadmin/templates/partials/menu/primary/submenuitems.html* hinterlegt. Beispiel 7-28 zeigt den Inhalt dieses Partials:

Beispiel 7-28: Das »submenuitems«-Partial generiert rekursiv die weiteren Menüebenen.

```
01 <f:for each="{menuItems}" as="item">
02   <li class="{f:if(condition: '{item.active}', then: 'active')}">
03     <a href="{item.link}">
04       <f:if condition="{prefix}">
05         <span class="text-muted">{prefix} / </span>
06       </f:if>
07       {item.title}
08     </a>
09   </li>
10   <f:if condition="{item.children}">
11     <f:if condition="{prefix}">
12       <f:then>
13         <f:render partial="menu/primary/submenuitems"
14           arguments="{menuItems: item.children, prefix: '{prefix} /
                                      {item.title}'}" />
15       </f:then>
16       <f:else>
17         <f:render partial="menu/primary/submenuitems"
             arguments="{menuItems: item.children, prefix: item.title}" />
18       </f:else>
19     </f:if>
20   </f:if>
21 </f:for>
```

Hier findet die eigentliche Magie statt: Das *submenuitems*-Partial iteriert über alle Menüelemente, die ihm als Argument übergeben werden. Hat eines dieser Menüelemente wiederum Unterelemente (Zeile 10), ruft sich das Partial in Zeile 13 oder 17 selbst auf und übergibt die Unterelemente an den nächsten Aufruf. Außerdem wird jedes Mal eine `prefix`-Variable übergeben, die sich aus dem schon vorhandenen Präfix und dem Titel des aktuellen Menüelements zusammensetzt.

Wird das Partial das erste Mal (also direkt vom *primary.html*-Partial) aufgerufen, ist die `prefix`-Variable zunächst leer. Dieser Fall muss gesondert behandelt werden (dazu das `f:if` in den Zeilen 4 und 11), damit auf der ersten Menüebene die Linktexte nicht mit einem / beginnen.

Abbildung 7-14 zeigt, wie das auf diese Weise generierte Menü im Frontend aussieht.

Abbildung 7-14 ▼
Das verschachtelte Menü im Frontend

KAPITEL 8

Inhalte ausgeben

In diesem Kapitel:

- Neue Seiteninhalte anlegen
- Vorhandene Seiteninhalte ausgeben
- Besondere Seiteninhalte
- Inhalte in anderen Bereichen ausgeben
- Übersicht über Seiteninhaltstypen

Dieses Kapitel zeigt Ihnen, wie Sie Seiteninhalte, die von Redakteuren eingepflegt werden, integrieren und mit gestalterischen Vorgaben versehen können. Sie werden bereits bekannte TypoScript-Objekte verwenden und zusätzlich neue Objekte und Eigenschaften kennenlernen. Wenn Sie dieses Kapitel Schritt für Schritt nachvollzogen haben, werden Sie Seiteninhalte in verschiedenen gestalterischen Varianten mit TypoScript beschreiben können. Eine tabellarische Übersicht über die verschiedenen Seiteninhaltstypen finden Sie am Ende des Kapitels.

Neue Seiteninhalte anlegen

Bevor überhaupt Inhalte ausgeben werden können, müssen erst einmal Seiteninhalte angelegt werden. Dafür müssen Sie kurzzeitig den Redakteursposten einnehmen, wozu Sie die TypoScript-Template-Umgebung verlassen. Zunächst soll auf der Seite *Homepage* ein einfacher Text mit Überschrift angelegt werden.

Klicken Sie zum Anlegen eines Seiteninhalts in der linken Modulliste auf *Seite* ❶ und wählen Sie im Seitenbaum durch Anklicken des Textlinks die Seite *Homepage* ❷ aus. Beachten Sie aber, dass es die Seite *Homepage* gleich zweimal gibt. Eine der beiden *Homepage*-Seiten ist lediglich ein Verweis auf die tatsächliche Homepage, die sich in der primären Navigation befindet und somit eine Unterseite von *Hauptnavigation* ist.

Nach dem Anklicken des Textlinks *Homepage* im Seitenbaum erhalten Sie nun eine Ansicht über die auf dieser Seite platzierten Inhaltselemente (am Anfang also wahrscheinlich noch gar keine). Inhaltselemente können in TYPO3 in verschiedenen *Bereichen* (gelegentlich auch *Spalten* genannt) platziert werden. Zu Anfang finden Sie lediglich den Bereich *Normal* – später im Abschnitt »Inhalte in anderen Bereichen ausgeben« auf Seite 234 werden Sie lernen, wie Sie die Inhaltsbereiche im Backend an das Layout Ihrer Seite anpassen, zusätzliche Bereiche definieren und dort Inhalte platzieren können.

Sie können im rechten Bereich einen Seiteninhalt anlegen, indem Sie auf den Button *Neues Inhaltselement erstellen* innerhalb der Spalte *Normal* klicken, wie in Abbildung 8-1 zu sehen ist ❸.

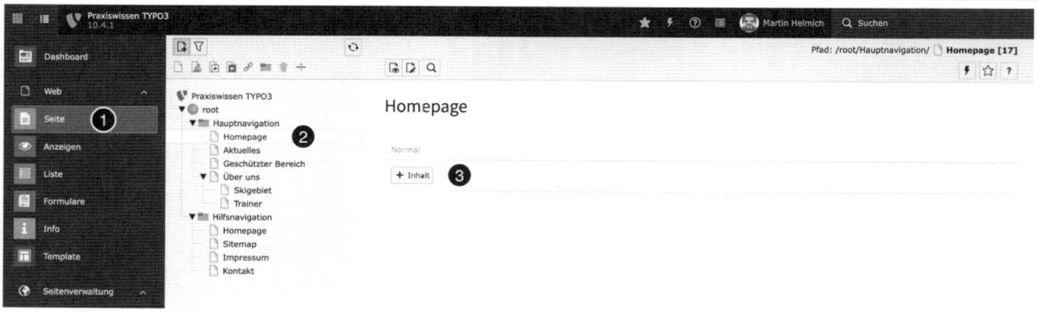

Abbildung 8-1 ▲ Übersicht über Seiteninhalte auf einer Seite

Im erscheinenden Wizard (siehe Abbildung 8-2) für neue Inhaltselemente bzw. Seiteninhalte können Sie verschiedene vordefinierte Inhaltstypen auswählen. Dies sind prinzipiell nur unterschiedliche Masken, die Redakteuren zur Verfügung gestellt werden. Sie können mit TypoScript abfragen, um welchen Inhaltstyp es sich gerade handelt und wie dieser dargestellt werden soll. Im nächsten Abschnitt wird dieses Thema ausführlich erläutert.

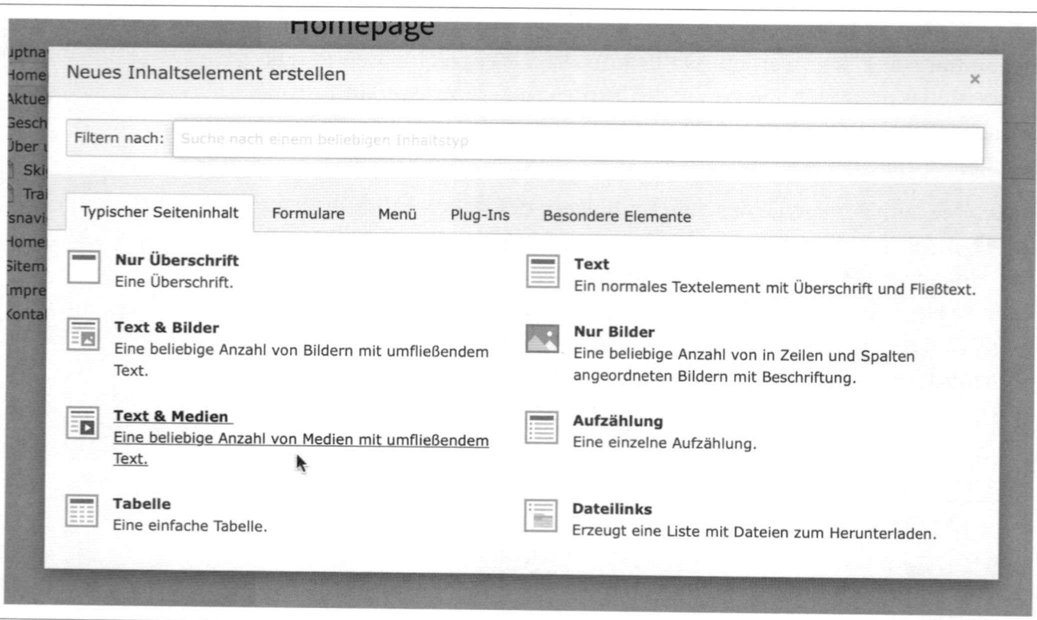

Abbildung 8-2 ▼ Der Wizard für neue Seiteninhalte

Diese vordefinierten Inhaltstypen sind z.B. *Text & Medien*, *Tabelle* usw. Über den Inhaltstyp *Text & Medien* kann der Redakteur Inhaltsüberschriften sowie Fließtext angeben. Außerdem gibt es zusätzliche Felder, über die Multimediainhalte wie Bilder, Video- oder Audiodateien hochgeladen bzw. eingebunden werden können und mit denen man die Position der eingebundenen Medien bestimmen kann.

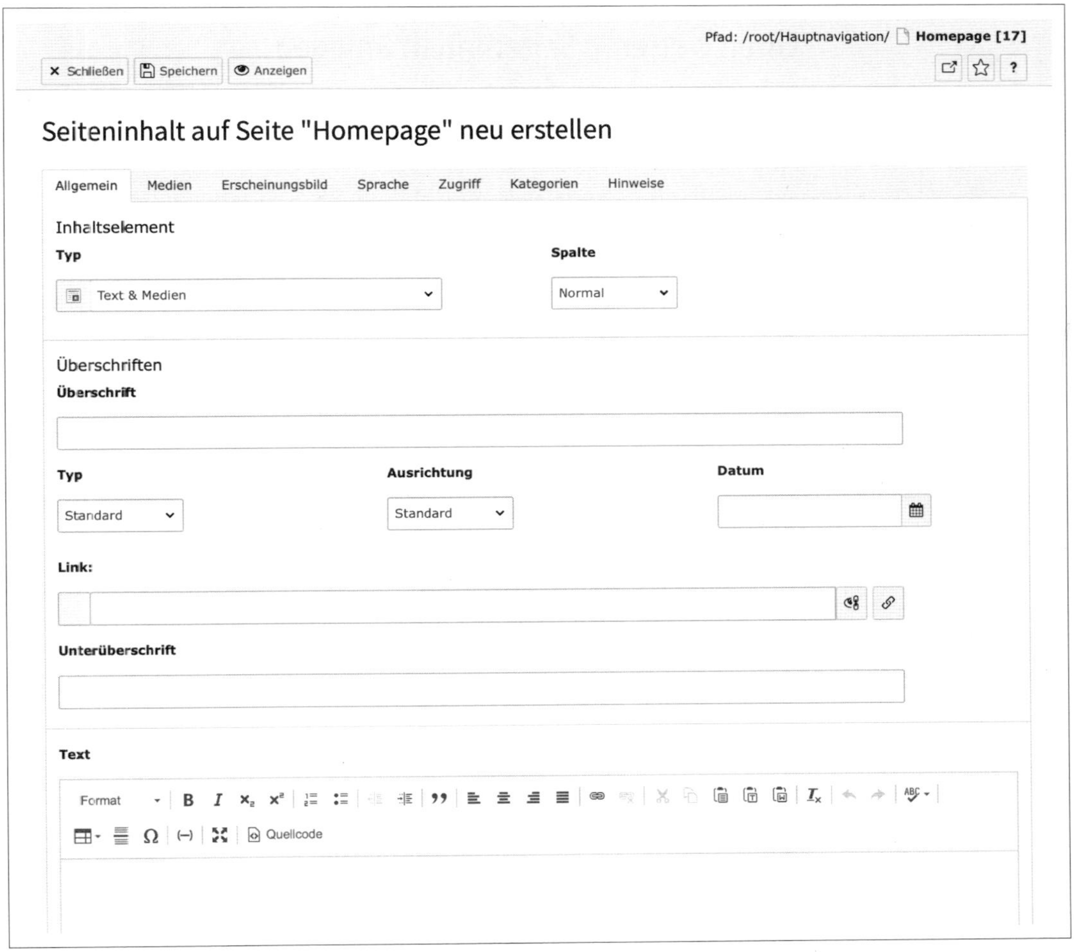

Für den ersten Seiteninhalt wählen Sie aus dem Wizard den Eintrag *Text & Medien* aus. Es erscheint die in Abbildung 8-3 gezeigte Maske für einen Seiteninhalt des Typs *Text & Medien*. Füllen Sie hier auf dem Tab *Allgemein* das Feld *Überschrift* mit dem Inhalt *Das ist eine Überschrift*. Füllen Sie anschließend das Feld *Text* mit dem Inhalt *Dies ist ein Text*. Speichern Sie den Seiteninhalt, indem Sie auf das Symbol *Speichern* klicken.

▲ Abbildung 8-3
Backend-Maske für einen Seiteninhalt vom Typ »Text & Medien«

Speziell für Redakteure kann die Vielzahl der Eingabefelder oft verwirrend sein. In Kapitel 13, *Das Backend für Redakteure anpassen*, erfahren Sie, wie Sie Redakteuren nur diejenigen Felder zur Verfügung stellen, die Sie per TypoScript beschrieben haben und die auch tatsächlich benötigt werden. Ebenso erfahren Sie dort, wie Sie den Texteditor für den Text-Inhalt an Ihre Bedürfnisse anpassen können.

Einen weiteren Seiteninhalt anlegen

Legen Sie nun auf derselben Seite *Homepage* einen weiteren Seiteninhalt vom Typ *Text & Medien* an. Verwenden Sie dazu den Button *Neues Inhaltselement erstellen*, der sich unterhalb des gerade angelegten Inhaltselements befindet, wie in Abbildung 8-4 zu sehen ist.

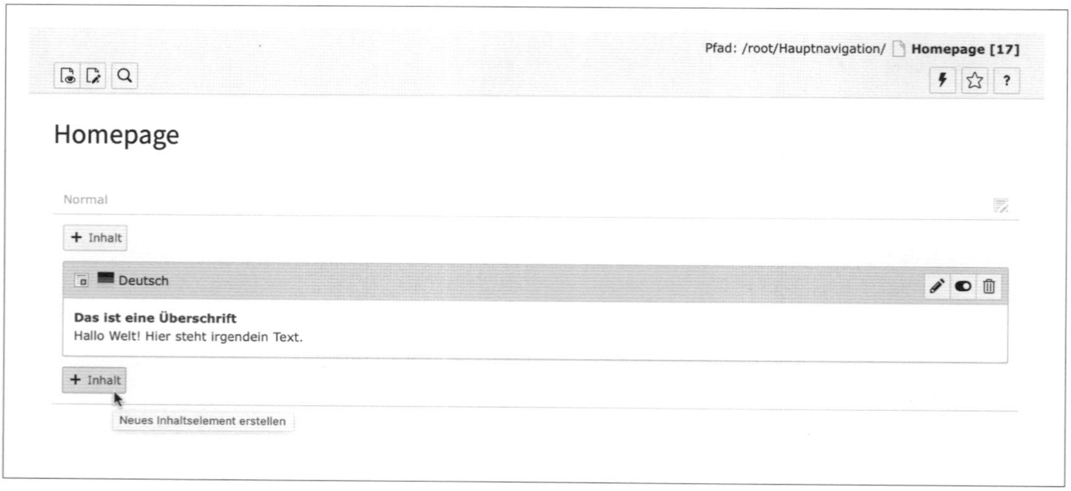

Abbildung 8-4 ▲
Einen weiteren neuen Seiteninhalt anlegen

Legen Sie zunächst einen weiteren Seiteninhalt vom Typ *Text & Medien* an. Verwenden Sie bei Ihrem neuen Seiteninhalt in den Feldern *Überschrift* und *Text* einen von dem oben abweichenden Inhalt, z. B. *Das hier ist eine zweite Überschrift*, um direkt einen Unterschied festzulegen.

Es existiert ein weiteres Feld mit der Bezeichnung *Typ*, aus dem Sie ein Layout auswählen können. Wählen Sie hier statt des Eintrags *Normal* den Eintrag *Layout 3* aus und speichern Sie den neuen Seiteninhalt ab. Abbildung 8-5 zeigt, wo sich das Feld zur Auswahl des Layouts befindet.

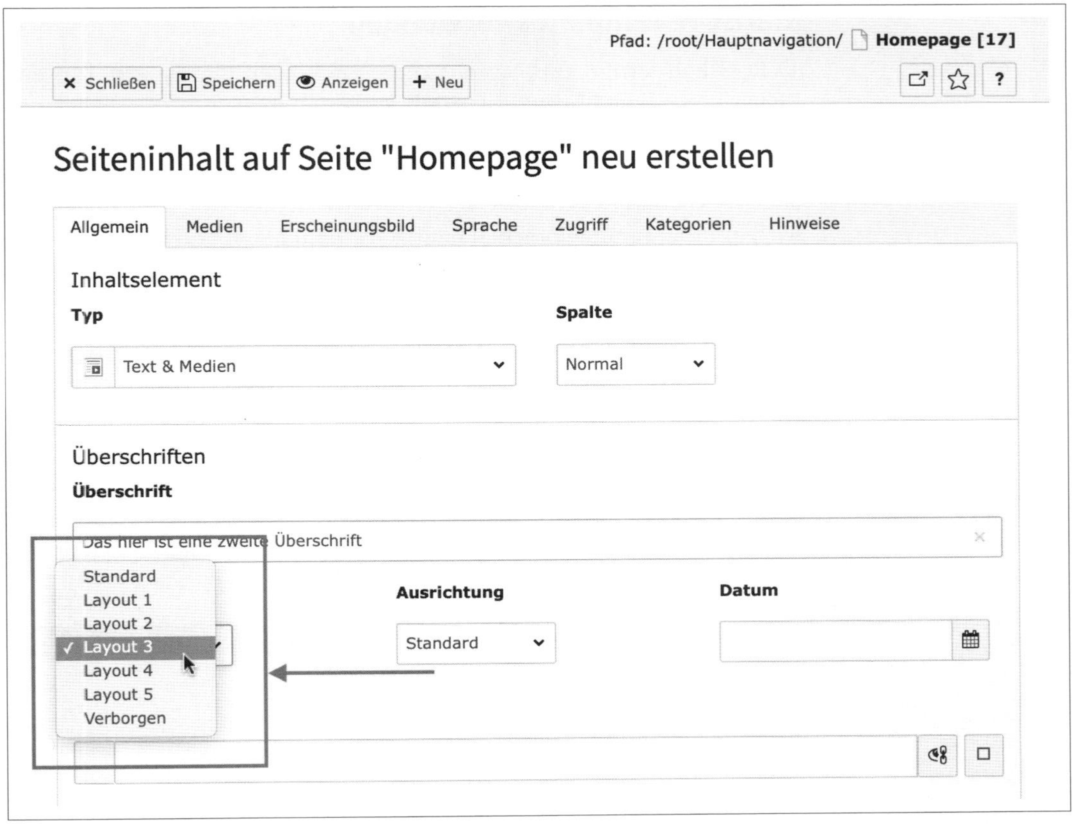

▲ **Abbildung 8-5**
Im Feld »Typ« ein Layout auswählen

Vorhandene Seiteninhalte ausgeben

Nachdem Sie nun zwei Seiteninhalte auf der Seite *Homepage* angelegt haben, werden Sie vielleicht enttäuscht sein, dass diese im Frontend noch nicht angezeigt werden. Auf der anderen Seite wäre das allerdings überraschend, da Sie TYPO3 noch nicht mitgeteilt haben, dass (und wo) überhaupt Inhalt angezeigt werden soll.

Damit Sie Inhalte an der Stelle der Fluid-Variablen `{contentMain}` jetzt zu sehen bekommen, müssen Sie über TypoScript konfigurieren, dass diese Variable mit dem Inhalt der jeweils dargestellten Seite befüllt werden soll. Dazu kann das TypoScript-Objekt `CONTENT` verwendet werden. Dieses Objekt von Hand zu konfigurieren, kann jedoch schnell sehr mühsam werden. Aus diesem Grund werden wir an dieser Stelle auf die Erweiterung *Fluid Styled Content* zurückgreifen, die bereits eine sinnvolle Standardkonfiguration für die Darstellung von Inhalten mitbringt. Diese Erweiterung ist standardmäßig vorinstalliert.

Statische Templates verwenden

TYPO3 hält fertige TypoScript-Codesammlungen mit einigen Tausend Zeilen TypoScript bereit, die Grundkonfigurationen enthalten, mit denen Sie arbeiten können. Diese fertigen TypoScript-Templates werden in TYPO3 als *statische Templates* bezeichnet und können in einem vorhandenen TypoScript-Template verwendet werden. Diese Vorgehensweise wird in Programmiersprachen häufig als *Inkludieren* bezeichnet.

Für unsere Zwecke geeignet ist das Template *Fluid Styled Content*. Es enthält bereits eine umfangreiche Standardkonfiguration für das Auslesen und Darstellen von Inhalten. Dieses Template muss nun in das *root*-Template unserer Seite eingebunden werden.

1. Wählen Sie dazu das Template-Modul an ❶ und wechseln Sie im Seitenbaum auf die Seite *root* ❷.
2. Klicken Sie in Ihrem TypoScript-Template ganz unten auf den Button *Vollständigen Template-Datensatz bearbeiten*. Abbildung 8-6 zeigt, wo sich dieser Button befindet ❸.

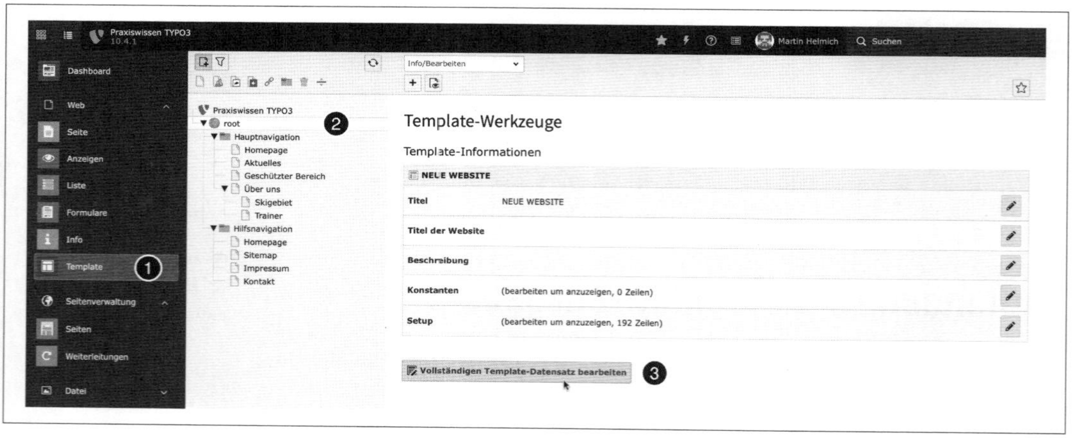

Abbildung 8-6 ▲
Der Button zur Maske, mit der das gesamte Template bearbeitet werden kann

3. Nun öffnet sich eine umfangreiche Template-Maske, die bereits in Kapitel 5, *TypoScript in der Praxis*, näher vorgestellt wurde. Wechseln Sie zum Tab *Enthält*.
4. Fügen Sie im Abschnitt *Statische Templates einschließen (aus Erweiterungen)* auf der rechten Seite den Eintrag *Fluid Content Elements (fluid_styled_content)* zu Ihrem Template hinzu (siehe Abbildung 8-7), indem Sie einfach auf diesen Eintrag klicken.
5. Speichern Sie das Template ab.

▲ **Abbildung 8-7**
Das statische Template inkludieren

Inhalte ausgeben

Zum Einlesen und Ausgeben von Inhalten wird das TypoScript-Objekt `CONTENT` verwendet. Das soeben eingerichtete statische Template *Content Elements* stellt unter dem Bezeichner `styles.content.get` nun bereits eine vorkonfigurierte Instanz dieses Objekts zur Verfügung, das wir über den Kopieroperator der Fluid-Variablen `{contentMain}` zuweisen können.

Beispiel 8-1: Inhalte aus der Tabelle »tt_content« ausgeben

```
page = PAGE
page {
   [...]
   # Die Designvorlage integrieren
   10 = FLUIDTEMPLATE
   10 {
     [...]
     variables {
       [...]
       # Den Inhalt der Hauptspalte ausgeben
       contentMain < styles.content.get
     }
   }
}
```

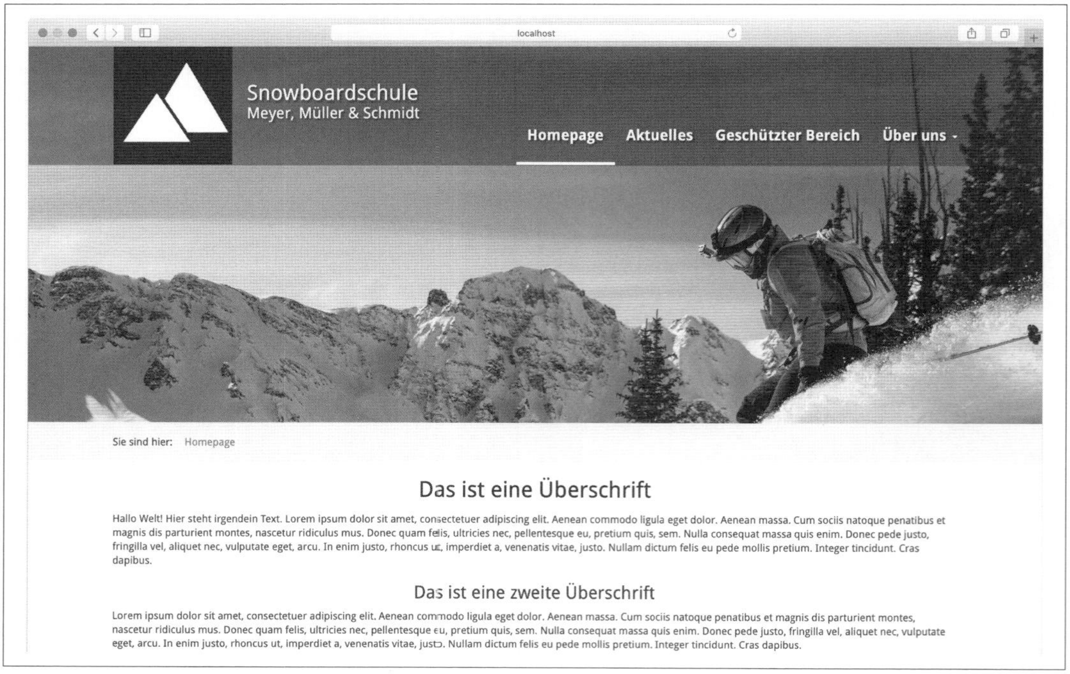

Abbildung 8-8 ▲
Überschrift und Inhalt werden CSS-formatiert ausgegeben.

Wenn Sie jetzt Ihre Seite im Frontend betrachten, sollte sie ähnlich aussehen wie in Abbildung 8-8. Wie Sie sehen, liefert die Funktion `styles.content.get` in der Standardkonfiguration bereits durchaus brauchbare Ergebnisse. Der erzeugte HTML-Quelltext wird mit zahlreichen CSS-Klassen ausgezeichnet, sodass Sie einen Großteil der Formatierung einfach über die CSS-Datei anpassen können. Wie Sie komplexere Anpassungen über TypoScript vornehmen können, werden wir uns im nächsten Abschnitt ansehen.

Die Darstellung den eigenen Wünschen anpassen

Unter Umständen wird es notwendig sein, von der Standardkonfiguration abzuweichen. So sieht beispielsweise die Designvorlage vor, dass eine Überschrift (üblicherweise die erste) durch spezielles Markup besonders hervorgehoben und mit einer zusätzlichen Unterüberschrift (ja, dieses Wort gibt es tatsächlich) versehen werden kann:

```
<div class="page-heading">
  <h1>
    Die Überschrift
    <small>Die Unter-Überschrift</small>
  </h1>
</div>
```

Neben dieser Gesamtüberschrift sollten weitere Überschriftebenen als HTML-Tags von `<h2>` bis `<h6>` abgebildet werden. Mit dem *Layout*-Feld in den Eigenschaften der Inhaltselemente, die Sie bereits erstellt haben, können Sie in der Standardeinstellung alle Überschrifttypen von `<h1>` bis `<h5>` erstellen. Lediglich für die oben beschriebene Hauptüberschrift bedarf es einer Sonderlösung, die zunächst in TypoScript konfiguriert werden muss. Wie Sie die Darstellung der Überschriften oder auch einzelner Inhaltstypen Ihren Wünschen anpassen können, wird in den folgenden Abschnitten behandelt.

Um die folgenden Abschnitte zu verstehen, ist es wichtig, zu wissen, dass Inhaltselemente in der Datenbanktabelle *tt_content* gespeichert werden. Später werden wir für die Darstellung dieser Inhalte explizit Daten aus den Spalten dieser Tabelle auswerten müssen. Um die bereits bestehende TypoScript-Konfiguration zu analysieren, werden wir weiterhin den *TypoScript-Objekt-Browser* verwenden. Um diesen aufzurufen, wählen Sie im Template-Modul oben den Menüpunkt *TypoScript Objekt-Browser* aus. Sie sehen das gesamte TypoScript-Template einschließlich der geladenen statischen Templates in einer Baumstruktur (siehe Abbildung 8-9). Um ein Objekt näher zu analysieren, klicken Sie auf das Pfeilsymbol davor, um seine Eigenschaften auszuklappen.

▼ Abbildung 8-9
Der TypoScript-Objekt-Browser

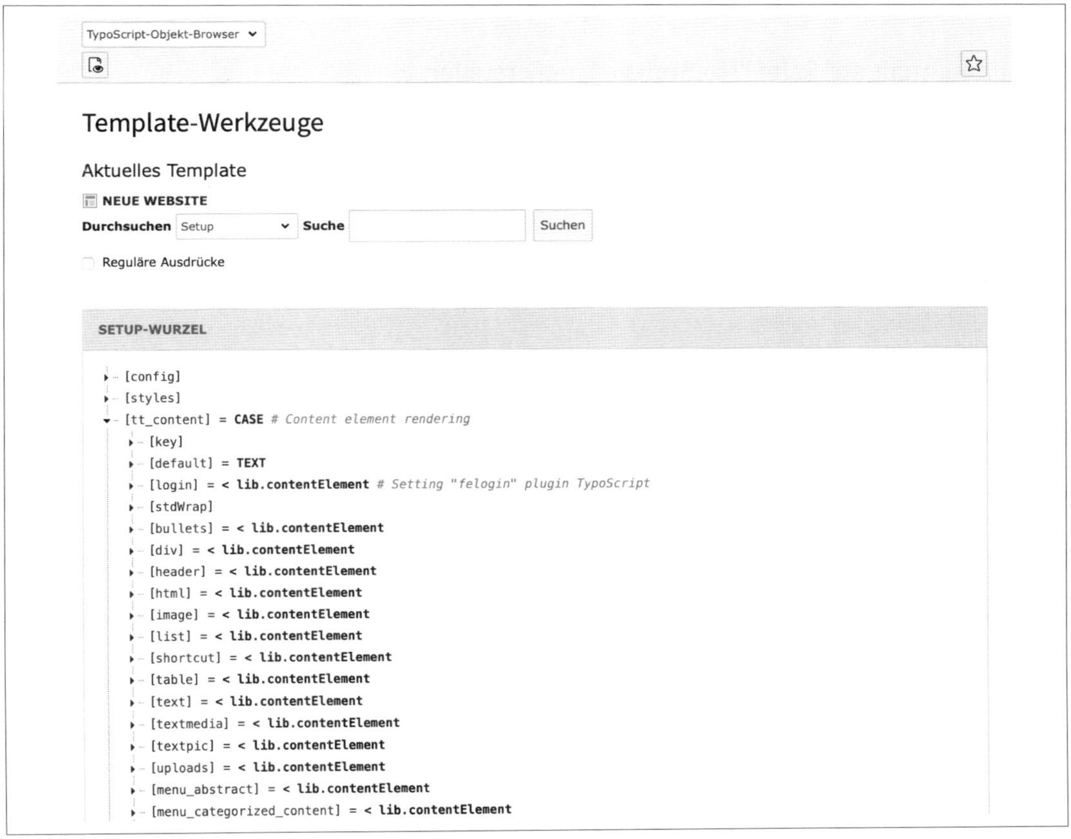

Die Darstellung von Inhalten verstehen

Intern verwendet TYPO3 eine Reihe von TypoScript-Optionen und Fluid-Vorlagen, um die Darstellung von Inhalten zu beschreiben. Umgekehrt bedeutet das auch, dass Sie TypoScript und Fluid verwenden können, um so gut wie alle Einstellungen in Ihrem Template zu überschreiben.

Das Praxisbeispiel sieht vor, dass es mehrere unterschiedliche Arten der Darstellung für Überschriften geben soll: In der ersten Variante soll die Überschrift besonders hervorgehobenen und mit Unterüberschrift erscheinen, in den übrigen Varianten sollen die Überschriften als reguläre `<h2>`- bis `<h5>`-Elemente dargestellt werden.

Um zu unterscheiden, welche Darstellungsvariante des Seiteninhalts angezeigt werden soll, wird das Auswahlfeld *Typ* mit den Einträgen *Standard*, *Layout 1*, *Layout 2* ... verwendet (siehe Abbildung 8-10). Je nach ausgewähltem Layout soll die jeweilige TypoScript-Beschreibung verwendet werden.

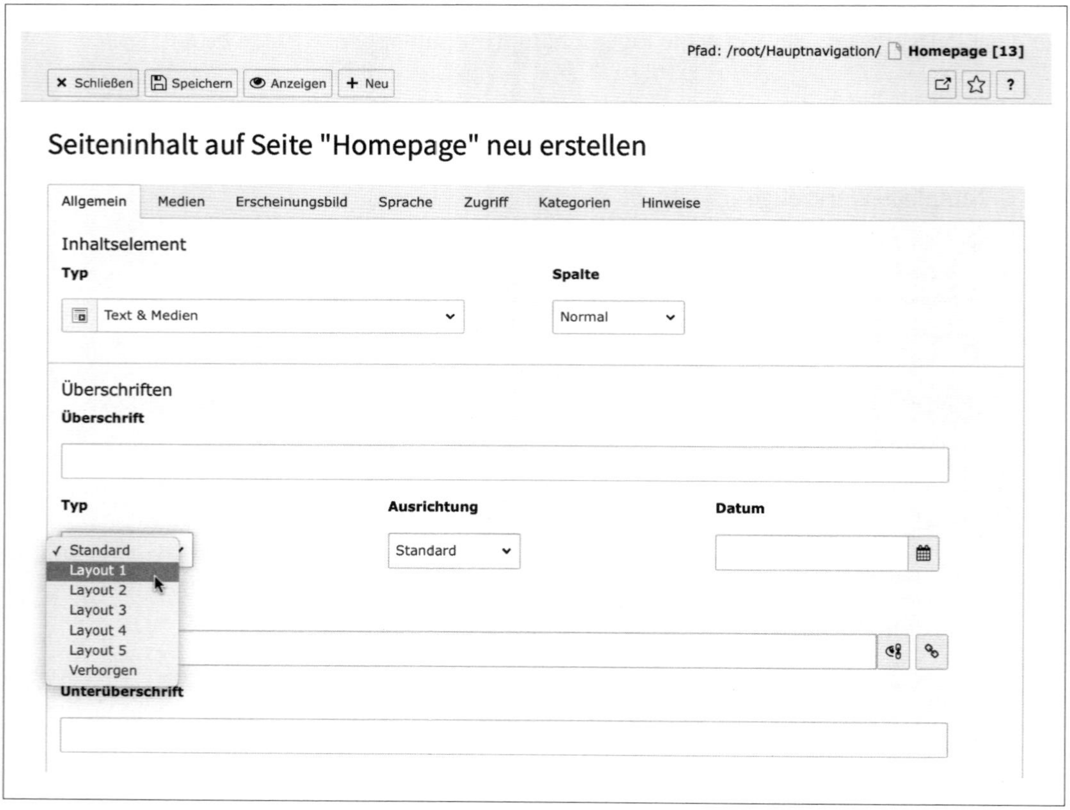

Abbildung 8-10 ▼
Elemente des Auswahlfelds für die Überschrift

Tipp Generell sind die Typbezeichnungen *Standard* und *Layout 1* bis *5* für einen Redakteur später nicht besonders hilfreich, da sie nicht aussagekräftig genug sind. In Kapitel 13, *Das Backend für Redakteure anpassen*, erfahren Sie, wie Sie die Darstellungsvarianten Ihrem Template entsprechend benennen können.

Die Darstellung von Inhaltselementen (und damit auch die der Überschriften) ist in dem TypoScript-Objekt `tt_content` konfiguriert, das Sie über den TypoScript-Objekt-Browser inspizieren können. Sie werden sehen, dass die TypoScript-Variable eine Instanz des `CASE`-Objekts ist. Das `CASE`-Objekt bietet ähnliche Funktionen wie eine *switch/case*-Anweisung in einer Programmiersprache: In Abhängigkeit von einem bestimmten Eingabewert können verschiedene TypoScript-Konfigurationen zur Ausgabe eines Inhaltselements genutzt werden. Beispiel 8-2 zeigt ein (stark vereinfachtes) Beispiel für die Nutzung des `CASE`-Objekts zur Darstellung von Inhalten:

Beispiel 8-2: Nutzung des »CASE«-Objekts

```
01 tt_content = CASE
02 tt_content {
03   key.field = CType
04
05   header = TEXT
06   header {
07     field = header
08     wrap = <h1> | </h1>
09   }
10
11   textmedia = TEXT
12   textmedia {
13     field = bodytext
14   }
15 }
```

In der Datenbank, in der TYPO3 seine Inhalte speichert, hat jedes Inhaltselement einen Typ (wie beispielsweise den schon bekannten *Text & Medien*). Dieser wird in einer Datenbankspalte namens `CType` gespeichert.

Das TypoScript-Objekt `tt_content` beschreibt nun, wie TYPO3 diese Inhaltselemente darzustellen hat. Es wird für jedes Inhaltselement neu ausgewertet, und der entstehende HTML-Quelltext wird auf der Seite ausgegeben. Dieses Codebeispiel macht intensiven Gebrauch vom `.field`-Attribut, das Sie bereits in Kapitel 5, *TypoScript in der Praxis*, kennengelernt haben. In Zeile 3 wird auf diese Weise der `CType` des Inhaltselements in das `.key`-Attribut geladen. Dessen Wert entscheidet, welches

Unterelement des `CASE`-Objekts zur Darstellung des Inhaltselements genutzt werden soll. Für ein Inhaltselement, dessen `CType` also `textmedia` ist, wird das in `textmedia` definierte `TEXT`-Objekt zur Darstellung genutzt.

Das tatsächlich von TYPO3 genutzte `tt_content`-Objekt sieht natürlich um einiges komplizierter aus; Abbildung 8-9 gibt einen Überblick über den tatsächlichen Aufbau dieses Objekts. Bei genauerer Inspektion fällt jedoch auf, dass nahezu alle Varianten des `tt_content`-`CASE`-Objekts Kopien des Objekts `lib.contentElement` sind. Dieses wiederum ist eine Instanz des schon aus Kapitel 5 bekannten `FLUIDTEMPLATE`-Objekts.

Tipp In älteren Versionen von TYPO3, beispielsweise im LTS-Zweig 7.6, heißt das Objekt `lib.contentElement` noch `lib.fluidContent`. Die grundlegende Funktionsweise ist jedoch dieselbe.

Erweiterte Funktionen des FLUIDTEMPLATE-Objekts

Wenn Sie das *fluid_styled_content*-Template nutzen, wird die HTML-Ausgabe aller Inhaltselemente über Fluid-Vorlagen generiert. In Kapitel 4 und 5 haben Sie Fluid bereits genutzt, um eine dynamische Vorlage für das Layout der Seite zu erstellen, und in Kapitel 7, um dynamische Menüs zu generieren.

Das *fluid_styles_content*-Template macht intensiven Gebrauch von Fluid-*Partials*. Erinnern Sie sich an den Abschnitt »Fluid-Templates mit Partials strukturieren« auf Seite 193: Mit diesen können Sie einzelne Teile einer HTML-Vorlage in eigene Dateien auslagern und diese dann mithilfe des `<f:render partial="...">`-ViewHelpers wiederverwenden.

Das Verständnis über die Funktionsweise von Fluid-Templates -und Partials ist wichtig, wenn Sie die Ausgabe der TYPO3-eigenen Inhaltselemente anpassen möchten. Denn auch diese werden, wie Sie bereits im letzten Abschnitt gesehen haben, über Fluid-Templates generiert – und in diesen werden Partials gern und intensiv genutzt.

Um zu verstehen, wie TYPO3 selbst Fluid-Templates zur Ausgabe von Inhalt nutzt, können Sie im TypoScript-Objekt-Browser die Definition des Objekts `tt_content.textmedia` untersuchen (dieses Objekt wird zur Darstellung des schon bekannten Inhaltstyps *Text & Medien* genutzt). Dort sehen Sie, dass dieses Objekt in etwa wie folgt definiert ist:

```
tt_content.textmedia =< lib.contentElement
tt_content.textmedia {
  templateName = Textmedia
}

lib.contentElement = FLUIDTEMPLATE
```

```
07 lib.contentElement {
08   templateRootPaths {
09     0 = EXT:fluid_styled_content/Resources/Private/Templates
10   }
11
12   partialRootPaths {
13     0 = EXT:fluid_styled_content/Resources/Private/Partials
14   }
15 }
```

Das Objekt `tt_content.textmedia` in Zeile 1 ist lediglich eine Referenz auf das `lib.contentElement`-Objekt. Das Attribut `templateName` wird in Zeile 3 jedoch mit dem Wert `Textmedia` überschrieben. Der `templateName` zusammen mit dem Attribut `templateRootPaths` aus `lib.contentElement` in Zeile 8 gibt an, an welcher Stelle TYPO3 letztendlich nach der Fluid-Template-Datei zu suchen hat. Die Kennzeichnung `EXT:fluid_styled_content` im Dateipfad wird dabei mit dem Dateipfad der Systemkomponente `fluid_styled_content` ersetzt (üblicherweise ist dies das Verzeichnis *typo3/sysext/fluid_styled_content* innerhalb Ihrer TYPO3-Installation). In diesem Fall befindet sich das Fluid-Template für *Text & Medien*-Inhaltselemente also in der Datei *typo3/sysext/fluid_styled_content/Resources/Private/Templates/Textmedia.html*. Werden in dieser Template-Datei Partials eingebunden, dann werden diese im Verzeichnis *typo3/sysext/fluid_styles_content/Resources/Private/Partials* gesucht. Um die HTML-Ausgabe des *Text & Medien*-Inhaltselements an Ihre Wünsche anzupassen, könnten Sie nun die Fluid-Vorlage in dieser Datei verändern. Allgemein wäre das jedoch nicht ratsam, da alle Änderungen an TYPO3-eigenen Dateien nach einem Softwareupdate wieder weg wären. Im nächsten Abschnitt werden Sie daher erfahren, wie Sie diese Vorlage an Ihre Wünsche anpassen, ohne dabei Dateien des TYPO3-Kerns verändern zu müssen.

Anpassen der Kopfzeile

Theoretisch könnten Sie in Ihrem TypoScript-Template nun zum Objekt `lib.contentElement` einen weiteren `templateRootPath` hinzufügen – beispielsweise ein Verzeichnis im *fileadmin/*-Ordner – und dort einzelne Standard-Fluid-Templates durch Ihre eigenen austauschen. Da unser aktuelles Ziel jedoch eine Änderung der Überschrift ist (und jedes der vielen verschiedenen Inhaltselemente eine Überschrift hat), wäre dies aber ein recht mühsamer Weg zur Anpassung der Überschrift.

Glücklicherweise haben die Entwickler von TYPO3 diesen Umstand bedacht und die HTML-Vorlage, aus der die Überschriften der Inhaltselemente generiert werden, in ein eigenes Partial mit dem Namen `Header/All` ausgelagert. Dieses besteht sogar wieder aus weiteren Partials, beispielsweise Header/Header für die eigentliche Überschrift und Header/SubHeader für eine eventuell vorhandene Unterüberschrift. Für die Anpassung der Überschrift an Ihre eigenen Bedürfnisse haben Sie also die Möglichkeit, das komplette Header/All-Partial mit einem eigenen auszutauschen oder aber gezielt eigene Partials für Haupt- oder Unterüberschrift zu entwickeln. Da unsere »Seitenüberschrift« tiefe Eingriffe in die HTML-Ausgabe erfordert, werden wir im Folgenden das Header/All-Partial austauschen.

Erweitern Sie zunächst wie in Beispiel 8-3 das Objekt `lib.contentElement` mit einem zusätzlichen `partialRootPaths` im *fileadmin/*-Verzeichnis. Fluid wird bei der Generierung der Ausgabe alle konfigurierten Partial-Verzeichnisse nach den entsprechenden Vorlagen durchsuchen und dabei zuerst im von Ihnen konfigurierten Verzeichnis suchen.

Beispiel 8-3: Konfiguration eines zusätzlichen Partial-Verzeichnisses für »tt_content«

```
page = PAGE
page {
    [...]
}

lib.contentElement {
  partialRootPaths {
    10 = fileadmin/templates/content/partials
  }
}
```

Durch diese Konfiguration wird jedes Fluid-Partial zuerst im Verzeichnis *fileadmin/templates/content/partials/* gesucht. Erst, wenn es dort nicht gefunden wird, schlägt Fluid im vorkonfigurierten Standardverzeichnis *typo3/sysext/fluid_styled_content/Resources/Private/Partials* nach. Um nun den Header zu überschreiben, platzieren Sie im Verzeichnis *fileadmin/templates/content/partials/Header* die Datei *All.html*. Beispiel 8-4 zeigt einen möglichen Inhalt für dieses Template.

Beispiel 8-4: Ein benutzerdefiniertes »Header/All«-Partial

```
<f:if condition="{data.header}">
  <f:switch expression="{data.header_layout}">
    <f:case value="1">
      <div class="page-header">
        <h1>
          {data.header}
          <f:if condition="{data.subheader}">
            <small>{data.subheader}</small>
          </f:if>
```

Beispiel 8-4: Ein benutzerdefiniertes »Header/All«-Partial (Fortsetzung)

```
10         </h1>
11       </div>
12     </f:case>
13     <f:case value="2"><h2>{data.header}</h2></f:case>
14     <f:case value="3"><h3>{data.header}</h3></f:case>
15     <f:case value="4"><h4>{data.header}</h4></f:case>
16     <f:case value="5"><h5>{data.header}</h5></f:case>
17     <f:case value="6"><h6>{data.header}</h6></f:case>
18     <f:defaultCase ><h2>{data.header}</h2></f:defaultCase>
19   </f:switch>
20 </f:if>
```

Dieses Template unterstützt alle möglichen Darstellungsweisen einer Überschrift. Hierzu werden die `<f:switch>`-, `<f:case>`- und `<f:defaultCase>`-ViewHelper genutzt, die sich genauso verhalten wie ein *switch/case*-Statement in einer Programmiersprache. Als Variable für das *switch*-Statement wird die Variable `{data.header_layout}` verwendet, diese enthält das im TYPO3-Backend beim Erstellen des Inhaltselements ausgewählte Layout.

Der `<f:if>`-ViewHelper in den Zeilen 1 und 20 stellt sicher, dass die Überschrift nur dann ausgegeben wird, wenn ein Inhaltselement auch tatsächlich eine Überschrift hat (denn der Redakteur kann das entsprechende Eingabefeld im TYPO3-Backend ja auch einfach leer lassen).

Tipp Nutzen Sie den Fluid-Ausdruck `{_all -> f:debug()}` irgendwo im Fluid-Template, um den kompletten Datensatz auszugeben und alle nutzbaren Fluid-Variablen zu inspizieren.

Wurde das Layout `1` ausgewählt (Zeilen 2 bis 11), wird der in der Designvorlage definierte Seiten-Header ausgegeben. Über den `<f:if>`-ViewHelper in den Zeilen 6 bis 8 wird zudem abgefragt, ob eine Unterüberschrift vorhanden ist, und diese gegebenenfalls ausgegeben.

Um diese Anpassung zu verifizieren, benötigen Sie nun zunächst ein Inhaltselement mit einer entsprechend konfigurierten Überschrift. Wechseln Sie daher zurück in das Modul *Seite*, wählen Sie die *Homepage* und fügen Sie oben in der Spalte *Normal* ein weiteres Inhaltselement ein. Wählen Sie als Typ *Nur Überschrift*. Im nachfolgenden Bearbeitungsformular stehen Ihnen nun die Formularfelder *Überschrift* und *Unterüberschrift* zur Verfügung. Füllen Sie diese Felder mit einer kreativen Überschrift Ihrer Wahl und betrachten Sie nun die Seite im Frontend. Die Ausgabe sollte in etwa so aussehen wie in Abbildung 8-11.

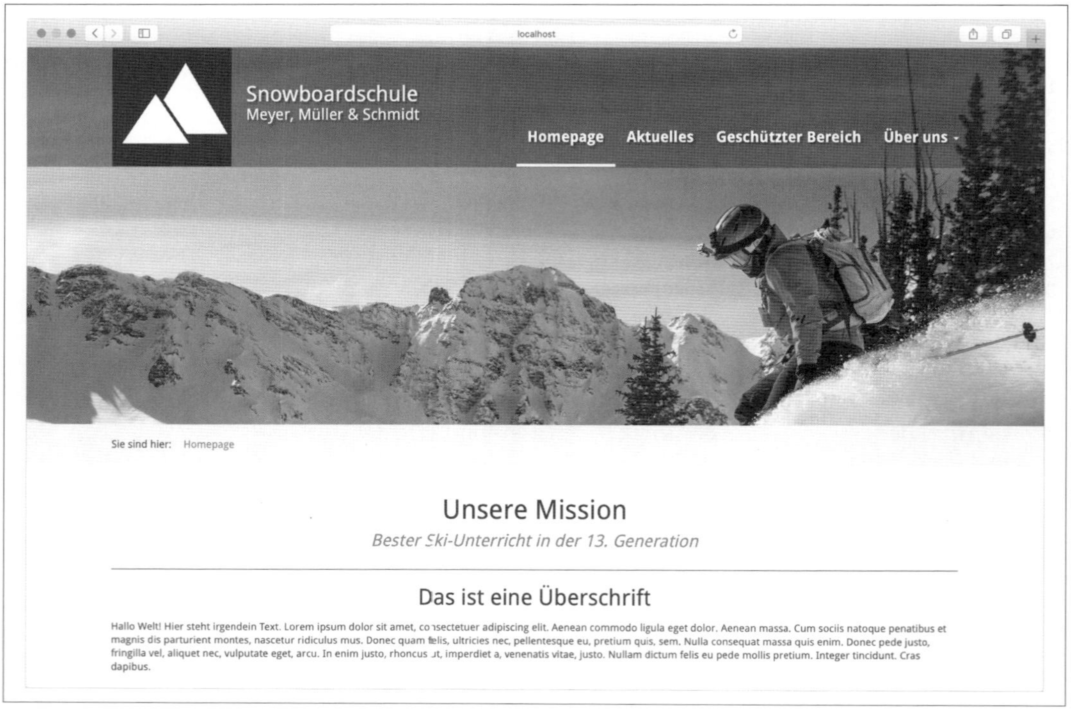

Abbildung 8-11 ▲ Eine Überschrift mit benutzerdefinierter Darstellung im Frontend

Das CONTENT-Objekt im Detail

Bisher haben wir zum Auslesen von Inhalten das vorkonfigurierte Objekt `styles.content.get` verwendet. Dabei handelt es sich um eine Instanz des CONTENT-Objekts, das in diesem Abschnitt näher erläutert werden soll.

Einlesen von Datensätzen

Statt der Anweisung `contentMain < styles.content.get` in Zeile 200 (siehe Beispiel 8-1) könnten wir auch folgenden TypoScript-Code verwenden:

Beispiel 8-5: Verwendung des »CONTENT«-Objekts

```
page = PAGE
page {
  [...]
  10 = FLUIDTEMPLATE
  10 {
    [...]
    variables {
      [...]
      # Den Inhalt der Hauptspalte ausgeben
      contentMain = CONTENT
```

Beispiel 8-5: Verwendung des »CONTENT«-Objekts (Fortsetzung)

```
144        contentMain {
145          table = tt_content
146          select.orderBy = sorting
147          select.where = colPos=0
148          select.languageField = sys_language_uid
149        }
150      }
151    }
152 }
```

Mit dem CONTENT-Objekt werden Inhalte aus einer Datenbanktabelle geladen und in einer Schleife ausgegeben. TYPO3 erstellt dafür intern eine SQL-Abfrage. Das Resultat dieser Abfrage sind in der Regel alle Datensätze, die sich auf der aktuellen Seite befinden, weder gelöscht noch versteckt wurden und mit den aktuellen Zugriffsrechten übereinstimmen.

Tipp Der in Beispiel 8-5 gezeigte Einsatz des CONTENT-Objekts ist lediglich ein Beispiel für dessen Verwendung. Im Praxisbeispiel werden wir mit der < styles.content.get-Zuweisung aus Beispiel 8-1 weitermachen.

Auf jeden Fall angegeben werden muss der Name der Datenbanktabelle, aus der die Inhalte geladen werden sollen. Für Seiteninhalte ist das die Tabelle *tt_content*. Die entsprechende Zuweisung wird in Beispiel 8-5 in Zeile 145 vorgenommen.

Eine genauere Konfiguration der Abfrage ist über die .select-Funktion des Objekts möglich. Über select.orderBy in Zeile 146 wird angegeben, dass die Datensätze in genau der Reihenfolge ausgelesen werden sollen, in der sie auch im Backend geordnet sind. Die Eigenschaft select.where schränkt die Ergebnismenge der SQL-Abfrage nach einem bestimmten Kriterium ein; in Zeile 147 werden beispielsweise nur Inhalte der Spalte *Normal* (intern trägt diese die Nummer 0) geladen. Die Eigenschaft select.languageField in Zeile 148 ist wichtig, wenn Sie mit mehrsprachigen Inhalten arbeiten (dazu später mehr).

Ausgabe von Datensätzen

Das CONTENT-Objekt durchläuft sämtliche gefundenen Datensätze (also beispielsweise Inhaltselemente) in einer Schleife. Für die Darstellung jedes einzelnen Datensatzes wird ein TypoScript-Objekt verwendet, das dem CONTENT-Objekt über die Eigenschaft renderObj übermittelt werden kann. Ist diese Eigenschaft nicht gesetzt, wird automatisch auf der obersten Ebene des TypoScript-Baums nach einem Objekt gesucht, das denselben Namen trägt wie die abgefragte Datenbanktabelle – also etwa *tt_content*.

Selbstverständlich sind Sie bei der Verwendung des CONTENT-Objekts nicht auf die Tabelle *tt_content* beschränkt. Beispiel 8-6 zeigt, wie Sie das CONTENT-Objekt verwenden können, um eine Benutzerliste darzustellen. Dieses Beispiel ist kein Bestandteil des Praxisbeispiels, sondern dient lediglich der Veranschaulichung.

Beispiel 8-6: Fortgeschrittene Verwendung des »CONTENT«-Objekts

```
lib.userlist = CONTENT
lib.userlist {
  table = fe_users

  select.orderBy = username
  select.pidInList = 15

  renderObj = TEXT
  renderObj {
    field = username
    wrap = | <br />
  }
}
```

Besondere Seiteninhalte

In den bisherigen Abschnitten haben Sie die Inhaltselemente *Text & Medien* und *Nur Überschrift* kennengelernt. Diese zwei Inhaltstypen reichen in vielen Fällen zur Verwaltung »normaler« Inhalte schon aus. Wenn Sie später Redakteuren Zugriff auf Ihre Seite geben, könnte es sogar sinnvoll sein, den Zugriff dieser Nutzer auf nur diese beiden Inhaltselemente einzuschränken – wie das geht, erfahren Sie in Kapitel 13, *Das Backend für Redakteure anpassen*.

In diesem Abschnitt möchten wir jedoch noch einige weitere Inhaltselemente vorstellen, die ebenfalls gut zu gebrauchen sind. Hierzu zählen Sitemaps (also Menüs, die als Inhaltselement eingefügt werden können) sowie Kontaktformulare.

Eine Sitemap integrieren

Auch eine Sitemap ist ein Seiteninhalt, der von Redakteuren mit entsprechenden Rechten angelegt werden kann. Um eine Sitemap anzulegen, wechseln Sie daher in der linken Modulliste in den Bereich *Seite* und wählen dann aus dem Seitenbaum die Seite *Sitemap* aus, indem Sie auf den Textlink klicken.

Durch Anklicken des Buttons *Neues Inhaltselement erstellen* erscheint der bereits bekannte Wizard, mit dem Sie auswählen können, welcher Seiteninhaltstyp angelegt werden soll. Prinzipiell können Sie hier einen beliebigen Inhaltstyp auswählen, da Sie später immer noch die Möglichkeit haben, den Typ des Seiteninhalts z. B. von *Text & Medien* auf *Menü/Sitemap* zu ändern. Um eine neue Sitemap zu erstellen, wechseln Sie im Wizard zunächst in den *Menü*-Tab.

Wie Sie im Wizard sehen, gibt es viele verschiedene Arten von Menüs, die Sie als Inhaltselement auf einer Seite einfügen können. Neben regulären Menüs und Sitemaps können Sie beispielsweise auch ein Menü der zuletzt veränderten Seiten oder eine Liste von »ähnlichen« Seiten ausgeben. Für unsere Zwecke sind die Typen *Sitemap* und *Sitemap mit ausgewählten Seiten* die interessantesten. Ersterer würde eine Übersicht über den vollständigen Seitenbaum des TYPO3-Projekts als Inhaltselement darstellen. Im Regelfall werden Sie jedoch nicht wünschen, dass die Sitemap von der obersten Ebene mit allen Hilfsseiten direkt angezeigt wird. Stattdessen sollen meistens nur die Unterseiten der Hilfsseiten *Hauptnavigation* und *Hilfsnavigation* zu sehen sein. Aus diesem Grund ist die *Sitemap mit ausgewählten Seiten* die geeignetere Wahl.

Sie können nun auf dem Tab *Allgemein* die Masken für den Inhaltstyp *Menü/Sitemap mit ausgewählten Seiten* nach Ihren Wünschen füllen. Das Feld *Überschrift* dürfte selbsterklärend sein und wird wie schon bei den vorgestellten Inhaltstypen *Text & Medien* und *Nur Überschrift* angewendet. Weiterhin können Sie spezielle Einstellungen zum Inhaltstyp vornehmen, wie in Abbildung 8-12 zu sehen ist. Besonders hervorzuheben ist das Feld *Ausgewählte Seiten*.

Dieses Eingabefeld ist nur sichtbar, wenn Sie ein Element vom Typ *Sitemap der ausgewählten Seiten* ❶ bearbeiten. Darin können Sie angeben, von welchen Startpunkten aus die Sitemap dargestellt werden soll. Nehmen Sie die beiden Seiten *Hauptnavigation* und *Hilfsnavigation* in die Auswahl auf, indem Sie rechts daneben auf das Ordnersymbol ❷ klicken. Es öffnet sich ein Overlay-Fenster, in dem Sie durch den Seitenbaum navigieren und die gewünschte Seite auswählen können. Wiederholen Sie den Vorgang, um neben der Hilfsseite *Hauptnavigation* auch die Hilfsseite *Hilfsnavigation* hinzuzufügen.

Abbildung 8-12 ▶
Seiteninhaltstyp »Sitemap«

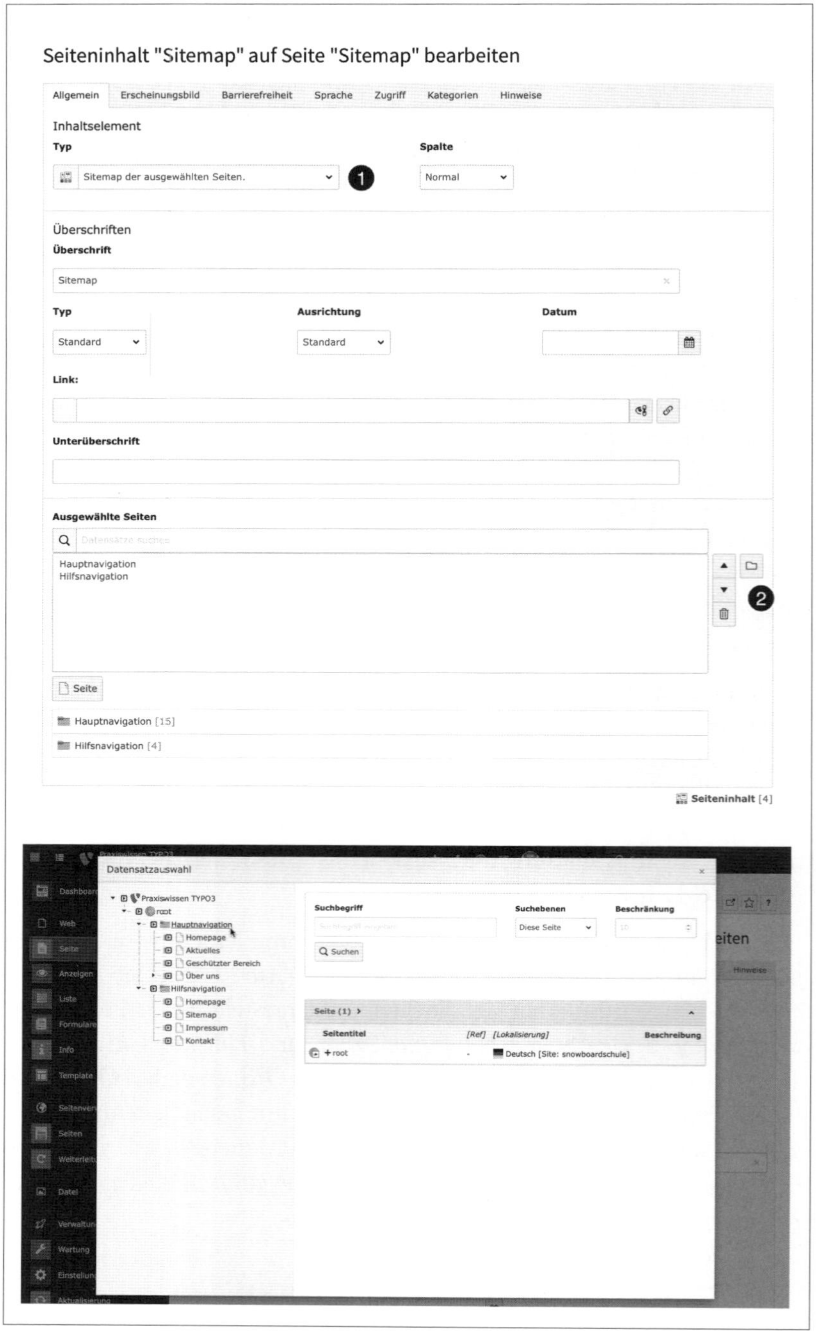

Jeder der verschiedenen Menütypen wird durch ein eigenes TypoScript-Objekt beschrieben. Sie finden diese, wenn Sie im *TypoScript Object Explorer* das `tt_content`-Objekt inspizieren und auf die verschiedenen Einträge achten, die mit `menu_` beginnen. Wie Sie sehen, handelt es sich bei allen Menütypen um Varianten des `lib.contentElement`-Objekts. Auch die Menü-Inhaltselemente werden also über Fluid-Templates beschrieben, die Sie genau so anpassen können wie zuvor in diesem Kapitel schon die Überschrift. Einen genaueren Überblick über die verschiedenen Menütypen und die zugrunde liegenden TypoScript-Objekte finden Sie in Tabelle 8-1.

◀ **Tabelle 8-1**
Elemente des Auswahlfelds »Menütyp« mit den jeweils gespeicherten Werten

Element der Auswahlbox Menütyp	Zugrunde liegendes TypoScript-Objekt	Beschreibung
Inhaltsangabe	`menu_abstracts`	Listet ein Menü mit den unter *Ausgewählte Seiten* angegebenen Seiten auf. Zu jedem Menüpunkt wird die Inhaltsangabe ausgegeben, die im Bearbeitungsformular einer Seite auf dem Tab *Metadaten* eingegeben werden kann.
Kategorisierte Inhaltselemente	`menu_categorized_content`	Menü von Inhaltselementen, die einer bestimmten Kategorie zugeordnet sind.
Kategorisierte Seiten	`menu_categorized_pages`	Menü von Seiten, die einer bestimmten Kategorie zugeordnet sind.
Seiten	`menu_pages`	Ein Menü, das ausschließlich aus den ausgewählten Seiten besteht.
Unterseiten	`menu_subpages`	Ein Menü, das aus den direkten Unterseiten der ausgewählten Seiten besteht.
Kürzlich aktualisierte Seiten	`menu_recently_updated`	Gibt Seiten aus, die kürzlich verändert wurden.
Verwandte Seiten	`menu_related_pages`	Gibt Seiten aus, bei denen die Angaben im Feld *Stichworte* übereinstimmen.
Abschnittsübersicht	`menu_section`	Gibt von der aktuellen Seite bzw. der im Feld *Ausgangspunkt* angegebenen Seite eine Übersicht der auf dieser Seite angelegten Seiteninhalte aus. Dabei werden nur Inhalte angezeigt, die für die momentan aktive Sprache gelten und in der Spalte *Normal* angelegt wurden. Ausgegeben wird lediglich die Überschrift.
Sitemap	`menu_sitemap`	Eine Sitemap, die den gesamten Seitenbaum von der obersten Seite an ausgibt.
Sitemap ausgewählter Seiten	`menu_sitemap_pages`	Eine Sitemap, bei der eine oder mehrere Seiten als Ausgangspunkte angegeben werden können.

Ein Kontaktformular konfigurieren

Eine weitere häufige Anforderung ist das Hinzufügen von Eingabeformularen auf einer Seite. Diese können von einfachen Kontaktformularen mit E-Mail-Adresse und Text bis hin zu komplexen Bestellformularen reichen. Alle diese Anforderungen können Sie in TYPO3 mit dem *Formular*-Inhaltstyp umsetzen, der in Version 8.7 grundlegend überarbeitet wurde. Bevor Sie ihn benutzen können, müssen zuvor einige Einstellungen am System vorgenommen werden.

Kontaktformulare per TypoScript aktivieren

Die Kontaktformularfunktion ist kein Bestandteil von TYPO3 selbst, sondern wird von der Erweiterung *form* angeboten. Diese wird bereits standardmäßig zusammen mit TYPO3 selbst ausgeliefert und ist nach der Installation auch bereits standardmäßig aktiviert. Die Kontaktformulare werden – wie andere Inhaltstypen auch – über TypoScript generiert und benötigen ein eigenes statisches TypoScript-Template, das Sie zunächst in Ihr Template inkludieren müssen (wie Sie es zuvor schon mit dem *fluid_styled_content*-Template getan haben).

Bearbeiten Sie hierzu erneut Ihr Template, indem Sie im Modul *Template* im Abschnitt *Web* die *root*-Seite anwählen und unter dem Menüpunkt *Info/Bearbeiten* die Schaltfläche *Vollständigen Template-Datensatz bearbeiten* betätigen. Auf dem Tab *Enthält* wählen Sie anschließend im Auswahlfeld *Statische Templates einschließen (aus Erweiterungen)* noch die Option *Form (form)* mit aus und speichern den Datensatz (siehe Abbildung 8-13).

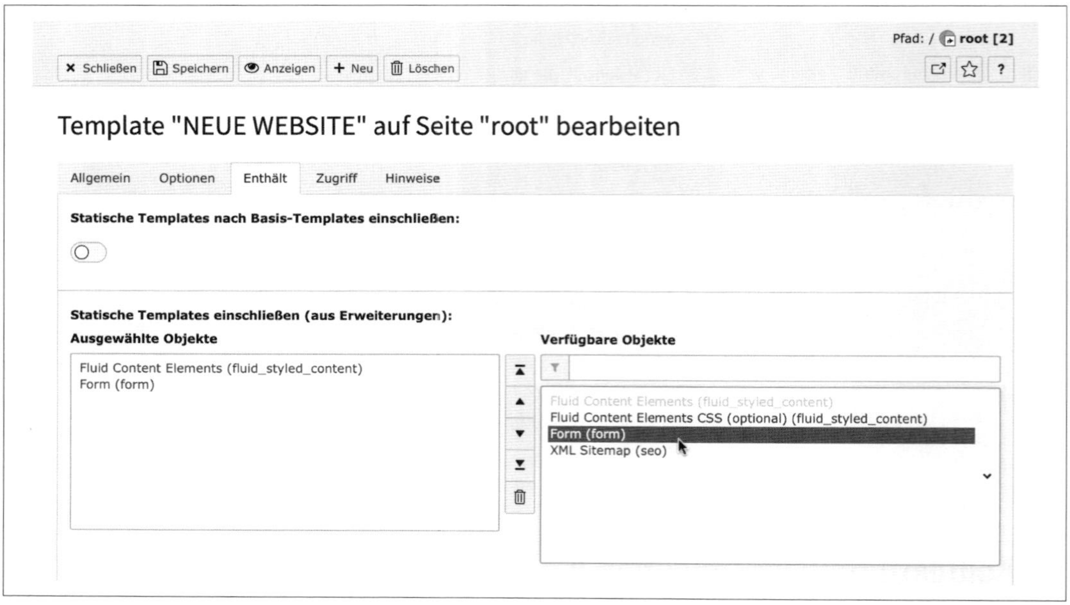

Abbildung 8-13 ▲ Das statische Template der »form«-Erweiterung hinzufügen

Im Anschluss können Sie ein Kontaktformular als reguläres Inhaltselement auf einer Seite einfügen. In unserem Praxisbeispiel bietet sich dafür (wer hätte es gedacht) die Seite *Kontakt* unter der Seite *Hilfsnavigation* an. Wechseln Sie hierzu zurück in das *Seite*-Modul im Abschnitt *Web*, wählen Sie im Seitenbaum die *Kontakt*-Seite an und fügen Sie ein neues Inhaltselement in der *Normal*-Spalte hinzu.

Ein Kontaktformular definieren

Formulare in TYPO3 verhalten sich ein wenig anders als die Inhaltselemente, mit denen Sie bisher bereits gearbeitet haben. Bevor Sie ein Formular als Inhaltselement auf einer Seite platzieren können, müssen Sie zunächst das Formular selbst definieren. Dies geschieht über das Modul *Formulare*, das Sie im Abschnitt *Web* finden können. Eine so erstellte Formulardefinition beschreibt den grundlegenden Aufbau eines Formulars (also welche Felder existieren und wie sie angeordnet sind) sowie damit verbundene Regeln (beispielsweise welche Eingaben für die einzelnen Felder überhaupt erlaubt sein sollen und was passiert, wenn das Formular abgeschickt wird). Erst nachdem auf diese Weise ein Formular definiert wurde, können Sie es als Inhaltselement auf einer Seite einfügen. Sie können dann sogar das gleiche Formular auf mehreren Seiten platzieren.

Um mit der Erstellung eines Formulars zu beginnen, wechseln Sie im Backend also zunächst in das Modul *Formulare*. Üblicherweise wird Sie hier eine Liste der bereits definierten Formulare erwarten. Wenn Sie das Modul zum ersten Mal aufrufen, erscheint stattdessen der Hinweistext *Keine Formulare gefunden*. Um ein neues Formular zu erstellen, klicken Sie also auf die Schaltfläche *Neues Formular erstellen*.

Beim Klick auf die Schaltfläche öffnet sich der in Abbildung 8-14 gezeigte Assistent, der Sie in mehreren Schritten durch die Erstellung des neuen Formulars begleitet.

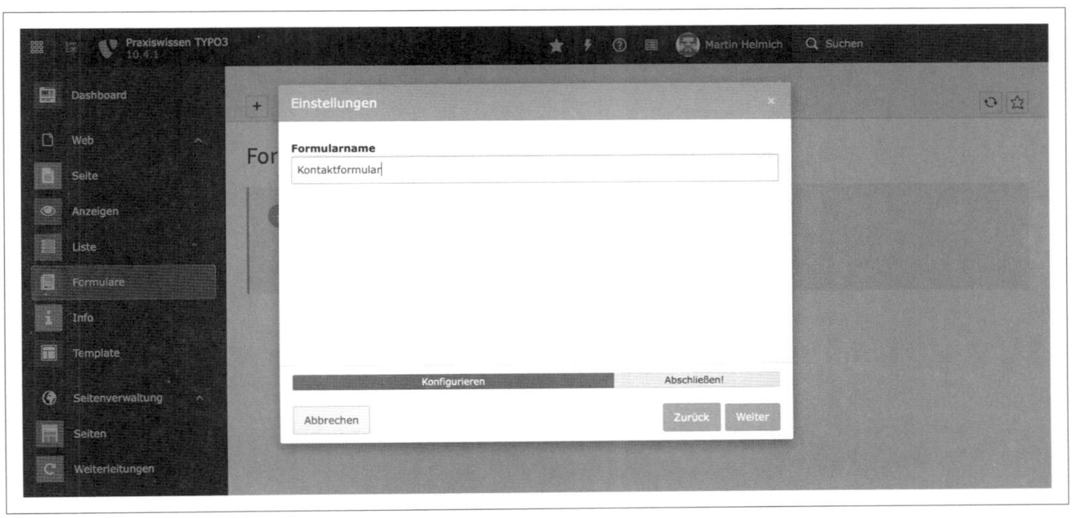

▼ Abbildung 8-14
Erstellen eines neuen Formulars

Hier können Sie im ersten Schritt angeben, ob Sie ein neues leeres Formular erstellen oder ein vordefiniertes Formular benutzen möchten (TYPO3 liefert bereits ein vordefiniertes Kontaktformular mit, das Sie theoretisch einfach verwenden könnten). Für das Praxisbeispiel werden wir ein komplett neues Formular erstellen – wählen Sie daher im ersten Schritt die Option *Leeres Formular*.

Im nächsten Schritt vergeben Sie einen Namen für das neue Formular. Die restlichen Schritte des Assistenten können Sie ohne weitere Eingaben einfach durchklicken.

Im Anschluss öffnet sich der eigentliche Formular-Editor, der auch in Abbildung 8-15 zu sehen ist. Dieser ist wie folgt aufgebaut:

1. Die Kopfzeile enthält allgemeine Funktionen, die denen ähneln, die Sie schon von der Bearbeitung der Inhaltselemente kennen sollten. Hier können Sie die Formulardefinition speichern oder allgemeine Einstellungen des Formulars bearbeiten.
2. Die linke Spalte zeigt den grundsätzlichen Aufbau des Formulars. Wenn Sie gerade ein neues Formular erstellt haben, gibt es noch nicht viel zu sehen; später finden Sie hier eine hierarchische Übersicht über alle Schritte des Formulars und die darauf platzierten Eingabeelemente.
3. Die mittlere Spalte enthält eine schematische Übersicht über den Aufbau der gerade ausgewählten Formularseite. Hier haben Sie die Möglichkeit, einzelne Eingabefelder zur Bearbeitung auszuwählen und neue Felder hinzuzufügen.
4. Die rechte Spalte enthält einen Editor, in dem Eingabefelder und Formularseiten bearbeitet werden können, die in der linken oder mittleren Spalte selektiert wurden.

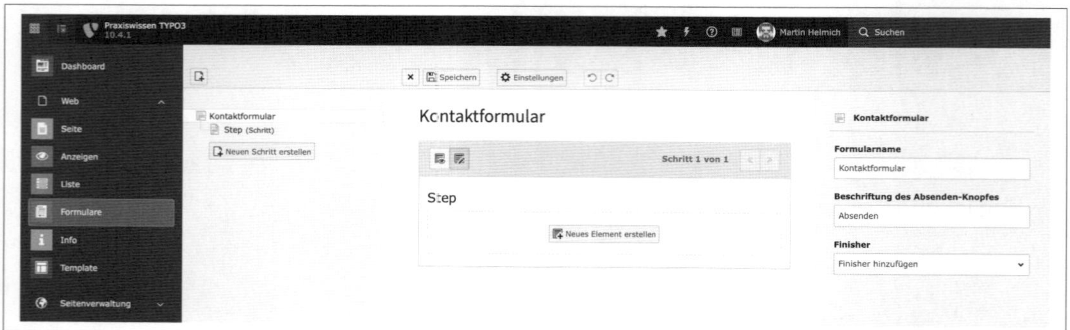

Abbildung 8-15 ▲
Bearbeitungsseite eines (noch leeren) Formulars

Wie Sie schon gesehen haben, kann jedes Formular theoretisch aus mehreren Schritten bestehen. Auf diese Weise können Sie Formulare gestalten, die aus mehreren Seiten mit Eingabefeldern bestehen, die der Nutzer nacheinander ausfüllen muss. Ein einfaches Kontaktformular muss nicht aus mehreren Seiten bestehen; falls Sie jedoch beispielsweise ein etwas komplexeres Bestellformular umsetzen möchten, wäre ein mehrseitiges Formular möglicherweise eine gute Lösung.

Standardmäßig trägt der erste Schritt des Formulars den einfallslosen Namen *Step*. Um diesen Namen zu ändern (er wird später auch als Überschrift im Frontend angezeigt), klicken Sie den Schritt im zentralen Element an und ändern anschließend im rechten Bereich den *Schrittnamen*, beispielsweise auf »Kontaktformular«.

Um schon mal ein paar Eingabefelder zum Formular hinzuzufügen, wählen Sie die in Abbildung 8-15 gezeigte Schaltfläche *Neues Element erstellen*. Es öffnet sich das in Abbildung 8-16 dargestellte Pop-up, in dem Sie als Nächstes den gewünschten Typ des neuen Eingabefelds bestimmen können. Wie Sie sehen, bietet TYPO3 hier eine reichhaltige Auswahl an Feldtypen, die bei einfachen Elementen wie ein- und mehrzeiligen Texteingabefeldern beginnt (hier *Text* und *Textfeld*) und sich über Checkboxen mit Einfach- und Mehrfachauswahl bis hin zu Datumsauswahl- und Dateiuploadfeldern erstreckt.

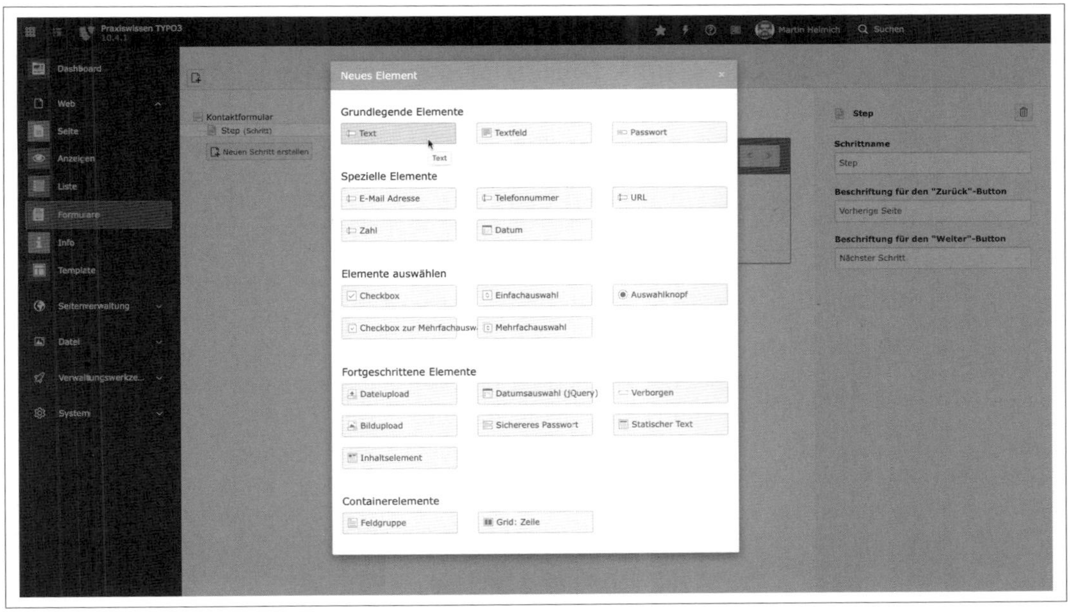

▲ **Abbildung 8-16**
Das Auswahlfeld für den Typ des neuen Eingabeelements

Für unser Kontaktformular werden die einfachen Texteingabefelder wahrscheinlich ausreichen. Konkret wären hier die folgenden Eingabefelder sinnvoll:

1. Name des Anfragenden
2. E-Mail-Adresse des Anfragenden
3. Mitteilung

Beginnen Sie damit, im Auswahlfenster mit den Feldtypen den Typ *Text* zu selektieren. Nach einem Klick gelangen Sie zurück in den Formular-Editor, in dem Sie das neue Feld nun im mittleren Bereich (und auch in der Strukturansicht in der linken Spalte) finden können. Ein Klick auf das Element ermöglicht Ihnen, die grundlegenden Eigenschaften des Felds in der rechten Spalte zu bearbeiten.

Geben Sie dem ersten Feld als *Name* den Wert »Name«. Auch ein *Platzhalter* kann sinnvoll sein, um dem Benutzer zu verdeutlichen, welche Art von Eingabe hier erwartet wird. Ein *Standardwert* ist bei einem Eingabefeld für den Namen einer Person hingegen nicht sinnvoll, lassen Sie dieses Feld also besser leer. Sinn ergibt es hingegen, das neue Feld als *Pflichtfeld* zu markieren.

Tipp Wenn Sie längere Zeit mit dem Bearbeiten desselben Formulars verbringen, denken Sie daran, zwischenzeitlich die *Speichern*-Schaltfläche zu betätigen. Nur zur Sicherheit.

Anschließend fügen Sie auf die gleiche Art ein zweites Eingabefeld vom Typ *E-Mail-Adresse* mit der Beschriftung »E-Mail-Adresse« hinzu. Auch dieses Feld sollte ein Pflichtfeld sein. Im Unterschied zum ersten Eingabefeld ist für ein Eingabefeld dieses Typs sinnvollerweise ein *Validator* vorkonfiguriert. Schließlich soll in dieses Feld ja eine gültige E-Mail-Adresse eingegeben werden und nicht irgendetwas anderes. Alternativ können Sie auch für reguläre Eingabefelder verschiedene Validierungsregeln konfigurieren. Wählen Sie dazu in der rechten Spalte in der Auswahlbox *Validator hinzufügen* eine Validierungsregel aus, wie etwa *E-Mail*. Die neu hinzugefügte Validierungsregel taucht anschließend in der rechten Spalte im Abschnitt *Validatoren* auf, wenn Sie das Feld bearbeiten. Hier können Sie eine Regel auch wieder entfernen. Darüber hinaus sind Felder mit Validierungsregeln in der zentralen Ansicht des Formulars speziell gekennzeichnet (Abbildung 8-17).

Zum Abschluss fügen Sie noch ein drittes Eingabefeld mit der Beschriftung »Ihre Mitteilung« hinzu. Damit der Nutzer hier etwas mehr Platz für eine Eingabe hat, ist es sinnvoll, ein mehrzeiliges Eingabefeld (also ein *Textfeld*) als Typ zu wählen. Auch dieses Feld sollte ein Pflichtfeld sein.

Nachdem das Formular nun alle benötigen Felder hat, steht noch eine wichtige Sache aus: Was soll überhaupt passieren, wenn ein Nutzer das Formular abschickt? Die einfachste Möglichkeit, die Eingabe eines Kontaktformulars zu verarbeiten, besteht darin, einfach alle Eingaben des Formulars per E-Mail an den Betreiber der Seite zu schicken. Im TYPO3-

Formular-Editor erzielen Sie genau dieses Verhalten über einen sogenannten *Finisher*.

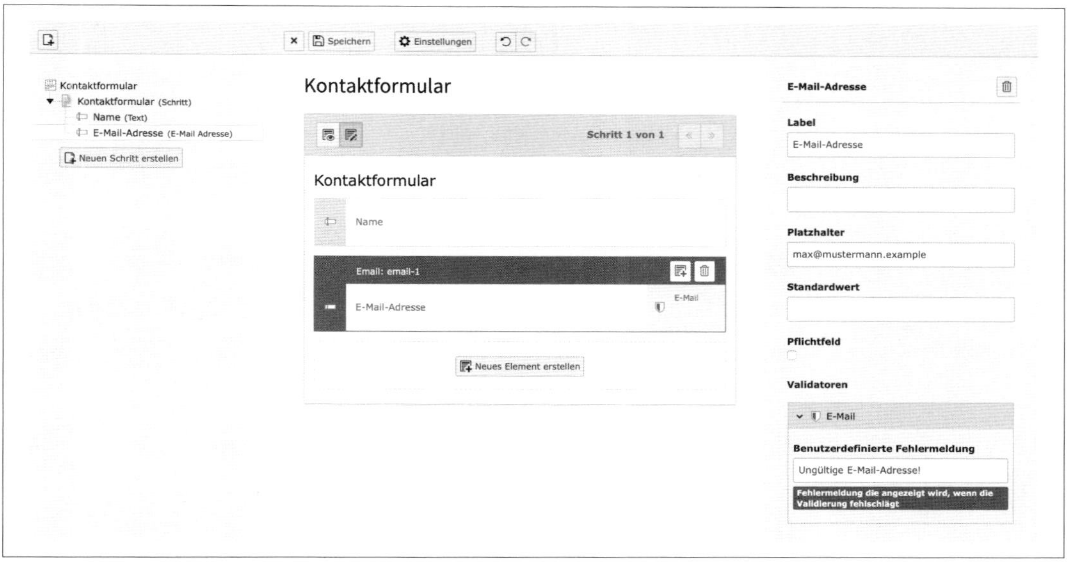

▲ Abbildung 8-17
Für ein Eingabefeld hinterlegte Validatoren erkennen Sie am Schildsymbol.

Um einen Finisher hinzuzufügen, klicken Sie in der oberen Zeile des Formular-Editors auf die Schaltfläche *Einstellungen*. In der rechten Spalte können Sie nun allgemeine Eigenschaften des gesamten Formulars bearbeiten. Unter anderem finden Sie hier das Auswahlfeld *Finisher hinzufügen*, in dem Sie die Option *E-Mail an Empfänger (Sie)* wählen können. Im Abschnitt *Finisher* finden Sie nun ein neues Element, über das Sie den E-Mail-Versand an den Empfänger konfigurieren können (siehe Abbildung 8-18). Beachten Sie, dass einige Konfigurationsparameter des E-Mail-Versands Pflichtfelder sind (sehr naheliegend ist die Empfängeradresse). Diese werden – sofern noch nicht ausgefüllt – jedoch deutlich hervorgehoben. Innerhalb der Parameter haben Sie die Möglichkeit, auf die vom Nutzer gemachten Eingaben zuzugreifen. Nutzen Sie dazu die *{+}*-Schaltfläche neben dem jeweiligen Eingabefeld, um beispielsweise die E-Mail-Adresse des Absenders in den Betreff der versandten E-Mail einzubauen.

Support

Widerstehen Sie der Versuchung, als *Absender-Adresse* des E-Mail-Finishers die E-Mail-Adresse zu verwenden, die der Nutzer im Formular angegeben hat. Dies würde womöglich dazu führen, dass Ihr Webserver auf einmal E-Mails mit Absenderadressen von gmail.com oder anderen bekannten Mailprovidern verschickt. Da die Mailserver der großen Provider öffentlich bekannt sind, würde ein empfangener

Mailserver Ihre E-Mails als Spam aussortieren, wenn diese Mails nicht von den bekannten und vertrauenswürdigen Mailservern des jeweiligen Providers verschickt würden.

Verwenden Sie die vom Nutzer eingegebene Adresse stattdessen in der *Reply-to-Adresse* und wählen Sie als *Absender-Adresse* eine E-Mail-Adresse mit einer Domäne, die auch tatsächlich von Ihrem Server verwaltet wird. Wenden Sie sich für Unterstützung gegebenenfalls an Ihren Provider.

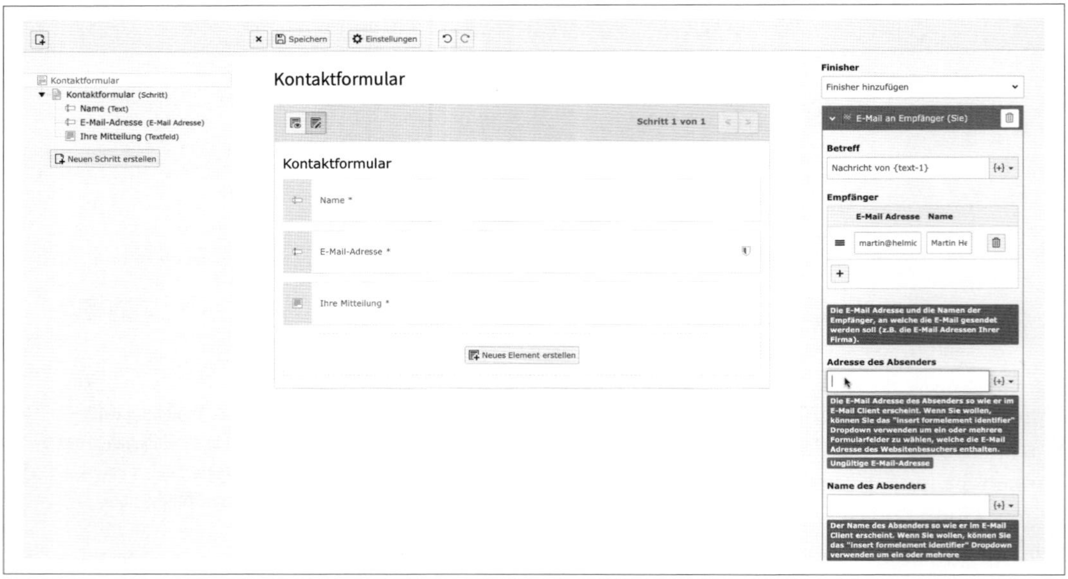

Abbildung 8-18 ▲
Die Finisher-Konfiguration des Formulars erreichen Sie über die Schaltfläche »Einstellungen«.

Speichern Sie anschließend das Formular ein letztes Mal über die Schaltfläche *Speichern*. Sie können das Formular zu jedem späteren Zeitpunkt erneut bearbeiten und verändern.

Einfügen des Kontaktformulars

Nachdem Sie nun ein Kontaktformular definiert haben, können Sie es als Nächstes als Inhaltselement auf einer Seite einfügen.

In unserem Seitenbaum existiert unterhalb der Seite *Hilfsnavigation* bereits die für exakt diesen Zweck vorgesehene Seite *Kontakt*. Wechseln Sie also im Modul *Seite* auf die Seite *Kontakt* und erstellen Sie ein neues Inhaltselement.

Sie finden das Inhaltselement im Register *Formulare* unter der Beschriftung *Formular*. Nach dem Einfügen des Inhaltselements können Sie das Kontaktformular auf dem Tab *Plug-In* bearbeiten. Hier finden Sie ein Feld *Formulardefinition*, in dem Sie das zuvor definierte Formular nun auswählen können (Abbildung 8-19).

Speichern Sie das Inhaltselement ab und betrachten Sie das Formular im TYPO3-Frontend Ihrer Seite. Sie sehen, dass das Formular nun im Frontend dargestellt wird (und auch bereits durchaus benutzbar ist!) und dass es sich auch schon halbwegs ordentlich in die bestehende Designvorlage einpasst. Im nächsten Schritt werden wir betrachten, wie die Ausgabe des Kontaktformulars noch weiter an unsere Anforderungen angepasst werden kann.

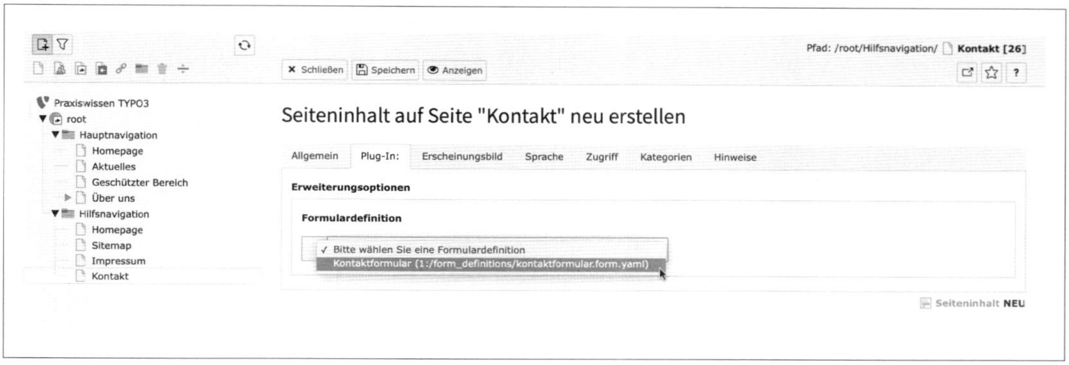

▲ **Abbildung 8-19**
Nutzung des zuvor definierten Formulars in einem Inhaltselement

Die Ausgabe der Formulare anpassen

Schon jetzt ist dieses Kontaktformular durchaus ansehnlich – das ist jedoch eher zufällig der Fall: Unsere Designvorlage nutzt das Twitter-Bootstrap-Framework, und das Formular-Inhaltselement generiert bereits HTML-Ausgaben, in denen die CSS-Klassen des Bootstrap-Frameworks genutzt werden. Dennoch gibt es einige Punkte, in denen die HTML-Ausgabe des Formulars optimiert werden kann.

Genau wie schon die anderen Inhaltselemente wird das Kontaktformular über Fluid-Templates ausgegeben. Für jedes einzelne Element des Formulars gibt es dabei ein Fluid-Partial, das Sie einzeln überschreiben können.

Wie bereits zuvor muss für das Überschreiben der Fluid-Partials ein weiterer `partialRootPaths` definiert werden – dieses Mal für die *form*-Erweiterung. Die Konfiguration eines zusätzlichen Partial-Dateipfads erfolgt bei dieser Erweiterung (anders als sonst üblich) nicht über TypoScript, sondern über eine zusätzliche Konfigurationsdatei, die im YAML-Format vorliegen muss. Zu diesem Zweck erstellen Sie zunächst eine Datei *forms.yaml* im Verzeichnis *fileadmin/* mit dem Inhalt aus Beispiel 8-7:

Beispiel 8-7: Hinzufügen eines neuen »partialRootPaths« über eine YAML-Konfigurationsdatei

```
TYPO3:
  CMS:
    Form:
      prototypes:
        standard:
          formElementsDefinition:
            Form:
              renderingOptions:
                templateRootPaths:
                  20: 'fileadmin/templates/ext/form/templates/'
                partialRootPaths:
                  20: 'fileadmin/templates/ext/form/partials/'
                layoutRootPaths:
                  20: 'fileadmin/templates/ext/form/layouts/'
```

Support YAML ist ein spezielles Dateiformat für strukturierte Daten, ähnlich wie JSON oder XML. Wie Sie im obigen Beispiel erkennen können, erfolgt die Strukturierung des Dokuments im YAML-Format anhand der Einrückungstiefe. Geben Sie daher beim Übertragen von YAML-Quelltext besonders acht auf die Anzahl der Leerzeichen, mit denen jede Zeile eingerückt wird. Kopieren Sie die Datei im Zweifelsfall direkt aus den Beispieldateien des Projekts.

Die Existenz dieser zusätzlichen Konfigurationsdatei muss dann allerdings wieder über TypoScript bekannt gemacht werden. Das geschieht über das TypoScript-Objekt `plugin.tx_form.settings`. Beispiel 8-8 zeigt die entsprechende Konfiguration.

Beispiel 8-8: Hinzufügen von neuen »yamlConfigurations« für die Kontaktformulare

```
page = PAGE
page {
  [...]
}

lib.contentElement {
  partialRootPaths {
    10 = fileadmin/templates/content/partials
  }
}

plugin.tx_form.settings {
  yamlConfigurations {
    100 = fileadmin/forms.yaml
  }
}
```

Durch diese Konfiguration können wir die Ausgabe einzelner Formularelemente verändern, indem wir neue Fluid-Partials im Verzeichnis *fileadmin/templates/ext/form/partials/* hinterlegen.

Um einen Überblick darüber zu erhalten, welche Formularelemente überhaupt angepasst werden können, werfen Sie am besten einen Blick in das ursprüngliche *Partials*-Verzeichnis der *form*-Erweiterung. Sie finden dieses Verzeichnis im Verzeichnis *typo3/sysext/form/Resources/Private/Frontend/Partials* Ihrer TYPO3-Installation.

Die Menge der hier vorhandenen Templates und Partials mag zunächst erschlagend wirken. Tatsächlich aber ist die vorgegebene Struktur aus Partials sehr durchdacht und ermöglicht Ihnen, einzelne Aspekte der Formulargenerierung durch gezieltes Überschreiben einzelner Partials verändern zu können, ohne zu viel Fluid-Code in Ihre eigenen Templates duplizieren zu müssen. Möchten Sie beispielsweise ändern, wie die Beschriftung der Felder generiert wird (eine Eigenschaft, die ja unabhängig vom eigentlichen Typ des Eingabefelds ist), reicht eine Anpassung des Partials `Field/Field`. Möchten Sie hingegen die Darstellung eines bestimmten Feldtyps (beispielsweise des Texteingabefelds) anpassen, ist das Partial `Text` die richtige Anlaufstelle.

In diesem Beispiel möchten wir das Formular als »horizontales Formular« gestalten, sodass der zur Verfügung stehende Platz besser ausgenutzt wird. In einem solchen Formular werden Beschriftung und Eingabefeld nicht untereinander, sondern nebeneinander dargestellt. Das grundsätzliche HTML-Markup sieht dabei in etwa so aus:

```
<div class="form-horizontal">
  <div class="form-group">
    <label class="control-label col-sm-3">Feldname</label>
    <div class="col-sm-9">
      <input ... />
    </div>
  </div>
</div>
```

Grundsätzlich müssen wir also erreichen, dass das Formular selbst von einem Element mit der CSS-Klasse `.form-horizontal` umschlossen ist. Weiterhin benötigen sowohl das Label als auch das Eingabefeld selbst (bzw. ein umschließendes Element) jeweils eine CSS-Klasse, die die Elemente als Spalten im Grid-Layout darstellt (also beispielsweise `.col-sm-3` und `.col-sm-9`).

Beginnen wir mit dem Formular selbst. Hierzu überschreiben Sie das `Page`-Partial, indem Sie die Datei *typo3/sysext/form/Resources/Private/Frontend/Partials/Page.html* in das zuvor konfigurierte Verzeichnis *fileadmin/templates/ext/form/partials/Page.html* kopieren. Beispiel 8-9 zeigt, wie Sie dieses Partial anpassen können, damit es sich besser in die Designvorlage einfügt:

Beispiel 8-9: Fluid-Partial für eine Formularseite

```
<html xmlns:f="http://typo3.org/ns/TYPO3/CMS/Fluid/ViewHelpers"
    xmlns:formvh="http://typo3.org/ns/TYPO3/CMS/Form/ViewHelpers"
    data-namespace-typo3-fluid="true">
<formvh:renderRenderable renderable="{page}">
  <f:if condition="{page.label}">
    <h2>{formvh:translateElementProperty(element: page, property:
         'label')}</h2>
  </f:if>
  <div class="form-horizontal">
    <f:for each="{page.elements}" as="element">
      <f:render partial="{element.templateName}" arguments="{element:
       element}" />
    </f:for>
  </div>
</formvh:renderRenderable>
</html>
```

Dieses Fluid-Template ist das nahezu unveränderte Original-Template aus der *forms*-Extension. Im obigen Beispiel ist lediglich das <div>-Tag mit der CSS-Klasse `.form-horizontal` dazugekommen.

Als Nächstes bearbeiten Sie das Partial `Field`, indem Sie die Datei *typo3/sysext/form/Resources/Private/Frontend/Partials/Field/Field.html* nach *fileadmin/templates/ext/form/partials/Field/Field.html* kopieren. Beispiel 8-10 zeigt, wie Sie dieses Template an Ihre Bedürfnisse anpassen können:

Beispiel 8-10: Fluid-Partial für ein einzelnes Formularelement

```
<html xmlns:f="http://typo3.org/ns/TYPO3/CMS/Fluid/ViewHelpers"
  xmlns:formvh="http://typo3.org/ns/TYPO3/CMS/Form/ViewHelpers"
  data-namespace-typo3-fluid="true">
<f:form.validationResults for="{element.identifier}">
  <div class="form-group{f:if(condition: '{validationResults.errors.0}',
                          then: ' has-error')}">
    <f:if condition="{doNotShowLabel} != 1">
      <label class="control-label col-sm-2"
             for="{element.uniqueIdentifier}“>
       {formvh:translateElementProperty(element: element,
             property: 'label‘)} <f:if condition="{element.required}“>
         <f:render partial="Field/Required" />
       </f:if></label>
    </f:if>
    <div class="col-sm-10 {element.properties.containerClassAttribute}">
      <f:format.raw>
        {elementContent}
        <f:if condition="{validationResults.flattenedErrors}">
```

Beispiel 8-10: Fluid-Partial für ein einzelnes Formularelement (Fortsetzung)

```
15           <span class="error help-block" role="alert">
16             <f:for each="{validationResults.errors}" as="error">
17               {formvh:translateElementError(element: element, error:
                                                         error)}
18               <br />
19             </f:for>
20           </span>
21         </f:if>
22       </f:format.raw>
23       <f:if condition="{element.properties.elementDescription}">
24         <span class="help-block">{formvh:translateElementProperty
                          (element: element, property:
25           'elementDescription')}</span>
26       </f:if>
27     </div>
28   </div>
29 </f:form.validationResults>
30
31 </html>
```

Dieses Fluid-Template sieht sehr kompliziert aus; das liegt jedoch weniger an Fluid als an der Tatsache, dass die Ausgabe von Formularelementen schlicht eine sehr komplizierte Sache ist. Was machen Sie beispielsweise, wenn das Formular abgeschickt wurde, eines der Eingabefelder jedoch ungültige Daten enthält? Wie werden die entsprechenden Fehlermeldungen und Hilfetexte ausgegeben? Im Codebeispiel oben sehen Sie, dass im Fehlerfall in Zeile 3 die CSS-Klasse `has-error` dem obersten `<div>`-Element hinzugefügt wird. Dies geschieht durch den `{f:if(condition: '{validationResults.errors.0}', then: ' has-error')}`-ViewHelper. In den Zeilen 16 bis 19 werden eventuelle Fehlermeldungen dann noch einmal ausführlich in einer Schleife ausgegeben. Das eigentliche Formularfeld befindet sich lediglich in Zeile 13 und nimmt auch nur deshalb so wenig Platz in Anspruch, weil das eigentliche Eingabefeld wiederum von einem anderen Partial generiert wird (das sich wiederum je nach Typ des Eingabefelds unterscheidet).

Glücklicherweise sind für unsere Zwecke (wir erinnern uns: horizontales Formular) nur minimale Änderungen an dem ursprünglichen Partial nötig: Im obigen Beispiel wurden lediglich in den Zeilen 6 und 11 die CSS-Klassen `.col-sm-2` und `.col-sm-10` hinzugefügt.

Sie können dieses Prozedere mit den übrigen Fluid-Partials aus dem Verzeichnis *typo3/sysext/form/Resources/Private/Frontend/Partials/* wiederholen. Im Rahmen unseres Beispiels wollen wir es an dieser Stelle jedoch dabei belassen. In den Beispieldateien zu diesem Buch finden Sie einige weitere angepasste Formularelemente, die im Frontend letztendlich die durchaus akzeptable Ausgabe aus Abbildung 8-20 generieren.

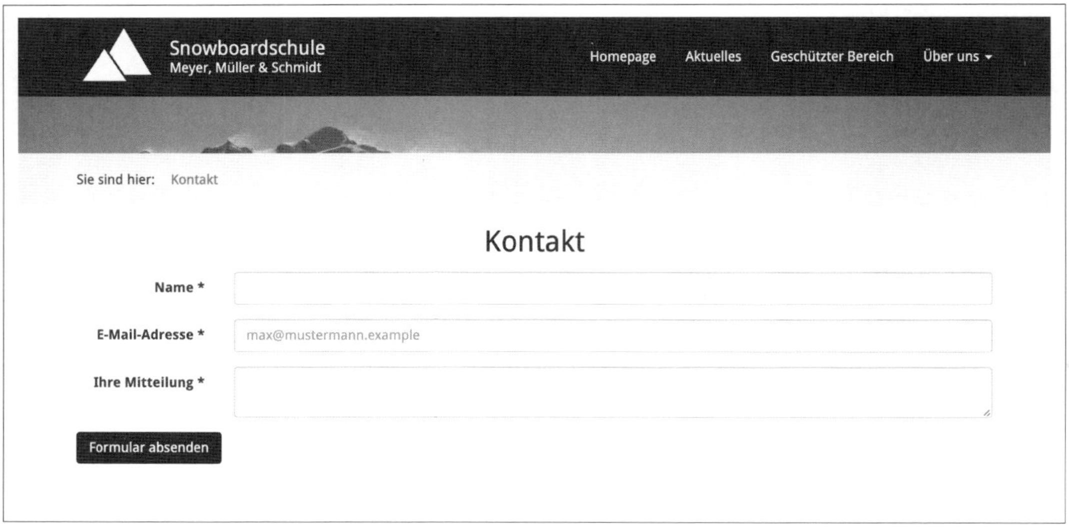

Abbildung 8-20 ▲
Das angepasste Kontaktformular im TYPO3-Frontend

Inhalte in anderen Bereichen ausgeben

Bisher enthält das Layout Ihres Projekts lediglich einen einzelnen Inhaltsbereich – den Bereich *Normal*, dessen Inhalte in der dafür vorgesehenen Fluid-Variablen `{contentMain}` ausgegeben werden.

Tatsächlich finden Sie in vielen Web-Projekten jedoch Layouts mit mehr als einem Inhaltsbereich. Auch die Designvorlage des Praxisbeispiels bietet theoretisch mehrere Inhaltsbereiche. Tatsächlich enthält die Vorlage bereits die Fluid-Variablen `{contentMargin}` und `{contentTrailer}`, die im rechten Randbereich der Seite sowie in der Titelzeile platziert sind (die Randspalte ist im Fluid-Template mit einem `<f:if condition="{contentMargin}">`-ViewHelper umschlossen, sodass die Randspalte komplett ausgeblendet wird, wenn kein Inhalt hinterlegt ist).

Im TYPO3-Backend, wie Sie es bisher kennengelernt haben, gibt es jedoch noch keine Möglichkeit, Inhalte an mehreren verschiedenen Stellen einer Seite zu verwalten. Zusätzlich zu den Fluid-Variablen in der Vorlage muss also auch das TYPO3-Backend an das tatsächliche Layout Ihrer Seite angepasst werden, damit Redakteure später die Möglichkeit haben, auch im Randbereich oder in der Titelzeile Ihrer Seite Inhalte zu platzieren. Zu diesem Zweck werden Sie im folgenden Abschnitt ein *Backend-Layout* erstellen, um die im Backend verfügbaren Inhaltsbereiche an die in der Fluid-Vorlage tatsächlich vorhandenen anzupassen.

Anlegen eines Backend-Layouts

Backend-Layouts werden in TYPO3 ähnlich wie TypoScript-Templates als Systemdatensätze verwaltet. Sie können über das *Liste*-Modul ein Layout auf einer Seite anlegen, das dann auf dieser Seite und allen Unterseiten zur Verfügung steht.

Um ein neues Backend-Layout anzulegen, gehen Sie wie folgt vor:

1. Wechseln Sie auf das *Liste*-Modul.
2. Wählen Sie die *root*-Seite an.
3. Klicken Sie auf den Punkt *Neuen Datensatz erstellen → Backend-Layout*. Sie erhalten die in Abbildung 8-21 dargestellte Maske.

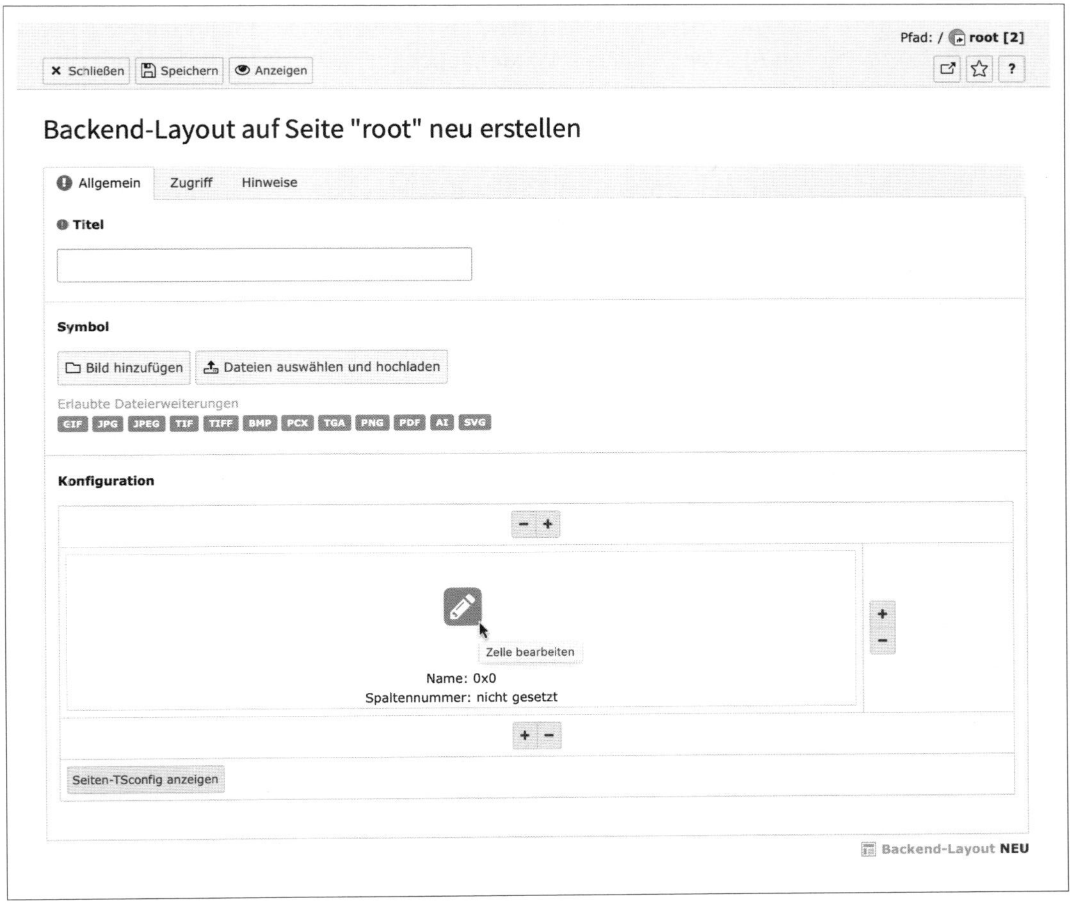

▲ Abbildung 8-21
Die Bearbeitungsmaske zum Erstellen eines Backend-Layouts

Hier können Sie zunächst jedem Layout einen Titel und ein Icon zuweisen. Am interessantesten ist jedoch das Feld *Konfiguration*, in dem Sie das Layout konfigurieren können. Hierzu stellt TYPO3 einen Assistenten bereit, den Sie durch Klicks auf die Pfeile an allen Seiten des Bereichs bedienen können.

Hier können Sie Ihr Layout ähnlich einer Tabelle mit verschiedenen Zeilen und Spalten konfigurieren. In jeder einzelnen Zelle dieser Tabelle können später separate Inhaltselemente platziert werden. Beachten Sie, dass Sie jeder einzelnen Zelle eine eindeutige *Spaltennummer* zuweisen müssen. Diese Nummer wird später in der Spalte *colPos* der Tabelle *tt_content* gespeichert. Inhalte, die in dem Bereich *Normal* platziert werden, mit dem Sie bisher gearbeitet haben, haben standardmäßig die Positionsnummer 0.

Für unser Beispiel erstellen wir hier eine mittlere und eine rechte Spalte sowie eine Trailer-Spalte, die die beiden anderen Spalten überspannt. Wenn Sie bestehende Inhalte im *Normal*-Bereich mit Ihrem neuen Backend-Layout weiterverwenden möchten, sollte das neue Layout ebenfalls einen Bereich mit der Spaltennummer 0 enthalten. Die Spaltennummern für die übrigen Bereiche sind vollkommen frei wählbar. Im obigen Beispiel nutzen wir die Spaltennummer 2 für die *Rand*-Spalte und die Spaltennummer 5 für den *Trailer*-Bereich. Die hier gewählten Spaltennummern benötigen Sie später im TypoScript-Template.

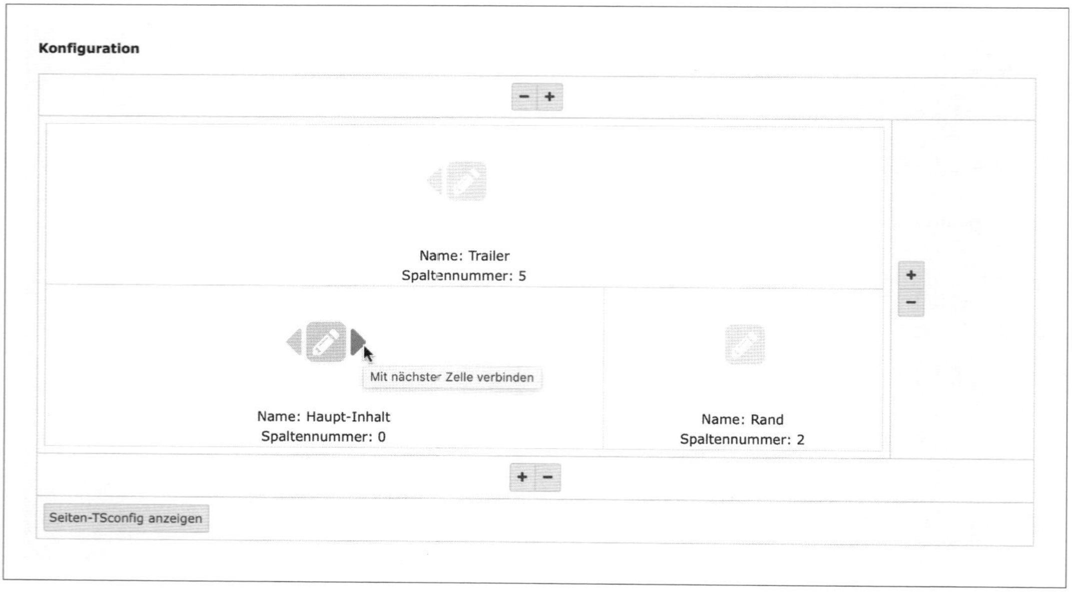

Abbildung 8-22 ▲ Der grafische Assistent zum Konfigurieren eines Backend-Layouts

Haben Sie das Layout fertiggestellt, speichern Sie es über die entsprechende Schaltfläche.

Layouts zuweisen und mit Inhalt füllen

Ein Backend-Layout wird nur dann wirksam, wenn es explizit einer Seite zugewiesen wird – und dann auch nur für diese Seite und gegebenenfalls deren Unterseiten. Möchten Sie, dass ein Backend-Layout für das gesamte Projekt gilt, sollten Sie das Layout der *root*-Seite zuweisen, damit es sich auf den gesamten Seitenbaum vererbt:

1. Bearbeiten Sie also jetzt die *root*-Seite.
2. Wechseln Sie auf den Tab *Erscheinungsbild*. Hier können Sie unter den Auswahlfeldern *Backend-Layout (nur für diese Seite)* und *Backend-Layout (für Unterseiten dieser Seite)* das jeweils zu verwendende Layout angeben.
3. Weisen Sie der *root*-Seite und ihren Unterseiten wie in Abbildung 8-23 das soeben erstellte Layout zu.
4. Speichern Sie die Seite.

Wechseln Sie nun auf das *Seite*-Modul, sehen Sie dort statt des üblichen *Normal*-Bereichs eine Tabelle in Form Ihres soeben angelegten Layouts. In dieser Tabelle können Sie wie gewohnt Inhaltselemente anlegen.

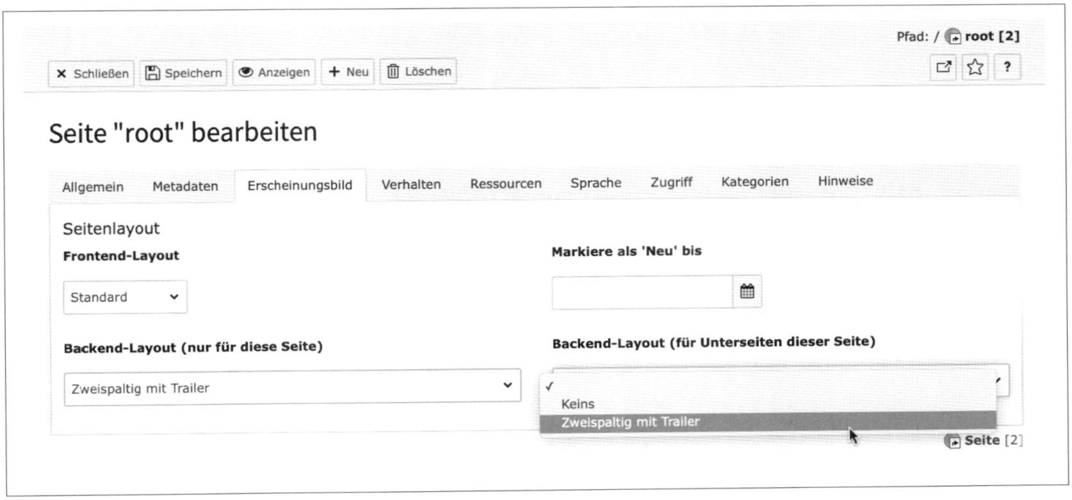

▲ **Abbildung 8-23**
Zuweisen eines Layouts

Inhalte am rechten Rand ausgeben

Um das Beispiel noch etwas spannender zu machen, erweitern wir die Anforderungen für die Inhalte in der *Rand*-Spalte noch ein wenig: Zusätzlich zu den Inhaltselementen, die auf der jeweils aktuellen Seite in der *Rand*-Spalte hinterlegt sind, sollen auf jeder Seite auch noch die Inhalte einer ganz bestimmten, fest definierten Seite ausgegeben werden. Dies ermöglicht es Ihnen später beispielsweise, Inhalte auf einer einzelnen

Seite zu erstellen und zu bearbeiten, die dann auf allen Seiten des Projekts eingeblendet werden können.

Hierzu können Sie das bereits bekannte COA-Objekt nutzen. Weisen Sie zunächst der Fluid-Variablen {contentMargin} das Objekt COA zu (siehe Beispiel 8-11), da Sie nun zwei Bereiche unterscheiden müssen.

Beispiel 8-11: Der Variablen »{contentMargin}« das Objekt »COA« zuweisen

```
      # Den Inhalt der Hauptspalte ausgeben
      contentMain < styles.content.get

      # Den Inhalt der rechten Spalte ausgeben
      contentMargin = COA
    }
```

Die Spalte »Rand« auslesen

Zunächst soll die Variable {contentMargin} die Inhalte enthalten, die der Redakteur auf der aktuellen Seite für den im Backend-Layout definierten Bereich *Rand* angelegt hat. Um die zu erstellende Funktion testen zu können, müssen Sie vorab einen Seiteninhalt auf der rechten Spalte anlegen. Abbildung 8-24 zeigt einen Seiteninhalt vom Typ *Text & Medien*, der auf der Seite *Homepage* auf der *Rand*-Spalte angelegt wurde.

Abbildung 8-24▲
Die Spalte auswählen, auf der ein Seiteninhalt dargestellt werden soll

Die Inhalte, die sich auf den einzelnen Seiten der rechten Spalte befinden, sollen nun im COA-Objekt auf Position 10 dargestellt werden. Im oberen Abschnitt hatten wir die Inhalte der Hauptspalte mit der Funktion styles.content.get ausgelesen. Diese können Sie auch zum Auslesen der Inhalte der rechten Spalte nutzen. Über das Attribut select.where teilen Sie TYPO3 mit, dass der Inhalt einer anderen Spalte ausgelesen werden soll (hier kommt die Spaltennummer zur Geltung, die Sie bei der Definition des Backend-Layouts frei vergeben haben – in diesem Fall trägt die Spalte *Rand* im Backend-Layout und in der TYPO3-Datenbank die Nummer 2).

Beispiel 8-12: Inhalte aus der rechten Spalte auslesen

```
# Den Inhalt der Hauptspalte ausgeben
contentMain < styles.content.get

# Den Inhalt der rechten Spalte ausgeben
contentMargin = COA
contentMargin {
  10 < styles.content.get
  10.select.where = colPos=2
}
```

Seiteninhalte von einer anderen Seite einlesen

Im Praxisbeispiel ist gefordert, dass auf der rechten Seite neben Inhalten, die auf der jeweils aktuell angezeigten Seite liegen, auch Inhalte dargestellt werden können, die sich auf einer anderen Seite befinden. Erstellen Sie dazu eine Hilfsseite *Statisch rechts* als Unterseite von *root*. Diese neue Seite soll vom Seitentyp *Ordner* sein, da sie lediglich als »Container« für Inhaltselemente gedacht ist und nicht als eigenständige Seite über das Frontend aufrufbar sein soll. Legen Sie anschließend auf der neu angelegten Seite einen Seiteninhalt auf der Spalte *Rand* an.

Um nun die Inhalte, die sich auf dieser Seite befinden, zusätzlich für die Variable `contentMargin` auszugeben, wird an Position `20` wieder eine Kopie des Objekts `styles.content.get` erstellt. Bisher wurden bei der Verwendung des `PAGE`-Objekts lediglich Inhalte ausgegeben, die sich auf der aktuellen Seite befanden. Durch die Eigenschaft `select.pidInList` kann diese Selektierung jedoch neu gesetzt werden. Als Wert erwartet die Eigenschaft `.select.pidInList` eine kommaseparierte Liste von Seiten-IDs, von deren Seite der jeweilige Inhalt aufgenommen werden soll.

Wie bereits bei den Startpunkten des Menüs ist es sinnvoll, derartige Seiten-IDs als Konstante zu definieren, die dann im eigentlichen TypoScript-Setup verwendet werden können. Definieren Sie daher in Ihrem TypoScript-Template eine neue Konstante (klicken Sie dazu im *Template*-Modul in der Oberfläche *Info/Bearbeiten* auf *Konstanten*) mit dem Namen `content.staticMarginContentFolder`. Als Wert der Konstanten verwenden Sie die ID des soeben erstellten Ordners *Statisch rechts*. (Zur Erinnerung: Die ID erfahren Sie, wenn Sie im Seitenbaum mit der Maus über das Icon der Seite/des Ordners fahren.)

Beispiel 8-13 zeigt die Nutzung dieser Konstanten in der `select.pidInList`-Eigenschaft:

Beispiel 8-13: Inhalte von einer angegebenen Seite »statisch« auslesen

```
142    # Den Inhalt der Hauptspalte ausgeben
143    contentMain < styles.content.get
144
145    # Den Inhalt der rechten Spalte ausgeben
146    contentMargin = COA
147    contentMargin {
148      10 < styles.content.get
149      10.select.where = colPos=2
150
151      20 < styles.content.get
152      20.select.where = colPos=2
153      20.select.pidInList = {$content.staticMarginContentFolder}
154    }
```

Die Verwendung dieses Objekts hat den Vorteil, dass Sie nicht auf jeder Seite den gleichen Inhalt in die rechte Spalte einfügen müssen und Änderungen zentral von einer Stelle aus durchführen können. Dennoch gibt es einen Schönheitsfehler: Wenn Sie den Seiteninhalt ändern, werden Sie auf keiner Seite, die Sie bereits mit diesem Seiteninhalt aufgerufen haben, irgendeine Änderung bemerken. Das liegt an der TYPO3-Cachingfunktion.

Damit sich nachträgliche Änderungen auf alle Seiten übertragen, müssen Sie im Backend manuell den gesamten Cache löschen. Das bewirkt, dass der Cache jeder Seite Ihres Projekts erst wieder gefüllt werden muss, was die Performance Ihres TYPO3-Projekts kurzzeitig beeinträchtigt. Anstelle des `COA`-Objekts, das in Beispiel 8-13 in Zeile 146 verwendet wird, können Sie zur Umgehung des Problems auch das Objekt `COA_INT` verwenden. Seien Sie mit solchen »Lösungen« jedoch vorsichtig, da das `COA_INT`-Objekt grundsätzlich nicht gecacht wird und sich daher ebenfalls negativ auf *jeden* Seitenaufbau auswirken kann.

Überschriften in der Randspalte formatieren

Die Vorgabe des Grafikers lautet, dass für die Überschriften in der Randspalte grundsätzlich <h3>-Tags verwendet werden sollen. Bei der Anpassung des `Header`-Fluid-Partials zuvor hatten wir jedoch festgelegt, dass standardmäßig <h2>-Tags, je nach Auswahl des Redakteurs aber auch alle möglichen anderen Überschrift-Ebenen dargestellt werden sollen. Für den Inhalt in der Hauptspalte ist das auch so gewollt, für die Spalte am rechten Seitenrand müssen wir aber eine abweichende Darstellung konfigurieren.

Die Position eines Inhaltselements wird in der Datenbank in der Spalte *colPos* gespeichert. Diese ergeben sich aus den Spaltennummern, die Sie bei der Erstellung des Backend-Layouts angegeben haben. In diesem Beispiel wird für Inhalte in der Spalte *Normal* der Wert *0*, für Inhalte in der rechten Spalte der Wert 2 gespeichert. Diesen Sachverhalt können wir uns bei der Darstellung der Überschrift zunutze machen, indem wir diese in Abhängigkeit von der Spalte unterschiedlich darstellen. Dafür erweitern wir das zuvor erstellte Fluid-Partial in *fileadmin/templates/content/partials/Header/All.html* um einen weiteren `<f:switch>`-ViewHelper, in dem die Position des Inhaltselements abgefragt wird:

Beispiel 8-14: Überschriften in der Randspalte abweichend formatieren

```
<f:if condition="{data.header}">
  <f:switch expression="{data.colPos}">
    <f:case value="2">
      <h3>{data.header}</h3>
    </f:case>
    <f:defaultCase>
      <f:switch expression="{data.header_layout}">
        [...]
      </f:switch>
    </f:defaultCase>
  </f:switch>
</f:if>
```

Diese `switch/case`-Abfrage lässt sich zudem einfach um weitere Abfragen erweitern, mit denen Sie beispielsweise auch für Überschriften im Trailer-Bereich (dazu mehr im nächsten Abschnitt) eine spezielle Darstellung umsetzen könnten. Abbildung 8-25 zeigt das Endergebnis der Darstellung mit zwei Spalten im Browser.

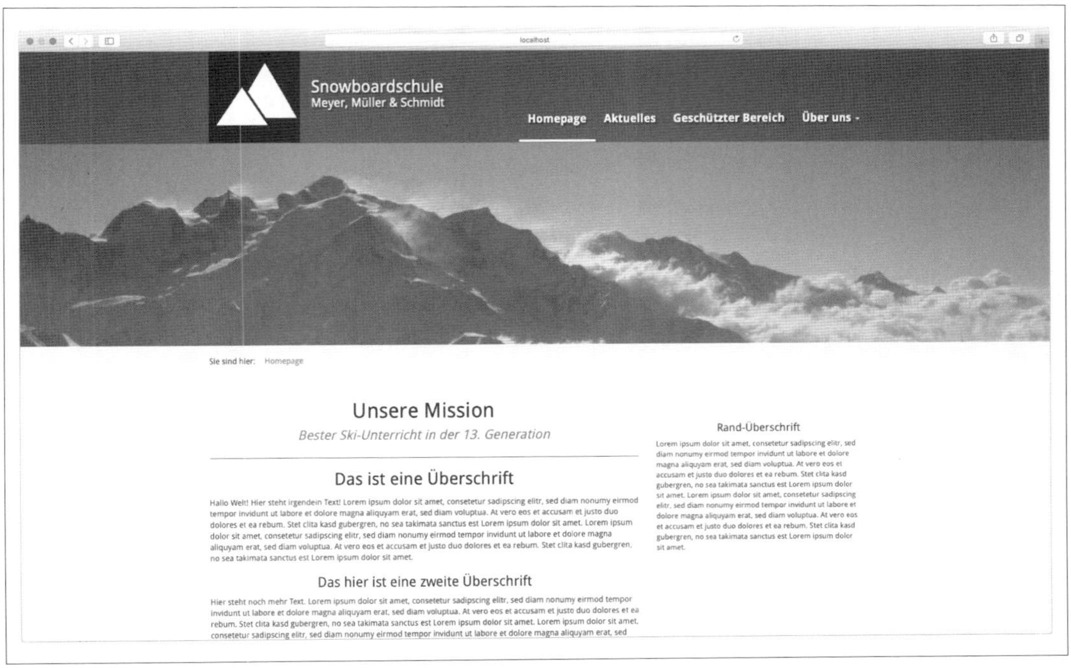

▼ Abbildung 8-25
Darstellung von Inhalt in zwei Spalten

Inhalte im Trailer ausgeben

Nachdem Sie die {contentMargin}-Variable mit den Inhalten aus der Randspalte befüllt haben, können Sie für die in der Kopfzeile platzierte Variable {contentTrailer} genauso vorgehen. Im zuvor erstellten Backend-Layout hatte dieser Bereich die Spaltennummer 5. Demnach können Sie im TypoScript-Template die Fluid-Variable {contentTrailer} wie in Beispiel 8-15 gezeigt mit dem Inhalt dieses Bereichs befüllen:

Beispiel 8-15: Einen benutzerdefinierten Inhaltsbereich im TypoScript auslesen

```
# Den Inhalt der Hauptspalte ausgeben
contentMain < styles.content.get

# Den Inhalt der rechten Spalte ausgeben
contentMargin = COA
contentMargin {
  10 < styles.content.get
  10.select.where = colPos=2

  20 < styles.content.get
  20.select.where = colPos=2
  20.select.pidInList = 23
}

# Den Inhalt des Trailers auslesen
contentTrailer < styles.content.get
contentTrailer.select.where = colPos=5
```

Verschiedene Fluid-Templates pro Backend-Layout

Mit Backend-Layouts haben Sie die Möglichkeit, für einzelne Seiten im TYPO3-Backend verschiedene Layouts zu konfigurieren, deren Struktur vom Backend auch wiedergegeben wird. In Kombination mit der Benutzung von Fluid-Templates ist es nun möglich, je nach Backend-Layout der Seite ein speziell für dieses Layout angepasstes Template zu verwenden. Beispielhaft soll im Folgenden für die Startseite ein einspaltiges und für die Unterseiten ein zweispaltiges Layout umgesetzt werden. Dafür sollen dann auch unterschiedliche Template-Dateien verwendet werden.

Erstellen Sie dazu auf der *root*-Seite über das *Liste*-Modul ein zweites Backend-Layout, das sich vom ersten unterscheidet; beispielsweise können Sie die Randspalte weglassen, sodass die *Normal*-Spalte mit Spaltennummer *0* und die *Trailer*-Spalte mit Spaltennummer *5* übrig bleiben. In den Seiteneigenschaften einer beliebigen Seite können Sie dann auf dem Tab *Erscheinungsbild* dieses Layout zuweisen.

Damit für das Backend-Layout der jeweils aufgerufenen Seite nun auch die richtige Template-Datei benutzt wird, müssen noch ein paar Anpassungen per TypoScript erfolgen. Momentan wird über die Eigenschaft `file` des TypoScript-Objekts `FLUIDTEMPLATE` immer dasselbe Template verwendet. Damit aber beim Aufruf der Unterseite das Template geladen wird, das zwei Spalten zur Darstellung verwendet, bedarf es der in Beispiel 8-16 gezeigten Anpassungen.

Beispiel 8-16: Verschiedene Fluid-Templates in Abhängigkeit vom Backend-Layout

```
001 page = PAGE
002 page {
      [...]
057
058   # Die Designvorlage integrieren
059   10 = FLUIDTEMPLATE
060   10 {
061     file.cObject = CASE
062     file.cObject {
063       key {
064         data = levelfield: -1 , backend_layout_next_level, slide
065         override.data = TSFE:page|backend_layout
066       }
067
068       1 = TEXT
069       1.value = fileadmin/templates/vorlage-v4.html
070
071       2 = TEXT
072       2.value = fileadmin/templates/vorlage_einspaltig.html
073
074       default < .1
075     }
076
        [...]
174   }
175 }
```

Betrachten wir dieses Beispiel ein wenig genauer: Die Eigenschaft `.file` in Zeile 61 wird nicht mehr direkt mit einem Dateinamen befüllt; stattdessen wird sie nun über die `.cObject`-Eigenschaft mit einem `CASE`-Objekt befüllt. Dieses erfüllt in etwa dieselbe Funktion wie ein *switch/case*-Statement in einer Programmiersprache. Das `CASE`-Objekt besitzt dazu die Eigenschaft `key`. Wenn im Folgenden ein Objekt definiert wurde, das den gleichen Bezeichner wie der `key` hat, wird dieses Objekt zurückgegeben. Andernfalls wird das Objekt mit dem Bezeichner `default` zurückgegeben. In unserem Fall kommt der spätere `key` aus der Funktion `data` und enthält einen Wert aus der Datenbank, genauer gesagt die UID des entsprechenden Backend-Layouts. Über die Anweisung `levelfield: -1` wird dabei zunächst auf der aktuellen Seite nach einem Eintrag für ein Backend-Layout gesucht. Ist hier keiner vorhanden, wird über das sich am Ende befindende `slide` versucht, auf den übergeordneten Seiten (bis hin zur *root*-Seite) einen Eintrag zu finden. Ist dort ebenfalls nirgendwo ein Eintrag vorhanden, wird der Default-Wert des `CASE`-Objekts genommen, dem hier eine Kopie der ersten Ebene zugewiesen wird. Da man auf der *root*-Seite für alle Unterseiten ein Backend-Layout zuweisen, aber gleichzeitig auch auf einer dieser Seiten ein eigenes Layout explizit einstellen kann, soll in diesem Fall der Eintrag der Unterseite genommen, die Vererbung also nicht beachtet werden. Das geschieht mit der Funktion `override.data`, die die UID des zugewiesenen Backend-Layouts der aktuellen Seite übergeben bekommt.

Wenn nun beispielsweise eine Seite aufgerufen wird, der das Backend-Layout mit der UID 2 zugewiesen ist, wird als Template die Datei *vorlage_einspaltig.html* verwendet, da der ausgelesene Wert, der in `key` steckt, gleich dem Bezeichner `2` ist, für den als `value` das entsprechende Template angegeben ist. So ist es möglich, mehrere Templates auf einer Website einzusetzen, indem Sie für jedes vorhandene Backend-Layout innerhalb des `file.cObject`-Bereichs ein Objekt erstellen, das als Bezeichner die UID des Backend-Layouts und als `value` das entsprechende Template bekommt. Sie müssten an dieser Stelle eventuell die Bezeichner anpassen, sofern Ihre verwendeten Backend-Layouts eine andere UID haben. Diese können Sie sehen, indem Sie im Modul *Liste* mit der Maus über das Backend-Layout fahren.

»Verwaiste« Inhaltselemente verwalten

Backend-Layouts bieten Ihnen eine große Flexibilität darin, die Gestaltung des TYPO3-Backends an das tatsächliche Layout Ihres Projekts im Frontend anzupassen. Damit sind natürlich auch Fallstricke verbunden – was passiert beispielsweise mit Inhaltselementen in einem bestimmten Bereich, wenn Sie nachträglich das Backend-Layout bearbeiten und diesen Bereich entfernen?

TYPO3 bezeichnet solche Elemente als *Unbenutzte Elemente*. Dabei handelt es sich um Inhaltselemente, die ursprünglich einmal in einem Inhaltsbereich platziert wurden, der mittlerweile gar nicht mehr existiert – beispielsweise weil das dazugehörige Backend-Layout verändert oder gelöscht wurde oder der Seite nachträglich ein anderes Backend-Layout zugewiesen wurde.

Aber keine Sorge! Solche Elemente verschwinden nicht einfach, sondern TYPO3 weist Sie auf die Existenz solcher unbenutzten Elemente explizit hin. Wenn Sie eine Seite im *Seite*-Modul öffnen, auf der derartige Elemente existieren, erscheint die in Abbildung 8-26 sichtbare Warnung *Unbenutzte Elemente auf dieser Seite*. Die unbenutzten Elemente tauchen zudem im Abschnitt *Unbenutzt* auf und können dort beispielsweise gelöscht oder bearbeitet und in andere Inhaltsbereiche verschoben werden.

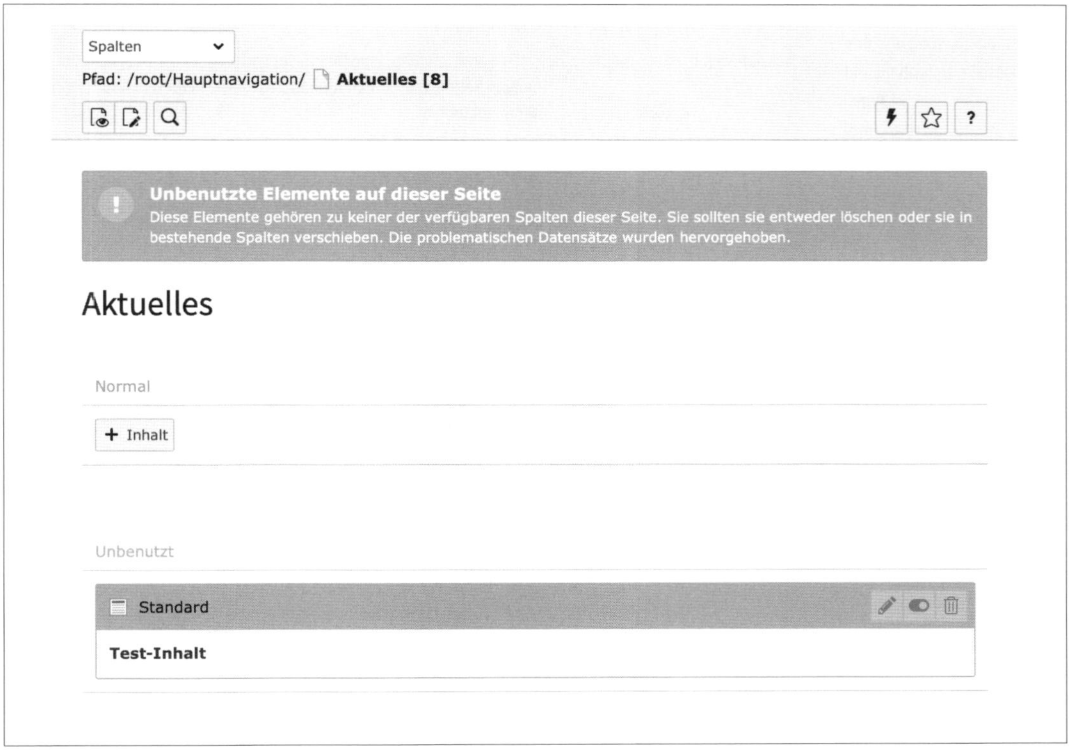

▲ **Abbildung 8-26**
Hinweis auf unbenutzte Inhaltselemente

Übersicht über Seiteninhaltstypen

Tabelle 8-2 gibt einen Überblick über die verschiedenen Seiteninhaltstypen mit den jeweils gespeicherten Werten im Datenbankfeld *CType* und beschreibt die Verwendung dieser Typen.

◀ **Tabelle 8-2**
Seiteninhaltstypen und ihre Werte im Datenbankfeld »CType«

Seiteninhaltstyp	CType	Beschreibung
Nur Überschrift	header	Dieser Seiteninhaltstyp stellt lediglich eine Überschrift zur Verfügung. Verwendet wird nur das Fluid-Partial *Header*.
Aufzählung	bullets	Dieser Seiteninhaltstyp ermöglicht es, eine Liste zu erstellen. Für jede vom Redakteur angegebene Zeile wird ein separater Bereich gekennzeichnet, der z. B. mit vorangestellten Symbolen versehen werden kann.
Tabelle	table	Mit diesem Inhaltstyp können Tabellen beschrieben werden.
Text & Medien	textmedia	Mit diesem Seiteninhaltstyp kann ein Textbereich mitsamt Überschrift und verschiedensten Mediendateien angegeben werden. Das ist der vermutlich am häufigsten gebrauchte Inhaltstyp.
Dateilinks	uploads	Um Dateien zum Download anzubieten, eignet sich dieser Seiteninhaltstyp.

Tabelle 8-2 ▶ Seiteninhaltstypen und ihre Werte im Datenbankfeld »CType« (Fortsetzung)

Seiteninhaltstyp	CType	Beschreibung
Spezial-Menüs	menu	Erstellt eine Sitemap, eine Inhaltsübersicht oder eine Übersicht der folgenden Seiten. Dieser Seiteninhaltstyp wurde in diesem Kapitel eingehend behandelt.
Reines HTML	html	Mit diesem Seiteninhaltstyp können Sie HTML-Code angeben, der an der entsprechenden Stelle direkt ausgegeben wird. Der Typ eignet sich besonders bei der Verwendung von komplexen und individuellen Tabellen als Seiteninhalt.
Trenner	div	Dieses Element wird als Trennelement (üblicherweise als horizontale Linie) auf der Seite ausgegeben.
Datensatz einfügen	shortcut	Mit diesem Seiteninhaltstyp können Sie bereits angelegte Seiteninhalte wiederverwenden. Dabei wird der Seiteninhalt von einer anderen Seite genommen. Änderungen an einem Seiteninhalt müssen nur noch im Originalinhalt vorgenommen werden und übertragen sich automatisch auf eingefügte Seiteninhalte.
Anmeldeformular	login	Mit dem Seiteninhaltstyp *Login* können Sie einen Log-in-Button für zugriffsbeschränkte Seiten anzeigen lassen. Wie Sie Webseiten vor Zugriff schützen und Frontend-Benutzer anlegen, erfahren Sie in Kapitel 9, *Erweiterte Darstellung von Inhalten*.
Kontaktformular	mailform	Dieser Inhaltstyp fügt ein beliebig konfigurierbares Formular auf die Seite ein, dessen Eingaben per Mail an eine konfigurierbare Adresse verschickt werden. Dieser Inhaltstyp erfordert, dass die Erweiterung *form* geladen und deren statisches TypoScript eingebunden wurde.
Plugin einfügen	list	Mit *Plugin einfügen* können Frontend-Plug-ins auf einer Seite ausgeführt werden.

KAPITEL 9

Erweiterte Darstellung von Inhalten

In diesem Kapitel:

- Einen zeitabhängigen Begrüßungstext realisieren
- Mehrsprachige Websites
- Zugriffsbeschränkte Seiten und Seiteninhalte
- Spezielle Druckansicht
- E-Mail-Adressen vor Spam schützen

In diesem Kapitel erfahren Sie, wie Sie mit einigen interessanten Funktionen, z. B. mit Bedingungen, häufig anfallende Aufgabenstellungen erledigen. Erläutert wird, wie Ausnahmen in TYPO3 behandelt und mehrsprachige Internetseiten umgesetzt werden, wie Sie einen geschützten Kundenbereich einrichten können und wie eine Druckansicht erzeugt wird.

Einen zeitabhängigen Begrüßungstext realisieren

Im Praxisbeispiel soll auf jeder Seite im Fußbereich neben dem eigentlichen Datum (gespeichert in der Fluid-Variablen `{today}`) noch ein zeitabhängiger Begrüßungstext dargestellt werden. Zur Erinnerung: In der Fluid-Designvorlage sieht dieser Bereich der Seite so aus:

```
<div class="col-md-4 date-wrapper">
  {labelToday -> f:format.raw()}
  <div class="date">{today}</div>
</div>
```

Im Praxisbeispiel soll auf jeder Seite die Fluid-Variable `{labelToday}` zusätzlich zum generischen »Heute ist der ...« noch der Begrüßungstext *Guten Morgen*, *Guten Tag* bzw. *Guten Abend* vorangestellt werden. Um das umzusetzen, ist eine Unterscheidung der Darstellung nach Tageszeit notwendig. Da TYPO3 auf PHP basiert und PHP-Skripte immer auf dem Server ausgeführt werden, ist die hier vorgestellte Lösung abhängig von der Serverzeit.

Sogenannte *Conditions* (Bedingungen) können dazu verwendet werden, Eigenschaften unter gewissen Umständen neu zu setzen. Wenn ein bestimmter Zustand eintritt, soll eine Eigenschaft `xyz` statt eines Werts `abc` den Wert `def` erhalten. Eine Übersicht über die Möglichkeiten von Conditions finden Sie in der »TypoScript-Kurzreferenz« im »Anhang«.

Eine Condition ist prinzipiell nichts anderes als ein *Wenn/Dann*-Bereich. In der Programmiersprache PHP würde das Vorhaben, einen zeitabhängigen Begrüßungstext auszugeben, z. B. wie folgt gelöst:

```
$hour = (int) date("H");
$text = "Guten Morgen";

if ($hour >= 11) {
  $text = "Guten Tag";
} else if ($hour >= 19) {
  $text = "Guten Abend";
}

echo $text;
```

In diesem PHP-Beispiel würde zunächst die aktuelle Stunde im 24-Stunden-Format in der Variablen `$hour` gespeichert. `$text` wird `Guten Morgen` zugewiesen. Wenn der Wert der Stunde größer als oder gleich `11` ist (es also 11 Uhr oder später ist), wird die Variable `$text` mit `Guten Tag` überschrieben; ist es 19 Uhr oder später, wird die Variable `$text` mit dem Wert `Guten Abend` überschrieben. Zuletzt wird der Inhalt von `$text` ausgegeben.

Sicherlich kann dieses PHP-Beispiel verfeinert werden, allerdings soll es hier nicht um PHP gehen, sondern um TypoScript. Auch TypoScript stellt die oben beschriebenen Funktionalitäten mit Conditions zur Verfügung. In Beispiel 9-1 wird abhängig von der aktuellen Serverzeit der Begrüßungstext mit einem neuen Wert überschrieben.

Die Fluid-Variable `{labelToday}` wird in Beispiel 9-1 vollständig neu beschrieben und ist jetzt eine Instanz des Objekts `COA_INT`. Dieses Objekt kann, genau wie `COA` auch, mehrere Objekte in einer geordneten Folge aufnehmen. Das ist notwendig, da jetzt Inhalt ausgegeben werden soll, der sich in relativ kurzen Zeitabständen ändern kann. Der Unterschied zwischen `COA` und `COA_INT` liegt in der Behandlung des Cache: Die Ausgabe des unterhalb von `COA_INT` angegebenen TypoScript-Codes wird nicht gecacht, sodass bei jedem Aufruf der Seite eine Zeitabfrage durchgeführt wird. Das globale Deaktivieren des Cache bzw. das Setzen einer Cache-Periode mit der Eigenschaft `config.cache_period` wird dadurch vermieden.

Conditions befinden sich immer in eckigen Klammern und dürfen sich *nicht* innerhalb von geschweiften Klammern befinden! Sie müssen also sicherstellen, dass vor der Anwendung von Conditions alle geschweiften Klammern geschlossen werden. Conditions werden immer mit einem abschließenden `[global]` beendet. Dann wird TypoScript wieder ohne Berücksichtigung besonderer Gegebenheiten ausgeführt.

Beispiel 9-1: Zeitabhängiger Begrüßungstext mit Conditions

```
001 page = PAGE
002 page {
      [...]
059   10 = FLUIDTEMPLATE
060   10 {
        [...]
106     variables {
          [...]
141       today = TEXT
142       today.data = date:d. m. Y
143
          [...]
146
147       labelToday = COA_INT
148       labelToday {
149         10 = TEXT
150         10.value = Guten Morgen
151         10.wrap = |! 
152
153         20 = TEXT
154         20.value = Heute ist der
155       }
          [...]
180     }
181   }
182 }
    [...]
195
196 # Zeitabhängiger Begrüßungstext
197 [date("H") >= 11]
198 page.10.variables.labelToday.10.value = Guten Tag
199 [date("H") >= 19]
200 page.10.variables.labelToday.10.value = Guten Abend
201 [global]
```

In Zeile 147 wird das Objekt `COA_INT` verwendet, das mehrere Objekte in einer geordneten Liste aufnehmen kann und den Cache für diesen TypoScript-Abschnitt deaktiviert. Zunächst wird in Zeile 149 auf Position `10` der Text `Guten Morgen` ausgegeben. In Zeile 151 folgt gleich eine `.wrap`-Funktion, die nach der Ausgabe des in Zeile 150 angegebenen Texts ein Ausrufezeichen ausgibt, gefolgt von einem Leerzeichen. Prinzipiell hätte der in der `.wrap`-Funktion angegebene Wert mit in die Eigenschaft `.value` aufgenommen werden können. Allerdings wird durch die separate `.wrap`-Funktion das folgende Überschreiben der in Zeile 150 angegebenen Ausgabe `Guten Morgen` an späterer Stelle vereinfacht, weil nicht jedes Mal der in Zeile 151 definierte Wert mit angegeben werden muss.

In den Zeilen 141 und 142 erfolgt, wie bereits bekannt, die Ausgabe des aktuellen Datums mithilfe einer `.data`-Funktion.

Erst ganz am Ende Ihres TypoScript-Templates, wenn keine geschweiften Klammern mehr offen sind, folgt die Abfrage, ob eine Eigenschaft oder Funktion gegebenenfalls überschrieben werden soll. Nochmals zur Erinnerung: Conditions dürfen nicht innerhalb von geschweiften Klammern stehen! In Zeile 197 wird in eckigen Klammern abgefragt, ob der Wert der Stunde größer als `10` ist. (Wenn es 10:50 Uhr ist, ist die Stunde nicht größer als `10`!) Ist das der Fall, wird die Eigenschaft `page.10.variables.labelToday.10.value`, der bereits in Zeile 150 der Wert `Guten Morgen` zugewiesen wurde, in Zeile 198 mit dem neuen Wert `Guten Tag` überschrieben.

In Zeile 199 wird die vorherige Abfrage durch eine weitere ergänzt (ähnlich wie ein `else if` in einer Programmiersprache). Wenn der Wert der Stunde größer oder gleich `19` ist, wird in Zeile 200 die Eigenschaft `page.10.variables.labelToday.10.value` wiederum mit einem neuen Wert überschrieben. Da keine weitere Abfrage mehr folgt, wird in Zeile 201 die Abfrage aus den Zeilen 197 bis 200 mit `[global]` beendet. Alle nun folgenden Zeilen unterliegen somit keiner Bedingung mehr.

Wenn Sie das Ergebnis im Frontend betrachten, sollten Sie für die jeweils aktuelle Serverzeit die entsprechende Ausgabe in der Variablen `{labelToday}` erkennen können. Spielen Sie ein wenig mit den Uhrzeiten herum, um sicherzugehen, dass die Bedingungen auch tatsächlich greifen.

Tipp Wenn Sie statt des Begrüßungstexts im Frontend eine Ausgabe wie etwa `<!--INT_SCRIPT.0d1d1b17c9f4c84aacf079988595081b-->` oder ähnlich sehen, denken Sie daran, die Ausgabe der Variablen `{labelToday}` im Fluid-Template durch den `f:format.raw()`-ViewHelper zu filtern: `{labelToday -> f:format.raw()}`.

Werden Sie trotz der Zeitänderung nach wie vor mit dem in Zeile 150 angegebenen Inhalt `Guten Morgen` begrüßt, sollten Sie im Objekt-Browser überprüfen, ob Sie die Warnmeldung *The script was short of 1 end brace(s)* erhalten. Diese Meldung gibt an, dass noch mindestens eine geschweifte Klammer geöffnet ist. Überprüfen Sie Ihr TypoScript-Template auf sämtliche sich öffnenden und schließenden Klammern und korrigieren Sie diese so lange, bis Sie im Objekt-Browser die oben genannte Fehlermeldung nicht mehr erhalten.

Conditions und der TypoScript-Objekt-Browser

Wenn Sie sich im TypoScript-Objekt-Browser den Inhalt der Eigenschaft `page.10.variables.labelToday.10.value` ansehen (siehe Abbildung 9-1), werden Sie bemerken, dass hier `Guten Morgen` steht und nicht `Guten Tag` oder `Guten Abend`, obwohl alle drei Varianten abhängig von der Serverzeit denkbar wären. Im unteren Bereich sehen Sie jedoch ein Feld mit mehreren Kontrollkästchen und einem Absendebutton *Bedingungen setzen*, mit dem Sie eine bestimmte Bedingung simulieren und das Ergebnis im Objekt-Browser betrachten können.

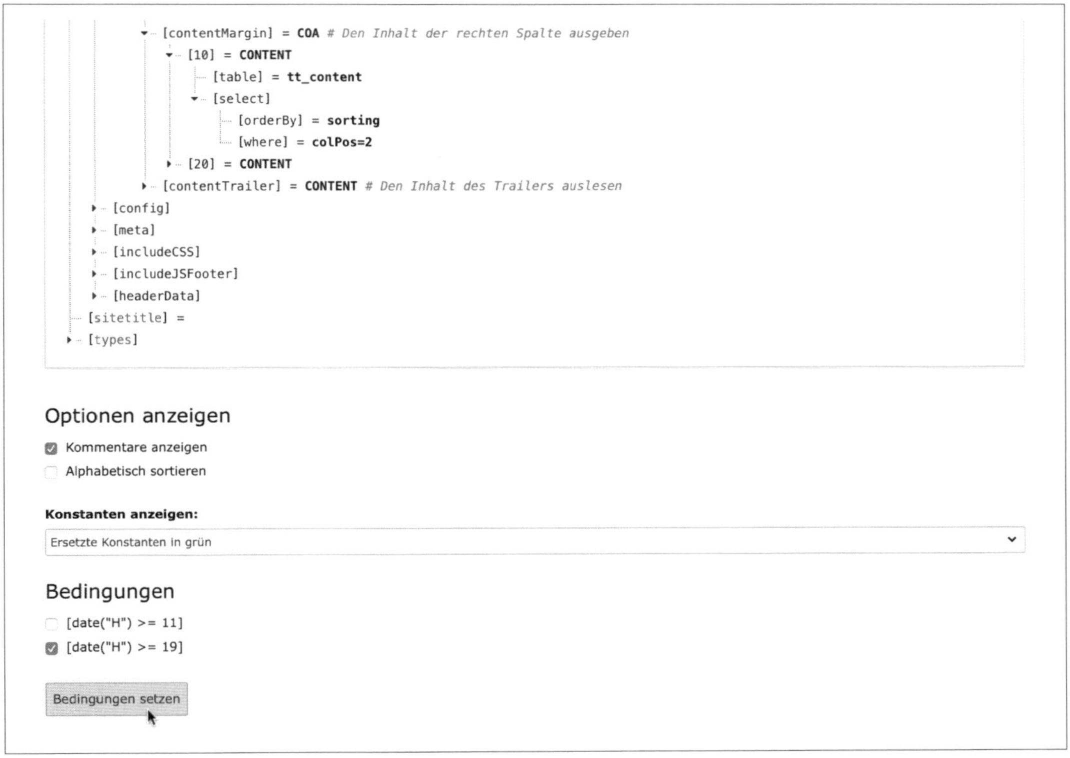

▲ **Abbildung 9-1**
Simulieren von Bedingungen im Objekt-Browser

Mehrsprachige Websites

Mehrsprachige Internetpräsentationen werden von TYPO3 nativ unterstützt. Es gibt zwei Möglichkeiten, wie Internetpräsentationen mehrsprachig erstellt werden können: durch zwei (oder mehrere) unterschiedliche Seitenbäume oder durch einen einzigen Seitenbaum.

Eine TYPO3-Website, die zur Umsetzung von Mehrsprachigkeit mit mehreren Seitenbäumen arbeitet, benötigt prinzipiell ein übergeordnetes Projekt-Template, in dem die generelle Darstellung der Website abgelegt wird. Da jedoch einige sprachrelevante Meldungen und Ausgaben in TypoScript angegeben werden, z.B. für das Suchformular oder auch die im vorigen Abschnitt statisch gesetzten Ausgaben, ist für jede Sprache ein Extension-Template erforderlich. Extension-Templates bilden eine Ausnahme unter den übergeordneten Templates und können einzelne TypoScript-Eigenschaften und -Funktionen überschreiben. Nähere Informationen zu Extension-Templates erhalten Sie in Kapitel 10, *Bestehende Erweiterungen integrieren*.

Der Vorteil bei der Umsetzung von Mehrsprachigkeit mit mehreren Seitenbäumen liegt in der Flexibilität der Gestaltung. Jede Sprachversion kann so ein eigenes Design erhalten, was dann angebracht ist, wenn die gesamte Navigationsstruktur, angebotene Funktionalitäten usw. von Sprache zu Sprache unterschiedlich sein sollen.

Eine mehrsprachige Website mit nur einem Seitenbaum zu realisieren, hat den Vorteil, dass Änderungen an der Internetpräsentation schneller in anderen Sprachen verfügbar sind.

Eine neu angelegte Seite in einer Standardsprache kann schnell und einfach übersetzt werden. Auch ist der Sprachwechsel innerhalb einer Seite möglich, ohne dass der Besucher zurück auf die Homepage geführt wird. Zudem muss nicht jede Seite übersetzt werden: Einzelne Seiten oder auch ganze Teilbereiche einer Präsentation, die beispielsweise überwiegend technische Informationen enthalten, können auch in nur einer Sprache zur Verfügung stehen.

Da die Integration von Mehrsprachigkeit mit nur einem Seitenbaum offensichtlich zwar aufwendiger ist, aber wesentliche Vorteile gegenüber der Realisierung mit unterschiedlichen Seitenbäumen bietet, soll diese Möglichkeit im Folgenden vorgestellt werden.

Neue Sprachen anlegen und konfigurieren

Das Arbeiten mit mehrsprachigen Internetseiten wurde in TYPO3 kontinuierlich verbessert. So steht mittlerweile eine Funktionalität zur Verfügung, mit der Sie die Inhalte einer Sprache in eine andere kopieren können. Auf den ersten Blick mag diese Funktionalität überflüssig sein, da die Inhalte ja ohnehin übersetzt werden müssen, aber gerade Übersetzer werden sich darüber freuen. Zusätzlich können Sie beim Anlegen einer Sprache eine Sprachflagge auswählen (eine nähere Erläuterung folgt weiter unten).

Um Mehrsprachigkeit zu erreichen, müssen Sie in TYPO3 zunächst eine weitere Sprache anlegen:

1. Klicken Sie dazu im linken Menü auf das Modul *Liste* ❶.
2. Wählen Sie als aktuelle Seite die Root-Ebene aus (das TYPO3-Logo, nicht die Seite *root*) ❷.
3. Legen Sie auf dieser Seite einen neuen Datensatz vom Typ *Website-Sprache* an ❸ (siehe Abbildung 9-2).
4. Sie erhalten eine einfache Maske (siehe Abbildung 9-3), in der Sie den Titel einer neuen Sprache anlegen und auch eine Sprachflagge auswählen können. Geben Sie hier als Sprache z. B. *Englisch* an.

5. Speichern Sie Ihren neuen Datensatz ab, indem Sie auf das Icon *Dokument speichern und schließen* klicken.

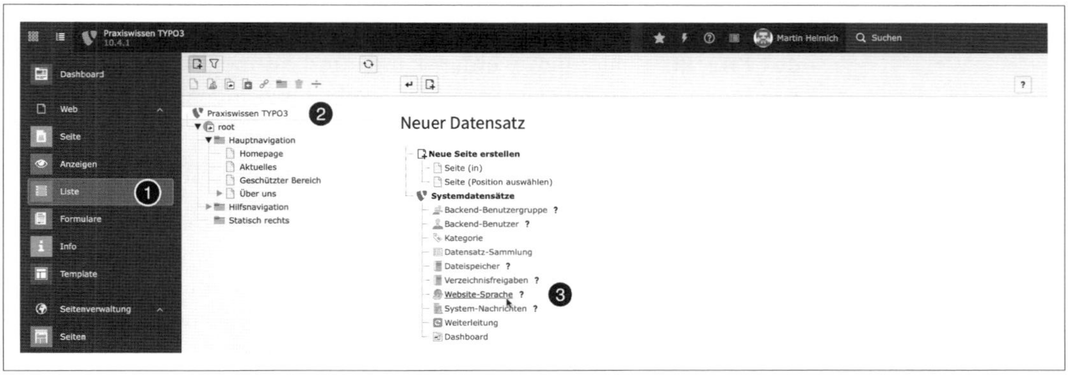

▼ **Abbildung 9-2**
Eine neue Sprache anlegen

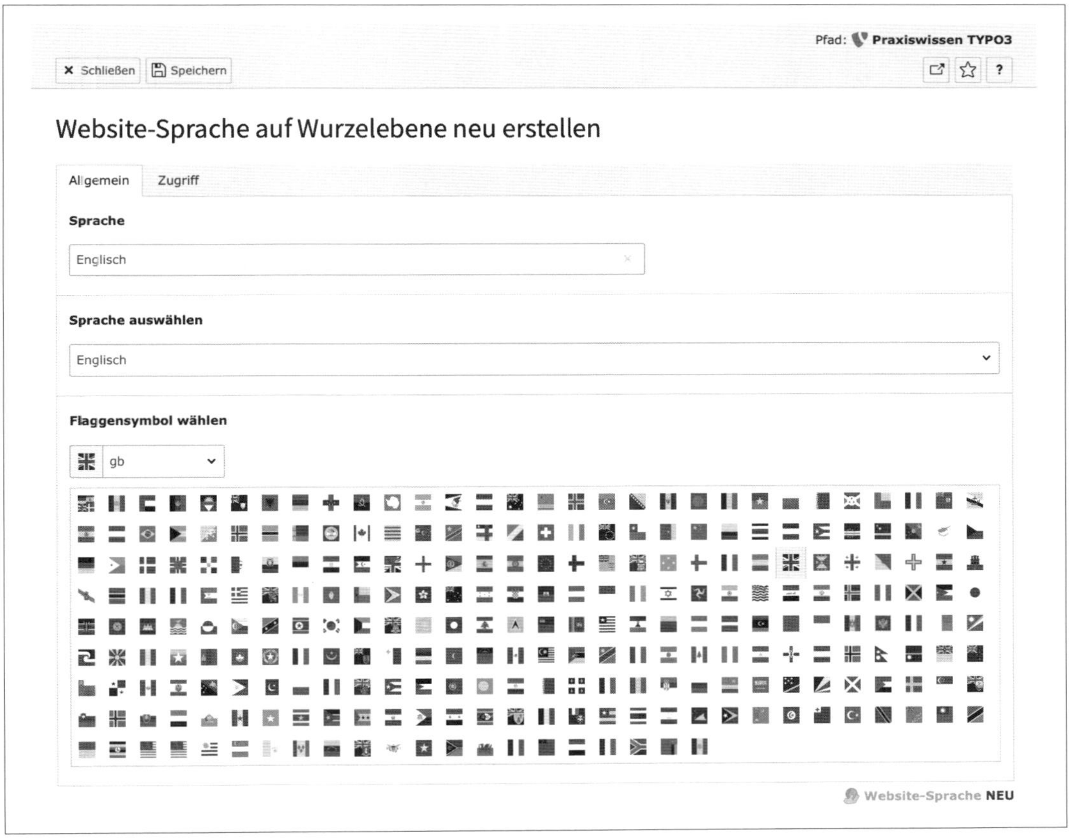

▲ **Abbildung 9-3**
Die Backend-Maske für Website-Sprachen

Nachdem Sie die Sprache erstellt haben, muss nun noch die *Seitenkonfiguration* angepasst werden, damit Sie Inhalte in dieser Sprache erstellen können. Wir erinnern uns: Die Seitenkonfiguration hatten wir in

Kapitel 4, *Das Praxisbeispiel vorbereiten* im Abschnitt »Eine Seitenkonfiguration erstellen« auf Seite 80 gebaut. Dort hatten wir für die Seite auch bereits eine »Standardsprache« erstellt (dazu gehört beispielsweise der *Einstiegspunkt*, also die URL, über die eine bestimmte Übersetzung des Projekts aufgerufen werden kann) und können nun eine weitere Konfiguration für die neu erstellte Sprache hinzufügen.

Wechseln Sie nun also in das Modul *Seiten* im Abschnitt *Seitenverwaltung* (nicht zu verwechseln mit dem Modul *Seite* im Abschnitt *Web*!) und bearbeiten Sie dort die in Kapitel 4 angelegte Seitenkonfiguration für die Seite *root*.

Wenn Sie die Seitenkonfiguration bearbeiten, taucht unter dem Tab *Sprachen* im Feld *Verfügbare Sprache für diese Seite* nun die neu erstellte Sprache auf. Wählen Sie die Sprache aus, und Sie sehen dann das aus Kapitel 4 bekannte Formular (siehe auch Abbildung 9-4), in dem Sie konfigurieren können, wie genau sich Ihre Seite in dieser Sprache verhalten soll.

Tipp

Nicht *jede* Seitenkonfiguration muss unbedingt *jede* irgendwo hinterlegte Sprache unterstützen. *Jede* Seitenkonfiguration muss aber *mindestens eine* Sprache konfiguriert haben – und wenn es nur die ohnehin vorhandene Standardsprache ist.

Die Eingabefelder in diesem Formular wurden in Kapitel 4 bereits oberflächlich betrachtet, nun sehen wir sie uns noch einmal ausführlich an:

- Der *Titel* der Sprache ist einfach nur der Name der Sprache. Sofern kein abweichender *Navigationstitel* angegeben wurde, wird dieser Titel auch später für das Sprachauswahlmenü verwendet (mehr dazu später im Abschnitt »Ein Sprachmenü erstellen« auf Seite 262).
- Auch der Schalter *Sichtbar im Frontend* ist für das Sprachauswahlmenü interessant. Er bestimmt, ob diese Sprache im Sprachmenü auftauchen wird oder nicht.
- Der *Einstiegspunkt* gibt an, unter welcher Domain und welchem Pfad die jeweilige Übersetzung der Seite erreichbar sein soll. Wenn Sie hier lediglich einen Pfad und keine Domain angeben, wird der Pfad mit dem Einstiegspunkt der Seitenkonfiguration selbst kombiniert. Ist der Einstiegspunkt der Seitenkonfiguration selbst also beispielsweise *http://<ihre-domain>/test* und der Einstiegspunkt der Sprache */en/*, erreichen Sie die englische Version der Seite am Ende über die URL *http://<ihre-domain>/test/en/*.
- Tragen Sie für die zweite Sprache hier den Wert */en/* ein. Dies würde dazu führen, dass Sie zukünftig beispielsweise die Seite *Homepage* unter der URL *http://<ihre-domain>/homepage* in der Standardsprache (in unserem Fall Deutsch) und unter *http://<ihre-domain>/en/homepage* in der englischen Übersetzung aufrufen können.

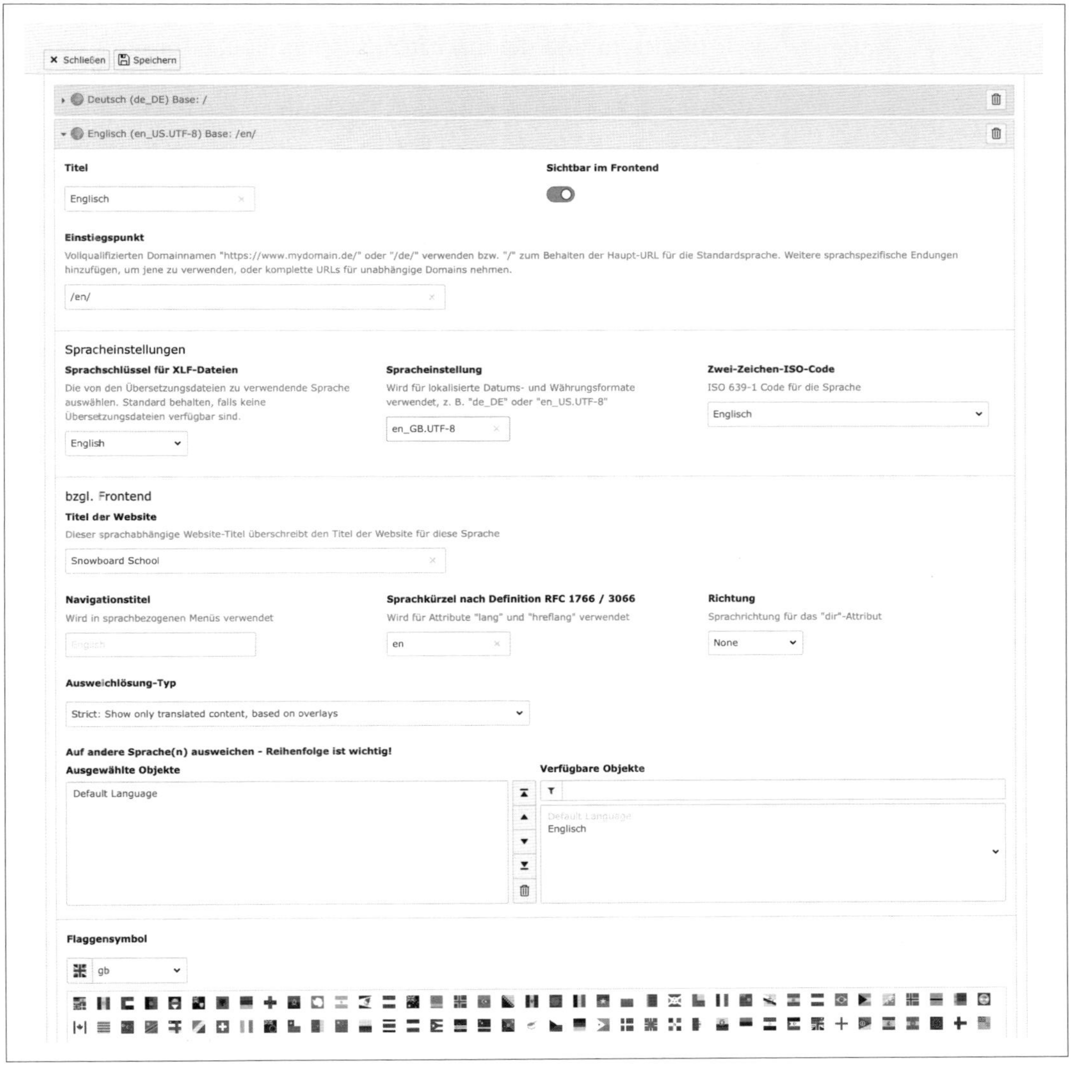

▲ **Abbildung 9-4**
Ergänzen der Seitenkonfiguration um eine weitere Sprache

- Falls Sie es lieber einheitlich haben möchten, können Sie den Einstiegspunkt der Standardsprache nun zusätzlich auch noch auf */de/* ändern. Die jeweiligen Versionen der Homepage wären dann unter */de/homepage* bzw. */en/homepage* erreichbar.
- Sie haben hier auch die Möglichkeit, statt verschiedener Pfade völlig unterschiedliche Domains (etwa *snowboardschule-meyer.de* und *snowboardschool-meyer.com*) oder Subdomains derselben Domain (etwa *de.snowboardschool.example* und *en.snowboardschool.example*) zu verwenden.
- Der *Sprachschlüssel für XLF-Dateien* wird verwendet, wenn Sie übersetzbare TYPO3-Extensions im Frontend nutzen (wie beispielsweise

das Log-in-Formular, die Suche oder das News-Plug-in, mit denen wir in diesem und den nächsten Kapiteln noch arbeiten werden). Wählen Sie hier die Sprache aus, die am ehesten zur gewünschten Website-Sprache passt (also etwa *Englisch*).

- Die *Spracheinstellung* wird beispielsweise für Datums-, Zeit-, Zahlen- und Währungsformate benutzt. Die Eingabe folgt üblicherweise dem Schema *[Sprachcode]_[Ländercode].[Zeichensatz]*, wobei der Zeichensatz eine optionale Angabe ist. Mögliche Eingaben für die deutsche Sprache wären beispielsweise *de_DE*, *de_AT* oder *de_CH* – über den Ländercode werden regionale Unterschiede berücksichtigt (ob zum Beispiel in einer Datumsausgabe *Januar* oder *Jänner* verwendet wird). Mögliche Eingaben für die englische Sprache wären unter anderem *en_GB* oder *en_US*.

Support In den meisten Linux-Distributionen können Sie einen Blick in die Datei */usr/share/i18n/SUPPORTED* werfen, um herauszufinden, welche Spracheinstellungen von Ihrem Server unterstützt werden.

- Das Feld *Titel der Webseite* überschreibt das gleichnamige Feld aus dem *Allgemein*-Tab. Der Titel wird im `<title>`-Tag der generierten HTML-Seiten verwendet.
- Das *Sprachkürzel nach Definition RFC 1766/3066* (was für ein sperriger Name!) ist für die Metadaten der ausgegebenen HTML-Seiten relevant. Liegt eine Übersetzung für eine Seite vor, generiert TYPO3 ein `<link rel="alternate" hreflang="[Sprachkürzel]" href="...">`-Element, das im `<head>`-Bereich Ihrer Seite eingefügt wird. Diese Angaben sind insbesondere für Suchmaschinen und Screenreader relevant. Tragen Sie hier für die englische Version *en* ein und für die deutsche Standardsprache *de*.
- Im Feld *Auf andere Sprache(n) ausweichen* können Sie definieren, wie sich TYPO3 verhalten soll, falls ein bestimmter Inhalt noch nicht in diese Sprache übersetzt wurde. Ist keine Ausweichsprache definiert, würde dieser Inhalt in der übersetzten Version der Seite einfach nicht angezeigt. Definieren Sie hingegen eine (oder mehrere) Ausweichsprachen, würde stattdessen der Inhalt in dieser Sprache angezeigt.

Speichern Sie die Seitenkonfiguration im Anschluss ab. In der Seitenübersicht sollte das Endergebnis letztendlich so aussehen wie in Abbildung 9-5.

Tipp Denken Sie daran, dass Seitenkonfigurationen als YAML-Datei im Verzeichnis *typo3conf/sites/<seitenbezeichner>/* gespeichert werden. Hier können Sie die Seitenkonfiguration zur Not auch mit einem einfachen Texteditor bearbeiten.

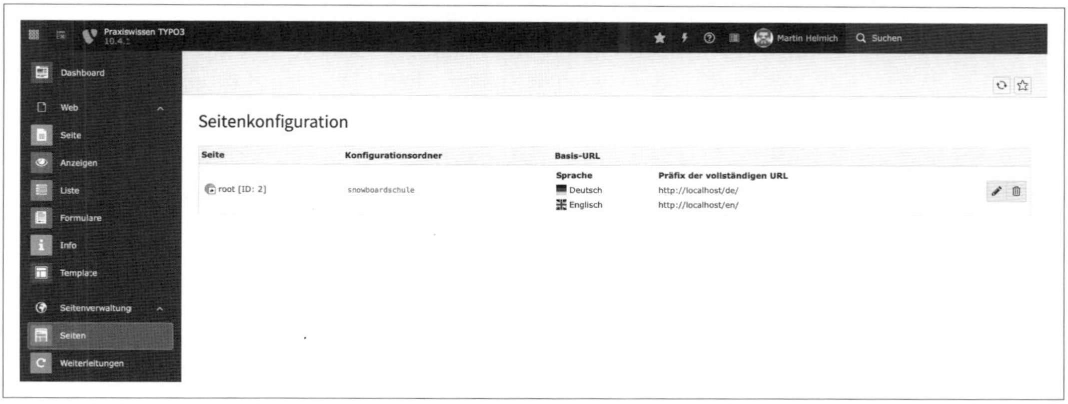

▲ Abbildung 9-5
Eine Seitenkonfiguration mit mehreren Sprachen

Inhalte übersetzen

Nachdem Sie nun die neue Website-Sprache erstellt und in Ihrer Seitenkonfiguration konfiguriert haben, können Sie für Ihre bestehenden Seiten und deren Inhalte Übersetzungen anlegen. Gehen Sie dazu in das Backend-Modul *Seite* und wählen Sie beispielsweise Ihre Seite *Homepage* aus, auf der sich bereits Inhalte befinden. Im oberen Bereich können Sie aus der Auswahl den Menüeintrag *Sprachen* wählen. Es erscheint die in Abbildung 9-6 gezeigte Backend-Seite.

Tipp Die Auswahl der Ansicht *Sprachen* steht nur dann zur Verfügung, wenn eine zusätzliche Website-Sprache angelegt wurde!

Sie können jetzt von Ihrer aktuellen Seite eine Übersetzung anlegen, indem Sie im Auswahlfeld *Neue Übersetzung dieser Seite erstellen* (siehe Abbildung 9-6) die gewünschte Sprache auswählen.

▼ Abbildung 9-6
Das Backend-Modul »Seite« im »Sprachen«-Modus ohne Übersetzung

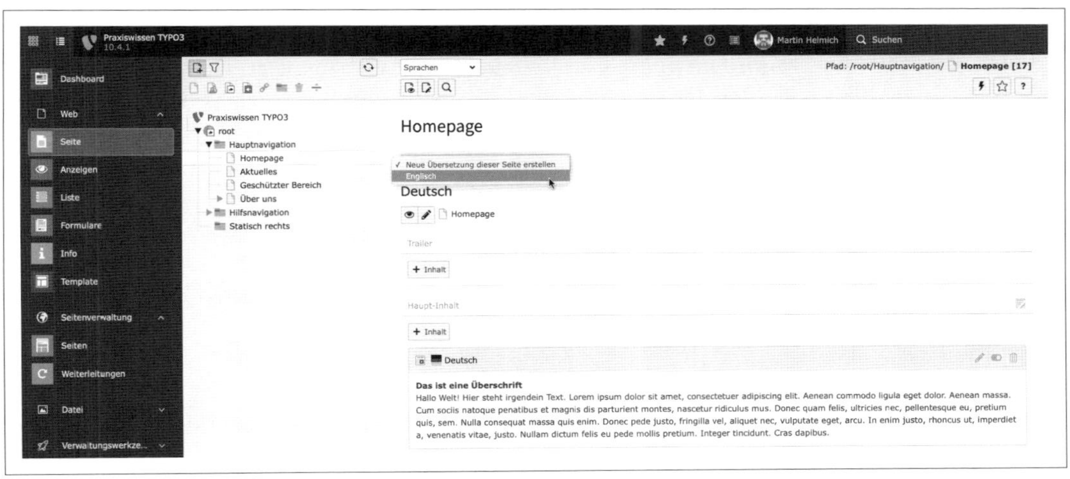

Die nun erscheinende Maske (siehe Abbildung 9-7) ähnelt der zum Anlegen (bzw. Bearbeiten) von Seiten. Hier können Sie die einzelnen Felder der Seite in die jeweilige Zielsprache übersetzen. Für eine bessere Übersicht sehen Sie auch die jeweiligen Werte aus der ursprünglichen Sprache.

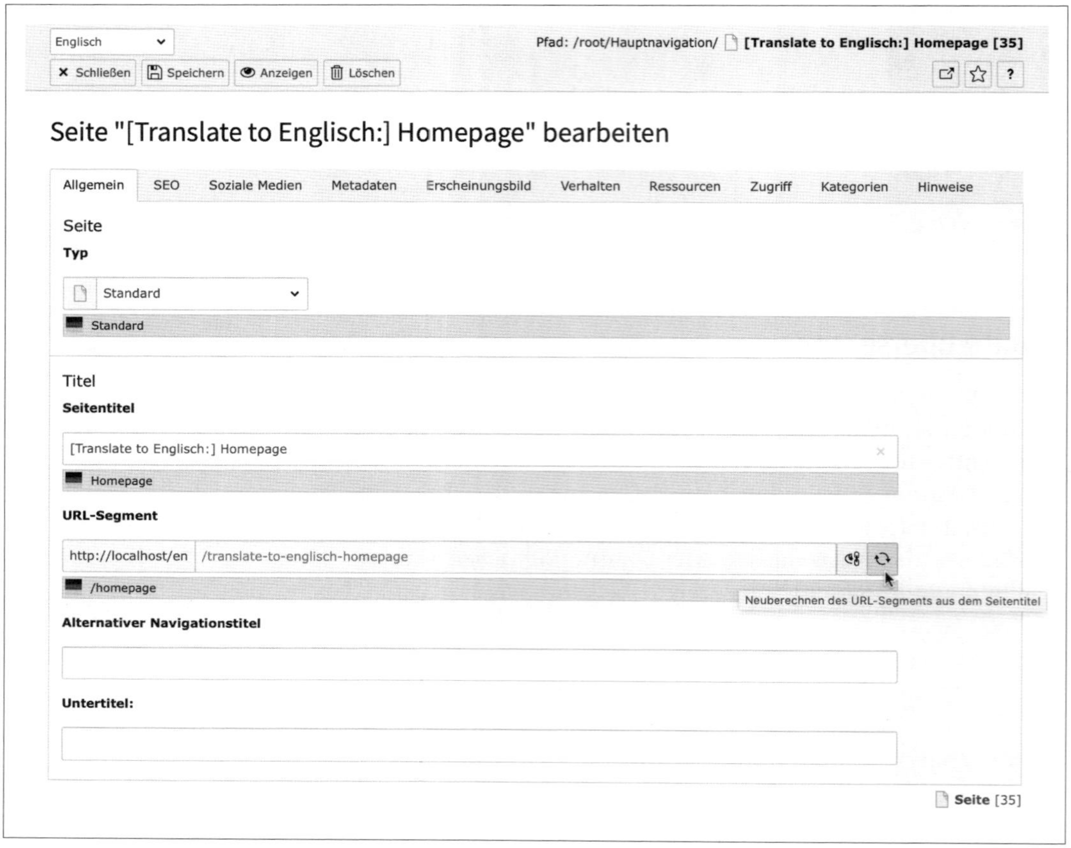

Abbildung 9-7 ▲
Erstellen einer übersetzten Seite

Allen Werten, die übersetzt werden können, wird dabei zunächst der Text *[Translate to English:]* vorangestellt. Geben Sie zu Demonstrationszwecken als Übersetzung für die Seite *Homepage* zunächst den Titel *Homepage Englisch* an.

Tipp

Auch das URL-Segment der Seite wird mit übersetzt! Achten Sie darauf, das URL-Segment über den entsprechenden Button neu zu generieren, nachdem Sie den Seitentitel geändert haben, damit die englische Version nicht unter der hässlichen URL */translate-to-english-homepage* erreichbar bleibt.

Nach dem Speichern der übersetzten Seite nimmt das Backend-Modul *Seite* nun eine neue Gestalt an, wie Sie in Abbildung 9-8 sehen können.

Über den Button *Übersetzen* können Sie die Inhalte der linken Spalte mit in die rechte Spalte aufnehmen. Hierzu müssen Sie zunächst entscheiden, ob Sie die Inhalte in die andere Sprache *übersetzen* oder *kopieren* möchten. Der Unterschied besteht darin, dass übersetzte Inhaltselemente weiterhin eng an das ursprüngliche Inhaltselement gebunden sind; sie übernehmen bestimmte Eigenschaften (beispielsweise Layout- oder Sichtbarkeitseinstellungen) und werden auch zusammen mit dem ursprünglichen Element verschoben oder gelöscht. In eine andere Sprache kopierte Elemente hingegen sind vollkommen unabhängig und können somit auch unabhängig vom ursprünglichen Element verschoben oder gelöscht werden.

Wie schon bei der Seite selbst wird den einzelnen Feldern von so erstellten Inhalten in der anderen Sprache jeweils der Text *Translate to English* vorangestellt, um kenntlich zu machen, dass dieser Inhalt noch nicht übersetzt wurde. Erstellen Sie also nun in der Spalte *Englisch* einfach einen neuen Seiteninhalt, indem Sie ein bestehendes Inhaltselement übersetzen, und machen Sie darin (z. B. durch Wahl des Titels *Homepage Englisch*) kenntlich, dass es sich hier um einen englischsprachigen Inhalt handelt.

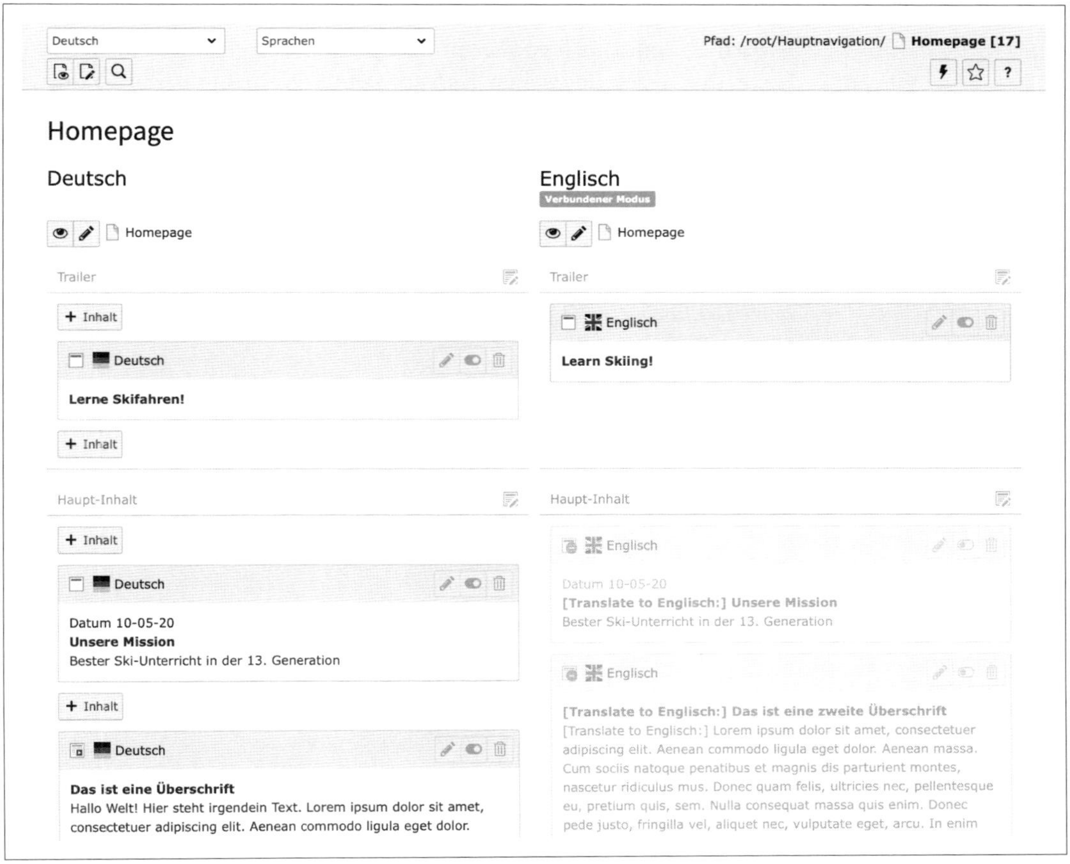

▼ **Abbildung 9-8**
Das Modul »Seite« im »Sprachen«-Modus mit einer übersetzten Seite mit Inhalt

TypoScript und Mehrsprachigkeit

Wenn Sie Ihre übersetzte Seite im Frontend ansehen, bemerken Sie, dass jetzt nur der deutsche Inhalt (als Standardsprache) dargestellt wird, Sie aber keine Möglichkeit haben, auf den englischen Inhalt zuzugreifen – es sei denn, Sie kennen den Einstiegspunkt, den Sie in der Seitenkonfiguration angegeben haben, und geben die entsprechende URL direkt in der Adresszeile des Browsers ein.

Selbst wenn Sie die Übersetzung einer Seite direkt über die URL aufrufen, wird Ihnen jedoch auffallen, dass zwar der übersetzte Inhalt dargestellt wird, aber die statischen Texte nach wie vor auf Deutsch erscheinen und eigentlich auch noch übersetzt werden müssten.

So oder so ist im TypoScript also noch ein wenig Arbeit gefragt: Einerseits benötigen wir ein Sprachmenü, damit Besucher überhaupt erst einmal auf die englische Version Ihrer Seite zugreifen können. Zum anderen müssen die statischen Texte übersetzt werden.

Statische Inhalte übersetzen

Aktuell enthält das TypoScript-Setup Ihrer Seite zahlreiche statische Texte, die derzeit deutschen Text enthalten. Wenn ein Benutzer nun die englische Übersetzung einer Seite betrachtet, werden diese statischen Texte nach wie vor in ihrer deutschen Version angezeigt. Um statische Inhalte sprachabhängig zu gestalten, bietet TypoScript Ihnen dafür das spezielle Attribut `.lang.[SPRACHE]` an. Dieses können Sie beispielsweise in einem `TEXT`-Objekt nutzen, um gleich mehrere Übersetzungen anzugeben. Welche dann letztendlich genutzt wird, bestimmt die Eigenschaft *Sprachschlüssel für XLF-Dateien* in der Seitenkonfiguration (siehe Abbildung 9-4).

Die Sprache, die Sie in der Seitenkonfiguration im Feld *Sprachschlüssel für XLF-Dateien* auswählen, wird intern auf ein (meistens, aber nicht immer) zweistelliges Sprachkürzel abgebildet (beispielsweise also *de* für Deutsch oder *fr* für Französisch). Der englischen Sprache wird von TYPO3 eine kleine Sonderbedeutung beigemessen: Diese wird intern als Standardsprache mit dem Sprachschlüssel *default* gespeichert.

Support Wenn Sie nicht wissen, auf welchen internen Wert ein von Ihnen ausgewählter *Sprachschlüssel für XLF-Dateien* abgebildet wird, werfen Sie einen Blick in die zur Seitenkonfiguration gehörige YAML-Datei unter *typo3conf/sites/<seitenbezeichner>/config.yaml*. Hier wird der Sprachschlüssel im Feld `typo3language` gespeichert.

Die Eigenschaft *Sprachschlüssel für XLF-Dateien* ist auch entscheidend, wenn Sie Plug-ins und Extensions auf Ihrer Seite nutzen; diese richten die

Sprache Ihrer Ausgabetexte ebenfalls nach dieser Konfigurationseinstellung. In einem späteren Abschnitt werden wir außerdem betrachten, wie Sie Texte und Übersetzungen von Plug-ins an Ihre Bedürfnisse anpassen können.

Im folgenden Beispiel werden alle bisher definierten `TEXT`-Objekte und andere statische Texte um die Funktion `.lang.[SPRACHE]` erweitert, sodass Mehrsprachigkeit direkt unterstützt wird, womit der Pflege- und Übersetzungsaufwand geringer wird.

Da TYPO3 Englisch intern als Standardsprache behandelt, haben wir in diesem Beispiel den »eigentlichen« Wert der `TEXT`-Objekte unter `.value` auf Englisch übersetzt. Die deutsche Variante steht unter `.lang.de` zur Verfügung.

Beispiel 9-2: Unterstützung für Mehrsprachigkeit in das TypoScript-Template integrieren

```
page = PAGE
page {
  [...]
  10 = FLUIDTEMPLATE
  10 {
    [...]

    variables {
      brandLineFirst = TEXT
      brandLineFirst.value = Snowboard school
      brandLineFirst.lang.de = Snowboardschule

      brandLineSecond = TEXT
      brandLineSecond.value = Meyer, Müller & Schmidt

      [...]

      labelNews = TEXT
      labelNews.value = News
      labelNews.lang.de = Aktuelles

      labelToday = COA_INT
      labelToday {
        10 = TEXT
        10.value = Good morning
        10.lang.de = Guten Morgen
        10.wrap = |! 

        20 = TEXT
        20.value = Today is
        20.lang.de = Heute ist der
      }

      labelMore = TEXT
      labelMore.value = More
```

Beispiel 9-2: Unterstützung für Mehrsprachigkeit in das TypoScript-Template integrieren (Fortsetzung)

```
        labelMore.lang.de = Mehr

        labelYouAreHere = TEXT
        labelYouAreHere.value = You are here
        labelYouAreHere.lang.de = Sie sind hier

        [...]
      }
    }
}

  [...]

# Zeitabhängiger Begrüßungstext
[date("H") >= 11]
page.10.variables.labelToday.10.value = Good day
page.10.variables.labelToday.10.lang.de = Guten Tag
[date("H") >= 19]
page.10.variables.labelToday.10.value = Good evening
page.10.variables.labelToday.10.lang.de = Guten Abend
[global]
```

Wenn Sie möchten, können Sie bereits jetzt die englische Übersetzung Ihrer TYPO3-Seiten aufrufen, sofern Sie die Seiten-URLs in der Adresszeile des Browsers entsprechend manipulieren. Ersetzen Sie beispielsweise */de/homepage* mit */en/homepage*, sollten Sie die übersetzten statischen Texte (und auch übersetzte Inhaltselemente, die Sie womöglich bereits erstellt haben) schon sehen.

Schöner wäre es natürlich, einfach eine entsprechende Schaltfläche zu haben, um zu einer anderen Sprache zu wechseln. Aus diesem Grund werden wir uns im nächsten Abschnitt mit der Konstruktion eines Sprachmenüs beschäftigen.

Ein Sprachmenü erstellen

Für die Erstellung eines Sprachmenüs bietet das `FLUIDTEMPLATE`-Objekt einen speziellen Data Processor an (ähnlich des `MenuProcessor`, den Sie bereits für die Erstellung der verschiedenen Menüs benutzt haben).

Beispiel 9-3 zeigt in den Zeilen 105 bis 108, wie Sie den `LanguageMenuProcessor` nutzen können, um die Daten für ein Sprachmenü in der Fluid-Variablen `languages` zur Verfügung zu stellen. Außerdem fügt das Codebeispiel in den Zeilen 174 bis 176 noch eine Fluid-Variable `labelLanguage` hinzu: Diese dient später dazu, die Beschriftung des Menüs zu befüllen. Mehr Konfiguration benötigt der `LanguageMenuProcessor` nicht – standardmäßig werden alle in der Seitenkonfiguration hinterlegten Sprachen als Menüelement angeboten.

Beispiel 9-3: Die Daten für ein Sprachmenü bereitstellen

```
page = PAGE
page {
  [...]

  # Die Designvorlage integrieren
  10 = FLUIDTEMPLATE
  10 {
    [...]

    dataProcessing {
      [...]

      40 = TYPO3\CMS\Frontend\DataProcessing\LanguageMenuProcessor
      40 {
        as = languages
      }
    }

    variables {
      [...]

      labelLanguage = TEXT
      labelLanguage.value = Language
      labelLanguage.lang.de = Sprache

      [...]
    }
  }
}
```

Im nächsten Schritt muss nun noch das Fluid-Template erweitert werden, um das Sprachmenü auch tatsächlich darzustellen. Wie bereits die vorherigen Menüs wird auch das Sprachmenü in ein eigenes Fluid-Partial ausgelagert (das genaue Vorgehen dazu wurde in Kapitel 7 im Abschnitt »Fluid-Templates mit Partials strukturieren« auf Seite 193 beschrieben).

Erweitern Sie zunächst das Fluid-Template, wie in Beispiel 9-4 gezeigt. Hier wird an entsprechender Stelle das Partial `menu/language` eingebunden – das dann, unter Berücksichtigung des konfigurierten `partialRootPaths`, unter dem Pfad *fileadmin/templates/partials/menu/language.html* gesucht wird. An das Template übergeben werden die Variablen `languages` (die die Rohdaten für die Erstellung des Menüs enthält) sowie `labelLanguage`, die die Beschriftung des Sprachmenüs in der jeweils aktiven Sprache enthält.

Beispiel 9-4: Einbinden des Partials für das Sprachmenü

```
<header>
    [...]

    <div class="infobar">
        <div class="container">
            [...]
            <div class="language">
                <f:render partial="menu/language" arguments="{label:
                          labelLanguage, languages: languages}" />
            </div>

            <span class="youarehere">{labelYouAreHere}:</span>
            <f:render partial="menu/rootline" arguments="{menuItems:
                                              rootlineItems}" />
        </div>
    </div>
</header>
```

Tipp In den Beispieldateien finden Sie die angepasste Designvorlage mit den Änderungen aus Beispiel 9-4 unter dem Dateinamen *vorlage-v5.html*.

Beispiel 9-5 zeigt schließlich den Inhalt des Partials. Hier werden lediglich die Fluid-ViewHelper genutzt, die Sie bereits kennen. Dieses Partial wird in der Datei *fileadmin/templates/partials/menu/language.html* platziert.

Beispiel 9-5: Das Partial für das Sprachmenü

```
<div class="btn-group">
    <a href="#" class="dropdown-toggle" data-toggle="dropdown">
        <i class="glyphicon glyphicon-globe"></i>
        {label} <span class="caret"></span>
    </a>
    <ul class="dropdown-menu dropdown-menu-right">
        <f:for each="{languages}" as="language">
            <li><a href="{language.link}">{language.navigationTitle}</a>
            </li>
        </f:for>
    </ul>
</div>
```

Zugriffsbeschränkte Seiten und Seiteninhalte

Häufig ist es unerwünscht, dass Website-Besucher *alle* Seiten oder Seiteninhalte sehen dürfen. Im Praxisbeispiel soll z. B. unterhalb der Seite *Geschützter Bereich* eine weitere Navigation erscheinen, die nur dann zu sehen sein soll, wenn sich der Besucher erfolgreich mit einem Benutzernamen und einem zugehörigen Passwort authentifiziert hat.

TYPO3 selbst bietet die Unterstützung von geschützten Bereichen an. So können Sie z. B. bestimmen, dass Seiten, ganze Seitenbäume und auch Seiteninhalte nur für bestimmte Benutzergruppen zugänglich sein sollen. Doch bevor Sie eine Seite nur für bestimmte Benutzergruppen zugänglich machen können, muss auch mindestens eine solche Benutzergruppe vorhanden sein.

Website-Benutzer anlegen

Website-Benutzer, häufig auch als Frontend-User oder FE-User bezeichnet, sowie Benutzergruppen für Website-Benutzer müssen auf einer separaten Seite angelegt werden. An einer späteren Stelle teilen Sie TYPO3 mit, auf welcher Seite sich die Benutzer befinden.

Legen Sie unterhalb der Root-Ebene eine neue Seite vom Typ *Ordner* an:

1. Wechseln Sie in das Modul *Seite* und wählen Sie im oberen Bereich des Seitenbaums die Option *Neue Seite erstellen* ❶.
2. Wählen Sie nun den Typ *Ordner* ❷.
3. Erstellen Sie einen neuen Ordner, indem Sie das Ordersymbol anklicken und an die gewünschte Stelle im Seitenbaum ziehen ❸ (siehe Abbildung 9-9).
4. Geben Sie dem neu erstellten Ordner im Seitenbaum den Titel *Benutzer* und bestätigen Sie mit *Enter*.

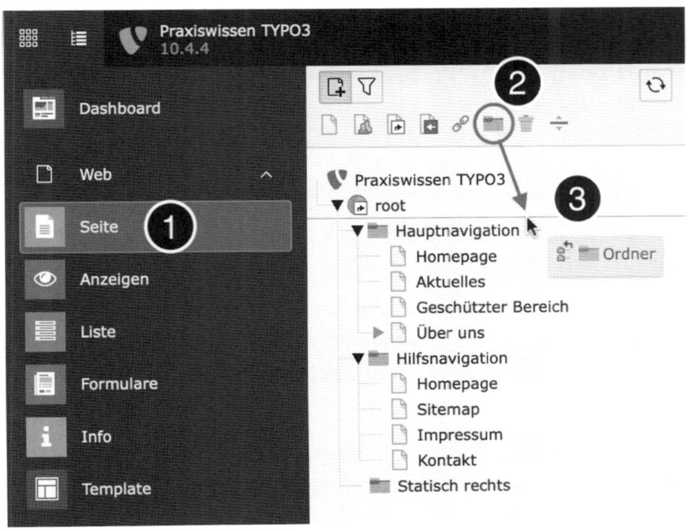

◀ **Abbildung 9-9**
Eine Seite vom Typ »Ordner« anlegen

Bearbeiten Sie anschließend den neu erstellten Ordner (wie gehabt per Rechtsklick auf die Seite und *Bearbeiten* im Kontextmenü). Wechseln Sie in der Bearbeitungsmaske auf den Tab *Verhalten*. Dort erscheint die Auswahlliste *Enthält Plug-In* (siehe Abbildung 9-10), aus der Sie den Eintrag *Website-Benutzer* auswählen. Stellen Sie sicher, dass die Seite sichtbar ist, und speichern Sie Ihre Angaben.

Abbildung 9-10 ▲
Der Systemordner soll Website-Benutzer aufnehmen können.

Im Seitenbaum sehen Sie nun, dass die Seite *Benutzer* ein anderes Icon bekommen hat. Mit Seiten des Typs *Ordner* haben wir bereits zuvor gearbeitet (etwa in Kapitel 4 im Abschnitt »Aufbau der Navigationsstruktur« auf Seite 73). Diese Seiten werden nicht mit in die Menüs aufgenommen und werden auch nicht bei der Generierung von Seiten-URLs berücksichtigt (wenn beispielsweise ein Ordner wieder weitere Unterseiten hat). Außerdem gibt es manche Arten von Datensätzen (wie etwa Benutzer und Benutzergruppen), die ausschließlich in Ordnern platziert werden können.

Bevor Sie allerdings einen Website-Benutzer anlegen können, muss zunächst eine Benutzergruppe vorhanden sein. Um diese zu erstellen, gehen Sie wie folgt vor:

1. Wechseln Sie in das *Liste*-Modul.
2. Wählen Sie den *Benutzer*-Ordner an.
3. Klicken Sie auf die Schaltfläche *Neuen Datensatz erstellen* (der Button mit dem Plussymbol) in der oberen Zeile.
4. In der Liste der Datensätze, die neu angelegt werden können, stehen jetzt zwei weitere Datensätze zur Verfügung, *Website-Benutzer* und *Website-Benutzergruppe*. Wählen Sie hier den Eintrag *Website-Benutzergruppe* aus.

Es erscheint die in Abbildung 9-11 gezeigte Maske, in der die Angabe eines Gruppennamens für die Benutzergruppe völlig ausreichend ist. Geben Sie hier als Gruppenname *Snowboardkurs* an und speichern Sie Ihre Angabe ab.

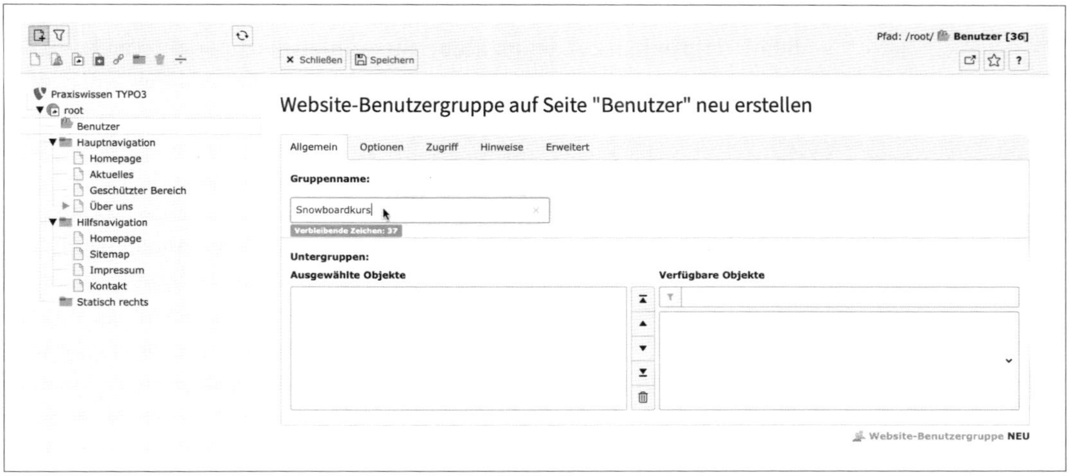

▲ Abbildung 9-11
Die Backend-Maske für Website-Benutzergruppen

Nachdem nun eine Benutzergruppe für Website-Benutzer existiert, können Sie auch einen Benutzer anlegen. Legen Sie auch dafür auf der Seite *Benutzer* einen neuen Datensatz an und wählen Sie aus der Liste der möglichen Datensätze den Eintrag *Website-Benutzer* aus. Es erscheint die in Abbildung 9-12 gezeigte Maske.

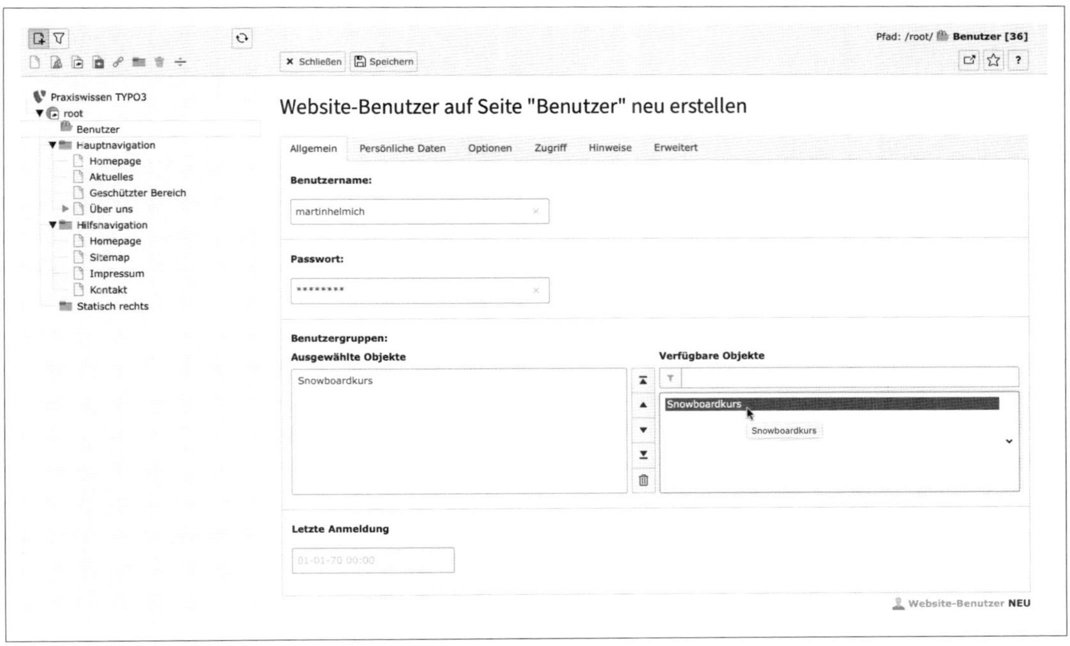

▲ Abbildung 9-12
Die Backend-Maske für Website-Benutzer

Sie müssen auf dem Tab *Allgemein* in den drei Pflichtfeldern *Benutzername*, *Passwort* und *Benutzergruppe* einen Wert angeben. Alle anderen Felder sind optional. Geben Sie als Benutzername beispielsweise *test* an und wählen Sie ein Passwort Ihrer Wahl. Aus dem Feld der möglichen Benutzergruppen auf der rechten Seite wählen Sie die soeben erstellte Benutzergruppe *Snowboardkurs* aus. Speichern Sie danach den angelegten Benutzer ab.

Ein Log-in-Formular anlegen

Ein Log-in-Formular, auf dem sich Website-Besucher anmelden können, steht bereits als vordefinierter Seiteninhaltstyp zur Verfügung.

Legen Sie jetzt auf der Seite *Geschützter Bereich* einen neuen Seiteninhalt vom Typ *Anmeldeformular* an. Geben Sie als Titel *Mitgliederbereich* ein und wechseln Sie dann auf den in Abbildung 9-13 gezeigten Tab *Plug-In*.

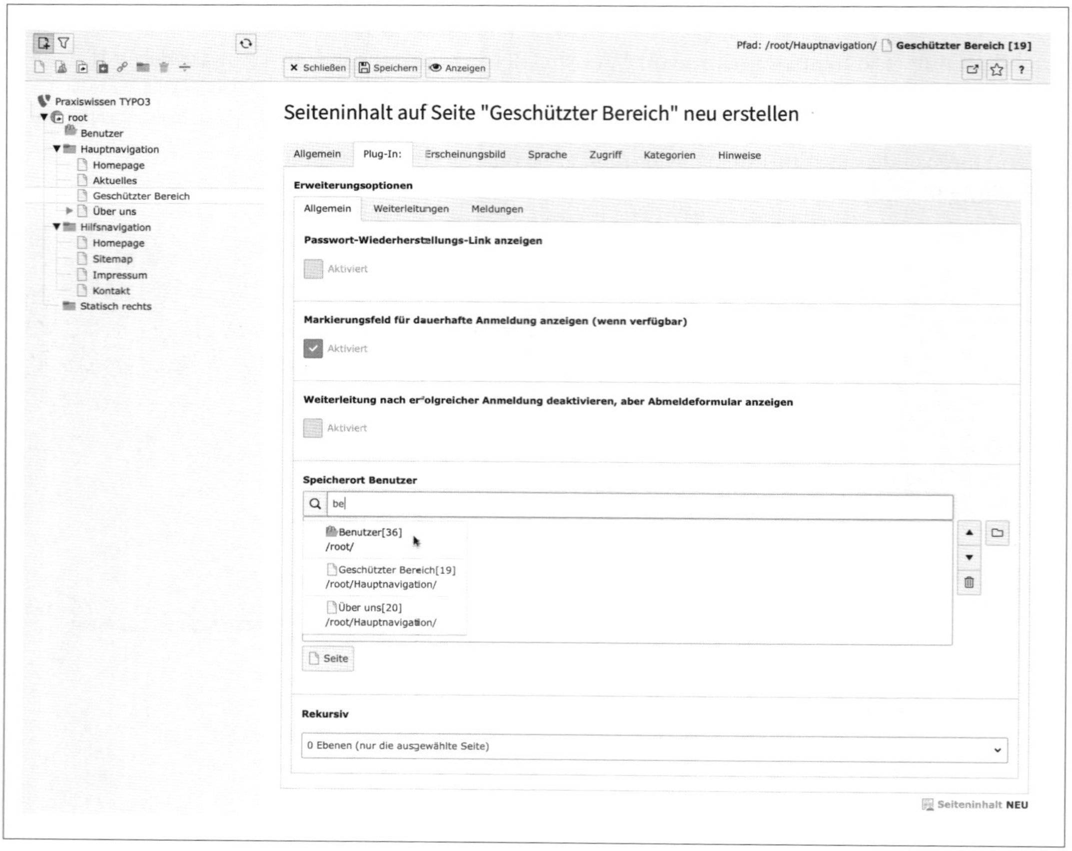

Abbildung 9-13 ▲
Einen Seiteninhalt vom Typ »Anmeldung« anlegen

Damit das Log-in-Formular tut, was es soll, müssen Sie noch konfigurieren, auf welcher Seite sich die Website-Benutzer und -Benutzergruppen befinden.

Unter dem Tab *Plug-In* finden Sie dafür das Feld *Erweiterungsoptionen*. Dieses enthält wiederum in mehreren Tabs eine Reihe an Konfigurationsmöglichkeiten für das Log-in-Formular. Geben Sie hier unter dem Punkt *Speicherort Benutzer* die Seite an, auf der Ihre Website-Benutzer und -Benutzergruppen abgelegt sind.

Wenn Sie das Log-in-Formular nun speichern und die Seite im Frontend aufrufen, sollten Sie die Benutzeranmeldung bereits ohne Einschränkungen nutzen können. Nach dem Log-in sollten Sie wie in Abbildung 9-14 eine Meldung im Sinne von *Sie sind nun als '<benutzername>' angemeldet* sehen. Wenn Sie die Seite noch ein weiteres Mal aufrufen, haben Sie zudem die Möglichkeit, sich über den Button *Logout* wieder abzumelden. Loggen Sie sich jetzt über den Button *Logout* aus, um die im folgenden Abschnitt durchgeführte TypoScript-Beschreibung für die Darstellung des Log-in-Formulars zu erstellen.

Tipp Sie werden feststellen, dass auch die Übersetzung der Log-in-Maske bereits funktioniert. Der Grund dafür ist wieder die Verwendung einer Sprachdatei, die über die Konfiguration *Sprachschlüssel für XLF-Dateien* in der Seitenkonfiguration die Begriffe in der jeweiligen Sprache zurückliefert.

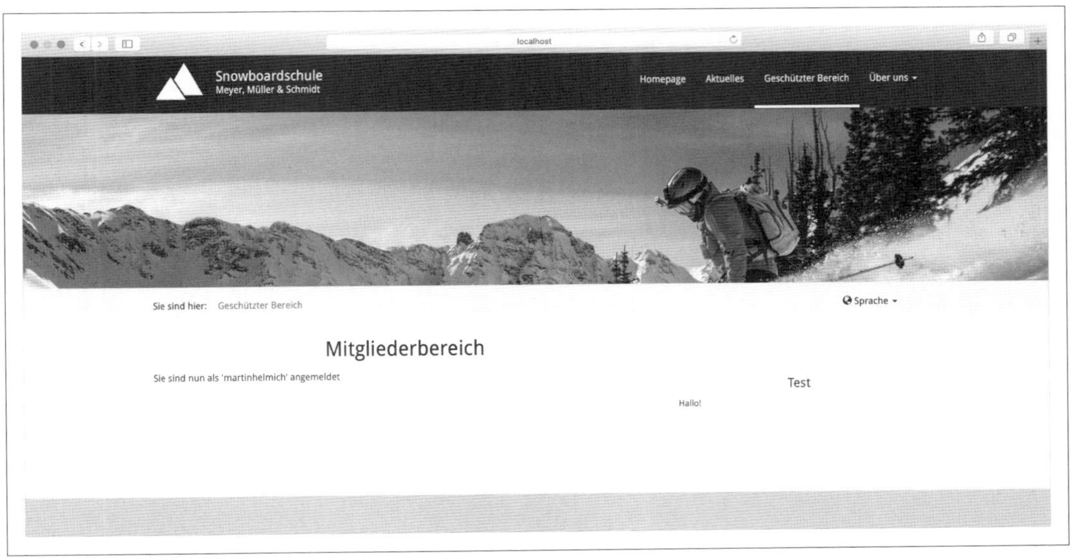

▲ **Abbildung 9-14**
Erfolgreicher Log-in in den geschützten Bereich

Log-in-Meldungen ausgeben

In TYPO3 können Sie Seiten und Seiteninhalte geschlossenen Benutzergruppen zugänglich machen. Die Steuerung von Zugriffsrechten ist nur auf Gruppenebene möglich, nicht auf Benutzerebene. Auf der Seite *Geschütz-*

ter Bereich soll nun zusätzlich zum Log-in-Formular noch der Seiteninhalt *Herzlichen Glückwunsch* angelegt werden, der nur dann angezeigt wird, wenn der Benutzer sich erfolgreich angemeldet hat, unabhängig von der Benutzergruppe.

Seiteninhalte vor Zugriff schützen

Gehen Sie zum Anlegen eines solchen Inhalts über das Backend-Modul *Seite* auf die Seite *Geschützter Bereich* und legen Sie über das Symbol für *Neuen Datensatz anlegen* einen neuen Seiteninhalt vom Typ *Text & Media* an. Geben Sie als Überschrift *Herzlichen Glückwunsch* ein und als Text beispielsweise *Sie haben sich erfolgreich eingeloggt!*.

Der Seiteninhalt würde nun aber immer angezeigt, unabhängig davon, ob sich ein Benutzer erfolgreich authentifiziert hat oder nicht. Um diesen Seiteninhalt nur dann anzeigen zu lassen, wenn sich ein Benutzer tatsächlich auch eingeloggt hat, können Sie über den Tab *Zugriff* (siehe Abbildung 9-15) die gewünschten Zugriffsrechte vergeben.

Abbildung 9-15 ▼
Zugriffsrechte für ein Inhaltselement setzen

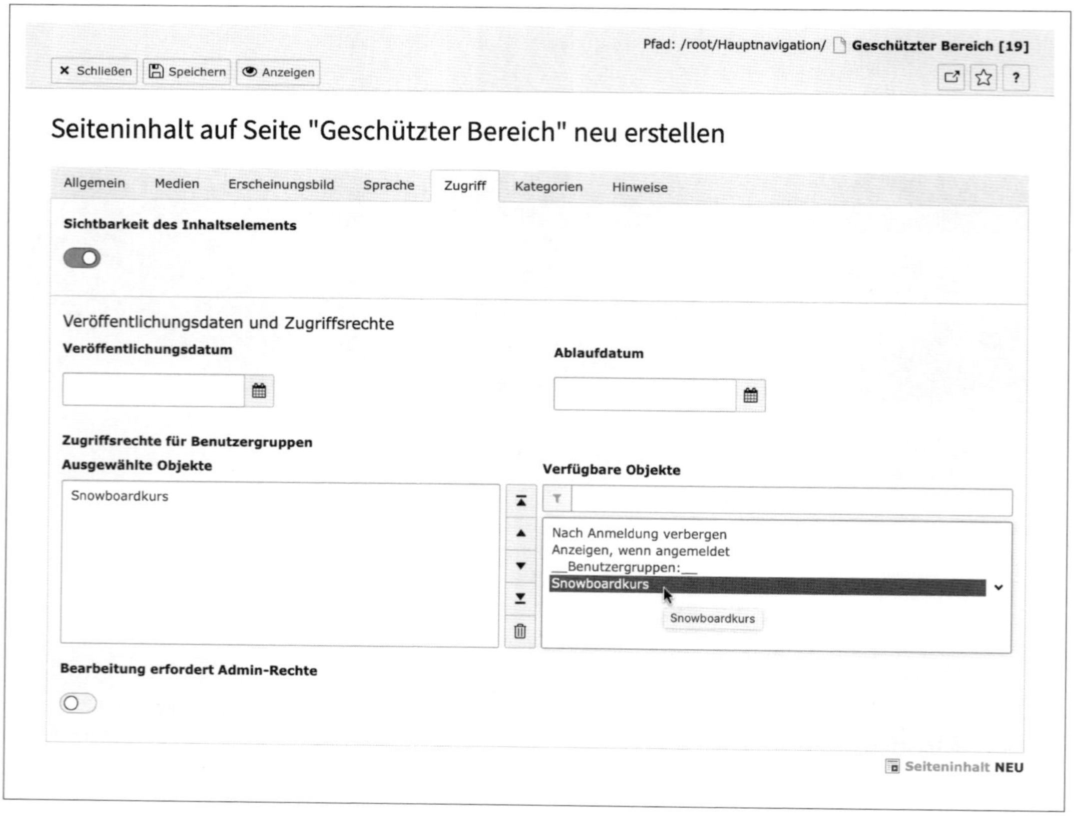

Wählen Sie in der Auswahlliste unter *Zugriffsrechte für Benutzergruppen* das Recht *Anzeigen, wenn angemeldet* aus und speichern Sie den Seiteninhalt ab. Im Frontend wird nun je nach Log-in-Zustand der Seiteninhalt ein- oder ausgeblendet.

Tabelle 9-1 bietet einen Überblick darüber, in welchen Fällen Sie die jeweiligen Rechte aus dem Auswahlfeld *Zugriffsrechte* vergeben sollten.

◀ Tabelle 9-1
Die Rechte des Auswahlfelds »Zugriffsrechte«

Zugriffsrecht	Beschreibung
Nach Anmeldung verbergen	Der Seiteninhalt wird nicht mehr angezeigt, wenn sich der Benutzer erfolgreich angemeldet hat. Dabei spielt es keine Rolle, welcher oder welchen Benutzergruppen der eingeloggte Benutzer zugeordnet ist. Dieses Recht eignet sich z. B. für einen Seiteninhalt mit dem Text *Log-in fehlgeschlagen*.
Anzeigen, wenn angemeldet	Dieses Zugriffsrecht tritt immer dann ein, wenn ein Benutzer eingeloggt ist, unabhängig von zugeordneten Benutzergruppen. Dieses Recht eignet sich für den Text *Log-in erfolgreich*.
Benutzergruppen:	Sie können einem Benutzer mehrere Benutzergruppen zuordnen. Ist der eingeloggte Benutzer Mitglied einer dieser Gruppen, wird der Seiteninhalt angezeigt.

Komfortablere Log-in-Meldungen

Möchten Sie auch noch weiteren Inhalt ausgeben lassen, wenn der Log-in fehlgeschlagen ist, haben Sie mit diesem Ansatz ein Problem. Zwar könnten Sie auf der Seite *Geschützter Bereich* einen zusätzlichen Seiteninhalt *Log-in nicht erfolgreich* anlegen, der immer dann angezeigt würde, wenn kein Benutzer eingeloggt ist (Zugriffsrecht: *Nach Anmeldung verbergen*), allerdings würde dieser Seiteninhalt auch dann angezeigt, wenn gar kein Versuch unternommen wurde, sich einzuloggen: Wollte sich ein Benutzer einloggen, würde er sofort die Meldung *Log-in nicht erfolgreich* erhalten.

Im folgenden Beispiel soll eine komfortablere Log-in-Meldung ausgegeben werden, sodass der Benutzer erst nach dem Absenden des Log-in-Formulars eine Meldung darüber erhält, ob der Log-in erfolgreich war oder nicht. Legen Sie dafür unterhalb der Seite *Geschützter Bereich* eine weitere Seite mit dem Titel *Loginstatus* an. Damit diese neue Seite weder im Menü noch in der Sitemap dargestellt wird, sollte noch die Option *Im Menü verbergen* aktiviert werden.

Auf dieser neu erzeugten Seite legen Sie nun zwei Seiteninhalte vom Typ *Text & Media* an. Einer erhält den Text *Log-in erfolgreich* und das Zugriffsrecht *Anzeigen, wenn angemeldet*, der zweite den Text *Log-in fehlgeschlagen* und das Zugriffsrecht *Nach Anmeldung verbergen*. Sie können auch noch einen dritten Seiteninhalt vom Typ *Login* anlegen, diesmal mit dem Zugriffsrecht *Nach Anmeldung verbergen*. Wenn ein Benutzer nach einem fehlgeschlagenen Log-in-Versuch auf dieser Seite landet, wird die Meldung *Log-in fehlgeschlagen* angezeigt, und der Benutzer kann gleich einen weiteren Versuch starten. War der Log-in erfolgreich, erhält er zurzeit nur die Meldung *Log-in erfolgreich*.

Es stellt sich jetzt noch die Frage, wie der Besucher der Website nach dem Absenden des Log-in-Formulars auf der Seite *Geschützter Bereich* auf die Seite *Loginstatus* gelangt, die ja nicht im Menü angezeigt wird. Bearbeiten Sie dafür den Seiteninhalt *Login* auf der Seite *Geschützter Bereich* und wechseln Sie zum Tab *Plug-In einfügen* sowie zum Unter-Tab *Weiterleitungen*. Hier wählen Sie in der Auswahlbox *Weiterleitungsmodus* die Punkte *Nach Anmeldung* und *Nach Anmeldefehler* aus und fügen in die Elementboxen *Nach erfolgreicher Anmeldung auf folgende Seite weiterleiten* und *Nach einem Fehler bei der Anmeldung auf folgende Seite weiterleiten* die Seite *Loginstatus* ein. Nach dem Absenden des Log-in-Formulars wird der Benutzer so auf die Seite *Loginstatus* weitergeleitet, und zwar unabhängig davon, ob der Log-in erfolgreich war oder nicht. Alternativ könnten Sie die Statusmeldungen so auch auf zwei unterschiedlichen Seiten platzieren.

Seiten nur bestimmten Benutzergruppen zugänglich machen

Wenn Sie jetzt innerhalb Ihrer Navigation Seiten anlegen und diese auf die Benutzergruppe *Snowboardkurs* beschränken, werden die betroffenen Seiten nur dann in der Navigation, in der Sitemap und in der Suche als Suchergebnis angezeigt, wenn der eingeloggte Frontend-Benutzer auch das Recht zum Betrachten dieser Seiten hat.

Das Log-in-Formular anpassen

Das Log-in-Formular fügt sich derzeit noch nicht wirklich in den grafischen Stil der Designvorlage ein. Aus diesem Grund soll im nächsten Abschnitt das HTML-Markup des Log-in-Formulars verändert werden, sodass es besser in die Designvorlage hineinpasst.

Den großen Teil der Arbeit macht bei dem Log-in-Formular ein PHP-Programm, das von der (direkt mit TYPO3 ausgelieferten) Erweiterung *felogin* angeboten wird. Die Darstellung des Formulars ist jedoch, ähnlich wie schon andere Inhaltselemente, auch über TypoScript beschrieben und kann angepasst werden.

Definieren einer eigenen Designvorlage

Das TypoScript-Objekt, das die Darstellung des Log-in-Formulars beschreibt, ist das Objekt `plugin.tx_felogin_login`. Technisch gesehen, handelt es sich beim Log-in-Formular um eine TYPO3-Erweiterung (mehr zum Aufbau und zur Funktionsweise von Erweiterungen lesen Sie in Kapitel 11, *Eine eigene Erweiterung schreiben*), die allerdings direkt zum Standardlieferumfang von TYPO3 gehört.

Die Ausgabe der allermeisten TYPO3-Erweiterungen wird ebenfalls über Fluid-Templates geregelt. Beispiel 9-6 zeigt, wie Sie das `plugin.tx_felogin_login`-Objekt im TypoScript-Setup so erweitern können, dass Sie einzelne Templates gezielt mit Ihren eigenen austauschen können.

Tipp Um nicht den Überblick über die angepassten HTML-Vorlagen verschiedener Systemkomponenten zu verlieren, empfehlen wir, jeweils ein Unterverzeichnis pro Extension anzulegen und die angepassten Vorlagen dort zu organisieren. Die angepassten Designvorlagen des Log-in-Formulars werden daher im Folgenden im Verzeichnis *fileadmin/templates/ext/felogin* gespeichert.

Beispiel 9-6: Konfiguration eines abweichenden Template-Pfads für das Log-in-Formular

```
page = PAGE
page {
   [...]
}

 [...]

plugin.tx_felogin_login.view {
  templateRootPaths {
    10 = fileadmin/templates/ext/felogin
  }
}

# Zeitabhängiger Begrüßungstext
 [...]
```

Um zu sehen, welche Fluid-Templates überhaupt für das Log-in-Formular verwendet werden, reicht ein Blick in das Verzeichnis mit den dazugehörigen Standard-Templates, das Sie unter *typo3/sysext/felogin/Resources/Private/Templates* finden. Hier sind für uns insbesondere die Dateien *Login/Login.html* und *Login/Logout.html* interessant.

Kopieren Sie beide Dateien (samt Verzeichnisname) in das in Beispiel 9-6 angegebene Verzeichnis im *fileadmin/*-Ordner. Der endgültige Pfad für die Datei *Login.html* (und analog dazu auch für die *Logout.html*) sollte dann beispielsweise *fileadmin/templates/ext/felogin/Login/Login.html* lauten.

Wie bereits in Kapitel 8 bei der Anpassung der Formulardarstellung können Sie diese Dateien nun nach Herzenslust an Ihre eigenen Bedürfnisse anpassen, ohne die Dateien in den TYPO3-Standardverzeichnissen verändern zu müssen.

Die Template-Dateien des Log-in-Formulars sind jedoch etwas länger, da sie zahlreiche Fälle berücksichtigen müssen (so müssen innerhalb des Templates beispielsweise mögliche Fehlermeldungen und optionale je nach Konfiguration vorhandene oder nicht vorhandene Eingabefelder berücksichtigt werden). Beispiele für Template-Dateien, die an das Design des Praxisbeispiels angepasst wurden, finden Sie daher in den Beispieldateien zu diesem Buch (bereits an der passenden Stelle im *fileadmin/*-Verzeichnis).

Spezielle Druckansicht

Ein häufiger Anwendungsfall bei Internetpräsentationen ist eine spezielle Druckversion, die im Regelfall den gleichen Inhalt hat wie die »normale« Präsentation, jedoch eine andere Gestaltung. Spezielle Druckansichten lassen sich grundsätzlich auch direkt per CSS-Formatierung vornehmen (etwa über CSS Media Queries wie `@media print` oder `@media screen`). In diesem Abschnitt soll jedoch gezeigt werden, wie auch mit TypoScript Anpassungen möglich sind.

Ein weiteres PAGE-Objekt verwenden

Für die Erstellung einer Druckansicht ist die bisher integrierte Designvorlage nicht mehr notwendig, da z. B. sämtliche in dieser Designvorlage genutzten Variablen (bzw. die darin enthaltenen TypoScript-Objekte) nicht mehr benötigt werden. Die Ausnahme bildet das Objekt `styles.content.get`, mit dem zuvor die einzelnen Inhaltsbereiche der Seite ausgegeben wurden. Daher soll an dieser Stelle ein weiteres PAGE-Objekt mit der Bezeichnung `print` eingeführt werden:

```
print = PAGE
```

Im aktuellen TypoScript-Template befinden sich jetzt jedoch zwei PAGE-Objekte. TYPO3 weiß im Moment nicht, welches der beiden überhaupt für die Darstellung im Frontend zuständig sein soll. Deshalb nimmt TYPO3 zur Darstellung einfach die Beschreibung des ersten PAGE-Objekts, das es im Template findet.

Die Eigenschaft .typeNum

Um aber mehrere PAGE-Objekte gezielt einzusetzen und anzusprechen, kann jedes von ihnen mit einer eindeutigen Nummer versehen werden. Die entsprechende Eigenschaft für das PAGE-Objekt heißt `.typeNum`. Wurde bei einem PAGE-Objekt die Eigenschaft `.typeNum` nicht angegeben, erhält es automatisch die interne Nummer `0`. Die Druckversion könnte die Nummer `1` erhalten:

```
print = PAGE
print.typeNum = 1
```

Üblicherweise wird die Webseite im Frontend über eine URL der Art *http://<ihre-domain>/<sprach-einstiegspunkt>/<seiten-url>* aufgerufen (zum Beispiel also *http://typo3.example/de/ueber-uns/snowboardgebiet*). Hier wird angegeben, dass die Seite mit dem URL-Segment */homepage* angezeigt werden soll (und das in der Sprache, die in der Seitenkonfiguration mit dem Einstiegspunkt */de/* konfiguriert ist). Das zu verwendende PAGE-Objekt kann über die URL mit dem Parameter *?type=* explizit angegeben werden. Die URL */de/homepage?type=0* führt zu einem identischen Ergebnis wie der Aufruf über die URL */de/homepage*. Wird allerdings die URL mit dem Parameter *?type=1* aufgerufen, erhalten Sie zum jetzigen Zeitpunkt noch die Fehlermeldung *The page ist not configured [type=1]*, da die Druckversion, für die *type = 1* gelten soll, noch nicht in Ihrem Template definiert und beschrieben wurde.

Die Druckansicht mit TypoScript beschreiben

Erweitern Sie Ihr TypoScript-Template außerhalb von geschweiften Klammern nun um eine spezielle Druckansicht, die lediglich den Inhalt der aktuellen Seite ausgibt:

Beispiel 9-7: Ausgabe von Inhalt für eine Druckansicht

```
001 page = PAGE
002 page {
      [...]
197 }
198
199 # Eine Druckversion der Seite erstellen
200 print = PAGE
201 print {
202   typeNum = 1
203   10 < styles.content.get
204 }
205
    [...]
```

Neben `page = PAGE` haben Sie nun noch eine zweite Darstellung `print = PAGE` definiert, die eine völlig andere Beschreibung erhalten kann und nur für einen explizit angegebenen Parameter *?type=1* (Zeile 202) zur Verfügung steht. Nach dem Aufruf der Webseite im Frontend müssen Sie die URL noch um diesen Parameter erweitern:

/de/homepage?type=1

Sie sollten das in Abbildung 9-16 gezeigte Ergebnis erhalten.

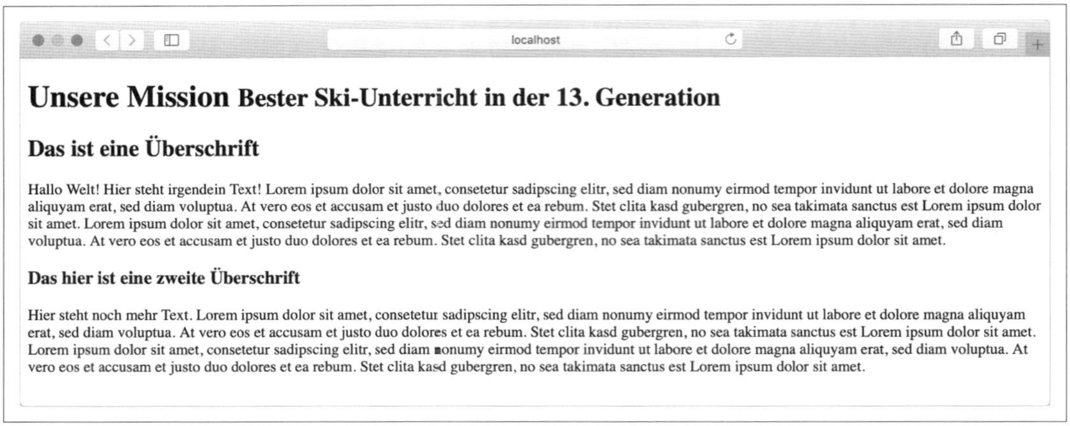

Abbildung 9-16 ▲
Die Darstellung der Druckversion im Frontend

Falls das in Abbildung 9-16 gezeigte Ergebnis nicht eintritt, obwohl Sie den Parameter *?type=1* in der URL angegeben haben, überprüfen Sie am besten zunächst im Objekt-Browser, ob tatsächlich alle Klammern wieder geschlossen wurden. Sollten Sie dort den Hinweis *The script was short of 1 end brace(s)* erhalten, bedeutet das, dass nicht alle sich öffnenden Klammern auch wieder geschlossen wurden.

Selbstverständlich können für die Druckversion auch ein Stylesheet und eine Designvorlage verwendet werden (das Folgende ist kein ausführbares Beispiel):

```
[...]
print.includeCSS.style = fileadmin/style.css
print.10 = FLUIDTEMPLATE
print.10 {
  file = fileadmin/print.html
  variables.content < styles.content.get
  [...]
}
```

Da eine Designvorlage allerdings zunächst angelegt werden muss und die Integration so erfolgt wie in den Beispielen in Kapitel 5, *TypoScript in der Praxis*, soll hier nicht näher auf die Verwendung einer Designvorlage für die Druckversion eingegangen werden.

Ein Link zur Druckversion

Es wäre allerdings eine Zumutung, dem Benutzer einer Webseite mitzuteilen, dass manuell ein Parameter *?type=1* eingefügt werden muss, um eine Druckansicht der aktuellen Seite zu erhalten. Das lässt sich, wie schon bei der Sprachauswahl, eleganter lösen. Dafür steht die Fluid-Variable `print` zur Verfügung, die einen Link zur speziellen Druckansicht enthalten soll.

Beispiel 9-8: Einen Link zur Druckansicht mit Sprachunterstützung erstellen

```
001 page = PAGE
002 page {
      [...]
059   10 = FLUIDTEMPLATE
060   10 {
        [...]
111     variables {
          [...]
195
196       # Den Link zur Druckversion darstellen
197       print = TEXT
198       print {
199         value = Print view
200         lang.de = Druckansicht
201
202         typolink {
203           wrap = <i class="glyphicon glyphicon-print"></i> |
204           ATagBeforeWrap = 1
205
206           parameter.dataWrap = {page:uid},1
207           target = _blank
208         }
209       }
210     }
211   }
212 }
```

Die hier gezeigte Arbeitsweise ist prinzipiell identisch mit der bei der Umsetzung des Sprachwechslers: Zunächst wird ab Zeile 196 der Text `Druckansicht` bzw. `Print view` ausgegeben. Der Text wird durch die in den Zeilen 202 bis 209 angegebene `.typolink`-Funktion in einen Link umgewandelt. Das Attribut `.parameter.dataWrap` übernimmt gleich zwei Funktionen: Durch das Übergeben der aktuellen Seiten-ID mit `page:uid` (Tabelle *page*, Spalte *UID*) wird auf die aktuelle Seite verlinkt. Die angehängte `1` bezeichnet die Typnummer der Druckansicht und sorgt dafür, dass der erzeugte Link auf diesen Seitentyp verlinkt.

Support Die Ausgabe der Meldung *The page is not configured!* im Frontend bedeutet, dass ein aufgerufener Seitentyp in der URL (z.B. *http://<ihre-domain>/<seiten-url>? type=xx*) fehlerhaft oder gar nicht konfiguriert ist.

Besondere Darstellung von Inhalten in der Druckversion

Nun kann es immer wieder vorkommen, dass die TypoScript-Beschreibung der Seiteninhalte (aus der Tabelle *tt_content*) für die Druckversion nicht besonders gut geeignet ist. Die TypoScript-Beschreibung für Datensätze der Tabelle *tt_content* ist jedoch global gültig, also sowohl für die Beschreibung der normalen Ansicht in `page = PAGE` als auch für die Druckversion in `druckversion = PAGE`. Um eine unterschiedliche Beschreibung der Darstellung von Seiteninhalten zu erreichen, sind deshalb zwei Konfigurationen für die TypoScript-Beschreibung unterhalb von `tt_content` notwendig: eine für die *normale* Darstellung und eine für die Druckversion.

Auch das kann durch Conditions erreicht werden. Erinnern Sie sich an die TypoScript-Anpassungen und Fluid-Templates, die Sie in Kapitel 8, *Inhalte ausgeben*, vorgenommen haben, um die Ausgabe der Überschriften anzupassen. Die angepassten Überschriften machen in der Druckansicht ohne die dazugehörigen CSS-Stylesheets nicht allzu viel her. Daher ist es sinnvoll, sich in der Druckansicht (*&type=1*) wieder auf die Standarddarstellung der Überschriften zu besinnen. Dafür wird im folgenden Beispiel für die Druckversion der abweichende `.partialRootPath` für das `lib.contentElement`-Objekt einfach gelöscht, sodass wieder die Standard-Templates genutzt werden.

Beispiel 9-9: Andere Handhabung der Hauptüberschrift in der Druckversion

```
lib.contentElement {
  partialRootPaths {
    10 = fileadmin/templates/content/partials
  }
}

[...]

# Standard-Templates in der Druckansicht
[request.getQueryParams()["type"] == "1"]
lib.contentElement {
  partialRootPaths.10 >
}
[global]
```

E-Mail-Adressen vor Spam schützen

Alle diejenigen, die ihre E-Mail-Adresse auf einer Website veröffentlichen, sind häufig Opfer von sogenanntem *Spam*. Als Spam werden unerwünschte Werbe-E-Mails bezeichnet, die oft an Hunderttausende von gesammelten E-Mail-Adressen versendet werden. Dabei durchsuchen spezielle Roboter systematisch das Internet und Newsgroups nach potenziellen Adressen.

Die Herkunft des Begriffs Spam ist interessant: Eigentlich ist Spam ein Markenname der amerikanischen Firma Hormel Foods Inc., wird in den USA umgangssprachlich für Dosenfleisch verwendet und steht ursprünglich für *spiced ham*. Zum Synonym für unerwünschte Werbung wurde er durch einen Sketch in der Fernsehserie *Monty Python's Flying Circus*. Dort wünscht ein Gast ein Gericht ohne Dosenfleisch, aber die Kellnerin bietet ihm in einer langen Aufzählung immer wieder nur Spamgerichte an.

Neben Spamfiltern zum automatischen Aussortieren unerwünschter Werbe-E-Mails gibt es aber auch vorbeugende Maßnahmen, um erst gar keine E-Mails dieser Art zu erhalten. Dabei besteht die Prophylaxe darin, E-Mail-Adressen entweder gar nicht oder nur in verschlüsselter Form zu veröffentlichen. Roboter suchen beim Durchforsten des Internet häufig nach @-Zeichen; darum wird, um Mailadressen für Roboter unkenntlich zu machen, z. B. das @-Zeichen durch die Zeichenkombination *at* oder Ähnliches ersetzt.

Häufig ist es gewünscht, zusätzlich zur Nennung der E-Mail-Adresse auf einer Webseite auch einen Link auf diese E-Mail-Adresse zu setzen, um möglichst komfortabel eine E-Mail an diesen Empfänger verschicken zu können. Die E-Mail-Adresse steht dann allerdings erneut im Quellcode und könnte von Robotern gefunden werden. Die in dem Link angegebene E-Mail-Adresse muss also ebenfalls verschlüsselt werden, jedoch auf eine spezielle Art, damit E-Mail-Programme mit diesen verschlüsselten E-Mail-Adressen umgehen können.

In TYPO3 steht eine Funktion zur Verfügung, mit der E-Mail-Adressen verschlüsselt werden können: `config.spamProtectEmailAddresses`. Im folgenden Beispiel 9-10 wird diese Funktion im oberen Bereich des TypoScript-Templates eingefügt:

Beispiel 9-10: Den Spamschutz für E-Mail-Adressen aktivieren

```
1 config {
2   # E-Mail-Adressen unleserlich machen
3   spamProtectEmailAddresses = 1
4 }
5
6 page = PAGE
7 page {
    [...]
```

In Zeile 3 wird der Spamschutz aktiviert. Jeder Link der Art

```
<a href="mailto:abc@def.de">abc@def.de</a>
```

wird von TYPO3 in eine verschlüsselte Form umgewandelt:

```
<a href="javascript:linkTo_UnCryptMailto('nbjmup;bcdAefg/ef');">
abc(at)def.de</a>
```

Bei dieser »Verschlüsselung« handelt es sich nebenbei bemerkt nicht um eine kryptografisch sichere Verschlüsselung – stattdessen werden die Zeichen in der E-Mail-Adresse lediglich um den in `.spamProtectEmailAddresses` angegebenen Wert im Alphabet verschoben. Ernsthafte Hacker halten Sie damit nicht auf – für Roboter, die den HTML-Code Ihrer Seite automatisch nach E-Mail-Adressen durchwühlen, reicht diese einfache Absicherung jedoch häufig aus.

Support

Durch die »Verschlüsselung« von E-Mail-Adressen wird eine kleine JavaScript-Funktion zur Ausgabe Ihrer Seite hinzugefügt, die die E-Mail-Adressen bei Bedarf wieder entschlüsselt. Bedenken Sie hierbei: Manche Besucher Ihrer Seite haben in ihrem Browser möglicherweise die Ausführung von JavaScript deaktiviert. Diese Besucher werden keinen E-Mail-Link auf Ihrer Seite anklicken können, solange Sie `.spamProtectEmailAddresses` aktiviert haben.

Als Alternative können Sie auch die Einstellung `.spamProtectEmailAddresses = ascii` verwenden. Diese Lösung kommt ohne JavaScript aus und codiert verlinkte E-Mail-Adressen stattdessen als HTML-Sonderzeichen. Aus `martin@typo3.example` wird dann beispielsweise `martin@typo3.example` – Ihr Browser gibt diesen Zeichenwust einfach als E-Mail-Adresse aus, während ein Roboter, der den HTML-Quelltext Ihrer Seite nach @-Zeichen durchsucht, nach wie vor nicht weiterkommt.

Als erweiterter Schutz steht die Eigenschaft `.spamProtectEmailAddresses_atSubst` zur Verfügung, die das @-Zeichen in einer E-Mail-Adresse durch den übergebenen Wert ersetzt. Im folgenden Beispiel wird die Zeichenkette at übergeben:

Beispiel 9-11: Das @-Zeichen in einer E-Mail-Adresse ersetzen

```
config {
  # E-Mail-Adressen unleserlich machen
  spamProtectEmailAddresses = 1
  spamProtectEmailAddresses_atSubst = at
}

page = PAGE
page {
  [...]
```

KAPITEL 10

Bestehende Erweiterungen integrieren

In diesem Kapitel:

- Einführung
- Der TYPO3-Extension Manager
- Das News-Plug-in integrieren und anpassen
- Eine Suche hinzufügen
- Probleme nach der Installation einer Erweiterung

In diesem Kapitel erfahren Sie, wie Sie vorhandene Erweiterungen in TYPO3 integrieren und an Ihre eigenen Bedürfnisse anpassen.

Einführung

TYPO3 ist schon seit jeher vollständig modular aufgebaut. Zusätzlich zum ohnehin schon respektablen Umfang des Grundsystems haben Sie die Möglichkeit, das System über benutzerdefinierte Erweiterungen um weitere Funktionen zu ergänzen – und Erweiterungen gibt es viele: Derzeit stehen um die 1.200 Erweiterungen für TYPO3 unter Open-Source-Lizenzen öffentlich zur Verfügung, die sich alle mit geringem Aufwand über das TYPO3-Backend hinzufügen lassen.

In einem sogenannten *Extension-Repository* können Erweiterungen auf einem zentralen Server abgelegt und so der Öffentlichkeit und damit auch Ihnen zur weiteren Verwendung zur Verfügung gestellt werden. Die Vielfalt der verfügbaren Erweiterungen muss jedoch mit Vorsicht genossen werden: Während die Entwicklung des TYPO3-Kerns selbst strengen Qualitätsmechanismen unterliegt, gilt dies nicht notwendigerweise für Erweiterungen, die von Community-Mitgliedern bereitgestellt werden. Zwar existiert innerhalb der Community ein Prozess, über den Sicherheitslücken in Erweiterungen gemeldet werden können – eine Garantie, dass die zur Verfügung gestellten Erweiterungen keine Fehler enthalten, gibt es allerdings nicht.

Ebenso kann es zu Kompatibilitätsproblemen kommen: Einzelne Erweiterungen setzen eine ganz bestimmte TYPO3-, PHP- oder MySQL-Version voraus. Steht diese Version nicht zur Verfügung, kann es bei der einen oder anderen Erweiterung zu Fehlermeldungen kommen, oder die gesamte Webseite lässt sich nicht mehr ohne Fehlermeldungen anzeigen. Im schlimmsten Fall ist selbst ein Log-in in das Backend aufgrund von Fehlermeldungen nicht mehr möglich. Durch manuelles Deinstallieren der Erweiterung kann der Zugriff auf das Backend wieder ermöglicht werden – jedoch ist dieses immer mit Ärger und Stress verbunden. Wie Sie manuell eine Erweiterung wieder deinstallieren können, erfahren Sie ebenfalls in diesem Kapitel.

Diese Einführung soll Sie nicht davor zurückschrecken lassen, Erweiterungen zu verwenden. Jedoch sollten Sie unbekannte Erweiterungen nicht in einer Produktivumgebung testen, da das unangenehme Folgen haben kann. Testen Sie Erweiterungen also möglichst in einer separaten Testumgebung auf Fehler oder vergewissern Sie sich vorab durch Recherche in Foren, ob Probleme mit der Erweiterung oder den von Ihnen genutzten Systemvoraussetzungen bekannt sind.

Im Sprachgebrauch werden Sie auf verschiedene Begriffe treffen, die prinzipiell alle eines gemeinsam haben. Ob *Erweiterung*, *Extension*, *Modul* oder *Plug-in*: Jeder dieser Begriffe bezeichnet etwas, das TYPO3 um bestimmte Funktionalitäten erweitert. Erweiterung und Extension sind Oberbegriffe für die Begriffe Modul und Plug-in.

Unter einem Modul wird in TYPO3 eine Backend-Erweiterung verstanden, also eine Erweiterung, die nicht auf der Website direkt eingesetzt wird. Ein klassisches Backend-Modul ist z. B. *phpMyAdmin*. Das gesamte Backend selbst ist vollständig modular aufgebaut.

Unter einem Plug-in wird in TYPO3 eine Frontend-Erweiterung verstanden. Frontend-Plug-ins können direkt auf der Website eingesetzt werden und stehen im Regelfall im Seiteninhaltstyp *Plugin einfügen* in einer Auswahl zur Verfügung. Klassische Frontend-Plug-ins sind z. B. das News-Plug-in, das Shop-Plug-in usw. Sie werden aber häufig auf den falsch angewandten Begriff »Frontend-Modul« treffen – nicht unbedingt in diesem Buch, aber z. B. in Foren. Prinzipiell ist damit immer eine Erweiterung gemeint.

Wie bereits oben erwähnt wurde, können Frontend-Plug-ins direkt auf der Website integriert bzw. angezeigt werden. Dabei arbeiten fast alle Frontend-Plug-ins nach den gleichen Prinzipien. Diese Grundlagen werden ausführlich am Beispiel des News-Plug-ins erläutert, und bei den anderen vorgestellten Erweiterungen wird überwiegend auf die jeweiligen Eigenarten eingegangen. Auch wenn Sie für Ihr aktuelles Projekt das News-Plug-in nicht benötigen sollten, empfiehlt es sich, den Abschnitt »Das News-Plug-in integrieren und anpassen« auf Seite 288 durchzuarbeiten, um sich ein grundsätzliches Verständnis anzueignen.

Der TYPO3-Extension Manager

Den Extension Manager finden Sie im linken Menü im Abschnitt *Verwaltungswerkzeuge*. Sie können in diesem Bereich vorhandene Erweiterungen installieren und deinstallieren und verfügbare Erweiterungen aus dem sogenannten Extension-Repository herunterladen, dem zentralen Ablageort für Erweiterungen. Ein Klick auf das Backend-Modul *Erweiterungen* öffnet im rechten Bereich den Extension Manager.

Installierte Erweiterungen

Wenn Sie den Extension Manager aufrufen, wechseln Sie zunächst in die Übersicht der lokal zur Verfügung stehenden Erweiterungen, indem Sie oben im Auswahlmenü den Punkt *Installierte Erweiterungen* auswählen. In dieser Übersicht finden Sie alle Erweiterungen, die derzeit lokal auf Ihrem System zur Verfügung stehen. Eine Erweiterung kann dabei aktiviert oder deaktiviert sein. Deaktivierte Erweiterungen erkennen Sie daran, dass die entsprechende Zeile in der Übersichtstabelle ausgegraut ist.

Wie Sie in Abbildung 10-1 sehen, sind bereits sehr viele Erweiterungen installiert. In der Einleitung zu diesem Kapitel haben Sie erfahren, dass TYPO3 selbst fast vollständig modular aufgebaut ist. Dieser modulare Aufbau ist aber nicht das, was Sie von klassischen Erweiterungen erwarten würden.

Für uns sind z. B. das Shop- oder das News-Plug-in klassische Erweiterungen. Hier kann man jedoch erkennen, dass z. B. die Backend-Menüpunkte *Log* und *Template* ebenfalls Erweiterungen sind, die in der Grundinstallation bereits enthalten sind. Wie Sie in Abbildung 10-1 sehen können, gibt es eine umfangreiche Liste von Erweiterungen, die bereits installiert sind.

▼ Abbildung 10-1
Auch viele der bereits genutzten Funktionalitäten sind Erweiterungen.

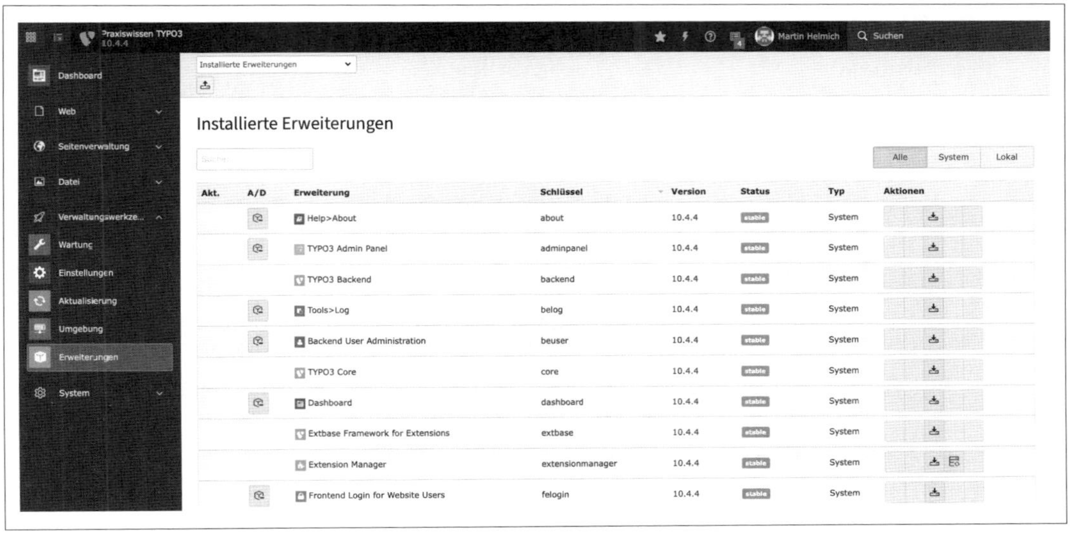

Composer oder nicht Composer?

Je nachdem, ob Sie TYPO3 in Kapitel 2, *TYPO3 installieren*, über den PHP-Paketverwalter *Composer* installiert haben oder nicht, wird sich der Extension Manager im TYPO3-Backend unterschiedlich verhalten und verschiedene Funktionen (nicht) anbieten. Seit TYPO3 9 ist die Installation über Composer der empfohlene Weg zur Installation von TYPO3.

Falls Sie TYPO3 per Composer installiert haben, wird der Extension Manager Sie auf diesen Sachverhalt in Form der in Abbildung 10-2 gezeigten deutlich sichtbaren Meldung hinweisen:

Abbildung 10-2 ▼ Hinweis auf den TYPO3-Betrieb im Composer-Modus

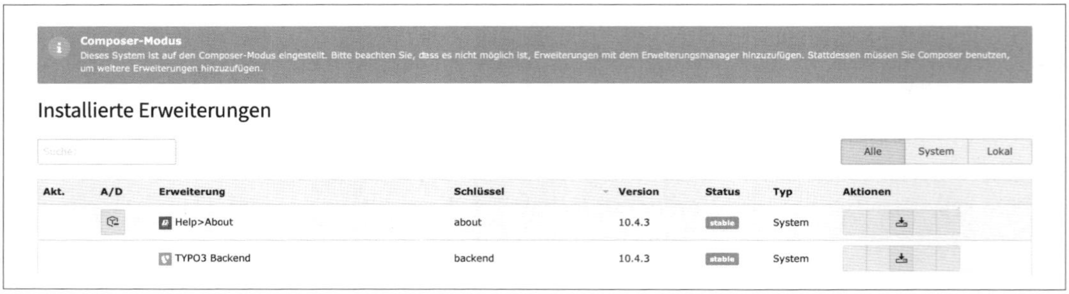

Das Extension Manager-Menü

Im oberen Bereich des Extension Managers finden Sie ein Auswahlmenü. Sofern Sie TYPO3 nicht über Composer installiert haben, sehen Sie darin, wie in Abbildung 10-3 gezeigt, folgende Menüpunkte:

Abbildung 10-3 ▶ Auswahl mit verschiedenen Programmbereichen

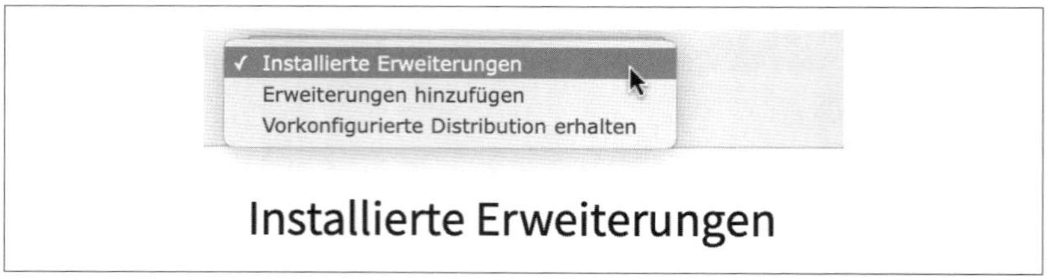

Installierte Erweiterungen
: Das sind alle Erweiterungen, die in Ihrer TYPO3-Installation zur Verfügung stehen und mit einem Klick aktiviert werden können oder bereits aktiviert sind. Wenn eine Erweiterung zur Verfügung steht, bedeutet das, dass sich die Erweiterungsdateien in einem Unterordner von *typo3/ext/*, *typo3/sysext/* oder *typo3conf/ext/* befinden.

Erweiterungen hinzufügen
: Steht eine Erweiterung in Ihrer TYPO3-Installation nicht zur Verfügung, können Sie sich diese Erweiterung von einem Server herunterladen, der TYPO3-Erweiterungen zur Verfügung stellt. Dieser

zentrale Sammelpunkt aller veröffentlichten Erweiterungen wird als Extension-Repository bezeichnet. Über diesen Menüpunkt können Sie Erweiterungen aus dem Repository nachinstallieren oder bereits installierte Erweiterungen aktualisieren.

Tipp Falls Sie TYPO3 in Kapitel 2, *TYPO3 installieren*, über Composer installiert haben, werden Ihnen dieser Menüpunkt (und der nächste) nicht zur Verfügung stehen. Bei der Installation per Composer müssen auch Extensions per Composer heruntergeladen und installiert werden.

Vorkonfigurierte Distribution erhalten
Distributionen sind fertig zusammengestellte und vorkonfigurierte Webseiten mit Extensions und Inhalt, die Sie herunterladen und installieren können. Auf diesen Weg können Sie beispielsweise das offizielle Introduction Package, aber auch andere, von der Community bereitgestellte Distributionen installieren.

Die Spalten im Extension Manager

In den Erweiterungslisten im Extension Manager (siehe Abbildung 10-1) sind mehrere Spalten erkennbar, die im Folgenden näher erläutert werden.

Zu Beginn fast jeder Zeile steht entweder ein Button mit einem Minuszeichen oder einem Pluszeichen. Das Symbol mit dem Minuszeichen gibt an, dass die Erweiterung installiert ist und durch einen Klick auf dieses Symbol deinstalliert werden kann. Das andere Symbol gibt an, dass die Erweiterung in der TYPO3-Installation zur Verfügung steht, aber nicht installiert ist. Durch einen Klick auf den Button mit dem Pluszeichen kann die Erweiterung installiert werden. Bei einigen Erweiterungen steht überhaupt keine Schaltfläche zum Aktivieren oder Deaktivieren zur Verfügung; hierbei handelt es sich um Erweiterungen, die Bestandteil des Kernsystems sind und die Sie zu Ihrem eigenen Wohl nicht deaktivieren dürfen.

Die Spalte *Erweiterung* enthält die Bezeichnung der Erweiterung, damit Sie wissen, welches Modul oder Plug-in Sie gerade installieren bzw. deinstallieren möchten.

In der Spalte *Schlüssel* wird der sogenannte *Erweiterungsschlüssel* (*Extension-Key*) angezeigt. Das ist der eindeutige Bezeichner der Erweiterung; er darf nicht noch einmal verwendet werden. Für Entwickler, die ihre selbst entwickelten Erweiterungen veröffentlichen möchten, steht unter *typo3.org* ein Formular zur Verfügung, mit dem man sich einen Extension-Key reservieren lassen kann, damit es in der internationalen Entwicklergemeinde nicht zu Namenskonflikten kommt.

Die Spalte *Version* enthält, wie der Name bereits vermuten lässt, die Versionsnummer der aktuell installierten Version.

In der *Status*-Spalte wird der Entwicklungsstand der Erweiterung angegeben. Mögliche Werte sind *test*, *experimental*, *obsolete*, *alpha*, *beta* und *stable*. Ein weiterer Status, der nicht den Stand der Entwicklung, sondern die Updatefähigkeit beeinflusst, ist der Status *Exclude From Updates*. Diesen Status können Sie setzen, wenn eine Erweiterung nicht aktualisiert werden soll. Öffnen Sie dazu die Datei *ext_emconf.php* einer Extension und ändern Sie die Zeile für den Status wie folgt: *'state'* => *'excludeFromUpdates'*. Das ist sehr nützlich, wenn Sie Anpassungen an Erweiterungen durchgeführt haben und diese nicht durch ein Update überschrieben werden sollen.

Wie Sie mitbekommen haben, wird der Status nicht von einem Gremium vergeben, sondern direkt vom Entwickler der Erweiterung selbst. Er kann durch Anpassung der Datei *ext_emconf.php* verändert werden. Sogar Erweiterungen mit dem Status *stable* können also durchaus noch Fehler enthalten, wenn sie z.B. nur für eine bestimmte TYPO3-Umgebung getestet wurden.

In der Spalte *Aktionen* finden Sie für jede Extension Schaltflächen, die verschiedene Aktionen auslösen. Hier können Sie beispielsweise die Extension als ZIP-Datei herunterladen oder weitere Konfigurationseinstellungen vornehmen.

Verfügbare Erweiterungen aktivieren

Erweiterungen, die in Ihrer TYPO3-Installation zur Verfügung stehen, können Sie mit einem Klick aktivieren. Um eine Übersicht darüber zu erhalten, welche Erweiterungen überhaupt vorhanden sind, wählen Sie im Extension Manager den Eintrag *Installierte Erweiterungen* aus.

Sie erhalten eine Übersicht der Erweiterungen, die sich in Ihrer TYPO3-Installation befinden. Um eine Erweiterung zu aktivieren, klicken Sie auf den Button mit dem Pluszeichen. Aktivieren Sie zunächst aber noch keine Erweiterung. Das werden Sie in einem folgenden Abschnitt anhand des News-Plug-ins nachholen.

Erweiterungen konfigurieren

Manche Erweiterungen bieten fortgeschrittene Konfigurationsmöglichkeiten an, über die Sie Verhalten, Präsentation und andere Eigenschaften einer Erweiterung anpassen können. Der dazugehörige Menüpunkt versteckt sich im Modul *Verwaltungswerkzeuge → Einstellungen*. Hier finden Sie den Menüpunkt *Extension Configuration*. Wenn Sie diese

Option anwählen, sehen Sie das in Abbildung 10-4 gezeigte Formular. Dieses enthält einzelne Konfigurationsabschnitte für jede Extension, die Konfigurationsmöglichkeiten anbietet, in der Abbildung zum Beispiel für die *backend*-Extension (ja, sogar das TYPO3-Backend selbst ist eine Extension).

▼ Abbildung 10-4
Über den Menüpunkt *Extension Configuration* im *Einstellungen*-Modul können weitere Einstellungen für eine Erweiterung vorgenommen werden.

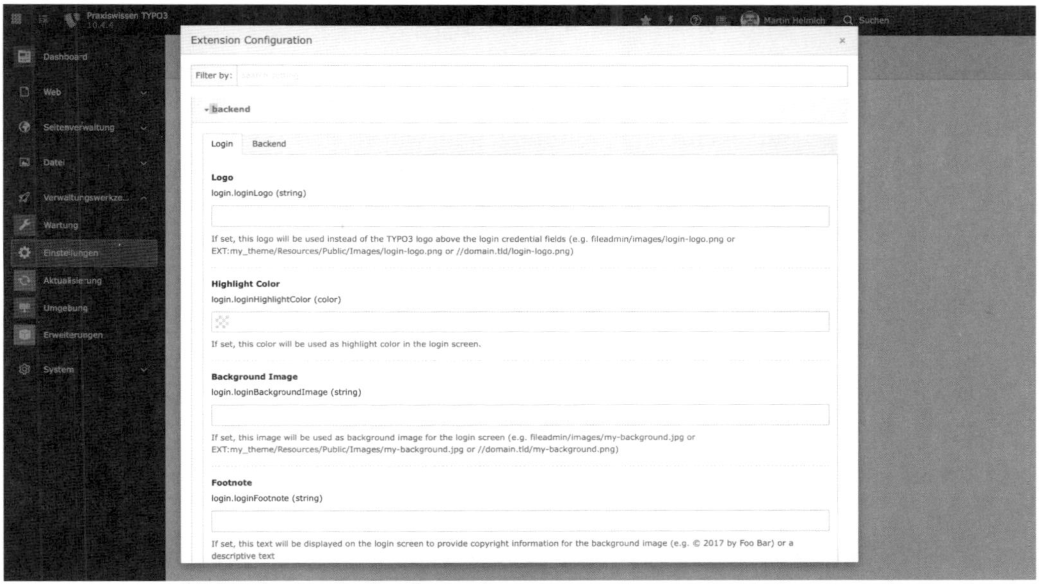

Erweiterungen aus dem Extension-Repository herunterladen

Tipp Die Option, über den Extension Manager neue Erweiterungen zu Ihrer TYPO3-Installation hinzuzufügen, steht nur zur Verfügung, wenn Sie TYPO3 *nicht* über *Composer* installiert haben.

Steht eine Erweiterung nicht zur Verfügung, können Sie sie aus dem sogenannten Extension-Repository herunterladen. Das Extension-Repository stellt als zentraler Server alle veröffentlichten Erweiterungen zur Verfügung. Der Erweiterungsmanager lädt sich automatisch eine jeweils aktuelle Liste der verfügbaren Erweiterungen aus dem Repository. Sie können über den Button *Jetzt aktualisieren* auch manuell eine aktuelle Liste anfordern.

Support Für den Vorgang des Downloads der Extension-Liste wird vom ausführenden Programm viel Arbeitsspeicher des Servers belegt. Wird dem PHP-Programm zu wenig Speicherzugriff erlaubt, kann es zu der

Fehlermeldung *Fatal error: Allowed memory size of ...* oder *Error parsing json response: null* kommen. Bei einem auf TYPO3 spezialisierten Provider sollte Ihnen ausreichend Arbeitsspeicher für PHP zur Verfügung stehen.

Wenn Sie selbst einen Server aufgesetzt haben, müssen Sie diesem gestatten, nach außen HTTP-Anfragen zu stellen. Je nach Konfiguration der Firewall ist das nicht unbedingt gegeben.

Nach dem Laden der Liste aller verfügbaren Erweiterungen steht Ihnen eine recht umfangreiche Tabelle zur Verfügung, die zur Übersichtlichkeit auf mehrere Seiten aufgeteilt wurde und sämtliche installierbaren TYPO3-Erweiterungen enthält (siehe Abbildung 10-5).

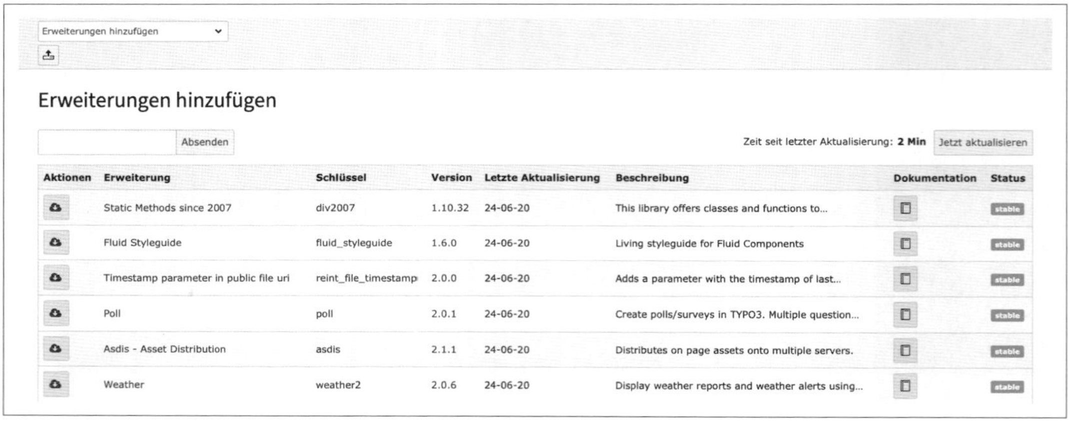

Aktionen	Erweiterung	Schlüssel	Version	Letzte Aktualisierung	Beschreibung	Dokumentation	Status
	Static Methods since 2007	div2007	1.10.32	24-06-20	This library offers classes and functions to...		stable
	Fluid Styleguide	fluid_styleguide	1.6.0	24-06-20	Living styleguide for Fluid Components		stable
	Timestamp parameter in public file uri	reint_file_timestamp	2.0.0	24-06-20	Adds a parameter with the timestamp of last...		stable
	Poll	poll	2.0.1	24-06-20	Create polls/surveys in TYPO3. Multiple question...		stable
	Asdis - Asset Distribution	asdis	2.1.1	24-06-20	Distributes on page assets onto multiple servers.		stable
	Weather	weather2	2.0.6	24-06-20	Display weather reports and weather alerts using...		stable

Abbildung 10-5 ▲
Eine Liste aller installierbaren Erweiterungen

Der Downloadbutton auf der linken Seite gibt an, dass die Erweiterung in Ihre TYPO3-Installation übertragen werden kann.

Das News-Plug-in integrieren und anpassen

Mit dem News-Plug-in werden aktuelle Mitteilungen erstellt. Das ist prinzipiell auch über Seiteninhaltstypen wie *Text & Media* möglich. Das News-Plug-in selbst stellt aber Funktionen zur Verfügung, die diese Seiteninhaltstypen im Regelfall nicht bieten.

Eine typische Funktion ist beispielsweise die Automatisierung eines Teasertexts mit anschließendem Link *Weiter* auf einen vollständigen Artikel. Mehrere bestehende News werden so auf einer Übersichtsseite auf eine bestimmte Anzahl von Zeichen gekürzt – um die vollständige Nachricht zu lesen, kann man einem Link folgen.

Eine weitere Funktion ist das Erstellen von News-Archiven. News-Beiträge, die ein bestimmtes Datum überschritten haben, können in ein

Archiv aufgenommen und dann beispielsweise kategorisiert nach Jahren, Quartalen oder Monaten aufgelistet werden.

Diese Funktionen lassen sich theoretisch auch über normale Seiteninhalte realisieren. Das muss jedoch jeweils manuell geschehen. Ein Teasertext müsste manuell erstellt werden, Archive wären per Hand zu pflegen usw.

Wenn diese Funktionen jedoch nicht benötigt werden, ist das News-Plug-in möglicherweise überflüssig, und Sie sollten die bekannten Seiteninhaltstypen verwenden. Mit TypoScript lassen sich diese Funktionen zum großen Teil ebenfalls realisieren, jedoch ist das recht kompliziert und aufwendig.

Das News-Plug-in installieren

Bevor das News-Plug-in installiert werden kann, muss es zunächst heruntergeladen werden. Das Herunterladen von Erweiterungen funktioniert unterschiedlich, je nachdem, ob Sie TYPO3 per Composer installiert haben oder nicht (falls Ersteres der Fall ist, werden Sie im Extension Manager mit einem deutlich sichtbaren Warnhinweis darauf aufmerksam gemacht).

Installation per Composer

Für die Installation einer Erweiterung per Composer benötigen Sie zunächst den sogenannten *Paketnamen*. Diesen finden Sie heraus, wenn Sie online die Seite *https://extensions.typo3.org* besuchen und dort nach der Extension suchen, die Sie installieren möchten. Wenn Sie dort die gewünschte Erweiterung gefunden haben, klicken Sie den Namen der Erweiterung an, um auf die dazugehörige Detailseite zu gelangen. Diese sieht für die News-Erweiterung aus wie in Abbildung 10-6. Die dort dargestellte Seite finden Sie unter der URL *https://extensions.typo3.org/extension/news*.

Hier finden Sie den *Extension-Key* der Erweiterung ❶ sowie Anweisungen zur Installation dieser Erweiterung mit Composer ❷.

Die Installation von Erweiterungen per Composer funktioniert (genauso wie die Installation von TYPO3 mit Composer selbst) generell über die Kommandozeile. Öffnen Sie daher eine Kommandozeile in Ihrer TYPO3-Installation und wechseln Sie in Ihr Projektverzeichnis (in Kapitel 8 war das */var/www/buch*).

Tipp Sie erkennen das richtige Arbeitsverzeichnis für die Ausführung von Composer-Befehlen daran, dass sich dort eine *composer.json* und eine *composer.lock*-Datei befinden.

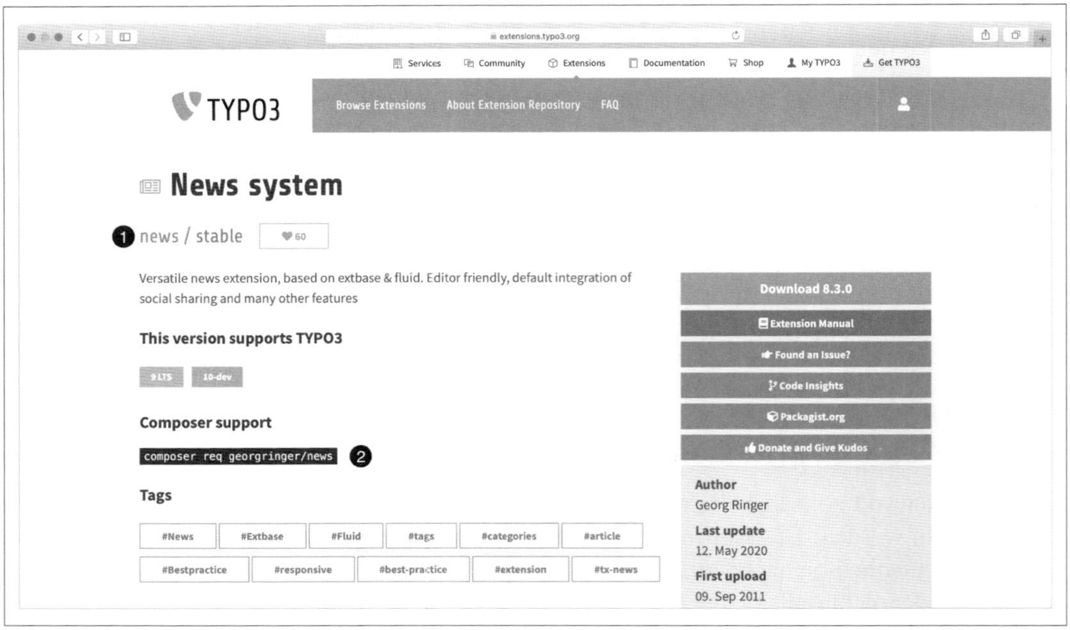

Abbildung 10-6 ▲
Die Details zur News-Erweiterung im TYPO3-Extension-Repository

Falls die Erweiterung, die Sie installieren möchten, auf ihrer Detailseite einen Abschnitt *Composer support* hat, können Sie diesen Befehl eins zu eins in Ihre Kommandozeile kopieren und ausführen. In diesem Fall lautet der Befehl also:

```
$ composer require georgringer/news
```

Bei Ausführung dieses Befehls wird Composer die Erweiterung nun herunterladen und installieren. Die Ausgabe auf der Kommandozeile sollte dabei so ähnlich aussehen wie in Abbildung 10-7 gezeigt. Im Anschluss wird Ihnen die Extension im Extension Manager unter der Liste der installierten Erweiterungen genauso zur Verfügung stehen, als wäre sie über das TYPO3-Backend heruntergeladen worden.

Nicht alle Erweiterungen haben einen eigenen Composer-Paketnamen. Falls Sie eine Erweiterung installieren möchten, für die die Installation per Composer nicht ausdrücklich dokumentiert ist, können Sie die Erweiterung dennoch mit Composer unter Zuhilfenahme des Extension-Schlüssels installieren. Verwenden Sie hierzu den Befehl `composer require typo3-ter/<EXTENSION-SCHLÜSSEL>`.

Auch die News-Extension können Sie auf diese Weise installieren. Bei Ausführung des Befehls `composer require typo3-ter/news` wird die Erweiterung wie gewünscht installiert – Sie erhalten jedoch den Warnhinweis, dass Sie stattdessen bitte das Paket *georgringer/news* installieren mögen.

```
mhelmich — bash — bash — bash — 109×24
mhelmich@Martins-MBP$ composer require georgringer/news
Using version ^7.0 for georgringer/news
./composer.json has been updated
Loading composer repositories with package information
Updating dependencies (including require-dev)
Package operations: 1 install, 0 updates, 0 removals
  - Installing georgringer/news (7.0.8): Downloading (100%)
georgringer/news suggests installing dmitryd/typo3-dd-googlesitemap (~2.1)
georgringer/news suggests installing dmitryd/typo3-realurl (^2.3)
georgringer/news suggests installing reelworx/rx-shariff (~11.0)
Writing lock file
Generating autoload files
Generating class alias map file
Inserting class alias loader into main autoload.php file
> typo3cms install:fixfolderstructure
The following directory structure has been fixed:
Path /fileadmin is not a directory
> typo3cms install:generatepackagestates
The following extensions have been added to the generated PackageStates.php file: core, scheduler, extbase, f
luid, frontend, fluid_styled_content, install, recordlist, backend, reports, setup, rte_ckeditor, about, admi
npanel, belog, beuser, extensionmanager, felogin, filelist, form, impexp, info, redirects, seo, sys_note, t3e
ditor, tstemplate, viewpage, news
mhelmich@Martins-MBP$
```

▲ **Abbildung 10-7**
Installation der News-Erweiterung mit Composer

So oder so wird Composer die Erweiterung nun herunterladen und installieren.

Installation über den Extension Manager

Falls Sie TYPO3 nicht per Composer installiert haben, ist ein Herunterladen der Erweiterung über das TYPO3-Backend im Extension Manager möglich. Wählen Sie hierzu aus dem Auswahlfeld im oberen Bereich den Punkt *Erweiterungen hinzufügen* aus. Im Eingabefeld oberhalb der verfügbaren Erweiterungen können Sie dann nach dem News-Plug-in suchen, indem Sie den Extension-Key *news* angeben und anschließend mit *Enter* bestätigen.

Sie erhalten als Suchergebnis eine Auswahl an Extensions, die alle das Suchwort *news* im Extension-Key haben. Über den Downloadbutton ganz links neben dem Suchergebnis können Sie jetzt die Erweiterung News mit dem Extension-Key *news* in Ihre lokale TYPO3-Installation herunterladen. Dadurch wird der gesamte Quellcode der Erweiterung in Ihre lokale TYPO3-Installation übertragen und im Ordner *typo3conf/ext/news/* abgelegt. Wenn Sie die Erweiterung herunterladen, wird sie im selben Zuge auch gleich aktiviert, sodass Sie sie sofort benutzen können.

Ob die Erweiterung korrekt heruntergeladen und aktiviert wurde, können Sie überprüfen, indem Sie im oberen Auswahlmenü zurück auf den Punkt *Installierte Erweiterungen* wechseln und die News-Extension in der Liste suchen.

Support Sollten Sie bei der Installation einer Erweiterung eine Fehlermeldung in der Art *Ihre TYPO3-Version (10.4.4) ist höher als diese Extension benötigt. Sie benötigt TYPO3-Versionen 7.6.0 - 9.5.99* erhalten, können Sie durch Setzen des Häkchens bei *Versionserfordernis ignorieren* und eine anschließende Bestätigung über den Button *Ich weiß was ich tue; trotzdem weitermachen* die Erweiterung trotzdem installieren. Bitte ignorieren Sie Abhängigkeiten jedoch nicht generell, sondern prüfen Sie immer genau, wie wichtig sie sind. Sie sollten die Funktion möglichst nur auf einer Testumgebung und nicht im Live-Betrieb Ihrer Website durchführen.

Die komplette Installation, einschließlich des Anlegens zusätzlicher Datenbanktabellen, wird vollautomatisch für Sie vorgenommen.

Die News-Erweiterung konfigurieren

Nach der Installation der News-Erweiterung (egal ob per Composer oder über den Extension Manager) können Sie diese nun noch konfigurieren. Wechseln Sie hierzu in den Menüpunkt *Verwaltungswerkzeuge → Einstellungen* und wählen Sie dort die Option *Extension Configuration*. Hier können Sie die Erweiterung noch weiter an Ihre Bedürfnisse anpassen (siehe Abbildung 10-8).

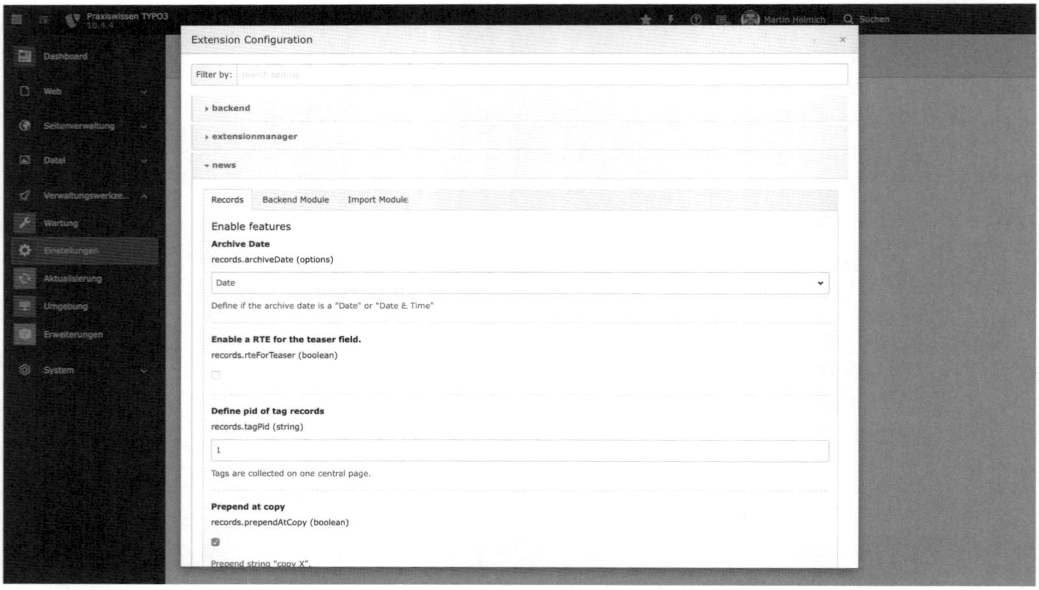

Abbildung 10-8 ▲
Das News-Plug-in wurde erfolgreich installiert.

Die Konfiguration betrifft insbesondere das Verhalten im Backend, zum Beispiel bei mehrsprachigen Präsentationen, und einige Feineinstellungen. Sie können die Grundkonfiguration getrost so lassen. Wenn gewünscht, können Sie diese Konfigurationen zu einem späteren Zeitpunkt wieder ändern.

Das News-Plug-in ist jetzt installiert – auf den ersten Blick wird Ihnen wahrscheinlich das neue Backend-Modul *News-Administration* im linken Menü auffallen. Bevor wir uns mit dem Backend-Modul beschäftigen, kümmern wir uns jedoch zunächst um die Darstellung von News im Frontend.

Tipp Nach der Installation von Erweiterungen sind in der Regel nur die englischen Sprachdateien vorhanden. Wenn Sie andere Sprachen im Backend nutzen, können Sie die benötigten Sprachdateien in der Sprachverwaltung unter *Verwaltungswerkzeuge* → *Wartung* → *Manage Language Packs* herunterladen, indem Sie die Schaltfläche *Update all* anklicken.

Frontend-Plug-in: Seiteninhalt/Container anlegen

Das News-Plug-in soll jetzt so in die Website integriert werden, dass News zunächst nur auf der Seite *Aktuelles* angezeigt werden. Später sollen die letzten drei News auch im Fußbereich der Seite auftauchen.

Sie können das News-Plug-in nach seiner Installation zur Seite *Aktuelles* hinzufügen. Dazu wählen Sie im linken Menü den Eintrag *Seite* und im Seitenbaum die Seite *Aktuelles* aus. Durch Anklicken des Buttons *Neues Inhaltselement erstellen* können Sie dann einen Seiteninhalt anlegen. Es öffnet sich der Wizard für neue Seiteninhalte. Sie können entweder einen ganz normalen Seiteninhalt wie *Text & Media* auswählen oder aber im unteren Bereich *Plug-Ins* den Eintrag *Allgemeines Plug-In* oder direkt *Nachrichten-System* verwenden. Für welches Element Sie sich auch entscheiden, Sie haben nachträglich immer die Möglichkeit, den Typ des Seiteninhalts zu ändern, z.B. von *Text & Media* auf *Allgemeines Plug-In*.

Nach dem Anlegen eines neuen Seiteninhalts vom Typ *Allgemeines Plug-In* kommen Sie in die Maske für Frontend-Plug-ins, in der mehrere Registerkarten zur Auswahl stehen. Über die Registerkarte *Allgemein* können Sie unter anderem eine Überschrift vergeben. Auf der Registerkarte *Plug-In* wählen Sie das gewünschte Frontend-Plug-in aus dem Auswahlfeld *Ausgewähltes Plug-In* aus. Die Liste dieser Auswahl zeigt Ihnen alle installierten Frontend-Plug-ins an. In Ihrem aktuellen Projekt sollte die Liste lediglich den Eintrag *Nachrichten-System* enthalten, da Sie derzeit nur dieses Frontend-Plug-in installiert haben. Sie erhalten eine Meldung, in der angegeben wird, dass die Maske neu geladen werden muss. Bestätigen Sie die Meldung einfach mit *OK*. Es erscheint die in Abbildung 10-9 gezeigte umfangreiche Maske, in der bereits das News-Plug-in konfiguriert werden kann.

Abbildung 10-9 ▼
Das News-Plug-in kann über eine Maske konfiguriert werden.

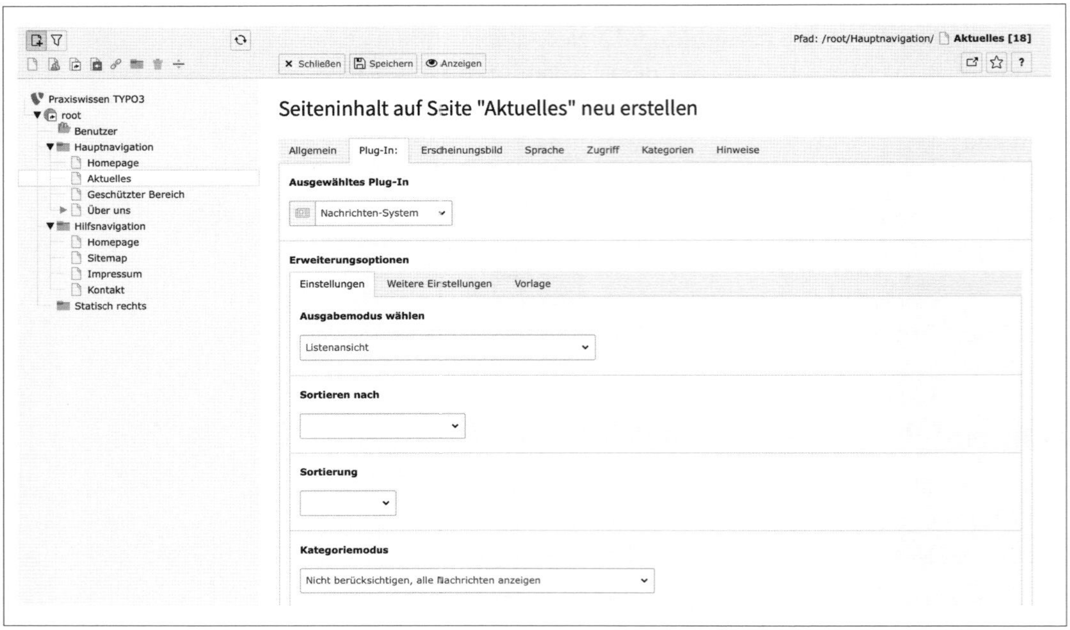

Tipp

Im News-Plug-in wird eine Technik mit der Bezeichnung *FlexForms* angewendet, die das Konfigurieren einer Erweiterung über eine Maske mit mehreren Registerkarten ermöglicht. Die hier zur Verfügung gestellten Konfigurationsmöglichkeiten werden in der Datenbanktabelle *tt_content* in nur einem einzigen Datenbankfeld im XML-Format gespeichert.

Frontend-Plug-in: Elemente und Container

Das News-Plug-in ist ein klassisches Beispiel für ein Frontend-Plug-in, das mehrere (News-)Elemente aufnehmen kann. Das Einfügen eines Seiteninhalts vom Typ *Plug-In → Nachrichten-System* stellt einen Container bereit, der, je nach Konfiguration des News-Plug-ins, mehrere News-Elemente aufnehmen kann. Abbildung 10-10 veranschaulicht das.

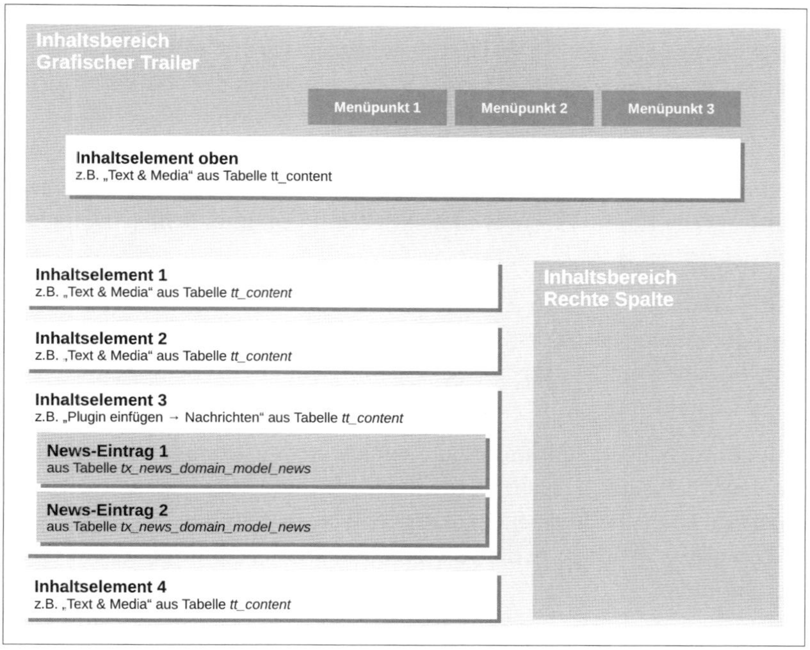

◀ **Abbildung 10-10**
Ein News-Container, der mehrere News-Elemente aufnehmen kann.

Das News-Plug-in konfigurieren

Für die ausführliche Konfiguration des News-Plug-ins stehen umfangreiche Dokumentationen zur Verfügung, die die Einstellungsmöglichkeiten detailliert beschreiben. Daher sollen in diesem Abschnitt nur die am häufigsten verwendeten Konfigurationsmöglichkeiten vorgestellt werden.

Überblick über die wichtigsten Konfigurationsmöglichkeiten

Auf der Registerkarte *Einstellungen* können Sie unter *Ausgabemodus wählen* angeben, was genau das News-Plug-in auf der Website darstellen soll. Mit *Listenansicht* wird angegeben, dass eine bestimmte Anzahl an News in einer Kurzfassung (Teaser) dargestellt wird. Ein Klick im Frontend auf einen News-Beitrag zeigt dann den ausgewählten Beitrag in Gänze an. Die Anzahl der dargestellten Beiträge kann auf der Registerkarte *Weitere Einstellungen* unter *Maximale Anzahl anzuzeigender Datensätze* angegeben werden. Über die Option *Kategorie-Auswahl* kann die Listenansicht auf eine bestimmte Nachrichtenkategorie eingeschränkt werden. Die Option *Zeitlimit* hingegen erlaubt es, nur News-Einträge ab einem bestimmten Zeitpunkt darzustellen.

Die Option *Detailansicht* im Auswahlfeld *Ausgabemodus wählen* gibt an, dass nur ein einziger News-Beitrag angezeigt wird. Um welchen News-Beitrag es sich handeln soll, muss über Parameter in der URL übermittelt werden. Daher eignet sich die *Detailansicht* insbesondere auf Seiten, auf die gegebenenfalls von der *Listenansicht* aus verwiesen wird. Auf welche Seite ein Link von der Listenansicht zu einer Detailansicht verweisen soll, kann auf der Registerkarte *Weitere Einstellungen* unter *Seiten-ID für Einzelnachrichten-Ansicht* angegeben werden.

Mit *Datumsmenü* kann ein Menü aller vorhandenen News-Beiträge gruppiert nach Datum erstellt werden. Dies ist nützlich für Archivansichten, in denen ein Nutzer der Seite historische News-Beiträge durchsuchen können soll.

Mit der Ansicht *Suchformular* wird ein Suchformular angezeigt, mit dem in News-Beiträgen gesucht werden kann. Für ein Suchformular wird zudem (auf einer anderen Seite platziert) ein News-Element mit der Ansicht *Suchergebnis* benötigt, in dem die Ergebnisse einer Suche dargestellt werden können.

Die Ansichten *Kategorien* und *Tags* geben jeweils ein Menü der im TYPO3-Backend hinterlegten Kategorien bzw. Tags aus. Die News-Kategorien sind (ähnlich wie der TYPO3-Seitenbaum) hierarchisch organisiert; jede Kategorie kann Unterkategorien haben, und jeder News-Eintrag gehört zu einer Kategorie. Tags sind nicht hierarchisch unterteilt, und jeder Eintrag kann mit beliebig vielen Tags ausgezeichnet werden.

Für jeden Ausgabemodus auf der Registerkarte *Einstellungen* können Sie im Feld *Ausgangspunkt* angeben, auf welcher Seite bzw. welchen Seiten sich die News-Beiträge befinden. Wenn kein Ausgangspunkt angegeben wird, werden News-Beiträge immer auf der momentan aktuellen Frontend-Seite gesucht, also z. B. auf *Aktuelles*. Mit *Rekursiv* können Sie zusätzlich angeben, ob vom Ausgangspunkt bzw. der momentan aktuellen Seite aus rekursiv nach News-Beiträgen gesucht werden soll. Wenn Sie den Ausgangspunkt z. B. auf die Seite *root* legen und die Option *Rekursiv* auf *unendlich* setzen, würde das gesamte TYPO3-Projekt nach News-Beiträgen durchsucht.

Notwendige Konfigurationen für das Praxisbeispiel

Für das Praxisbeispiel ist es zunächst erforderlich, dass Sie eine Listenansicht auswählen. Wählen Sie daher auf der Registerkarte *Einstellungen* in der Auswahl *Ausgabemodus wählen* den Eintrag *Listenansicht* aus.

Speichern Sie anschließend die getätigten Konfigurationen über den Button *Speichern* ab.

Einen News-Beitrag erstellen

Damit später überhaupt News-Beiträge angezeigt werden können, muss auch mindestens einer vorhanden sein. Dieser News-Beitrag soll sich ebenfalls auf der Seite *Aktuelles* befinden. Wechseln Sie zum Anlegen eines News-Beitrags in das *Liste*-Modul und wählen Sie die Seite *Aktuelles*. Anschließend klicken Sie in der oberen Zeile auf die Schaltfläche *Neuen Datensatz erstellen*.

Im rechten Bereich sehen Sie eine Liste der möglichen Datensätze, die Sie neu anlegen können. Mit der Installation der Erweiterung News sind zwei neue Einträge in der Liste der möglichen Datensätze aufgetaucht: *Artikel* und *Nachrichten-Tag* (siehe Abbildung 10-11). Wählen Sie zum Anlegen eines News-Beitrags den Eintrag *Artikel* aus.

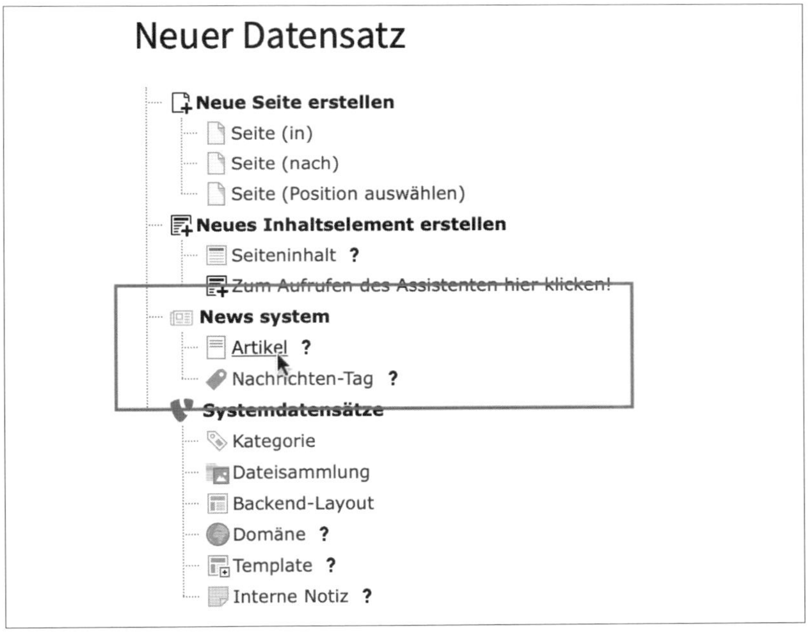

◀ **Abbildung 10-11**
Einen News-Beitrag anlegen

Es öffnet sich die in Abbildung 10-12 gezeigte Maske für einen News-Beitrag. Diese Maske ist recht umfangreich und enthält viele Felder, die im Regelfall für das jeweilige Projekt nicht benötigt werden. Diese nicht benötigten Felder können den Redakteuren mithilfe von Benutzerrechten entzogen werden. Nähere Informationen dazu finden Sie in Kapitel 13, *Das Backend für Redakteure anpassen*.

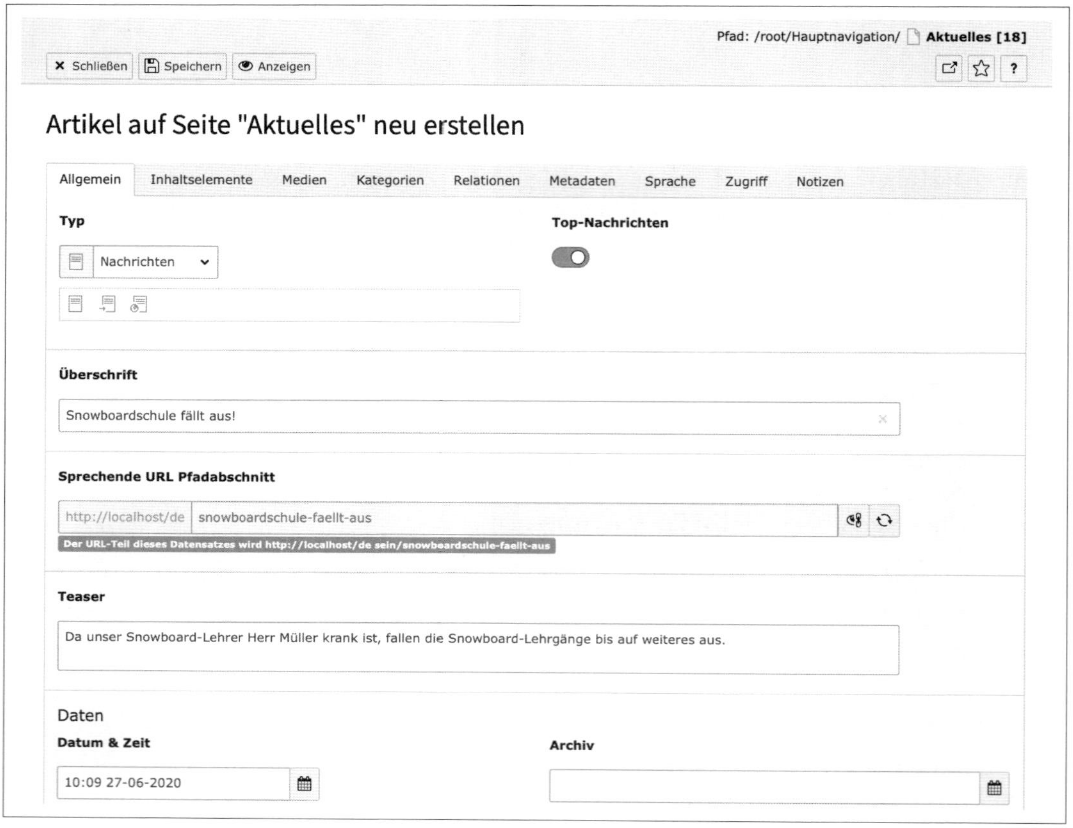

Abbildung 10-12 ▲
Die Maske für einen News-Beitrag

1. Tragen Sie in die Felder *Überschrift* und *Rich-Text-Editor* (optional auch *Teaser*) einen beliebigen Inhalt ein.
2. Deaktivieren Sie unter der Registerkarte *Zugriff* die Option *Verbergen*, falls sie aktiviert ist. Ansonsten wird dieser News-Beitrag nicht angezeigt.
3. Speichern und schließen Sie Ihren ersten News-Beitrag.

Wenn Sie jetzt im Frontend das Ergebnis der Seite *Aktuelles* betrachten, werden Sie feststellen, dass bisher keine News angezeigt werden. Sie erhalten lediglich eine Meldung mit dem lapidaren Inhalt *Oops, an error occurred! Code: ...* (siehe Abbildung 10-13).

Wenn Sie im Frontend eine *Oops, an error occured!*-Meldung erhalten, können Sie in die Protokolldatei im Verzeichnis *typo3temp/logs/* Ihrer TYPO3-Installation schauen. Hier können Sie mehr über die Ursache eines solchen Fehlers erfahren, müssen sich dafür jedoch durch eine beachtliche Menge Debug-Informationen wühlen. In diesem Fall kommt die Fehlermeldung daher, dass die News-Extension noch ein TypoScript-Template benötigt, das zunächst eingebunden werden muss.

▲ **Abbildung 10-13**
Fehlermeldung der Erweiterung News im Frontend

Ein statisches Template für die Anzeige von News inkludieren

Damit News-Beiträge im Frontend angezeigt werden können, muss ein statisches Template inkludiert werden.

1. Wechseln Sie dazu in Ihr Template, indem Sie im linken Menü in das Backend-Modul *Template* wechseln.
2. Wählen Sie anschließend im Seitenbaum die Seite *root* aus.
3. Gehen Sie jetzt jedoch nicht in den Bereich *Setup*, sondern klicken Sie auf den Textlink *Vollständigen Template-Datensatz bearbeiten*.
4. Wählen Sie die Registerkarte *Enthält* aus.
5. Fügen Sie im Abschnitt *Statische Templates einschließen (aus Erweiterungen)* den inkludierten Templates das statische Template *News (news)* hinzu (siehe Abbildung 10-14).

▼ **Abbildung 10-14**
Das statische Template »News (news)« hinzufügen

6. Speichern Sie das gesamte Projekt-Template ab.

Rufen Sie anschließend das Frontend erneut auf, und Sie werden feststellen, dass die Listendarstellung der News nun bereits funktioniert. Wenn Sie bei einem News-Eintrag jedoch auf den Link *Weiterlesen* klicken, geschieht nichts, und Sie bleiben auf derselben Ansicht wie zuvor. Um dieses Problem zu lösen, muss nun im nächsten Schritt eine Detailansicht konfiguriert werden.

Die Verlinkung zur Detailansicht anpassen

Auf der Seite *Aktuelles* haben Sie bei der Plug-in-Konfiguration im Backend angegeben, dass News-Beiträge im Ansichtsmodus *Listenansicht* gezeigt werden sollen. Nachrichten werden also nicht komplett, sondern in einer Liste dargestellt. Jeder Eintrag besteht aus der Überschrift und einem kurzen Ausschnitt aus dem Text. Um die gesamte Nachricht einsehen zu können, müssen die Listeneinträge zu einer *Detailansicht* verlinkt werden.

Wenn Sie jetzt auf der Seite *Aktuelles* auch ein Plug-in im Modus *Detailansicht* einfügten, würden Sie bei der Auswahl der Seite *Aktuelles* des Menüs im Frontend die Fehlermeldung *No news entry found* erhalten.

Um bei einem Klick auf den Link eines News-Beitrags den vollständigen Beitrag zu sehen, muss eine neue Seite als Unterseite von *Aktuelles* angelegt werden:

1. Legen Sie eine neue Unterseite an, indem Sie per Rechtsklick das Kontextmenü der Seite *Aktuelles* öffnen und die Aktion *Neu* auswählen.
2. Geben Sie der neuen Seite z.B. den Titel *Detailansicht* und deaktivieren Sie die Option *Sichtbarkeit → Seite in Menüs aktiviert* unterhalb der Registerkarte *Zugriff*, damit diese Seite weder im Menü noch in der Sitemap angezeigt wird.
3. Fügen Sie dann auf der neuen Seite einen Seiteninhalt vom Typ *Nachrichten-System* ein.
4. Wählen Sie in der erscheinenden Maske zur Konfiguration des News-Plug-ins unter dem Tab *Plug-In* den Ausgabemodus *Detailansicht* aus.
5. Speichern Sie das Inhaltselement.

Damit nun bei Auswahl eines News-Beitrags auf der Seite *Aktuelles* auch eine Verlinkung zur Seite *Detailansicht* erfolgt, muss in der Konfiguration des News-Plug-ins auf der Seite *Aktuelles* eine entsprechende Eigenschaft gesetzt werden:

1. Wählen Sie im Backend aus dem Seitenbaum die Seite *Aktuelles* aus und klicken Sie auf das Bleistiftsymbol des einzigen angelegten News-Seiteninhalts.
2. Wechseln Sie auf die Registerkarte *Plug-In → Erweiterungsoptionen → Weitere Einstellungen*.
3. Wählen Sie für die Eigenschaft *Seiten-ID für Einzelnachrichten-Ansicht* jetzt die Seite *Detailansicht*, indem Sie ganz rechts neben dem Eintrag in dem Eingabefeld nach dem Seitentitel suchen.
4. Speichern Sie das Inhaltselement und rufen Sie anschließend die Seite *Aktuelles* im Frontend auf.

Sie werden sehen, dass Ihre angelegte Nachricht angezeigt wird (siehe Abbildung 10-15). Die Überschrift ist bereits verlinkt, und der Link *weiterlesen* verweist nicht mehr ins Leere, sondern leitet Sie beim Klick auf die Seite mit dem Plug-in und der Detailansicht weiter.

▼ Abbildung 10-15
Im Frontend wird der angelegte News-Beitrag angezeigt (Listen- und Detailansicht).

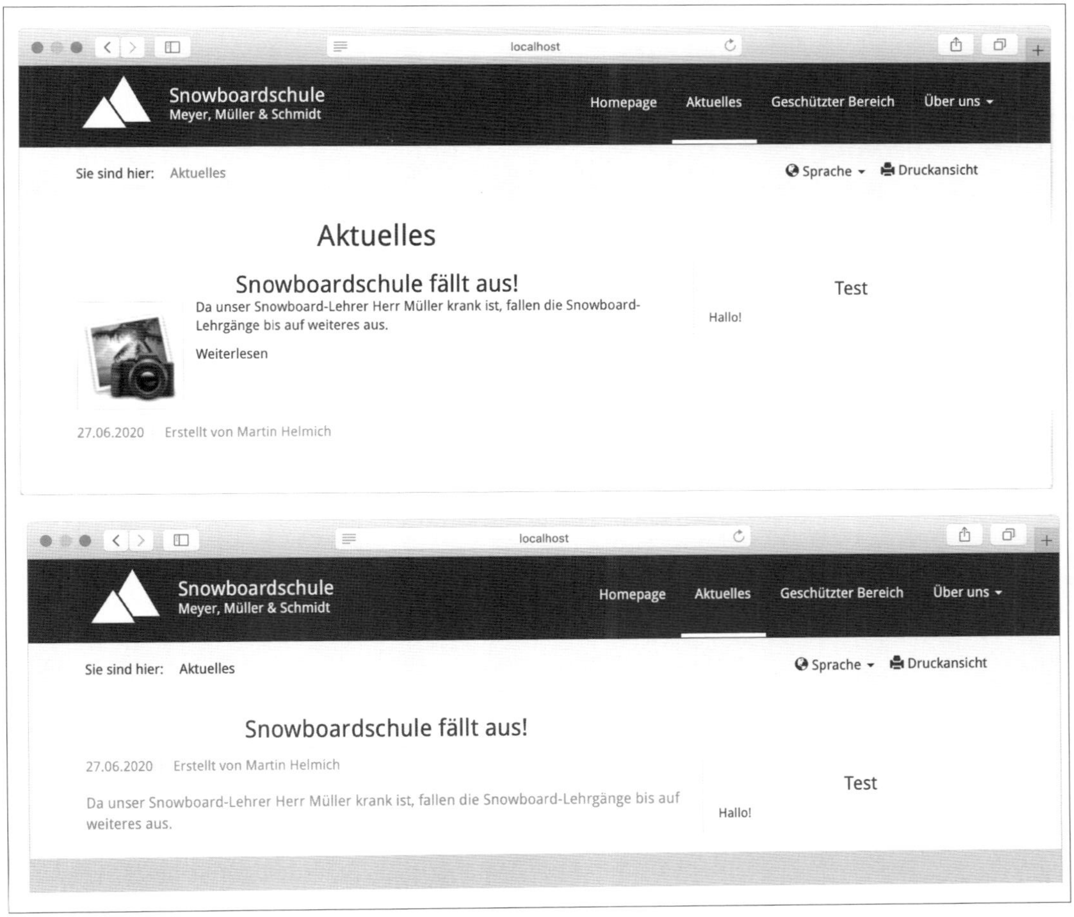

Support Wenn Sie im Frontend keine Ausgabe erhalten, muss der gesamte Frontend-Cache einmal manuell geleert werden. Klicken Sie dazu im oberen Bereich auf das gelbe Blitzsymbol und dann auf den Textlink *Seiteninhalts-Cache löschen.*

Das News-Plug-in unter die Lupe genommen

Nehmen wir das News-Plug-in einmal ein wenig unter die Lupe. So können Sie erfahren, was genau passiert ist, als Sie es installiert haben, wo die News-Maske definiert ist und warum überhaupt im Inhaltsbereich News angezeigt werden.

Aus dem Extension-Repository heruntergeladene Erweiterungen werden stets unter *typo3conf/ext/<extension-schlüssel>/* gespeichert. Dementsprechend finden Sie das News-Plug-in unter *typo3conf/ext/news/*. In diesem Ordner sind einige Dateien vorhanden, die in folgender Auflistung kurz vorgestellt werden:

ext_emconf.php
: Hier liegt die generelle Beschreibung des Plug-ins. Sämtliche Informationen werden hier gespeichert, z.B. wer der Autor des Plug-ins ist, wie es heißt und was es macht (in Form einer Freitextbeschreibung), in welcher Version es vorliegt usw.

ext_tables.php
: Diese Datei erweitert bestehende Konfigurationen und nimmt Implementierungen im System vor, z.B. für das *Liste*-Modul, oder sorgt dafür, dass das News-Plug-in auch unter *Plugin einfügen → Erweiterungen* zu finden ist usw.

ext_tables.sql
: Diese Datei enthält die Beschreibung von Tabellen und Feldern als SQL-Dump. Bei der Installation des Moduls werden nach dieser Datei die Tabellen und Felder angelegt bzw. erweitert, die das News-Plug-in benötigt.

Configuration/TypoScript/setup.txt
: In dieser Datei befindet sich Standard-TypoScript-Code, der inkludiert wird. Der Inhalt lässt sich direkt mit dem Template-Analyzer einsehen. Dadurch wird ermöglicht, dass es bereits eine Basiskonfiguration gibt und dass das News-Plug-in überhaupt als *Inhalt* unterhalb von *tt_content* implementiert ist. Eine genauere Erläuterung folgt weiter unten.

Configuration/TypoScript/constants.txt
: Diese Datei ähnelt *Configuration/TypoScript/setup.txt*, enthält aber Variablen (und kein TypoScript). Außerdem steht in dieser Datei, wie der Bereich *News* für einen sogenannten Konstanten-Editor auszusehen hat.

Configuration/TCA/.php*
: Diese Dateien (eine für jeden Datensatztyp, der von der Extension verwaltet wird) enthalten Beschreibungen, wie die eigentlichen Masken im Backend aussehen. Hier werden die Reihenfolge und die Konfiguration jedes einzelnen Felds (Input-Feld/DateTime-Feld, Trim, Label usw.) beschrieben. Durch Änderungen an dieser Datei können z. B. Plug-ins manuell erweitert werden – Updatefähigkeit ist dann allerdings nicht mehr gegeben!

Resources/Private/Language/locallang_*.xlf
: Hierbei handelt es sich um diverse Sprachdateien für die Mehrsprachigkeit der Backend-Oberflächen und für das Frontend-Plug-in. Diese Dateien enthalten üblicherweise lediglich die englischen Sprachdateien; Übersetzungen für andere Sprachen (darunter auch Deutsch) müssen über die Sprachverwaltung heruntergeladen werden.

Classes/
: Dies sind die eigentlichen PHP-Klassen des News-Plug-ins, die die Funktionalität für das Frontend bereitstellen. Der Aufbau dieses Verzeichnisses wird in Kapitel 11, *Eine eigene Erweiterung schreiben*, noch im Detail erläutert.

Resources/Private/Templates/News/.html*
: Hierbei handelt es sich durchgehend um die Ihnen bereits bekannten Fluid-Templates (die mitgelieferten Designvorlagen); dabei existiert stets eine Vorlage für jeden Anzeigemodus, in dem das Plug-in konfiguriert werden kann.

Wenn Sie das News-Plug-in über den Extension Manager installieren, läuft intern Folgendes ab:

- Die Datei *ext_tables.sql* wird verarbeitet. Es wird geprüft, ob die Tabellen und Felder vorhanden sind. Alle benötigten Tabellen und Felder werden angelegt.
- In der Datei *typo3conf/PackageStates.php* wird das News-Plug-in (*news*) als installierte Erweiterung hinzugefügt.
- Die temporären Cache-Dateien im Ordner *typo3temp/Cache* werden gelöscht. Diese Dateien enthalten aus allen installierten Modulen die Konfigurationen von *ext_tables.php* in aufbereiteter Form.
- Die Dateien aus den Verzeichnisses *Classes/* sowie *Configuration/TCA/* (und noch weitere Dateien) werden nicht importiert. Sie werden dynamisch zur Laufzeit verarbeitet.

Betrachten wir einmal in der Datenbanktabelle *tt_content*, welche Werte im Datensatz für den angelegten Seiteninhalt vom Typ *Plugin einfügen → Nachrichten-System* auf der Seite *Aktuelles* gespeichert wurden. Tabelle 10-1 zeigt die wichtigsten Felder dieses Datensatzes und ihre Werte.

Tabelle 10-1 ▶
Ausgewählte Datenbankfelder und ihre Werte beim Inhaltstyp »Plugin einfügen«

Feld	Inhalt	Beschreibung
CType	list	Das Feld `CType` bestimmt, um welchen Content-Typ es sich bei diesem Inhalt handelt (z. B. *Text*, *Text mit Bild* usw.). Der Content-Typ *Plugin einfügen* wird als `list` gespeichert.
title	Aktuelle Informationen:	Das Feld `title` enthält den im Backend eingegebenen Titel des Inhaltselements.
list_type	news_pi1	Im Feld `list_type` wird gespeichert, um welches Modul es sich handelt. Als Wert wird hier der eindeutige Extension-Key gespeichert.
pi_flexform	<?xml version="1.0" encoding="utf-8" standalone="yes" ?> <T3FlexForms> [...]	Enthält die Konfiguration der in den Registerkarten angegebenen Werte im XML-Format.

Was macht TYPO3 mit den Daten, wenn versucht wird, den Inhalt darzustellen? In TypoScript haben Sie angegeben, dass die Fluid-Variable `contentMain` mit dem Seiteninhalt befüllt werden soll. Dazu steht in Ihrem TypoScript-Template Folgendes:

```
[...] variables.contentMain < styles.content.get
```

Wie bereits in Kapitel 8, *Inhalte ausgeben*, erläutert wurde, sucht TYPO3 für jeden gefundenen Datensatz aus der Tabelle *tt_content* nach einer entsprechenden Darstellungsbeschreibung in TypoScript. Und auch das News-Plug-in bzw. der Container für das News-Plug-in (*Plugin einfügen*) muss sich somit unterhalb von `tt_content` befinden.

Durch das Einbinden des statischen Templates für das News-Plug-in wird vordefinierter TypoScript-Code geladen. Den eingebundenen TypoScript-Code können Sie sich z. B. im Template-Analyzer direkt ansehen, oder Sie betrachten das Verhalten im Objekt-Browser.

Ein Blick in den Objekt-Browser unterhalb von `tt_content` (siehe Abbildung 10-16) gibt Aufschluss darüber, wie und wo sich das News-Plug-in in die Darstellung von Inhalten integriert hat. Zunächst geht TYPO3 bei der Suche nach Beschreibungen für Seiteninhalte in den Abschnitt `tt_content`, um sich die Konfiguration für den aktuellen Datensatz zu suchen. `tt_content` ist mit `CASE` definiert, unter `tt_content.key` wurde angegeben, dass nach einem Wert im Datenbankfeld `CType` unterschieden werden soll. Diese Beschreibung wurde aber nicht vom installierten News-Plug-in vorgenommen, sondern bereits vom inkludierten statischen Template *Fluid Styled Content*. Im Feld `CType` ist beim Datensatz für den Seiteninhalt vom Typ *Plugin einfügen* der Wert `list` gespeichert (siehe Abbildung 10-16).

Wie in Abbildung 10-16 zu erkennen ist, wird das Objekt `lib.contentElement` kopiert, und es nutzt das Template `List`. In diesem Template wird konfiguriert, dass zunächst die übliche Überschrift (in Kapitel 8, *Inhalte ausgeben*, hatten wir die Ausgabe dieser Überschrift durch eine Anpassung des `Header/All`-Partials angepasst) und anschließend das TypoScript-Objekt `tt_content.list.20.{data.list_type}` ausgegeben wird. Und `{data.list_type}` enthält in diesem Fall den (internen) Namen des News-Plug-ins: `news_pi1`.

▼ Abbildung 10-16
Die TypoScript-Definition für den Seiteninhaltstyp »Plugin einfügen« mit der Erweiterung »News«

Dieses TypoScript-Objekt ist ein Objekt des Typs `USER`. Dieses Objekt ruft »lediglich« eine darin angegebene Methode einer PHP-Klasse auf (in diesem Fall die Methode `TYPO3\CMS\Extbase\Core\Bootstrap->run` mit einigen benutzerdefinierten Parametern). Wie genau in einer Extension enthaltener PHP-Quelltext ausgeführt wird, wird in Kapitel 11, *Eine eigene Erweiterung schreiben*, betrachtet.

Weitere Konfigurationsmöglichkeiten im TypoScript-Setup haben Sie im Objekt `plugin.tx_news`. Dieses enthält eine Reihe weiterer Variablen, die Ihnen beispielsweise erlauben, die Templates der News-Erweiterung auszutauschen (dazu später mehr) und zahlreiche weitere Optionen zu konfigurieren.

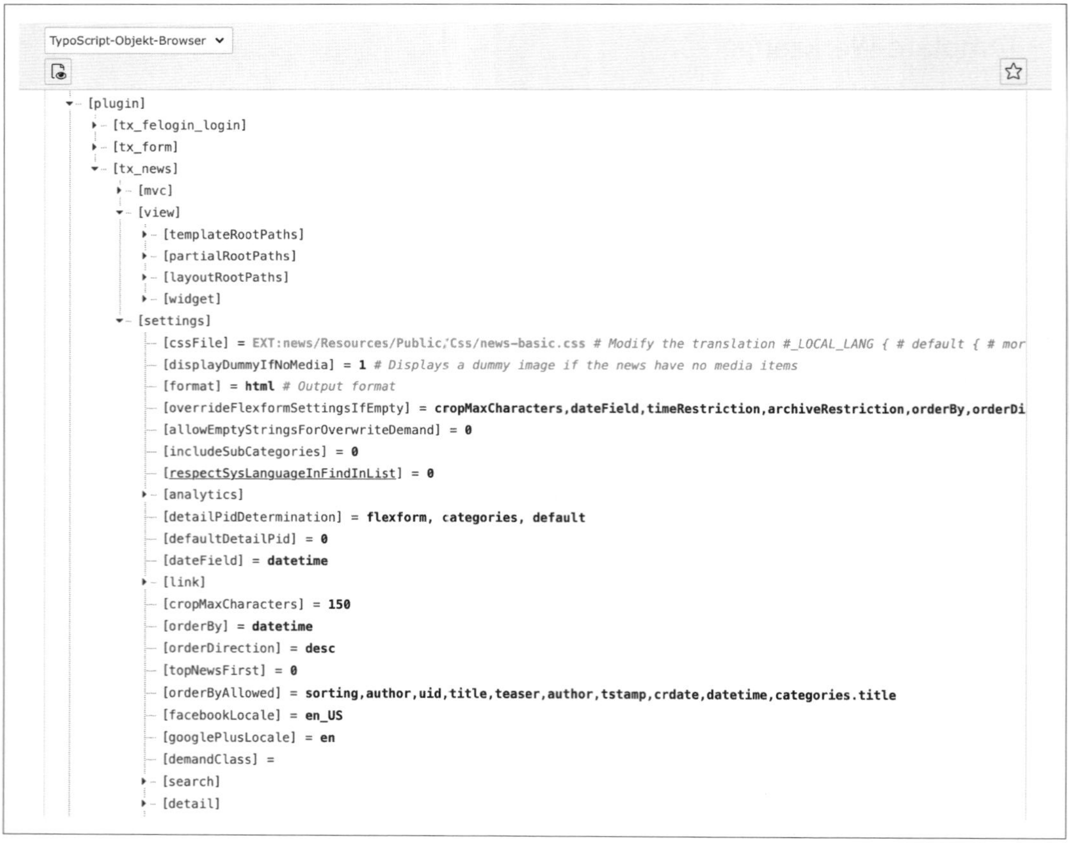

Abbildung 10-17 ▼
Das Objekt »plugin.tx_news« mit allen Konfigurationsmöglichkeiten

Die Kapselung von Funktionalität, Konfiguration und Design

Die Funktionalität steht bei Erweiterungen im Regelfall im Mittelpunkt und wird durch zahlreiche PHP-Klassen zur Verfügung gestellt. In solchen PHP-Klassen wird beschrieben, was die Erweiterung genau machen soll. Theoretisch ist es möglich, in einer PHP-Klasse auch direkt hartcodiert das Design des Frontends zu verankern oder bestimmte Eigenschaften (Datenbankzugriff usw.) direkt zu setzen. Da das jedoch häufig nachträglich einen großen Mehraufwand bedeutet und eine Portierung nicht mehr problemlos möglich wäre (Grundgedanke: *Install in one click*), werden Frontend-Erweiterungen wie das News-Plug-in in drei Bereiche unterteilt: Funktionalität (PHP-Klasse), Konfiguration (FlexForms, TypoScript) und Design (Designvorlage).

Funktionalitäten können konfiguriert, also den jeweiligen Bedürfnissen angepasst werden. Beim News-Plug-in wurde z.B. im Seiteninhalt vom Typ *Plugin einfügen* ein Ansichtscode angegeben, mit dem Sie dem News-Plug-in mitgeteilt haben, was genau es machen soll. Sie haben dort als Ansicht beispielhaft *Listenansicht* ausgewählt. Eine andere mögliche Konfiguration wäre z.B. *Searchform* gewesen. Es werden außerdem weitere Funktionalitäten wie z.B. die Beschränkung auf eine bestimmte Anzahl von angezeigten Datensätzen zur Verfügung gestellt. Auch der Dateiname der gekapselten Designvorlage ist konfigurierbar.

Die Konfiguration wird im Regelfall über die Registerkarten (FlexForms) direkt im Seiteninhalt oder über TypoScript vorgenommen.

Das News-Plug-in mit dem Konstanten-Editor anpassen

Das Design kann relativ problemlos an die eigenen Bedürfnisse angepasst werden. Generell gelten hier die gleichen Regeln wie bereits in Kapitel 8 im Abschnitt »Die Ausgabe der Formulare anpassen« auf Seite 229 oder in Kapitel 9 im Abschnitt »Das Log-in-Formular anpassen« auf Seite 272: Wichtig ist, dass die Designvorlagen nicht direkt im Extension-Ordner verändert werden, da sie dort bei einem Update durch die Originalversion überschrieben würden. Nach einer Installation über den Extension Manager finden Sie die Erweiterung *News* üblicherweise im Verzeichnis *typo3conf/ext/news* Ihrer TYPO3-Installation.

Noch einmal zur Erinnerung: »Updatefähig« heißt, dass angepasste Bereiche nach einem Update nicht erneut angepasst werden müssen. Die Konfiguration per TypoScript ist updatefähig, da sie in der Datenbank gespeichert wird und auch noch nach einem TYPO3-Update verwendet werden kann. Bei einem möglicherweise später angedachten separaten Update des News-Plug-ins würde der Ordner *typo3conf/ext/news/* jedoch mit einer neuen Version des News-Plug-ins überschrieben. Dadurch würden auch alle Anpassungen verloren gehen. Und um das Design unseren Wünschen anzupassen, sind gegebenenfalls Anpassungen an einer Designvorlage notwendig.

Das News-Plug-in nutzt Fluid-Templates als Designvorlagen, mit denen Sie in den bisherigen Abschnitten bereits gearbeitet haben. Zur Erinnerung: In Kapitel 9, *Erweiterte Darstellung von Inhalten*, hatten wir die Darstellung des Log-in-Formulars angepasst, indem das `templateRootPaths`-Attribut des `plugin.tx_felogin_login.view`-Objekts um einen weiteren Dateipfad erweitert wurde. Für das News-Plug-in (und auch die meisten anderen neuen TYPO3-Plug-ins) kann eine Anpassung auf genau demselben Wege erfolgen.

Statt direkt über das TypoScript-Setup werden wir die Anpassung der Dateipfade für die Designvorlagen in diesem Abschnitt über Konstanten vornehmen. Mit TypoScript-Konstanten haben wir bereits in Kapitel 7 im Abschnitt »TypoScript-Konstanten definieren« auf Seite 164 gearbeitet. Auch die für die News-Erweiterung relevanten Konstanten können Sie über denselben TypoScript-Editor bearbeiten wie die Konstanten für das Menü in Kapitel 7.

In diesem Kapitel möchten wir die entsprechenden Anpassungen jedoch über den *Konstanten-Editor* vornehmen. Darin können Erweiterungen »Vorgaben« für definierbare (bzw. im TypoScript-Setup ausgewertete) Konstanten machen. Im Konstanten-Editor müssen Sie dann nur noch die Werte für diese Konstanten eintragen, ohne sich beispielsweise daran erinnern zu müssen, wie genau diese heißen.

Den Konstanten-Editor finden Sie ebenfalls im Template-Modul in der Auswahlliste oben, in der sich auch die Einträge *Info/Bearbeiten* und *TypoScript-Objekt-Browser* befinden (siehe Abbildung 10-18). Damit Sie jetzt aber das richtige TypoScript-Template bearbeiten, sollten Sie aus dem Seitenbaum die Seite *root* auswählen, auf der sich Ihr Projekt-Template befindet.

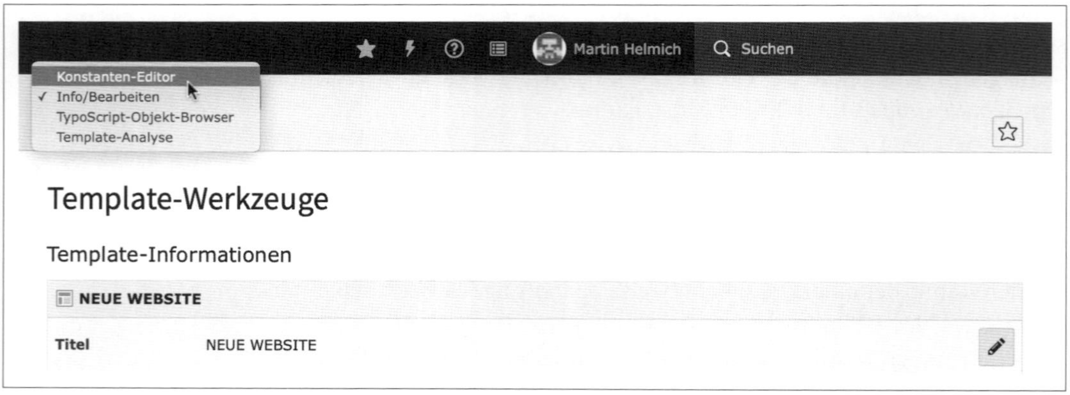

Abbildung 10-18 ▲ Den Konstanten-Editor auswählen

Sie sehen das Auswahlfeld *Kategorie* (Abbildung 10-19), in dem sich die Einträge *CONTENT* und *FRONTEND LOGIN* sowie ein *PLUGIN.TX_NEWS*-Eintrag befinden. Hinter jeder Kategorie sehen Sie in Klammern eine Zahl, die Ihnen anzeigt, wie viele Konfigurationsmöglichkeiten sich hinter einer jeden Kategorie befinden.

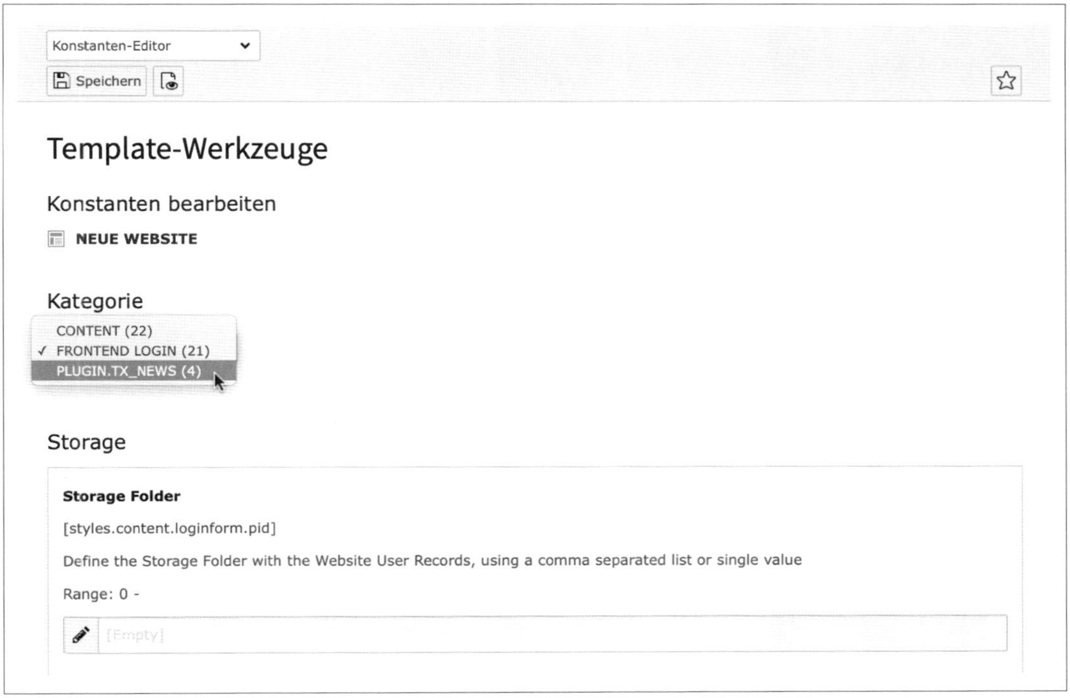

▲ Abbildung 10-19
Der Konstanten-Editor wird in Kategorien unterteilt.

Im Abschnitt *CONTENT*, der beim ersten Aufruf des Konstanten-Editors als Default-Seite erscheint, sehen Sie z.B. die Konfigurationsmöglichkeit *Target for internal links*. Der Default-Wert ist *[Empty]*, Sie können ihn aber auch mit einem neuen Wert überschreiben. Bei einem Klick auf das Bleistiftsymbol erscheint ein Textfeld, in das Sie einen eigenen Wert für diese Eigenschaft eingeben können.

Wechseln Sie nun im Konstanten-Editor in die Kategorie *PLUGIN.TX_NEWS*. Sie können im Abschnitt *Files* die Konfigurationsmöglichkeit *Path to template root* für die Designvorlage finden (siehe Abbildung 10-20). Als Default-Wert sehen Sie einen Verweis auf die Originaldesignvorlage. Wichtig bei dieser Konfigurationseinstellung: Ähnlich wie beim `partialRootPaths`-Attribut des `FLUIDTEMPLATE`-TypoScript-Objekts überschreiben Sie hier nicht den ursprünglichen Pfad für die Designvorlagen (dieser wird auch nach einer Änderung im Konstanten-Editor nach wie vor *typo3conf/ext/news/Resources/Private/Templates* lauten), sondern fügen lediglich einen zusätzlichen Dateipfad hinzu, indem die Designvorlagen *zuerst* gesucht werden. Auf diese Weise können Sie beispielsweise einzelne Fluid-Designvorlagen in einem eigenen Verzeichnis überschreiben. Wird eine Designvorlage dort nicht gefunden, fällt das News-Plug-in dann automatisch auf die ausgelieferte Standardvorlage zurück.

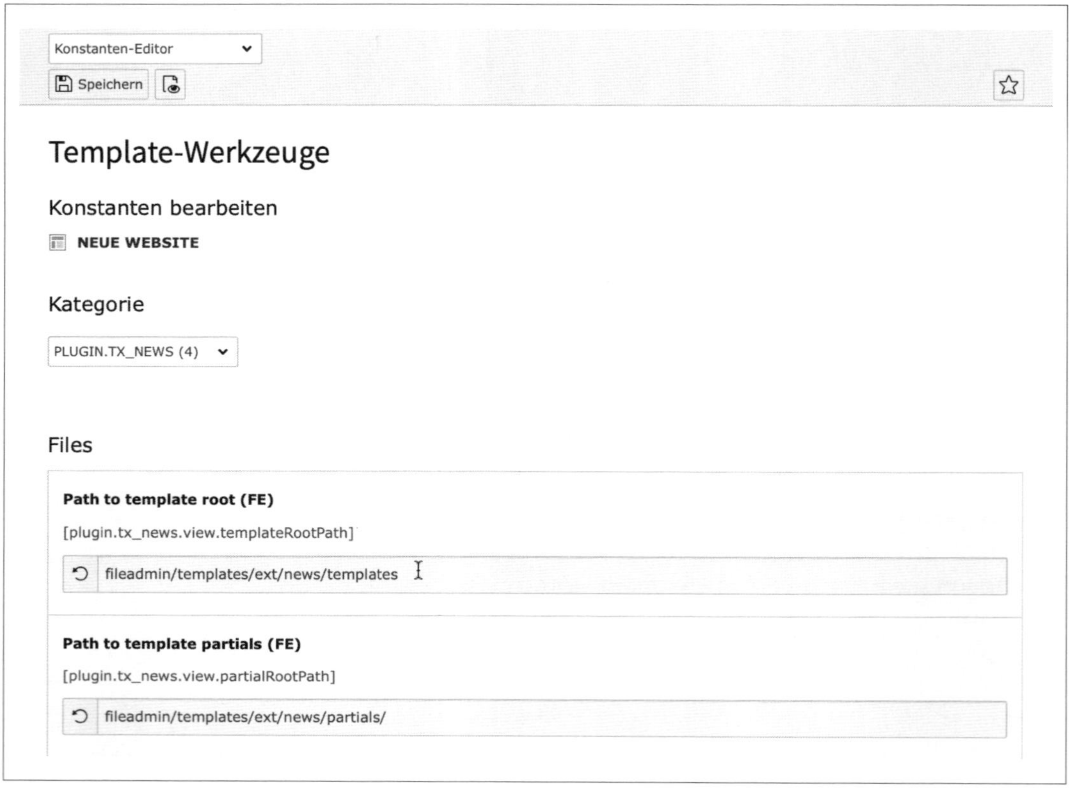

Abbildung 10-20 ▲
Anpassung des Dateipfads für die Designvorlagen der News-Extension

Konstanten bieten Ihnen die Möglichkeit, wiederverwendbare Werte zu hinterlegen, die Sie dann in Ihrem TypoScript-Quelltext nutzen können (oder in Erweiterungen wie etwa der News-Extension).

Mithilfe des Konstanten-Editors können Sie wiederverwertbare Variablen für Ihren TypoScript-Quelltext anbieten. Jeder Wert, der im Konstanten-Editor definiert wird, kann im TypoScript-Setup anschließend benutzt und über die Konstanten an einer Stelle geändert werden. Auch Extensions wie beispielsweise das News-Plug-in machen häufig vom Konstanten-Editor Gebrauch, um Plug-ins einfach konfigurierbar zu machen.

Das News-Plug-in ist im Auslieferungszustand mit vordefiniertem TypoScript-Code und Variablen ausgestattet. Inkludiert man das statische Template des News-Plug-ins, ist TypoScript-Code mit eingeschlossen, und zwar der Inhalt der beiden Dateien *Configuration/TypoScript/setup.txt* und *Configuration/TypoScript/constants.txt*.

So wurde als TypoScript-Code in der Datei *Configuration/TypoScript/setup.txt* unter anderem das hier definiert:

```
plugin.tx_news {
  view {
    templateRootPaths {
      0 = EXT:news/Resources/Private/Templates/
      1 = {$plugin.tx_news.view.templateRootPath}
    }
    [...]
  }
}
```

Es muss also eine Variable geben, die den gleichen Namen trägt wie die TypoScript-Eigenschaft. Diese Variable wurde in der hereingeladenen Datei *Configuration/TypoScript/constants.txt* wie folgt festgelegt:

```
plugin.tx_news.view.templateRootPath = EXT:news/Resources/Private/Templates/
```

Sie können die in diesen beiden inkludierten Dateien angegebenen TypoScript-Beschreibungen und Variablenzuweisungen einfach über die beiden Felder `Setup` und `Constants` überschreiben und so an Ihre Bedürfnisse anpassen.

Der Unterschied zwischen TypoScript und Constants wäre vielleicht nicht ganz so verwirrend, wenn andere Bezeichnungen für Variablen gewählt worden wären. Folgende Konfiguration ist daher möglicherweise leichter verständlich:

```
Setup:     plugin.tx_news.view.templateRootPath = {$var}
Constants: var = EXT:news/Resources/Private/Templates/
```

Sie können über den Konstanten-Editor nun also einen alternativen Dateipfad angeben, unter dem das News-Plug-in nach Designvorlagen suchen soll. Tragen Sie hierzu beispielsweise den Pfad *fileadmin/templates/ext/news/templates/* ein. Ändern Sie in demselben Zuge auch den Pfad zu den Partials, beispielsweise auf *fileadmin/templates/news/partials/*, und speichern Sie die eingetragenen Werte ab (siehe Abbildung 10-20).

Die Designvorlage anpassen

Mit den Änderungen im vorherigen Abschnitt haben Sie dem News-Plug-in mitgeteilt, dass Fluid-Designvorlagen nun zuerst im Verzeichnis *fileadmin/templates/ext/news/templates/* gesucht werden sollen. Erst wenn eine Designvorlage dort nicht existiert, wird im Standardverzeichnis *typo3conf/ext/news/Resources/Private/Templates/* nachgeschlagen. Dasselbe gilt für Partials, die nun zuerst in *fileadmin/templates/ext/news/partials/* gesucht werden. Der Unterschied zwischen Templates und Partials wurde bereits in Kapitel 8, *Inhalte ausgeben*, betrachtet.

Sie können somit Kopien der Originaldesignvorlage und Partials in einem Verzeichnis hinterlegen, das von Versionsupdates des News-Plugins nicht betroffen ist.

Bei einem generellen Update von TYPO3 ist das News-Plug-in nicht betroffen, da es sich im lokalen Extension-Ordner *typo3conf/ext/news/* befindet. Das Anlegen einer Kopie der Designvorlage betrifft somit nur den Fall, dass Sie das News-Plug-in selbst auf eine neue Version updaten wollen – z. B. weil Sicherheitslücken bekannt geworden sind (eher unwahrscheinlich) oder eine neue Version genau das Feature beinhaltet, auf das Sie schon lange gewartet haben. Da die Verknüpfung mit der Designvorlage über TypoScript angegeben wird, wird diese Verknüpfung in derjenigen Datenbank gespeichert, deren Inhalt von einem Update nicht betroffen ist. Sämtliche üblichen Individualisierungen wie Konfiguration und Layoutanpassung bleiben erhalten.

Als Ausgangspunkt kopieren Sie am besten die Originaldateien, die Sie verändern möchten, aus dem *typo3conf/ext/news/Resources/Templates/*-Verzeichnis in Ihr eigenes Verzeichnis. Zunächst sollten wir jedoch betrachten, wie diese Vorlagen aufgebaut sind.

Die Designvorlage im Detail

Der Inhalt einer Designvorlage setzt sich aus vielen verschachtelten Teilbereichen (Partials) zusammen. Verwenden Sie am besten die Originaldesignvorlagen als Grundlage und passen Sie diese Ihren Bedürfnissen an. Sie können problemlos Fluid-Variablen entfernen und hinzufügen und auch neue Partials ergänzen.

Im Verzeichnis *typo3conf/ext/news/Resources/Private/Templates/News/* finden Sie verschiedene Fluid-Vorlagen. In der Regel existiert dabei stets eine Datei für jeden Ansichtsmodus, in dem Sie das News-Plug-in im Frontend darstellen können. Für die Listenansicht ist beispielsweise die Vorlage *List.html* zuständig, für die Detailansicht (wenig überraschend) die Vorlage *Detail.html*.

Wenn Sie sich den Inhalt der Designvorlage ansehen (siehe Beispiel 10-1), werden Sie erkennen, dass diese ausgiebigen Gebrauch von Fluid-View-Helpern macht. Den <f:if>-ViewHelper sowie den <f:render>-ViewHelper haben Sie in den vorherigen Kapiteln bereits kennengelernt. Da wir die Arbeit mit Fluid-Templates in Kapitel 11, *Eine eigene Erweiterung schreiben*, noch detailliert betrachten, folgt hier zunächst nur das Nötigste.

Beispiel 10-1: Die Standard-Fluid-Vorlage für die Liste der News-Beiträge

```
{namespace n=GeorgRinger\News\ViewHelpers}
<f:layout name="General" />

<f:section name="content">
  <f:if condition="{news}">
    <f:then>
      <div class="news-list-view">
```

Beispiel 10-1: Die Standard-Fluid-Vorlage für die Liste der News-Beiträge (Fortsetzung)

```
08          <f:if condition="{settings.hidePagination}">
09            <f:then>
10              <f:for each="{news}" as="newsItem" iteration="iterator">
11                <f:render partial="List/Item"
                    arguments="{newsItem: newsItem,
                                settings:settings,
                                iterator:iterator}" />
12              </f:for>
13            </f:then>
14            <f:else>
15              <n:widget.paginate objects="{news}"
                  as="paginatedNews"
                  configuration="{settings.list.paginate}"
                  initial="{offset:settings.offset,
                            limit:settings.limit}">
16                <f:for each="{paginatedNews}"
                    as="newsItem" iteration="iterator">
17                  <f:render partial="List/Item"
                      arguments="{newsItem: newsItem,
                                  settings:settings,
                                  iterator:iterator}" />
18                </f:for>
19              </n:widget.paginate>
20            </f:else>
21          </f:if>
22        </div>
23      </f:then>
24      <f:else>
25        <div class="no-news-found">
26          <f:translate key="list_nonewsfound" />
27        </div>
28      </f:else>
29    </f:if>
30 </f:section>
```

Diese Fluid-Vorlage sieht zunächst einmal kompliziert aus und kann, da fast jede Zeile aus einem neuen ViewHelper besteht, ein wenig erschrecken. Die ganzen ViewHelper einmal beiseitegelassen, beschreibt diese Fluid-Vorlage Folgendes:

Es existiert eine Fluid-Variable `{news}`. Diese Variable enthält eine Liste aller News-Beiträge, die dargestellt werden sollen. In Zeile 10 bis 12 wird mit einem `<f:for>`-ViewHelper über diese Liste iteriert, und für jeden einzelnen News-Beitrag wird in Zeile 11 das Partial mit dem Namen `List/Item` ausgewertet. Innerhalb dieses Partials steht der News-Beitrag unter dem Variablennamen `{newsItem}` zur Verfügung. Der beste Ansatzpunkt für eine Veränderung der Listenansicht wäre somit also tatsächlich das Partial `List/Item`.

Um dieses Partial anzupassen, kopieren Sie die Originaldatei von *typo3-conf/ext/news/Resources/Private/Partials/List/Item.html* nach *fileadmin/templates/ext/news/partials/List/Item.html*. Beachten Sie dabei, dass der Pfad relativ zum jeweiligen `partialRootPath` gleich bleiben muss (also stets *List/Item.html*, da das Partial genau so in dem übergeordneten Fluid-Template referenziert wird). Beispiel 10-2 zeigt eine mögliche Variante dieses Partials, das die CSS-Klassen des Bootstrap-Frameworks nutzt.

Beispiel 10-2: Eine an die Designvorlage angepasste Version des Partials »List/Item.html«

```
{namespace n=GeorgRinger\News\ViewHelpers}

<div class="panel panel-default">
  <div class="panel-heading">
    <n:link newsItem="{newsItem}"
            settings="{settings}"
            title="{newsItem.title}">
      {newsItem.title}
    </n:link>
    <div class="pull-right">
      <f:if condition="{newsItem.author}">
        {newsItem.author},
      </f:if>
      {newsItem.datetime -> f:format.date(format: 'd.m.Y')}
    </div>
  </div>
  <div class="panel-body">
    <f:if condition="{newsItem.tags}">
      <div>
        <f:for each="{newsItem.tags}" as="tag">
          <span class="label label-default">{tag}</span>
        </f:for>
      </div>
    </f:if>
    <f:if condition="{newsItem.teaser}">
      <f:then>
        {newsItem.teaser -> f:format.crop(maxCharacters: 200,
                 respectWordBoundaries:'1') -> f:format.html()}
      </f:then>
      <f:else>
        {newsItem.bodytext -> f:format.crop(maxCharacters: 200,
                 respectWordBoundaries:'1') -> f:format.html()}
      </f:else>
    </f:if>

    <n:link class="btn btn-primary" newsItem="{newsItem}"
                 settings="{settings}" title="{newsItem.title}">
      Weiterlesen
    </n:link>
  </div>
</div>
```

Ein paar Worte zu diesem Template: Die News-Extension bringt eigene Fluid-ViewHelper mit, wie beispielsweise den in Zeile 5 genutzten `<n:link>`-ViewHelper. Dieser erstellt einen Link zur Detailansicht eines News-Beitrags. Sämtliche von Erweiterungen bereitgestellten ViewHelper müssen explizit in ein Fluid-Template importiert werden. Dies geschieht über das `namespace`-Statement in Zeile 1.

In Zeile 14 wird der `f:format.date`-ViewHelper genutzt, um einen Datumswert in einem bestimmten Format auszugeben (da Datumsformate häufig ebenfalls sprachabhängig sind, könnten Sie das Datumsformat theoretisch per TypoScript in der `settings`-Variablen in das Fluid-Template hineinreichen und dann sprachabhängig überschreiben).

In den Zeilen 25 bis 32 wird der eigentliche Haupttext des News-Beitrags ausgegeben. Falls im TYPO3-Backend ein Teasertext angegeben wurde, wird dieser für die Ausgabe genutzt. Da die Angabe eines Teasertexts nicht verpflichtend ist, wird alternativ der Hauptinhalt des News-Beitrags für die Vorschau genutzt. Über den `f:format.crop`-ViewHelper wird in Zeile 27 bzw. 30 die maximale Länge des ausgegebenen Texts auf 200 Zeichen beschränkt.

Die Anpassung der News-Listenansicht sollte lediglich als kurzes Beispiel für die Anpassbarkeit der Extension dienen. Im Extension-Verzeichnis selbst finden Sie unter *Resources/Private/Templates* und *Resources/Private/Partials* zahlreiche weitere Fluid-Templates der News-Extension, die Sie auf genau dieselbe Weise überschreiben können, wenn Sie möchten.

Darüber hinaus ist der hier beschriebene Ansatz zur Anpassung von Fluid-Designvorlagen weitgehend allgemeingültig. Die meisten der in der neueren Zeit entwickelten TYPO3-Erweiterungen nutzen Fluid für ihre HTML-Ausgabe und können auf genau dieselbe Art und Weise in ihrer Ausgabe angepasst werden wie in diesem Abschnitt am Beispiel der News-Extension gezeigt. Ältere Extensions nutzen unter Umständen noch andere Mechanismen zur Ausgabe ihres HTML-Quelltexts – mit der Extension Indexed Search werden wir im weiteren Verlauf dieses Kapitels noch eine dieser Extensions betrachten.

Das News-Plug-in per TypoScript direkt einfügen

Bisher haben Sie das News-Plug-In als Seiteninhaltselement auf einzelnen Seiten platziert und das Verhalten des Plug-ins über das Feld *Erweiterungsoptionen* konfiguriert. Gelegentlich kommt es jedoch auch vor, dass Sie eine Erweiterung losgelöst von den im Backend-Layout definierten Inhaltsbereichen direkt an einer bestimmten Stelle in der Designvorlage platzieren möchten – und das vielleicht sogar auf jeder Seite.

Die meisten Plug-ins können Sie über ein paar Zeilen TypoScript auch ohne den »Umweg« über ein Inhaltselement einer Fluid-Variablen zuweisen und so direkt in einem Fluid-Template ausgeben. Auch die Konfiguration des Plug-ins – beispielsweise der Darstellungsmodus, der zuvor über die *Erweiterungsoptionen* konfiguriert wurde – erfolgt dann über TypoScript. Die möglichen Optionen zur Konfiguration unterscheiden sich von Erweiterung zu Erweiterung und müssen im Zweifelsfall in der jeweiligen Dokumentation (oder im TypoScript-Objekt-Browser) nachgeschlagen werden.

Die über die *Erweiterungsoptionen* angegebenen Konfigurationen überschreiben im Regelfall die in TypoScript angegebenen Eigenschaften. Über das inkludierte statische Template der News-Erweiterung werden diese TypoScript-Konfigurationen bereits mit einem Wert versehen, der dann überschrieben werden kann – entweder mit TypoScript oder auch über die Erweiterungsoptionen. Das ist allerdings abhängig von der Erweiterung selbst, da diese das Zusammenspiel von FlexForms und TypoScript unterstützen muss.

Sie haben bereits erfahren, dass die aufzurufende PHP-Funktion in `tt_content.list.20.news_pi1.userFunc` angegeben wird. Die entsprechenden Zeilen im Objekt-Browser lassen sich wie folgt schreiben:

```
tt_content.list.20.news_pi1 = USER
tt_content.list.20.news_pi1 {
   userFunc = TYPO3\CMS\Extbase\Core\Bootstrap->run
   extensionName = News
   pluginName = Pi1
   [...]
}
```

Durch die PHP-Funktion `TYPO3\CMS\Extbase\Core\Bootstrap->run` wird das TYPO3-eigene Programmier-Framework Extbase gestartet, auf dem die News-Extension basiert (mehr zum Extbase-Framework in Kapitel 11, *Eine eigene Erweiterung schreiben*).

Wird in einem `USER`-Objekt das Extbase-Framework für die Darstellung eines Plug-ins genutzt, werden alle Attribute dieses Objekts zudem mit dem entsprechenden Objekt unter dem Namen `plugin.tx_[PLUGINNAME]` zusammengeführt (Sie erinnern sich an das Objekt `plugin.tx_news` aus dem vorherigen Abschnitt, in dem beispielsweise das Attribut `views.templateRootPaths` verändert wurde). Neben dem `view`-Attribut, in dem die Dateipfade für die verschiedenen Fluid-Templates konfiguriert werden, ist dabei das `settings`-Attribut besonders interessant. Dieses enthält eine Vielzahl an Konfigurationsvariablen, die entweder direkt das Verhalten des PHP-Quelltexts der Extension beeinflussen oder in der ein oder anderen Art in den Fluid-Vorlagen ausgewertet werden (dort stehen alle hier konfigurierten Attribute in der Fluid-Variablen `{settings}` zur Verfügung).

Darstellung von News im Fußbereich

In unserem Praxisbeispiel war vorgesehen, dass im Fußbereich der Seite stets die drei aktuellsten News-Mitteilungen aufgelistet werden sollten. Hierzu existiert in der Fluid-Designvorlage für die Seite bereits die Variable `{footerNews}`, die bisher jedoch noch nicht befüllt wurde. Da Sie nun wissen, wie und wo die Darstellung des News-Plug-ins über TypoScript beschrieben wird, können Sie diese Variable mit einem entsprechend konfigurierten TypoScript-Objekt befüllen. Am einfachsten kopieren Sie dazu zunächst das Objekt `tt_content.list.20.news_pi1`, wie in Beispiel 10-3 gezeigt.

Beispiel 10-3: Befüllen einer Fluid-Variablen mit einem Frontend-Plug-in

```
page = PAGE
page {
  [...]
  10 = FLUIDTEMPLATE
  10 {
    [...]
    variables {
      [...]

      # Das News-Plug-in im Fußbereich einfügen
      footerNews < tt_content.list.20.news_pi1
    }
  }
}
```

Wenn Sie nun einen Blick ins Frontend der Seite werfen, werden Sie merken, dass das Ganze schon gar nicht so schlecht aussieht (siehe Abbildung 10-21). Die News-Meldungen werden offensichtlich im Fußbereich ausgegeben. Noch unschön ist dabei:

1. Die News-Meldungen werden mit demselben Fluid-Template wie im Hauptinhaltsbereich angegeben (genauer gesagt mit exakt dem Fluid-Partial, das wir im vorherigen Abschnitt erstellt hatten). Während dieses im Hauptbereich optisch eine gute Figur macht, sieht diese Darstellung im Fußbereich der Seite fehl am Platze aus.
2. Die generierten Links funktionieren noch nicht; obwohl ja bereits eine eigene Seite im Seitenbaum für die Detailansicht existiert, zeigen die Links in der HTML-Ausgabe nicht auf diese Seite.

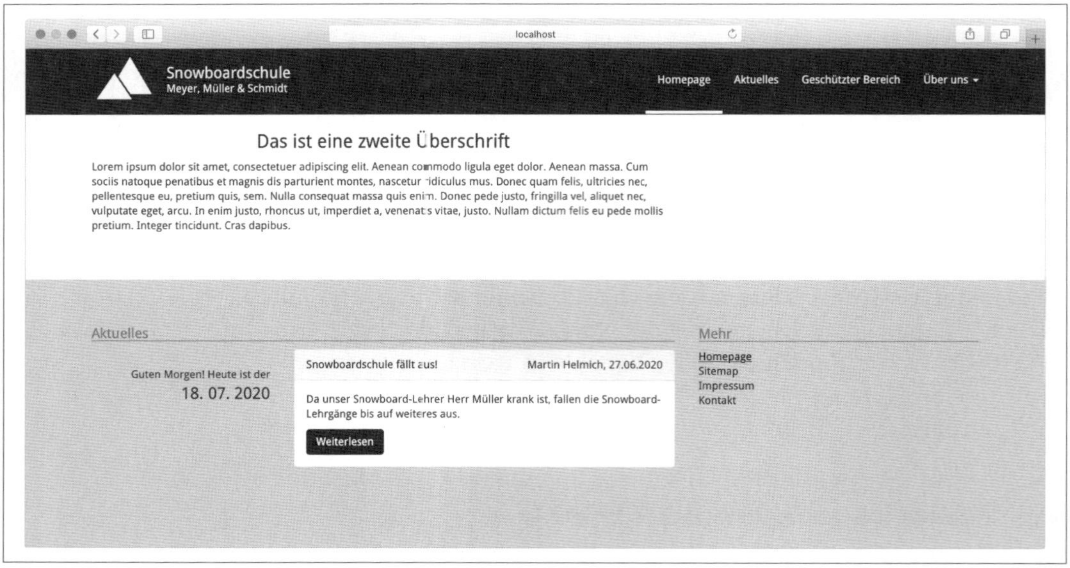

Abbildung 10-21 ▲ Die News werden mit dem Standard-Template im Fußbereich dargestellt.

Beide Probleme werden nun im Rest dieses Abschnitts angegangen. Hierzu muss dem in den Fußbereich kopierten USER-Objekt eine alternative Designvorlage »untergeschoben« werden, und es muss ein Weg gefunden werden, dem Objekt über TypoScript mitzuteilen, auf welche Seite für die Detailansicht verlinkt werden soll.

Um das News-Plug-in im Fußbereich mit einer anderen Designvorlage darzustellen, können Sie das bereits bekannte `view.templateRootPaths`-Attribut nutzen. Es wurde bisher direkt im Objekt `plugin.tx_news` gesetzt; dieses wird als Standardkonfiguration für alle USER-Objekte herangezogen, in denen das News-Plug-in dargestellt wird – sofern keine abweichende Konfiguration vorhanden ist (die Sie jetzt erstellen werden). Beispiel 10-4 zeigt, wie Sie das `view`-Attribut des USER-Objekts konfigurieren können, sodass die News im Fußbereich (und nur da!) mit anderen Fluid-Templates dargestellt werden als im Hauptbereich der Seite.

Beispiel 10-4: Das News-Plug-in im Fußbereich mit anderen Designvorlagen darstellen

```
217       # Das News-Plug-in im Fußbereich einfügen
218       footerNews < tt_content.list.20.news_pi1
219       footerNews {
220         view.templateRootPaths.0 = fileadmin/templates/ext/news-footer/
221       }
```

In diesem Fall wurde in Zeile 296 der bereits bestehende `templateRootPath` komplett überschrieben. In dem Fall, dass eine Designvorlage in dem angegebenen Verzeichnis nicht existiert, wird nun nicht auf die Standardvorlage zurückgefallen, sondern im Frontend eine Fehlermeldung im Sinne von *Sorry, the requested view was not found* erscheinen.

Da im Fußbereich nur die Listenansicht dargestellt werden soll, reicht es in diesem Falle daher aus, auch nur die Fluid-Vorlage *News/List.html* bereitzustellen. Beispiel 10-5 zeigt eine mögliche Vorlage für den Fußbereich, die Sie in der Datei *fileadmin/templates/ext/news-footer/News/List.html* platzieren können. Aufgrund des knappen Platzes im Fußbereich fällt die Vorlage naturgemäß etwas knapper als im Hauptbereich aus.

Beispiel 10-5: Eine kurze Designvorlage für die Listenansicht des News-Plug-ins im Fußbereich

```
{namespace n=GeorgRinger\News\ViewHelpers}
<ul>
  <f:for each="{news}" as="newsItem">
    <li>
      <div>
        <n:link newsItem="{newsItem}"
                settings="{settings}"
                title="{newsItem.title}">
          {newsItem.title}
        </n:link>
      </div>
      <f:if condition="{newsItem.author}">
        {newsItem.author},
      </f:if>
      {newsItem.datetime -> f:format.date(format: 'd.m.Y')}
    </li>
  </f:for>
</ul>
```

Abbildung 10-22 zeigt die Ausgabe dieses Fluid-Templates im TYPO3-Frontend.

▼ Abbildung 10-22
Ausgabe des News-Plug-ins mit einem eigenen Template für den Fußbereich

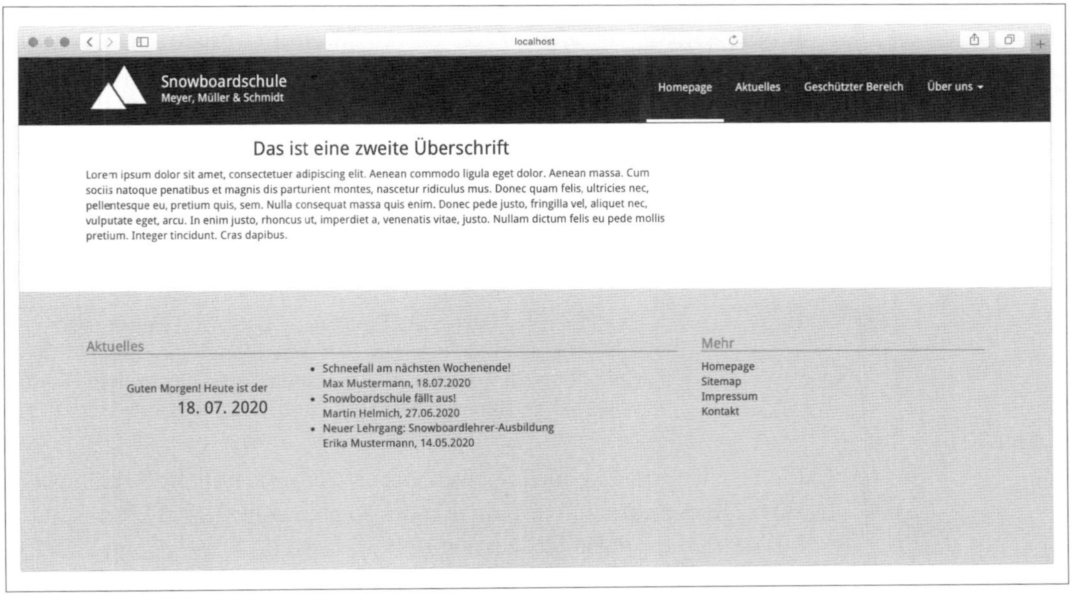

Das Problem mit der abweichenden Designvorlage wäre damit schon einmal gelöst. Nun steht noch die Verlinkung zur Detailansicht aus, und es gibt ein zweites Problem, das derzeit noch nicht unbedingt auffällt: Aktuell zeigt die News-Listenansicht im Fußbereich eine unbestimmte Anzahl an Mitteilungen an. Bei drei Mitteilungen ist das noch in Ordnung, aber zehn News im Fußbereich der Seite wären ein wenig zu viel. Auch dies muss noch angepasst werden.

Sie können beide Probleme lösen, indem Sie einzelne Attribute des `settings`-Objekts überschreiben. Hier können Sie beispielsweise unter `.settings.defaultDetailPid` die Seiten-ID der Detailansicht angeben (zur Erinnerung: Die ID einer Seite erfahren Sie, indem Sie im Seitenbaum mit der Maus über das Icon einer Seite fahren; die Seiten-ID finden Sie im dann erscheinenden Tooltipp). Für die maximal darzustellende Anzahl an Beiträgen können Sie die `.settings.limit`-Variable nutzen. Beispiel 10-6 zeigt, wie diese Attribute verwendet werden können, um die Darstellung anzupassen.

Beispiel 10-6: Die Konfiguration des News-Plug-ins für den Fußbereich anpassen

```
217    # Das News-Plug-in im Fußbereich einfügen
218    footerNews < tt_content.list.20.news_pi1
219    footerNews {
220      view.templateRootPaths.0 = fileadmin/templates/ext/news-footer/
221      settings {
222        defaultDetailPid = {$content.newsDetails}
223        limit = 3
224      }
225    }
```

Im obigen Codebeispiel wird in Zeile 222 in der Eigenschaft `defaultDetailPid` die Seiten-ID der Seite mit der News-Detailansicht angegeben. Um das TypoScript-Template besser zwischen verschiedenen Projekten übertragbar zu machen, wurde dieser Wert in die Konstante `{$content.newsDetails}` ausgelagert.

Fügen Sie daher zusätzlich nun noch eine Konstante `content.newsDetails` hinzu, die als Wert die Seiten-ID der Detailansichtsseite enthält.

Tipp

Zur Erinnerung: Die Konstanten Ihres TypoScript-Templates können Sie bearbeiten, indem Sie im *Template*-Modul zunächst Ihre *root*-Seite öffnen, dann in der oberen Menüzeile die Option *Info/Bearbeiten* auswählen und schließlich die Zeile *Konstanten* auswählen.

Ein Problem gilt es jedoch noch zu lösen: Wenn Sie nun die Detailansicht einer News aufrufen, wird auch in der soeben eingefügten Übersicht im Fußbereich die jeweilige Detailansicht dargestellt. Dies liegt an dem Parameter *tx_news_pi1[action]=detail*, der in der URL der Detailansicht übergeben wird. Dieser Parameter weist das News-Plug-in an, statt der

Listenansicht nun die Detailansicht auszugeben – dummerweise betrifft das nun auch das News-Plug-in im Fußbereich.

Ein TYPO3-Plug-in besteht in der Regel aus verschiedenen *Controllern*, die aufrufbare *Actions* haben (mehr dazu im nächsten Kapitel). Die News-Erweiterung bietet beispielsweise einen `News`-Controller mit den Actions `list` und `detail`.

Wenn Sie ein Plug-in per TypoScript einfügen, gibt es glücklicherweise eine einfache Möglichkeit, dem Plug-in vorzugeben, welche Actions von dem jeweiligen Plug-in überhaupt dargestellt werden sollen. Passen Sie Ihr TypoScript-Setup zu diesem Zweck so an wie in Beispiel 10-7 gezeigt.

Beispiel 10-7: Das News-Plug-in auf ganz bestimmte Ansichten einschränken

```
footerNews < tt_content.list.20.news_pi1
footerNews {
  switchableControllerActions.News.1 = list
  view.templateRootPaths.0 = fileadmin/templates/ext/news-footer/
  settings {
    defaultDetailPid = {$content.newsDetails}
    limit = 3
  }
}
```

Ein Extension-Template erstellen

Im letzten Abschnitt konnten wir erreichen, dass die letzten drei News-Beiträge im Fußbereich der Seite dargestellt wurden. Womöglich sind wir damit jedoch über das Ziel hinausgeschossen, da nun auch auf der Seite *Aktuelles* im Fußbereich die letzten drei News angezeigt werden, obwohl diese auch im Content-Bereich erscheinen. Auf der Seite *Aktuelles* sollen daher keine News-Beiträge mehr im Fußbereich dargestellt werden.

Eine solche Ausnahme lässt sich mit sogenannten *Extension-Templates* realisieren. Extension-Templates erben sämtliche TypoScript-Beschreibungen von einem übergeordneten Template und können einzelne Eigenschaften überschreiben. Dadurch ist es nicht mehr notwendig, das TypoScript-Template vollständig neu aufzusetzen. Diese Ausnahme ist dann auch für alle Unterseiten der Seite gültig, auf der das Extension-Template angelegt wurde.

Tipp Extension-Templates und Erweiterungen (engl. *Extensions*) haben nichts miteinander zu tun. Ein Extension-Template erweitert ein übergeordnetes Template, Extensions hingegen erweitern TYPO3 im Frontend oder im Backend um zusätzliche Funktionen.

Gehen Sie zum Anlegen eines Extension-Templates in das Backend-Modul *Templates* im linken Menü und wählen Sie anschließend im Seitenbaum die Seite aus, ab der diese Ausnahme gelten soll. In diesem Praxisbeispiel ist es die Seite *Aktuelles*, für die im rechten Bereich keine News mehr angezeigt werden sollen. Wählen Sie aus der Auswahl oben den Eintrag *Info/Bearbeiten* aus. Sie erhalten die bereits bekannte Template-Seite, auf der Sie darauf hingewiesen werden, dass auf dieser Seite noch kein Template vorhanden ist. Da Sie kein neues Projekt starten möchten, sondern lediglich eine Ausnahme zum bestehenden TypoScript-Template hinzufügen wollen, klicken Sie auf den Button *Klicken Sie hier, um ein Erweiterungs-Template zu erstellen* und erstellen ein solches Ausnahme-Template.

Tipp Falls Sie sich verklickt und z.B. ein Projekt-Template angelegt haben, können Sie anschließend über den Textlink *Vollständigen Template-Datensatz bearbeiten* das erzeugte Template wieder löschen, indem Sie in der dann erscheinenden Maske im oberen Bereich auf das Mülleimersymbol klicken.

Extension-Templates erhalten nach dem Anlegen den Titel *+ext*, der Ihnen zeigen soll, dass es sich bei diesen Templates nicht um Projekt-Templates handelt, sondern lediglich um Ausnahme-Templates. Sie können den Titel eines Extension-Templates nach Belieben verändern, indem Sie auf das Bleistiftsymbol vor dem Feld *Titel* klicken.

Sie werden sich vielleicht noch daran erinnern, dass nach dem Erstellen eines Projekt-Templates das Feld *Setup* bereits mit sieben Zeilen gefüllt war, die im Frontend die Ausgabe *Hello World* erzeugten. In einem Extension-Template werden Sie diese sieben Demozeilen nicht finden, da sie das aktuelle übergeordnete Projekt-Template stören würden.

Um eine Ausnahme zu erstellen, klicken Sie auf das Bleistiftsymbol vor dem Text *Setup*. Sie können hier jetzt die TypoScript-Beschreibung für die Fluid-Variable `footerNews` verändern. In folgendem Beispiel wird alles gelöscht, was sich in dieser Variablen befindet.

```
page.10.variables.footerNews >
```

Hintergrund: So arbeitet der Konstanten-Editor

Auch wenn wir damit vom News-Plug-in abkommen, soll hier kurz die Arbeitsweise des Konstanten-Editors im Hintergrund vorgestellt und die Frage beantwortet werden, wie sich ein Plug-in (z.B. das News-Plug-in) in den Konstanten-Editor integriert.

Bei der Integration des News-Plug-ins konnten wir den Konstanten-Editor nutzen, um die Erweiterung schnell (und ohne irgendwo nachlesen zu müssen, welche Konstanten die Erweiterung überhaupt verwendet) an unsere Bedürfnisse anzupassen – beispielsweise um den Pfad zu den Fluid-Templates anzupassen. Der Konstanten-Editor schreibt die dort eingegebenen Werte letztendlich einfach in das *Konstanten*-Feld des TypoScript-Templates, das Sie über das Backend-Modul *Templates* auch bearbeiten können.

In den vergangenen Kapiteln haben Sie in dieses Feld bereits einige eigene Konstanten eingefügt (zuletzt beispielsweise die Konstante `content.newsDetails` oder auch die verschiedenen `navigation.*`-Konstanten aus Kapitel 7). In diesem Abschnitt möchten wir betrachten, wie Sie den Konstanten-Editor selbst konfigurieren können, um Ihre eigenen Konstanten nicht über den Texteditor, sondern ebenfalls über die vordefinierten Eingabefelder des Konstanten-Editors bearbeiten zu können.

Wechseln Sie im Backend-Modul *Templates* in der Auswahlliste oben auf den Eintrag *Info/Bearbeiten* und bearbeiten Sie dann das Feld *Konstanten*. Sie erhalten das Eingabefeld für die Konstanten des TypoScript-Templates. Im Laufe der letzten Kapitel dürften sich hier ein paar Konstanten angesammelt haben, zuletzt etwa die Konstante `content.newsDetails` mit der Seiten-ID der Seite mit der Nachrichten-Detailansicht:

```
content.newsDetails = 20
```

Zur Erinnerung: Jede so definierte Konstante können Sie anschließend in Ihrem TypoScript-Template (Feld *Setup*) verwenden. Folgende Zeilen dienen nur der Anschauung, Sie müssen sie nicht ausprobieren:

```
irgendEtwas = TEXT
irgendEtwas.value = Hallo {$content.newsDetails}
```

Wäre es nicht schön, wenn wir auch diese Konstanten komfortabel über den Konstanten-Editor konfigurieren könnten? Das geht recht einfach direkt über eine Konfigurationszeile jeweils oberhalb der Variablenzuweisung, die mit einem Rautezeichen eingeleitet wird. Beispiel 10-8 zeigt, wie Sie diese Konfiguration für die bisher definierten Konstanten vornehmen können:

Beispiel 10-8: Die eigenen Konstanten im Konstanten-Editor bearbeitbar machen

```
#cat=Snowboardschule;type=int+;label=Menü: Hauptmenü-Startpunkt
navigation.primaryStartpoint = 16

#cat=Snowboardschule;type=int+;label=Menü: Hilfsmenü-Startpunkt
navigation.secondaryStartpoint = 4

#cat=Snowboardschule;type=int+;label=Ordner für statischen Inhalt der Randspalte
content.staticMarginContentFolder = 33

#cat=Snowboardschule;type=int+;label=News-Detailansicht:
content.newsDetails = 37

plugin.tx_news.view.templateRootPath = fileadmin/templates/ext/news/templates
plugin.tx_news.view.partialRootPath = fileadmin/templates/ext/news/partials
```

Die Syntax dieser Konfigurationszeilen für den Konstanten-Editor lautet wie folgt:

```
#cat=[Kategorie];type=[Input-Typ];label=[Beschreibungstext]
```

Wenn Sie das Resultat im Konstanten-Editor betrachten, indem Sie im *Template*-Modul rechts oben den Eintrag *Konstanten-Editor* auswählen, erhalten Sie in der Kategorieliste auch eine Kategorie mit der Bezeichnung *Snowboardschule* (siehe Abbildung 10-23).

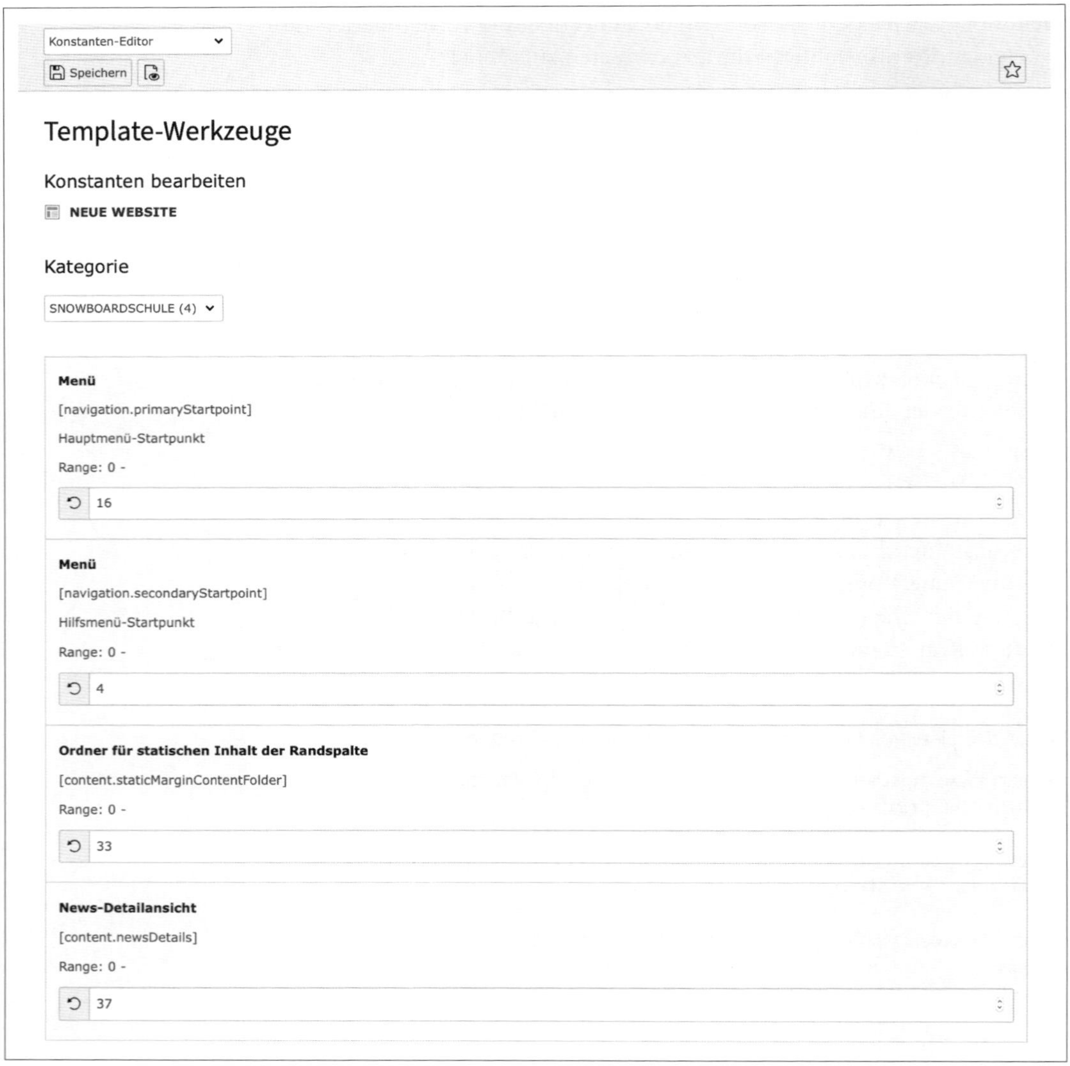

Abbildung 10-23 ▲
Der Konstanten-Editor mit einer eigenen Kategorie

Im obigen Beispiel nutzen wir als Typ für die Input-Felder den Wert *int+*. Das sorgt dafür, dass der Konstanten-Editor als Eingabe ausschließlich positive ganze Zahlen erlaubt. Alternative Eingabetypen wären etwa *int*, *color*, *wrap*, *boolean* oder *string* (Letzteres ist auch der Standardwert, falls Sie den Eingabetyp einfach leer lassen).

Eine Suche hinzufügen

Eine seiteninterne Suchfunktion gehört auf vielen Seiten zu den Standardfunktionen und ist speziell auf größeren Seiten mit viel Inhalt sogar unbedingt notwendig, damit Besucher der Seite sich schnell zurechtfinden können. Auch TYPO3 bietet eine Suchfunktion in Form der Extension Indexed Search Engine (*indexed_search*), die in diesem Abschnitt betrachtet werden soll.

Die Indexed Search Engine erlaubt neben der einfachen Suche nach einzelnen Begriffen zusätzlich auch logische Verknüpfungen wie `AND` und `OR` und kann auch in einigen Dateiformaten wie PDF-, Word-, OpenOffice-, Excel-, RTF- sowie PowerPoint-Dokumenten suchen. Dazu kann diese erweiterte Suchfunktion in News-Beiträgen suchen, zumindest wenn für die News-Beiträge die Indizierung aktiviert wurde.

In diesem Abschnitt soll auf einer neuen Suche-Seite die Extension integriert werden. Außerdem ist in der Designvorlage auf jeder Seite ein kleines Suchfenster vorgesehen, das in diesem Abschnitt ebenfalls mit Funktion gefüllt werden soll.

Die Indexed Search Engine installieren

Je nachdem, wie Sie TYPO3 installiert haben (beispielsweise per Composer oder nicht), besteht die Möglichkeit, dass die Erweiterung *Indexed Search Engine* bereits »ab Werk« Bestandteil Ihrer TYPO3-Installation ist und nicht extra installiert werden muss. Ob die Erweiterung bereits vorhanden ist, finden Sie im Erweiterungsmanager heraus, indem Sie im Abschnitt *Installierte Erweiterungen* nach dem Extension-Schlüssel *indexed_search* suchen.

Insbesondere bei TYPO3-Installationen, die mit Composer installiert wurden, kann es jedoch sein, dass die Indexsuche nicht standardmäßig mit dabei ist. In diesem Fall hilft folgender Befehl auf einer Kommandozeile, um die Indexsuche nachträglich zu installieren:

```
$ composer require typo3/cms-indexed-search=^10.4
```

Andernfalls können Sie die Erweiterung einfach über den Extension Manager wie in Abbildung 10-24 gezeigt aktivieren.

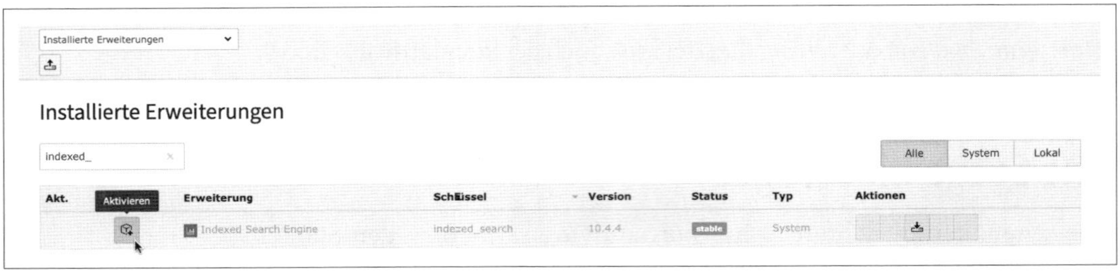

Abbildung 10-24 ▲ Die Indexed Search Engine installieren

Die Erweiterung Indexed Search Engine ist erfolgreich aktiviert, wenn die Zeile im Extension Manager nicht mehr ausgegraut ist. Nach der Aktivierung der Erweiterung sollten Sie ein weiteres Backend-Modul *Indizierung* im Abschnitt *Web* erkennen können (siehe Abbildung 10-25).

Abbildung 10-25 ▶ Die Erweiterung steht jetzt unter »Web« zur Verfügung.

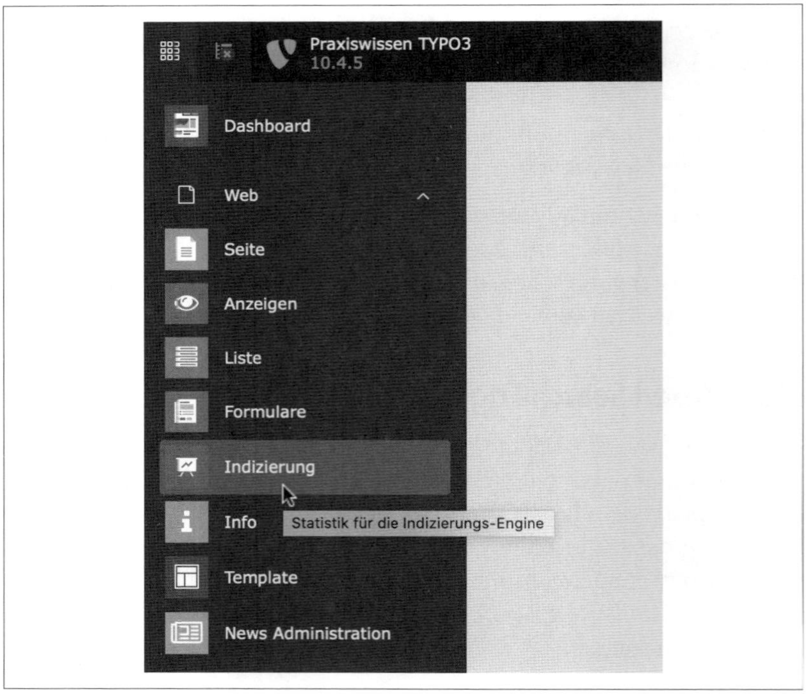

Konfigurieren der Indexed Search Engine

Das Durchsuchen von Dokumenten kann eine Belastung für den Server sein. Allein um ein 200-seitiges PDF-Dokument auf das Vorkommen eines Worts hin zu durchsuchen, würde der Server stark beansprucht werden. Damit nicht jede Suchanfrage erneut sämtliche Dokumente durchsucht, werden die Inhalte von Seiten und Dokumenten *indiziert* und in einer bzw. mehreren Datenbanktabellen gespeichert. Die eigentliche Suchanfrage findet somit nur noch in der Datenbank statt.

Die Suchmaschine indiziert dabei die Seiten und Dokumente nicht von allein, sondern immer nur dann, wenn Seiten erstmalig im Frontend aufgerufen werden. In der Konfiguration können Sie angeben, wie lange ein Eintrag in der Datenbank gültig sein soll. Eine einmal indizierte Seite oder ein indiziertes Dokument wird erst dann wieder indiziert, wenn eine bestimmte Zeit vergangen ist.

Um Änderungen an der Konfiguration der Erweiterung Indexed Search Engine vorzunehmen, wechseln Sie in das Modul *Verwaltungswerkzeuge → Wartung* und wählen die Option *Extension Configuration*. Mit der Installation der Indexed Search-Erweiterung ist in dem nun erscheinenden Konfigurationsfenster ein neuer Abschnitt *indexed_search* hinzugekommen (siehe Abbildung 10-26).

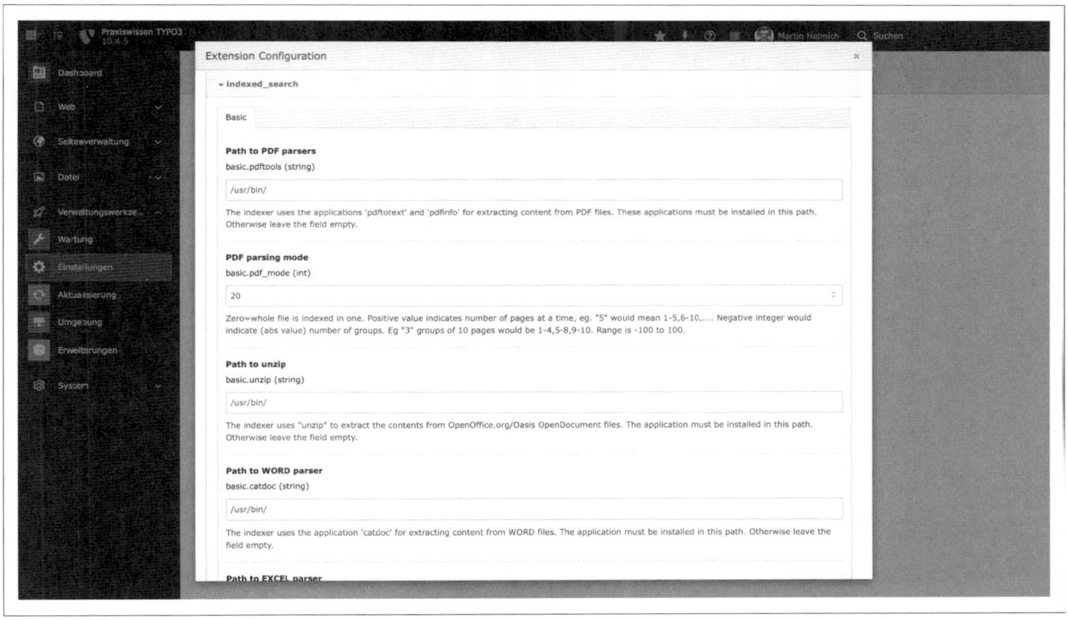

▲ Abbildung 10-26
Die Indexed Search Engine konfigurieren

Damit in Dateien gesucht werden kann, müssen die drei Applikationen *catdoc*, *pdftotext* und *pdfinfo* installiert sein, die in Linux-Systemen im Regelfall im Ordner */usr/local/bin/* oder */usr/bin/* abgelegt werden. Diese Tools werden von TYPO3 benötigt, damit der Inhalt von PDF- und Word-Dokumenten ausgelesen werden kann.

Es können noch weitere Dateiformate durchsucht bzw. indiziert werden. Dazu sind allerdings einige serverseitige Tools notwendig, die ebenfalls auf dem Server zur Verfügung stehen müssen. Diese zusätzlichen Tools sind *xlhtml* für Excel-Dokumente, *ppthtml* für PowerPoint-Dokumente und *unrtf* für RTF-Dokumente. Wenn Sie zusätzlich OpenOffice-Dokumente durchsuchen lassen möchten, wird lediglich das Tool *unzip* vorausgesetzt.

Aber keine Sorge: Die ganz normale Suche über die im TYPO3-Backend gepflegten Inhalte funktioniert auch ohne diese ganzen Werkzeuge.

Tipp

Unter einem Ubuntu- oder Debian-System können Sie – Root-Zugang vorausgesetzt – die notwendigen Pakete mit folgendem Befehl nachinstallieren:

```
$ apt-get install unrtf ppthtml xlhtml catdoc unzip
poppler-utils
```

Die Verzeichnispfade sind mit */usr/bin/* bereits vordefiniert. Sollten sich die jeweiligen Anwendungen in einem anderen Verzeichnis befinden, können Sie für jedes Tool separat das Verzeichnis angeben, in dem es sich befindet. Wenn Ihnen eine Anwendung nicht zur Verfügung steht oder Sie eine Funktion nicht nutzen möchten, lassen Sie das jeweilige Feld einfach leer. Dadurch wird die Performance minimal verbessert.

Einfluss auf die Performance können Sie über die Konfigurationsangaben *PDF-Parse-Modus*, *Indizierung im Frontend deaktivieren* und *Mindestwartezeit für indizierte Seiten* nehmen.

PDF parsing mode

Damit geben Sie an, wie viele Seiten eines PDF-Dokuments auf einmal indiziert werden sollen. Da die Indizierung eines umfangreichen PDF-Dokuments die Serverressourcen stark beansprucht, wird ein Dokument in mehreren Schritten indiziert. Mit positiven Werten geben Sie an, wie viele Seiten eines Dokuments in einem Durchgang indiziert werden sollen. Geben Sie z.B. als Wert eine `10` an, werden bei einem 200-seitigen PDF-Dokument 20 Durchgänge benötigt, bei einem 20-seitigen Dokument 2 Durchgänge.

Mit negativen Werten können Sie angeben, in wie vielen Durchgängen das Dokument indiziert werden soll. Der Wert `-10` besagt also, dass bei einem 200-seitigen PDF jeweils 20 Seiten je Durchgang indiziert werden sollen, bei einem 20-seitigen Dokument hingegen nur 2 Seiten je Durchgang.

Der Wert `0` gibt an, dass das gesamte Dokument nicht aufgeteilt, sondern in einem Durchgang indiziert wird.

Disable Indexing in Frontend

Im Normalfall wird der Indizierungsvorgang im Frontend vorgenommen, wenn die jeweiligen Seiten aufgerufen werden. Hier kann die Indizierung im Frontend ausgeschaltet werden, sodass sie nur dann möglich ist, wenn eine Seite aus dem Backend aufgerufen wird. Alternativ können Sie in diesem Fall die Indizierung auch von der

Extension Crawler durchführen lassen, die Ihre Webseite ähnlich wie die großen Suchmaschinen in regelmäßigen Abständen komplett durchläuft und indiziert.

Für den Anfang werden Sie die Crawler-Extension jedoch aller Wahrscheinlichkeit nach nicht benötigen und mit der einfachen Indizierung über das Frontend erst einmal auskommen.

Min TTL (hours) for indexed page

Hier können Sie angeben, wie viele Stunden eine bereits indizierte Seite mindestens indiziert bleibt, bis sie erneut durchlaufen wird. Das ist insbesondere dann sinnvoll, wenn Sie im Live-Betrieb häufig Änderungen an Seiten vornehmen. Dann ist es natürlich nicht besonders effektiv, wenn nach jeder kleinen Änderung im Abstand von z.B. fünf Minuten die Seite jedes Mal neu indiziert wird.

Das Suchformular einbinden

Stellen Sie sicher, dass es auf Ihrer TYPO3-Seite eine Seite *Suche* im Seitenbaum gibt, oder legen Sie gegebenenfalls eine an (beispielsweise als Unterseite der Seite *Hilfsnavigation*). Das Suchformular integrieren sie als Seiteninhalt vom Typ *Indexsuche*. Wählen Sie auf der Registerkarte *Formulare* in der Liste der verfügbaren Erweiterungen *Indexsuche* aus (siehe Abbildung 10-27) und speichern Sie die Eingabe ab.

▼ Abbildung 10-27
Die Indexed Search Engine auf der Webseite einbinden

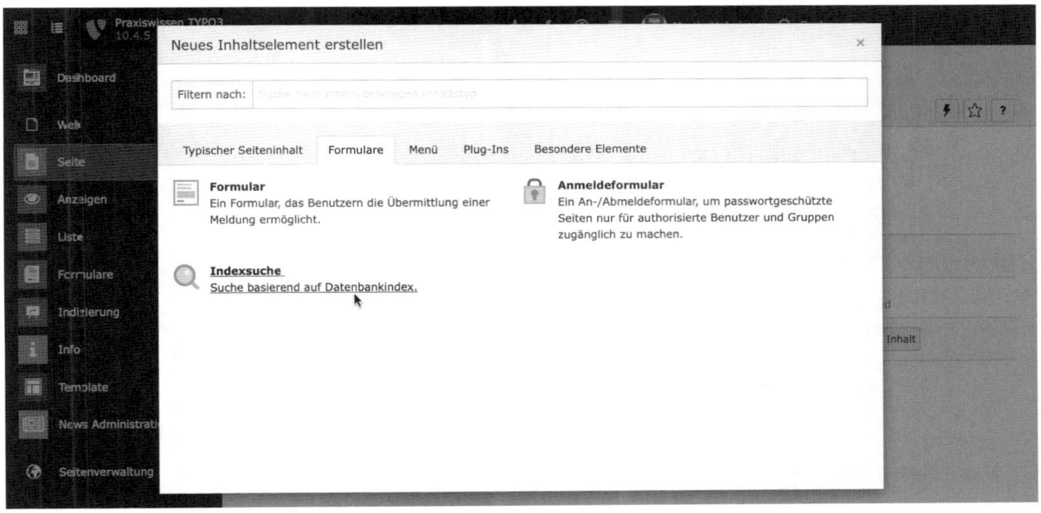

Tipp

In älteren TYPO3-Versionen finden Sie die Indexsuche nicht auf der Registerkarte *Formulare*, sondern unter *Plug-Ins*. Die übrige Funktionalität ist jedoch gleich.

Wenn Sie nun die Seite *Suche* im Frontend aufrufen, sehen Sie einen Fehlertext, der Sie darauf hinweist, zunächst das entsprechende TypoScript-Template für die Indexsuche zu aktivieren.

Tipp Sollte die angezeigte Sprache im Frontend Englisch sein, haben Sie in Kapitel 9, *Erweiterte Darstellung von Inhalten*, im Abschnitt »TypoScript und Mehrsprachigkeit« auf Seite 260 vermutlich nicht den Eintrag `config.language = de` gesetzt. Über diese Eigenschaft geben Sie unter anderem die Sprache für diese Erweiterung an. Zusätzlich lässt sich damit eine mehrsprachige Indexed Search Engine realisieren. Sie müssen über das *Sprachen*-Modul außerdem die Sprachdateien aktualisieren.

Die indizierte Suche aktivieren und überprüfen

Bevor Sie das Suchformular im Frontend nutzen können, muss die indizierte Suche per TypoScript erst mal aktiviert werden. Hierzu müssen Sie zunächst (wie auch schon zuvor bei der News-Extension) das statische TypoScript-Template der Extension einfügen. Wechseln Sie dazu ins Modul *Template*, wählen Sie die *root*-Seite an und klicken Sie in der *Info/Bearbeiten*-Ansicht auf die Schaltfläche *Vollständigen Template-Datensatz bearbeiten*. Auf der Registerkarte *Enthält* wählen Sie nun im Feld *Statische Templates einschließen* zusätzlich zu den bereits ausgewählten noch die Option *Indexed Search (Extbase & Fluid based) (indexed_search)* aus (siehe Abbildung 10-28).

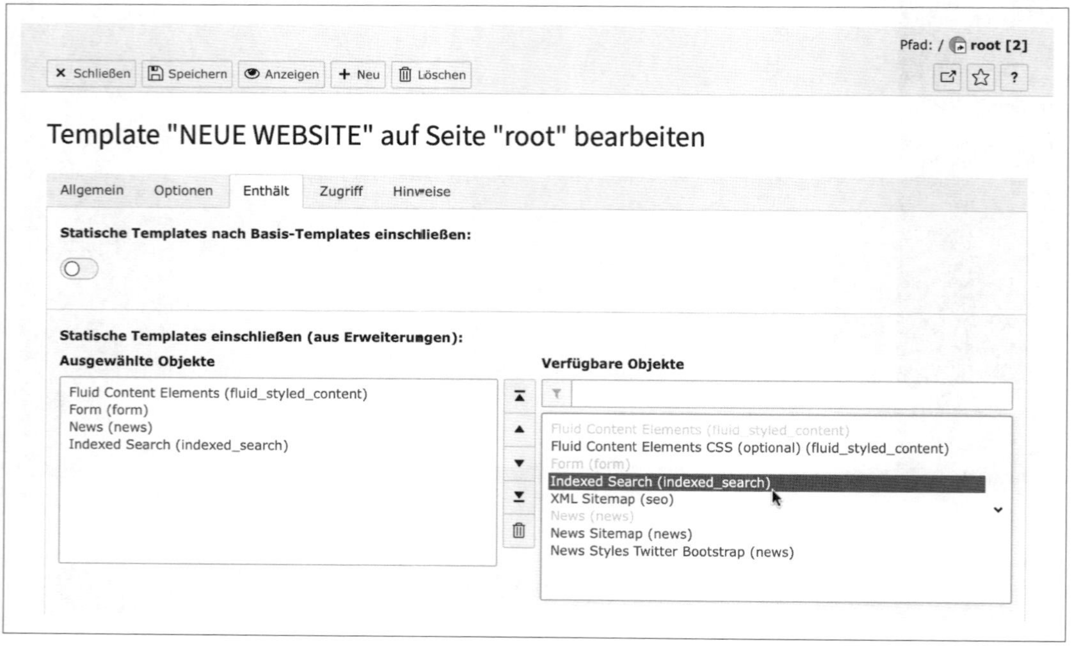

Abbildung 10-28 ▼ Für die Indexed Search-Erweiterung muss ein zusätzliches statisches Template geladen werden.

Speichern Sie anschließend den Template-Datensatz. Nach dem Einbinden des statischen Templates muss die Suche noch über TypoScript aktiviert werden. Fügen Sie dazu in Ihr TypoScript-Template die Zeilen 8 und 9 ein:

Beispiel 10-9: Die indizierte Suche aktivieren

```
1 config {
2   # E-Mail-Adressen unleserlich machen
3   spamProtectEmailAddresses = 1
4   spamProtectEmailAddresses_atSubst = at
5
6   index_enable = 1
7   index_externals = 1
8 }
```

In Zeile 6 wird die Indizierung grundsätzlich aktiviert. Mit der Eigenschaft `.index_externals` in Zeile 7 weisen Sie die Suche weiterhin an, auch externe Medien wie etwa verlinkte PDF-Dokumente zu indizieren.

Alle Seiten, die Sie durchsuchen möchten, müssen zunächst indiziert werden. Gehen Sie dazu auf jede einzelne Frontend-Seite und führen Sie anschließend die Suche erneut durch. Jetzt sollte ein Suchergebnis gefunden werden.

Nachdem Sie die Erweiterung Indexed Search Engine installiert und das Backend einmal neu geladen haben, finden Sie im Abschnitt *Web* ein neues Backend-Modul: *Indizierung*. Mithilfe dieses Tools können Sie überprüfen, wie weit die Indizierung bereits fortgeschritten ist. Wählen Sie aus dem oberen Auswahlfeld in diesem Backend-Modul den Eintrag *Liste: Seiten* aus. Auf diese Weise erhalten Sie den besten Überblick darüber, welche Seiten bereits indiziert sind und wie viele Wörter in die Datenbank aufgenommen wurden. Über den Menüeintrag *Liste: Externe Dokumente* sehen Sie eine Übersicht des Indizierungsfortschritts von Dokumenten.

Die Darstellung anpassen

In diesem Abschnitt soll gezeigt werden, welche Eigenschaften und Dateien Sie überschreiben bzw. ändern oder löschen müssen, um das Design der Suche Ihren Wünschen anzupassen.

Genauso wie die News-Extension arbeitet die Indexsuche mit dem Extbase-Framework und nutzt Fluid-Templates. Wie gehabt, liefert ein Blick in den TypoScript-Objekt-Browser einen Einblick darin, was genau bei der Einbindung eines Suchformulars vor sich geht.

Im TypoScript-Objekt `plugin.tx_indexedsearch.view` können Sie, wie bereits beim News-Plug-in, die Pfade zu den Fluid-Templates und -Partials verändern (bzw. weitere Pfade hinzufügen, in denen nach Templates gesucht werden soll). Die originalen Templates und Partials finden Sie im Extension-Verzeichnis *typo3/sysext/indexed_search* in den Unterverzeichnissen *Resources/Private/Templates/Search* und *Resources/Private/Partials*. Beispiel 10-10 zeigt, wie Ihr TypoScript-Setup aussehen könnte, um zusätzliche Pfade für eigene Templates hinzuzufügen.

Beispiel 10-10: TypoScript-Konfiguration der indexed_search-Extension

```
259 plugin.tx_indexedsearch {
260   settings.displayRules = 0
261   view {
262     templateRootPaths.10 = fileadmin/templates/ext/indexed_search/
                               templates
263     partialRootPaths.10 = fileadmin/templates/ext/indexed_search/
                              partials
264   }
265 }
```

Um beispielsweise die Ausgabe des Suchformulars selbst anzupassen, können Sie das Partial `Form` überschreiben. Kopieren Sie hierzu die Datei *typo3/sysext/indexed_search/Resources/Private/Partials/Form.html* nach *fileadmin/templates/ext/indexed_search/partials/Form.html*. Beispiel 10-11 zeigt, wie Sie diese Datei anpassen können, um die CSS-Klassen des Bootstrap-Frameworks zu nutzen.

Beispiel 10-11: Beispiel für eine angepasste Such-Designvorlage

```
<div class="tx-indexedsearch-searchbox">
  <f:form action="search" method="post" id="tx_indexedsearch" pageUid=
          "{settings.targetPid}">
    <div class="form-group">
      <f:form.textfield name="search[sword]" value="{sword}"
       placeholder="Ihre Suche" class="form-control input-lg" />
    </div>
    <div class="tx-indexedsearch-search-submit">
      <f:form.submit name="search[submitButton]" value="{f:translate
       (key: 'form.submit')}" id="tx-indexedsearch-searchbox-button-
       submit" class="btn btn-success btn-lg btn-block" />
    </div>
  </f:form>
</div>
<f:render partial="Rules" />
```

Gegenüber dem Original-Template ist das angepasste deutlich reduziert. Insbesondere die zahlreichen Eingabefelder für die erweiterte Suchfunktion wurden in diesem Beispiel entfernt, um das Formular nicht zu überfrachten. Wenn Sie keine Suchregeln angezeigt bekommen möchten, können Sie wie in Zeile 260 die Anzeige über die Eigenschaft `plugin.tx_indexedsearch.settings.displayRules = 0` deaktivieren. Alternativ können Sie natürlich im Form-Partial auch einfach den Aufruf des Rules-Partials (im obigen Beispiel in Zeile 11) entfernen. Möchten Sie Begriffe der mitgelieferten Übersetzung anpassen, sollten Sie die Funktion `._LOCAL_LANG` nutzen. Die Syntax dieser Funktion sieht so aus:

```
._LOCAL_LANG.[lang-key].[label-key] = [Neuer Wert]
```

Um nun z.B. den Text *Suchen* auf dem Suchen-Button ändern zu können, ist es erforderlich, dass Sie den sogenannten *Label-Key* kennen. Diesen finden Sie im Fluid-Template im `f:translate`-ViewHelper – für den Button mit der Beschriftung `{f:translate(key: 'form.submit')}` lautet der entsprechende Key also `form.submit`. Die Standardübersetzung finden Sie für die Indexsuche unter *typo3conf/l10n/de/indexed_search/pi/de.locallang.xml*. Mit diesem Kennzeichner kann dann über TypoScript die Übersetzung an Ihre Bedürfnisse angepasst werden:

```
plugin.tx_indexedsearch._LOCAL_LANG.de.form.submit = Suche starten!
```

Das Suchformular im Kopfbereich

Unsere Designvorlage sieht vor, dass der Kopfbereich jeder Seite ein kleines Suchformular enthalten soll. Dieses Formular war schon immer da, hat jedoch nie eine Funktion erfüllt. Da Sie nun eine funktionierende Suche auf Ihrer Seite haben, ist das die perfekte Gelegenheit, auch das Suchformular im Trailer mit Leben zu füllen.

Sie können hier den gleichen Ansatz wählen wie schon für das News-Plug-in im Fußbereich der Seite. Die Designvorlage enthält bereits die Variable `{search}`, die nun mit einer Kopie des Objekts `tt_content.list.20.indexedsearch_pi2` befüllt und mit einem abweichenden `partialRootPath` konfiguriert werden kann. Beispiel 10-12 zeigt, wie die TypoScript-Konfiguration aussehen kann.

Beispiel 10-12: Befüllen des Suchformulars im Kopfbereich

```
plugin.tx_indexedsearch {
    [...]
}

[page["uid"] != {$content.search}]
page.10.variables {
  search < tt_content.list.20.indexedsearch_pi2
  search {
    view.partialRootPaths.20 = fileadmin/templates/ext/
                                         indexed_search-navbar/partials
    settings.targetPid = {$content.search}
  }
}
[global]
```

Die Konstruktion in diesem Codebeispiel ist ein wenig speziell: Über die Condition, die in Zeile 267 beginnt und in Zeile 275 wieder endet, wird gesteuert, dass das Such-Plug-in auf allen Seiten außer der *Suchen*-Seite selbst eingebunden wird. Die Konstante `content.search` enthält dabei die Seiten-ID der *Suchen*-Seite und muss als Konstante hinterlegt sein. Der Grund hierfür ist, dass manche Extbase-Extensions nicht gut funktionieren, wenn dasselbe Plug-in mehrfach auf einer Seite platziert würde (und auf der *Suchen*-Seite wäre das Plug-in sowohl in der Kopfzeile als auch im Seiteninhalt vorhanden). Darüber hinaus kann argumentiert werden, dass auf dieser Unterseite auf das Suchformular verzichtet werden kann, da ja bereits im Hauptinhalt der Seite das große Suchformular existiert.

Der Rest des Codebeispiels ist altbekannt: In Zeile 269 wird die Fluid-Variable `{search}` mit einer Kopie des Suchformulars befüllt. In Zeile 271 wird dann ein abweichender Pfad für die Fluid-Partials konfiguriert; in diesem Verzeichnis können im nächsten Schritt die HTML-Vorlagen für das Suchformular hinterlegt werden. In Zeile 272 wird noch die Zielseiten-ID konfiguriert; hierbei handelt es sich um die ID, auf der das eigentliche Such-Plug-in als Seiteninhalt platziert ist. Wird das Suchformular ausgefüllt und abgeschickt, wird der Nutzer für die Ausgabe der Suchergebnisse auf diese Seite weitergeleitet.

Zu guter Letzt fehlt noch die HTML-Vorlage für das Suchformular. Im obigen Beispiel 10-12 haben wir den Pfad *fileadmin/templates/ext/indexed_search-navbar/partials/* als Verzeichnis für die Fluid-Partials konfiguriert. Um das Suchformular für die Kopfzeile zu überschreiben, kann in diesem Verzeichnis nun eine Datei *Form.html* mit dem Inhalt aus dem nachfolgenden Beispiel 10-13 platziert werden.

Beispiel 10-13: HTML-Vorlage für das Suchformular in der Kopfzeile

```
<f:form class="form-inline" action="search" method="post"
        pageUid="{settings.targetPid}">
    <div class="input-group">
        <f:form.textfield name="search[sword]" value="{sword}"
                          class="form-control" />
        <span class="input-group-btn">
            <button type="submit" class="btn btn-success">
                <i class="glyphicon glyphicon-search"></i>
            </button>
        </span>
    </div>
    <div class="clearfix"></div>
</f:form>
```

Ausblick: Suchen mit SOLR

Die Indexsuche gehört zum Standardumfang von TYPO3 und bietet einen großen Funktionsumfang. Auch hinsichtlich ihrer Leistungsfähigkeit ist sie für kleine bis mittelgroße TYPO3-Projekte eine gute Lösung. Bei großen Seitenbäumen mit mehreren Tausend Seiten und Dokumenten stößt jedoch auch die Indexsuche irgendwann an ihre Kapazitätsgrenzen.

Um auch den höchsten Anforderungen gerecht zu werden, kann ein dedizierter Suchserver verwendet werden, beispielsweise der in Java implementierte Apache-SOLR-Server (*http://lucene.apache.org/solr/*). Dieser kann mithilfe einer TYPO3-Erweiterung (Extension-Key: *solr*) in die TYPO3-Präsentation integriert werden. Da die Einrichtung eines solchen Servers jedoch in keinem Fall trivial und nur bei sehr großen Websites überhaupt notwendig ist, soll der kurze Ausblick an dieser Stelle genügen.

Probleme nach der Installation einer Erweiterung

Leider kann es immer mal wieder vorkommen, dass die Installation einer Erweiterung fehlschlägt und so der Zugriff auf das Backend nicht mehr möglich ist. Dieses Problem tritt üblicherweise dann auf, wenn eine Erweiterung fehlerhaft oder für eine andere TYPO3-Version bestimmt ist. In so einem Fall reicht es meist aus, folgende Schritte manuell durchzuführen (z.B. per SSH oder FTP).

Öffnen Sie die Datei *typo3conf/PackageStates.php* und suchen Sie in dieser nach dem Eintrag für `news`. Sie sollten unter anderem folgende Zeilen vorfinden:

```
'news' =>
    array (
      'state' => 'active',
      'packagePath' => 'typo3conf/ext/news/',
      'classesPath' => 'Classes/',
    ),
```

Hier können Sie den Eintrag für `state` von `active` auf `inactive` setzen. Im Anschluss sollten Sie dann noch den Ordner *typo3temp/Cache* sowie, wenn Sie sich dann wieder ins Backend einloggen können, erneut manuell den Frontend-Cache leeren.

KAPITEL 11

Eine eigene Erweiterung schreiben

In diesem Kapitel:

- Ein eigenes Mitarbeiter-Plug-in entwickeln
- Die Struktur einer TYPO3-Erweiterung
- Die Klassen im Detail
- Die Ausgabe mit Fluid
- TypoScript-Parameter übergeben
- Daten aus der Datenbank laden

In diesem Kapitel erfahren Sie, wie Sie eine eigene Erweiterung mit und für TYPO3 erstellen. TYPO3-Erweiterungen werden in PHP programmiert. Komplexere Erweiterungen folgen meistens dem Programmiermuster *Model-View-Controller* (MVC). Daher sind zum besseren Verständnis dieses Kapitels Kenntnisse in der PHP-Programmierung sowie der *objektorientierten Programmierung* (OOP) und gängiger objektorientierter Entwurfsmuster von Vorteil. Die notwendigen Programmiermuster, wie etwa MVC, werden in diesem Abschnitt ebenfalls noch einmal in Kürze zusammengefasst.

TYPO3 unterstützt die Programmierung von Erweiterungen, indem es die *Extbase*-Programmierschnittstelle bereitstellt. Dabei handelt es sich um ein Framework, das bereits grundlegende Funktionen für die Implementierung von MVC-Applikationen, für den Zugriff auf Datenbanktabellen und die Integration von Fluid-Templates bereitstellt. Extbase hat sich in der Praxis in den vergangenen Jahren als Standard durchgesetzt und ermöglicht eine sehr effiziente und saubere Softwareentwicklung.

Ein eigenes Mitarbeiter-Plug-in entwickeln

TYPO3 ist ein Open-Source-System, das der GPL-Lizenz unterliegt. Dadurch wird Ihnen ermöglicht, Änderungen am PHP-Quellcode von TYPO3 vorzunehmen. Damit allein ließe sich schon fast jedes Vorhaben realisieren. Sie würden jedoch recht schnell Probleme mit TYPO3-Updates bekommen, da Sie mit jeder neuen TYPO3-Version die Änderungen erneut einspielen müssten.

Damit TYPO3-Updates kein Problem sind, hält TYPO3 eine sogenannte API (*Application Program Interface*) bereit. Unter einer API versteht man eine Schnittstelle, auf die man aufsetzen und die man updatefähig entwickeln kann. Eine einmal entwickelte TYPO3-Erweiterung wird somit, sofern sie im lokalen Ordner *typo3conf/ext/* abgelegt worden ist, auch noch nach einem TYPO3-Update funktionsfähig sein.

Ausnahmen von dieser Regel kann es natürlich geben, wenn von einer TYPO3-Version zur nächsten eine API verändert wird, die Sie in Ihrer Erweiterung nutzen. Diese Art von »Breaking Changes« tritt jedoch üblicherweise lediglich zwischen Hauptversionen auf – also beispielsweise bei einem Update von TYPO3 9 auf 10. Testen Sie daher TYPO3-Updates (insbesondere Updates der Hauptversionsnummern) nicht in einer Live-Umgebung, sondern in einer separaten Testumgebung.

Um TYPO3-Erweiterungen entwickeln zu können, sind grundlegende PHP-Kenntnisse vorteilhaft. Sie müssen kein PHP-Profi sein, sollten sich aber auch nicht vor der Verwendung von PHP-Code scheuen. Sie werden in diesem Abschnitt keine Einführung in PHP erhalten, da PHP ein sehr komplexes Thema ist und bereits viele gute Bücher dazu erschienen sind.

Techniken und Konzepte

Wie bereits angedeutet, haben sich in den letzten Jahren bestimmte Methoden in der Entwicklung von TYPO3-Erweiterungen etabliert. Die Extbase-Schnittstelle macht relativ konkrete Vorgaben hinsichtlich der Architektur einer Erweiterung und tritt als vollwertiges Applikationsframework auf. Der Unterschied zu „einfachen" PHP-Skripten, die Sie vielleicht bereits kennen, besteht hauptsächlich in der Umkehr des Kontrollflusses (engl. *inversion of control*). Anstatt einfach nur ein einzelnes Skript oder eine einzelne Funktion anzusprechen (von wo aus Sie dann selbst den Kontrollfluss Ihres Programms steuern können), übernimmt das Framework den kompletten Kontrollfluss einer Erweiterung. Auf diese Weise muss der Entwickler nur noch bestimmte »Einstiegspunkte« entwickeln, die dann von Extbase automatisch angesprochen werden.

Das mag auf den ersten Blick einschränkend wirken; jedoch ermöglicht dieser Ansatz, insbesondere mit seinen Architekturvorgaben, eine Art Standardisierung von TYPO3-Erweiterungen und somit auch eine Steigerung der Qualität von Erweiterungen.

Im folgenden Abschnitt werden einige grundlegende Konzepte vorgestellt, die für die Entwicklung mit Extbase wichtig sind. Dabei handelt es sich vor allem um das Paradigma des *Domain-driven Design* und das Architekturmuster *Model-View-Controller*.

DDD – Domain-driven Design

Die Anforderungen an Webanwendungen sind in den vergangenen Jahren stetig gewachsen. Das *Domain-driven Design* bietet eine Möglichkeit, die Komplexität der Anwendung für den Entwickler und den Auftraggeber überschaubar zu halten.

Die Idee des Domain-driven Design ist, aussagekräftige Objekte aus dem realen Leben zu modellieren und deren Verhalten und Eigenschaften zu beschreiben. Dabei entsteht ein Modell eines Fachgebiets, das Domänenmodell (Domain Model). Dieses Modell besteht aus miteinander in Verbindung stehenden Objekten. Bei großen Projekten erleichtert es die Arbeit der beteiligten Entwickler, Anwender und Auftraggeber. Sie lernen, eine gemeinsame Sprache zu sprechen und sich im Fachgebiet des anderen zu bewegen.

Objekte, die nicht zum Domänenmodell gehören, beispielsweise das Suchen, Speichern, Filtern, Validieren und Darstellen, werden ausgelagert und von einer anderen Ebene übernommen. Diese Ebene bildet die Erweiterung Extbase oder ein Framework wie TYPO3 Flow, das sich um die genannten Funktionen kümmert. Da diese grundlegenden Funktionen dann nicht mehr weiter beachtet werden müssen, kann bei der Entwicklung der Blick auf das Wesentliche gerichtet werden. Der Begriff Domain-driven Design wurde übrigens von Eric Evans[1] geprägt. Es handelt sich dabei um ein sehr weitläufiges Themengebiet, über das Sie sich in der entsprechenden Literatur umfassend informieren können.

MVC – Model-View-Controller

Bei der Erweiterung Extbase handelt es sich um ein MVC-Framework, wobei MVC für *Model-View-Controller* steht. Die Idee von MVC ist eine sinnvolle Trennung der Programmierung nach Zuständigkeiten (engl. *separation of concerns*). Es werden drei Hauptbelange einer Software unterschieden:

- Model – das Datenmodell (oder nach DDD Domänenmodell)
- View – die Datendarstellung
- Controller – die Steuerung der Anwendung

Die Trennung ermöglicht die Unterteilung der Anwendung in unabhängige Klassen. Das bringt einige Vorteile mit sich: Da die Klassen unabhängig voneinander sind, können sie einfacher ausgetauscht werden. Die Entwickler werden förmlich gezwungen, einen »sauberen« Code zu entwickeln. Die Komplexität wird durch die Aufteilung reduziert, und einzelne Komponenten werden gekapselt, was die Übersichtlichkeit erhöht.

Wie arbeiten Model, View und Controller zusammen? Bei Webanwendungen wird eine Aktion in der Regel von einem Benutzer ausgeführt. Eine Aktion kann beispielsweise die Eingabe von Daten in ein Formular sein, das über eine Schaltfläche abgeschickt wird. Eine Aktion wird aber

---

1 Eric Evans prägte den Begriff Domain-driven Design und veröffentlichte das Buch »Domain-Driven Design: Tackling Complexity in the Heart of Software«.

auch beim Aufruf einer Webseite durch einen Besucher im Browser ausgelöst. Immer, wenn eine Interaktion geschieht, wird eine Aktion ausgelöst.

Der Controller arbeitet diese Aktionen ab. Er bildet also die Schnittstelle zwischen dem View und dem Model. Er reagiert auf eine Aktion, löst Operationen im Model aus und gibt Objekte an die View weiter oder nimmt Objekte von der View auf und gibt diese an das Model weiter.

Die View regelt die Ausgabe der Daten. In ihr werden Informationen aufbereitet und dargestellt. Werden Daten in einem Model geändert, teilt der Controller dies der View mit, damit diese die Darstellung ändern kann.

Das Model ist von Controller und View vollständig abgekapselt. Im Model werden lediglich Daten und Operationen zur Verfügung gestellt, auf die der Controller zugreifen kann. Der Benutzer kann also über den Controller auf die Programmlogik und die Daten zugreifen, die das Model repräsentiert.

Zusammengefasst bedeutet das: Das Model verwaltet die Daten, die View stellt diese z.B. in HTML dar, und der Controller steuert Model und View über ausgeführte Aktionen.

Die Aufgabenstellung

Anforderungen

Die Snowboardschule Meyer-Müller-Schmidt aus dem Beispielprojekt möchte eine Auflistung ihrer Snowboardlehrer anlegen, die auf der Seite *Mitarbeiter* dargestellt werden soll. Zu jedem Snowboardlehrer soll auch ein Foto hinterlegt werden können. Eine ähnliche Erweiterung mit der Bezeichnung *tt_address* ist bereits verfügbar. Da hier allerdings gezeigt werden soll, wie Sie eine eigene Erweiterung mit TYPO3 entwickeln, wird obige Aufgabenstellung als neues Frontend-Plug-in für TYPO3 entwickelt.

Theoretisch ist auch die manuelle Pflege der Daten mit den bekannten Seiteninhalten möglich, wobei dann für jeden Snowboardlehrer ein eigener Seiteninhalt angelegt würde. Die Pflege der Daten wäre jedoch umständlich und nicht zentral. Soll die Datenhaltung zentral bleiben und das Importieren der Daten z.B. aus Excel-Dokumenten ermöglicht werden, ist dafür ein separates Plug-in erforderlich.

Vorüberlegungen zum Entwurf

Wir werden nun folgende Ansätze mit Extbase verfolgen, um die Aufgabe abzubilden. Als Erstes wird ein Modell erstellt. In unserem Fall besteht das Modell aus nur einem Objekt, `Snowboardlehrer`. Unser Objekt `Snowboardlehrer` hat einen *Nachnamen*, einen *Vornamen* und ein *Bild*. Generell sollten wir bei der Entwicklung die englische Sprache benutzen. Wir werden unsere Erweiterung daher *snowboard_staff* nennen. Unser Domänenobjekt heißt `SnowboardTeacher`, hat die Attribute `firstName`, `lastName` und `picture` und sieht wie in Abbildung 11-1 skizziert aus.

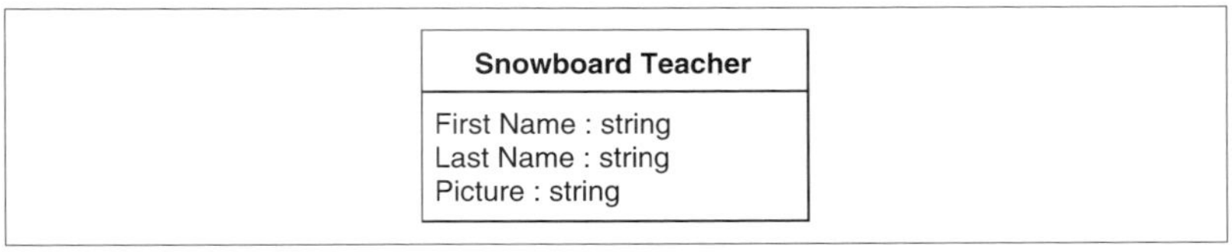

◀ **Abbildung 11-1**
Ein einfaches Modell unseres Snowboardlehrers

Zusätzlich könnte das Modell noch weitere Objekte enthalten, beispielsweise ein Objekt `Kurs` bzw. `Class`, wenn zu jedem Snowboardlehrer ein Kurs eingetragen werden müsste.

Jede Extbase-Erweiterung benötigt immer mindestens einen Controller. Dieser bildet die Schnittstelle zwischen dem Benutzer und unserem Model. Über eine vom Benutzer ausgelöste Aktion agiert er mit dem Model und der View. Diese ausgelösten Aktionen können z. B. das Anlegen, Bearbeiten, Löschen oder Suchen eines Snowboardlehrers sein.

Wie wir bereits wissen, wird durch die Interaktion eines Benutzers eine Aktion ausgelöst. Welche Aktionen benötigen wir im Controller, um die Darstellung unserer Snowboardlehrer zu erhalten? Die einzige Aktion, die in unserem Beispiel aufgerufen wird, ist eine »Start«-Aktion. Gemeint ist damit lediglich das Aufrufen der Seite. Diese Aktion wird in der Regel `Index` oder `List` genannt. Weitere Aktionen sind in unserem Fall nicht geplant. Theoretisch könnte unser Plug-in z. B. noch so erweitert werden, dass ein Snowboardlehrer seine Daten im Frontend pflegen kann. Dafür wäre eine sogenannte »Update«-Aktion nötig.

Nun brauchen wir noch eine »View«, über die die Ausgabe unseres Mitarbeiter-Plug-ins erzeugt wird. Es ist sinnvoll, schon jetzt darüber nachzudenken, wie die Darstellung im Frontend aussehen soll, und eine HTML-Designvorlage anzulegen. Mit der Ausgabe bzw. der View beschäftigen wir uns später im Abschnitt »Die Ausgabe mit Fluid« auf Seite 364. Dort werden wir uns überlegen, wie die Liste ausgegeben werden soll, und erstellen eine Designvorlage mit der Template-Engine Fluid.

Der Extension Builder

Die benötigten Schnittstellen und einen großen Teil des benötigten PHP-Quelltexts können Sie schnell und komfortabel über den *Extension Builder* generieren lassen. Dabei werden Dateien erzeugt, die die Grundkonfiguration beinhalten, die Sie zuvor in einer grafischen Oberfläche über den Extension Builder angegeben haben.

Warnung Zum Zeitpunkt des Verfassens (Oktober 2020) gab es noch keine Version des Extension Builder, die mit TYPO3 10 kompatibel war. Bis zu dem Zeitpunkt, an dem Sie dieses Buch in den Händen halten, kann sich das geändert haben – muss es aber nicht.

Daher werden in diesem Abschnitt sowohl die reguläre Installation des Extension Builder betrachtet als auch die Installation der aktuellen Entwicklungsversion, die bereits mit TYPO3 10 kompatibel ist. Beachten Sie, dass diese zusätzlichen Schritte zu einem späteren Zeitpunkt dann gegebenenfalls entfallen können.

Der Extension Builder ist selbst ebenfalls eine Extension und muss zunächst heruntergeladen und installiert werden. Die Installation erfolgt genauso, wie Sie es bereits im vorigen Kapitel 10, *Bestehende Erweiterungen integrieren*, gelernt haben. Falls Sie TYPO3 per Composer installiert haben, führen Sie hierzu folgenden Befehl auf einer Kommandozeile in Ihrem Projektverzeichnis aus:

```
$ composer require friendsoftypo3/extension-builder
```

Support Sollten Sie versuchen, über Composer eine Erweiterung zu installieren, die nicht mit der von Ihnen verwendeten TYPO3-Version kompatibel ist (so wie es beim *extension_builder* gut der Fall sein kann), erhalten Sie die Fehlermeldung *Your requirements could not be resolved to an installable set of packages*.

Manchmal existieren jedoch schon neuere Entwicklungsversionen einer Erweiterung, die bereits mit neueren TYPO3-Versionen kompatibel sind. Im Fall des Extension Builder können Sie diese mit folgendem Befehl installieren:

```
$ composer require friendsoftypo3/extension-
builder=dev-v10-compatibility
```

Die »Versionsnummer« solch einer Entwicklungsversion (*dev-v10-compatibility* beim Extension Builder) ist abhängig von der jeweiligen Extension und sollte im Zweifelsfall beim Entwickler erfragt werden.

Abbildung 11-2 ▼ Der Extension Builder im Extension Manager

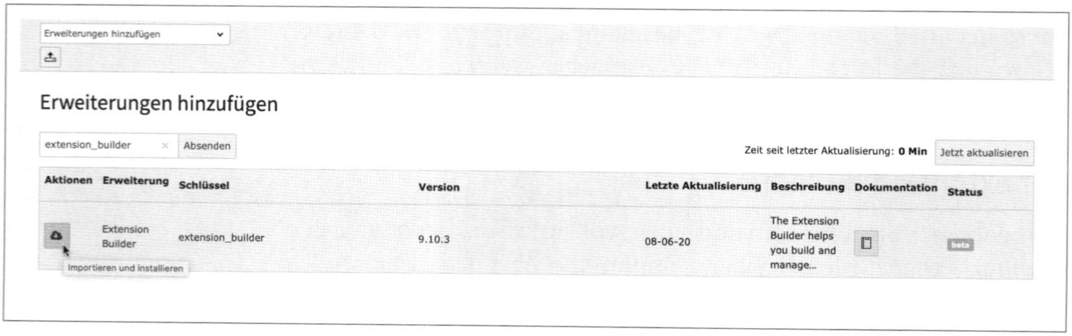

Falls Sie TYPO3 hingegen nicht per Composer, sondern von Hand installiert haben, können Sie den Extension Builder im TYPO3-Backend über den Extension Manager installieren. Suchen Sie nach dem Extension-Key *extension_builder* und installieren Sie die Erweiterung durch einen Klick links auf den Downloadbutton (Abbildung 11-2).

Support Genau wie bei der Installation über Composer (siehe oben) kann es auch bei der Installation über den Extension Manager sein, dass die Extension, die Sie installieren möchten, noch nicht mit Ihrer TYPO3-Version kompatibel ist – wieder ist der Extension Builder das beste Beispiel dafür. Wenn bei der Installation des Extension Builder über den Extension Manager eine Warnung erscheint, die Ihnen sagt, dass die zu installierende Extension nur mit TYPO3 9.5 kompatibel sei, müssen Sie den Extension Builder anderweitig installieren.

Am einfachsten ist es, Sie öffnen hierzu eine neue Kommandozeile, wechseln in das Verzeichnis *typo3conf/ext* Ihrer TYPO3-Installation und führen die folgenden zwei Befehle aus:

```
> wget https://github.com/FriendsOfTYPO3/extension_builder/
archive/v10-compatibility.zip | unzip
> mv extension_builder-10-compatibility extension_builder
```

Diese Befehle laden den aktuellsten Entwicklungsstand des Extension Builder für TYPO3 10.4 direkt aus dem Versionsverwaltungssystem des Projekts herunter. Im Anschluss finden Sie die Extension im Extension Manager in der Liste der installierten Erweiterungen; hier brauchen Sie sie nur noch zu aktivieren.

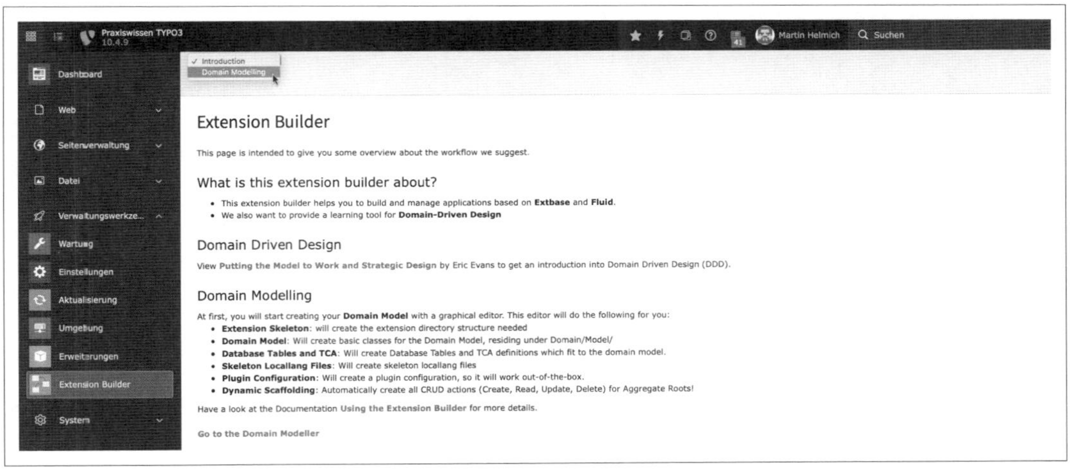

▲ Abbildung 11-3
Der Extension Builder fügt dem Hauptmenü einen neuen Menüpunkt hinzu.

Sie finden jetzt im Hauptmenü im Abschnitt *Adminwerkzeuge* ein zusätzliches Modul (siehe Abbildung 11-3). Durch Auswahl dieses Menüeintrags gelangen Sie in den Extension Builder, mit dem Sie nun die Grundlagen für Ihr eigenes Snowboardlehrer-Plug-in schaffen können.

Im rechten Bereich öffnet sich zunächst eine Informationsseite, die die Funktionsweise des Extension Builder erläutert. Um nun eine neue Erweiterung erstellen zu können, wählen Sie im Auswahlmenü im rechten Bereich der oberen Leiste den Eintrag *Domain Modelling*.

Die Oberfläche des Tools *Domain Modelling* ist in zwei Bereiche aufgeteilt. In der linken Spalte mit der Beschriftung *Eigenschaften der Erweiterung* können Sie allgemeine Angaben zu Ihrer Erweiterung machen, etwa Namen und Beschreibung der Erweiterung, den Extension-Key (dazu später mehr) oder Angaben zu den Urhebern der Erweiterung.

Tipp Zum Zeitpunkt des Verfassens dieses Kapitels war der Extension Builder noch nicht vollständig in die deutsche Sprache übersetzt. Wundern Sie sich daher nicht, wenn die Feldbezeichner im Rest dieses Abschnitts bunt zwischen Deutsch und Englisch hin- und herwechseln.

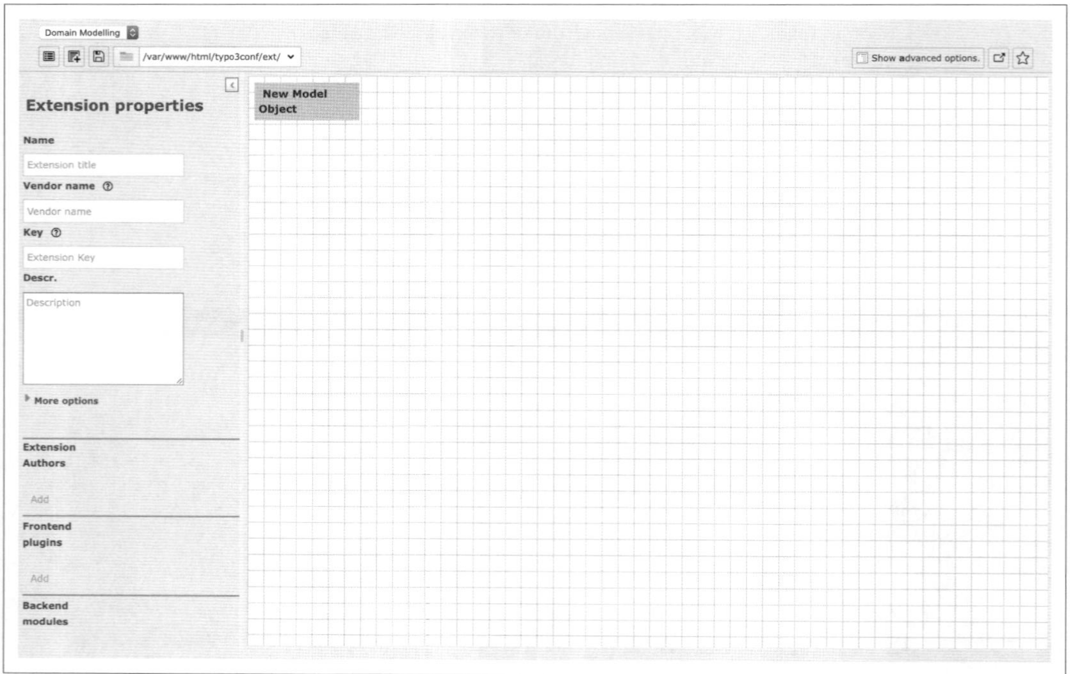

Abbildung 11-4 ▲ Der Extension Builder mit einem (noch leeren) Domain Model

Extension-Key

Ein *Erweiterungsschlüssel* oder *Extension-Key* ist ein eindeutiger Bezeichner (Identifier) einer Erweiterung. Sollte im Extension-Repository eine weitere Erweiterung mit demselben Extension-Key vorhanden sein, werden Sie über kurz oder lang technische Probleme bekommen. Sie sollten dennoch unterscheiden, ob Sie vorhaben, eine Extension später auch zu veröffentlichen, also der Allgemeinheit zur Verfügung zu stellen, oder ob es nur um eine Erweiterung für den Eigenbedarf handelt. Im Regelfall wird es sich bei der Extension-Entwicklung um Letzteres handeln. Dann ist die globale Registrierung eines Extension-Keys nicht zwingend erforderlich, da Sie davon ausgehen können, dass der verwendete Key eindeutig bleibt. In jedem Fall ist es aber erforderlich, einen Extension-Key anzugeben.

Tipp Möchten Sie eine Erweiterung veröffentlichen bzw. steht von vornherein die Möglichkeit einer Veröffentlichung im Raum, können Sie unter der Adresse *https://extensions.typo3.org/* nach einem Log-in einen Extension-Key registrieren bzw. vormerken lassen. Sie benötigen dazu ein Benutzerkonto auf *typo3.org*.

Zur Wahl eines guten Extension-Keys empfiehlt es sich, auf den übermäßigen Gebrauch von Unterstrichen zu verzichten und nur Kleinschreibung zu verwenden. Ein Extension-Key wie z.B. *mitarbeiter_robert_meyer_versuch1* sieht zwar auf den ersten Blick praktisch aus, aber TYPO3 entfernt (absichtlich) in einigen Teilbereichen Unterstriche und stellt ein *tx_* voran. Aus *mitarbeiter_robert_meyer_versuch1* würde somit eine Erweiterung mit dem Bezeichner *tx_mitarbeiterrobertmeyerversuch1* und der zugehörigen Datenbanktabelle *tx_mitarbeiterrobertmeyerversuch1_domain_model_staff*.

Wie Sie an obigem Extension-Key sehen können, sollten Sie möglichst nicht nur auf die Verwendung von Unterstrichen verzichten, sondern auch die Länge aus Gründen der besseren Handhabung möglichst gering halten. Ebenso benötigen Sie bei Erweiterungen für die Eigenentwicklung im Regelfall nicht Ihren vollständigen Namen im Bezeichner, sondern ein vorangestellter Firmenname oder/und Ihre Initialen vor einem beschreibenden Wort dürften meist ausreichen. Für das Mitarbeiter-Plug-in empfiehlt sich daher der Extension-Key *snowboard_staff*.

Eigenschaften der Erweiterung

In der linken Spalte mit der Beschriftung *Eigenschaften der Erweiterung* finden Sie einige Eingabefelder, in denen Sie allgemeine Informationen zu Ihrer Erweiterung angeben können.

Wählen Sie zunächst einen Namen für die Extension im Eingabefeld *Name*. Dieser kann frei wählbar sein und sollte möglichst kurz und knapp beschreiben, was die Erweiterung eigentlich tut (ein sinnvoller Name wäre z.B. *Snowboardlehrer* oder *Mitarbeiter*).

In das Eingabefeld *Vendor name* tragen Sie einen Namen ein, der Sie als »Hersteller« der Extension eindeutig identifiziert. Dieser Vendor-Name wird später ausschließlich im PHP-Namespace für die PHP-Klassen verwendet; andere Integratoren oder gar Endanwender werden ihn in der

Regel später nicht wahrnehmen. Er darf nur aus Buchstaben und Zahlen bestehen und muss im sogenannten *UpperCamelCase* angegeben werden. In unserem Beispiel könnten Sie *Snowboard* als *Vendor name* wählen.

Tragen Sie Ihren Extension-Key in das Eingabefeld *Schlüssel* ein. Ebenso können Sie optional im Feld *Beschr.* eine beliebige Angabe machen, die die Erweiterung näher beschreibt.

Wenn Sie eine Extension für den Eigenbedarf entwickeln und internationale Programmierer nicht berücksichtigt werden müssen, können Sie hier die Werte jeweils in Ihrer Lieblingssprache angeben. Möchten Sie die Erweiterung jedoch veröffentlichen, sollten Sie nicht davon ausgehen, dass die gesamte TYPO3-Gemeinschaft der deutschen Sprache mächtig ist. Geben Sie in diesem Fall in den jeweiligen Feldern die Bezeichnungen auf Englisch an.

Weitere Eingabefelder stehen Ihnen zur Verfügung, wenn Sie die Schaltfläche *Mehr Optionen* betätigen.

Im Auswahlfeld *Kategorie* können Sie zu Informations- und Einsortierungszwecken eine Erweiterungskategorie auswählen. Bei der zu erstellenden Mitarbeitererweiterung handelt es sich um ein Frontend-Plug-in, da diese Extension auf der Website (im Frontend) angezeigt wird.

Sie als Entwickler des Plug-ins geben die Stabilität Ihrer TYPO3-Erweiterung an – von *Experimentell* über *Alpha* bis hin zu *Stabil*. Spätestens daran können Sie erkennen, dass Sie auf die Statusangaben von Modulen und Plug-ins nicht allzu sehr zählen dürfen. Jeder Entwickler legt für sich fest (und hier sogar noch vor Beginn der eigentlichen Programmiertätigkeit), wie stabil die Erweiterung ist (oder sein wird). Wählen Sie als Status fairerweise *Experimentell* aus.

Unter *Zielversion* können Sie angeben, für welche TYPO3-Version Ihre Erweiterung entwickelt wurde. Sollte später jemand versuchen, Ihre Erweiterung in einer höheren TYPO3-Version als hier ausgewählt zu installieren, wird ein entsprechender Warnhinweis erscheinen.

Unter *Abhängig von* können Sie andere Extensions angeben, die für die Verwendung Ihrer Erweiterung benötigt werden. Besteht eine Abhängigkeit zu einer anderen Extension oder gegebenenfalls sogar zu mehreren, können Sie hier in einzelnen Zeilen sämtliche Extension-Keys der jeweiligen Erweiterungen sowie die Mindestversionsnummern angeben. Das ist insbesondere dann notwendig, wenn Sie eine bestehende Extension um zusätzliche Funktionen erweitern möchten. Bei dem zu erstellenden Mitarbeiter-Plug-in handelt es sich um eine eigenständige Erweiterung, die lediglich das TYPO3-CMS und das Extbase-Framework benötigt. Diese Basisabhängigkeiten werden bereits vom Extension Builder vorgegeben, sodass Sie hier keine Änderungen vornehmen müssen.

Im Abschnitt *Personen* können Sie außerdem die Kontaktdaten beliebig vieler Personen angeben, die an der Entwicklung der Erweiterung beteiligt sind.

Speichern Sie Ihre Angaben ab, indem Sie auf den Button *Speichern* in der unteren Zeile klicken.

Domänenobjekte konfigurieren

Im nächsten Schritt können Sie damit beginnen, das Domänenmodell Ihrer Erweiterung zu entwerfen. Es besteht aus Klassen, die später auf relationale Datenbanktabellen abgebildet werden.

Bevor Sie beginnen, aktivieren Sie zunächst die Option *Show advanced options* im oberen rechten Bereich des Extension Builder.

Um dem Model ein neues Domänenobjekt hinzuzufügen, klicken Sie die mit *New Model Object* beschriftete Fläche in der oberen linken Ecke an und ziehen sie in den zentralen Bereich des Extension Builder.

Klicken Sie zunächst auf die Kopfzeile des neuen Objekts (anfangs beschriftet mit *(click to edit)*), um diesem einen Namen geben zu können. Da die Erweiterung Snowboardlehrer verwalten soll, geben Sie dem Objekt den Namen `SnowboardTeacher`.

Tipp Klassennamen werden per Konvention immer im sogenannten UpperCamelCase geschrieben. Die Klassennamen `snowboardTeacher` oder `snowboard_teacher` wären also ungültig.

Aus dem Objektnamen leitet der Extension Builder später auch den Namen der Datenbanktabelle ab. In der Datenbank würden die Snowboardlehrer später also in der Tabelle *tx_snowboardstaff_domain_model_snowboardteacher* gespeichert.

Klicken Sie nun auf die Schaltfläche *Einstellungen des Domainobjekts*, um allgemeine Angaben zum neuen Domänenobjekt machen zu können. Hier stehen Ihnen die folgenden Eingabefelder zur Verfügung (von denen Sie einige nur dann sehen, wenn die Option *Show advanced options* im oberen rechten Bereich aktiviert ist):

1. *Objekttyp*. Hier können Sie festlegen, ob es sich bei dem Objekt um eine *Entität* oder ein *Wertobjekt* handelt. Beide Begriffe stammen aus dem Jargon des Domain-driven Design, machen an dieser Stelle aber nur einen theoretischen Unterschied aus. Lassen Sie den Wert dieses Eingabefelds auf dem Standardwert *Entität*.
2. *Is aggregate root?* Der Begriff der *Aggregatwurzel* stammt ebenfalls aus der DDD-Welt. Praktisch hängt diese Einstellung davon ab, ob der Extension Builder automatisch einen Controller erstellen soll,

über den dieses Modell ausgelesen und bearbeitet werden kann. Setzen Sie bei dieser Option einen Haken.

3. *Enable sorting*. Diese Einstellung gibt an, ob die Objekte dieser Klasse manuell sortiert werden können. Da es bei Mitarbeitern später sinnvoll ist, sie einfach nach Nachnamen zu sortieren, müssen Sie diesen Haken nicht setzen.
4. *Add deleted/hidden/starttime/endtime fields*. Diese Einstellungen sorgen dafür, dass diverse Attribute zur Steuerung der Sichtbarkeit ihrer Objekte hinzugefügt werden. Das *deleted*-Feld sorgt dafür, dass Objekte beim Löschen nicht wirklich gelöscht, sondern zunächst nur als gelöscht markiert werden. Über den *Recycler* (dazu in den späteren Kapiteln mehr) können sie dann gegebenenfalls wiederhergestellt werden. Über das *hidden*-Feld können Sie Objekte über das TYPO3-Backend zunächst ausblenden, damit sie bei der Ausgabe im Frontend nicht weiter verarbeitet werden. Zu guter Letzt können Sie über die Felder *starttime* und *endtime* die Sichtbarkeit des Objekts zeitlich einschränken.
5. *Description*. Hier können Sie eine Beschreibung der Klasse angeben. Diese Beschreibung wird später für die dynamisch generierten Formulare im TYPO3-Backend verwendet. Geben Sie hier den Wert *Snowboard teacher* an.

Die Eingabefelder *Map to existing table* und *Extend existing model class* benötigen Sie an dieser Stelle nicht. Sie werden dann interessant, wenn Sie bereits bestehende Extensions erweitern möchten.

Öffnen Sie jetzt den Abschnitt *Standardaktionen*. Hier können Sie angeben, welche Frontend-Oberflächen der Extension Builder generieren soll. Da die Pflege der Daten später über das Backend erfolgen soll, benötigen Sie nur die Aktionen *Liste* und *Anzeige* (jeweils für eine Übersichts- und eine Detaildarstellung).

Sie gelangen zum Abschnitt *Eigenschaften*. Bis jetzt haben Sie nur grundlegende Informationen angegeben, Attribute wie Vorname, Nachname, Alter und Bild fehlen jedoch noch. Diese können Sie in diesem Abschnitt anlegen.

Öffnen Sie den Abschnitt *Eigenschaften* und klicken Sie auf die Schaltfläche *Hinzufügen*. Geben Sie in das erste Feld *Eigenschaftenname* den Wert *firstName* ein. Dieser Feldname wird später auch in der Datenbank verwendet. Wenn Sie ein Plug-in veröffentlichen möchten, ist es ratsam, hier englische Namen zu verwenden, damit Anwender aus der ganzen Welt diese Feldnamen auch verstehen können.

Das Feld *Beschreibung* wird das Label sein bzw. der beschreibende Text, der in der späteren Backend-Maske angezeigt wird. Dieses Label kann vom Attributnamen abweichen. Für den beschreibenden Text können

Sie Leer- und Sonderzeichen verwenden und müssen auch auf Groß- und Kleinschreibung keine Rücksicht nehmen. Daher können Sie ins Feld *Beschreibung* getrost *First Name* eintragen.

Als Attributtyp geben Sie für das Attribut *firstName* den Typ *String* an. Wie Sie sehen können, beinhaltet die Liste der möglichen Feldtypen keine klassischen Datenbankfelder, sondern die für TYPO3-Backend-Masken zur Verfügung stehenden Eingabemöglichkeiten. Sie müssen sich an dieser Stelle keine Gedanken darüber machen, ob in der Datenbank nun ein Datenbankfeld vom Typ *varchar* oder *blob* angelegt wird: Darum kümmert sich TYPO3 selbstständig.

Mit *Ist Pflichtfeld* (nur sichtbar, wenn Sie den Schalter *Show advanced options* aktiviert haben) können Sie festlegen, ob dieses Attribut zwingend gesetzt sein muss, um ein Objekt dieser Klasse speichern zu können. Da ein Vorname immer gesetzt sein sollte, sollten Sie das Attribut *firstName* also als Pflichtfeld markieren.

Das Kontrollkästchen *Ist Ausschlussfeld* gibt an, dass Backend-Benutzern, die keine Administratoren sind, explizit das Recht erteilt werden muss, dieses Feld zu bearbeiten bzw. überhaupt angezeigt zu bekommen.

Geben Sie dann, äquivalent zum Attribut *firstName*, ein weiteres Feld namens *lastName* an. Auch hier sollte als Datentyp *String* verwendet werden. Gehen Sie zum Anlegen dieses Attributs wie beim Attribut *firstName* vor.

Für das Feld *picture*, in dem ein Foto des Snowboardlehrers ausgegeben werden kann, ist als Feldtyp *Bild* zu verwenden.

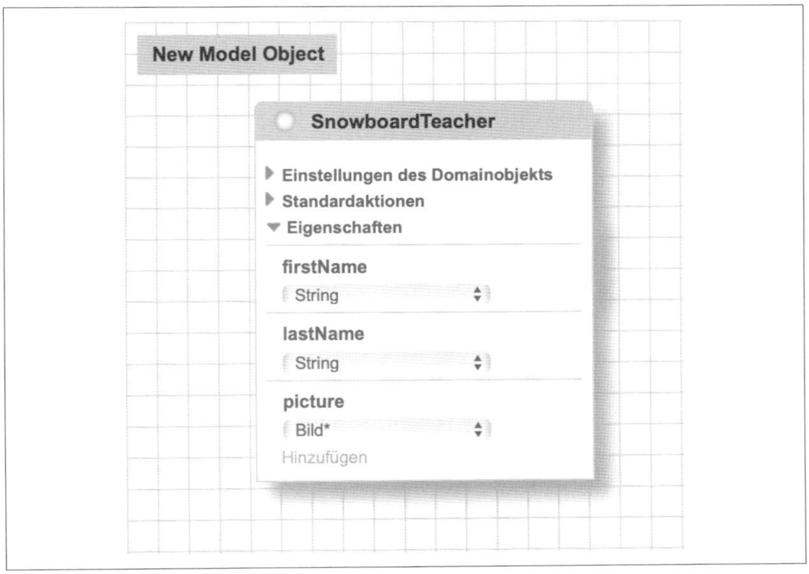

◀ Abbildung 11-5
Ein fertig konfiguriertes Domain Object im Extension Builder

Wenn Sie sämtliche Felder angelegt haben, speichern Sie die Erweiterung erneut über den Button *Speichern* ab.

Frontend-Plug-ins

Jetzt können Sie sich mit der Integration des Frontend-Plug-ins in das TYPO3-System beschäftigen und definieren, wo im Backend das Frontend-Plug-in zur Verfügung stehen und wo eine Ansteuerung ermöglicht werden soll. Klicken Sie dazu in der linken Spalte auf die Schaltfläche *Hinzufügen* beim Eintrag *Frontend-Plug-Ins*.

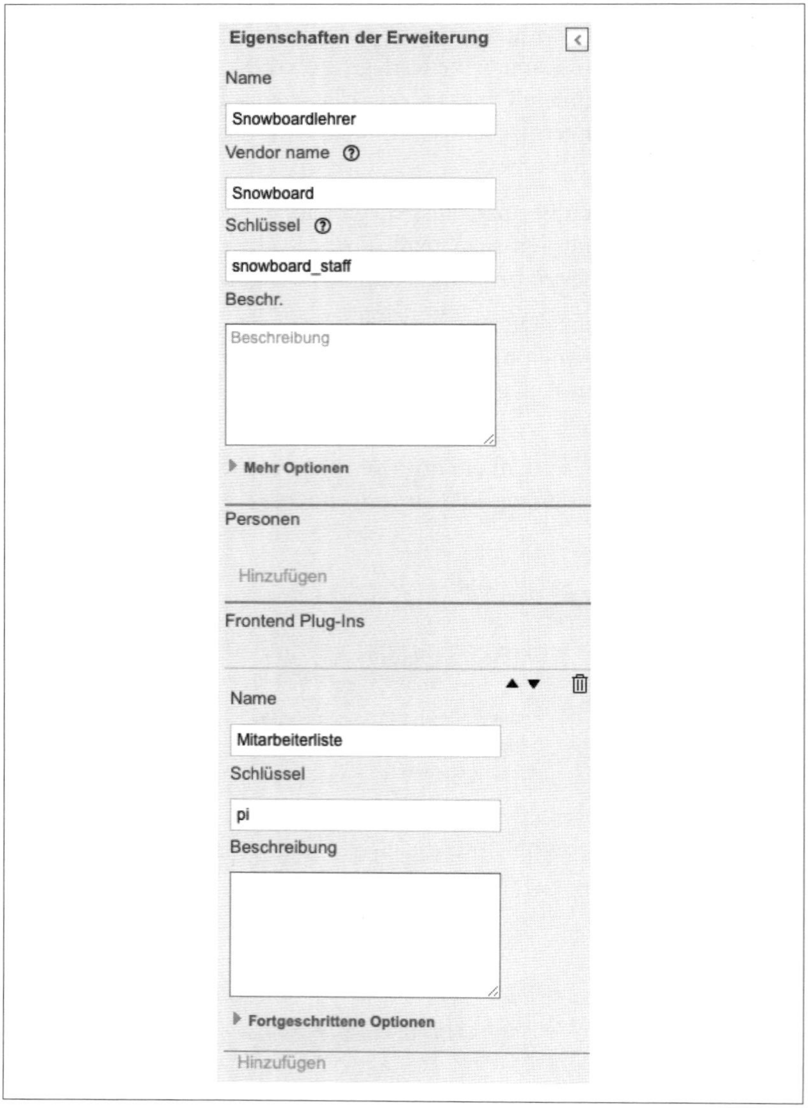

Abbildung 11-6 ▶ Konfiguration des Frontend-Plug-ins

Sie müssen erneut einen Titel für das Frontend-Plug-in im Feld *Name* angeben (siehe Abbildung 11-6). Zusätzlich müssen Sie einen Plug-in-Schlüssel angeben. Dieser wird später zusammen mit dem Extension-Key verwendet, um das Plug-in eindeutig zu identifizieren. Geben Sie also einen Plug-in-Key ein, der nur aus Kleinbuchstaben besteht. Sinnvolle Werte wären hier *plugin* oder noch kürzer einfach *pi*.

Unter der Schaltfläche *Fortgeschrittene Optionen* verbergen sich einige weitere Eingabefelder. Im Feld *Controller action combinations* können Sie optional angeben, welche Controller über das Plug-in angesprochen werden dürfen. Lassen Sie dieses Feld zunächst leer.

Im Feld *Non cacheable actions* können Sie diejenigen Controller-Methoden angeben, deren Ausgaben nicht im TYPO3-internen Cache zwischengespeichert werden sollen.

Über das Deaktivieren des Cache sollten Sie für jede Controller-Action im Einzelfall entscheiden. Grundsätzlich sollten Sie den Cache deaktivieren, wenn Sie Benutzereingaben aus dem Frontend verarbeiten möchten oder die dargestellten Daten stets aktuell sein sollen. Da das Mitarbeiter-Plug-in keine Eingaben aus dem Frontend verarbeiten soll und sich die Daten der Mitarbeiter auch nicht minütlich ändern, ist die Deaktivierung des Cache für keine der Controller-Actions notwendig.

Speichern Sie die Einstellungen über den Button *Speichern* ab.

Die Arbeit mit dem Extension Builder abschließen

Ein abschließender Schritt ist beim Arbeiten mit dem Extension Builder nicht notwendig. Bei jedem Klick auf den *Speichern*-Button wird die gesamte Erweiterung im Verzeichnis *typo3conf/ext* abgespeichert, sodass die Extension sofort über den Extension Manager installiert werden kann.

Das Frontend-Plug-in installieren

Nachdem Sie das Frontend-Plug-in angelegt haben und die Dateien vom Extension Builder geschrieben wurden, können Sie Ihre Erweiterung installieren. Wechseln Sie dazu in den Erweiterungsmanager, suchen Sie Ihre Erweiterung und installieren Sie sie auf die gewohnte Weise (Abbildung 11-7).

Bei der Installation der Extension wird in der Datenbank die neue Tabelle *tx_snowboardstaff_domain_model_snowboardteacher* mit angegebenen Datenbankfeldern erstellt. Außerdem wird bei Installation der Erweiterung der Cache geleert. All dies geschieht vollautomatisch, sodass Sie bei der Installation der Extension nicht allzu viel davon mitbekommen.

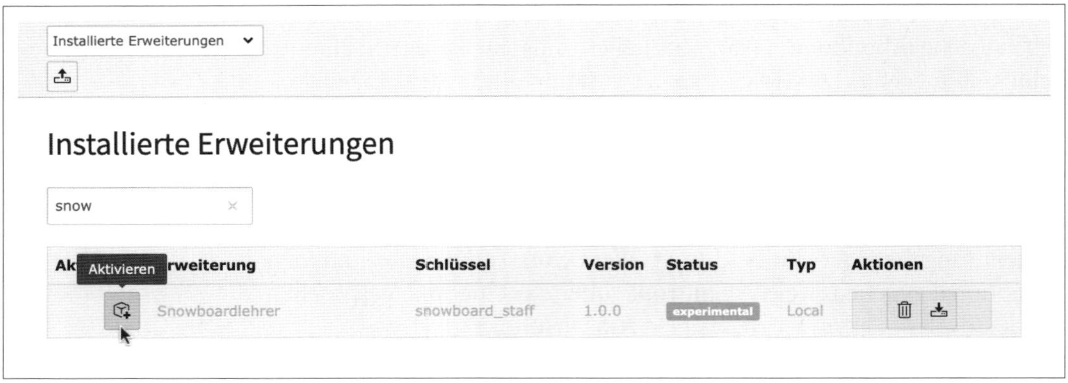

Abbildung 11-7 ▲
Installation der erstellten Erweiterung über den Extension Manager

Sie erhalten den Hinweis, dass die Erweiterung erfolgreich installiert wurde. Damit die Erweiterung im Frontend funktioniert, muss noch das vom Extension Builder erstellte statische TypoScript-Template inkludiert werden. Gehen Sie dazu wie folgt vor:

1. Wechseln Sie in das Modul *Template* und wählen Sie die *root*-Seite aus.
2. Wählen Sie im Auswahlmenü in der oberen Zeile die Option *Info/ Bearbeiten*.
3. Klicken Sie auf *Den gesamten Template-Datensatz bearbeiten*.
4. Wechseln Sie auf die Registerkarte *Enthält*.
5. Fügen Sie im Eingabefeld *Statische Templates einschließen (aus Erweiterungen)* aus der Liste der verfügbaren Objekte den Eintrag der neuen Erweiterung hinzu.
6. Speichern Sie das Template.

Die Plug-in-Integration testen und verstehen

Nachdem Sie nun Ihr eigenes – wenn auch noch unvollständiges – Frontend-Plug-in erstellt und installiert haben, können Sie es auch einsetzen. Sie dürfen aber nicht davon ausgehen, dass der Extension Builder eine Eier legende Wollmilchsau ist – das Ergebnis, das auf der Website zu sehen ist, wird Sie noch nicht zufriedenstellen; im nächsten Abschnitt wird es deshalb im Detail betrachtet.

Um das Frontend-Plug-in jetzt einzusetzen, legen Sie auf der Seite *Trainer*, die eine Unterseite der Seite *Über uns* ist, einen neuen Seiteninhalt an. Wenn die Installation erfolgreich verlaufen ist, können Sie im Fenster *Neues Inhaltselement erstellen* unter der Registerkarte *Plug-Ins* neben den anderen schon installierten Erweiterungen nun auch Ihr neues Plug-in *Mitarbeiterliste* auswählen (siehe Abbildung 11-8).

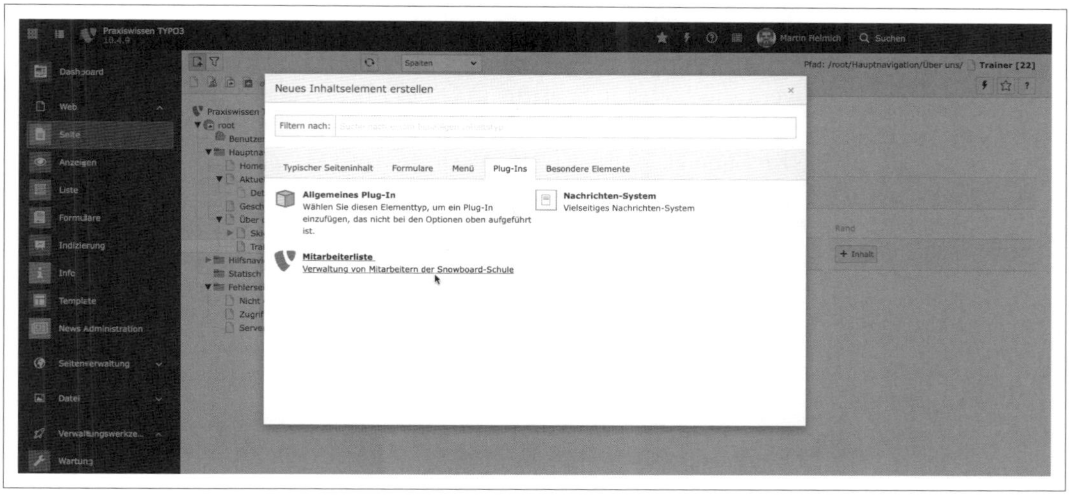

▲ Abbildung 11-8
Die Erweiterung »Mitarbeiterliste« wird angezeigt.

Fügen Sie nun also ein Inhaltselement des Typs *Mitarbeiterliste* ein und speichern Sie es ab. Betrachten Sie das Ergebnis im Frontend, sehen Sie die in Abbildung 11-9 gezeigte leere Tabelle, deren Herkunft wir uns im Folgenden genauer ansehen werden.

Dabei handelt es sich um eine vom Extension Builder generierte Standardoberfläche. Diese liest tatsächlich bereits Snowboardlehrer aus der Datenbank aus (in der allerdings noch keine Datensätze gespeichert sind). Auch wenn das Frontend-Plug-in noch nicht fertig ist, haben Sie trotzdem einen großen Schritt gemacht: Sie haben es geschafft, eine eigene Erweiterung zu erstellen und diese in den Seiteninhalt *Plugin einfügen* einzubinden. Und Sie erhalten jetzt im Frontend eine Oberfläche, die offensichtlich von dem von Ihnen erstellten Plug-in erzeugt wurde.

▼ Abbildung 11-9
Im Frontend wird das Plug-in mit automatisch generiertem Standardcode ausgeführt.

Darum reagiert das Frontend-Plug-in

Abbildung 11-10 ▼
Das Frontend-Plug-in wird über TypoScript hereingeladen.

Um den folgenden Ablauf nachvollziehen zu können, ist es empfehlenswert, die nächsten Schritte im Objekt-Browser zu verfolgen. Öffnen Sie dazu die in Abbildung 11-10 gezeigten Abschnitte `plugin.tx_snowboardstaff` und `tt_content.list.20.snowboardstaff_pi`.

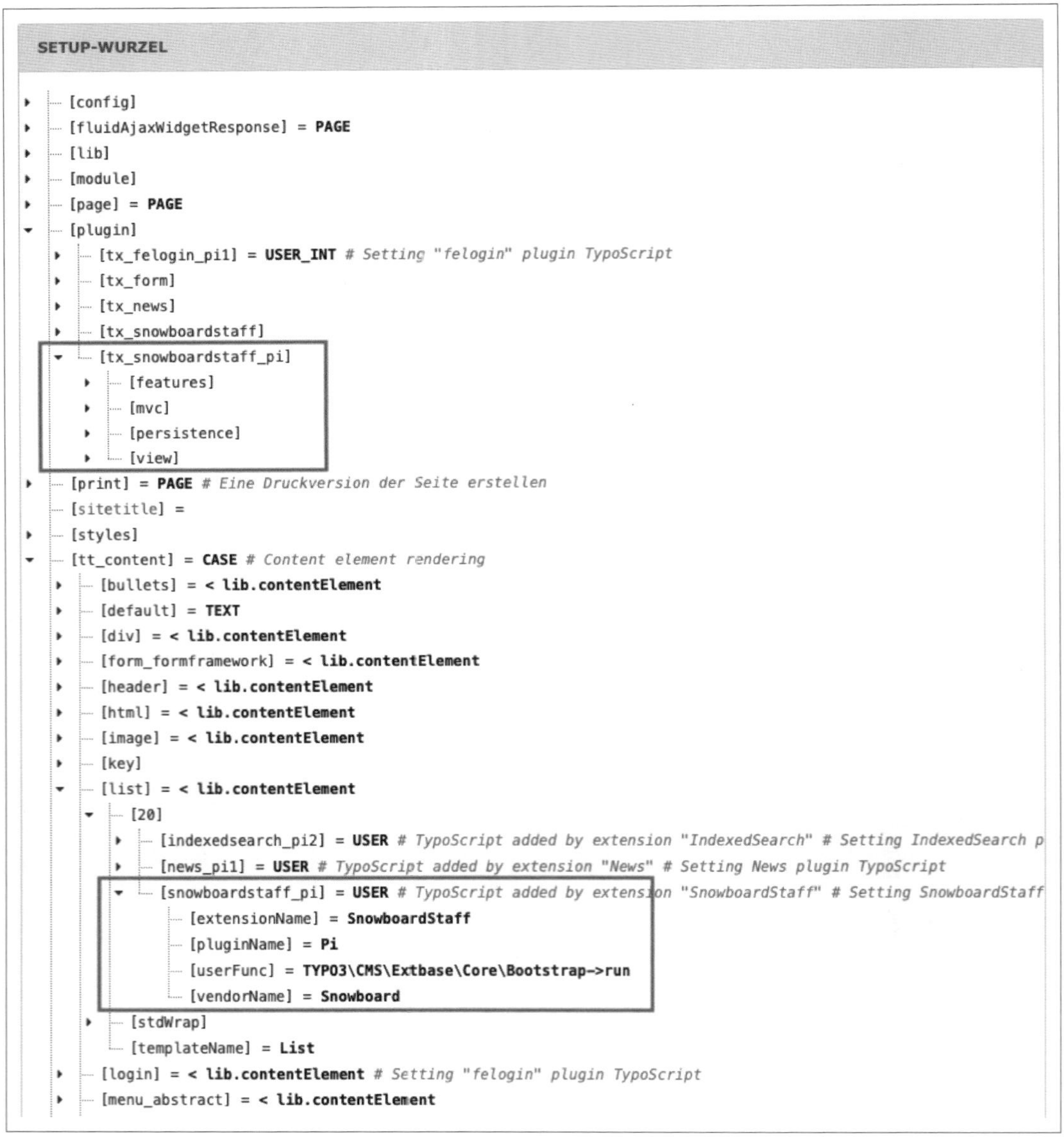

Sie haben als Seiteninhalt den Typ *Plugin einfügen* ausgewählt. Da es sich dabei um einen Seiteninhalt handelt, wird in TypoScript der Abschnitt `tt_content` angesprochen. Der Seiteninhaltstyp *Plugin einfügen* wird im

Datenbankfeld CType als list abgelegt. Die unter tt_content befindliche CASE-Abfrage auf das Feld Ctype (tt_content.key.field = CType) verweist also in den Abschnitt list (tt_content.list).

tt_content.list ist ein Fluid-Template, das wiederum das Datenbankfeld list_type auswertet und das dementsprechende Unterobjekt von tt_content.list.20 ausliefert. Beim angelegten Seiteninhalt *Plugin einfügen* haben Sie als Erweiterung *Snowboardlehrer* angegeben. In der Datenbank wird dann im Feld list_type der Bezeichner des Plug-ins gespeichert, also tx_snowboardstaff_pi. Daher greift die TypoScript-Definition für tt_content.list.20.snowboardstaff_pi.

Hier können Sie erkennen, dass das Objekt USER zum Einsatz kommt. Sie können vier Eigenschaften unterhalb dieses Objekts erkennen: .userFunc, .extensionName, .pluginName und .vendorName. In .userFunc wird definiert, dass das Extbase-Framework angesprochen werden soll, um die Ausgabe dieses Plug-ins zu generieren (der Wert TYPO3\CMS\Extbase\Core\Bootstrap->run ist eine Referenz auf eine Methode in einer PHP-Klasse, die ausgeführt werden soll). Über die Attribute .extensionName und .pluginName wird Extbase mitgeteilt, welche Erweiterung und welches Plug-in für die Ausgabe anzusprechen sind.

Woher kommt aber die Ausgabe? Der Extension Builder hat neben dem Domänenmodell (bestehend aus der Klasse SnowboardTeacher) auch bereits einen Controller (SnowboardTeacherController) und die zugehörigen HTML-Views erstellt. Die Angabe des Extension- und Plug-in-Keys reicht aus, damit Extbase diesen Controller selbstständig findet und anspricht.

Datensätze anlegen

Damit Sie an späterer Stelle Snowboardlehrer bzw. Mitarbeiter ausgeben können, müssen diese vorher auch angelegt worden sein. Gehen Sie dazu auf das Backend-Modul *Liste* und legen Sie auf der Seite *Trainer* einen neuen Datensatz an (keinen neuen Seiteninhalt, sondern einen neuen Datensatz). Sie erhalten dann in der Liste der möglichen Datensätze die Möglichkeit, einen neuen Snowboardlehrer anzulegen (siehe Abbildung 11-10).

Wählen Sie als neuen Datensatz *Snowboardlehrer* aus. Sie rufen damit die in Abbildung 11-11 gezeigte Maske auf, die die von Ihnen während des Domain Modelling angegebene Konfiguration enthält. Legen Sie möglichst zwei oder mehr Snowboardlehrer an und laden Sie außerdem für jeden Mitarbeiter ein Bild hoch.

Tipp Über das Backend-Modul *Liste* erhalten Sie auch Zugriff auf bereits angelegte Snowboardlehrer-Datensätze.

Abbildung 11-11 ▶
Auf den Seiten können jetzt auch Snowboardlehrer angelegt werden.

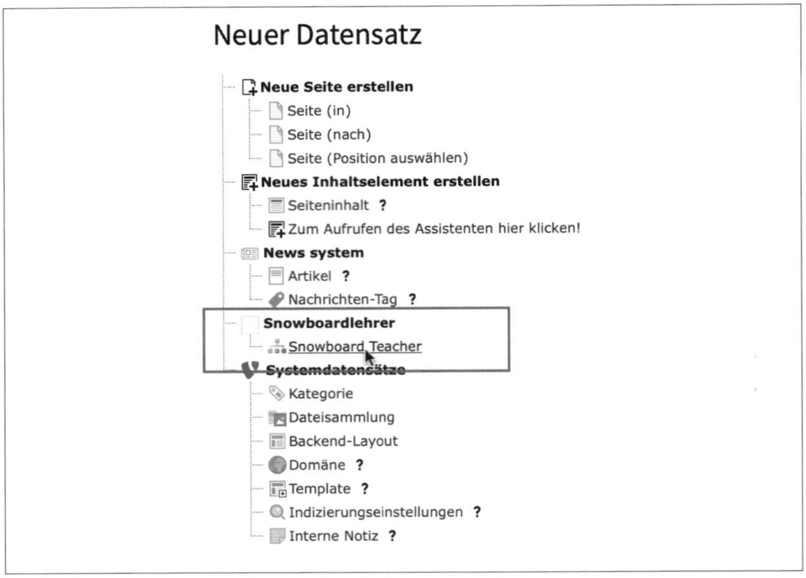

Abbildung 11-12 ▼
Die Backend-Maske für Snowboardlehrer-Datensätze

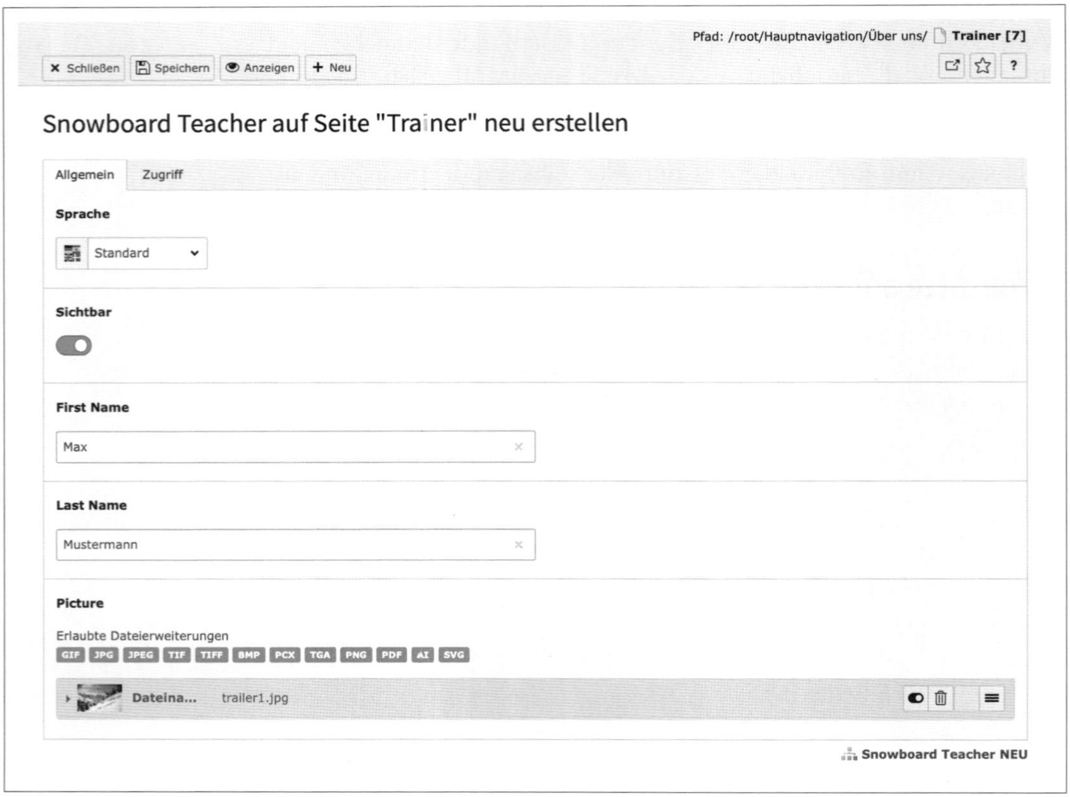

Den Speicherort der Objekte konfigurieren

Bevor die Snowboardlehrer nun im TYPO3-Frontend angezeigt werden können, muss dem auf der Seite *Trainer* platzierten Plug-in noch mitgeteilt werden, wo nach anzuzeigenden Datensätzen gesucht werden soll. Standardmäßig sucht ein Extbase-Plug-in in TYPO3 9 stets auf der Wurzelseite des Seitenbaums nach Datensätzen. Eine andere Seiten-ID können Sie per TypoScript in der Eigenschaft `plugin.[PLUGINNAME].persistence.storagePid` konfigurieren. Durch folgende Zeile in Ihrem TypoScript-Setup können Sie die *Trainer*-Seite, auf der Sie gerade den Datensatz erstellt haben, als Speicherort angeben:

```
plugin.tx_snowboardstaff_pi.persistence.storagePid = 9
```

Alternativ können Sie über das bereits bekannte `.data`-Attribut den Speicherort auch so konfigurieren, dass stets die aktuelle Seite angenommen wird:

```
plugin.tx_snowboardstaff_pi.persistence.storagePid.data = page:uid
```

Die Struktur einer TYPO3-Erweiterung

Überblick

Seit der Einführung von Extbase ist die Datei- und Ordnerstruktur von TYPO3-Erweiterungen standardisiert. Der Extension Builder hat Ihre Erweiterung im Verzeichnis *typo3conf/ext/snowboard_staff* gespeichert. Wenn Sie dieses Verzeichnis z. B. mit einem FTP-Browser öffnen, finden Sie dort folgende Dateien und Verzeichnisse vor:

ext_emconf.php und composer.json
: Diese Dateien enthalten Konfigurationsdaten für den Erweiterungsmanager, etwa Version und Autoren der Extension sowie Abhängigkeiten zu anderen Extensions. Wenn Sie TYPO3 über Composer installiert haben (und demnach auch Erweiterungen über Composer und nicht über den Extension Manager installieren), ist stattdessen die Datei *composer.json* wichtiger, die genau dieselben Metadaten für Composer bereitstellt.

ext_tables.php
: In dieser Datei werden die mit der Erweiterung neu hinzugekommenen Datenbanktabellen konfiguriert (in diesem Fall die Tabelle *tx_snowboardstaff_domain_model_snowboardteacher*). Diese Konfiguration ist notwendig, um die Datensätze aus dieser Tabelle über das TYPO3-Backend bearbeiten zu können.

ext_localconf.php
Diese Datei beinhaltet die Frontend-spezifische Konfiguration. Hier ist beispielsweise festgelegt, auf welche Controller vom Frontend-Plug-in aus zugegriffen werden darf.

ExtensionBuilder.json
In dieser Datei werden Ihre Eingaben aus dem Extension Builder im JSON-Format gespeichert. Die hier gespeicherten Daten ermöglichen es Ihnen, die Extension zu einem späteren Zeitpunkt erneut im Extension Builder zu öffnen und weiter zu bearbeiten.

Classes/
In diesem Verzeichnis sind alle PHP-Klassen der Erweiterung gespeichert. Zu beachten ist hier, dass sich der Dateiname einer PHP-Klasse direkt aus den Klassennamen ableitet. Die Klasse `Snowboard\SnowboardStaff\Domain\Model\SnowboardTeacher` muss daher unbedingt in der Datei *Classes/Domain/Model/SnowboardTeacher.php* gespeichert sein.

Configuration/
Hier werden verschiedene Konfigurationsdateien für Ihre Extension hinterlegt. In diversen Unterverzeichnissen finden Sie beispielsweise Konfigurationen für die Formulare, die im TYPO3-Backend für die Eingabe von Snowboardlehrer-Datensätzen generiert werden, sowie verschiedene TypoScript-Dateien, die Sie über den Template-Editor im TYPO3-Backend als statisches Template inkludieren können.

Resources/Private
In diesem Verzeichnis sind zusätzlich benötigte Dateien gespeichert, die nicht vom Website-Besucher einsehbar sein müssen. Im Unterverzeichnis *Templates/* werden z.B. die HTML-Templates für die Views und im Verzeichnis *Language/* die Übersetzungsdateien gespeichert.

Resources/Public
Hier werden Dateien benötigt, die öffentlich zugänglich sein müssen. Das können beispielsweise Bilder oder CSS-Dateien sein, die direkt über den Browser aufrufbar sein müssen.

Die erstellten PHP-Klassen

Werfen wir nun einen genaueren Blick in den *Classes*-Ordner. Im Verzeichnis *Classes/* gibt es die Ordner *Controller/* und *Domain/*. Im Verzeichnis *Domain/* finden wir wiederum die Verzeichnisse *Model/* und *Repository/*. Alle Verzeichnisse bzw. darin enthaltenen Dateien haben bestimmte Aufgaben.

Im Verzeichnis *Model/* liegt das Datenmodell unserer Snowboardschule. Dabei wird für jedes Domänenobjekt eine PHP-Klasse angelegt, die wiederum in einer eigenen Datei gespeichert wird, in diesem Fall in *SnowboardTeacher.php*. Die zugehörige Klasse ist nach den üblichen Konventionen benannt: `Snowboard\SnowboardStaff\Domain\Model\SnowboardTeacher`.

In der Klasse definieren wir die Attribute wie Nachname, Vorname und Bild. Zusätzlich zu den Attributen werden Methoden beschrieben. Auf die Attribute kann nur indirekt über Methoden aus der Klasse zugegriffen werden. Sollen Attribute gelesen oder gesetzt werden, geschieht das über sogenannte *Getter*- und *Setter*-Methoden, z.B. `getLastname()`. Es können auch weitere Methoden definiert werden, beispielsweise eine Funktion `getLastnameAndFirstname()`, die Nach- und Vornamen zusammen ausgibt.

Die *Repository*-Klassen dienen dazu, den Zugriff auf die Daten zu kapseln. Jedes Repository stellt Methoden bereit, um Objekte eines bestimmten Typs (beispielsweise Snowboardlehrer) aus einer Datenquelle zu laden. Diese Datenquelle ist in den meisten Fällen eine SQL-Datenbank, kann aber beispielsweise auch ein Webservice oder eine XML-Datei sein. Wichtig ist, dass unsere Anwendung durch die Verwendung von Repository-Klassen unabhängig von der konkreten Umsetzung der Datenbank wird.

Im Verzeichnis *Controller/* werden die Controller gespeichert. Die Benennung ist auch hier wieder von großer Wichtigkeit. In der Regel orientiert sich die Benennung der Controller am Datenmodell. Wenn das Modell ein Objekt `SnowboardTeacher` enthält, ist es sinnvoll, auch einen `SnowboardTeacherController` zu erstellen. Dieser trägt den Klassennamen `Snowboard\SnowboardStaff\Controller\SnowboardTeacherController` und wird in der Datei *SnowboardTeacherController.php* gespeichert. In der Klasse werden die *Actions* programmiert. Dabei handelt es sich um Methoden mit einem bestimmten Namensschema. Die Methoden enden immer mit dem Wort *Action*, z.B. `indexAction()`. Welche Methode beim ersten Aufruf ausgeführt wird und welche Methoden überhaupt genutzt werden können, wird in der Datei *ext_localconf.php* angegeben. Ist kein Wert vorhanden, wird immer zuerst die Methode `indexAction()` aufgerufen.

Die Ausgabe wird über die Template-Engine Fluid erzeugt. Innerhalb der Fluid-Templates können wir eigene Ausgabelogiken mithilfe sogenannter ViewHelper implementieren. Diese werden im (gegebenenfalls noch anzulegenden) Verzeichnis *ViewHelper/* gespeichert. Wie Fluid funktioniert und wie Ausgaben über Templates erzeugt werden, betrachten wir im Abschnitt »Die Ausgabe mit Fluid« auf Seite 364.

Die Klassen im Detail

Das Model

Werfen Sie nun einen genaueren Blick in das Verzeichnis *Classes/Domain/Model*. Hier finden Sie in der Datei *SnowboardTeacher.php* die Klasse `Snowboard\SnowboardStaff\Domain\Model\SnowboardTeacher`. Die Definition der Klasse sollte in etwa aussehen wie in Beispiel 11-1:

Beispiel 11-1: Inhalt der Modelldatei »Snowboardteacher.php«

```
01 <?php
02 namespace Snowboard\SnowboardStaff\Domain\Model;
03
04 use TYPO3\CMS\Extbase\DomainObject\AbstractEntity;
05 use TYPO3\CMS\Extbase\Domain\Model\FileReference;
06
07 class SnowboardTeacher extends AbstractEntity
08 {
09
10     /**
11      * @var string
12      * @validate NotEmpty
13      */
14     protected $firstName = '';
15
16     /**
17      * @var string
18      * @validate NotEmpty
19      */
20     protected $lastName = '';
21
22     /**
23      * @var \TYPO3\CMS\Extbase\Domain\Model\FileReference
24      * @cascade remove
25      */
26     protected $picture = null;
27
28     /**
29      * @return string $firstName
30      */
31     public function getFirstName()
32     {
33         return $this->firstName;
34     }
35
       [...]
79 }
```

In den Zeilen 10 bis 26 werden die Attribute unseres Modells erzeugt, indem wir sie als Variablen anlegen. Obacht: Anders als Sie es vielleicht von anderen PHP-Programmen kennen, sind die Kommentare oberhalb der Attribute nicht nur einfache Kommentare, sondern ihr Inhalt – insbesondere die Zeilen, die mit einer @-Anweisung beginnen – wird tatsächlich von TYPO3 ausgewertet. Die Kommentare werden im DocComment-Stil[2] angelegt und sind zwingend notwendig. Bei der Variablen `firstName` wird der Typ als String deklariert. Das geschieht durch das Setzen von `@var string` in Zeile 11. Über `@validate` geben wir an, dass der String nicht leer sein darf. Die Variablen sind `protected`, was bedeutet, dass der Zugriff nur direkt innerhalb der Klasse über Methodenaufrufe erfolgen kann. Die get-Methoden werden in den Zeilen 31, 48 und 66 definiert.

Sie können diese Klasse beliebig um eigene Methoden erweitern. Um später einfach den vollen Namen eines Snowboardlehrers abrufen zu können, erweitern Sie die Klasse daher, wie in Beispiel 11-2 gezeigt, um die Methode `getFullName()`:

Beispiel 11-2: Der Klasse »SnowboardTeacher« wird eine neue Methode hinzugefügt.

```
01 <?php
02 namespace Snowboard\SnowboardStaff\Domain\Model;
03
04 use TYPO3\CMS\Extbase\DomainObject\AbstractEntity;
05 use TYPO3\CMS\Extbase\Domain\Model\FileReference;
06
07 class SnowboardTeacher extends AbstractEntity
08 {
       [...]
61
62     /**
63      * Returns the teacher's full name (first and last name)
64      * @return string
65      */
66     public function getFullName()
67     {
68         return $this->firstName . ' ' . $this->lastName;
69     }
70
       [...]
88 }
```

Die get-Methoden werden wir später benötigen, um auf die Attribute eines Snowboardlehrers von außerhalb dieser Klasse (beispielsweise aus einem Fluid-Template heraus) zuzugreifen.

2 PHPDoc ermöglicht die automatische Generierung einer Dokumentation aus Kommentaren im Quelltext. Siehe dazu *http://www.phpdoc.de*.

Der Controller

Damit mit unserem Model interagiert werden kann, benötigt es einen Controller. Dieser existiert in der Klasse `Snowboard\SnowboardStaff\Controller\SnowboardTeacherController` in der Datei *typo3conf/ext/snowboard_staff/Classes/Controller/SnowboardTeacherController.php*. Die Klasse sieht ähnlich aus wie in Beispiel 11-3:

Beispiel 11-3: Inhalt der Controller-Datei »SnowboardteacherController.php«

```
01 <?php
02 namespace Snowboard\SnowboardStaff\Controller;
03
04 use TYPO3\CMS\Extbase\Mvc\Controller\ActionController;
05 use Snowboard\SnowboardStaff\Domain\Model\SnowboardTeacher;
06
07 class SnowboardTeacherController extends ActionController
08 {
09
10     /**
11      * @var \Snowboard\SnowboardStaff\Domain\Repository\
                             SnowboardTeacherRepository
12      * @inject
13      */
14     protected $snowboardTeacherRepository = NULL;
15
16     /**
17      * @return void
18      */
19     public function listAction()
20     {
21         $snowboardTeachers = $this->snowboardTeacherRepository->
                                  findAll();
22         $this->view->assign('snowboardTeachers', $snowboardTeachers);
23     }
24
25     /**
26      * @param \Snowboard\SnowboardStaff\Domain\Model\SnowboardTeacher
               $snowboardTeacher
27      * @return void
28      */
29     public function showAction(SnowboardTeacher $snowboardTeacher)
30     {
31         $this->view->assign('snowboardTeacher', $snowboardTeacher);
32     }
33
34 }
```

Wir erweitern also die Extbase-Klasse `TYPO3\CMS\Extbase\Mvc\Controller\ActionController`. In Zeile 14 wird ein Klassenattribut vom Typ `Snowboard\SnowboardStaff\Domain\Repository\SnowboardTeacherRepository` definiert. Die Annotation @inject in Zeile 12 sorgt dafür, dass das Extbase-Framework dieses Attribut automatisch mit einer Instanz der Klasse SnowboardTeacherRepository initialisiert, wenn ein neuer Controller instanziiert wird.

Sie erinnern sich, dass das Repository für uns die Arbeit des Suchens übernimmt bzw. die Objekte aus der Datenbank liefert. Die vom Repository gelieferten Snowboardlehrer-Objekte werden in den Zeilen 21 und 22 beim Aufruf der Methode listAction() direkt an die View übergeben. Die Methode findAll() des Repository liefert alle gefundenen Objekte vom Typ SnowboardTeacher.

Das Extbase-Framework benötigt die Information, welche Controller existieren und welche Aktionen sie bereitstellen. Die Angaben dazu werden in der Datei *ext_localconf.php* vorgenommen und sollten so aussehen wie in Beispiel 11-4 gezeigt. Normalerweise sollte der Extension Builder hier bereits ganze Arbeit geleistet haben, sodass Sie diese Datei nicht weiter verändern müssen.

Beispiel 11-4: Angaben zum Controller in der Datei »ext_localconf.php«

```
01 <?php
02 defined('TYPO3_MODE') || die('Access denied.');
03
04 call_user_func(
05   function() {
06     \TYPO3\CMS\Extbase\Utility\ExtensionUtility::configurePlugin(
07       'Snowboard.SnowboardStaff',
08       'Pi',
09       ['SnowboardTeacher' => 'list, show'],
10       ['SnowboardTeacher' => '']
11     );
12
       [...]
32   }
33 );
```

Es gibt den Controller SnowboardTeacherController mit den Methoden listAction() und showAction(). Für jede Aktion muss zwingend eine Methode mit der passenden Bezeichnung »<Aktionsname>Action()« vorhanden sein. Wir haben in Zeile 9 festgelegt, dass der erste Controller SnowboardTeacher ist. Zudem legen wir fest, dass als erste Aktion list aufgerufen wird, sobald das Plug-in im Frontend aufgerufen wird. Es wird also die Methode listAction() aufgerufen, in der die findAll()-Methode des Repository alle Datensätze unseres Snowboardteacher holt und an die View weiterleitet.

Die Ausgabe mit Fluid

Um auch in Ihrer Erweiterung eine Trennung zwischen Design, Inhalt und Funktionalität zu erreichen, soll das Design nicht hartcodiert im PHP-Programm bestimmt werden, sondern dynamisch über Designvorlagen zur Verfügung stehen. Auf Extbase basierende Erweiterungen nutzen hierzu die Template-Engine Fluid, die Sie bereits aus den vorhergehenden Kapiteln kennen – in Kapitel 4 und Kapitel 5 haben wir das Seiten-Template mit Fluid implementiert, in Kapitel 8 Inhaltselemente mit Fluid ausgegeben und in Kapitel 10 die Templates der (ebenfalls auf dem Extbase-Framework basierenden) News-Extension angepasst.

Überblick

In `SnowboardteacherController` haben wir mit der `list`-Aktion über den Aufruf `$this->view->assign('snowboardTeachers', $this->snowboardTeacherRepository->findAll());` Objekte vom Typ `SnowboardTeacher` an die View übergeben. Alle Werte, die der View auf diese Weise übergeben wurden, stehen im Fluid-Template als Variable zur Verfügung und können über die gewohnte `{...}`-Notation angesprochen werden. Die Fluid-Templates werden im Verzeichnis *typo3conf/ext/user_staff/Resources/Private/Templates* gespeichert. Für jeden Controller wird dort ein Verzeichnis angelegt. Die vom Extension Builder erstellten Vorlagen finden Sie also im Verzeichnis *Resources/Private/Templates/SnowboardTeacher*.

Tipp Im Verzeichnis *Resources/* existieren zwei Ordner: *Private/* und *Public/*. Im Verzeichnis *Public/* können Sie Dateien speichern, die über das Web erreichbar sein sollen. Das können beispielsweise Grafiken Ihres Templates oder CSS-Dateien sein. Im Ordner *Private/* liegen Dateien, die nicht öffentlich sind, z.B. Fluid-Templates, Sprachdateien u. a.

Im Ordner *SnowboardTeacher/* sind die Template-Dateien *List.html* und *Show.html* für unsere Ausgabe zuständig. Beim Aufruf der Webseite wird die List-Aktion ausgelöst und somit die Methode `listAction()` im Controller. Für die Aktion muss eine gleichnamige Template-Datei vorhanden sein, die für diese Aktion die Ausgabe erzeugt. Für die Index-Aktion ist das die Datei *List.html*.

In *List.html* finden Sie also das vom Extension Builder automatisch generierte Template, das aussehen sollte wie in Beispiel 11-5.

Beispiel 11-5: Die Fluid-Template-Datei »List.html«

```
[...]
<f:section name="main">
```

Beispiel 11-5: Die Fluid-Template-Datei »List.html« (Fortsetzung)

```
<h1>Listing for SnowboardTeacher</h1>

<f:flashMessages />

<table  class="tx_snowboardstaff" >
  <tr>
    <th><f:translate key="tx_snowboardstaff_domain_model_snowboardteacher.
                          first_name" /></th>
    <th><f:translate key="tx_snowboardstaff_domain_model_snowboardteacher.
                          last_name" /></th>
    <th><f:translate key="tx_snowboardstaff_domain_model_snowboardteacher.
                          picture" /></th>
    <th> </th>
    <th> </th>
  </tr>

  <f:for each="{snowboardTeachers}" as="snowboardTeacher">
    <tr>
      <td><f:link.action action="show" arguments="{snowboardTeacher :
snowboardTeacher}"> {snowboardTeacher.firstName}</f:link.action></td>
      <td><f:link.action action="show" arguments="{snowboardTeacher :
snowboardTeacher}"> {snowboardTeacher.lastName}</f:link.action></td>
      <td><f:link.action action="show" arguments="{snowboardTeacher :
snowboardTeacher}"> {snowboardTeacher.picture.originalResource.name}
</f:link.action></td>
      <td><f:link.action action="edit" arguments="{snowboardTeacher :
snowboardTeacher}">Edit</f:link.action></td>
      <td><f:link.action action="delete" arguments="{snowboardTeacher :
snowboardTeacher}">Delete</f:link.action></td>
    </tr>
  </f:for>
</table>

<f:link.action action="new">New SnowboardTeacher</f:link.action>
</f:section>
```

Zur Verdeutlichung: In unserem Controller `SnowboardteacherController` wird die Index-Aktion `listAction()` aufgerufen. Darin werden die aus dem Repository `snowboardTeacherRepository` mit der `findAll()`-Methode gefundenen `SnowboardTeacher`-Objekte an die View übergeben: `$this->view->assign('snowboardTeacher', $this->snowboardTeacherRepository->findAll());`. Die aus dem Repository für uns gesuchten Snowboardlehrerobjekte stehen also hier im Template zur Verfügung. Wir können uns nun durch die Objekte hangeln und beispielsweise den Vornamen mit `{snowboardTeacher.firstName}` ausgeben.

Obiges Template macht außerdem intensiven Gebrauch von Fluid-View-Helpern, die bisher nur oberflächlich betrachtet wurden. Die Syntax `f:translate` bedeutet, dass es sich um einen ViewHelper handelt, der aus der Erweiterung Fluid `f:` (kurz für »Fluid«) stammt. Der Translate-View-

Helper im Speziellen ist dafür verantwortlich, ein sprachabhängiges Label aus der Sprachdatei (unter *Resources/Private/Language/locallang.xlf*) auszulesen.

Die Ausgabe einer Liste aller Snowboardlehrer wird in den Zeilen 29 bis 37 durch die `for each`-Schleife `<f:for each="{snowboardTeachers}" as="snowboardTeacher">` möglich. Jeder gefundene Datensatz wird durchlaufen. In Zeile 31 wird z.B. das Ergebnis der vom Extension Builder im Modell `Snowboardteacher` angelegten Get-Methode `getFirstName()` ausgegeben. Wiederholt wird auch der `f:link.action`-ViewHelper benutzt, etwa ebenfalls in Zeile 31. Dieser dient dazu, einen Link auf eine andere Controller-Action zu generieren – in diesem Fall etwa auf die `showAction`, deren Zweck es sein könnte, Details zu einem einzelnen Snowboardlehrer darzustellen. Beachten Sie, dass der Extension Builder auch Links zu Controller-Actions erstellt hat, die in dem Controller gar nicht definiert sind (beispielsweise die Links zur `edit`-, `delete`- oder `new`-Action in den Zeilen 34, 35 und 40). Diese gilt es noch zu entfernen, da den Besucher beim Klick auf einen solchen Link nur eine unschöne Fehlermeldung erwarten würde.

Die View anpassen

Sie können diese View nun Ihren Bedürfnissen nach anpassen. Möchten Sie beispielsweise Vor- und Nachnamen in einer Tabellenspalte darstellen, platzieren Sie die Marker `{snowboardTeacher.firstName}` und `{snowboardTeacher.lastName}` in einer einzelnen Zelle. Alternativ können Sie auch die Methode `getFullName` verwenden, die Sie im vorigen Abschnitt implementiert haben.

Beispiel 11-6 zeigt ein radikal angepasstes Template, in dem die CSS-Klassen des Bootstrap-Frameworks genutzt wurden, um die Trainerliste in das Design der Seite einzupassen. Die Trainer werden nun nicht mehr tabellarisch dargestellt, sondern als Elemente eines Bootstrap-Gridlayouts. Dies sieht im Frontend aktuell noch ein wenig komisch aus, wird aber schöner, sobald wir im nächsten Abschnitt noch das hinterlegte Bild mit einfügen.

Da die Erweiterung die Snowboardlehrer nur ausgeben, aber keine Bearbeitung ermöglichen soll, können Sie im selben Schritt auch gleich die Links zum Bearbeiten und Löschen der Snowboardlehrer entfernen.

Beispiel 11-6: Anpassungen des Fluid-Templates

```
<div class="row">
  <f:for each='{snowboardTeachers}" as="snowboardTeacher">
    <div class="col-md-4 text-center">
      <f:link.action action="show" arguments="{snowboardTeacher:
                                              snowboardTeacher}">
        <h3>
```

Beispiel 11-6: Anpassungen des Fluid-Templates (Fortsetzung)

```
          {snowboardTeacher.fullName}
        </h3>
      </f:link.action>
    </div>
  </f:for>
</div>
```

Weiterhin sollten Sie in Ihrer View berücksichtigen, was passiert, wenn keine Snowboardlehrer vorhanden sind. Aktuell würde die `for`-Schleife im View genau 0-mal durchlaufen und Sie sähen gar nichts. Um diesen Fall gesondert abzufangen, können Sie wie in Beispiel 11-7 gezeigt den `f:if`-ViewHelper verwenden.

Beispiel 11-7: Verwendung des ViewHelper »if«

```
<f:if condition="{snowboardTeachers}">
  <f:then>
    <div class="row">
      <f:for each="{snowboardTeachers}" as="snowboardTeacher">
        <div class="col-md-4 text-center">
          <f:link.action action="show" arguments="{snowboardTeacher:
                                                  snowboardTeacher}">
            <h3>
              {snowboardTeacher.fullName}
            </h3>
          </f:link.action>
        </div>
      </f:for>
    </div>
  </f:then>
  <f:else>
    <div class="alert alert-info">
      <strong>Keine Snowboardlehrer!</strong>
      Es wurden keine Datensätze gefunden.
    </div>
  </f:else>
</f:if>
```

Nach dem Speichern des Templates löschen Sie den Seiteninhaltscache im TYPO3-Backend und sehen sich an, was im Frontend angezeigt wird.

Die Grafik anzeigen

Bisher wird im Frontend lediglich der Name des Mitarbeiters ausgegeben; im TYPO3-Backend kann jedoch auch ein Bild hochgeladen werden. Sie können nun einmal versuchen, dieses Bild im Fluid-Template auszugeben, indem Sie es mit `{snowboardTeacher.picture}` als Variable referenzieren. Die Ausgabe wird Sie jedoch wahrscheinlich enttäuschen, da das Bild nur als eine Zeichenkette wie `TYPO3\CMS\Extbase\Domain\Model\FileReference:12` ausgegeben wird.

Abhilfe schafft der `f:image`-ViewHelper, der genutzt werden kann, um die hochgeladene Grafikdatei auch als Bild in der HTML-Seite auszugeben. Beispiel 11-8 zeigt die Nutzung dieses ViewHelpers.

Beispiel 11-8: Nutzung des »f:image«-ViewHelpers

```
    <f:for each="{snowboardTeachers}" as="snowboardTeacher">
      <div class="col-md-4 text-center">
        <f:link.action action="show" arguments="{snowboardTeacher:
                                          snowboardTeacher}">
          <f:image image="{snowboardTeacher.picture}" width="250"
                   height="250" class="img-circle" />
          <h3>
            {snowboardTeacher.fullName}
          </h3>
        </f:link.action>
      </div>
    </f:for>
```

Anschließend löschen wir den Seiteninhaltscache im TYPO3-Backend und betrachten das Ergebnis im Frontend. Die Grafiken werden angezeigt und über die Template Engine neu berechnet. Wenn wir im Quellcode den Pfad zur Datei prüfen, werden wir feststellen, dass diese aus dem *typo3temp/*-Verzeichnis geladen wird. Durch die Angabe `width` und `height` im ViewHelper wird die Grafik in der Breite von 200 Pixeln neu erstellt. Abbildung 11-13 zeigt das Endergebnis im Frontend.

Abbildung 11-13 ▼
Die finale Ausgabe der Mitarbeiterliste im Frontend

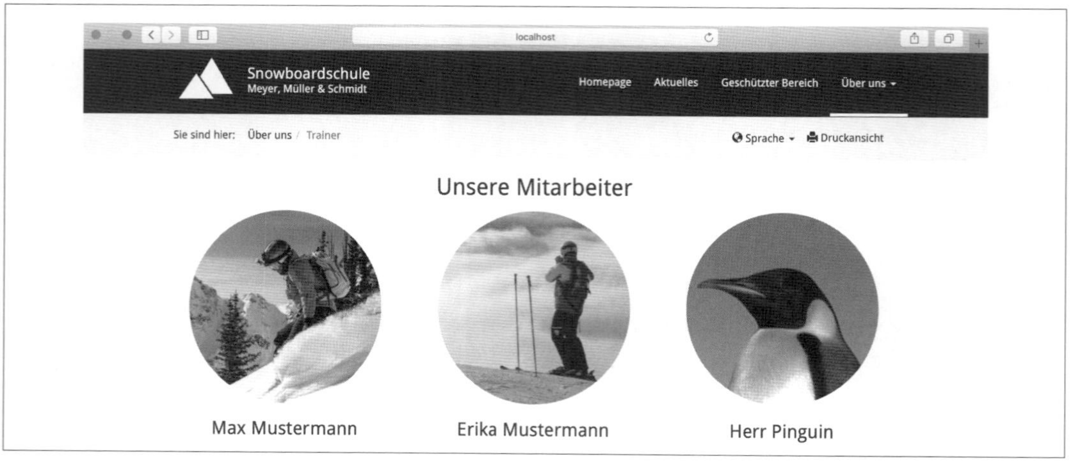

TypoScript-Parameter übergeben

Das settings-Objekt

Mit TypoScript können Sie an Ihren Controller und die View Parameter übergeben, die Sie dann nach Belieben verarbeiten können. Diese Parameter werden direkt unterhalb von `plugin.tx_snowboardstaff_pi.settings` angegeben und in Ihrem Controller im Klassenattribut `$this->settings` zur Verfügung gestellt (falls Ihre Extension mehrere Controller verwendet, steht Ihnen die Variable `$settings` in allen Controllern zur Verfügung). Das Settings-Array steht Ihnen ebenfalls in allen Views unter dem Variablennamen `{settings}` zur Verfügung.

Eine Extension kann eigene TypoScript-Definitionen mitbringen, die Sie im Anschluss über das *Template*-Modul im TYPO3-Backend inkludieren können (wie Sie es in den vorherigen Kapiteln mit anderen Extensions wie etwa der News-Erweiterung auch bereits getan haben). Diese Standard-TypoScript-Definitionen werden in Form von Dateien (üblicherweise mit der Dateiendung *.typoscript*) im Verzeichnis *Configuration/Typoscript/* innerhalb der Erweiterung gespeichert.

Beispielsweise könnten Sie über eine TypoScript-Einstellung konfigurierbar machen, ob in der Listenansicht das Bild des Mitarbeiters dargestellt werden soll. Das Standard-TypoScript Ihrer Extension können Sie in der Datei *typo3conf/ext/snowboard_staff/Configuration/Typoscript/setup.typoscript* bearbeiten. (Alle TypoScript-Optionen in dieser Datei können Sie später über das Template-Modul im TYPO3-Backend noch einmal überschreiben.) Diese Datei beinhaltet bereits einige Standardeinstellungen, die vom Extension Builder vorgenommen wurden.

Tipp Manche Versionen des Extension Builder generieren die TypoScript-Dateien mit der Dateiendung *.ts statt .typoscript*. Einen Unterschied macht das nicht – Sie können die Dateiendung auf *.typoscript* ändern, wenn Sie möchten (die meisten Texteditoren assoziieren mit der Dateiendung *.ts* eher TypeScript-Dateien und kein TypoScript).

Fügen Sie, wie in Beispiel 11-9 dargestellt, eine entsprechende Option in Ihre *setup.typoscript* ein:

Beispiel 11-9: Eigene TypoScript-Optionen definieren

```
plugin.tx_snowboardstaff_pi {
  settings {
    displayUserImage = 1
  }
  [...]
}
```

Anschließend können Sie diese Option im View *List.html* auswerten, wie es in Beispiel 11-10 dargestellt ist:

Beispiel 11-10: Im TypoScript definierte Variablen auswerten

```
    <f:for each="{snowboardTeachers}" as="snowboardTeacher">
      <div class="col-md-4 text-center">
```

Beispiel 11-10: Im TypoScript definierte Variablen auswerten (Fortsetzung)

```
        <f:link.action action="show" arguments="{snowboardTeacher:
                                              snowboardTeacher}">
          <f:if condition="{settings.displayUserImage}">
            <f:image image="{snowboardTeacher.picture}" width="250"
                     height="250" class="img-circle" />
          </f:if>
          <h3>
            {snowboardTeacher.fullName}
          </h3>
        </f:link.action>
      </div>
    </f:for>
```

Dadurch lassen sich einfache Konfigurationen realisieren, die eine Trennung zwischen Design, Struktur und Inhalt auch bei eigenen Extensions ermöglichen.

TypoScript-Templates im Texteditor bearbeiten

Da TypoScript-Templates in einer Extension als Dateien vorliegen, haben Sie die Möglichkeit, diese über einen regulären Texteditor Ihrer Wahl (statt wie bisher über das TYPO3-Backend) zu bearbeiten.

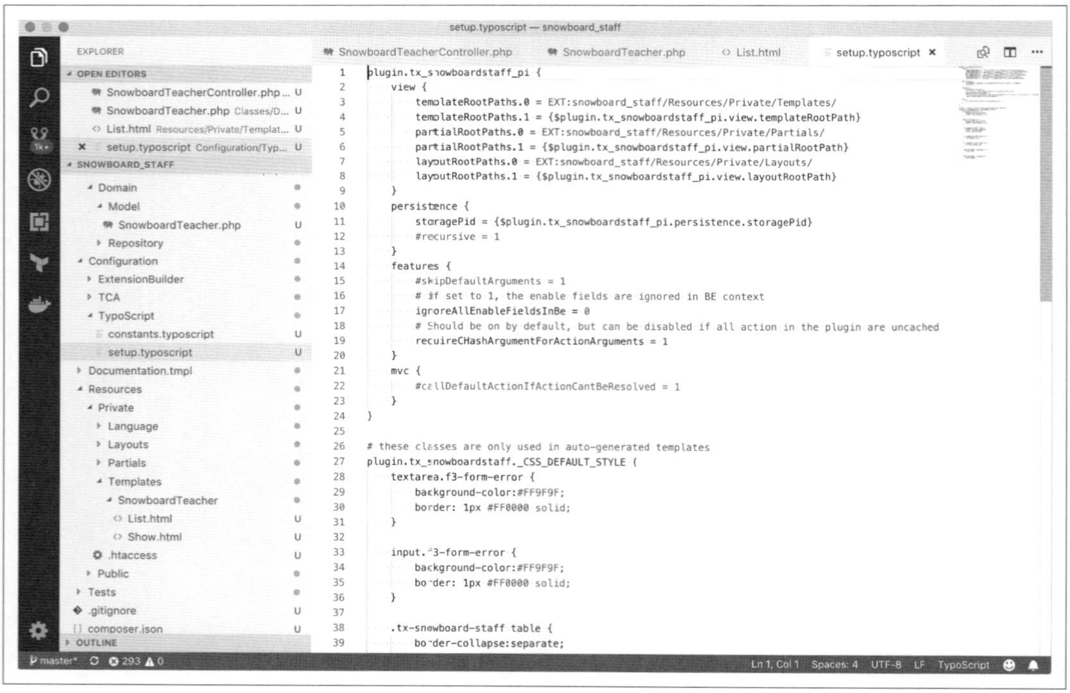

Abbildung 11-14 ▼ Bearbeitung von TypoScript-Templates mit Visual Studio Code

Gut für die Bearbeitung von TypoScript-Templates eignet sich *Visual Studio Code*. Dabei handelt es sich um einen kostenlosen Editor von Microsoft, der für alle gängigen Betriebssysteme verfügbar ist. Er kann über die Adresse *https://code.visualstudio.com/download* heruntergeladen werden.

Sobald Sie in Visual Studio Code das erste Mal eine Datei mit der Endung *.typoscript* öffnen, bietet der Editor Ihnen an, ein entsprechendes Plug-in mit der Unterstützung für TypoScript (insbesondere für farbliche Syntax-Hervorhebung und Ähnliches) zu installieren. Das entsprechende Editor-Plug-in wird von einem TYPO3-Core-Entwickler bereitgestellt und weiterentwickelt.

TypoScript-Objekte als Parameter übergeben, ausführen und überschreiben

Sie können aber nicht nur einfache Parameter übermitteln, sondern auch ganze TypoScript-Objekte mit den zugehörigen Eigenschaften übergeben und ausführen lassen. So können Sie beispielsweise das bereits in Kapitel 5, *TypoScript in der Praxis*, betrachtete `IMAGE`-Objekt nutzen, um eine responsive Grafik ausgeben zu lassen. Dazu fügen Sie die in Beispiel 11-11 angegebenen Zeilen in die Datei *Configuration/TypoScript/setup.typoscript* ein.

Beispiel 11-11: Eine Grafik über TypoScript beschreiben

```
plugin.tx_snowboardstaff_pi {
  settings {
    userImage = IMAGE
    userImage {
      file {
        import = 1
        import.data = field:picture
        treatIdAsReference = 1
        height = 250
      }

      params = class="img-circle"

      sourceCollection {
        small {
          width = 250
          srcsetCandidate = 1x
        }
        big {
          width = 250
          srcssetCandidate = 2x
          pixelDensity = 2
        }
      }
```

Beispiel 11-11: Eine Grafik über TypoScript beschreiben (Fortsetzung)

```
25
26         layoutKey = srcset
27         layout {
28           srcset {
29             element = <img src="###SRC###" srcset="###SOURCECOLLECTION###"
                                            ###PARAMS### ###ALTPARAMS###>
30             source = |*|###SRC### ###SRCSETCANDIDATE###,|*|###SRC###
                                                ###SRCSETCANDIDATE###
31           }
32         }
33       }
34     }
     [...]
43 }
```

Diesen TypoScript-Code mit dem unter `.userImage` definierten `IMAGE`-Objekt und seinen Eigenschaften können Sie in Ihrer View mit dem Fluid-ViewHelper `f:cObject` auswerten, wie in Beispiel 11-12 dargestellt ist:

Beispiel 11-12: Ein TypoScript-Objekt in der Fluid-View verwenden

```
<div class="row">
  <f:for each="{snowboardTeachers}" as="snowboardTeacher">
    <div class="col-md-4 text-center">
      <f:link.action action="show" arguments="{snowboardTeacher:
                                    snowboardTeacher}">
        <f:cObject typoscriptObjectPath="plugin.tx_snowboardstaff_
                   pi.settings.userImage"
                   data="{picture: snowboardTeacher.picture.uid}" />
        <h3>
          {snowboardTeacher.fullName}
        </h3>
      </f:link.action>
    </div>
  </f:for>
</div>
```

Im ViewHelper `cObject` können Sie über den Parameter `typoscriptObjectPath` den Pfad des auszugebenden TypoScript-Objekts angeben. Über den Parameter `data` können Sie definieren, auf welche Daten in dem Objekt zugegriffen werden darf. (Wir erinnern uns: In Beispiel 11-11 hatten Sie in Zeile 7 den Wert `picture` angesprochen.)

Daten aus der Datenbank laden

In den vorangegangenen Abschnitten haben Sie erfahren, wie Sie über das TYPO3-Backend angelegte Datensätze auslesen und über eine Fluid-View wieder ausgeben können. Doch wie genau werden diese Daten eigentlich aus der Datenbank gelesen?

In der Klasse Snowboard\SnowboardStaff\Controller\SnowboardTeacherController wurden über den Aufruf der Methode findAll in der Klasse Snowboard\SnowboardStaff\Domain\Repository\SnowboardTeacherRepository alle Snowboardlehrer aus der Datenbank geladen. Diese Klasse ist also für das Laden der Datensätze zuständig. Werfen Sie deshalb einen Blick in die Datei *Classes/Domain/Repository/SnowboardTeacherRepository.php*.

Die Klasse erweitert die Extbase-Klasse TYPO3\CMS\Extbase\Persistence\Repository, die die wichtige und zur Ausgabe der Liste der Snowboardlehrer benötigte Funktion findAll() bereitstellt. Sie werden sich wundern, wie wenig Inhalt das Repository hat, obwohl es so eine zentrale und wichtige Rolle spielt. Für das Repository sind keine Implementierungen von Methoden notwendig, da die Basisklasse TYPO3\CMS\Extbase\Persistence\Repository bereits eine wohldefinierte Menge an Methoden bereitstellt, die der Extension-Entwickler nicht selbst zu implementieren braucht. Diese Funktionen sind in Tabelle 11-1 aufgeführt.

◀ Tabelle 11-1
»find«-Methoden der Basis-Repository-Klasse

Methode	Beschreibung
$repository->findAll()	Liefert alle vorhandenen Objekte der Klasse zurück, die nicht als gelöscht oder ausgeblendet gekennzeichnet sind.
$repository->findBy<Attributname> $repository->findByLastname('einName')	Liefert alle Objekte der Klasse zurück, deren Eigenschaft (z. B. $lastname) mit dem gegebenen Wert übereinstimmt und die nicht als gelöscht oder ausgeblendet gekennzeichnet sind.
$repository->findOneBy<Attributname> $repository->findOneByLastname('einName')	Wie findBy<Attributname>, hier wird jedoch nur das erste gefundene Objekt zurückgeliefert.

Für komplexere Anfragen können auch eigene find-Methoden implementiert werden. Solche Anfragen werden in Extbase nicht direkt als SQL-Abfragen formuliert, sondern über eine objektorientierte Abfrageschnittstelle.

Ein Beispiel für eine solche Abfrage sehen Sie in Beispiel 11-13:

Beispiel 11-13: Eine benutzerdefinierte Datenbankabfrage schreiben

```
<?php
namespace Snowboard\SnowboardStaff\Domain\Repository;

use \TYPO3\CMS\Extbase\Persistence\Repository;

class SnowboardTeacherRepository extends Repository
{
    public function findAll()
    {
        $query = $this->createQuery();
```

Beispiel 11-13: Eine benutzerdefinierte Datenbankabfrage schreiben (Fortsetzung)

```
11         $query->setOrderings(['lastName' => 'ASC']);
12         return $query->execute();
13     }
14 }
```

In Zeile 8 wird zunächst eine neue Methode definiert (in diesem Fall überschreiben wir die geerbte Methode `findAll()`). Anschließend wird in Zeile 10 über die ebenfalls geerbte Methode `createQuery()` eine neue Abfrage erstellt. Diese Abfrage findet standardmäßig alle Objekte vom Typ `SnowboardTeacher`. Über den Aufruf der Methode `setOrderings` in Zeile 11 können Sie angeben, dass das Ergebnis der Abfrage nach den Nachnamen der Snowboardlehrer sortiert werden soll. In Zeile 12 werden anschließend in einem Schritt die Abfrage ausgeführt und das Ergebnis zurückgeliefert.

Wie Sie die Ergebnismenge einer Abfrage nach bestimmten Kriterien einschränken können, sehen Sie in Beispiel 11-14.

Beispiel 11-14: Eine benutzerdefinierte Datenbankabfrage schreiben

```
01 <?php
02 namespace Snowboard\SnowboardStaff\Domain\Repository;
03
04 use \TYPO3\CMS\Extbase\Persistence\Repository;
05
06 class SnowboardTeacherRepository extends Repository
07 {
08     public function findAll()
09     {
10         $query = $this->createQuery();
11         $constraint = $query->logicalNot(
12           $query->equals('lastName', 'Mustermann')
13         );
14         $query->matching($constraint);
15         return $query->execute();
16     }
17 }
```

In diesem Beispiel wird in Zeile 11 eine Einschränkung auf das Attribut `lastName` erstellt. Der Aufruf `$query->equals('lastName','Mustermann')` erstellt eine Einschränkung, die auf alle Snowboardlehrer mit dem Nachnamen »Mustermann« zutrifft. Dadurch, dass diese Einschränkung nochmals von dem Aufruf `$query->logicalNot(...)` umschlossen ist, wird sie negiert und trifft somit auf alle Snowboardlehrer, die nicht zur Familie Mustermann gehören, zu.

Ebenso wie Sie mit der Methode `logicalNot` eine Einschränkung negieren können, können Sie mit den Methoden `$query->locicalAnd` und `$query->logicalOr` auch Einschränkungen miteinander kombinieren.

Schlussbemerkung

Das von uns entwickelte Mitarbeiter-Plug-in soll Ihnen einen Ausblick auf die Entwicklung von Erweiterungen mit Extbase und Fluid vermitteln und es Ihnen ermöglichen, die konzeptuellen Veränderungen in TYPO3 zu verstehen. Das Plug-in wurde bewusst einfach gehalten, da Programmierung keinen thematischen Schwerpunkt dieses Buchs darstellt. Wenn Sie sich mit dem Framework und der Entwicklung tiefer gehend beschäftigen möchten, sollten Sie die Dokumentationen und Literatur zu Extbase und Fluid verfolgen. Zu diesem Thema ist im O'Reilly Verlag im November 2013 das Buch *Zukunftssichere TYPO3-Extensions mit Extbase und Fluid* von Jochen Rau, Sebastian Kurfürst und Martin Helmich (Achtung, Eigenwerbung!) erschienen. Um Ihre Kenntnisse in allgemeinen Konzepten wie dem Domain-driven Design und dem Model-View-Controller-Muster zu erweitern, empfehle ich Ihnen, grundlegende Literatur zu diesen Themen zu lesen.

KAPITEL 12

Site Management und Best Practices

In diesem Kapitel:

- Site Management im TYPO3-Backend
- Verwaltung von Fehlerseiten
- Suchmaschinen, soziale Netzwerke und TYPO3
- Weiterleitungen verwalten
- Arbeiten mit Site Packages

In diesem Kapitel beschäftigen wir uns näher mit der Verwaltung der Website – der *Seitenverwaltung* bzw. dem *Site Management*. Der Begriff *Seite* (engl. *Site*) in diesem Kontext bezeichnet nicht die einzelne Seite im Seitenbaum, sondern die Website mit all ihren Seiten als Ganzes.

Tipp TYPO3 arbeitet in der englischen Variante mit den Begriffen *Page* (für einzelne Seiten im Seitenbaum) und *Site* (für eine gesamte Domain). In der deutschen Übersetzung werden beide Begriffe unglücklicherweise mit *Seite* übersetzt. Um Verwirrung vorzubeugen, arbeiten wir in diesem Buch mit dem englischen Begriff *Site* weiter.

In Kapitel 4 haben wir uns im Abschnitt »Eine Seitenkonfiguration erstellen« auf Seite 80 bereits ein wenig mit der Seitenverwaltung beschäftigt und die grundlegende Funktionsweise kennengelernt. In Kapitel 9 im Abschnitt »Mehrsprachige Websites« auf Seite 251 haben wir zudem die Seitenverwaltung genutzt, um mehrsprachige Websites zu ermöglichen. In diesem Abschnitt werden wir die verbleibenden Funktionen des *Seitenverwaltung*-Moduls betrachten. Weitere Themen sind die Suchmaschinenoptimierung, die Konfiguration menschenlesbarer URLs sowie die Verwaltung von Fehlerseite und Weiterleitungen.

Das abschließende Thema dieses Kapitels ist die Arbeit mit *Site Packages*. Dabei handelt es sich um eine Best Practice, die sich unter Entwicklern etabliert hat. Sie besteht darin, alle zu einer Site dazugehörigen Dateien (also Fluid-Designvorlagen, statische Bilder, TypoScript-Templates) in einer eigens dafür erstellten Extension (dem *Site Package*) zusammenzufassen.

Site Management im TYPO3-Backend

Das *Site Management* im TYPO3-Backend (unter dem Menüpunkt *Seitenverwaltung → Seiten*) ist in TYPO3 9 neu dazugekommen. Das Site Management bietet bessere Möglichkeiten, das Verhalten einer Webseite als Ganzes genauer zu steuern und zu definieren. Darüber hinaus ermöglicht das Site Management, mehrere Sites (also beispielsweise mehrere Domains) über eine einzelne TYPO3-Installation zu verwalten.

Bisher haben wir in unserem Beispielprojekt immer mit einer einzelnen Seitenkonfiguration gearbeitet. Theoretisch könnte es in Ihrem Seitenbaum jedoch auch ebenso gut mehrere Wurzelseiten geben (also Seiten, bei denen die Eigenschaft *Als Anfang der Website benutzen* aktiviert wurde) – und damit auch mehrere Sites. Gerade diese Verwaltung mehrerer Sites innerhalb derselben TYPO3-Installation kann in verschiedenen Fällen nützlich sein:

1. Sie möchten mehrere verschiedene Sites betreiben, die einander sehr ähnlich sind (beispielsweise eine Site für die *Snowboardschule Meyer, Müller & Schmidt* unter *snowboard-meyer.de* und eine weitere Site für die *Skischule Müller-Schuster* unter der Domain *skischule-muellerschuster.com*), und das gleiche Template oder dieselben Extensions verwenden.
2. Sie arbeiten intensiv mit Microsites oder möchten einzelne Landingpages anbieten, die zwar Ihrem Projekt zugehörig sind (und auch von denselben Redakteuren bearbeitet werden), aber ansonsten weitgehend unabhängig von der »Haupt«-Site sein sollen. Ist Ihr Hauptprojekt beispielsweise unter *snowboard-meyer.de* erreichbar, können Sie eine unabhängige Microsite unter der Domain *neujahrsfest2019.snowboard-meyer.de* anbieten.

Und auch wenn Sie nicht mit mehreren verschiedenen Sites arbeiten möchten, kann es sinnvoll sein, sich mit den Funktionen des Site Management auseinanderzusetzen, da diese einige Möglichkeiten bieten, die auch für Projekte mit einer einzelnen Site/Domain nützlich sein können. Hierzu zählen beispielsweise:

Menschenlesbare URLs
: In Kapitel 4 hatten wir bereits erläutert, dass sich die Links zu den einzelnen Seiten einerseits aus dem in der Seitenkonfiguration hinterlegten Einstiegspunkt und andererseits aus den Seitentiteln der Seiten im Seitenbaum ergeben.

Feingranulare Kontrolle über mehrsprachige Seiten
: Über das Site Management können Sie verschiedene Domains als Einstiegspunkt für verschiedene Sprachen definieren – beispielsweise *snowboard-meyer.de* für die Standardsprache und *snowboard-meyer.com* für die englische Übersetzung.

Benutzerdefinierte Fehlerseiten
: Was passiert, wenn ein Besucher eine Seite aufruft, die es gar nicht gibt? Aktuell wird eine – optisch nicht besonders ansprechende – Standardfehlerseite von TYPO3 ausgespielt. Das Site Management

bietet Ihnen die Möglichkeit, solche Fehlerseiten an Ihre eigenen Bedürfnisse anzupassen.

Statische Routen
Hier können Sie bestimmte URL-Pfade definieren, die unabhängig davon, ob Seiten dieses Namens existieren, einen bestimmten Inhalt ausspielen sollen. Ein einfaches Beispiel hierfür könnte die */robots.txt* sein, die Anweisungen für Suchmaschinen enthält.

Verwaltung von Fehlerseiten

Ein häufig übersehener, aber enorm wichtiger Bestandteil von Webseiten sind Fehlerseiten. Eventuell rechnen Sie beim Erstellen einer Seite nicht unbedingt damit, dass bei deren Aufruf später irgendwelche Fehler eintreten könnten. Aber was passiert beispielsweise, wenn ein Besucher über eine Suchmaschine versucht, einen Link zu einer längst gelöschten (oder verschobenen) Seite aufzurufen? Oder wenn er versucht, auf eine Seite zuzugreifen, die einen Log-in erfordert? Oder wenn serverseitig bei der Verarbeitung von Formulareingaben irgendetwas fehlschlägt?

In solchen Fällen kann eine gut gestaltete Fehlerseite darüber entscheiden, ob ein Besucher Ihrer Seite diese frustriert verlässt oder womöglich doch dort verweilt. TYPO3 stellt zwar Standardfehlerseiten zur Verfügung (siehe beispielsweise Abbildung 12-1) – diese sind jedoch eher zweckmäßig gestaltet und natürlich nicht an das Design Ihrer Website angepasst. Um Ihren Nutzern ein besseres Erlebnis zu bieten, sollten Sie die Gestaltung dieser Fehlerseiten daher lieber selbst in die Hand nehmen.

▼ Abbildung 12-1
Die Standardfehlerseite von TYPO3 beim Aufruf einer nicht existierenden Seite

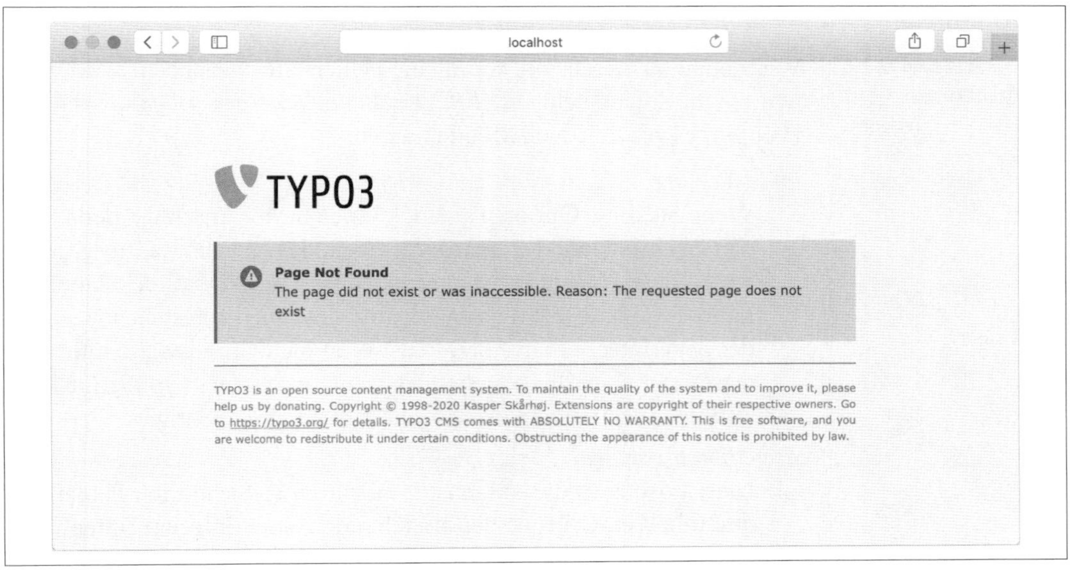

Wenn Sie eine Seitenkonfiguration bearbeiten, finden Sie dort den Tab *Fehlerbehandlung*. Hier können Sie über den Button *Neu anlegen* unterschiedliche Fehlerseiten konfigurieren. Diese orientieren sich an den HTTP-Statuscodes für verschiedene Fehlerbedingungen (um mit 404 für »Seite nicht gefunden« oder 403 für »Zugriff verboten« nur die wichtigsten Beispiele zu nennen). Abbildung 12-2 zeigt das entsprechende (bereits fertig ausgefüllte) Formular.

Wenn Sie eine neue Fehlerseite hinzufügen, müssen Sie im Feld *HTTP-Fehler-Status-Code* zunächst angeben, in welchem Fehlerfall die Seite dargestellt werden soll. Sie sollten zumindest eine Fehlerseite für den Statuscode *404 Not Found* definiert haben.

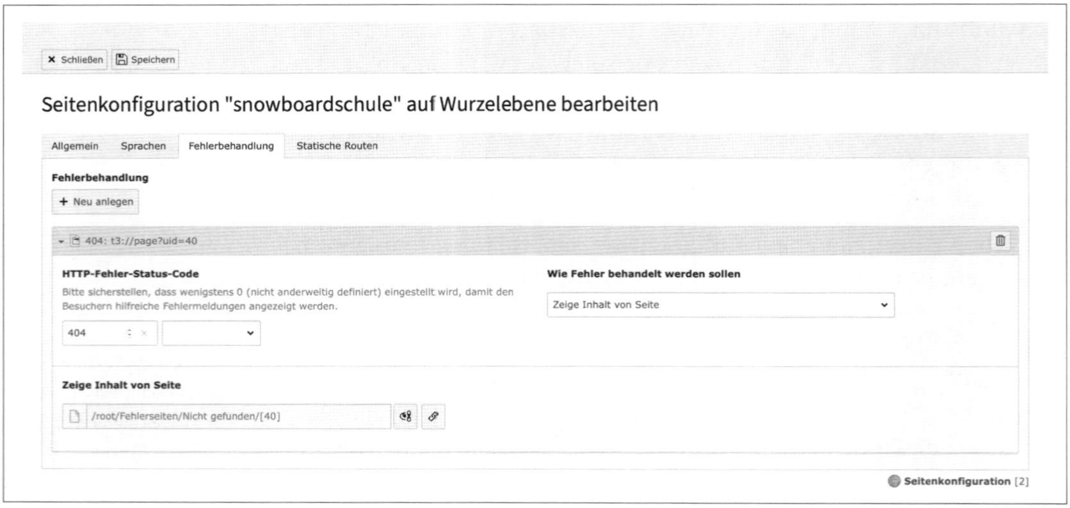

Abbildung 12-2 ▲
Konfiguration einer eigenen Fehlerseite

Was genau passieren soll, wenn eine Fehlerseite ausgeliefert wird, können Sie im Eingabefeld *Wie Fehler behandelt werden sollen* auswählen. Hier gibt es verschiedene Möglichkeiten:

Fluid-Vorlage
: Wenn Sie diese Option wählen, können Sie im Anschluss den Dateinamen eines Fluid-Templates eingeben, das im Fehlerfall ausgegeben wird. Diese Lösung ist tendenziell einfach umsetzbar – ein einzelnes Fluid-Template ist jedoch häufig nur schwer in das bestehende Layout der Seite integrierbar. Spätestens wenn Sie beispielsweise innerhalb dieses Templates Ihr bestehendes Menü und andere TypoScript-Konstrukte nutzen möchten, wird diese Lösung schwierig.

Zeige Inhalt von Seite
: Diese Lösung ist die einfachste – hier können Sie in Ihrer Fehlerseite den Inhalt einer beliebigen bestehenden Seite in Ihrem Seitenbaum ausgeben. Wie das geht, betrachten wir im Anschluss genauer.

PHP-Klasse

Eine eigene PHP-Klasse ist die wahrscheinlich aufwendigste Art, eine eigene Fehlerseite zu implementieren – dafür aber auch die mächtigste. Um eine eigene PHP-Klasse zu hinterlegen, müssen Sie zunächst eine eigene Extension erstellen und installieren (sollten Sie mit Site Packages arbeiten, haben Sie sowieso schon eine) und dort eine PHP-Klasse im Verzeichnis *Classes/* platzieren. Diese Klasse muss die von TYPO3 bereitgestellte PHP-Schnittstelle `TYPO3\CMS\Core\Error\PageErrorHandler\PageErrorHandlerInterface` implementieren. Innerhalb dieser Klasse können Sie beliebige eigene Programmlogik zur Darstellung der Fehlerseite unterbringen (und natürlich auch wieder ein Fluid-Template ausgeben). Aufgrund der Komplexität dieser Lösung betrachten wir sie an dieser Stelle nicht weiter im Detail.

Im Allgemeinen sind Sie am besten beraten, wenn Sie Ihre Fehlerseiten so konfigurieren, dass existierende Inhalte von speziell dafür angelegten Seiten im Seitenbaum ausgegeben werden (Sie also oben die Option *Zeige Inhalt von Seite* wählen). Dazu benötigen Sie zunächst einige spezielle Seiten im Seitenbaum. So könnten Sie beispielsweise einen Ordner mit dem Titel *Fehlerseiten* erstellen und dort als Unterseiten verschiedene einzelne Seiten für die einzelnen Fehlermeldungen unterbringen. Abbildung 12-3 zeigt ein Beispiel für eine mögliche Seitenstruktur.

▲ Abbildung 12-3
Spezielle TYPO3-Seiten für die Darstellung von Fehlermeldungen

Die Oberseite *Fehlerseiten* im obigen Beispiel ist vom Typ *Ordner*. Das liegt daran, dass sie selbst überhaupt nicht als Seite aufrufbar sein muss und nur dazu dient, die Fehlerseiten im TYPO3-Backend irgendwie zu strukturieren. Die Unterseiten sind ganz normale Standardseiten. Als Inhaltselemente enthalten sie entsprechende Fehlermeldungen (siehe Abbildung 12-3 im rechten Bereich).

Sobald die gewünschten Seiten fertiggestellt sind, können Sie in der Seitenverwaltung eine entsprechende Fehlerbehandlung konfigurieren. Nachdem Sie eine Fehlerbehandlung erstellt haben, wählen Sie im Eingabefeld *Wie Fehler behandelt werden sollen* die Option *Zeige Inhalt von Seite*. Nach erneutem Laden klicken Sie unter der nun erschienenen Option *Zeige Inhalt von Seite* auf den Link-Button und wählen eine Ihrer zuvor erstellten Fehlerseiten aus. Das Endergebnis sollte ähnlich aussehen wie das bereits in Abbildung 12-2 gezeigte.

Zum Testen der 404-Fehlerseite können Sie anschließend bewusst eine nicht existierende Seite im Frontend aufrufen. Als Ergebnis sollte Ihre benutzerdefinierte Fehlerseite mit einem 404-Statuscode ausgeliefert werden. Abbildung 12-4 zeigt das Ergebnis zusammen mit dem gewünschten HTTP-Fehlercode.

Abbildung 12-4 ▼
Ausgabe der eigenen Fehlerseite mit korrektem HTTP-Statuscode

Suchmaschinen, soziale Netzwerke und TYPO3

Das schönste Design und die bestformulierten Inhalte nutzen Ihnen wenig, wenn Besucher nicht den Weg auf Ihre Seite finden. Je nach Zielgruppe Ihres Projekts müssen Sie damit rechnen, dass ein Großteil der Besucher Ihrer Seite seinen Weg über Suchmaschinen oder soziale Netzwerke zu Ihnen findet – oder auch nicht, sollten Sie das wichtige Thema der *Suchmaschinenoptimierung* (engl. *Search Engine Optimization* oder kurz *SEO*) außen vor lassen.

Generell handelt es sich bei der Suchmaschinenoptimierung um ein hochkomplexes und sich stetig veränderndes Thema, mit dem allein schon ganze Bücher gefüllt werden können (wie etwa die ebenfalls im O'Reilly Verlag erschienenen Bücher *SEO mit Google Search Console* von Stephan Czysch und *Technisches SEO* von Stephan Czysch, Benedikt Illner und Dominik Wojcik). In diesem Abschnitt werden wir uns daher auf das Nötigste beschränken und betrachten, mit welchen Einstellungen Sie im TYPO3-Backend die gängigsten Maßnahmen zur Suchmaschinenoptimierung umsetzen können.

Zahlreiche Techniken zur Suchmaschinenoptimierung werden verwendet, um die Metadaten im `<head>`-Bereich der von TYPO3 generierten HTML-Seiten zu optimieren. Auch über entsprechende Metadaten oder spezielle *robots.txt*-Dateien können Sie versuchen, das Verhalten von Suchmaschinen noch genauer zu steuern. All diese Techniken werden wir in diesem Abschnitt näher betrachten.

Nicht nur für die Suchmaschinenoptimierung, sondern auch für die Benutzbarkeit durch menschliche Anwender ist das Thema der lesbaren URLs, das gesondert im darauffolgenden Abschnitt behandelt wird, von einiger Bedeutung.

Der Seiten-Header

In älterer Literatur zur Suchmaschinenoptimierung waren Metadaten im Seitenkopf das Allheilmittel, um gute Platzierungen in Suchmaschinen zu erreichen. Moderne Suchmaschinen arbeiten differenzierter und werten die im `<head>`-Bereich einer Seite hinterlegten Daten nicht mehr oder nur noch für Darstellungszwecke in den Suchergebnissen aus. So ist mittlerweile hinlänglich bekannt, dass Google die Keywords (früher als für die Suchmaschinenoptimierung unbedingt nötig angepriesen) schlichtweg komplett ignoriert.

Ganz bedeutungslos sind die üblichen Metatags jedoch nicht: Viele Suchmaschinen werten sie nach wie vor für die Darstellung der Seite in den Suchergebnissen aus. Darüber hinaus verlassen sich auch zunehmend soziale Netzwerke auf die Metainformationen im Seitenkopf – beispielsweise wenn ein Link auf Ihre TYPO3-Seite auf einem sozialen Netzwerk geteilt wird.

Seitentitel

TYPO3 nutzt für den Seitentitel stets den Titel der aktuellen Seite. Navigieren Sie beispielsweise auf die Seite *Homepage*, enthält auch das `<title>`-Tag der HTML-Seite den Wert *Homepage*. Der Titel ist eine der wichtigsten Angaben für Suchmaschinen, da er für die Position in den Suchergebnissen und als Überschrift der Suchergebnisse verwendet wird. Fügen Sie folgende Zeilen Ihrem TypoScript-Template hinzu, um den Seitentitel beispielhaft zu ändern:

```
config.noPageTitle = 2
page.headerData.10 = TEXT
page.headerData.10 {
  field = subtitle // title
  wrap = <title>Snowboardschule Meier-Müller-Schmidt: |</title>
}
```

Über `config.roPageTitle = 2` deaktivieren Sie die automatische Erzeugung des Titels. In den Seitenkopf fügen Sie innerhalb des `<head>`-Bereichs über die Eigenschaft `.headerData` einen Text manuell ein. Dazu erstellen Sie ein `TEXT`-Objekt und füllen darin das Feld `title` bzw. `subtitle` aus, wenn vorhanden. Anschließend erstellen Sie über die `.wrap`-Funktion das HTML-`<title>`-Tag und ergänzen es um beliebigen Text.

Metadaten

Im Abschnitt »Objekte und Eigenschaften einer Webseite« auf Seite 115 wurden der Seite bereits Metadaten hinzugefügt. Diese werden jedoch statisch auf jeder Seite gleich ausgegeben. Die Angaben sollten aber auf jeder Seite unterschiedlich sein und sich im Inhalt der Seite wiederfinden.

Wenn Sie eine Seite bearbeiten, können Sie die üblichen Metadaten (Beschreibungstext, Schlüsselwörter und Autor) unter dem Tab *Metadaten* bearbeiten (siehe Abbildung 12-5). Nicht alle der hier angegebenen Metadaten werden jedoch automatisch in den Seiten-Header geschrieben (die *Beschreibung* wird üblicherweise als `<meta name="description" ...>`-Tag eingefügt, alle anderen Metadaten zunächst einmal nicht).

Tipp Die meisten Felder unter dem Tab *Metadaten* stehen Ihnen beim Bearbeiten einer Seite nur zur Verfügung, wenn Sie eine Seite vom Typ *Standard* bearbeiten. Wurzelseite, Verweise und Ordner haben weder Beschreibung noch Keywords.

Insbesondere der Beschreibungstext wird von Suchmaschinen und sozialen Netzwerken für die Darstellung der Seite in Suchergebnissen – oder für die Linkvorschau in einem Tweet oder Ähnliches – verwendet.

Falls Sie keinen Beschreibungstext in den Metadaten angeben, werden viele Suchmaschinen versuchen, sich selbst aus dem regulären Seiteninhalt irgendeine Art Zusammenfassung zusammenzustückeln. Das funktioniert mal mehr, mal weniger gut. Wenn Sie auf Nummer sicher gehen wollen, überlassen Sie nichts dem Zufall und geben einen Beschreibungstext an.

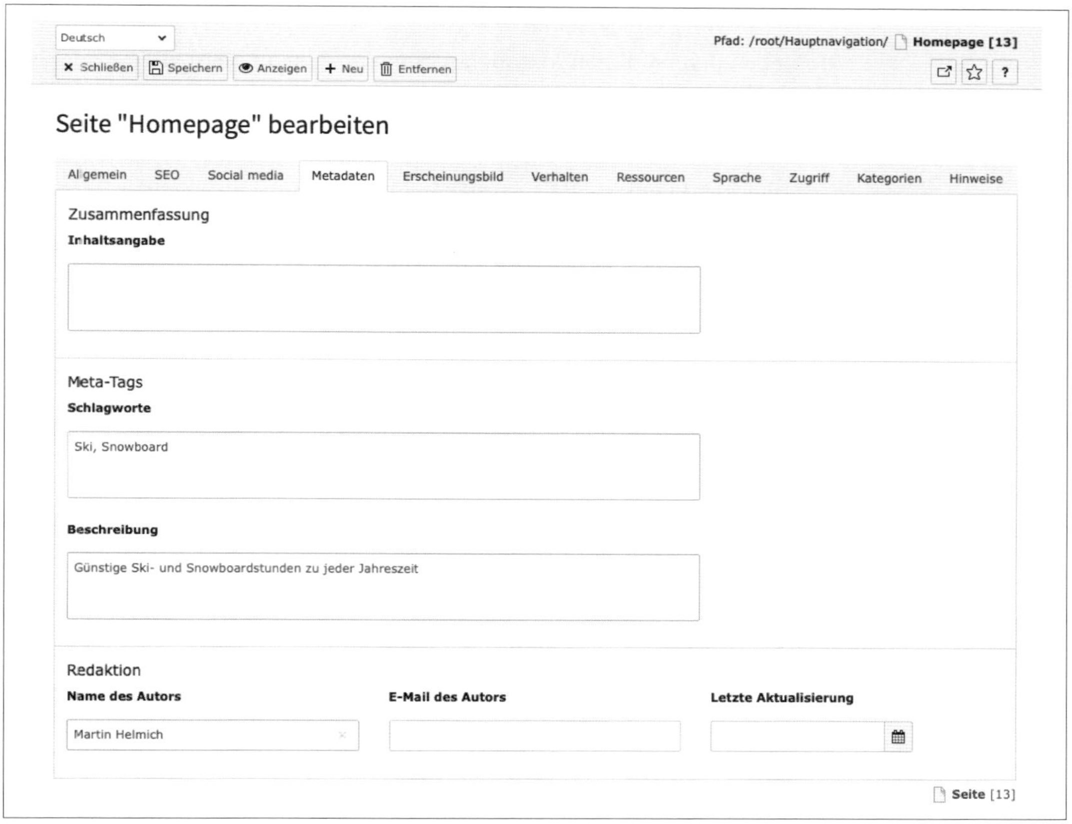

▲ **Abbildung 12-5**
Metaangaben einer Seite hinzufügen

Um die entsprechenden Metadaten im HTML-Header unterzubringen, reichen folgende paar Zeilen TypoScript:

```
page.meta.description {
  field = description
  ifEmpty = Hier kann eine Standardbeschreibung stehen
}

page.meta.author {
  field = author
  ifEmpty = Martin Helmich
}

page.meta.keywords {
  field = keywords
}
```

In den `ifEmpty`-Attributen wird für jedes Metatag ein Standardwert angegeben. Dieser wird verwendet, wenn auf der entsprechenden Seite keine Metaeigenschaft eingetragen wurde. Sie können das `ifEmpty`-Attribut auch weglassen, falls Sie möchten, dass gar kein Metatag erstellt wird, wenn beispielsweise kein Autor angegeben wurde.

OpenGraph- und Twitter-Card-Daten

Neben den regulären Metadaten können Sie beim Bearbeiten einer Seite unter dem Tab *Social Media* auch noch spezielle OpenGraph- und Twitter-Card-Metadaten angeben. Die OpenGraph-Metadaten werden von Facebook ausgewertet und die Twitter-Card-Daten von – Überraschung! – Twitter. Hier können Sie gegebenenfalls einen abweichenden Titel und einen Beschreibungstext festlegen, der von diesen sozialen Netzwerken für die Darstellung von Links auf diese Seite genutzt werden soll.

Nützlich ist die Möglichkeit, Bilder anzugeben, die von Facebook und Twitter üblicherweise zusammen mit einem geteilten Link auf dieser Seite dargestellt werden. Durch geschickte Gestaltung dieser Metadaten können Sie die Attraktivität Ihrer Seite deutlich erhöhen, wenn Links darauf auf sozialen Netzwerken geteilt werden.

Das Schöne an der ganzen Sache: OpenGraph- und Twitter-Card-Daten werden seit TYPO3 9 nativ unterstützt und werden, wenn gesetzt, ohne weiteres TypoScript-Setup direkt im HTML-Header Ihrer Seite ausgegeben.

Das Verhalten von Suchmaschinen steuern

Über Metadaten im HTML-Header Ihrer Seite können Sie nicht nur steuern, wie Suchmaschinen diese Seite in ihren Ergebnissen darstellen, sondern Sie können sogar teilweise kontrollieren, wie sich die Crawler der Suchmaschinen auf Ihrer Seite verhalten sollen. Wenn Sie eine Seite bearbeiten, erhalten Sie dafür die relevanten Einstellungen unter dem Tab *SEO*.

Hier finden Sie die Felder *Index dieser Seite* und *Seite folgen*. Für beide Optionen wird TYPO3 später ein `<meta name="robots">`-Tag in Ihren HTML-Header einfügen, dessen Inhalt durch die Optionen beeinflusst wird.

Die Option *Index dieser Seite* steuert, ob eine Suchmaschine diese Seite überhaupt in ihren Suchindex aufnehmen soll. Wählen Sie diese Option, sofern Sie nicht möchten, dass eine bestimmte Seite über eine Suchmaschine gefunden werden kann. Wenn Sie diese Eigenschaft deaktivieren (standardmäßig ist sie natürlich aktiviert), wird im `robots`-Metatag die Option `noindex` eingefügt.

Die Option *Dieser Seite folgen* hingegen definiert, ob die Suchmaschine den Links auf dieser Seite folgen soll. Wenn diese Eigenschaft deaktiviert wird, wird im `robots`-Metatag die Option `nofollow` eingefügt.

Der kanonische Link – setzbar über das gleichnamige Eingabefeld – ist dann sinnvoll, wenn Sie Inhalte doppelt verwenden – oder anders ausgedrückt: wenn der gleiche Inhalt unter mehreren verschiedenen URLs verfügbar ist. Dies kann Ihnen beispielsweise mit der in Kapitel 9 konfigurierten Druckansicht passieren. Schließlich handelt es sich bei */de/homepage* und */de/homepage?type=1* trotz der verschiedenen Parameter ja eigentlich um dieselbe Seite, die nicht doppelt (einmal als Bildschirm- und einmal als Druckansicht) in den Suchergebnissen auftauchen sollte.

Der kanonische Link wird in einem `<link rel="canonical" href="...">`-Element untergebracht. Dieses Element ist immer vorhanden – auch dann, wenn hier kein expliziter Link angegeben ist. Standardmäßig wird der reguläre von TYPO3 generierte Link zur jeweiligen Seite als kanonischer Link verwendet. Dabei handelt es sich um den automatisch aus dem Einstiegspunkt der Seitenkonfiguration in dem Seitentitel erstellten Link (wie genau diese Links erstellt werden, erfahren Sie in Kapitel 4 im Abschnitt »Die Navigationsstruktur und URLs« auf Seite 88). In gewissen Einzelfällen kann es allerdings sinnvoll sein, hier einen abweichenden Link zu konfigurieren.

Tipp Alle Einstellungen, die Sie unter dem SEO-Tab treffen, werden von TYPO3 automatisch in Form von verschiedenen Tags im HTML-Header Ihrer Seite untergebracht. Eine spezielle Verarbeitung dieser Angaben in Ihrem TypoScript-Template ist üblicherweise nicht notwendig.

Weiterleitungen verwalten

Zuweilen kommt es vor, dass Besucher Ihre Website über einen Link ansurfen, den es in dieser Form vielleicht gar nicht mehr gibt (oder nie gegeben hat). Eine hübsche Fehlerseite hilft hier schon viel weiter. Aber in manchen Fällen ist ja womöglich bereits absehbar, zu welcher Seite der Nutzer *eigentlich* navigieren wollte. In diesem Fall können Sie zu *Weiterleitungen* (engl. *Redirects*) greifen – verfügbar unter dem gleichnamigen Menüpunkt im Abschnitt *Seitenverwaltung*.

Generell sind Weiterleitungen für verschiedene Zwecke gut: Möglicherweise haben Sie eine Seite verschoben (bzw. deren URL-Segment geändert), möchten aber, dass alte Links auf diese Seite weiterhin funktionieren. Oder Sie wollen über eine Weiterleitung Tippfehlern vorbeugen, falls bestimmte Links oft von Hand eingegeben werden. Und womöglich möchten Sie sogar ganze Domains von einer auf die andere weiterleiten – beispielsweise *snowboardschule-meyer.de* zu *snowboard-meyer.de* oder *snowboard-meyer.de* zu *www.snowboard-meyer.de*.

Tipp »Sekunde mal – über den Webserver kann ich diese ganzen Weiterleitungen doch auch alle in einer *.htaccess*-Datei konfigurieren«, denken Sie sich nun vielleicht. Und genau das stimmt auch. Die Weiterleitungsfunktion im TYPO3-Backend ist lediglich eine komfortablere Art, solche Weiterleitungen zu konfigurieren, sodass dies auch für Redakteure ohne technisches Fachwissen möglich ist.

Ein technischer Unterschied besteht jedoch: Im Gegensatz zu einer *.htaccess*-Datei werden die hier vorgenommenen Weiterleitungen von TYPO3 selbst vorgenommen und nicht vom Webserver. Eine *.htaccess*-Weiterleitung hingegen wird vom Webserver ausgeführt, bevor die Anfrage die PHP-Applikation (wie etwa TYPO3) überhaupt erreicht. In der Praxis sollte das jedoch nur selten einen Unterschied machen.

Eine Weiterleitung erstellen

Im *Weiterleitungen*-Modul können Sie Weiterleitungen von einer URL auf eine andere als ganz normalen TYPO3-Systemdatensatz pflegen. Über den Button *Weiterleitung hinzufügen* können Sie eine neue Weiterleitung erstellen und sehen dabei zunächst das Formular in Abbildung 12-6.

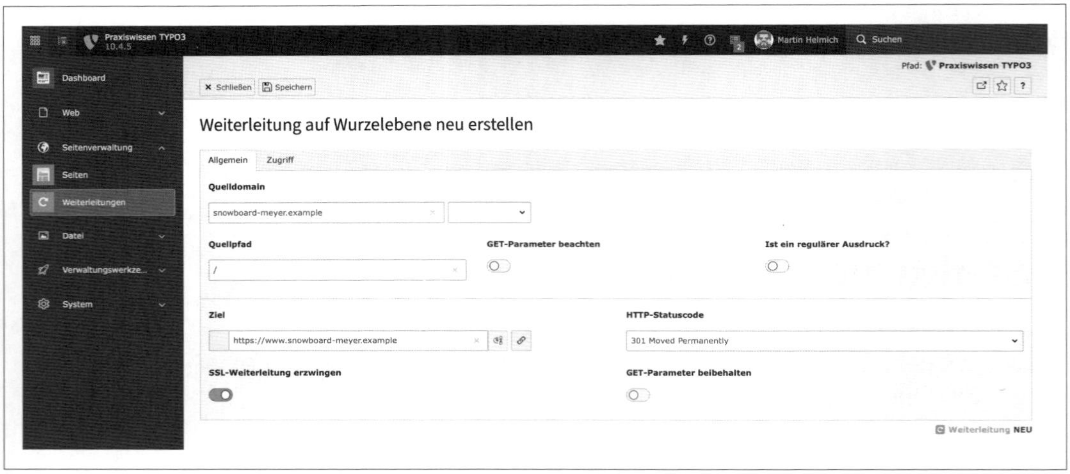

Abbildung 12-6 ▲
Erstellung einer neuen Weiterleitung

Das Prinzip hinter einer solchen TYPO3-Weiterleitung ist einfach: Wann immer TYPO3 eine Anfrage erhält, deren Domäne und Pfad (bei *http://typo3.example/test* also `typo3.example` als Domäne und `/test` als Pfad) den unter *Quelldomain* und *Quellpfad* angegebenen Bedingungen entspricht, wird der Browser des Nutzers zu dem unter *Ziel* angegebenen Ziel weitergeleitet. Das Ziel kann entweder eine existierende Seite im TYPO3-Seitenbaum oder eine frei definierbare URL sein.

Sowohl Domäne als auch Pfad können so konfiguriert werden, dass sie auf mehrere mögliche URLs zutreffen. In der *Quelldomain* können Sie einfach ein Wildcard-Zeichen * verwenden. Das *Quellpfad*-Feld kann auch einen regulären Ausdruck enthalten, wenn Sie das Feld *Ist ein regulärer Ausdruck?* aktivieren. Über eine Eingabe wie etwa `/^\/snowboard(schule|unterricht)/` können Sie dann alle Anfragen weiterleiten, deren Pfad mit */snowboardschule* oder */snowboardunterricht* beginnt.

Das *Ziel* kann entweder eine bestehende Seite im TYPO3-Seitenbaum oder irgendeine beliebige URL sein. Über den Link-Button rechts neben dem Eingabefeld öffnen Sie ein Pop-up, in dem Sie das (wie auch immer geartete) Ziel der Weiterleitung konfigurieren können.

Weiterleitungen debuggen

Insbesondere wenn Sie viele Weiterleitungen angelegt haben, kann es zuweilen unübersichtlich werden. Vielleicht werden Sie irgendwann das Problem haben, dass TYPO3 Anfragen von einer URL auf eine andere weiterleitet, aber Sie gar nicht mehr genau wissen, warum das passiert.

In dieser Situation hilft ein nützliches Feature weiter: Wenn TYPO3 eine Weiterleitung vornimmt, wird die ID des entsprechenden Weiterleitungsdatensatzes aus dem TYPO3-Backend in einen speziellen HTTP-Header eingefügt. Diesen Header können Sie sehen, wenn Sie beispielsweise im Chrome-Browser die *Entwicklertools* öffnen und auf den Tab *Network* wechseln. (Falls Sie Safari als Browser benutzen: Dort funktioniert das Ganze leider nicht, da Safari keine Weiterleitungen protokolliert.) Hier sehen Sie einzelne HTTP-Anfragen, die Ihr Browser beim Aufruf einer Seite stellt, und können auch die Antworten genau inspizieren. Abbildung 12-7 zeigt eine Beispielausgabe.

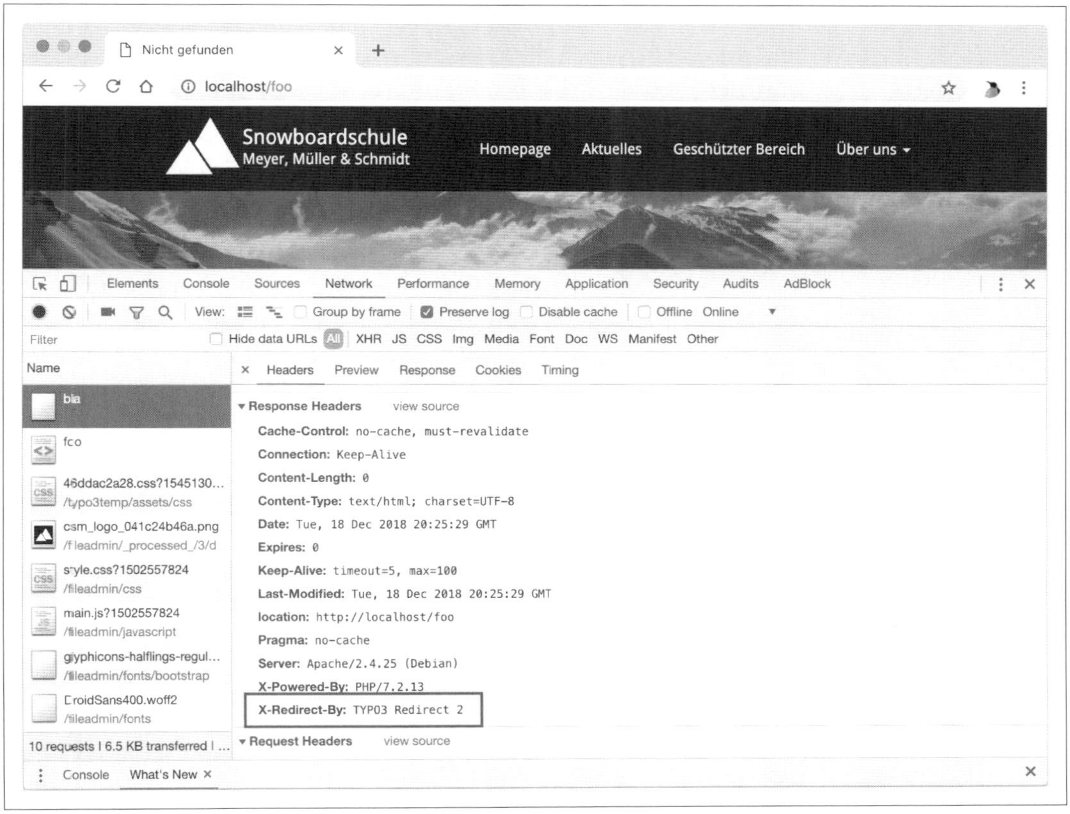

▼ Abbildung 12-7
HTTP-Weiterleitungen mit Google Chrome debuggen

Wenn eine Weiterleitung aufgrund einer im TYPO3-Backend hinterlegten Regel vorgenommen wurde, finden Sie unter den *Kopfzeilen* (den *Headern*) der HTTP-Antwort einen entsprechenden `X-Redirect-By`-Header. Dieser enthält die ID des Datensatzes, der die Weiterleitung verursacht hat. Über das *Liste*-Modul im TYPO3-Backend können Sie anschließend auf der Wurzelseite den Datensatz mit der entsprechenden ID suchen.

Arbeiten mit Site Packages

In den bisherigen Kapiteln haben Sie alle Dateien, die für die Darstellung Ihrer Seite benötigt wurden (Fluid-Templates, Bilder usw.) im *fileadmin/*-Verzeichnis hinterlegt. Diese Vorgehensweise ist für kleinere Projekte mit wenigen Beteiligten völlig in Ordnung. Für größere Projekte, an denen mehrere Entwickler und/oder viele Redakteure beteiligt sind, haben sich jedoch andere Best Practices zur Verwaltung dieser Dateien gebildet.

Statt im *fileadmin/*-Verzeichnis legen viele Entwickler eine eigene Extension an, die die Designvorlagen, Bilder und auch TypoScript-Templates einer Site enthält. Statt eigener Plug-ins oder Controller und Domänenmodelle , wie wir sie in Kapitel 11 kennengelernt haben, enthalten diese Extensions also genau die Ressourcen, die üblicherweise für die Darstellung der Website selbst benötigt werden. Daher wird diese »spezielle« Art von Extension auch als *Site Package* bezeichnet.

Die Nutzung einer eigenen Extension zur Verwaltung dieser Dateien hat einige handfeste Vorteile:

1. Dateien im *fileadmin/*-Verzeichnis sind generell von Administratoren der Seite (auch die, die keine *Systemverantwortlichen*-Rechte haben) bearbeitbar. Redakteure haben – je nach Berechtigung – ebenfalls die Möglichkeit, Dateien in diesem Verzeichnis zu bearbeiten. Extensions hingegen können nur von Systemverantwortlichen installiert, deinstalliert und bearbeitet werden (und Personen, die direkten Zugriff auf das Dateisystem des Servers haben – üblicherweise auch der Systemverantwortliche).

   Ein Site Package ist daher vor unbedarfter Bearbeitung durch Redakteure und selbst Administratoren der Seite geschützt. Weiterhin enthält das *fileadmin/*-Verzeichnis so keine für den Betrieb der Site kritischen Dateien mehr, sondern nur noch Dateien, die von Redakteuren selbst bereitgestellt wurden.

2. Eine TYPO3-Extension kann Abhängigkeiten zu anderen Extensions haben, die bei der Installation der Extension dann ebenfalls

mitinstalliert werden. Bisher nutzt unser Beispielprojekt eine ganze Reihe an Extensions (z. B. das Nachrichten-Plug-in, die Index-Suche und auch unser eigenes Snowboardlehrer-Plug-in aus Kapitel 11). Diese Abhängigkeiten sind bisher jedoch nicht explizit definiert – ein unbedachter Systemverantwortlicher, der einen Blick in die Liste der installierten Erweiterungen wirft, wüsste also nicht genau, ob eine bestimmte Erweiterung tatsächlich für den Betrieb der Site benötigt wird oder nur irgendwann einmal zu Testzwecken installiert wurde.

Ein Site Package hingegen kann klar definierte Abhängigkeiten zu anderen Extensions (und sogar zu bestimmten Versionen anderer Extensions haben) – diese werden von TYPO3 dann automatisch mitinstalliert, sobald das Site Package installiert wird.

3. In einem Site Package befindet sich alles, was mit dem Layout und der Darstellung der Website zu tun hat, an einem einzelnen Ort. Dies ist insbesondere dann praktisch, wenn Sie diese Dateien etwa mit einer Versionsverwaltungssoftware wie *Git* versionieren oder die Installation und die Updates des Site Package über verschiedene Deployment-Werkzeuge automatisieren möchten.

Im folgenden Abschnitt werden wir uns damit beschäftigen, wie wir die bisher genutzten Dateien in ein Site Package überführen können.

Ein Site Package erstellen

Ein Site Package kann zunächst wie eine ganz normale Extension über den Extension Builder erstellt werden, wie Sie es bereits in Kapitel 11, *Eine eigene Erweiterung schreiben*, getan haben. Die Erstellung ist sogar noch einfacher, da Sie für ein Site Package weder Domain Objects noch irgendwelche Frontend-Plug-ins konfigurieren müssen.

Öffnen Sie dazu zunächst den *Extension Builder* im Abschnitt *Verwaltungswerkzeuge* und wechseln Sie im Auswahlfeld oben rechts in den Abschnitt *Domain Modeling*. In den Eingabefeldern links können Sie nun *Name* und *Erweiterungsschlüssel* Ihres Site Package eingeben. Für unser Praxisbeispiel wählen wir den Erweiterungsschlüssel `snowboard`. Abbildung 12-8 zeigt eine vollständige Beispielkonfiguration.

Nachdem Sie die Extension über den Speichern-Button am oberen Rand gespeichert und erstellt haben, finden Sie sie im Dateisystem Ihres Servers im Verzeichnis *typo3conf/ext/*. Mit dem Extension-Key `snowboard` finden Sie Ihr Site Package daher im Verzeichnis *typo3conf/ext/snowboard/*.

Abbildung 12-8 ▶
Erstellen eines Site Package im Extension Builder

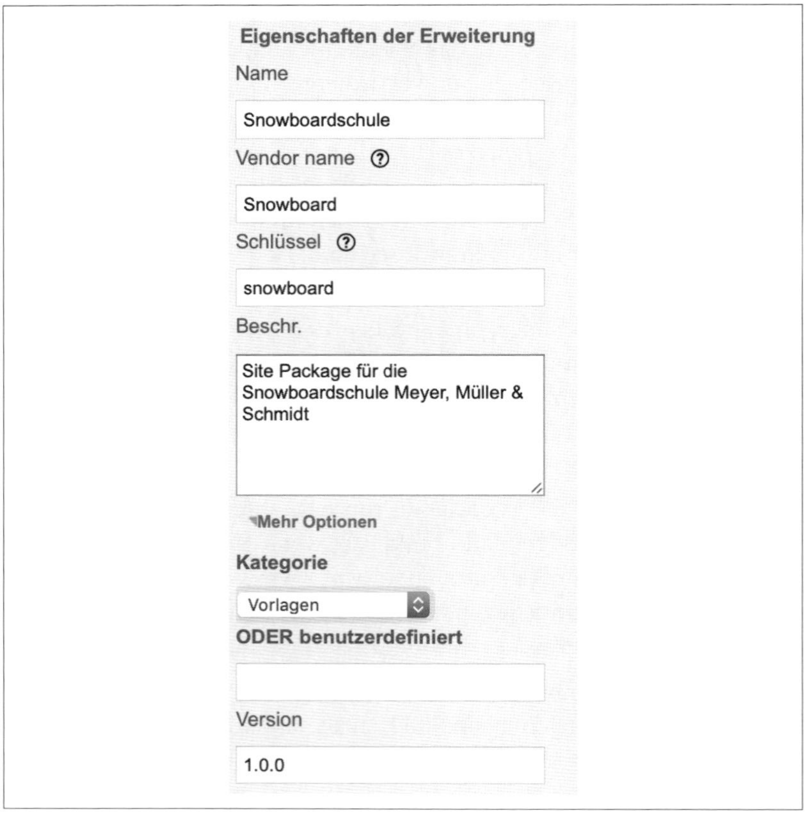

Aufbau eines Site Packages

Der generelle Aufbau eines Site Package entspricht dem einer regulären Extension, den wir bereits in Kapitel 11, *Eine eigene Erweiterung schreiben*, im Abschnitt »Die Struktur einer TYPO3-Erweiterung« auf Seite 357 betrachtet haben. Für unser Site Package sind dabei die folgenden Pfade besonders wichtig (alle Dateipfade sind relativ zum Extension-Verzeichnis):

Configuration/TypoScript/setup.typoscript
Configuration/TypoScript/constants.typoscript

In diesem Verzeichnis können TypoScript-Quelltexte definiert werden. Die TypoScript-Quelltexte für Setup und Konstanten (die Sie bisher normalerweise über das *Template*-Modul im TYPO3-Backend bearbeitet haben) können hier in den Dateien *setup.typoscript* und *constants.typoscript* hinterlegt werden.

Die TypoScript-Quelltexte in tatsächlichen Dateien zu verwalten, hat einige handfeste Vorteile gegenüber der Verwaltung über das

Template-Modul. Einerseits sind die TypoScript-Templates nun »näher« an den dazugehörigen Fluid-Templates – außerdem lassen sich Dateien einfacher hin und her kopieren und auch über reguläre Versionsverwaltungssysteme wie beispielsweise Git verwalten. Und zu guter Letzt können Sie nun einen ganz gewöhnlichen Texteditor zur Bearbeitung dieser Dateien nutzen.

Configuration/Yaml/Forms.yaml
: Beim Anpassen des Kontaktformulars (wir hatten in Kapitel 8 die Fluid-Templates des Kontaktformulars überschrieben) musste eine zusätzliche Konfigurationsdatei im YAML-Format hinterlegt werden. Auch diese kann Bestandteil des Site Package werden.

Resources/Private/Templates
: Hier können Sie Ihre Fluid-Templates speichern. Bisher haben wir mit zwei Templates für unsere Seite selbst gearbeitet: der Datei *vorlage-v*.html* (in verschiedenen Versionen) und der Datei *vorlage_einspaltig.html*. Darüber hinaus haben wir in den vorherigen Kapiteln zahlreiche Templates diverser Extensions überschrieben (beispielsweise für das Log-in-Formular, die Suche und die News-Erweiterung). All diese Templates können in diesem Verzeichnis platziert werden.

Resources/Private/Partials
: In diesem Verzeichnis können Fluid-Partials gespeichert werden. Das umfasst einerseits die Partials unserer eigenen Designvorlage (etwa für die Menüs). Außerdem haben wir in den vorherigen Kapiteln einige Extensions dadurch angepasst, dass wir gezielt einzelne Fluid-Partials überschrieben haben. Diese Dateien können in diesem Verzeichnis gut unterkommen.

Resources/Private/Forms
: Womöglich erinnern Sie sich noch, dass Formulardefinitionen, die Sie im Backend über das *Formulare*-Modul erstellen und bearbeiten, in Form von YAML-Dateien gespeichert werden. Auch diese Definitionsdateien können Bestandteil des Site Package sein.

Resources/Public
: Dieses Verzeichnis dient der Speicherung von Ressourcen, die direkt über den Browser des Nutzers aufrufbar sein sollen. Dazu zählen etwa Bilder, Schriftarten sowie Stylesheet- und JavaScript-Dateien. Diese werden üblicherweise in gleichnamigen Unterverzeichnissen untergebracht (also in *Images/*, *Fonts/*, *Stylesheets/* und *JavaScript/*).

Mit diesem Wissen können wir nun sämtliche zum Praxisbeispiel gehörigen Dateien, die bisher im *fileadmin/*-Verzeichnis verwaltet wurden, in unserem Site Package unterbringen. Letztendlich ergibt sich daraus die in Abbildung 12-9 sichtbare Verzeichnisstruktur.

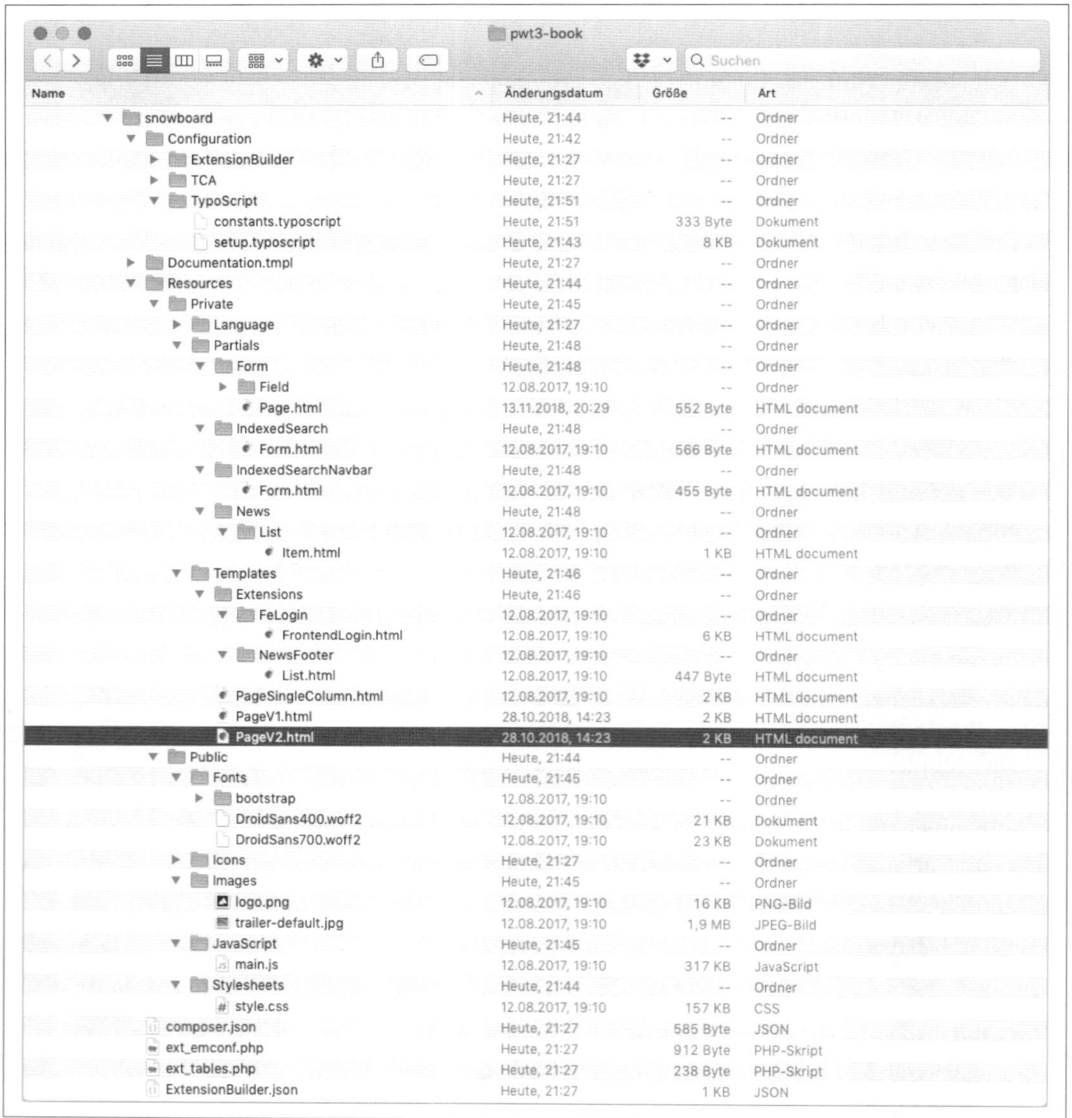

Abbildung 12-9 ▲
Die Verzeichnisstruktur unseres Site Package

Ein paar Anmerkungen zu der neuen Dateistruktur: Üblicherweise gilt für Dateinamen (Fluid-Templates, PHP-Klassen usw.) in TYPO3-Extensions die Konvention, dass diese im sogenannten UpperCamelCase benannt sind – das bedeutet, dass der Dateiname mit einem Großbuchstaben beginnt und Wortgrenzen ebenfalls durch Großbuchstaben kenntlich gemacht werden. Außerdem erfolgt die Benennung in der Regel in Englisch – aus der *vorlage-v5.html* ist nun somit die *PageV5.html* und aus der *vorlage-einspaltig.html* die *PageSingleColumn.html* geworden.

Tipp

Bevor Sie nun selbst anfangen, wild Dateien hin und her zu verschieben: Das fertige Site Package finden Sie auch in den Beispieldateien zu diesem Buch.

Falls Sie die Umwandlung in ein Site Package selbst nachvollziehen möchten, ist es natürlich empfehlenswert, die Dateien lediglich zu *kopieren* und nicht zu *verschieben*.

Die neue Dateistruktur zieht noch einige weitere notwendige Anpassungen nach sich: Beispielsweise enthält die *style.css*-Datei einige relative Pfade (etwa in das *../fonts/*- oder das *../images/*-Verzeichnis), die nun natürlich nicht mehr zutreffend sind. Ein einfaches Suchen und Ersetzen in einem Texteditor sorgt für ein schnelles Austauschen von *../fonts/* in *../Fonts/* und *../images/* in *../Images/*.

Die Dateien *setup.typoscript* und *constants.typoscript* enthalten das TypoScript-Setup und die TypoScript-Konstanten, die wir in den bisherigen Kapiteln im TYPO3-Backend über das *Template*-Modul bearbeitet hatten. Diese können zunächst einfach per Copy-and-paste übertragen werden – es sind jedoch noch Anpassungen an diesen Templates notwendig.

Das TypoScript-Template anpassen

Da alle möglichen Templates, Stylesheet- und JavaScript-Dateien nun an anderen Stellen liegen, passen natürlich all diese Dateipfade im TypoScript-Template nicht mehr.

Bei der Anpassung der Dateipfade können Sie sich ein kleines »Feature« von TypoScript zunutze machen: Wenn Sie in einem Dateipfad (beispielsweise dem Pfad zu einem Fluid-Template oder einer CSS-Datei) die Zeichenkette `EXT:` gefolgt von einem Extension-Key verwenden, löst TYPO3 diesen Ausdruck automatisch zum Dateipfad dieser Extension auf – aus *EXT:snowboard/* würde somit also *typo3conf/ext/snowboard/*.

Nachfolgende Tabelle zeigt eine Übersicht über alle geänderten Dateipfade im TypoScript-Setup unserer Beispielseite:

◀ Tabelle 12-1
Geänderte Dateipfade bei der Übertragung in ein Site Package

Bisheriger Dateipfad	Neuer Dateipfad
fileadmin/css/style.css	*EXT:snowboard/Resources/Public/Stylesheets/style.css*
fileadmin/javascript/main.js	*EXT:snowboard/Resources/Public/JavaScript/main.js*
fileadmin/templates/vorlage-v2.html	*EXT:snowboard/Resources/Private/Templates/PageV2.html*
fileadmin/images/logo.png	*EXT:snowboard/Resources/Public/Images/logo.png*
fileadmin/templates/ext/news-footer	*EXT:snowboard/Resources/Private/Templates/Extensions/NewsFooter*
fileadmin/templates/content/partials	*EXT:snowboard/Resources/Private/Partials/Content*
fileadmin/forms.yaml	*EXT:snowboard/Configuration/Yaml/Forms.yaml*

Tabelle 12-1 ▶ Geänderte Dateipfade bei der Übertragung in ein Site Package (Fortsetzung)

Bisheriger Dateipfad	Neuer Dateipfad
fileadmin/templates/ext/felogin/FrontendLogin.html	*EXT:snowboard/Resources/Private/Templates/Extensions/FeLogin/FrontendLogin.html*
fileadmin/templates/ext/indexed_search/templates	*EXT:snowboard/Resources/Private/Templates/Extensions/IndexedSearch*
fileadmin/templates/ext/indexed_search/partials	*EXT:snowboard/Resources/Private/Partials/Extensions/IndexedSearch*
fileadmin/templates/ext/indexed_search-navbar/partials	*EXT:snowboard/Resources/Private/Partials/Extensions/IndexedSearchNavbar*

Abhängigkeiten zu anderen Extensions definieren

Eine TYPO3-Extension – und somit auch ein Site Package – kann Abhängigkeiten zu anderen Extensions haben. Diese werden bei der Installation der Extension über Composer oder den Extension Manager gleich mit installiert.

Die Definition von Abhängigkeiten unterscheidet sich je nachdem, ob Sie TYPO3 im Composer-Modus betreiben oder nicht. Für die Installation per Composer müssen die Abhängigkeiten in der Datei *composer.json* im Extension-Verzeichnis definiert werden. Im konkreten Beispiel müssen die Abhängigkeiten zu den Paketen *typo3/cms-indexed-search* und *georgringer/news* deklariert werden. Beispiel 12-1 zeigt die korrekte Beschreibung in der *composer.json*:

Beispiel 12-1: Abhängigkeiten des Site Package in der »composer.json« deklarieren

```
{
    "name": "snowboard/snowboard",
    "type": "typo3-cms-extension",
    [...]
    "require": {
        "typo3/cms-core": "^10.4",
        "typo3/cms-indexed-search": "^10.4",
        "georgringer/news": "^8.3"
    },
    [...]
}
```

Falls das Site Package später nicht per Composer, sondern über den Extension Manager installiert wird, müssen die Abhängigkeiten zudem, wie in Beispiel 12-2 gezeigt, in der Datei *ext_emconf.php* (ebenfalls im Extension-Verzeichnis) definiert werden:

Beispiel 12-2: Abhängigkeiten des Site Package in der »ext_emconf.php« definieren

```
<?php

$EM_CONF[$_EXTKEY] = [
    'title' => 'Snowboardschule',
    [...]
```

Beispiel 12-2: Abhängigkeiten des Site Package in der »ext_emconf.php« definieren (Fortsetzung)

```
    'constraints' => [
        'depends' => [
            'typo3' => '10.4.0-10.4.99',
            'indexed_search' => '10.4.0-10.4.99',
            'news' => '8.3.0-8.3.99'
        ],
        'conflicts' => [],
        'suggests' => [],
    ],
];
```

Generell empfiehlt es sich, Abhängigkeiten zu anderen Extensions stets in beiden Dateien – also *composer.json* und *ext_emconf.php* – zu definieren. Auf diese Weise gibt es später keine bösen Überraschungen, falls das Site Package doch einmal auf andere Art und Weise installiert wird, als ursprünglich geplant.

Das Site Package installieren

Das Site Package ist noch nicht ganz fertig, aber Sie können es jetzt bereits installieren und nutzen.

Installation per Composer

Haben Sie TYPO3 per Composer installiert, gestaltet sich die Installation der angegebenen Abhängigkeiten als problematisch (falls Sie TYPO3 *nicht* per Composer installiert haben, überspringen Sie diesen Abschnitt und gehen zum nächsten: Abschnitt »Installation über den Extension Manager« auf Seite 399).

Wenn Sie das Site Package über den Extension Builder erstellt haben, befindet es sich bereits im Ordner *typo3conf/ext/* und muss nicht mehr extra installiert werden, sondern kann (auch im Composer-Modus) direkt über den Extension Manager installiert werden – eigentlich. Unglücklicherweise werden in diesem Fall die Abhängigkeiten der Extension nicht automatisch installiert. Um dieses Problem zu lösen, haben Sie zwei Möglichkeiten:

Die einfache Lösung besteht darin, dass Sie die Abhängigkeiten der Extension manuell installieren. Auf der Kommandozeile würde dies über folgende zwei Befehle funktionieren:

```
$ composer require georgringer/news=^8.3
$ composer require typo3/cms-indexed-search=^10.4
```

Letztendlich ist über diesen Ansatz aber nicht viel gewonnen – einer der Gründe für den Einsatz eines Site Package besteht ja darin, dass benötigte Extensions automatisch installiert werden (was nun eben nicht mehr passiert). Sinnvoller ist daher der zweite mögliche Ansatz.

Hierzu verschieben Sie Ihre Extension aus *typo3conf/ext/* und installieren sie ganz regulär über Composer. Es bietet sich an, dafür auf der obersten Ebene Ihres Projekts (also neben den Verzeichnissen *public/* und *vendor/*) noch ein weiteres Verzeichnis *extensions/* zu erstellen und die *snowboard*-Extension dorthin zu verschieben. Insgesamt ergäbe sich somit also eine Verzeichnisstruktur wie diese:

```
composer.json
composer.lock
extensions/
  snowboard/
public/
  fileadmin/
  index.php
  typo3/
  typo3conf/
    ext/
  typo3temp/
  uploads
vendor/
```

Im Anschluss können Sie in der *composer.json* Ihres TYPO3-Projekts (Achtung: *nicht* die *composer.json* aus der Extension!) definieren, woher die *snowboard*-Extension installiert werden soll:

Beispiel 12-3: Konfiguration des Site Package in der »composer.json«

```
{
  "repositories": [
    { "type": "composer", "url": "https://composer.typo3.org/" },
    { "type": "path", "url": "extensions/snowboard" }
  ],
  "name": "typo3/cms-base-distribution",
  "description" : "TYPO3 CMS Base Distribution",
  "license": "GPL-2.0-or-later",
  [...]
}
```

Nun können Sie die Extension auf der Kommandozeile über folgenden Befehl installieren:

```
$ composer require snowboard/snowboard
```

Dieser Befehl installiert die Extension nach *typo3conf/ext/snowboard/* und lädt auch gleichzeitig alle benötigten Abhängigkeiten herunter (falls noch nicht installiert). Die Ausgabe des Befehls sollte der in Abbildung 12-10 ähneln.

Tipp Wenn Sie das Site Package aus einem lokalen Verzeichnis heraus installieren (wie hier etwa *extensions/snowboard/*), wird dieses Verzeichnis von Composer bei der Installation nicht kopiert, sondern lediglich per symbolischen Link verlinkt. Das bedeutet, dass Sie nach wie vor ganz normal die Dateien entweder in *extensions/snowboard/* oder in *public/typo3conf/ext/snowboard/* bearbeiten können und Änderungen sofort übernommen werden, ohne weitere Composer-Befehle ausführen zu müssen.

▼ Abbildung 12-10
Installation des Site Package per Composer

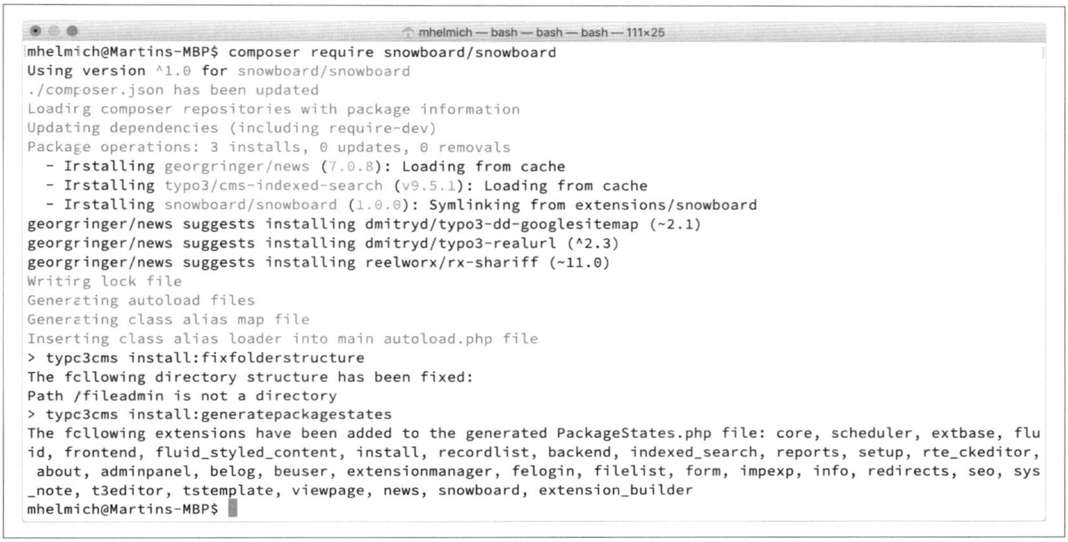

Installation über den Extension Manager

Falls Sie TYPO3 nicht per Composer installiert haben, gestaltet sich die Sache einfacher. Da die Erweiterung ja bereits auf dem System vorhanden ist, können Sie im Extension Manager einfach den Abschnitt *Installierte Erweiterungen* aufrufen und dort nach Ihrem Site Package suchen. Im Anschluss kann es wie in Abbildung 12-11 gezeigt aktiviert werden. Die Abhängigkeiten der Extension werden automatisch mit installiert und aktiviert.

▼ Abbildung 12-11
Installation des Site Package per Extension Manager

Das statische Template einbinden

Nach der Installation der Erweiterung (egal ob per Composer oder Extension Manager) muss nur noch das TypoScript der Erweiterung geladen werden. Das TypoScript-Setup aus dem Site Package (genauer genommen, aus den Dateien *setup.typoscript* und *constants.typoscript*) ersetzt damit den TypoScript-Quelltext, den Sie bisher direkt über das Template-Modul gepflegt haben).

Abbildung 12-12 ▼
Das statische Template des Site Package inkludieren

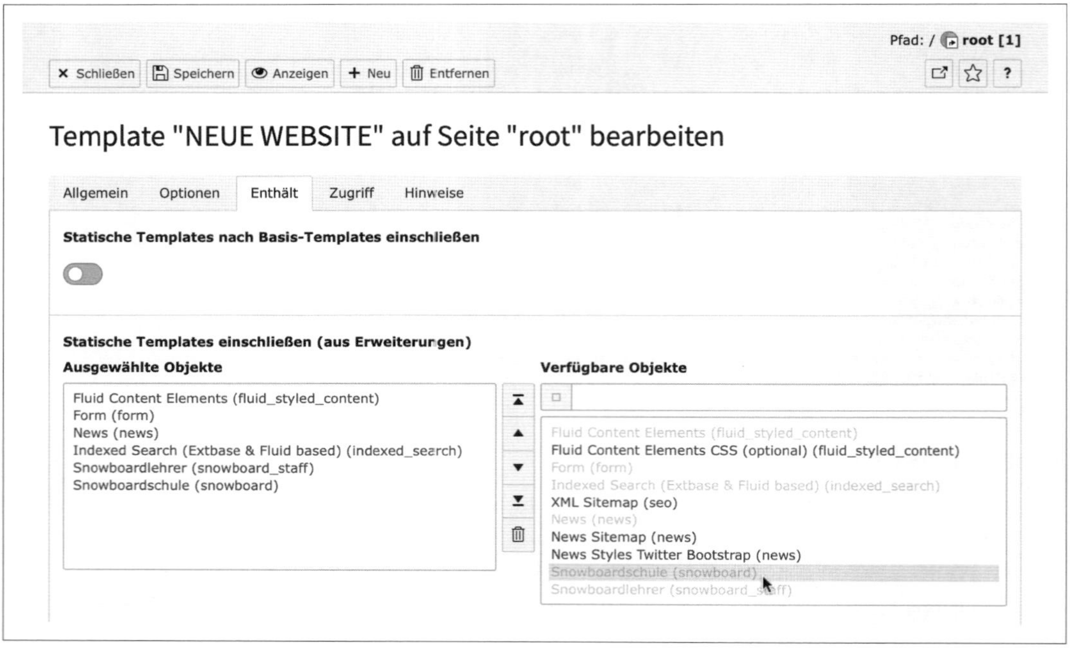

Um das TypoScript-Setup einzubinden, wechseln Sie in das *Template*-Modul und wählen die *root*-Seite an. Im Abschnitt *Info/Bearbeiten* klicken Sie dann auf den Button *Vollständigen Template-Datensatz bearbeiten*. Die Eingabefelder *Konstanten* und *Setup* unter dem Tab *Allgemein* können Sie komplett leeren. Unter dem Tab *Enthält* fügen Sie anschließend im Feld *Statische Templates einschließen (aus Erweiterungen)* wie in Abbildung 12-12 gezeigt das TypoScript-Template des Site Package ein.

Speichern Sie anschließend das Template ab und suchen Sie das Frontend Ihres Projekts auf. Im Idealfall sollte sich an der Präsentation Ihrer Seite nichts verändert haben.

Formulardefinitionen aus dem Site Package laden

Auch Formulardefinitionen können aus einem Site Package geladen werden. Hierzu ist jedoch ein wenig Konfigurationsarbeit erforderlich. Formulare werden in Form von YAML-Dateien gespeichert, die üblicherweise im Verzeichnis *fileadmin/form_definitions/* abgelegt werden. Sollen Formulare von anderen Speicherorten (beispielsweise einem *Resources/Private/Forms/*-Verzeichnis innerhalb Ihres Site Package) geladen werden, muss dies explizit so konfiguriert werden.

Legen Sie hierzu eine zweite YAML-Konfigurationsdatei namens *FormsBackend.yaml* im Verzeichnis *Configuration/Yaml* des Site Package an:

Beispiel 12-4: Konfiguration eines zusätzlichen Speicherorts für Formulardefinitionen

```
TYPO3:
  CMS:
    Form:
      persistenceManager:
        allowedExtensionPaths:
          10: EXT:snowboard/Resources/Private/Forms/
```

Im Anschluss binden Sie diese Konfigurationsdatei per TypoScript ein (denken Sie daran, nun die Datei *setup.typoscript* in Ihrem Site Package zu bearbeiten und nicht über das *Template*-Modul im Backend):

Beispiel 12-5: Laden der Formular-Konfigurationsdatei im TypoScript-Setup

```
plugin.tx_form.settings {
  yamlConfigurations {
    100 = EXT:snowboard/Configuration/Yaml/Forms.yaml
  }
}

module.tx_form.settings {
  yamlConfigurations {
    100 = EXT:snowboard/Configuration/Yaml/FormsBackend.yaml
  }
}
```

Jetzt können Sie (nachdem das Site Package dann tatsächlich installiert wurde) neue Inhaltselemente vom Typ *Formular* einfügen und dort Formulare auswählen, die innerhalb der *snowboard*-Extension definiert sind.

Auch im *Formulare*-Modul sehen Sie die eben definierten Formulare. Dort können Formulare, die von einer Extension definiert wurden, jedoch standardmäßig nicht bearbeitet werden. Falls Sie möchten, dass Redakteure diese Formulare bearbeiten oder gar löschen können, fügen Sie die folgenden zwei Zeilen in die zuvor erstellte Datei *FormsBackend.yaml* ein:

Beispiel 12-6: Redakteuren das Bearbeiten und Löschen von Formularen des Site Package erlauben

```
TYPO3:
  CMS:
    Form:
      persistenceManager:
        allowSaveToExtensionPaths: true
        allowDeleteFromExtensionPaths: true
        allowedExtensionPaths:
          10: EXT:snowboard/Resources/Private/Forms/
```

Konstanten ausgliedern

Einer der großen Vorteile eines Site Package besteht darin, dass es *portabel* ist: Sie können die erstellte Erweiterung nehmen und über Composer oder den Extension Manager einfach in einer anderen TYPO3-Umgebung installieren, dann noch das TypoScript-Template inkludieren – und Sie verfügen über genau dasselbe Template in einer anderen Umgebung.

Ganz so einfach ist es derzeit leider nicht. Um wirklich portabel zu sein, sollte das TypoScript-Template keine Werte enthalten, die sich von Umgebung zu Umgebung unterscheiden könnten. Das gravierendste Beispiel dafür sind die Seiten-IDs – wenn Sie das Site Package von einer Umgebung in eine andere kopieren und dort einen neuen Seitenbaum aufbauen, ist es unwahrscheinlich, dass beispielsweise die Seite mit der News-Detailansicht in dieser Umgebung ebenfalls die ID »20« hat.

Glücklicherweise haben wir in den vorherigen Kapiteln die meisten dieser »umgebungsabhängigen« Werte bereits in Konstanten ausgelagert – und gerade bei der Entwicklung von Extensions und Site Packages kann der Konstanten-Editor seine Stärken ausspielen: Alle Werte im TypoScript-Template, die umgebungsabhängig sind, könnten einfach in Konstanten ausgelagert werden, deren Werte später über den Konstanten-Editor sogar grafisch bearbeitet werden können.

In Kapitel 10 haben Sie im Abschnitt »Hintergrund: So arbeitet der Konstanten-Editor« auf Seite 322 diesen bereits für alle nötigen Seiten-IDs konfiguriert. Die aktuell definierten Konstanten, die Sie zuvor aus dem TypoScript-Template in die Datei *Configuration/TypoScript/constants.typoscript* im Site Package kopiert haben, enthalten zusätzlich zu den Definitionen der Konstanten auch noch die Werte, die zuvor für die verschiedenen Seiten-IDs konfiguriert wurden.

Als Faustregel ist es völlig in Ordnung, im Site Package Konstanten zu definieren (in der Datei *constants.typoscript*) und sie über die entsprechenden Kommentare für die Bearbeitung über den Konstanten-Editor zu konfigurieren. Im Site Package selbst sollten jedoch keine Werte definiert sein, die sich von Projekt zu Projekt ändern können (also etwa Seiten-IDs für Menüs). Diese können später über den Konstanten-Editor bearbeitet werden und landen dann nicht im Site Package, sondern (wie bereits zuvor) im eigentlichen TypoScript-Template, das Sie im TYPO3-Backend über das Template-Modul bearbeiten können.

Beispiel 12-7 zeigt, wie die im Site Package definierten Konstanten aussehen könnten. Wie gesagt, die Konstanten werden im Site Package lediglich definiert – die eigentlichen Werte werden dann später über den Konstanten-Editor eingetragen.

Beispiel 12-7: Definition von Konstanten für umgebungsabhängige Werte im TypoScript-Template

```
plugin.tx_news.view.templateRootPath = EXT:snowboard/Resources/Private/Templates/Extensions/News/
plugin.tx_news.view.partialRootPath = EXT:snowboard/Resources/Private/Partials/Extensions/News/

#cat=Snowboardschule;type=int+;label=Menü: Hauptmenü-Startpunkt
navigation.primaryStartpoint =

#cat=Snowboardschule;type=int+;label=Menü: Hilfsmenü-Startpunkt
navigation.secondaryStartpoint =

#cat=Snowboardschule;type=int+;label=Ordner für statischen Inhalt der Randspalte
content.staticMarginContentFolder =

#cat=Snowboardschule;type=int+;label=News-Detailansicht:
content.newsDetails =

#cat=Snowboardschule;type=int+;label=Suche:
content.search =
```

Weitere Anpassungen am TypoScript sind an dieser Stelle nicht nötig: Im TypoScript-Setup (in der Datei *setup.typoscript* im Site Package) werden die entsprechenden Konstanten bereits genutzt.

Site Packages: ein Fazit

»Warum die ganze Mühe?«, könnten Sie sich nach dem Erstellen des Site Package fragen. Tatsächlich wird die Arbeit mit Site Packages von TYPO3 nicht erzwungen – wenn es einfacher für Sie ist, spricht nichts dagegen, HTML-Vorlagen im *fileadmin/*-Verzeichnis zu speichern und TypoScript-Templates direkt im Backend über das *Template*-Modul zu bearbeiten.

Die Vorteile eines Site Package werden in größeren Projekten deutlich, die über eine längere Zeit und/oder in größeren Teams betreut werden. Da alles, was für die Darstellung einer Seite benötigt wird, nun innerhalb einer Extension liegt, können Sie diese Extension auch einfach in anderen TYPO3-Umgebungen installieren (beispielsweise in einer separaten Entwicklungsumgebung). Dadurch, dass auch die TypoScript-Quelltexte innerhalb von Dateien gespeichert werden, wird außerdem die Koordination in größeren Entwicklerteams einfacher, da Sie Änderungen am TypoScript-Setup nun über Versionskontrollsysteme wie Git oder SVN koordinieren können.

Letzten Endes müssen Sie jedoch selbst entscheiden, ob der Einsatz eines Site Package für Sie sinnvoll ist. Insbesondere wenn Sie fortgeschrittene Anpassungen am System vornehmen möchten (beispielsweise hier und da mal eine eigene PHP-Klasse verwenden), kommen Sie jedoch häufig nicht um den Einsatz einer dazu erstellten Extension herum.

Das hier erstellte Site Package werden wir auch im nächsten Kapitel 13, *Das Backend für Redakteure anpassen*, weiterhin benötigen, da wir dann einige Konfigurationsdateien und auch einige benutzerdefinierte PHP-Skripte dort ablegen werden.

KAPITEL 13

Das Backend für Redakteure anpassen

In diesem Kapitel:

- Überblick
- Administratoren anlegen
- Administratoren und Systemverantwortliche
- Redakteure anlegen
- Eingabefelder und Editoren anpassen
- TSConfig im Site Package hinterlegen
- Workspaces: Trennung von Entwurfsarbeits- und Live-Umgebung

In den bisherigen Kapiteln haben Sie überwiegend als Administrator Templates bearbeitet, die gesamte Seitenstruktur angelegt und Inhalte eingepflegt. In diesem Kapitel erstellen Sie weitere Benutzer, die ohne großen Schulungsaufwand selbstständig die Webseite redaktionell pflegen können, und lernen, wie Sie das TYPO3-Backend an die speziellen Bedürfnisse solcher Benutzer anpassen.

Überblick

TYPO3 bietet zahlreiche Funktionen, die das Arbeiten mit mehreren Benutzern und auch die Gestaltung von Gruppen- und Rechtestrukturen vereinfachen. In Kapitel 3, *Das Backend kennenlernen*, haben Sie bereits das Modul *Backend-Benutzer* kennengelernt, das Sie auch zur Erstellung weiterer Benutzer verwenden können. Außerdem finden Sie hier eine Liste aller aktuell gerade angemeldeten Nutzer, sodass Sie diese bei Bedarf z.B. über Wartungsarbeiten informieren können.

Außerdem stehen sogenannte *Arbeitsumgebungen* (engl. *Workspaces*) zur Verfügung, die einen Vorschaumodus mit Versionierung und Rechte- bzw. Rollensystem umfassen. Seiten und Seiteninhalte können bearbeitet werden, ohne dass Änderungen sofort auf der Website sichtbar sind. Über die verschiedenen Rollen können Inhalte von Redakteuren geändert, zum endgültigen »Live-Schalten« jedoch an eine weitere Instanz gereicht werden. Workspaces gehören nicht mehr zum Basissystem, sondern sind eine eigene Systemerweiterung. Auf das Thema Workspaces wird am Ende dieses Kapitels eingegangen.

Das TYPO3-Backend kann für Wartungsarbeiten komplett gesperrt werden. Wenn Sie beispielsweise Updates vornehmen oder Änderungen am System oder der Datenbank durchführen und nicht möchten, dass währenddessen Benutzer im TYPO3-Backend arbeiten, führen Sie über die TYPO3-Kommandozeile (genauer beschrieben im Abschnitt »TYPO3 über die Kommandozeile bedienen« in Kapitel 2 auf Seite 43) den Befehl backend:lock aus:

```
$ typo3/sysext/core/bin/typo3 backend:lock
```

Das Frontend ist weiterhin wie gewohnt zu erreichen, ist aber im Backend mit einer Fehlermeldung gesperrt (siehe Abbildung 13-1). Um das Backend wieder freizuschalten, rufen Sie den obigen Befehl stattdessen mit backend:unlock auf.

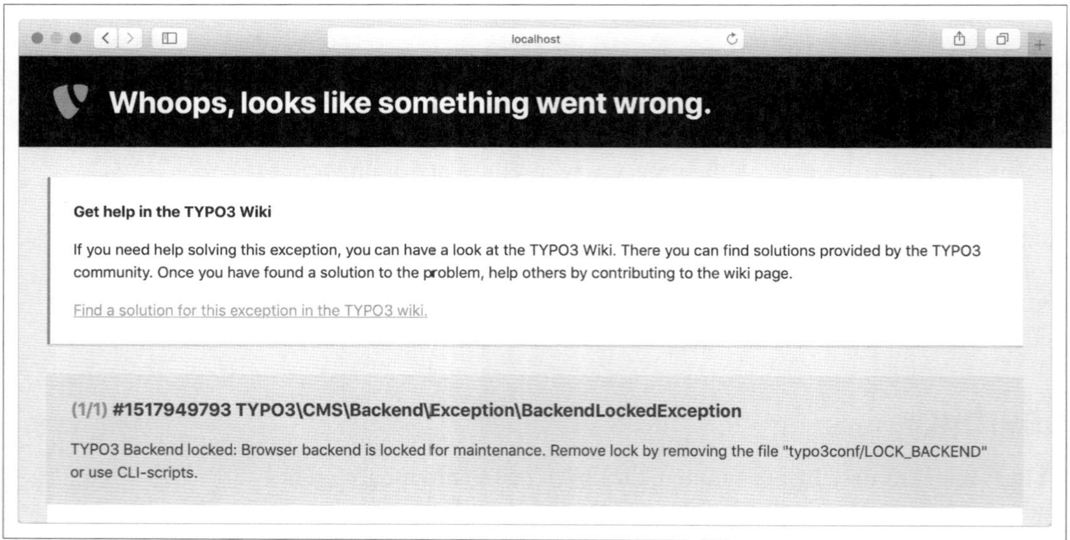

Abbildung 13-1 ▲ Der Backend-Zugriff kann für Wartungsarbeiten gesperrt werden.

Möchten Sie, dass sich nur noch Administratoren im TYPO3-Backend anmelden können und Redakteuren der Zugriff verwehrt wird, setzen Sie im Backend unter dem Menüpunkt *Verwaltungswerkzeuge → Einstellungen → Configure Installation-Wide Options* im Abschnitt *Backend* die Option *[BE][adminOnly]* auf eine der Optionen beginnend mit *Only administrators / system maintainers...* Über die Option *Total shutdown for maintenance purposes* können Sie auch alle Benutzer einschließlich Administratoren aussperren. Beachten Sie jedoch, dass Sie sich mit letzter Option auch selbst aus dem Backend aussperren. Um diese Einstellung wieder zu deaktivieren, ist der Weg in das Install-Tool nötig.

Wie Sie Administratoren und Redakteure anlegen, erfahren Sie in den folgenden Abschnitten.

Administratoren anlegen

Bei der Standardinstallation von TYPO3 ist im Normalfall bereits ein Benutzer mit Administratorrechten vorhanden. Mit diesem Benutzer haben Sie bisher gearbeitet. Wenn Sie nun anderen Personen Zugriff auf

Ihr TYPO3-Projekt mit Administratorrechten gewähren möchten, könnten Sie Ihre Zugangsdaten mitteilen, mit denen Sie sich selbst in das TYPO3-Backend einloggen. Das hat den Vorteil, dass Sie keinen weiteren Benutzer anlegen müssen – Sie sparen so etwa eine Minute Zeit. Die Liste der Nachteile, die auftreten, wenn Sie Ihre persönlichen Zugangsdaten anderen Personen mitteilen, ist sehr lang, und nur einige dieser Nachteile sollen im Folgenden genannt werden.

Zum einen werden Sie Ihr Passwort wahrscheinlich noch an anderen Stellen verwenden. Wenn andere Personen das Passwort kennen, mit dem Sie z. B. auch Ihre E-Mails abrufen oder sich in ein Firmennetzwerk einloggen, birgt das unvorhersehbare Gefahren. Zum anderen gewähren Sie einem Benutzer, dem Sie Ihre Administratorrechte weitergeben, einen tiefen Einblick: Er kann erkennen, wann sich welcher Benutzer eingeloggt hat und welche Aktionen von diesem Benutzer ausgehen. Gibt es auf der Website irgendwelche Phänomene oder Modifikationen, werden Änderungen immer auf Sie selbst zurückfallen. Sie haben keine Möglichkeit, nachzuweisen, dass ein anderer Benutzer versehentlich rekursiv alles gelöscht hat, wenn sich auch andere Personen mit Ihren Zugangsdaten einloggen können.

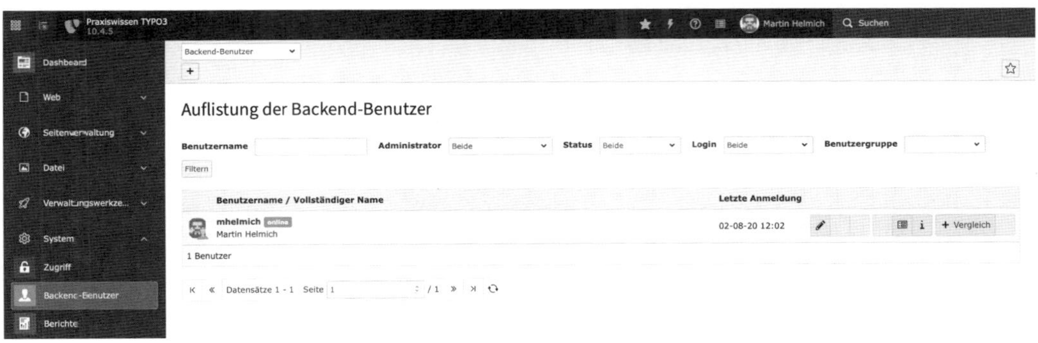

▲ **Abbildung 13-2**
Im Modul »Backend-Benutzer« können Sie Backend-Benutzer verwalten.

Um diesen Nachteilen entgegenwirken zu können, sollten Sie sich vor der Herausgabe von Zugangsdaten eine Minute Zeit nehmen, um einen neuen Benutzer anzulegen. Gehen Sie dazu in das Backend-Modul *System → Backend-Benutzer*. Auf der rechten Seite können Sie dann erkennen, welche Benutzer bereits angelegt worden sind (siehe Abbildung 13-2). Achten Sie besonders auf das Icon in der unteren rechten Ecke des Benutzerbilds: Benutzer mit Administratorrechten erhalten hier als Icon eine Figur mit orangefarbenem Hemd, Benutzer mit eingeschränkten Rechten werden mit einem blauen Hemd dargestellt.

Um einen neuen Benutzer anzulegen, klicken Sie im Modul *Backend-Benutzer* auf den Button *Neuen Datensatz erstellen* in der oberen Menüleiste.

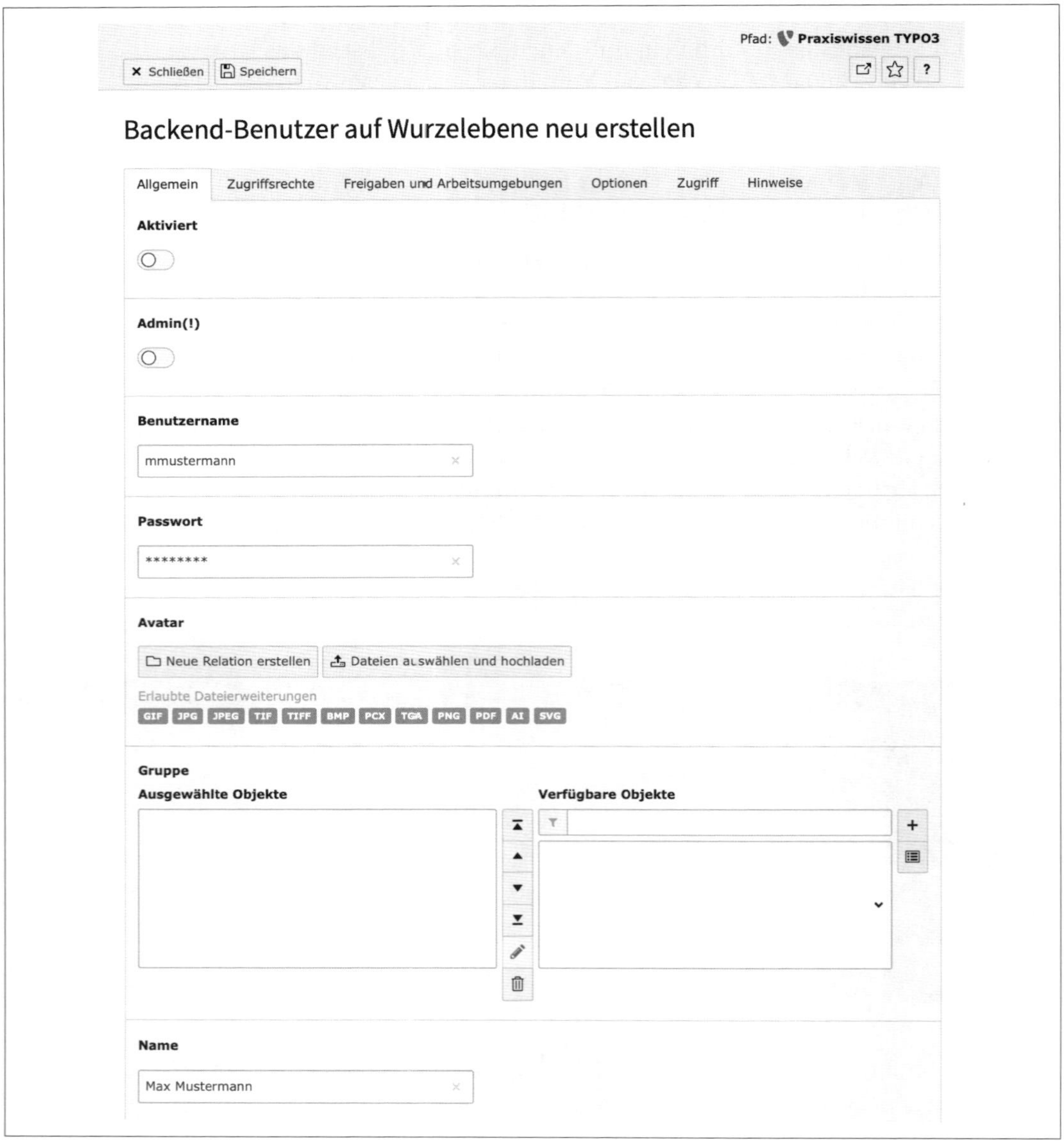

Abbildung 13-3▲
Die Maske für Backend-Redakteure

In der erscheinenden Maske (siehe Abbildung 13-3) nehmen Sie die Angaben zum Benutzer vor. Auf dem Tab *Allgemein* steuert das (standardmäßig deaktivierte) Feld *Aktiviert*, ob sich der neue Benutzer überhaupt einloggen können soll. Außerdem müssen die beiden Felder *Benutzername* und *Passwort* zwingend ausgefüllt werden. Mit diesen Zugangsdaten kann sich der neue Benutzer anschließend in das TYPO3-Backend einloggen. Zu diesem Zeitpunkt darf der neue Benutzer noch nichts (außer sich einloggen). Optional, aber durchaus sinnvoll ist die Angabe einer Standardsprache. Wenn sich der neue Administrator erstmalig ins Backend einloggt, wird die hier angegebene Sprache verwendet und gespeichert. Wählen Sie im Auswahlfeld *Standardsprache* beispielsweise den Eintrag *German* aus.

Die Eingabe einer E-Mail-Adresse für den neuen Benutzer ist optional – es kann dennoch sinnvoll sein, eine (funktionierende) Adresse zu hinterlassen. Hat der neue Benutzer irgendwann einmal sein Passwort vergessen, kann er über diese Adresse später sein Passwort zurücksetzen. Wie genau das funktioniert, steht in Kapitel 14, *Tipps und Tricks* im Abschnitt »Das Backend-Passwort vergessen?« auf Seite 472.

Da Sie einen Benutzer mit Administratorrechten anlegen möchten, aktivieren Sie das Kontrollkästchen *Admin(!)*. Es folgt ein Hinweis, der Sie darüber informiert, dass nach dem Bestätigen dieses Hinweises die Daten gespeichert werden und die Maske mit anderen Feldern neu geladen wird. Bestätigen Sie diesen Hinweis einfach mit *OK*.

Warnung Wenn Sie das Kontrollkästchen *Admin(!)* aktivieren, bekommt der angelegte Benutzer Administratorrechte und erhält dadurch Zugriff auf weite Teile des TYPO3-Backends. Lediglich ein Systemverantwortlicher hat noch weitreichendere Rechte – mehr dazu im nächsten Abschnitt.

Einschränkungen vorzunehmen, z.B. dass der Administrator sich nur bis zu einem bestimmten Datum einloggen darf, ist bei Administratoren wenig sinnvoll, da diese ihre eigenen Rechte bearbeiten können. Auf die anderen Felder und Möglichkeiten wird im nächsten Abschnitt eingegangen.

Speichern Sie den neu angelegten Administrator über das bekannte Icon *Dokument speichern und schließen*. Nachdem Sie einen neuen Administrator angelegt haben, können Sie testen, ob sich dieser auch mit Administratorrechten einloggen kann. Loggen Sie sich aus dem Backend aus und mit den Zugangsdaten des neuen Benutzers wieder ein.

Falls Sie nur schnell einmal testen möchten, wie das Backend als ein anderer Benutzer aussieht, ohne sich aufwendig als dieser einloggen zu müssen, können Sie in der Benutzerverwaltung auch die in Abbildung 13-4 gezeigte *Benutzer wechseln*-Funktion nutzen.

▼ Abbildung 13-4
Die »Benutzer wechseln«-Funktion erlaubt Ihnen, das Backend aus der Sicht eines anderen Benutzers zu betrachten.

Administratoren und Systemverantwortliche

Neben dem Administrator gibt es noch eine weitere Nutzerrolle, die eine etwas besondere Stellung einnimmt: der *Systemverantwortliche* (engl. *System Maintainer*).

Tipp Bis einschließlich TYPO3 8 wurde nicht zwischen Administratoren und Systemverantwortlichen unterschieden. In diesen älteren Versionen von TYPO3 waren die Berechtigungen beider Nutzerrollen in der des Administrators vereint.

Ein Systemverantwortlicher hat unbeschränkten Vollzugriff auf das System. Er kann neue Erweiterungen installieren und verschiedene Aktionen im Install-Tool ausführen, die potenziell den Betrieb einer TYPO3-Installation gefährden könnten.

Ein Administrator hingegen hat (sofern er nicht gleichzeitig auch Systemverantwortlicher ist) keinen Einfluss mehr auf die Konfiguration des Systems selbst. Dies umfasst den Zugriff auf das Install-Tool und die Installation neuer Extensions. Grob zusammengefasst, stehen alle Menüpunkte unter dem Abschnitt *Verwaltungswerkzeuge* einem Administrator (ironischerweise, angesichts der Benennung) nicht zur Verfügung. Auf alles, was nicht mit dem Setup des Systems selbst zu tun hat (beispielsweise das Erstellen neuer Backend-Benutzer, Anlegen und Bearbeiten von TypoScript-Templates, Formulare definieren oder Workspaces verwalten), darf ein Administrator jedoch uneingeschränkt zugreifen.

Um einen neuen Systemverantwortlichen zu hinterlegen, muss zunächst ein Backend-Benutzer mit Administratorrechten erstellt werden. Im Anschluss kann unter dem Menüpunkt *Verwaltungswerkzeuge → Manage System Maintainers* dieser Nutzer als weiterer Systemverantwortlicher hinterlegt werden.

Redakteure anlegen

Häufig werden Sie Benutzer anlegen wollen, die nur auf bestimmte Seiten Zugriff haben und nur bestimmte Aktionen durchführen dürfen, die Sie zuvor erlaubt haben. Nicht jeder Benutzer muss in TYPO3 ein Administrator sein – auch Redakteure mit eingeschränktem Backend-Zugang können angelegt werden.

Im vorigen Abschnitt haben Sie einen Administrator angelegt, der alle Rechte am TYPO3-Projekt hat. Ein Benutzer, der kein Administrator ist, hat zunächst gar keine Rechte und darf nicht mehr, als sich ein- und ausloggen. Über Backend-Benutzergruppen können Sie einzelne Rechte vergeben und später Benutzern eine oder mehrere Benutzergruppen zuweisen. Die Rechte – also alles, was ein Benutzer darf – werden in Benutzergruppen definiert. Daher ist der erste Schritt zum Anlegen eines Redakteurs das Anlegen einer Benutzergruppe für Redakteure, in der die gesetzten Rechte angegeben werden.

Eine Benutzergruppe für Redakteure anlegen

Um eine Backend-Benutzergruppe anzulegen, wechseln Sie in das Modul *Liste* und legen auf der Root-Ebene einen neuen Datensatz vom Typ *Backend-Benutzergruppe* an. Sie müssen für die Benutzergruppe zwingend einen *Gruppennamen* angeben, nehmen Sie in diesem Fall *Redakteure*.

Die Zugriffsrechte finden Sie auf dem Tab *Zugriffsliste* (siehe Abbildung 13-5). Markierte Einträge zeigen, welche Rechte gesetzt sind.

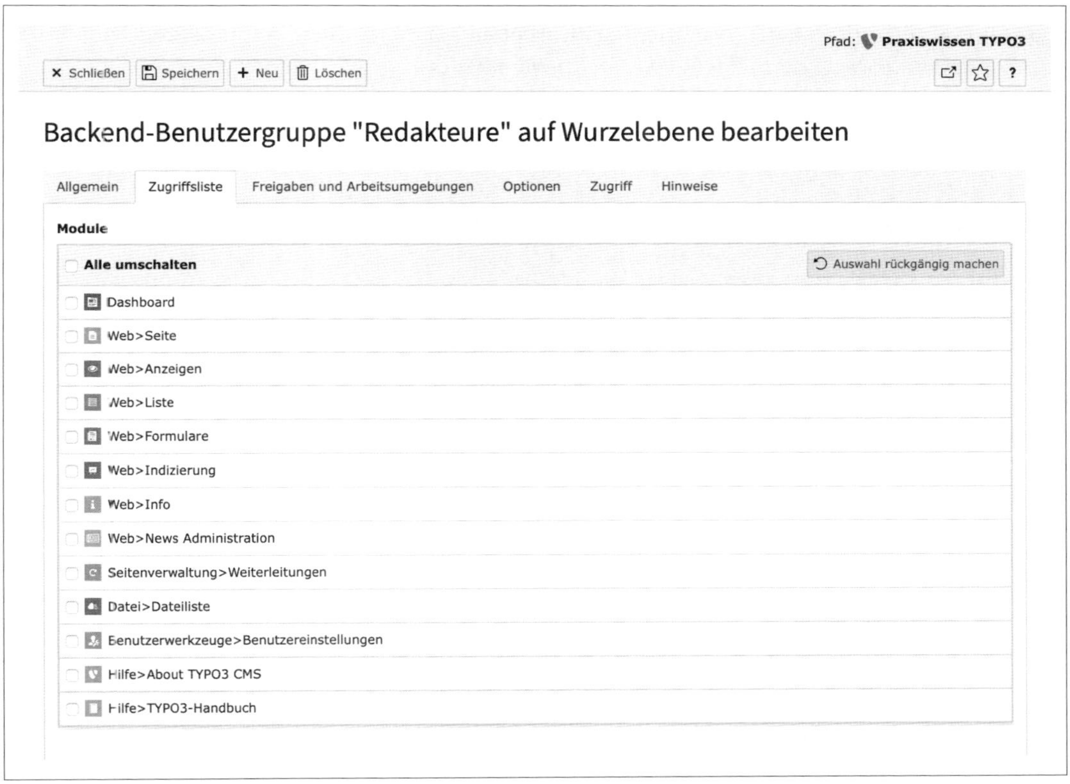

▲ **Abbildung 13-5**
Die Übersicht über die Zugriffsliste einer Benutzergruppe

Backend-Module verfügbar machen

Sie sehen eine umfangreiche Liste mit Konfigurationsmöglichkeiten. Unter *Module* geben Sie an, welche Backend-Module dem Redakteur zur

Verfügung stehen sollen. Das sind die Bereiche, die im linken Menü angezeigt werden.

Sinnvoll für Redakteure ist es, wenn sie Seiten und Seiteninhalte bearbeiten können. Dazu ist es erforderlich, dass Backend-Module aus dem Bereich *Web* zur Verfügung gestellt werden. Sie finden hier eine Auswahlliste mit allen aktiven Backend-Modulen; auch Module, die von Erweiterungen wie beispielsweise *news* bereitgestellt werden, finden sich hier wieder. Um Redakteure nicht unnötig mit zu vielen Menüpunkten zu belasten, empfiehlt es sich, hier nur das Backend-Modul *Web>Seite* zu aktivieren, da mit diesem einen Backend-Modul fast alles gemacht werden kann, was ein Redakteur können sollte. Es kann auch noch sinnvoll sein, das Backend-Modul *Web>Liste* zu aktivieren, das hängt jedoch von Ihrem jeweiligen TYPO3-Projekt ab. Einige Datensätze stehen nur in diesem Backend-Modul zur Verfügung, z.B. das Bearbeiten von Datensätzen Ihres eigenen Plug-ins *Snowboardlehrer*. Wenn Ihre Redakteure Nachrichten bearbeiten können sollen, kann es zudem sinnvoll sein, das *Web>Nachrichten*-Modul freizuschalten.

Abbildung 13-6 ▼
Eine mögliche Rechtevergabe im Bereich »Module«

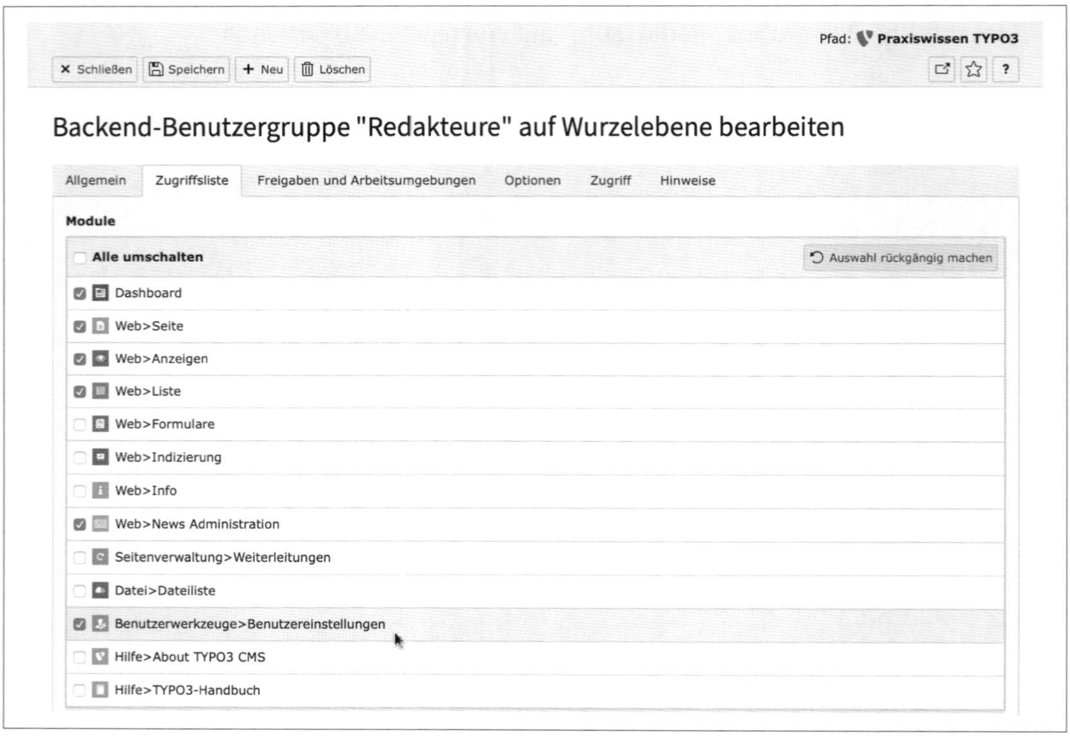

Redakteure benötigen ebenfalls häufig Zugriff auf die Dateiverwaltung des TYPO3-Backends. Aktivieren Sie daher auch das Modul *Datei>Dateiliste*. Dies bewirkt jedoch nur, dass der Nutzer das Modul grundsätzlich verwenden darf, und bestimmt noch nicht, auf *welche* Dateien der

Nutzer zugreifen darf. In einem nächsten Schritt, auf den wir im Abschnitt »Verzeichnisse zuweisen und Dateifreigaben einrichten« auf Seite 418 eingehen werden, können Sie genau bestimmen, auf welche Verzeichnisse beispielsweise aus dem *fileadmin/*-Verzeichnis Ihre Nutzer zugreifen können sollen.

Wenn Redakteure selbstständig ihr Passwort ändern oder sonstige Einstellungen wie z.B. einen Wechsel der Sprache vornehmen können sollen, empfiehlt es sich, *Benutzerwerkzeuge → Einstellungen* zu aktivieren. Die fertige Rechtevergabe unter *Module* könnte dann wie in Abbildung 13-6 aussehen.

Zugriff auf Datensätze

Als Nächstes können Sie die Rechte für die Bereiche *Tabellen (anzeigen)* und *Tabellen (ändern)* vergeben (siehe Abbildung 13-7). In *Tabellen (anzeigen)* definieren Sie, welche Datensätze der Benutzer sehen darf; in *Tabellen (ändern)* geben Sie an, welche Datensätze der Benutzer ändern und anlegen darf. Im Regelfall reicht es aus, nur Rechte im Bereich *Tabellen (ändern)* anzugeben, da es in der Praxis selten vorkommen wird, dass ein Benutzer im Backend Datensätze zwar sehen, aber nicht verändern darf. Wenn ein Benutzer Datensätze verändern darf, darf er diese automatisch auch sehen.

▼ Abbildung 13-7
Die ausgewählten Datensatztypen dürfen gesehen und modifiziert werden.

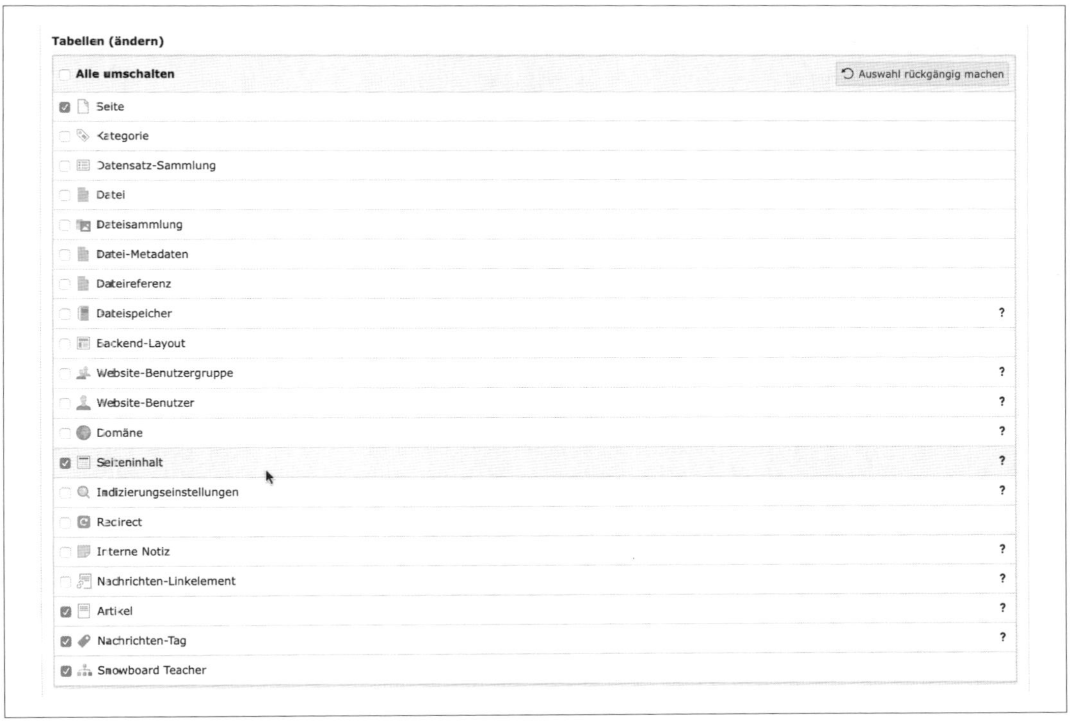

Sie können in der Liste der möglichen Datensätze erkennen, dass auch die installierten Erweiterungen mit aufgenommen wurden. Selbst für das eigene erstellte Plug-in für die Verwaltung von Snowboardlehrern können Sie angeben, ob der Benutzer an diesen Datensätzen Änderungen vornehmen bzw. sie sehen darf.

Der Redakteur soll das grundsätzliche Recht erhalten, Datensätze aus den Tabellen *Seite*, *Seiteninhalt*, *News* und *Snowboardlehrer* zu sehen, anzulegen, zu editieren und zu löschen. Damit ein Benutzer aber später tatsächlich Inhalte und Seiten verändern bzw. löschen kann, die er z.B. nicht selbst erstellt hat, müssen an einer späteren Stelle noch weitere Rechte vergeben werden. Im Abschnitt »Zugriffsrechte setzen« auf Seite 420 erfahren Sie dazu mehr. Eine mögliche Einstellung ist z.B. die in Abbildung 13-7 gezeigte.

Seitentypen erlauben

Unter *Seitentypen* (siehe Abbildung 13-8) können Sie angeben, welche Seitentypen ein Benutzer anlegen und bearbeiten darf. In vielen Fällen reicht es aus, wenn der Redakteur das Recht zum Anlegen und Bearbeiten von Seiten des Typs *Standard* erhält. Es handelt sich dabei um das Bearbeiten eines Seitendatensatzes, nicht um die Inhalte auf einer Seite.

Abbildung 13-8 ▼
Den ausgewählten Seitentyp darf der Redakteur anlegen bzw. auswählen.

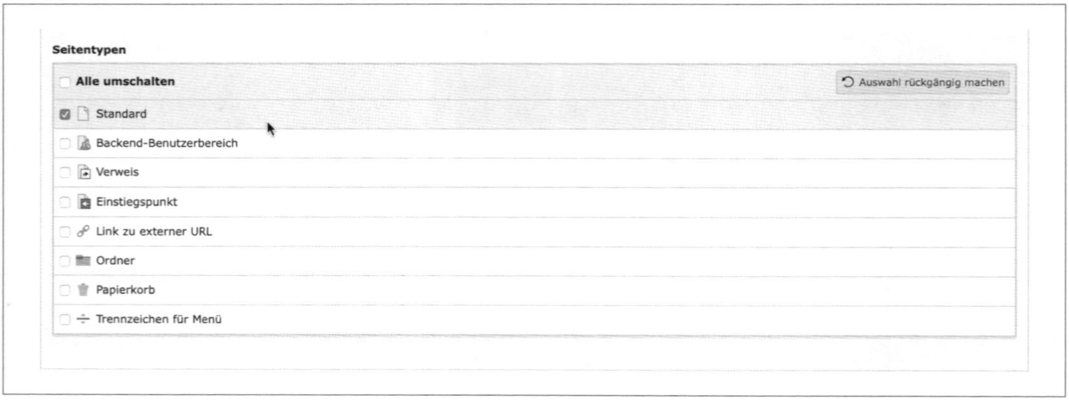

Bei den weiteren Seitentypen sind tiefer gehende Kenntnisse der Redakteure erforderlich. Wenn ein Redakteur z.B. eine Seite vom Typ *Verweis* anlegen oder bearbeiten darf, kann er die gesamte Webseite oder auch einen Teilbereich unzugänglich machen, indem er unwissentlich einen Verweis »ins Nirwana« zeigen lässt. Überlegen Sie sich daher, wie intensiv Sie die Redakteure schulen möchten, welchen Support Sie bieten können und ob diese Seitentypen tatsächlich für die Pflege der Website benötigt werden. In Abbildung 13-8 sehen Sie eine mögliche Konfiguration der Box *Seitentypen*.

Zugriff auf einzelne Felder explizit gestatten

Es folgt die umfangreiche Box *Erlaubte Ausschlussfelder* mit sehr vielen Einträgen. Hier können Sie für jeden Typ Datensatz (also beispielsweise Seiten, Seiteninhalte, News, Snowboardlehrer oder andere) angeben, welche Felder ein Benutzer sehen und ändern darf. Der Eintrag *Seite → Typ* gibt z. B. an, dass ein Benutzer in einem Datensatz vom Typ *Seite* das Feld *Seitentyp* sehen darf. Sie haben bereits in zwei vorherigen Boxen angegeben, ob ein Benutzer Seitendatensätze sehen und bearbeiten darf (*Tabellen ändern*) und welche Seitentypen für den Benutzer zur Verfügung stehen sollen (*Seitentypen*). Hier geben Sie an, ob dieses Feld überhaupt zur Verfügung stehen soll.

Ein Feld *Seite → Titel* werden Sie in der Auflistung nicht finden, da dieses Feld immer zur Verfügung steht, wenn ein Benutzer Zugriff auf Seitendatensätze hat. So sehen Sie in dieser Liste grundsätzlich nur Felder, die aus Sicht von TYPO3 bzw. seinen Erweiterungen optional sind. Zum normalen Betrieb von TYPO3 und für die Arbeit der Redakteure wäre es theoretisch nicht nötig, einen Eintrag in dieser Liste auszuwählen. Häufig ist es aber sinnvoll, dass bestimmte Felder dem Redakteur zusätzlich zur Verfügung stehen.

Übliche Einstellungen für Datensätze vom Typ *Seite* sind *Typ*, *Seite verbergen*, *Start*, *Stopp*, *Zugriff*, *Inklusive Unterseiten* und gegebenenfalls *Dateien*. Diese Rechte sind aber abhängig von der Funktion der TYPO3-Webseite. *Dateien* werden z. B. für das Beispielprojekt nur dann gebraucht, wenn der Redakteur das Recht erhalten soll, selbstständig den Trailer auszutauschen.

Hat ein Benutzer auf das Feld *Seite → Verstecken* keinen Zugriff, werden neu angelegte Seiten dieses Benutzers automatisch als *Versteckt* gekennzeichnet und stehen im Frontend zunächst nicht zur Verfügung. Diese Seiten müssen dann zunächst von einem anderen Benutzer freigeschaltet werden, der die entsprechende Berechtigung dazu hat.

Geben Sie der Benutzergruppe hier die Rechte für die Felder, die die Redakteure Ihrer Meinung nach benötigen. Es ist häufig sinnvoll, die Anzahl der Felder auf ein Minimum zu reduzieren. Einige Felder werden voraussichtlich von Ihrem Template nicht unterstützt, z. B. die Felder *Seiteninhalt → Schrift* und *Seiteninhalt → Größe*. Außerdem haben Sie in Kapitel 10, *Bestehende Erweiterungen integrieren*, aus der Designvorlage für das *News*-Modul einige Felder entfernt. Es wäre unsinnig, diese Felder in den Masken zugänglich zu machen, wenn sie nicht mehr unterstützt werden.

Explizites Verbieten von Seiteninhaltstypen und Erweiterungen

Im Abschnitt *Feldwerte explizit erlauben/verbieten* können Sie angeben, welche Seiteninhaltstypen für den Redakteur zur Verfügung stehen sollen. Nicht unterstützte Seiteninhaltstypen können somit vor den Redakteuren versteckt werden. Gleiches gilt auch für Erweiterungen. Wenn der Redakteur das Recht hat, einen Seiteninhalt vom Typ *Erweiterung* anzulegen, erhält er in der entsprechenden Maske ein Auswahlfeld, das zeigt, welche Erweiterung er einfügen kann. Wie auch bei den Seiteninhaltstypen können Sie hier angeben, welche Erweiterungen für die Benutzergruppe nicht zur Verfügung stehen sollen.

In der Regel sollte dem Redakteur der Seiteninhaltstyp *HTML* nicht erlaubt werden. Er setzt spezielles Wissen voraus, das der Redakteur oft nicht hat. Ebenfalls kann es sinnvoll sein, den Zugriff auf Plug-ins wie Indexsuche und News zu unterbinden. Üblicherweise sollten der Einsatz, die Einrichtung und das Platzieren von Plug-ins vom Administrator erledigt werden. Der Redakteur soll möglichst nur Inhalte pflegen können.

Tipp Standardmäßig müssen Sie explizit Inhaltstypen erlauben. Es ist aber auch umgekehrt möglich, also dass alle Inhalte als Voreinstellung erlaubt sind und explizit verboten werden müssen. Dies können Sie im Install-Tool über die Eigenschaft `[BE][explicitADmode]` einstellen. Die Werte `explicitDeny` und `explicitAllow` stehen zur Auswahl.

Zugriff auf Sprachen

Im Abschnitt *Auf Sprachen einschränken* können Sie die Bearbeitungsrechte einer bestimmten Nutzergruppe auch auf ein oder mehrere bestimmte Sprachen Ihrer Website einschränken. Das kann beispielsweise nützlich sein, wenn Sie eine Backend-Benutzergruppe für Übersetzer erstellen möchten, die lediglich Inhalt in einer ganz bestimmten Sprache bearbeiten können sollen.

Konfigurationsfehler vermeiden

Sie merken, dass die Konfiguration von Zugriffsregeln eine Wissenschaft für sich ist und viele Möglichkeiten bietet, Fehler zu machen. Glücklicherweise werden die häufigsten Fehlkonfigurationen von dem Benutzergruppen-Formular automatisch erkannt und Sie als Anwender darauf hingewiesen.

Dieses Problem kann beispielsweise auftreten, wenn Sie unter *Feldwerte explizit erlauben/verbieten* einem Benutzer erlauben, ein bestimmtes Plug-in einzufügen, gleichzeitig jedoch den Seiteninhaltstyp *Plugin einfügen* nicht erlauben. In diesem Fall weist das Formular Sie auf die Sinnlosigkeit dieses Vorhabens mit dem in Abbildung 13-9 gezeigten Warnhinweis hin.

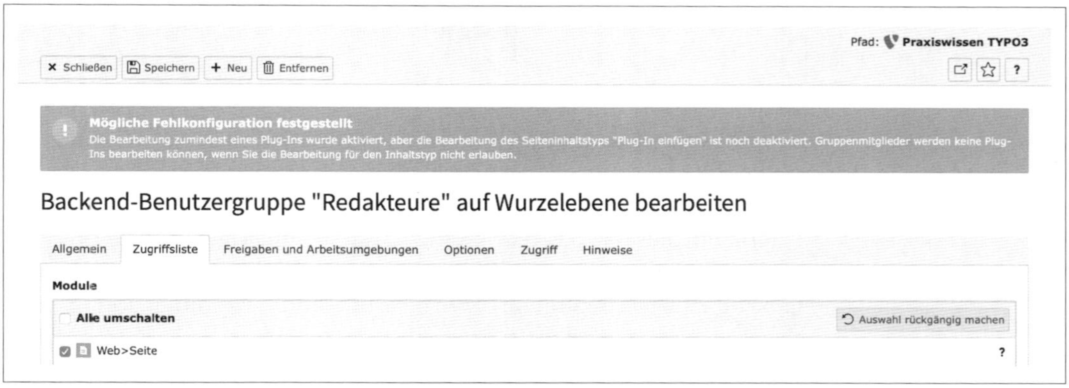

▲ **Abbildung 13-9**
Fehlkonfigurationen bei Zugriffslisten werden automatisch erkannt.

Auf Sprachen beschränken

Über den Punkt *Auf Sprachen einschränken* können Sie der Benutzergruppe die Berechtigung für bestimmte Sprachen erteilen. So kann es beispielsweise eine englische Benutzergruppe geben, deren Mitglieder nur Zugriff auf die englischsprachige Website haben.

Tipp Ich empfehle Ihnen, bei der doch sehr umfangreichen Konfiguration der Zugriffsliste öfter über die Schaltfläche *Speichern* zwischenzuspeichern. Sollten Sie mittendrin versehentlich auf einen anderen Menüpunkt klicken, kann die Konfiguration sonst schnell verloren gehen.

Einstiegspunkte im Seitenbaum angeben

Wechseln Sie auf den Tab *Freigaben und Arbeitsumgebungen*. Unter *Datenbankfreigaben* (engl. *Database Mounts*) können Sie bestimmen, welche Einstiegspunkte im Seitenbaum für die Benutzer angezeigt werden. Sie müssen hier Seiten angeben, da dem Benutzer sonst im Seitenbaum nichts angezeigt wird und er somit einen leeren Seitenbaum sieht. Geben Sie z.B. die einzelnen Bereiche an, in denen der Redakteur arbeiten darf. Im Beispielprojekt sind das die zwei Seiten *Hauptnavigation* und *Hilfsnavigation*. Sollen die Benutzer dieser Benutzergruppe auch Frontend-Benutzer editieren dürfen, muss der Systemordner *Benutzer* mit aufgenommen werden. Selbiges gilt für Fehlerseiten und den in Kapitel 12 erstellten gleichnamigen Systemordner.

Tipp Alternativ können Sie auch die root-Seite des Projekts (die mit der Weltkugel) als Einstiegspunkt für den Seitenbaum angeben. Dies hat allerdings den »Nachteil«, dass Redakteure Ihres Projekts nun eine Seite sehen, die eigentlich nur aus technischen Gründen (Speicherung des

TypoScript-Templates und Vererbung eines Backend-Layouts) existiert, aber in der inhaltlichen Struktur des Projekts gar nicht vorkommt.

Die Wurzelebene des Projekts (der oberste Eintrag im Seitenbaum mit dem TYPO3-Logo) kann nicht als Einstiegspunkt angegeben werden.

Verzeichnisse zuweisen und Dateifreigaben einrichten

Ebenfalls unter dem Tab *Freigaben und Arbeitsumgebungen* können Sie im Feld *Verzeichnisfreigaben* (engl. *File Mounts*) den Zugriff auf Dateien einrichten. Der Benutzer kann dann z.B. im Backend-Modul *Dateiliste*, sofern ihm dieses Modul zur Verfügung steht, innerhalb und unterhalb eines angegebenen Verzeichnisses arbeiten. Außerdem wird eine Dateifreigabe für einige Seiteninhaltstypen benötigt, und zwar immer dort, wo Dateien hochgeladen oder eingefügt werden können.

Unter einer Dateifreigabe wird in TYPO3 der Zugriff auf einen Ordner unter einem anderen Namen verstanden. Sie können so z.B. eine Dateifreigabe *Redakteure* einrichten, die auf den bestehenden Ordner *fileadmin/user_upload/* zeigt.

Support Wenn Sie dem Redakteur kompletten Zugriff auf den Ordner *fileadmin/* erlauben möchten, tragen Sie bei *Pfad* einen Punkt (.) ein.

Bevor Sie eine Dateifreigabe zuweisen können, muss zunächst eine vorhanden sein. Vor dem Anlegen sollten Sie die bisher getätigten Einstellungen über die Schaltfläche *Speichern* sichern. Klicken Sie dann rechts neben der Box *Verzeichnisfreigaben* auf das schwarze Plussymbol. Je nach Browser öffnet sich entweder ein neues Fenster, oder im rechten Bereich wird eine neue Maske geladen (siehe Abbildung 13-10).

1. Geben Sie einen beliebigen Bezeichner für die neue Dateifreigabe im Feld *Bezeichnung* an, z.B. *Redakteur-Dateibereich*.
2. Wählen Sie im Feld *Speicher* den Wert *fileadmin/ (auto-created)* aus.
3. Das Auswahlfeld *Ordner* wird zu diesem Zeitpunkt noch keine Verzeichnisse enthalten. Speichern Sie die Dateifreigabe über die Schaltfläche *Speichern*.
4. Nach dem Speichern enthält das Auswahlfeld *Ordner* alle Verzeichnisse des Verzeichnisses *fileadmin*. Wählen Sie das Verzeichnis */user_upload/* aus.
5. Speichern Sie die Dateifreigabe.

Über das Feld *Schreibgeschützt* können Sie zudem eine Dateifreigabe erstellen, die ausschließlich lesenden Zugriff erlaubt. Das ist dann sinnvoll, wenn Redakteure Dateien in einem bestimmten Verzeichnis zwar sehen (beispielsweise um diese Dateien irgendwo als Inhalt einzufügen), aber nicht selbst bearbeiten können sollen.

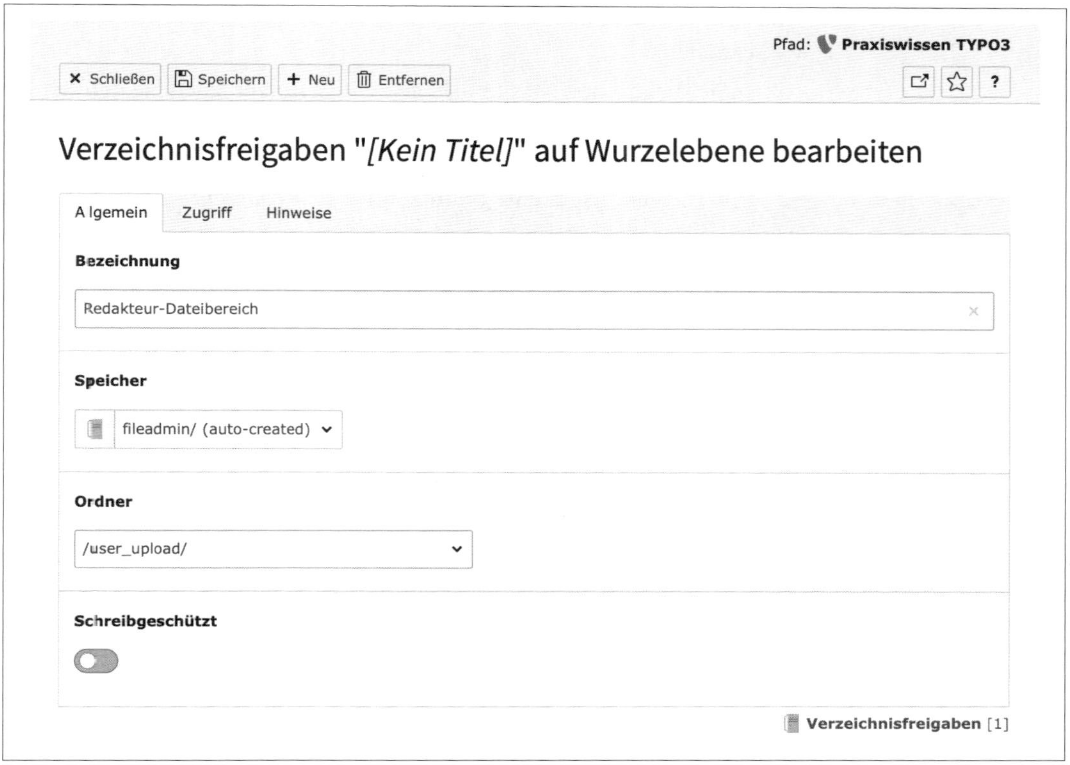

▲ Abbildung 13-10
Eine neue Dateifreigabe einrichten

Sie können jetzt Ihre Angaben und Einstellungen für die neue Benutzergruppe speichern.

Im letzten Feld können *Rechte für Dateioperationen* gesetzt werden. Sie können festlegen, ob Dateien und Verzeichnisse verschoben, gelöscht, umbenannt und angelegt werden dürfen. Interessant ist die Option *Verzeichnis → Rekursiv Löschen*. Wenn Sie dieses Recht für Ihre Gruppe aktivieren, erlauben Sie den Redakteuren, komplette Verzeichnisse rekursiv zu löschen. Der Vorteil ist, dass nicht zeitaufwendig alle Dateien eines Verzeichnisses einzeln gelöscht werden müssen. Nachteilig ist jedoch, dass Dateien leicht aus Versehen dauerhaft vom Server gelöscht werden können.

Einen Redakteur als Benutzer anlegen

Nachdem Sie eine Benutzergruppe für Redakteure angelegt haben, können Sie nun auch einen Backend-Benutzer anlegen, der lediglich die soeben konfigurierten Rechte besitzt.

1. Wechseln Sie dazu im linken Menü in das Backend-Modul *Backend-Benutzer* im Abschnitt *System*.

2. Klicken Sie nun im oberen Bereich auf den Button *Neuen Datensatz erstellen*.
3. In der bekannten Maske für Backend-Benutzer legen Sie den Benutzer *Redakteur* an, der diesmal kein Administrator sein soll.
4. Damit dieser Benutzer die gewünschten Rechte erhält, weisen Sie ihm die gerade erstellte Benutzergruppe *Redakteure* zu.
5. Vergessen Sie nicht, die Backend-Sprache zu bestimmen, und speichern Sie dann den neuen Benutzer ab.

Tipp Der Benutzername wird nach dem Verlassen des Felds immer in Kleinbuchstaben konvertiert und auch so abgespeichert. Das Passwort behält die gewählte Groß- und Kleinschreibung bei.

Zugriffsrechte setzen

Sie können sich jetzt aus dem Backend abmelden und mit dem soeben erstellten Benutzer wieder anmelden. Einfacher ist es jedoch, die bereits zuvor vorgestellte *Benutzer wechseln*-Funktion zu nutzen. Das bietet Ihnen den Vorteil, dass Sie – ohne sich erneut anmelden zu müssen – zwischen dem gewählten Benutzer und dem Administrator wechseln können. Suchen Sie dazu im Modul *Backend-Benutzer* nach dem soeben erstellten Benutzer. In der Spalte mit den Optionen für jeden Nutzer finden Sie ganz rechts den Button *Benutzer wechseln*.

Nach erfolgreichem Wechsel werden Sie bemerken, dass im Modul *Web → Seite* bzw. *Web → Liste* im Seitenbaum zwar Ihre Datenbankfreigaben angezeigt werden, Sie jedoch weder die Seiten noch die darauf platzierten Inhaltselemente bearbeiten oder neu erstellen können. Der Grund dafür ist, dass die Zugriffsrechte der Seiten noch nicht angepasst wurden. Derzeit gehört jede einzelne Seite Ihnen als Administrator, und obwohl jeder Benutzer berechtigt ist, sie zu sehen, dürfen nur Sie Änderungen an diesen Seiten vornehmen. Klicken Sie auf den *Verlassen*-Button im *Benutzer*-Menü im oberen rechten Bereich, um wieder mit Administratorrechten in Ihr Backend zurückzukehren.

Gehen Sie im linken Menü in das Backend-Modul *Zugriff* im Abschnitt *System*. Aktivieren Sie im Seitenbaum die Root-Ebene, indem Sie den obersten Eintrag mit dem TYPO3-Logo anklicken. Wie in Abbildung 13-11 zu sehen ist, erhalten Sie Informationen darüber, wer der Besitzer einer Seite ist und was er alles darf. Dazu können Sie die Rechte einer möglichen Benutzergruppe sehen und erhalten auch Informationen darüber, was Backend-Benutzer tun dürfen, die weder zu einer bestimmten Benutzergruppe gehören noch Besitzer von Seiten oder Seiteninhalten sind.

Zugriffsrechte werden immer automatisch vergeben, wenn ein Benutzer eine Seite oder einen sonstigen Datensatz anlegt. Besitzer ist im Regelfall immer der eingeloggte Backend-Benutzer. Dieser kann auch wieder einer Benutzergruppe angehören, der ebenfalls Zugriffsrechte eingeräumt werden können. Wenn der eingeloggte Benutzer zwar ein anderer ist als der, der einen Datensatz angelegt hat, aber mit zur definierten Benutzergruppe gehört, kann dieser Benutzer bestimmte angegebene Aktionen ausführen.

Um die Zugriffsrechte für die gesamte Seitenstruktur anzuzeigen, können Sie aus dem Auswahlfeld *Tiefe* z.B. den Eintrag *10 Ebenen* auswählen. Ausgehend von der momentan aktuellen Seite – in Abbildung 13-11 ist das z.B. die Root-Ebene – werden dann mit der angegebenen Tiefe alle Seiten angezeigt.

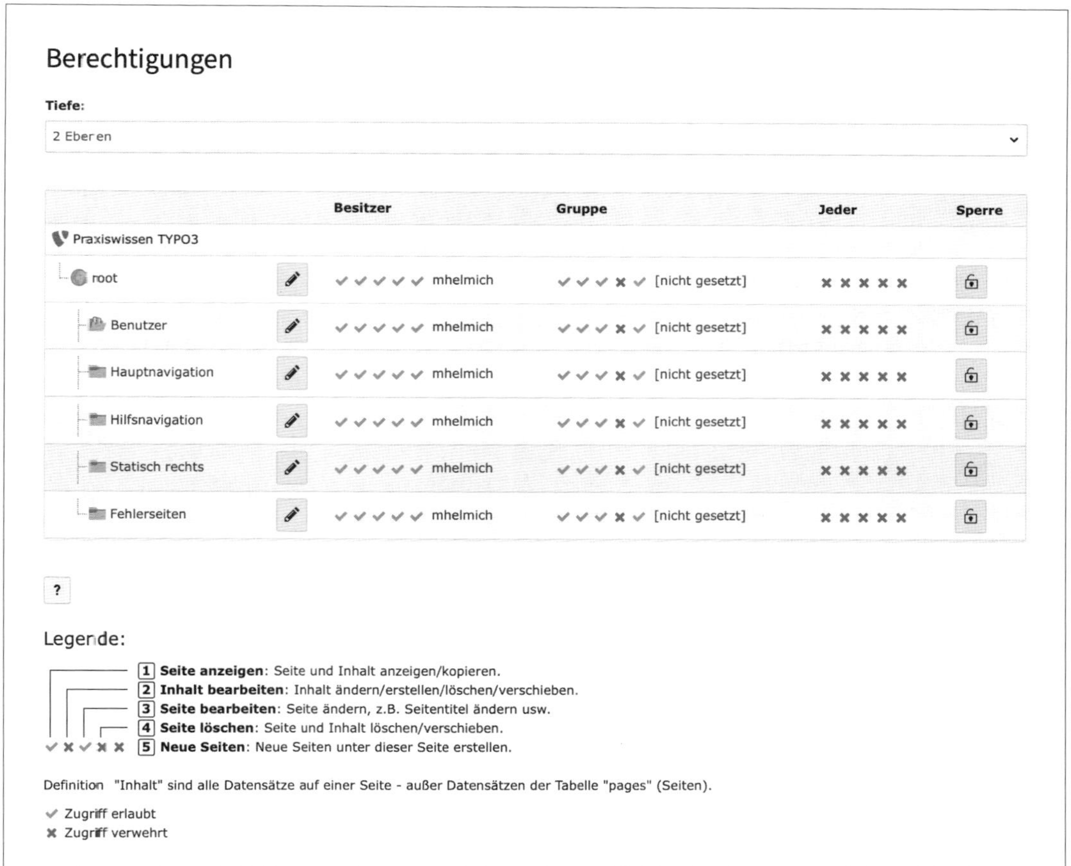

▲ **Abbildung 13-11**
Übersicht über die Zugriffsrechte von Seiten

Klicken Sie in dieser Übersicht auf das Bleistiftsymbol der Seite *Hauptnavigation*. Sie erhalten die in Abbildung 13-12 gezeigte Maske, in der Sie die Rechte editieren können. Sie erkennen, dass der Besitzer dieser Seite der bisher genutzte Administrator-Benutzer ist (bzw. der Benutzer, mit dem

Sie eingeloggt waren, als Sie die Seite angelegt haben) und dass als Gruppe *keine Gruppe* angegeben wurde.

Da nun Redakteure die Seiten und Seiteninhalte bearbeiten können sollen, ist es erforderlich, dass Sie die Rechte neu setzen. Dabei können Sie angeben, dass der Besitzer ein anderer sein soll, was nicht immer vorteilhaft ist. Ebenfalls, und das ist sinnvoll, können Sie angeben, dass die zugehörige Benutzergruppe jetzt die Benutzergruppe *Redakteure* sein soll. Wählen Sie dazu aus dem Auswahlfeld *Gruppe* den Eintrag *Redakteure* aus.

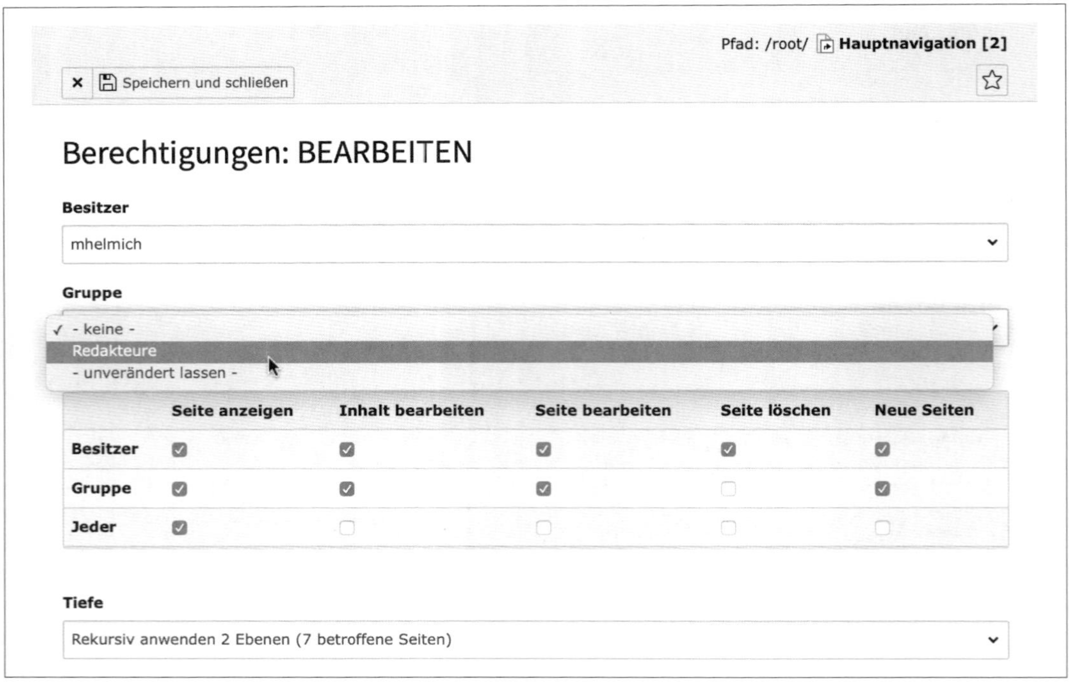

Abbildung 13-12 ▲
Die Zugriffsrechte einer Seite bearbeiten

In der Tabelle erkennen Sie, was der Besitzer tun darf. Im Regelfall darf der Besitzer immer alles, und es ist auch wenig sinnvoll, ihm einzelne Rechte wie z. B. *Seite löschen* zu verbieten. Wenn der Benutzer dann versehentlich eine neue Seite angelegt hätte und diese natürlich direkt wieder löschen wollte, hätte er dazu kein Recht. Möglicherweise sinnvoll ist allerdings, das Recht *Neue Seiten* zu deaktivieren. Der Besitzer kann dann keine neuen Seiten ausgehend von einer bestehenden Seite anlegen und somit nur bestehende Seiten pflegen. In diesem einen Fall ist es dann auch sinnvoll, dem Benutzer das Recht *Seite löschen* zu entziehen.

In vielen Fällen, insbesondere bei kleineren Websites mit nur einigen wenigen Benutzern, kann es sinnvoll sein, der Benutzergruppe die gleichen Rechte zu geben wie dem Besitzer. Dann darf die Benutzergruppe auch

Seiten löschen, die von einem anderen Benutzer angelegt wurden. Das führt zu einem wesentlich geringeren Supportaufkommen – Rückfragen, warum sich eine Seite nicht löschen lässt, entfallen. Diese Einstellung ist aber von Projekt zu Projekt neu zu überlegen und abhängig davon, ob Benutzer parallel mit gleichen Rechten arbeiten sollen oder ob es ein ausgeklügeltes Rechtekonzept geben soll.

Die eben getätigten Einstellungen sollen für die Seite *Hauptnavigation* und auch für die jeweiligen Unterseiten übernommen werden. Wählen Sie aus dem Auswahlfeld *Tiefe* unterhalb der Tabelle aus, dass diese Rechte rekursiv auf alle verfügbaren Datensätze angewendet werden sollen, also auf ein Maximum an Ebenen. Durch anschließendes Bestätigen der Rechteänderungen über den Button *Speichern* werden diese neuen Zugriffsrechte gespeichert, und Sie erhalten eine Übersicht der Seitenrechte.

Wenn Sie möchten, dass Ihre Redakteure auch die Inhalte unterhalb der Hilfsnavigation bearbeiten können sollen, wiederholen Sie dieses Vorgehen nun für die Seite *Hilfsnavigation*.

Auch in der Übersichtsliste können Sie einzelne Seitenberechtigungen schnell bearbeiten, indem Sie einfach auf die Zugriffssymbole klicken. In der Übersichtsliste können Sie einzelne Seiten durch den Button *Sperre* auch komplett für die Bearbeitung sperren (siehe Abbildung 13-13). In diesem Fall dürfen nur noch Administratoren die entsprechende Seite bearbeiten. Dies ergibt beispielsweise Sinn bei der Seite *Aktuelles* und ihren Unterseiten, die Sie in Kapitel 10, *Bestehende Erweiterungen integrieren*, für die Detailansicht der News-Extension angelegt haben.

▼ Abbildung 13-13
Übersicht der Seitenberechtigungen

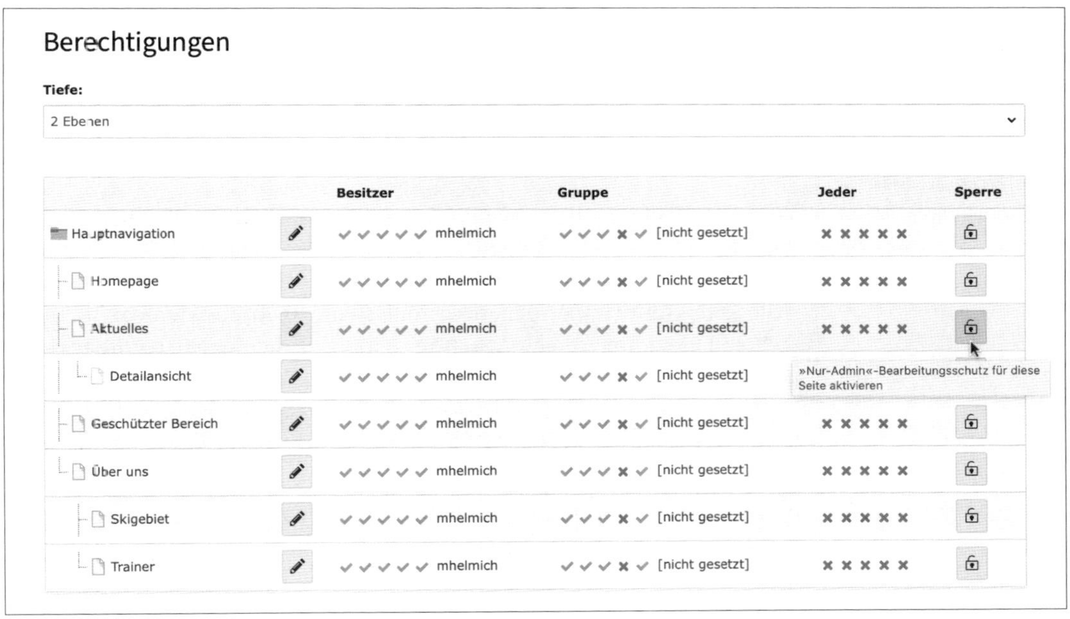

Log-in mit Redakteursrechten

Der Redakteur kann sich nun erfolgreich in das Backend einloggen und erhält nur die ihm zugeteilten Backend-Module, den entsprechenden Seitenbaum und die angegebenen Zugriffsrechte auf Seiten und Seiteninhalte. Abbildung 13-14 zeigt, wie das Backend für den eingeloggten Redakteur aussieht, wenn er einen Seiteninhalt auf der Seite *Homepage* bearbeitet.

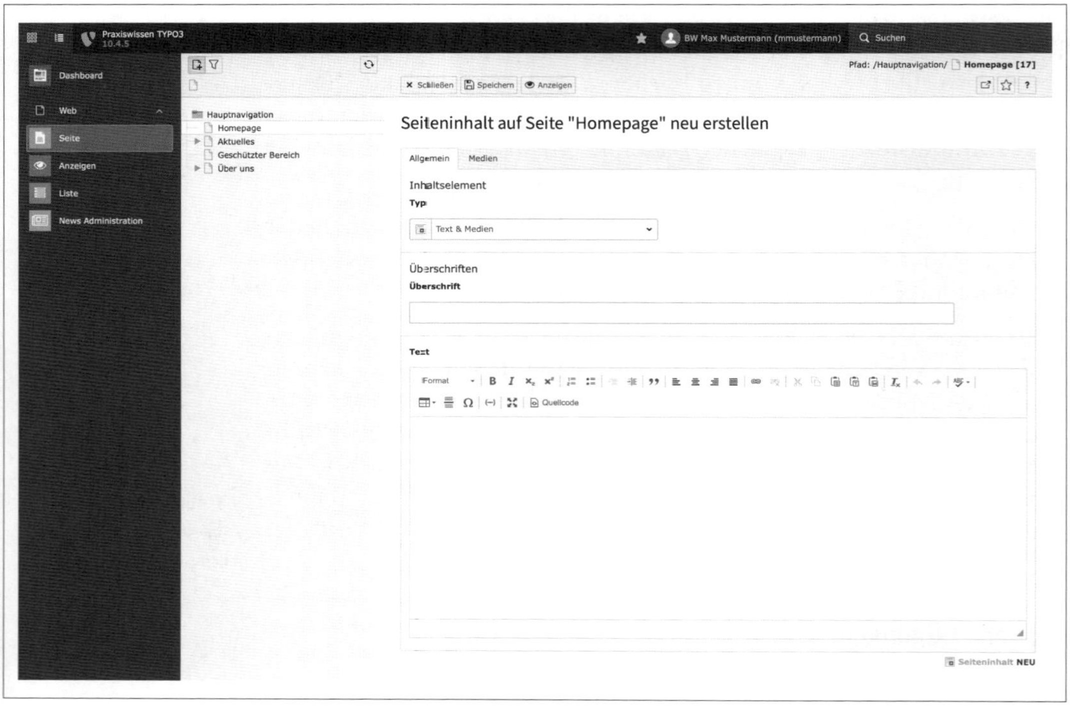

Abbildung 13-14 ▲ Der Redakteur arbeitet mit einem eingeschränkten Backend.

Arbeiten mit mehreren Benutzern

Wenn Sie als Administrator einen Seiteninhalt anlegen, haben Sie derzeit das Problem, dass Sie keiner Benutzergruppe angehören. Für sämtliche von Ihnen als Administrator angelegten Inhalte sind Sie somit der Besitzer – die Redakteure haben gegebenenfalls keine Rechte an den von Ihnen erstellten Daten. Im vorigen Abschnitt haben Sie die Zugriffsrechte rekursiv neu gesetzt. Wenn Sie allerdings bei einem laufenden Projekt für Redakteure Support leisten und als Administrator Seiten anlegen, werden die Redakteure nur dann das Recht zum Löschen dieser Seite haben, wenn bei den Zugriffsrechten auch *Alle* das Recht haben, diese Datensätze zu modifizieren. Sie müssten also manuell über das Backend-Modul *Zugriff* die Rechte jedes Mal neu setzen, wenn Sie Seiten anlegen.

Der Standard in TYPO3 ist, dass der Besitzer einer neu angelegten Seite immer der aktuell eingeloggte Benutzer ist. Dieser Besitzer hat sämtliche Rechte an dieser Seite und kann somit die Seite bearbeiten, löschen und auch Seiteninhalte bearbeiten. Als Benutzergruppe wird immer diejenige Benutzergruppe verwendet, die beim jeweiligen Benutzer im in Abbildung 13-13 gezeigten Feld *Gruppe* ganz oben steht. Standardmäßig hat die Gruppe alle Rechte an dieser Seite, sie darf sie nur nicht löschen. Alle weiteren Benutzer, die weder Besitzer einer Seite sind noch der angegebenen Benutzergruppe angehören, erhalten keine Rechte an der Seite.

Benutzergruppen und Zugriffsrechte vergeben

Um diesen unschönen Effekt zu umgehen, gibt es die Möglichkeit, über das Feld *Seiten-TSconfig* anzugeben, wie die Rechte für neu angelegte Seiten gesetzt werden sollen. Bei der *TSConfig* handelt es sich um TypoScript-Definitionen, die direkt einer einzelnen Seite zugeordnet werden können. Im Unterschied zu den TypoScript-Templates, die Sie bisher kennen, steuert die TSConfig nicht das Verhalten und Aussehen der Seite im Frontend, sondern das Verhalten des TYPO3-Backends auf den entsprechenden Seiten. Wie auch bei Templates werden die im Feld *TSconfig* vorgenommenen Einstellungen auf die Unterseiten vererbt und können somit auch ab einer beliebigen Seite überschrieben werden.

Jede neu angelegte Seite soll aber immer der Benutzergruppe *Redakteure* angehören, auch wenn Sie als Administrator dieser Gruppe nicht angehören. Außerdem soll die Benutzergruppe das Recht erhalten, Seiten zu löschen.

Um die Rechte für neue Seiten mit einem neuen Wert zu versehen und die Standardkonfiguration zu überschreiben, bearbeiten Sie die übergeordnete Seite *Hauptnavigation*, indem Sie im Seitenbaum auf das Icon vor dem Seitentitel klicken und aus dem sich öffnenden Pop-up-Menü den Eintrag *Bearbeiten* auswählen. Tragen Sie in das in Abbildung 13-15 gezeigte Feld *Seiten-TSconfig* auf dem Tab *Ressourcen* folgende Zeilen ein:

Beispiel 13-1: TSconfig-Beispiel zum Setzen von Zugriffsrechten für neue Seiten

```
01 TCEMAIN.permissions {
02     groupid = 1
03     user = show,editcontent,edit,delete,new
04     group = show,editcontent,edit,delete,new
05     everybody = show
06 }
```

In Beispiel 13-1 geben Sie in Zeile 2 an, dass für neue Seiten die Benutzergruppe mit der eindeutigen ID 1 gespeichert werden soll. Wenn bei Ihnen die Benutzergruppe *Redakteure* eine andere eindeutige Nummer hat, müssen Sie diese hier angeben.

In den Zeilen 3 bis 5 werden die jeweiligen Zugriffsrechte für *Besitzer* (user), *Gruppe* (group) und *Alle* (everybody) definiert. Dabei geben Sie kommasepariert an, welche Rechte der jeweilige Bereich erhalten soll. Sowohl der Besitzer als auch die Gruppe dürfen in obiger Konfiguration alles, alle anderen Benutzer dürfen nichts. Theoretisch reicht es aus, lediglich die Konfiguration für die Gruppe neu zu definieren, da sich diese Konfiguration von der Standardkonfiguration nur dahin gehend unterscheidet, dass die Gruppe auch Seiten löschen darf.

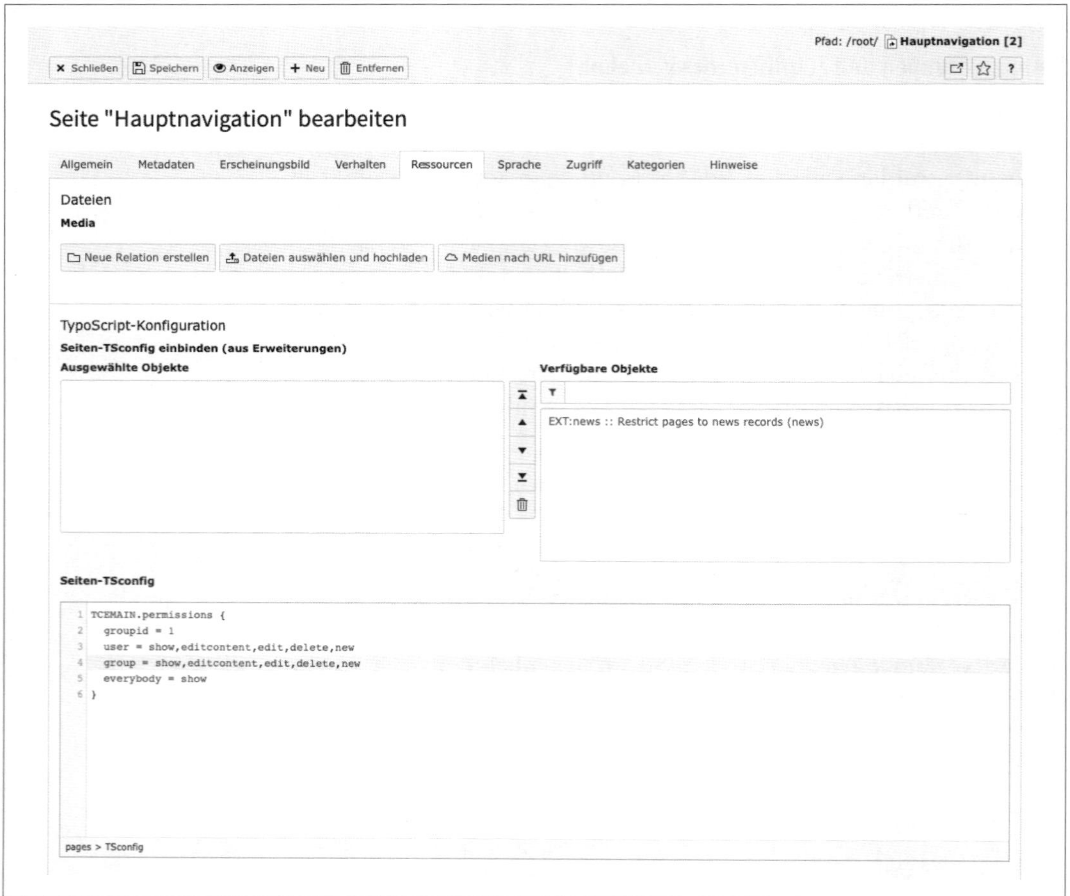

Abbildung 13-15 ▲
Zugriffsrechte für neue Seiten im Feld »TSconfig« setzen

Legen Sie als Administrator jetzt eine Seite unterhalb der Seite *Hauptnavigation* an, sind Sie der Besitzer dieser Seite mit allen Rechten. Die Benutzergruppe ist nun *Redakteur* und darf wie der Besitzer alles tun, auch Seiten löschen. Alle anderen Benutzer dürfen nichts. Legen Sie als Administrator zu Testzwecken unterhalb der Seite *Hauptnavigation* eine Seite namens *test* an und überprüfen Sie, ob anschließend im Backend-Modul *Zugriff* die Rechte wie gewünscht gesetzt werden.

Eingabefelder und Editoren anpassen

Sie haben mit TypoScript in Ihrem Template viele Funktionalitäten beschrieben, die jetzt auch direkt auf der Webseite unterstützt werden. Für Seiteninhalte wie beispielsweise die Spalte oder das Layout für die Überschrift fragen Sie Felder der Datenbank ab. Allerdings können unglückliche bzw. nicht eindeutige Bezeichnungen, z.B. für das Layout der Überschrift mit den Bezeichnungen *Normal*, *Layout 1* usw. im Backend, den Redakteur verwirren. Außerdem bietet der Texteditor eventuell Funktionen (beispielsweise bestimmte Absatzstile), die im Frontend Ihrer Seite gar nicht unterstützt werden.

Dieser Abschnitt soll Ihnen zeigen, wie Sie das Backend an die Bedürfnisse der Redakteure anpassen können. Das umfasst das Anpassen von Eingabefeldern und die Konfiguration des Texteditors.

Den Texteditor anpassen

Der eingebaute Texteditor von TYPO3 ist flexibel und bietet dem Redakteur zahlreiche Möglichkeiten zur Bearbeitung von längeren Texten. Dieser Editor kommt an mehreren Stellen zum Einsatz – am prominentesten wahrscheinlich, wenn Sie ein Inhaltselement vom Typ Text (oder ähnlich) erstellen.

Häufig kommt es vor, dass Sie die Funktionalitäten dieses Editors einschränken möchten: Womöglich möchten Sie nicht, dass ein Redakteur rechts-ausgerichteten Text erstellt, weil das nicht wirklich ins Layout der Seite passt. Oder Sie möchten nicht, dass der HTML-Quelltext der Eingabe direkt bearbeitet werden kann. Womöglich möchten Sie auch eigene Absatzstile konfigurieren. All dies können Sie über ein paar Zeilen TSConfig und eine YAML-Konfigurationsdatei erledigen.

Vordefinierte Stile nutzen

Der Texteditor bringt drei vordefinierte Stile mit sich, die Sie nutzen können. Dabei handelt es sich um die Konfigurationen *default*, *minimal* und *full*. Abbildung 13-16 zeigt die Unterschiede zwischen diesen drei Editorstilen.

Zu den Unterschieden dieser drei Konfigurationen:

default
: Das ist die Standardkonfiguration, mit der Sie bereits bisher gearbeitet haben. Sie bietet einen guten Kompromiss zwischen Flexibilität und Funktionsvielfalt auf der einen Seite und auf der anderen Seite vergleichsweise wenigen Möglichkeiten für den Redakteur, das Layout der Seite zu zerstören.

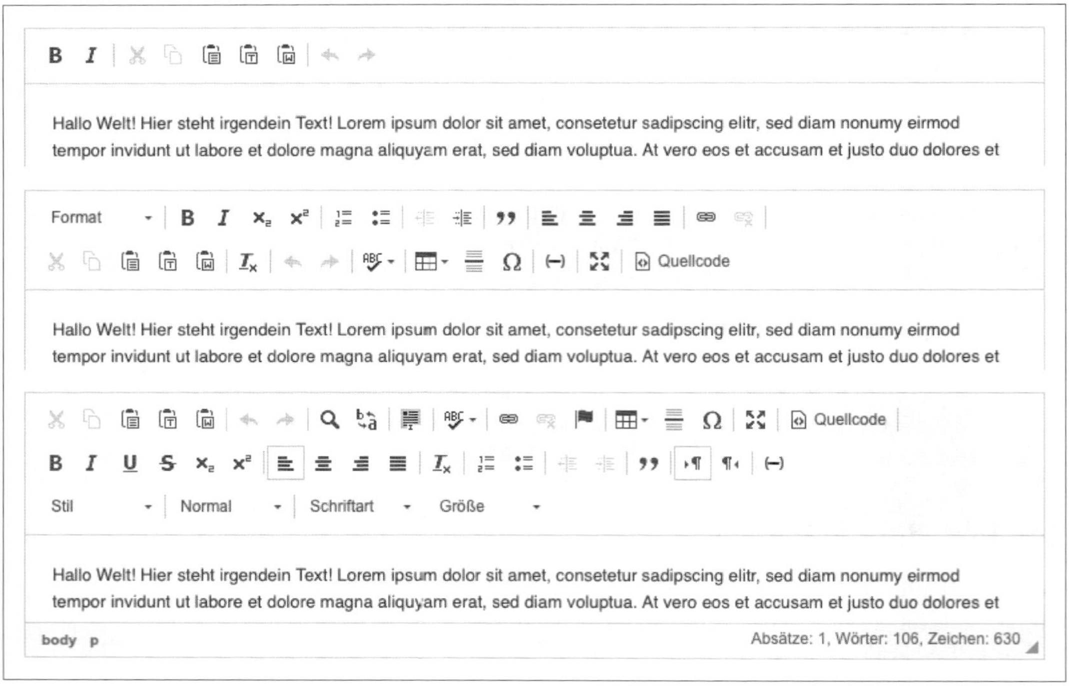

Abbildung 13-16 ▲ Die drei Editor-Stile »minimal«, »default« und »full«

minimal
: Der Name ist Programm: Fett- und Kursivdruck sowie ein paar Funktionen zur Steuerung der Zwischenablage – mehr geht im Minimal-Modus nicht. Wählen Sie diese Option, wenn Sie nicht das geringste Vertrauen in die gestalterischen Fähigkeiten Ihrer Nutzer haben.

full
: In dieser Konfiguration stehen dem Redakteur alle typografischen Möglichkeiten offen. Neben diversen Inline- und Absatz-Formatvorlagen kann der Redakteur hier auch Schriftart und -größe frei konfigurieren. Darüber hinaus stehen aber auch fortgeschrittene Bearbeitungsfunktionen wie etwa Suchen-und-Ersetzen zur Verfügung.

Um einen bestimmten Editorstil zu aktivieren, bearbeiten Sie die TSConfig einer Seite, für deren Unterseiten diese Einstellung gelten soll. Wenn Sie den Editorstil für alle Seiten ändern möchten, bearbeiten Sie die *root*-Seite. Fügen Sie dann unter dem Tab *Ressourcen* im Feld *Seiten-TSconfig* folgende Zeile ein:

Beispiel 13-2: Anpassung des Editorstils über die TSConfig

```
1 RTE.default.preset = minimal
```

Diese Einstellung sorgt dafür, dass nun bei allen Seiten, die den Texteditor verwenden (beispielsweise beim Seiteninhalt oder bei Newsartikeln)), die angepasste Konfiguration wirksam wird.

Falls Sie gezielt für einen ganz bestimmten Texteditor (beispielsweise beim Bearbeiten von Newsartikeln) eine andere Konfiguration vorgeben möchten, können Sie statt des Schlüssels RTE.default.preset auch den Schlüssel RTE.config.<TABELLENNAME>.<ATTRIBUT>.preset nutzen. Beispiel 13-3 zeigt, wie Sie beispielsweise gezielt für die Texteigenschaft eines Newsartikels (Tabelle tx_news_domain_model_news, Spalte bodytext) die *minimal*-Konfiguration vorgeben können.

Beispiel 13-3: Anpassung des Editorstils für ein ganz bestimmtes Eingabefeld

```
RTE.default.preset = default
RTE.config.tx_news_domain_model_news.bodytext.preset = minimal
```

Eigene Editorstile definieren

Der Texteditor ermöglicht es Administratoren auch, eigene Konfigurationen zu definieren. Diese müssen innerhalb einer Extension definiert werden – das Site Package aus Kapitel 12 wäre ein geeigneter Ort dafür.

Um einen eigenen Editorstil zu definieren, bearbeiten Sie die Datei *ext_localconf.php* im obersten Verzeichnis Ihres Site Packages (oder einer neuen Extension, die Sie wie in Kapitel 11 beschrieben erstellen). Falls diese Datei noch nicht existiert, erstellen Sie sie einfach. Beispiel 13-4 zeigt den möglichen Inhalt dieser Datei an.

Beispiel 13-4: Definition eines eigenen Editorstils im Site Package

```
<?php

$GLOBALS['TYPO3_CONF_VARS']['RTE']['Presets']['snowboard'] = 'EXT:
snowboard/Configuration/Rte/Custom.yaml';
```

Der letzte Array-Schlüssel links vom Gleichheitszeichen (in Beispiel 13-4 also snowboard) ist dabei der Name der Konfiguration. Diesen können Sie dann in der TSConfig weiterverwenden, um diese Konfiguration zu aktivieren.

Diese Datei referenziert eine YAML-Datei *Configuration/Rte/Custom.yaml* innerhalb des Site Package, die nun natürlich auch noch erstellt werden muss. Beispiel 13-5 zeigt einen möglichen Inhalt dieser Datei.

Beispiel 13-5: Benutzerdefinierte Editorkonfiguration

```
imports:
- { resource: "EXT:rte_ckeditor/Configuration/RTE/Processing.yaml" }
- { resource: "EXT:rte_ckeditor/Configuration/RTE/Editor/Base.yaml" }
- { resource: "EXT:rte_ckeditor/Configuration/RTE/Editor/Plugins.yaml" }
```

Beispiel 13-5: Benutzerdefinierte Editorkonfiguration (Fortsetzung)

```
05
06 editor:
07   config:
08     format_tags: "p;h1;h2;h3;pre"
09
10     toolbar:
11     - [ 'Cut', 'Copy', 'Paste', 'PasteText', 'PasteFromWord' ]
12     - [ 'Undo', 'Redo', 'RemoveFormat', 'ShowBlocks' ]
13     - [ 'Link', 'Unlink', 'SpecialChar']
14     - [ 'NumberedList', 'BulletedList']
15     - "/"
16     - [ 'Format', 'Styles' ]
17     - [ 'Bold', 'Italic', 'Underline', 'Blockquote', 'Subscript', 'Superscript']
18     - [ 'Maximize', 'About']
19
20     extraPlugins:
21       - autolink
22       - wordcount
```

Was genau passiert in dieser Konfigurationsdatei? In den Zeilen 1 bis 4 werden zunächst einige Standardkonfigurationen von TYPO3 eingebunden. Dabei handelt es sich unter anderem um einige Einstellungen bezüglich der Darstellung des Editorfensters sowie um einige Editor-Plugins, die konfiguriert werden. Sie können diese Includes weglassen – generell empfiehlt es sich hier jedoch, auch bei eigenen Editorkonfigurationen auf diesen drei Standardkonfigurationsdateien aufzubauen.

In Zeile 8 wird definiert, welche HTML-Tags im Editor benutzt werden dürfen, um Absätze zu formatieren. Üblicherweise erlaubt TYPO3 hier den `<p>`-Tag, den `<pre>`-Tag und alle Überschriften von `<h1>` bis `<h6>`. Über das *format_tags*-Attribut können Sie hier genau definieren, welche Tags tatsächlich erlaubt sein sollen.

Die Zeilen 10 bis 18 definieren schließlich, welche Buttons in der Toolbar des Editors sichtbar sein sollen. Im Gegensatz zur Standardkonfiguration wurden hier einige Buttons entfernt (beispielsweise zur Textausrichtung) und einige hinzugefügt. Die Zeilen 20 bis 22 definieren schließlich, welche Plug-ins in den Editor geladen werden sollen (genau wie TYPO3 selbst ist auch der Editor über Plug-ins erweiterbar, die dann in JavaScript programmiert sein müssen). In diesem Fall wird ein Plug-in geladen, das URLs im Text automatisch in Links umwandelt, und ein Plug-in, das im Fußbereich des Editors die Anzahl der geschriebenen Wörter darstellt.

Eigene Zeichen- und Absatzstile definieren

Über eigene Editorkonfiguration können Sie noch mehr machen, als nur Buttons ein- und auszublenden. Ähnlich wie in einem Textverarbeitungsprogramm (wie beispielsweise *Microsoft Word* oder *Libreoffice Writer*) können Sie eigene Formatvorlagen definieren, die Redakteure für Absätze oder im Fließtext benutzen können.

Nehmen wir an, Sie möchten eine Formatvorlage hinzufügen, mit der einzelne Wörter im Text besonders hervorgehoben werden können (sogar noch über den üblichen **Fett**- und *Kursiv*druck hinaus, den der Editor ohnehin anbietet). Fügen Sie dazu folgende Zeilen in Ihre Editorkonfiguration in der Datei *Custom.yaml* von oben ein:

Beispiel 13-6: Definition eines eigenen Inline-Styles im Editor

```
01 imports:
02 - { resource: "EXT:rte_ckeditor/Configuration/RTE/Processing.yaml" }
03 - { resource: "EXT:rte_ckeditor/Configuration/RTE/Editor/Base.yaml" }
04 - { resource: "EXT:rte_ckeditor/Configuration/RTE/Editor/Plugins.yaml" }
05
06 editor:
07   config:
08     stylesSet:
09     - name: "Hervorgehoben"
10       element: "span"
11       styles:
12         "color": "#76001B"
13         "font-weight": "bolder"
14         "text-transform": "uppercase"
15
16     format_tags: "p;h1;h2;h3;pre"
```

Diese Konfiguration definiert, dass bei Auswahl dieser Formatvorlage ein <span>-Element um ein ausgewähltes Stück Text erstellt wird, das die in den Zeilen 12 bis 14 angegebenen Stylings enthält.

Bearbeiten Sie anschließend im TYPO3-Backend ein Inhaltselement (denken Sie daran, Ihren eigenen Editorstil per TSConfig zu aktivieren). Mit der neuen Konfiguration erscheint ein Auswahlfeld *Stil*, in dem die eigene Formatvorlage zur Auswahl angeboten wird. Testen Sie diese, indem Sie etwas Text im Eingabefeld selektieren und den Stil *Hervorgehoben* anwenden. Das Ergebnis sollte aussehen wie in Abbildung 13-17.

Die so definierte Formatvorlage funktioniert ohne Probleme auch sofort im Frontend, da der Editor alle benötigten Styles als Inline-Styles (also innerhalb eines `style="..."`-Attributs direkt am <span>-Element) definiert. Dies mag praktisch sein, ist jedoch nicht unbedingt der beste Weg – insbesondere wenn Sie in größeren Teams arbeiten und Ihr Designer, der eigentlich für die Stylesheets verantwortlich ist, nicht unbedingt weiß, wie der TYPO3-Editor zu konfigurieren ist.

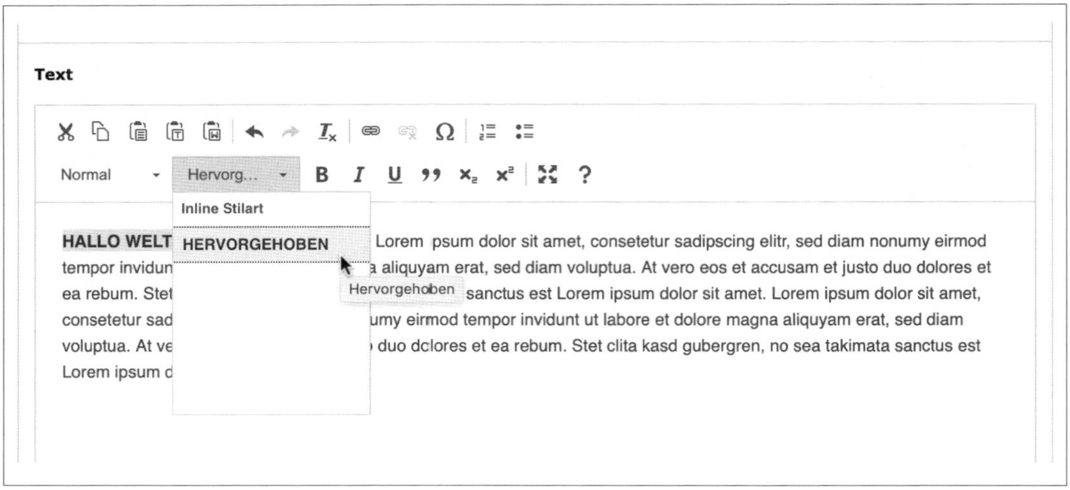

Abbildung 13-17 ▲
Auswahl eines selbst definierten Inline-Styles über den Texteditor

Der schönere Weg besteht darin, über den Texteditor CSS-Klassen in die generierte HTML-Ausgabe einzufügen (im obigen Beispiel mit dem *Hervorgehoben*-Stil also möglicherweise einfach nur ein Element `<span class="emphasis">...</span>`) und die eigentlichen Styles für dieses Element dort zu definieren, wo sie hingehören: in der CSS-Datei.

Dabei offenbart sich ein zweites Problem: Wenn die HTML-Elemente im Editor nur noch durch CSS-Klassen und nicht mehr durch Inline-Styles ausgezeichnet werden, müssen diese CSS-Klassen auch im Editorfenster bekannt sein – ansonsten würde ein Redakteur ein entsprechendes Element auswählen, und im Editor sähe es noch genauso aus wie vorher.

Aus diesem Grund können innerhalb des Texteditors auch benutzerdefinierte CSS-Dateien geladen werden. Fügen wir als Beispiel noch eine zweite Formatvorlage hinzu – dieses Mal statt einer Inline-Vorlage eine Absatzvorlage. Beispiel 13-7 zeigt, wie es geht.

Beispiel 13-7: Definition eines Block-Styles mit eigener CSS-Datei

```
imports:
- { resource: "EXT:rte_ckeditor/Configuration/RTE/Processing.yaml" }
- { resource: "EXT:rte_ckeditor/Configuration/RTE/Editor/Base.yaml" }
- { resource: "EXT:rte_ckeditor/Configuration/RTE/Editor/Plugins.yaml" }

editor:
  config:
    contentsCss:
      - "EXT:rte_ckeditor/Resources/Public/Css/contents.css"
      - "EXT:snowboard/Resources/Public/Stylesheets/editor.css"

    stylesSet:
    - name: "Hervorgehoben"
```

Beispiel 13-7: Definition eines Block-Styles mit eigener CSS-Datei (Fortsetzung)

```
14        element: "span"
15        styles:
16          "color": "#76001B"
17          "font-weight": "bolder"
18          "text-transform": "uppercase"
19      - name: "Warnhinweis"
20        element: "div"
21        attributes:
22          class: "alert alert-danger"
23
24      format_tags: "p;h1;h2;h3;pre"
```

Die neue Formatvorlage sorgt dafür, dass ein `<div>`-Element mit den CSS-Klassen `alert` und `alert-danger` eingefügt wird (diese zwei Klassen werden vom Bootstrap-Framework definiert und sind im Frontend unserer Seite somit sofort und ohne weitere Anpassungen verfügbar). In den Zeilen 8 bis 10 werden darüber hinaus zwei CSS-Dateien in den Texteditor eingebunden. Die erste Datei in Zeile 9 ist dabei das Standard-Stylesheet des Editors – dieses wurde zuvor bereits in der inkludierten Datei *EXT:rte_ckeditor/Configuration/RTE/Editor/Base.yaml* definiert. Da wir nun den Wert `editor.config.contentsCss` überschreiben, muss diese Datei jedoch nochmals angegeben werden.

Viel spannender ist die Datei in Zeile 10: Diese stammt aus unserem eigenen Site Package und muss dementsprechend natürlich noch erstellt werden. An dieser Stelle sei angemerkt, dass Sie hier auch einfach das vollständige Stylesheet Ihrer Designvorlage in den Editor einbinden könnten. Dies würde jedoch wahrscheinlich zu einigen unangenehmen Nebeneffekten führen, da das Haupt-Stylesheet nicht dazu gedacht ist, innerhalb eines Texteditors eingebunden zu werden. Stattdessen ist es sinnvoll, ein eigenes Stylesheet für die CSS-Klassen, die im Texteditor zur Verfügung stehen sollen, zu erstellen. Dieses kann dann ausschließlich im Texteditor eingebunden werden.

Beispiel 13-8 zeigt einen möglichen Inhalt für die Datei *editor.css*, die im vorherigen Beispiel in Zeile 10 eingebunden wurde.

Beispiel 13-8: Separate Definition der ».alert-danger«-Klasse für den Texteditor

```
.alert-danger {
    padding: .75rem 1.25rem;
    margin-bottom: 1rem;
    border: 1px solid transparent;
    border-radius: .25rem;

    color: #721c24;
    background-color: #f8d7da;
    border-color: #f5c6cb;
}
```

Im Anschluss steht die neue Absatz-Formatvorlage auch im Texteditor zur Verfügung – und das sogar mit passenden Styles. Abbildung 13-18 zeigt das Endergebnis.

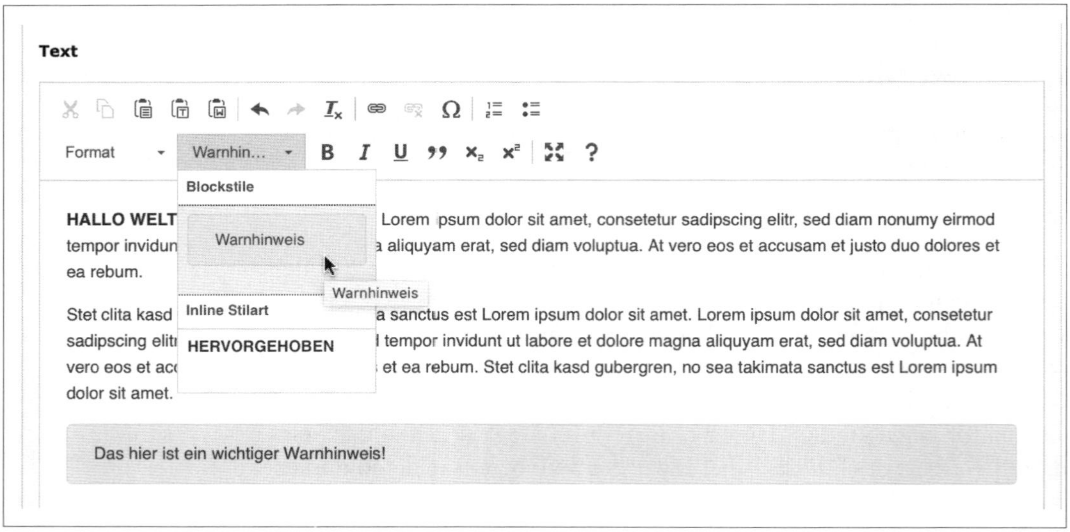

Abbildung 13-18 ▲ Texteditor mit den zwei eigenen Formatvorlagen

Der TYPO3-Texteditor bietet zahlreiche weitere Möglichkeiten, ihn an den eigenen Bedarf anzupassen. Für weitere Inspiration können Sie einen Blick in die drei Standardkonfigurationen *minimal*, *default* und *full* werfen. Diese sind auf genau dieselbe Weise spezifiziert wie die eigene Konfiguration. Sie finden die entsprechenden YAML-Dateien in der Systemerweiterung *rte_ckeditor*. Diese liegt üblicherweise im Verzeichnis *typo3/sysext/rte_ckeditor/*. Dort finden Sie ein Verzeichnis *Configuration/RTE/* mit den entsprechenden Konfigurationsdateien.

Darüber hinaus können Sie auch einen Blick in die offizielle Dokumentation des *CKEditor* werfen – das ist die Drittsoftware, die TYPO3 für seinen Texteditor verwendet. Hier finden sich zahlreiche weitere Möglichkeiten zur Anpassung. Eine systematische Auflistung aller möglichen Konfigurationseinstellungen finden Sie unter *https://ckeditor.com/docs/ckeditor4/latest/api/CKEDITOR_config.html*.

Das Auswahlfeld für die Gestaltung der Überschrift anpassen

Wenn der Redakteur Inhalte einpflegt oder modifiziert, steht ihm das Auswahlfeld *header_layout* zur Verfügung. Von Ihrem TypoScript-Template werden zwar alle Überschrifttypen unterstützt, jedoch insbesondere die Layout-1-Überschrift wird optisch deutlich anders dargestellt als die übrigen Überschriften – was aus dem unscheinbaren Namen *Layout 1* nicht unbedingt hervorgeht.

Auch die Beschriftungen von Standard-Formulareingabeelementen lassen sich per TSconfig für bestimmte Seiten und ihre Unterseiten überschreiben. Beispielsweise können Sie mit folgender Konfiguration die Beschreibung dieser Menüeinträge überschreiben:

```
TCEFORM.tt_content.header_layout.altLabels {
  0 = Standardüberschrift
  1 = Seitentitel
  2 = Überschrift, 2. Ebene
  3 = Überschrift, 3. Ebene
  4 = Überschrift, 4. Ebene
  5 = Überschrift, 5. Ebene
}
```

Darüber hinaus macht es vielleicht nicht unter allen Umständen Sinn, Ihren Redakteuren ganze fünf Überschriftebenen für die Seitengestaltung anzubieten. Mit folgender Konfiguration können Sie die Überschriftlayouts 4 und 5 entfernen. Der Eintrag *Versteckt* hat den internen Wert *100*. Das Resultat beider Konfigurationen sehen Sie in Abbildung 13-19.

```
TCEFORM.tt_content.header_layout.removeItems = 4,5,100
```

Tipp Woher man wissen soll, dass das Feld *Typ* im Hintergrund eigentlich *header_layout* heißt oder dass der Eintrag *Versteckt* mit dem internen Wert *100* abgebildet wird? Werfen Sie einen Blick in den nächsten Abschnitt!

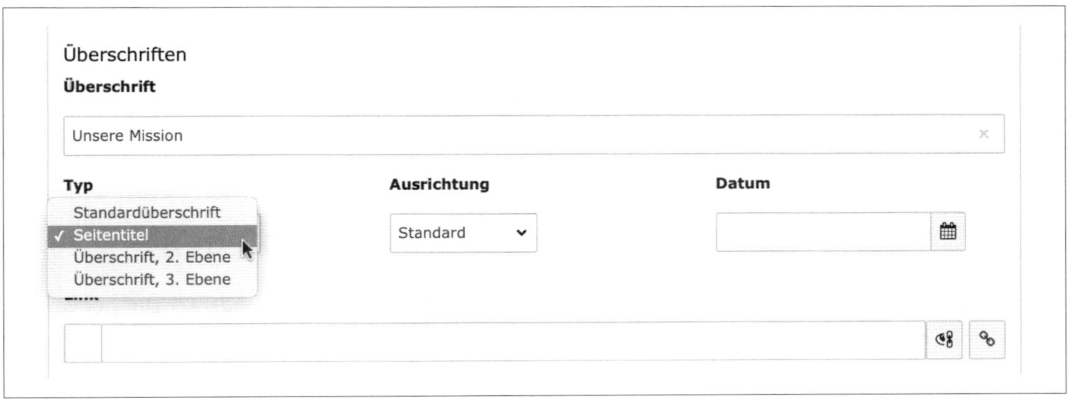

▲ **Abbildung 13-19**
Die Elemente der Auswahlfelder können auch im Text verändert werden.

Interne Feld- und Attributnamen ermitteln

In den bisherigen Beispielen ist Ihnen womöglich aufgefallen, dass Sie bei Änderungen an der TSConfig wissen müssen, unter welchen Bezeichnern bestimmte Eingabefelder von TYPO3 intern geführt werden. Beispielsweise wird das Feld *Typ* eines Seiteninhalts intern unter dem Namen `header_layout` geführt, und das Feld *Text* heißt intern `bodytext`.

Um mehr Einblicke in solche Interna zu erhalten, wechseln Sie in das Modul *Verwaltungswerkzeuge → Einstellungen* und wählen die Option *Configure Installation Wide Options*. Unter dem Abschnitt *Backend* aktivieren Sie dort die Option *[BE][debug]*. Im Anschluss zeigt TYPO3 Ihnen in jedem Formular die internen Feldnamen an – und im Falle von Auswahlfeldern (wie beispielsweise dem *Typ*-Feld) auch die internen Werte, als welche die zur Auswahl stehenden Optionen gespeichert werden. Abbildung 13-20 zeigt ein Beispiel.

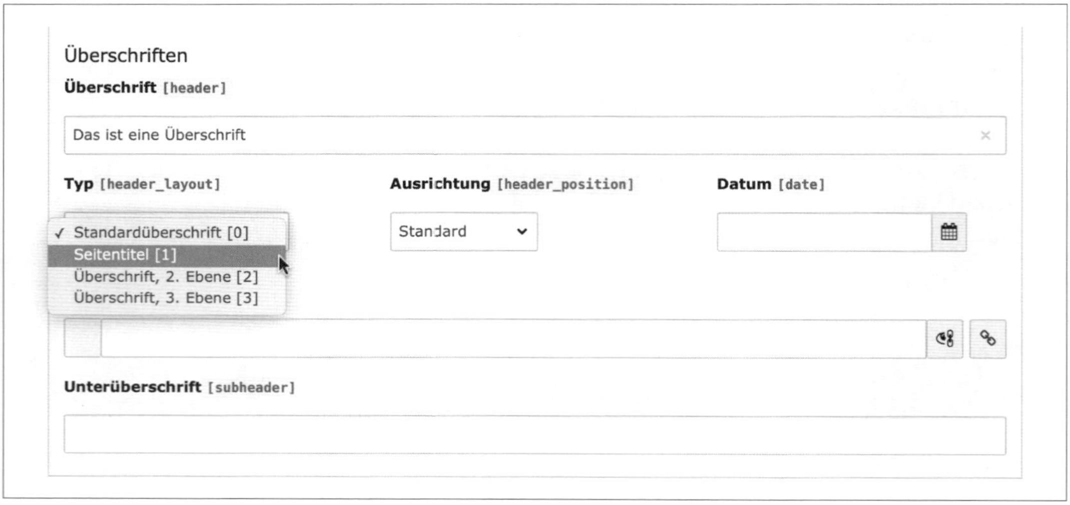

Abbildung 13-20 ▼
Interne Feldnamen im Debug-Modus

Tipp Die oben beschriebenen Debug-Informationen, die durch die Option *[BE][debug]* aktiviert werden, sehen Sie nur als Administrator. Für Redakteure ändert sich auch mit aktivierter Debug-Option im Backend nichts.

TSConfig im Site Package hinterlegen

In den bisherigen Abschnitten dieses Kapitels haben wir die Seiten-TSconfig direkt in den jeweiligen Seiten bearbeitet.

Schöner wäre es, auch diese Einstellungen in dem Site Package abzubilden, das wir bereits in Kapitel 12 erstellt haben. Dazu werden wir die bisherigen TSConfig-Einstellungen in verschiedene Dateien im Verzeichnis *Configuration/TSConfig/Page/* umziehen.

Da TSConfig-Einstellungen eventuell auf verschiedenen Seiten eingebunden werden, werden wir sie auf einzelne Dateien aufteilen, die individuell auf Seiten genutzt werden können. Zur Erinnerung: Wir hatten einige Einstellungen zum Anpassen von Benutzerrechten auf der Seite *Hauptnavigation* untergebracht. Die Einstellungen für den Texteditor sind jedoch auf der *root*-Seite besser aufgehoben, damit sie für die gesamte Seite gelten.

Im Verzeichnis *Configuration/TSConfig/Page/* erstellen wir daher eine Datei *page_access.typoscript* mit dem Inhalt aus Beispiel 13-9.

Beispiel 13-9: TSConfig im Site Package zur Steuerung der Benutzerrechte

```
TCEMAIN.permissions {
  user = show,editcontent,edit,delete,new
  group = show,editcontent,edit,delete,new
  everybody = show
}
```

Genauso wie die Seiten-IDs im TypoScript-Setup des Site Packages haben wir auch die Gruppen-ID (ursprünglich in der Eigenschaft `TCEMAIN.permissions.groupid` gespeichert) an dieser Stelle ausgelassen – die Wahrscheinlichkeit ist hoch, dass diese Gruppen-ID je nach Umgebung, in der das Site Package installiert wird, variiert. Daher ist es sinnvoller, diese Eigenschaft tatsächlich nicht über das Site Package, sondern direkt in der TSConfig der entsprechenden Seite einzutragen.

Anschließend erstellen wir in demselben Verzeichnis noch die Datei *fields.typoscript* mit dem Inhalt aus Beispiel 13-10.

Beispiel 13-10: TSConfig im Site Package zur Anpassung der Backend-Formulare

```
# Standardmäßig soll überall der angepasste Editor genutzt werden
RTE.default.preset = snowboard

# Beschriftungen für Feld "Typ" beim Seiteninhalt überschreiben
TCEFORM.tt_content.header_layout.altLabels {
  0 = Standardüberschrift
  1 = Seitentitel
  2 = Überschrift, 2. Ebene
  3 = Überschrift, 3. Ebene
  4 = Überschrift, 4. Ebene
  5 = Überschrift, 5. Ebene
}

# Einzelne Items aus dem Feld "Typ" ausblenden
TCEFORM.tt_content.header_layout.removeItems = 4,5,100
```

Im Anschluss muss TYPO3 noch mitgeteilt werden, dass diese zwei Dateien zum Einbinden verfügbar sind. Dies geschieht in der Datei *Confi-*

guration/TCA/Overrides/pages.php im Site Package. Hier kann der Inhalt aus Beispiel 13-11 eingefügt werden.

Beispiel 13-11: Bekanntmachen der TSConfig-Dateien

```
<?php

\TYPO3\CMS\Core\Utility\ExtensionManagementUtility::
                registerPageTSConfigFile(
    'snowboard',
    'Configuration/TSConfig/Page/page_access.typoscript',
    'Snowboardschule: Zugriffsrechte'
);

\TYPO3\CMS\Core\Utility\ExtensionManagementUtility::
                registerPageTSConfigFile(
    'snowboard',
    'Configuration/TSConfig/Page/fields.typoscript',
    'Snowboardschule: Backend-Anpassungen'
);
```

Im Anschluss (nachdem Sie einmal alle Caches geleert haben) finden Sie die zwei TSConfig-Dateien beim Bearbeiten einer Seite unter dem Tab *Ressourcen* im Auswahlfeld *Seiten-TSconfig einbinden (aus Erweiterungen)*. Bis auf das Setzen der Eigenschaft `TCEMAIN.permissions.groupid` können damit alle anderen Schritte entfallen, da diese nun über die eingebundenen TSConfigs aus dem Site Package abgebildet werden. Abbildung 13-21 zeigt die entsprechende Konfiguration auf der Seite *Hauptnavigation*.

Abbildung 13-21 ▼ Einbinden der TSConfig aus dem Site Package

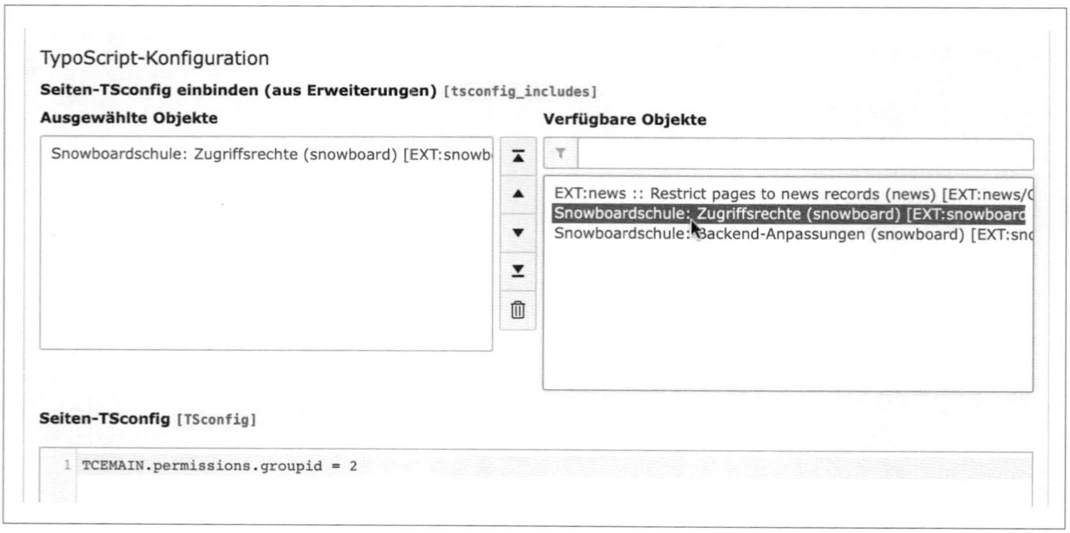

Workspaces: Trennung von Entwurfsarbeits- und Live-Umgebung

Bis jetzt haben Sie Änderungen immer direkt an der Live-Präsentation vorgenommen. Sicherer ist es jedoch, eine sogenannte *Entwurfsarbeitsumgebung* zu verwenden, im Englischen als *draft workspace* bezeichnet. In einer Entwurfsarbeitsumgebung können Sie Änderungen an Seiten, Seiteninhalten und auch TypoScript-Templates vornehmen, doch werden diese Änderungen erst nach dem Veröffentlichen in der Live-Umgebung angezeigt.

Die Workspace-Funktion ist als System-Extension verfügbar, standardmäßig jedoch nicht aktiviert. Sie müssen die Extension also erst aktivieren, wenn Sie mit unterschiedlichen Umgebungen arbeiten wollen. Falls Sie TYPO3 per Composer installiert haben, kann es sein, dass diese Extension zunächst erst per Composer installiert werden muss. Führen Sie hierzu folgenden Befehl auf der Kommandozeile aus:

```
$ composer require typo3/cms-workspaces=^10.4
```

Um die Workspaces-Erweiterung zu aktivieren, gehen Sie in den Erweiterungsmanager und dort in die Auswahl *Installierte Extensions*. In der Liste der Erweiterungen für das Backend finden Sie die Erweiterung *workspaces*. Klicken Sie auf das graue Plussymbol vor der Extension, um diese zu aktivieren.

Tipp Alternativ nutzen Sie zur Aktivierung der Extension auf der TYPO3-Kommandozeile den Befehl `extension:activate`:

```
$ typo3/sysext/core/bin/typo3 extension:activate workspaces
```

Nach der Aktivierung sehen Sie im Backend im Abschnitt *Web* ein neues Modul. Bevor Sie diese Funktion jedoch verwenden können, müssen Sie zunächst eine Arbeitsumgebung anlegen.

Erstellen von Arbeitsumgebungen

Zum Erstellen einer neuen Arbeitsumgebung wechseln Sie zunächst in das *Liste*-Modul und wählen im Seitenbaum die Wurzelseite aus (die mit dem TYPO3-Logo). Klicken Sie anschließend in der oberen Zeile auf die Schaltfläche *Neuen Datensatz anlegen*. In der anschließend dargestellten Auswahlliste wählen Sie den Eintrag *Arbeitsumgebung* aus der Gruppe *Systemdatensätze*. Sie sehen nun das in Abbildung 13-22 dargestellte Formular. Für den Anfang reicht es aus, auf dem Tab *Allgemein* im Feld *Titel* einen Namen für die neue Arbeitsumgebung anzugeben, etwa *Entwurfsumgebung*. In den weiteren Feldern und den übrigen Tabs können

Sie beispielsweise die neue Arbeitsumgebung für nur ganz bestimmte Benutzer oder Gruppen freischalten, eigene Ablaufphasen für die Umgebung definieren oder die Umgebung komplett sperren.

Abbildung 13-22 ▼
Erstellen einer neuen Arbeitsumgebung

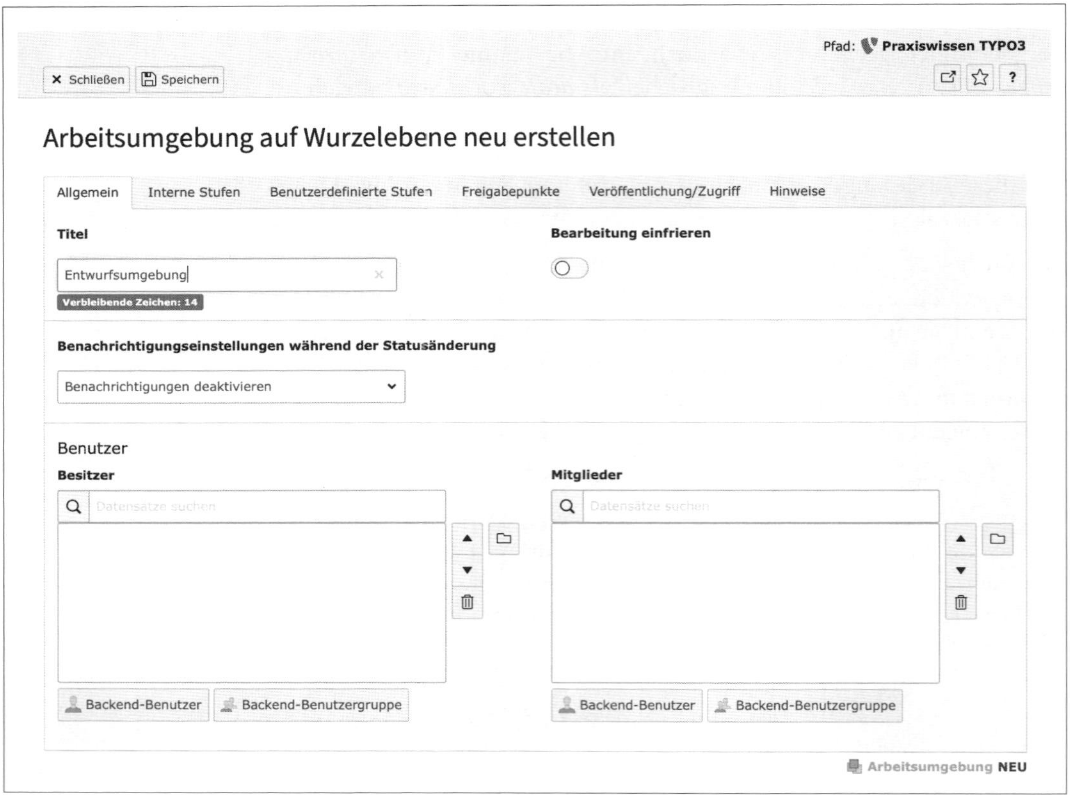

Sobald Sie mindestens eine Arbeitsumgebung erstellt haben, werden Sie rechts oben ein Workspace-Auswahlfeld (siehe Abbildung 13-23) erkennen, das die Elemente *LIVE-Arbeitsumgebung* und die soeben angelegte neue Arbeitsumgebung enthält. Eventuell müssen Sie das Backend erst einmal neu laden.

Abbildung 13-23 ▼
Auswahl der Arbeitsumgebung

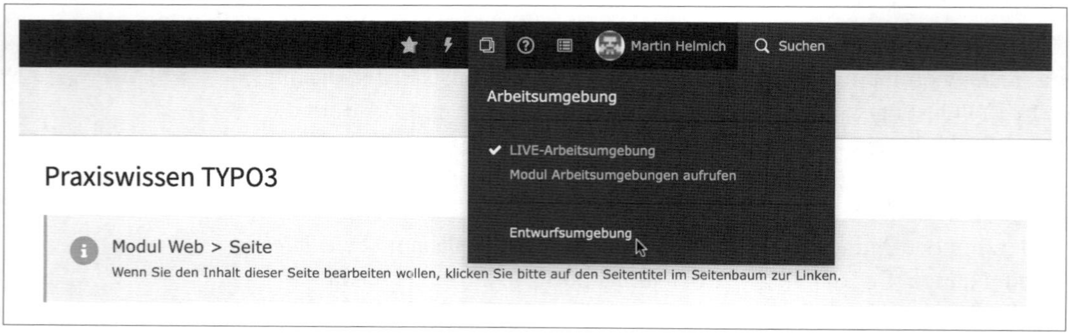

Wenn Sie nun aus diesem Auswahlfeld den Eintrag *Entwurfsumgebung* auswählen, verlassen Sie die Live-Arbeitsumgebung und wechseln in die neue Umgebung (siehe Abbildung 13-24).

Einsatzbereiche der Entwurfsarbeitsumgebung

Sie werden erkennen, dass sich das Erscheinungsbild des Backends deutlich verändert hat. Anhand der Titelzeile ist erkennbar, dass Sie sich nicht mehr in der Live-Arbeitsumgebung befinden.

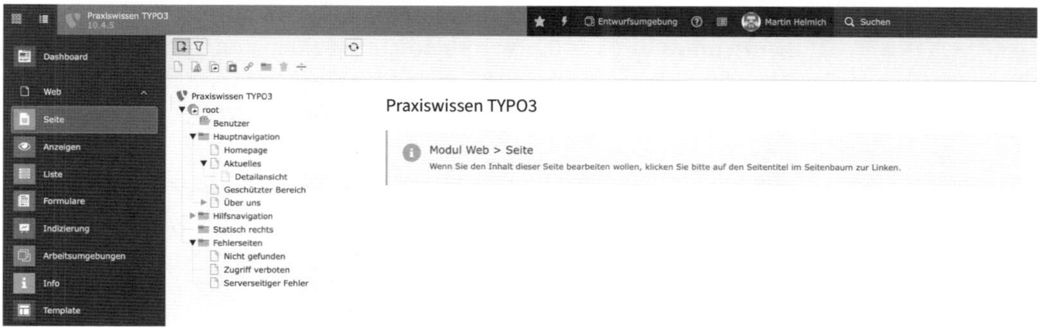

▲ Abbildung 13-24
Das Backend in der Entwurfsarbeitsumgebung

Datenbankinhalte, die über das Backend geändert werden (z.B. Seiten), können in unterschiedlichen Versionen zur Verfügung stehen, von denen nur eine Version in der Live-Umgebung angezeigt wird. Für Dateien steht diese Versionierung nicht zur Verfügung. Sämtliche Änderungen an Dateien haben sofort eine Auswirkung auf die Live-Umgebung. Die im Extension Manager und auch im Install-Tool vorgenommenen Änderungen werden z.B. in der Datei *typo3conf/LocalConfiguration.php* gespeichert. Das Update einer TYPO3-Erweiterung oder das Hinzufügen oder Löschen von Erweiterungen kann somit nicht in der Entwurfsarbeitsumgebung getestet werden.

Auch das Ändern von Designvorlagen steht nur über einen Umweg in der Entwurfsarbeitsumgebung zur Verfügung. Da eine Designvorlage eine Datei ist, ist eine Versionierung und damit eine Trennung von Live- und Entwurfsarbeitsumgebung nicht möglich. Jedoch sind TypoScript-Templates versionierungsfähig, da diese Templates in der Datenbank gespeichert werden. Sie könnten z.B. von Ihrer Designvorlage eine Kopie erstellen und dann über TypoScript in der Entwurfsarbeitsumgebung auf diese kopierte Designvorlage verweisen. Jedoch sollten Sie auch bei dieser Herangehensweise Vorsicht walten lassen, da sich schnell Fehler einschleichen können (z.B. durch Änderungen an eingebundenen Dateien wie Stylesheets oder Grafiken), die Auswirkungen auf die Live-Umgebung haben.

Grundsätzlich lässt sich daher sagen, dass die Trennung von Entwurfs- und Live-Umgebung insbesondere für redaktionelle Tätigkeiten eine wertvolle Bereicherung darstellt. Da derzeit keine Versionierung von Dateien möglich ist, sind tiefer greifende Entwicklungen oder Änderungen (z.B. Anpassungen im Install-Tool, das Testen von Erweiterungen oder auch generelle TYPO3-Updates) nicht versionierungsfähig und können somit in der Entwurfsarbeitsumgebung nicht genutzt werden.

Die Entwurfsarbeitsumgebung einsetzen

Nach dem Erstellen der Entwurfsumgebung können Sie Änderung darin vornehmen, die vor der Veröffentlichung einen konfigurierbaren Workflow durchlaufen müssen. Im folgenden Abschnitt betrachten wir das Erstellen von Änderungen und die dazugehörigen Freigabeprozesse.

Die Arbeitsumgebung für Redakteure freigeben

Bevor ein Redakteur eine Arbeitsumgebung verwenden darf, muss sie zunächst für diesen Benutzer oder die Benutzergruppe freigegeben werden. Jede Arbeitsumgebung hat zu diesem Zweck *Besitzer* und *Mitglieder*. Diese können zugewiesen werden, wenn Sie eine Arbeitsumgebung über das *Liste*-Modul bearbeiten. Hier können Sie unter dem Tab *Allgemein* in den Feldern *Besitzer* und *Mitglieder* entweder einzelne Benutzer oder gleich ganze Benutzergruppen einfügen. Abbildung 13-25 zeigt eine mögliche Konfiguration.

Der Besitzer einer Arbeitsumgebung ist zu allen möglichen Aktionen berechtigt – einschließlich des Veröffentlichens in die Live-Arbeitsumgebung. Mitglieder haben Zugriff auf eine Arbeitsumgebung und können Änderungen darin vornehmen. Inhalte aus der Arbeitsumgebung in die Live-Umgebung veröffentlichen dürfen sie allerdings nicht.

Benutzer mit Administratorrechten müssen einer Arbeitsumgebung nicht extra hinzugefügt werden: Sie haben ohnehin Zugriff auf alle Arbeitsumgebungen.

Nur weil ein Redakteur berechtigt ist, in einer bestimmten Arbeitsumgebung zu arbeiten, bedeutet das noch nicht, dass er es auch *muss*. In der Standardkonfiguration ist ein Redakteursbenutzer auch berechtigt, Änderungen direkt in der Live-Umgebung vorzunehmen.

Eventuell möchten Sie als Administrator einen Redakteur (oder eine bestimmte Gruppe von Redakteuren) ja auch dazu *zwingen*, eine Entwurfsumgebung zu benutzen. Wenn Sie eine Backend-Benutzergruppe oder einen Backend-Benutzer bearbeiten, finden Sie unter dem Tab *Freigaben und Arbeitsumgebungen* das Feld *Arbeitsumgebungsberechtigungen → Live bearbeiten* (Abbildung 13-26).

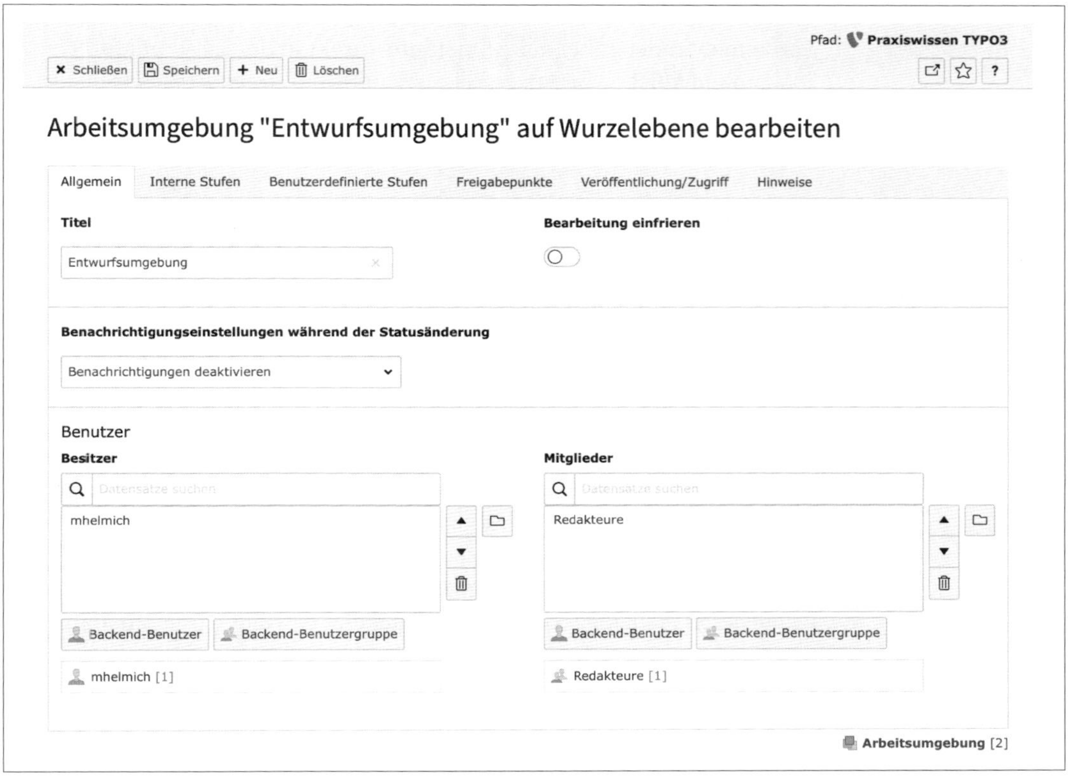

Achtung: Das Feld *Live bearbeiten* gibt es *sowohl* bei Nutzern als auch bei Nutzergruppen! Falls die Live-Bearbeitung für eine Gruppe deaktiviert, aber für einen einzelnen Nutzer in einer Gruppe noch aktiv ist (und das ist die Standardeinstellung!), darf dieser Nutzer weiterhin in der Live-Umgebung arbeiten.

▲ Abbildung 13-25
Konfiguration von Workspace-Inhabern und -Mitgliedern

▼ Abbildung 13-26
Benutzer aus der Live-Umgebung ausschließen

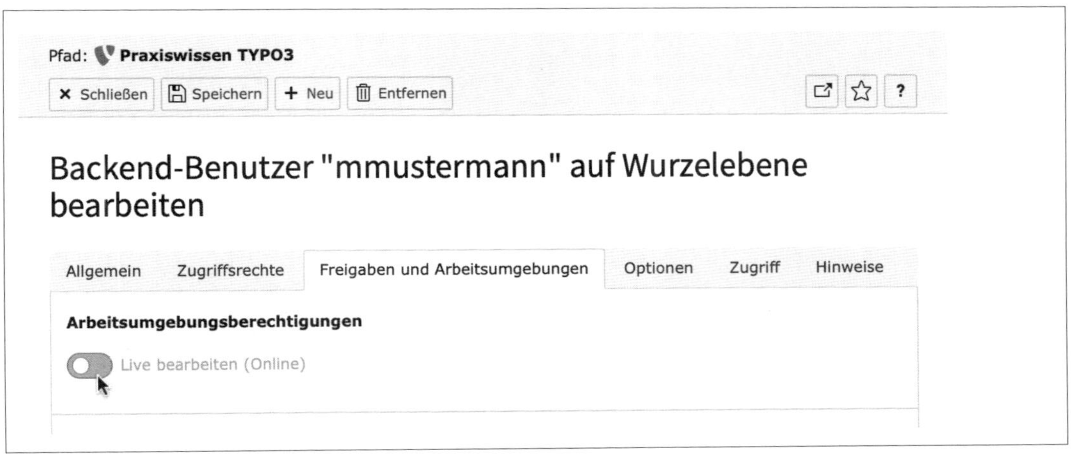

Falls ein Benutzer nicht die Berechtigung hat, die Live-Umgebung zu bearbeiten, landet er bei der Anmeldung direkt in der Entwurfsumgebung. Wenn ein solcher Benutzer keinen Zugriff auf *irgendeine* Arbeitsumgebung hat, erscheint beim Log-in eine Fehlermeldung mit dem Inhalt *No such workspace defined.*

Änderungen in einer Arbeitsumgebung vornehmen und betrachten

Wenn Sie das Backend auf die Entwurfsarbeitsumgebung umgestellt haben, können Sie ganz regulär redaktionelle Änderungen vornehmen, so wie Sie es gewohnt sind. Haben sich bei einer Seite Änderungen am Inhalt ergeben, wird diese Seite im Seitenbaum gelb gekennzeichnet. Auch Veränderungen einer Seite selbst münden darin, dass eine neue Entwurfsversion einer Seite erstellt wird (beispielsweise wenn Sie ein Attribut einer Seite verändern oder die Seite an eine andere Position im Seitenbaum verschieben). Diese wird im Seitenbaum ebenfalls mit einem gelben Hintergrund gekennzeichnet. Es kann sein, dass Sie den Seitenbaum über den *Neu laden*-Button oben rechts über dem Seitenbaum aktualisieren oder sogar das gesamte Backend neu laden müssen, damit die Kennzeichnung sichtbar wird (siehe Abbildung 13-27).

Abbildung 13-27 ▶ Hervorgehobene Seite, die in der Entwurfsumgebung verändert wurde

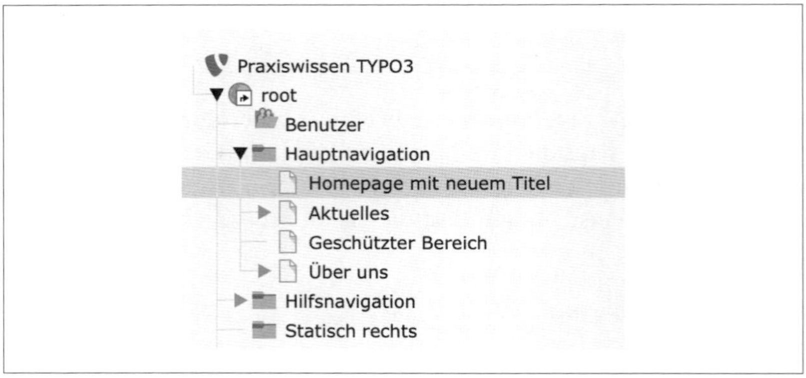

Haben Sie in einem Arbeitsbereich Änderungen vorgenommen und wechseln anschließend in das *Arbeitsumgebungen*-Modul, gelangen Sie in die *Review*-Ansicht. Hier erhalten Sie eine Übersicht sämtlicher Änderungen, die innerhalb dieser Umgebung vorgenommen wurden (siehe Abbildung 13-28).

Standardmäßig werden in der Review-Ansicht alle Änderungen dargestellt, die auf der aktuell im Seitenbaum ausgewählten Seite vorgenommen wurden. Über die Auswahlfelder im oberen Bereich der Review-Ansicht können Sie die Auflistung auf Unterseiten der aktuell ausgewählten Seite ausweiten. In Abbildung 13-28 wurde hier beispielsweise der Wert

Unendlich ausgewählt, um auch Änderungen tief verschachtelter Unterseiten anzuzeigen.

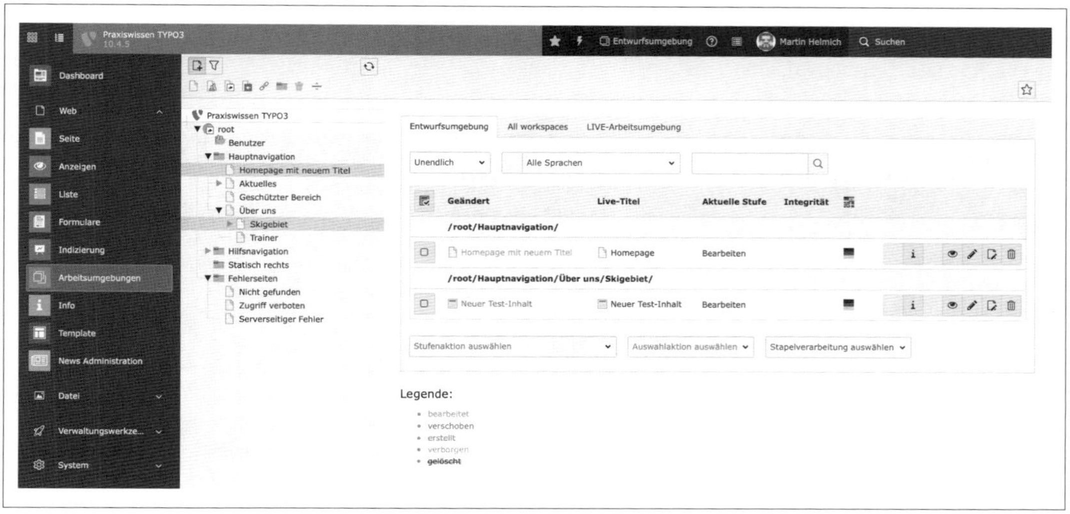

▲ **Abbildung 13-28**
Die Review-Ansicht

Mehrstufige Arbeitsabläufe

In der Review-Ansicht sehen Sie, dass jede ausstehende Änderung eine *Aktuelle Stufe* hat, die anfangs auf *Bearbeiten* steht. Jede dieser Änderungen kann nun verschiedene Stufen eines Freigabeprozesses durchlaufen. Der besteht in der Standardkonfiguration aus folgenden drei Stufen:

1. Bearbeiten
2. Bereit zum Veröffentlichen
3. Veröffentlichung ausführen

Ein Redakteur, der eine Änderung vorgenommen hat, kann diese nach Abschluss in die zweite Stufe, *Bereit zum Veröffentlichen* anheben. Ein Besitzer einer Arbeitsumgebung (oder ein Administrator) kann eine Änderung dann in die Live-Umgebung veröffentlichen.

Über die Schaltflächen im rechten Bereich jeder Änderung steht Ihnen eine Reihe an Funktionen zur Verfügung, mit denen Sie z. B. diese Version der Seite bearbeiten können. Über die Schaltfläche *Elementvorschau* können Sie ein neues Fenster öffnen, in dem Sie die öffentliche und die bearbeitete Version der Seite komfortabel miteinander vergleichen können (siehe Abbildung 13-29).

Um eine Änderung in die nächste Stufe zu verschieben, klicken Sie die entsprechende Zeile in der Übersicht an. Es öffnet sich das in Abbildung 13-30 gezeigte Pop-up-Fenster, mit dem Sie die Änderung in die jeweils nächste Stufe des Workflows verschieben können (also beispielsweise von *Bearbeiten* nach *Bereit zum Veröffentlichen*). Im zweiten Schritt können Sie Kommentare zur Änderung hinterlassen und weitere Benutzer – beispielsweise die Besitzer der Arbeitsumgebung oder andere interessierte Nutzer – darüber benachrichtigen.

Abbildung 13-29 ▼
Vergleichsansicht zwischen der Live-Version und dem Entwurf

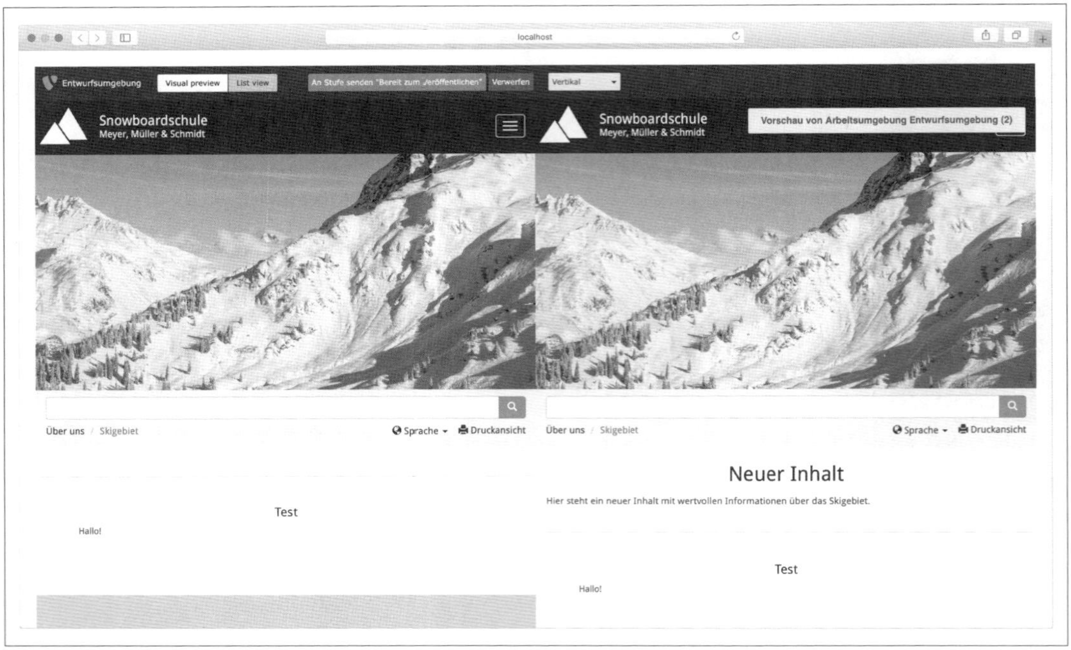

Abbildung 13-30 ▼
Eine Änderung in die nächste Stufe verschieben

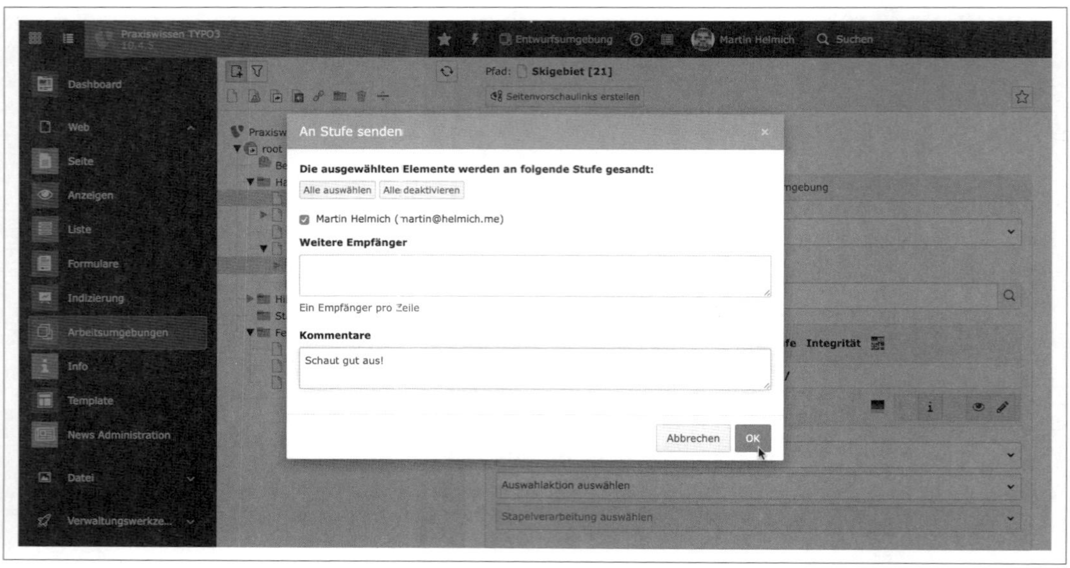

Möchten Sie mehrere Änderungen gleichzeitig in eine andere Stufe verschieben oder veröffentlichen, steht auch eine Funktion zur Stapelverarbeitung zur Verfügung. Aktivieren Sie hierzu bei einer oder mehreren Änderungen in der Liste wie in Abbildung 13-31 gezeigt das Kontrollkästchen ganz rechts in der rechten Spalte ❶ und wählen Sie im Auswahlfeld *Stufenaktionen auswählen* in der Fußzeile die Option *LIVE veröffentlichen* ❷. Falls Sie sich dafür entscheiden, eine Veränderung nicht zu veröffentlichen, können Sie die Änderungen rückgängig machen, indem Sie die bearbeitete Version löschen. Auf diese Weise wird automatisch der Ursprungszustand wiederhergestellt.

▼ Abbildung 13-31
Veröffentlichung von Änderungen in einer Entwurfsumgebung

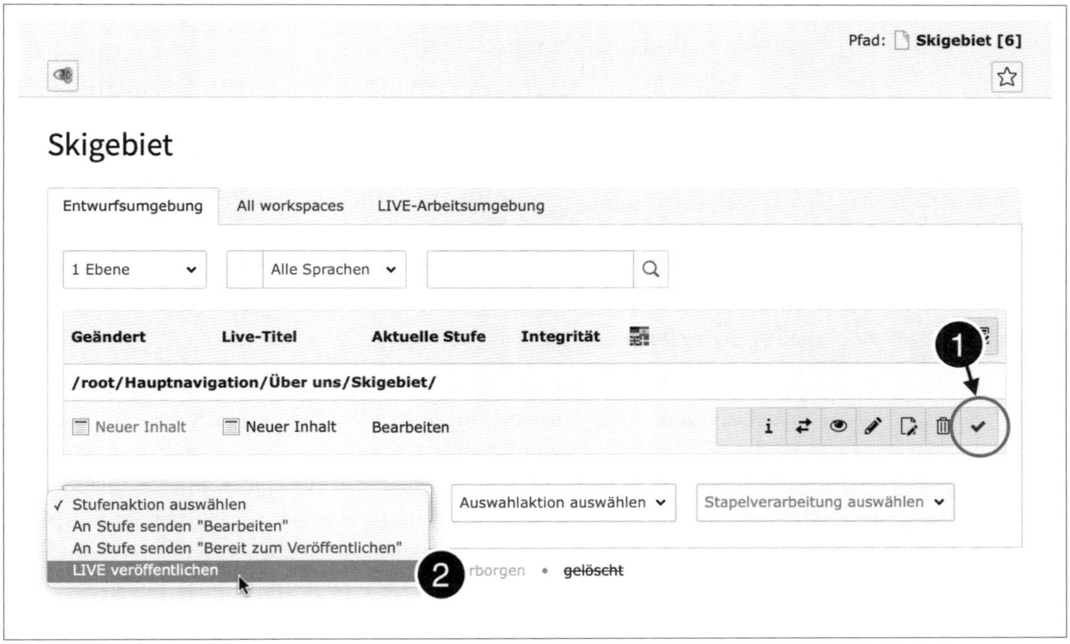

Tipp

Neben den vordefinierten Zuständen *Bearbeitung* und *Bereit für Veröffentlichung* können Sie für jede Arbeitsumgebung eigene Zustände anlegen. Bearbeiten Sie dazu die Arbeitsumgebung im *Liste*-Modul und wechseln Sie zum Tab *Stufen*. Hier können Sie über die Schaltfläche *Neu anlegen* zusätzliche Bearbeitungsstufen anlegen.

Änderungen zeitgesteuert veröffentlichen

Statt auf Knopfdruck können Sie Änderungen in einer Arbeitsumgebung auch zeitgesteuert veröffentlichen – das ist praktisch, wenn Sie eine größere Menge Änderungen bereits im Vorfeld vorbereiten und dann zu einem ganz bestimmten Zeitpunkt automatisch veröffentlichen möchten.

Bearbeiten Sie hierzu die Arbeitsumgebung über das *Liste*-Modul. Unter dem Tab *Veröffentlichung* finden Sie das Datumsfeld *Veröffentlichen*. Hier können Sie ein Datum und einen genauen Zeitpunkt auswählen, an dem alle Änderungen in der Arbeitsumgebung veröffentlicht werden sollen. Konkret wird TYPO3 zu diesem Zeitpunkt dann alle Änderungen, die sich in der Stufe *Bereit zum Veröffentlichen* befinden, in die Live-Umgebung veröffentlichen.

Damit die Änderungen innerhalb einer Arbeitsumgebung tatsächlich zu diesem Zeitpunkt veröffentlicht werden, muss auf Ihrem Server ein sogenannter *Cron-Job* eingerichtet werden. Dabei handelt es sich um Kommandozeilen-Aufrufe, die von Ihrem Server automatisch zu wiederkehrenden Zeitpunkten gestartet werden.

In diesem Fall muss dabei der TYPO3-Kommandozeilenbefehl `workspace:autopublish` ausgeführt werden (es sei an den Abschnitt »TYPO3 über die Kommandozeile bedienen« in Kapitel 2 auf Seite 43 hingewiesen):

```
$ typo3/sysext/core/bin/typo3 workspace:autopublish
```

Sie können diesen Befehl zum Testen einmal von Hand auf einer Kommandozeile ausführen. Sofern nicht bereits eine Arbeitsumgebung existiert, deren Veröffentlichung fällig ist, sollte dieser Befehl die Ausgabe *Nothing to do* erzeugen.

Um diesen Befehl nun regelmäßig auszuführen, können Sie einen entsprechenden Cron-Job auf Ihrem Server installieren (mehr dazu im nächsten Kapitel). Bedenken Sie dabei, dass das Ausführungsintervall des Cron-Jobs einen großen Einfluss auf das tatsächliche Veröffentlichungsdatum Ihrer Arbeitsumgebung haben kann. Haben Sie beispielsweise als Veröffentlichungsdatum einer Umgebung den 1. Januar 2019 um 9:05 eingestellt, und Ihr Cron-Job ist so konfiguriert, dass er stets zur vollen Stunde läuft, würden Ihre Änderungen tatsächlich erst mit der nächsten Ausführung des Cron-Jobs um 10:00 veröffentlicht.

Benutzerdefinierte Abläufe konfigurieren

TYPO3 wäre nicht TYPO3, wenn Sie den Standard-Workflow mit den Stufen *Bearbeiten* und *Bereit zur Veröffentlichung* nicht auch an Ihre eigenen Bedürfnisse anpassen könnten.

Je nachdem, wie Ihre Redakteure arbeiten, kann es sinnvoll sein, diesen Standard-Workflow um weitere Stufen zu ergänzen. Vielleicht haben Sie in einem größeren Projekt mit mehreren Sprachen separate Benutzergruppen für Redakteure, die Inhalte in der Originalsprache erstellen, und Übersetzer, die diese Inhalte dann in andere Sprachen übersetzen. Über eine benutzerdefinierte Stufe, in der die Übersetzer-Gruppe als verantwortliche Gruppe eingetragen ist, können Sie dann sicherstellen, dass jede Änderung zunächst über den (virtuellen) Schreibtisch eines Übersetzers wandert, bevor sie veröffentlicht wird.

Die Stufen eines Workflows sind stets mit einer bestimmten Arbeitsumgebung verknüpft. Um eigene Stufen zu definieren, bearbeiten Sie die Arbeitsumgebung, in der diese Stufen verfügbar sein sollen. Hier finden Sie den Tab *Stufen*, unter dem Sie mit dem Button *Neu anlegen* wie in Abbildung 13-32 gezeigt eigene Stufen hinzufügen können.

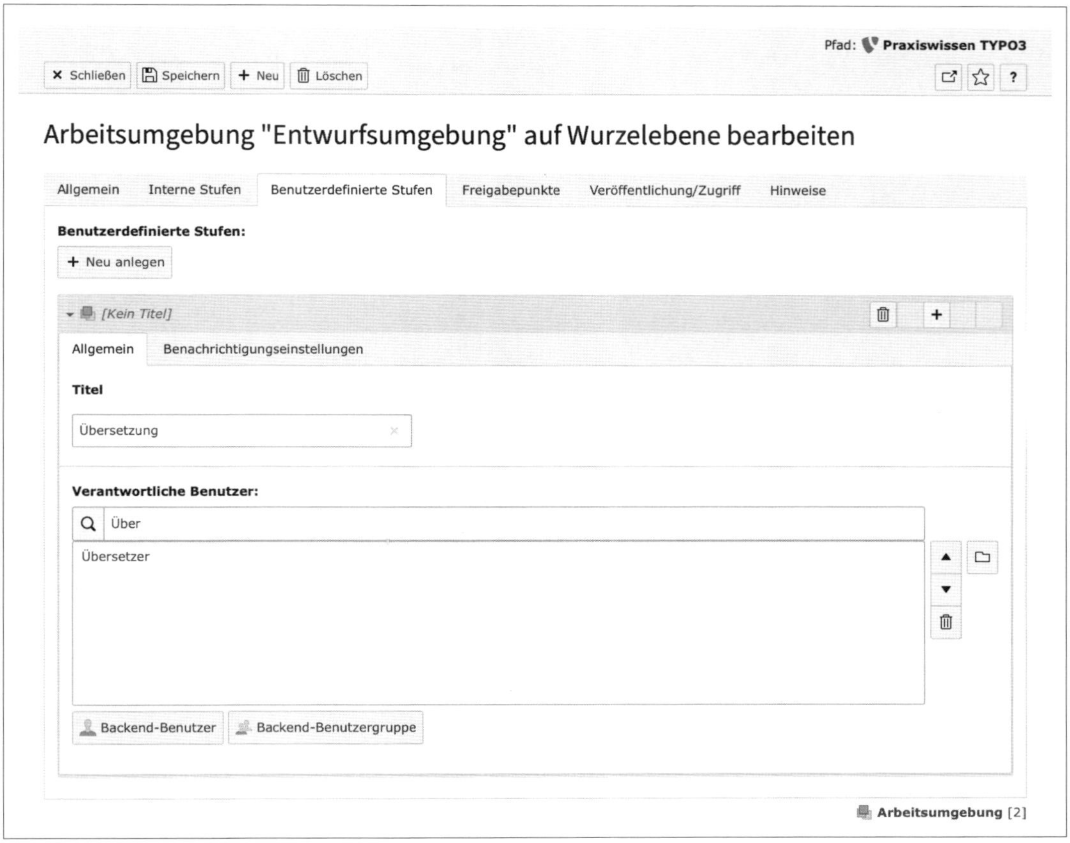

▲ **Abbildung 13-32**
Erstellen eigener Workflow-Stufen

Jede benutzerdefinierte Stufe hat verantwortliche Benutzer. Genau wie bei den Arbeitsumgebungs-Besitzern und -Mitgliedern kann es sich hierbei sowohl um einzelne Benutzer als auch um ganze Benutzergruppen handeln. Unter dem Tab *Benachrichtigungseinstellungen* können Sie darüber hinaus einstellen, welche Benutzer auf welche Weise benachrichtigt werden sollen, wenn eine Änderung in diese Stufe verschoben wird.

Im Anschluss steht die neue Bearbeitungsstufe im *Arbeitsumgebungen*-Modul zur Verfügung.

KAPITEL 14

Tipps und Tricks

In diesem Kapitel:

- Wiederkehrende Aufgaben: Der Scheduler
- Gelöschte Datensätze wiederherstellen: Der Recycler
- Update auf eine höhere TYPO3-Version
- Ein Backup erstellen
- Sicherheit und TYPO3
- Das Backend-Passwort vergessen?

In diesem Kapitel lernen Sie nützliche Tipps und Tricks kennen, die gelegentlich benötigt werden, thematisch aber nicht in die anderen Kapitel passen.

Wiederkehrende Aufgaben: Der Scheduler

Gerade in komplexeren TYPO3-Umgebungen gibt es eine Reihe von Aufgaben, die regelmäßig ausgeführt werden sollten. Dazu können beispielsweise Wartungsaufgaben zählen, etwa die automatische Kontrolle des Systemstatus oder die Aktualisierung der Extension-Liste aus dem Repository. Auch das zeitgesteuerte Veröffentlichen von Änderungen aus einer Arbeitsumgebung (Sie erinnern sich möglicherweise aus dem letzten Kapitel) zählt zu dieser Art Aufgaben.

Viele Erweiterungen bringen dafür bereits eigene Skripte mit, die über eine Kommandozeilenumgebung oder als *Cron-Job* gestartet werden können.[1] Der *Planer* (engl. *Scheduler*) bietet eine Möglichkeit, sämtliche innerhalb einer TYPO3-Installation anfallenden Wartungsaufgaben zentral zu verwalten.

Einrichten des Schedulers

Beim Scheduler handelt es sich um eine Systemerweiterung, die standardmäßig bereits installiert, aber noch nicht aktiviert ist. Wie schon bei der *Workspaces*-Extension aus Kapitel 13 gilt: Falls Sie TYPO3 per Composer installiert haben, kann es sein, dass Sie die Extension zunächst per

1 Der Cron-Dienst ist ein Dienstprogramm unter Unix-artigen Systemen. Seine Aufgabe ist die zeitgesteuerte Ausführung von beliebigen Kommandos (sogenannten Cron-Jobs).

Composer nachinstallieren müssen. Das geht mit folgendem Befehl auf der Kommandozeile:

```
$ composer require typo3/cms-scheduler=^10.4
```

In einer Nicht-Composer-Installation ist der Scheduler standardmäßig bereits installiert, muss aber noch aktiviert werden. Hierzu suchen Sie zunächst im Erweiterungsmanager (Modul *Erweiterungen* im Abschnitt *Verwaltungswerkzeuge*) unter dem Menüpunkt *Installierte Erweiterungen* nach der *Scheduler*-Erweiterung und aktivieren sie.

Tipp Alternativ nutzen Sie zur Aktivierung der Extension auf der TYPO3-Kommandozeile den Befehl `extension:activate`:

```
$ typo3/sysext/core/bin/typo3 extension:activate scheduler
```

Nach der Aktivierung der Erweiterung finden Sie das neue Modul *Planer* im Menü im Bereich *System*. Sie landen zunächst auf einer Übersichtsseite der aktuell geplanten Aufträge (von denen es beim ersten Aufruf nach der Installation also wahrscheinlich noch keine gibt).

Die eigentliche Ausführung von zeitgesteuerten Aufträgen erfolgt über einen speziellen TYPO3-Kommandozeilenbefehl (genauer beschrieben im Abschnitt »TYPO3 über die Kommandozeile bedienen« in Kapitel 2 auf Seite 43) namens `scheduler:run`.

Um sicherzustellen, dass der Scheduler korrekt ausgeführt werden kann, wechseln Sie im Auswahlmenü in der oberen Zeile zunächst in den Abschnitt *Konfiguration prüfen*. Sie gelangen zu einem Assistenten, der überprüft, ob das Kommandozeilenskript, mit dem der Scheduler gesteuert wird, mit den Nutzerrechten des Webservers überhaupt ausgeführt werden kann. Sollte hier ein Warnhinweis erscheinen, hilft normalerweise einer der folgenden Befehle auf der Kommandozeile:

```
$ chmod +x vendor/bin/typo3
$ chmod +x typo3/sysext/core/bin/typo3
```

Der Warnhinweis *Der Planer wurde noch nie ausgeführt* unter dem Abschnitt *Letzte Ausführung* ist normal, wenn Sie den Scheduler gerade erst einrichten, und kein besonderer Anlass zur Sorge.

Sind auf der *Konfiguration prüfen*-Seite ansonsten keine Warnhinweise in Sicht, können Sie versuchen, das Scheduler-Skript probehalber einmal von Hand auszuführen. Der Dateipfad des aufzurufenden Skripts steht unter dem Abschnitt *CLI-Skript*. In einem per Composer installierten TYPO3-Projekt sollte dies üblicherweise die Datei *vendor/bin/typo3* in Ihrem Projektverzeichnis sein, und bei einem manuell installierten TYPO3 die Datei *typo3/sysext/core/bin/typo3*. Rufen Sie dieses Skript mit folgendem Befehl auf (passen Sie den Dateipfad des Skripts dabei gegebenenfalls an den tatsächlichen Dateinamen an):

```
php vendor/bin/typo3 scheduler:run
```

In guter alter UNIX-Tradition gibt der Befehl keine Ausgabe aus, wenn er erfolgreich ausgeführt werden konnte. Nach der ersten Ausführung sollten Sie jedoch auf der *Konfiguration prüfen*-Seite eine Bestätigung finden, dass der Scheduler erfolgreich ausgeführt werden konnte.

Läuft dieser Befehl ohne Fehlermeldung durch, können Sie ihn als Cron-Job einrichten. Verwenden Sie dafür das Kommando `crontab -e`. Folgende Zeile sorgt beispielsweise dafür, dass der Scheduler stündlich ausgeführt wird:

```
0 * * * * php /pfad/zur/typo3-installation/vendor/bin/typo3 scheduler:run
```

Tipp Bei Managed-Hosting-Anbietern steht der `crontab`-Befehl häufig nicht zur Verfügung. Viele Anbieter stellen stattdessen jedoch eine grafische Verwaltungsoberfläche für das Einrichten von Cron-Jobs zur Verfügung. Verwenden Sie gegebenenfalls diese, um den Scheduler-Cron-Job anzulegen.

Hinsichtlich des Zeitplans Ihres Cron-Jobs gilt es, Folgendes zu bedenken: Im TYPO3-Scheduler können Sie viele verschiedene Tasks definieren, die alle nach unterschiedlichen Zeitplänen laufen können. Diese werden jedoch später alle von dem einen Cron-Job gestartet, den Sie soeben eingerichtet haben. Dies bedeutet aber auch, dass der tatsächliche Ausführungszeitpunkt eines Tasks sowohl von dem im TYPO3-Backend konfigurierten Zeitplan als auch dem Ausführungszeitplan des Cron-Jobs abhängt.

Konfigurieren Sie beispielsweise einen Task im TYPO3-Backend, der alle fünf Minuten ausgeführt werden soll, würde er mit der obigen Cron-Konfiguration dennoch nur einmal pro Stunde ausgeführt werden, da der Cron-Job nur zu jeder vollen Stunde ausgeführt wird. Aus diesem Grund kann es sinnvoll sein, den Cron-Job selbst so oft wie möglich auszuführen (im Extremfall jede Minute über den Zeitplan * * * * *). Behalten Sie hierbei jedoch die Auslastung Ihres Servers im Auge und verlängern Sie gegebenenfalls das Intervall, mit dem der Cron-Job ausgeführt wird.

Anlegen von Tasks

Bei Tasks handelt es sich um vordefinierte Wartungsaufgaben, die in bestimmten Zeitintervallen automatisch durchgeführt werden können. Um Tasks zu verwalten, wechseln Sie in das *Planer*-Modul im Bereich

System und wählen im Auswahlmenü im oberen Bereich den Menüpunkt *Geplante Tasks*. Hier finden Sie eine Übersichtsliste über bereits angelegte Tasks (sofern vorhanden). Mit einem Klick auf den Button *Task hinzufügen* in der oberen Menüzeile können Sie einen neuen Task erstellen und sehen dann die in Abbildung 14-1 gezeigte Oberfläche.

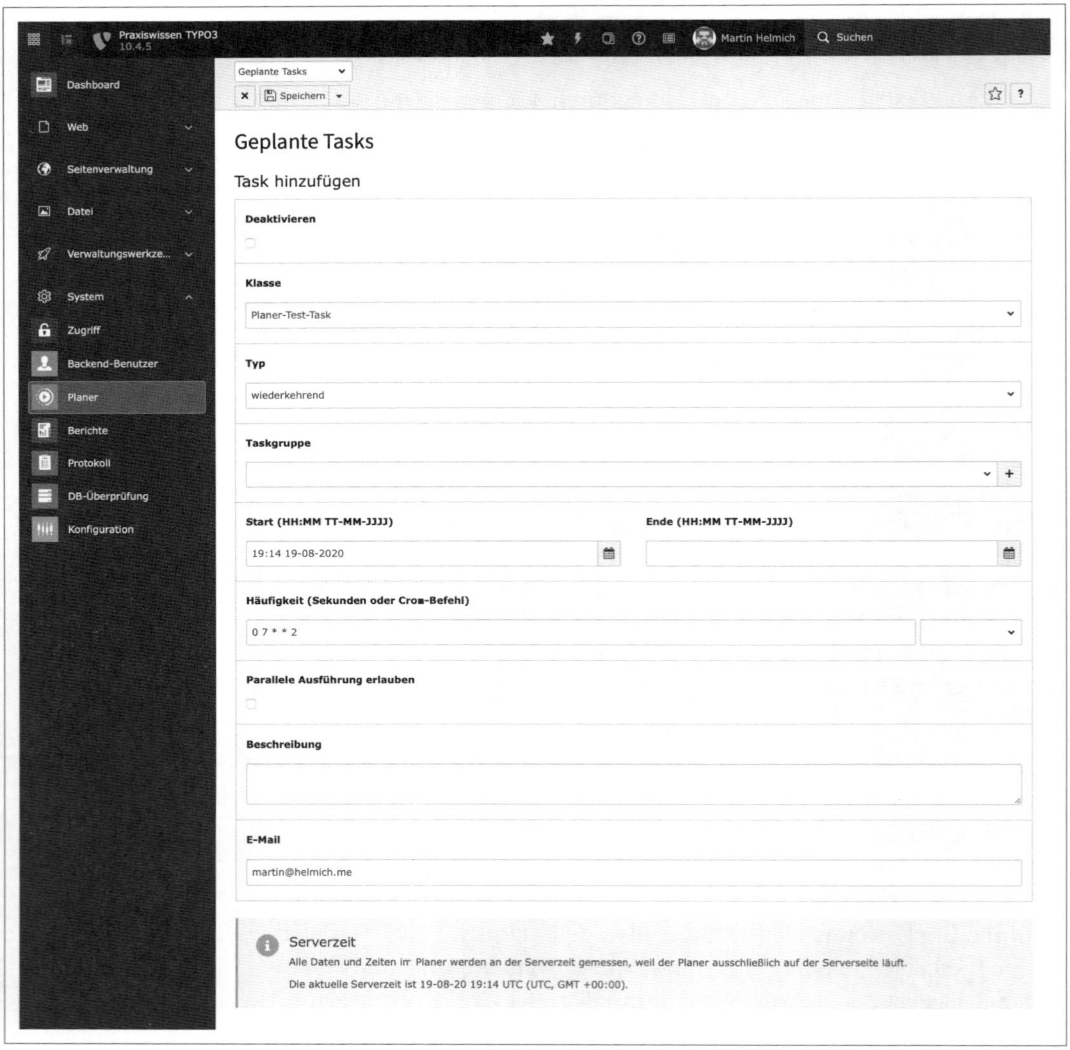

Abbildung 14-1 ▲
Anlegen eines neuen Scheduler-Tasks

Unter *Klasse* finden Sie eine Liste sämtlicher Aufgaben, die von Erweiterungen zur Verfügung gestellt werden. Unter *Typ* können Sie angeben, ob die Aufgabe nur einmalig oder regelmäßig ausgeführt werden soll. Des Weiteren können Sie ein Start- und ein (optionales) Enddatum sowie das Intervall der Aufgabe angeben. Außerdem können Sie eine Beschreibung angeben und eine Gruppe zuweisen, um so verschiedene Tasks derselben Klasse leichter unterscheiden zu können.

Am wichtigsten aber ist das *Häufigkeit*-Eingabefeld. Dieses bestimmt, in welchen Intervallen der angelegte Task ausgeführt werden soll. Sie können hier einen Cron-Befehl (wie beispielsweise * * * * * für »jede Minute« oder `12 23 * * *` für »täglich um 23:12«) oder einfach ein Intervall in Sekunden definieren. Beachten Sie jedoch, dass der tatsächliche Ausführungszeitpunkt des Tasks auch davon abhängt, nach welchem Zeitplan der Cron-Job läuft, der das Scheduler-Skript ausführt.

Nach dem Speichern dieses Tasks wird er in der Übersichtsliste angezeigt. Hier können Sie erkennen, wann der Task zum letzten Mal ausgeführt wurde und wann er das nächste Mal ausgeführt werden wird. Sie können den Task auch durch die Auswahlbox in der linken Spalte auswählen und über die Schaltfläche *Ausgewählte Tasks ausführen* sofort starten.

Gelöschte Datensätze wiederherstellen: Der Recycler

Datensätze werden von TYPO3 in der Datenbank nicht gelöscht, sondern mit einem Flag markiert. Zu jedem Datensatz gibt es in der Datenbank einen Tabelleneintrag und darin das Feld *deleted*. Wenn dieses Feld auf 1 gesetzt ist, wurde der Datensatz im TYPO3-Backend gelöscht. Der Datensatz wird vom Backend nicht mehr angezeigt, der Eintrag bleibt jedoch in der Datenbank gespeichert. Das ist eine sehr nützliche Funktion, die eine History und eine Wiederherstellung von geänderten Daten ermöglicht. Das Zurücksetzen kann in der Datenbank selbst erfolgen oder über die Systemerweiterung *Recycler*.

Stellen Sie sich einmal vor, ein Redakteur hat Datensätze fälschlicherweise gelöscht und will diese nun wiederhergestellt haben. Sie müssten in eine Datenbank-Verwaltungsoberfläche wie phpMyAdmin gehen und alle Datensätze suchen, deren *deleted*-Flag auf 1 steht. Dann müssten Sie noch prüfen, ob diese Einträge auch dem Benutzer gehören und vom richtigen Datum sind, und alle Einträge manuell wieder auf 0 setzen. Was für eine Arbeit!

Komfortabler geht das mit dem *Papierkorb*-Modul (engl. *Recycler*) (siehe Abbildung 14-2). Auch dieses gehört bereits zum Standard-Installationsumfang, ist jedoch in der Regel deaktiviert. Sie können es wie gewohnt über den Extension Manager (oder über einen `extension:activate`-Aufruf auf der Kommandozeile) aktivieren. Falls Sie TYPO3 per Composer installiert haben, werden Sie den Recycler womöglich erst mit dem Kommandozeilen-Befehl `composer require typo3/cms-recycler "^10.4"` nachinstallieren müssen.

Abbildung 14-2 ▶ Das Modul »Papierkorb« im TYPO3-Backend

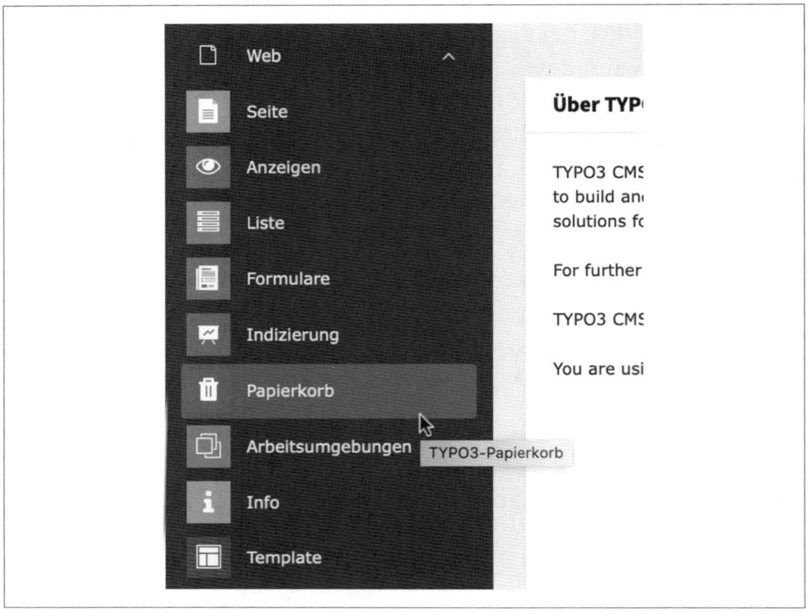

Legen Sie zum Testen einen neuen Datensatz vom Typ *Artikel* auf der Seite *Aktuelles* an und löschen Sie ihn gleich wieder über das Mülleimersymbol. Gehen Sie anschließend in das Modul *Papierkorb* und wählen Sie im Seitenbaum die Seite *Aktuelles*. Um die Daten wiederherzustellen, wählen Sie im Auswahlfeld *Datensatztyp* rechts oben den Typ *Artikel* aus. Der gelöschte Artikel wird Ihnen angezeigt. Zusätzlich erhalten Sie Informationen zum Datensatz (siehe Abbildung 14-3). Über die Schaltfläche *Datensätze löschen* ist das endgültige (!) Löschen und über *Datensätze wiederherstellen* das Wiederherstellen möglich.

Abbildung 14-3 ▼ Wiederherstellen von gelöschten Datensätzen

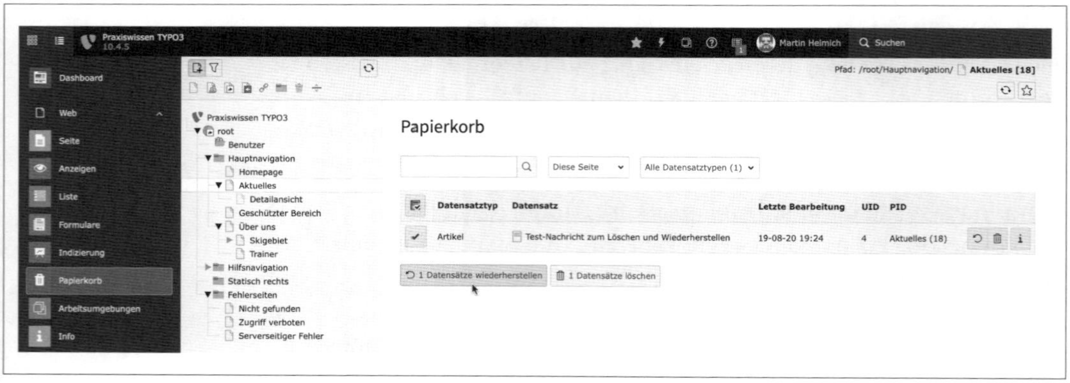

Den Recycler können Sie auch nutzen, um die Datenbank aufzuräumen und von veralteten Datensätzen zu reinigen. Seien Sie dabei aber behutsam, denn es gilt dasselbe Prinzip, das Sie beispielsweise vom Papierkorb auf dem Windows- oder macOS-Desktop kennen: Was einmal aus dem Papierkorb gelöscht wurde, ist endgültig und unwiderruflich weg.

Update auf eine höhere TYPO3-Version

TYPO3 wird kontinuierlich verbessert und weiterentwickelt – und wie für jede andere (gute) Software auch werden von TYPO3 regelmäßig neue Versionen veröffentlicht, die Fehlerbehebungen oder neue Funktionen mit sich bringen oder selten auftretende Sicherheitslücken schließen.

TYPO3-Versionsnummern bestehen stets aus drei Zahlen: der *Major-*, *Minor-* und *Patchlevel*-Versionsnummer – beispielsweise also Version *10.4.6* mit 10 als Major-Version, 4 als Minor-Version und 6 als Patchlevel. Jeweils eine bestimmte Minor-Version einer Major-Version ist die *Long Term Support*-Version (kurz *LTS*), für die drei Jahre lang Patchlevel-Updates veröffentlicht werden. Im Fall der TYPO3-Version 10 ist das die Version 10.4.

Patchlevel-Updates (beispielsweise also von TYPO3 10.4.5 auf 10.4.6) beinhalten üblicherweise ausschließlich Fehlerbehebungen und können in der Regel ohne größeren Aufwand einfach installiert werden – und tatsächlich sollten Sie das auch: Diese Updates bringen wertvolle Fehlerbehebungen mit. Selten werden auch Fehler bekannt, die die Sicherheit des Systems beeinträchtigen. Insbesondere Patchlevel-Updates sollten also zeitnah eingespielt werden.

Minor-Updates (also etwa von TYPO3 10.3 auf 10.4) bringen üblicherweise neue Funktionen mit, sind aber in der Regel kompatibel zueinander. Das bedeutet, dass auch diese Updates üblicherweise ohne größere Probleme ausgeführt werden können. Ob ein Update auf eine neue Minor-Version notwendig ist, können Sie davon abhängig machen, ob Sie die hinzugekommenen neuen Funktionen benötigen oder nicht. Falls Sie eine Nicht-LTS-Version einsetzen (wie beispielsweise TYPO3 10.3) sollten Sie dennoch auch die Minor-Updates zügig mitnehmen, um möglichst schnell eine Version mit Long Term Support einsetzen zu können. Ansonsten stehen Sie bei der nächsten Runde von Bugfix- und Security-Patches womöglich im Regen, wenn für die von Ihnen eingesetzte Minor-Version keine Patchlevel-Releases mehr veröffentlicht werden.

Major-Updates, wie etwa von TYPO3 10.4.6 auf (das noch nicht existierende) TYPO3 11.0, bieten keine Garantien, was Kompatibilität angeht. Häufig kommen neue Funktionen dazu, aber gelegentlich werden auch alte Funktionen entfernt oder auf eine Weise geändert, dass weitere Änderungen an Ihrem Projekt (beispielsweise am TypoScript-Template oder an Fluid-Vorlagen) nötig sind. Überlegen Sie sich ein Update auf eine neue Major-Version also gut und testen Sie diese wenn möglich vorher in einer separaten Testumgebung.

In diesem Abschnitt erfahren Sie, wie Sie unter Linux ein Update auf eine neuere TYPO3-Version durchführen können. Je nachdem, ob Ihre TYPO3-Installation per Composer installiert wurde, sind die Schritte hier unterschiedlich. Im ersten Abschnitt wird hierzu zunächst das Update über Composer beschrieben. Der darauffolgende Abschnitt beschreibt dann das »manuelle« Update, in dem Sie einfach die Quelldateien austauschen werden.

Update über Composer

Wenn TYPO3 über Composer installiert wurde, enthält die Datei *composer.json* im Projektverzeichnis eine genaue Spezifikation, welche TYPO3-Version installiert sein soll. Hier könnte beispielsweise der folgende Inhalt stehen:

```
"require": {
  "typo3/cmd-core": "^10.4",
  "typo3/cms-about": "^10.4",
  "typo3/cms-adminpanel": "^10.4",
  [...]
  "georgringer/news": "^8.6",
  "friendsoftypo3/extension-builder": "^10.0"
}
```

Wie Sie sehen, sind in der *composer.json* sowohl der eigentliche TYPO3-Kern *typo3/cms-core* spezifiziert als auch diverse System-Extensions wie beispielsweise *typo3/cms-setup*, *typo3/cms-form* und zahlreiche andere. Üblicherweise ist für all diese Komponenten spezifiziert, dass diese »ungefähr in Version 10.4« installiert sein sollen. In diesem Fall wird Composer für jede einzelne Komponente stets die aktuellste Patchlevel-Version aus dem Versionszweig 10.4 installieren. Nebenbei können Sie hier sehen, dass auch über `composer require` installierte Extensions in dieser Datei spezifiziert sind.

Möchten Sie lediglich auf die aktuellste Version innerhalb desselben Versionszweigs upgraden, reicht nun ein einfaches `composer update` auf der Kommandozeile. Sie sollten vorher auf jeden Fall außerdem die Datei *composer.lock* sichern, denn in dieser Datei sind die exakten Versionsnummern aller derzeit installierten Pakete festgehalten. Möchten Sie das Update später aus irgendeinem Grund wieder rückgängig machen, hilft Ihnen ein Backup der *composer.lock*-Datei dabei enorm.

```
$ cp composer.lock composer.lock.backup
$ composer update
```

Composer wird nun die neueste TYPO3-Version des 10.4-Zweigs installieren und auch alle benötigten Abhängigkeiten aktualisieren. Installierte Extensions werden vom `composer update`-Befehl ebenfalls auf die neueste Version aktualisiert, die noch der Spezifikation in der *composer.json* entspricht.

Falls Sie stattdessen auf einen anderen Versionszweig updaten möchten – beispielsweise auf eine (noch nicht für den Produktiveinsatz empfohlene) Version 11 –, können Sie in der Datei *composer.json* die Spezifikationen `"^10.4"` mit `"^11.0"` ersetzen (denken Sie daran, auch für alle System-Extensions die Versionsnummer anzupassen) und im Anschluss den bekannten Befehl `composer update` ausführen. Dieser Befehl lädt dann die jeweils aktuellste Version des 11.0-Versionszweigs herunter.

Im Unterschied zu der manuellen Upgrade-Methode, die im nächsten Abschnitt beschrieben wird, wird der Quelltext hier nicht durch das »Umbiegen« von symbolischen Links ausgetauscht. Stattdessen hinterlegt Composer den aktualisierten Quelltext der neuen TYPO3-Version direkt im Verzeichnis *vendor/typo3/cms/*.

Mit Composer ist jedoch auch ein Downgrade schnell gemacht. Sofern Sie vor dem Upgrade eine Sicherungskopie der *composer.lock*-Datei erstellt haben, können Sie dieses nun wieder einspielen und mit dem Befehl `composer install` den vorherigen Versionsstand exakt wiederherstellen:

```
$ cp composer.lock.backup composer.lock
$ composer install
```

Alternativ dazu können Sie über den Befehl `composer require` auch ganz bestimmte (ältere) Versionen wieder installieren. Haben Sie beispielsweise per `composer update` ein Versionsupdate von 10.4.5 auf 10.4.6 durchgeführt und möchten wieder zurück, hilft folgender Befehl:

```
$ composer require typo3/cms '10.4.5'
```

Beachten Sie, dass Sie Composer über diesen Befehl mitteilen, dass Sie TYPO3 gern in Version »10.4.5 und keine andere« installieren möchten. Nachfolgende `composer update`-Befehle werden in diesem Fall also keine weiteren Updates ausführen. Möchten Sie das ursprüngliche Verhalten wiederherstellen, nutzen Sie folgenden Befehl, um diese Spezifikation erneut auf Version »10.4.5 oder neuer« zu ändern:

```
$ composer require typo3/cms '~10.4.5'
```

Update über das TYPO3-Backend

Falls Sie TYPO3 nicht per Composer installiert haben, können Sie Patchlevel-Updates (also beispielsweise von TYPO3 10.4.5 auf 10.4.6) direkt über das TYPO3-Backend vornehmen. Wechseln Sie hierzu in das

Modul *Verwaltungswerkzeuge → Aktualisierung* und wählen Sie die Option *Update TYPO3 Core*. Mit einem Klick auf *Update Core* überprüft TYPO3 automatisch, ob neuere Patchlevel-Versionen vorhanden sind, und installiert diese automatisch.

Falls Sie auf eine neue Minor- oder gar Major-Version aktualisieren möchten, müssen Sie dieses Update jedoch wie im nächsten Abschnitt beschrieben von Hand vornehmen.

Manuelles Versionsupdate

Den Quellcode zu einer neuen TYPO3-Version erhalten Sie online unter *https://get.typo3.org*. Unter dem Menüpunkt *Download* finden Sie das Quelltextpaket der jeweils aktuellsten Version zum Download. Laden Sie diese neue Version in Ihr TYPO3-Stammverzeichnis parallel zum bereits bestehenden Ordner *typo3_src-x.x.x/*, der den Quellcode für die gerade aktive Webseite enthält. Entpacken Sie den Inhalt dieses Ordners wie gewohnt bzw. wie in Kapitel 2, *TYPO3 installieren*, gezeigt und setzen Sie, je nach Serverkonfiguration, die Rechte neu.

Alternativ dazu können Sie auch den *get.typo3.org*-Service nutzen, um die aktuelle Version direkt über einen Kommandozeilenbefehl herunterzuladen und zu entpacken:

```
$ wget --content-disposition https://get.typo3.org/10
$ tar xfz typo3_src-10.4.6.tar.gz
```

Beachten Sie, dass im obigen Befehl nur die Major-Versionsnummer 10 angegeben wurde, aber weder Minor- noch Patchlevel. Auf diese Weise erhalten Sie stets die aktuellste Version des angegebenen Versionszweigs (zum Zeitpunkt des Verfassens ist das die Version 10.4.6, auch wenn sich diese aufgrund kurzer Releasezyklen relativ zügig ändert).

Die Ordner- bzw. Dateistruktur könnte jetzt z.B. so aussehen (nehmen wir an, Sie betreiben TYPO3 in Version 9.5.20 und haben nun gerade Version 10.4.6 heruntergeladen und entpackt):

```
[...]
fileadmin/
index.php -> typo3_src/index.php
typo3 -> typo3_src/typo3
typo3_src -> typo3_src-9.5.20/
typo3_src-9.5.20/
typo3_src-10.4.6/
typo3conf/
typo3temp/
[...]
```

Sie können in dieser Struktur erkennen, dass unter `typo3_src/` ein *symbolischer Link* auf den Ordner `typo3_src-9.5.20/` zeigt. Solange der symbolische Link nicht geändert wird, greift noch immer der alte Quellcode. Um den Quellcode auf die neue Version umzustellen, reicht es im Regelfall aus, den symbolischen Link neu zu setzen:

```
$ rm typo3_src
$ ln -s typo3_src-10.4.6 typo3_src
```

Somit zeigt der Ordner `typo3_src/` auf den Ordner `typo3_src-10.4.6/`. Der alte Ordner ist allerdings noch immer vorhanden. Ein Downgrade ist dadurch relativ leicht möglich, indem Sie den symbolischen Link wieder auf den alten Quellcode »biegen«.

Durchführen des Upgrades im Install-Tool

Wenn Sie lediglich ein Patchlevel-Update ausgeführt haben, ist Ihre Arbeit jetzt mit großer Wahrscheinlichkeit getan. Nach einem Versionsupdate sollten Sie über das TYPO3-Backend alle Caches Ihrer Seite leeren und Frontend und Backend gründlich testen.

Zuweilen kann es passieren, dass Ihr TYPO3-Projekt nach einem Update nur noch Fehlermeldungen ausgibt (wenn überhaupt). Bei Patchlevel-Updates ist die Wahrscheinlichkeit dafür gering, aber bei Updates der Minor- oder gar Major-Version deutlich höher. Der Grund dafür ist normalerweise, dass von der neuen TYPO3-Version Datenbanktabellen benötigt werden, die noch nicht vorhanden sind. Eventuell funktionieren manche Sachen in der neuen TYPO3-Version auch anders als vorher, sodass womöglich Änderungen (etwa am TypoScript-Template) vonnöten sind.

Ein Beispiel: Bei einem Update etwa von TYPO3 9 auf 10 werden Sie wahrscheinlich den Fehler *An exception occurred while executing 'SELECT `content` FROM `cache_hash` WHERE (`identifier` = ?) AND (`expires` >= ?)' with params [...]: Table 'typo3.cache_hash' doesn't exist* erhalten (sofern Sie noch im Backend angemeldet sind, ansonsten erscheint nur die weniger aussagekräftige Meldung *Oops, an error occurred*). Dieser Fehler rührt daher, dass TYPO3 versucht, die Datenbanktabelle *cache_hash* abzufragen, die in älteren TYPO3-Versionen nicht existierte.

Den Upgrade-Wizard benutzen

Um all diese Eventualitäten abzudecken, gibt es im TYPO3-Backend den *Upgrade Wizard*, der sich im Modul *Aktualisierung* (engl. *Upgrade*) versteckt. Dieser ist dazu gedacht, nach einem Versionsupdate alle notwendigen Aktualisierungen an der Datenbankstruktur, am TypoScript-Quelltext und gegebenenfalls an allen anderen nötigen Stellen vorzunehmen.

Falls Ihr TYPO3-Backend nach dem Update nicht mehr funktioniert, erreichen Sie den Upgrade Wizard auch über das Install-Tool, indem Sie die URL *http://<ihre-domain>/typo3/install.php* direkt im Browser aufrufen. In diesem Fall werden Sie jedoch die Meldung erhalten, dass die Nutzung aus Sicherheitsgründen deaktiviert ist. Um die Ausführung des Install-Tools nun zu ermöglichen, legen Sie im Verzeichnis *typo3conf/* die Datei mit der Bezeichnung *ENABLE_INSTALL_TOOL* an (siehe auch Kapitel 2, *TYPO3 installieren*).

Nach dem Anlegen der Datei müssten Sie wieder Zugriff auf das Install-Tool haben. Wenn Ihnen jedoch der Zugriff mit einer *Internal Server Error*-Meldung verwehrt wird, sollten Sie prüfen, ob die Datei- und Ordnerrechte für den neuen Quellcode auch richtig gesetzt sind (nach den Vorgaben des Providers).

Wechseln Sie im Install-Tool zunächst in das Modul *Upgrade* und starten Sie dann den *Upgrade Wizard*. Der Wizard beginnt zuerst mit einer Überprüfung auf fehlende Datenbanktabellen und -felder (Abbildung 14-4). Mit einem Klick auf den Button *Create missing tables and fields* können Sie diese direkt erstellen.

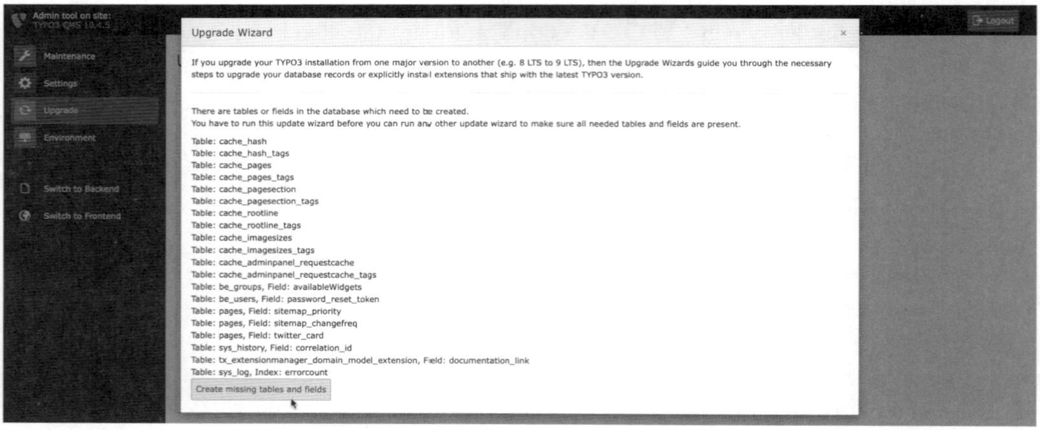

Abbildung 14-4 ▲
Im Upgrade Wizard können Sie fehlende Datenbanktabellen und -felder erstellen.

Falls darüber hinaus noch Aktualisierungen notwendig sind, finden Sie hier einen Abschnitt mit dem Titel *Wizards available* zusammen mit einer Fortschrittsanzeige (Abbildung 14-5). Üblicherweise können Sie nun einen Schnitt nach dem anderen über den *Execute*-Button ausführen.

Einige der verfügbaren Schritte des Upgrade Wizard sind optional, und Sie müssen sie nicht unbedingt ausführen. Darüber hinaus sind zahlreiche Schritte nur dann notwendig, wenn Sie von noch älteren TYPO3-Versionen aus updaten – beispielsweise von der TYPO3-Version 7 oder 8.

Bei einem Update von TYPO3 7 auf eine aktuelle Version wird Ihnen beispielsweise angeboten, die Extension *compatibility7* zu installieren. Sie können sie natürlich installieren, wenn Ihr Projekt Funktionen nutzt, die sich zwischen den TYPO3-Versionen 7 und 8 stark verändert haben oder ganz entfernt wurden. Dies ist insbesondere dann interessant, wenn Sie in TYPO3 7 bereits die Indexsuche verwendet oder noch mit *css_styled_content* (statt mit *fluid_styled_content*) gearbeitet haben. Andernfalls können Sie die Installation der *compatibility7*-Extension getrost überspringen.

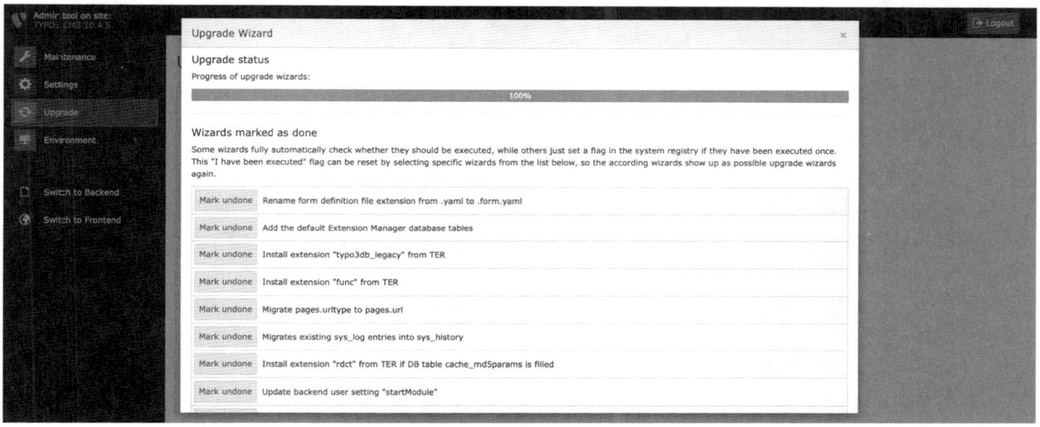

▲ Abbildung 14-5
Ausführung weiterer Upgrade-Schritte über den Wizard.

Alternativ können Sie sämtliche Schritte des Upgrade Wizard auch auf der Kommandozeile Ihres Servers durchspielen. Führen Sie hierzu folgenden Befehl aus (je nachdem, ob Sie TYPO3 per Composer installiert haben, mit *vendor/bin/typo3* oder *typo3/sysext/core/bin/typo3*):

```
$ vendor/bin/typo3 upgrade:list
$ vendor/bin/typo3 upgrade:run
```

Die Datenbankstruktur aktualisieren

Nachdem Sie den Upgrade Wizard durchlaufen haben, empfiehlt es sich, noch einmal einen gründlicheren Abgleich der Datenbankstruktur vorzunehmen. Der Upgrade Wizard hat zwar die dringendsten Änderungen bereits ausgeführt, dennoch kann es weitere Änderungen an der Datenbankstruktur geben, die Sie ebenfalls vornehmen sollten.

Wechseln Sie hierzu ins Modul *Wartung* (engl. *Maintenance*) – entweder im TYPO3-Backend oder im Install-Tool – und wählen Sie die Option *Analyze Database Structure*. TYPO3 überprüft hierbei, ob alle erforderlichen Datenbanktabellen und Datenbankfelder vorhanden sind, und präsentiert Ihnen eine Übersicht über ausstehende Änderungen an der Datenbankstruktur (siehe Abbildung 14-6).

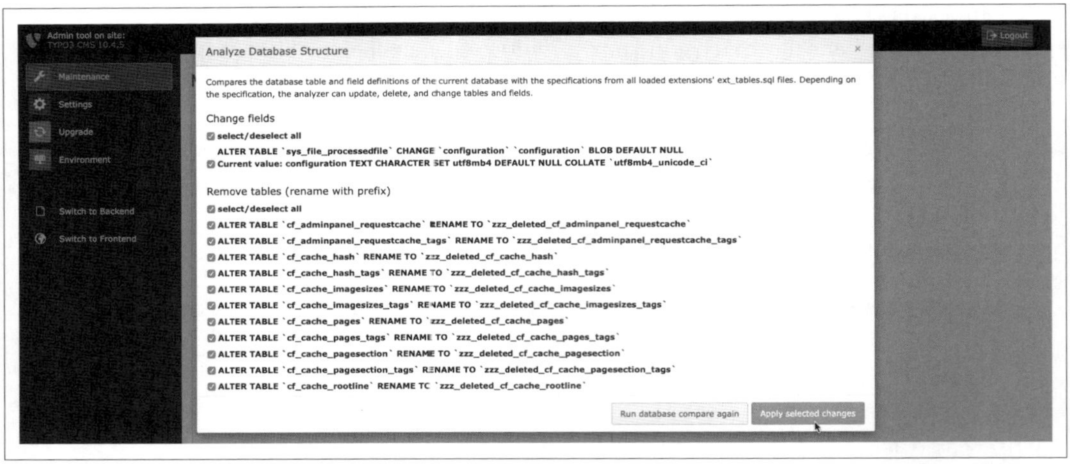

Abbildung 14-6 ▲
Die Datenbank überprüfen

TYPO3 macht Ihnen Vorschläge dazu, welche Änderungen am System vorzunehmen sind. Sämtliche Änderungen, die TYPO3 an der Datenbank vornehmen möchte, können Sie über ein Kontrollkästchen vor jeder Aktion aktivieren bzw. deaktivieren. Die Vorschläge von TYPO3, Datenbanktabellen und -felder anzulegen, lassen Sie getrost so stehen. Sie können ohne weitere Überlegungen einfach auf den Button *Apply selected changes* klicken.

Falls keine Änderungen an der Datenbankstruktur notwendig sind, erhalten Sie die Meldung *Database schema is up to date. Good job!*

Aufräumarbeiten nach einem Versionsupdate

Nach einem Versionsupdate sollten Sie auf jeden Fall den TYPO3-Cache vollständig leeren. Verlassen Sie sich dabei nicht auf den *Cache leeren*-Button in der Kopfzeile des TYPO3-Backends, sondern wechseln Sie entweder im Backend oder Install-Tool in das Modul *Verwaltungswerkzeuge → Wartung* (engl. *Maintenance*). Suchen Sie hier die Option *Flush TYPO3 and PHP Cache* und bestätigen Sie über den *Flush cache*-Button.

Support Falls alle Stricke reißen, können Sie den TYPO3-Cache (zumindest den relevanten Teil davon) auch leeren, indem Sie den Ordner *typo3temp/var/cache* löschen.

Sollte es beim (oder nach) dem Leeren des Cache noch zu Fehlern kommen, kann dies daran liegen, dass Sie eine Extension einsetzen, die nicht zu der neuen TYPO3-Version kompatibel ist. Dies kann gerade bei Updates der Major-Version vorkommen, zum Beispiel bei einem Update von 9.5 (oder noch älter) auf 10.4.

Um Ihre Erweiterungen auf Kompatibilität mit der neuen Version zu prüfen, wechseln Sie im Backend oder Install-Tool in den Menüpunkt *Aktualisierung* (engl. *Upgrade*) und suchen die Option *Check for Broken extensions*. Mit einem Klick auf den Button *Check Extension Compatibility* werden die Konfigurationsdateien *ext_tables.php* und *ext_localconf.php* aller installierten Erweiterungen eingebunden. Sie erhalten dann eine entsprechende Meldung darüber, ob alle lokalen Extensions geladen werden konnten oder ob es zu Fehlern gekommen ist. Allerdings sollten Sie im Erfolgsfall beachten, dass das fehlerfreie Einbinden der Erweiterung keine Auskunft darüber gibt, ob die eigentliche Funktionalität der Extension gewährleistet ist.

Falls zu diesem Zeitpunkt keine weiteren Fehler auftreten, haben Sie das Update erfolgreich ausgeführt. Herzlichen Glückwunsch!

Versionsupdates und Erweiterungen

Bei der Veröffentlichung neuer TYPO3-Versionen ist es stets ein großes Ziel, dass der Update-Prozess für Nutzer so einfach wie möglich ist. Falls es nach dem Ausführen eines Updates zu Fehlermeldungen kommt, können Sie in der Regel damit rechnen, dass es einen entsprechenden Schritt im *Upgrade Wizard* gibt, um diese zu beheben. Speziell für Extensions, die von Drittanbietern bereitgestellt werden, gelten diese Qualitätsgarantien jedoch nicht.

Insbesondere, wenn Sie auf eine neue Major-Version aktualisieren, die noch nicht lange verfügbar ist, müssen Sie damit rechnen, dass eventuell noch nicht alle Drittanbieter-Erweiterungen (sofern Sie welche einsetzen) mit dieser neuen Version kompatibel sind.

Vor einem solchen Update sollten Sie daher stets prüfen, welche Drittanbieter-Erweiterungen Sie in Ihrem TYPO3-Projekt einsetzen und ob diese Erweiterung bereits mit der TYPO3-Version kompatibel ist, auf die sie updaten möchten. Am einfachsten besuchen Sie hierzu die Seite *https://extensions.typo3.org* und suchen dort nach der jeweiligen Erweiterung. Auf der Übersichtsseite einer Erweiterung (in Abbildung 14-7 am Beispiel der *News*-Erweiterung) sehen Sie, mit welchen Major-Versionen die jeweilige Erweiterung kompatibel ist ❶. Achten Sie auch darauf, ab welcher Version eine Erweiterung mit einer bestimmten TYPO3-Version kompatibel ist. Im Zweifelsfall sollten Sie vor einem größeren TYPO3-Update erst einmal alle eingesetzten Extensions auf einen aktuellen Stand bringen.

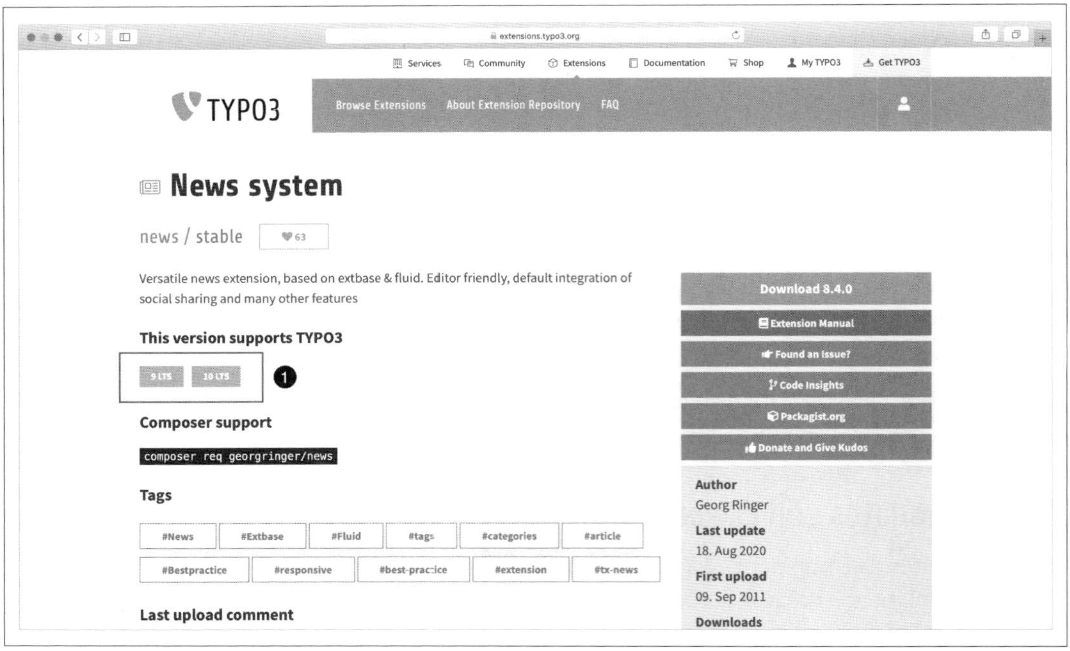

Abbildung 14-7 ▲
Kompatibilität von Extensions im Extension Repository

Ein Backup erstellen

Um ein Backup von TYPO3 zu erstellen, gibt es grundsätzlich mehrere Möglichkeiten. Auch stehen bereits einige Erweiterungen dafür zur Verfügung. In diesem Abschnitt werden Sie allerdings erfahren, wie Sie selbst ein manuelles Backup durchführen können, damit Sie wissen, welche Daten tatsächlich zum Wiederherstellen einer TYPO3-Präsentation benötigt werden.

Ein manuelles Backup besteht aus zwei Bereichen: den benötigten Dateien sowie den Daten aus der Datenbank. An Dateien werden alle von Ihnen und auch von den Redakteuren hochgeladenen Dateien benötigt, die sich zum einen im Ordner *fileadmin/* befinden, zum anderen in *uploads/*.

Auch der Ordner *typo3conf/* wird benötigt. In diesem Ordner befindet sich die Datei *typo3conf/LocalConfiguration.php*, die die Konfiguration des Grundsystems (Datenbankverbindungen usw.) enthält und in der alle über das Install-Tool durchgeführten Änderungen abgespeichert sind. Sämtliche von Ihnen nachträglich aus dem Extension Repository heruntergeladenen (oder selbst erstellten) Erweiterungen wurden ebenfalls im Ordner *typo3conf/ext/* abgelegt. Über das Backend installierte Sprachdateien liegen in *typo3conf/l10n/*. Und über das *Site Management*-Modul erstellte Sites in *typo3conf/sites/*.

Für die Sicherung der Dateien werden somit die folgenden Ordner einschließlich aller Dateien und Unterordner benötigt:

```
fileadmin/
uploads/
typo3conf/
```

Haben Sie TYPO3 über Composer installiert, empfiehlt sich zudem ein Backup der Dateien *composer.json* und *composer.lock*. Über diese können Sie im Fall des Falls die TYPO3-Installation selbst auf die Versionsnummer genau wiederherstellen.

Für die Daten aus der Datenbank eignet sich das Tool phpMyAdmin. Dieses können Sie sowohl als eigenständige Anwendung installieren als auch als TYPO3-Erweiterung. Viele Webhoster stellen Ihnen außerdem bereits eine vorkonfigurierte phpMyAdmin-Installation zur Administration Ihrer Datenbanken zur Verfügung. In Abbildung 14-8 sehen Sie die Maske zur Erstellung einer Sicherung der Datenbank.

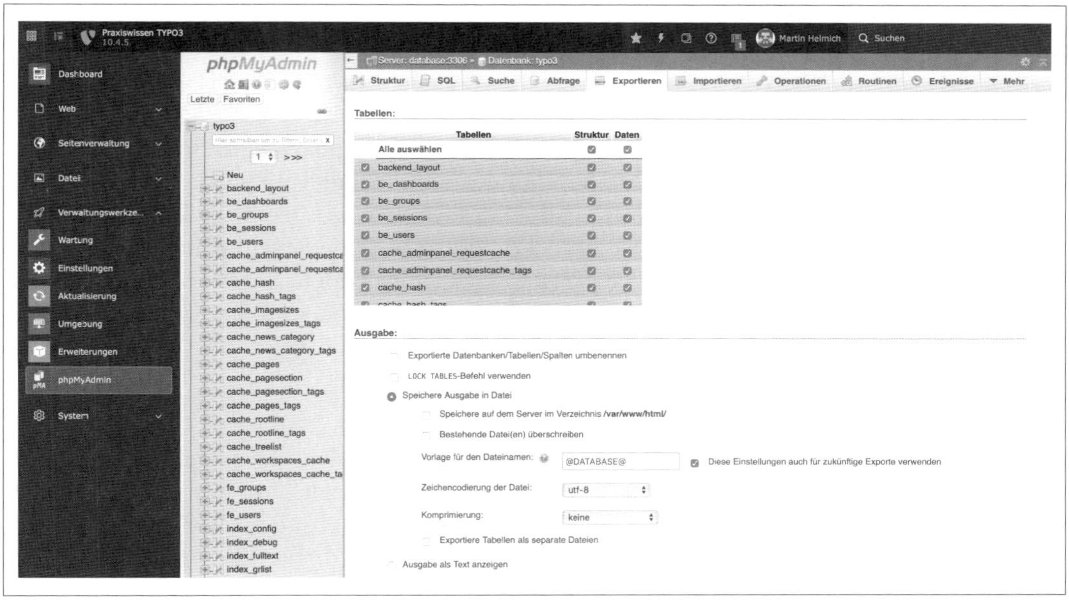

▲ Abbildung 14-8
Einen Datenbank-Dump erstellen

Bei der Erstellung des Datenbank-Dumps gibt es – insbesondere bei der angepassten Exportmethode – zahlreiche Einstellungsmöglichkeiten. Um sicherzustellen, dass das Backup konsistent ist, sollten Sie insbesondere darauf achten, dass die beiden Optionen *LOCK TABLES-Befehl verwenden* und *Export in einer Transaktion zusammenfassen* aktiviert sind. Außerdem sollte die Option *DROP TABLE / ...-Befehl hinzufügen* aktiviert sein.

Es kann nicht schaden, wenn Sie alle Datenbanktabellen herunterladen. Sollten Sie allerdings Probleme der Art haben, dass Sie aufgrund einer Prozesszeitbegrenzung Ihres Webservers nicht alle Daten exportiert bekommen, können Sie entweder jede einzelne Datenbanktabelle separat sichern oder aber nur die tatsächlich benötigten. Pauschal lässt sich sagen, dass alle Tabellen, die mit *cache_** und *index_** beginnen, nicht benötigt werden bzw. der Inhalt und auch die Struktur dieser Tabellen problemlos rekonstruiert werden können.

Auch über die Kommandozeile ist das Erstellen eines Backups der Datenbank recht einfach. Sie können hierzu das Kommandozeilenwerkzeug `mysqldump` nutzen:

```
$ mysqldump -u[IHR-BENUTZER] -p -h[IHR-SERVER] [IHRE-DATENBANK] | gzip >
ihr_backup.sql.gz
```

Auch das Wiedereinspielen eines so erstellten Backups ist einfach über die Kommandozeile möglich. (Denken Sie daran: Kein Backup-Konzept ist komplett, wenn Sie nicht auch die Wiederherstellung mindestens einmal erfolgreich getestet haben!)

```
$ zcat ihr_backup.sql.gz | mysql -u[IHR-BENUTZER] -p -h[IHR-SERVER]
[IHRE-DATENBANK]
```

Fehlende Datenbanktabellen lassen sich relativ einfach über den schon vorgestellten Database-Analyzer im Install-Tool wiederherstellen – die Daten jedoch nicht. Allerdings werden auch nicht alle Daten ausdrücklich benötigt: Sie brauchen die Seiten, die Seiteninhalte, die erstellten Templates und sicherlich noch einige andere Datenbanktabellen, aber nicht unbedingt Tabellen für den Cache oder für Statistiken.

Sicherheit und TYPO3

Vorweg einige einfache Regeln zur Sicherheit. Es mag sich banal anhören, aber die häufigste Ursache für Sicherheitslücken ist ein zu einfaches Passwort. Sie sollten als Inhaber einer Website für Fußballartikel nicht das Passwort *Fußball* verwenden. Passwörter sollten mindestens acht Zeichen lang sein (besser noch länger). Wählen Sie möglichst keine zusammenhängenden Wörter und verwenden Sie Sonderzeichen und/oder Zahlen. Doch wie soll man sich so etwas merken? Meine Idee ist ein Merksatz: »Jeden Tag prüfe ich meine Webseiten auf Sicherheit!« ergibt z.B. das Kennwort *JTpimWaS!* Alternativ können Sie auch ein sicheres Passwort wählen, indem es einfach hinreichend lang ist (TYPO3 zwingt Ihnen keine Höchstlänge für ein Passwort auf). So könnten Sie einfach einen vollständigen Satz oder eine Kombination aus einigen zufällig gewählten ganzen Wörtern als Passwort verwenden.

Wählen Sie bereits bei der Installation von TYPO3 ein sicheres Passwort! Wenn Sie ein vorinstalliertes TYPO3 nutzen, sollte das Ändern der Standardpasswörter Ihre erste Aktion nach dem erstmaligen Anmelden sein! Auch der Benutzername sollte individuell gehalten werden und daher nicht *Admin*, *Administrator* oder *Webmaster* lauten.

Updates von TYPO3 und Erweiterungen

In regelmäßigen Abständen erscheinen neue TYPO3-Versionen. Sie wissen bereits, dass es ein TYPO3-Core-System und Systemerweiterungen gibt. Werden im Core-System oder in einer Systemerweiterung Sicherheitslücken bekannt, erscheint in der Regel sehr schnell eine neue TYPO3-Version. Ein Update auf die neueste Version ist generell zu empfehlen. Beachten Sie dabei die Versionsnummern. Wenn Sie beispielsweise die TYPO3-Version 9.5 nutzen, müssen Sie (zumindest bis September 2021) nicht zwingend auf die Version 10.4 aktualisieren. Der Versionszweig 9.5 wird weiterentwickelt, und Updates werden von der Community bereitgestellt. Nach Ablauf der offiziellen Supportphase (für TYPO3 9 im September 2021, für TYPO3 10 im April 2023) können Sie jedoch weiterhin Updates im Rahmen des kostenpflichtigen »Extended Support« beziehen (dieser läuft für TYPO3 7 noch bis Dezember 2021, für TYPO3 8 bis März 2023 und für TYPO3 9 sogar bis Oktober 2024). Er ist mit Kosten von 2.000 Euro pro TYPO3-Installation pro Jahr aber nicht gerade günstig, sodass Sie in den meisten Fällen besser beraten sind, Updates auf neue LTS-Versionen zügig durchzuführen.

Genauso wichtig wie das Updaten von TYPO3 sind Pflege und regelmäßige Aktualisierung der Erweiterungen. Beides ist über den Erweiterungsmanager recht einfach möglich. Hier können Sie unter dem Menüpunkt *Erweiterungen hinzufügen* regelmäßig eine aktuelle Liste aller aktuell verfügbaren Erweiterungen aus dem TYPO3 Extension Repository beziehen (das Update der Extension-Liste können Sie auch über einen Scheduler-Task automatisieren). Sobald von einer Extension dann eine neuere Version zur Verfügung steht, erhalten Sie unter dem Menüpunkt *Installierte Erweiterungen* in der Übersichtsliste für diese Extension einen *Aktualisieren*-Button (siehe Abbildung 14-9).

▼ Abbildung 14-9
Nach Extension-Updates suchen

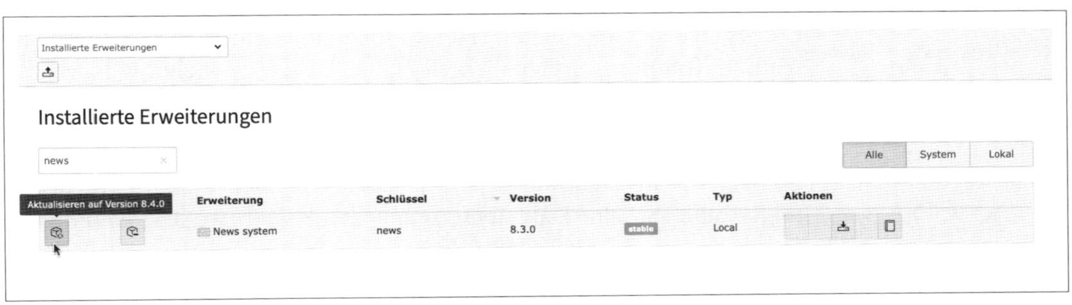

Das TYPO3-Sicherheitsteam (*Security Team*) leistet tolle Arbeit und erstellt sogenannte *Security Bulletins*. Darin werden in TYPO3 und in Erweiterungen entdeckte Sicherheitslücken veröffentlicht. Diese werden über eine Mailingliste verteilt, in die Sie als Administrator eines TYPO3-Projekts sich eintragen sollten. Parallel dazu steht ein RSS-Feed zur Verfügung. Natürlich können aber nicht alle Erweiterungen überprüft werden.

Eine gute Umgebung

Beim Thema Sicherheit gilt stets: Jedes System ist nur so sicher wie das schwächste Glied. Zum Betrieb Ihrer TYPO3-Seite gehören nicht nur TYPO3 selbst, sondern auch der PHP-Interpreter, der Webserver, das Betriebssystem, möglicherweise darunterliegende Virtualisierungssoftware, die Hardware selbst, das Rechenzentrum, in dem diese Hardware betrieben wird, und das Gebäude, in dem sich das Rechenzentrum befindet.

In der Regel haben Sie nicht alle Komponenten dieses Systems unter Ihrer eigenen Kontrolle (und möchten das vielleicht auch gar nicht – wer will auch schon für eine Vereinsseite ein eigenes Rechenzentrum betreiben?), sodass Sie hier einen Provider suchen sollten, dem Sie in Sicherheitsfragen vertrauen. Denn letztendlich bringt ein auf neuestem Stand gehaltenes TYPO3 nichts, wenn es auf einem veralteten PHP-Interpreter oder einem Webserver mit längst bekannten Sicherheitslücken betrieben wird. Ein guter Hosting-Partner sollte Sie automatisch über Sicherheitslücken informieren, sobald sie bekannt werden, und Systemkomponenten aktualisieren.

Insbesondere Webserver und PHP-Interpreter sollten dabei stets auf aktuellem Stand sein. Auch hier muss es nicht die neueste Version sein, zu empfehlen ist jedoch die aktuellste Version des jeweiligen Versionszweigs.

Schön ist, wenn Sie Zugriff auf Logdateien haben. Der Webserver erstellt eine Logdatei, in der alle Zugriffe auf die Website protokolliert werden. Dieses sogenannte *Access Log* ist sehr nützlich, um nachzuvollziehen, welche Seiten ein Eindringling aufgerufen hat und wie. Der Aufruf gibt Aufschluss darüber, wo eine Sicherheitslücke besteht. Wenn Sie eine Lücke feststellen, dann scheuen Sie sich nicht, mit dem TYPO3-Sicherheitsteam in Kontakt zu treten. Schreiben Sie lieber eine Meldung zu viel als eine zu wenig.

Um TYPO3 zu nutzen, benötigen Sie in der Regel einen FTP- oder SSH-Zugang. Da ein Dateitransfer per FTP unverschlüsselt über das Internet erfolgt, sollten Sie eine Dateiübertragung über SSH (bzw. SFTP) oder FTPS stets bevorzugen. Nutzen Sie nicht die gleichen Anmeldedaten für TYPO3,

FTP/SSH und die Datenbank. Sie können die Zugangsdaten bei Ihrem Provider vermutlich ändern. Ein guter Provider ermöglicht Ihnen auch den Zugriff auf die FTP-Logdateien, sodass Sie eine Übersicht darüber haben, welche Dateien per FTP verändert wurden.

Zusätzlichen Schutz für sensible Bereiche wie das Install-Tool oder auch das TYPO3-Backend können Sie über eine *.htaccess*-Datei erzielen. Sichern Sie das Backend gesondert ab, indem Sie einen Verzeichnisschutz für das Verzeichnis *typo3/* anlegen. Bei den meisten Anbietern können Sie einen Verzeichnisschutz bequem über eine Konfigurationsoberfläche anlegen.

Backend-Sicherheit

TYPO3 bringt einige Sicherheitsfunktionen mit, die Sie in den Adminwerkzeugen im TYPO3-Backend (oder im Install-Tool) einstellen können. Die meisten dieser Einstellungen verstecken sich im Modul *Verwaltungswerkzeuge → Einstellungen* unter der Option *Configure Installation-Wide Options*.

Beispielsweise können Sie im Abschnitt *Backend* über die Option *[BE][warning_email_addr]* eine E-Mail-Adresse konfigurieren, an die eine Benachrichtigung versandt wird, sobald jemand innerhalb einer Stunde mehr als dreimal erfolglos versucht, sich im TYPO3-Backend anzumelden. Über die Option *[BE][warning_mode]* können Sie diese Einstellung sogar noch verschärfen, um an die konfigurierte Adresse jedes Mal eine E-Mail zu erhalten, wenn sich jemand im Backend anmeldet. Diese Einstellung empfiehlt sich besonders für kleinere Installationen, in denen sich nur selten jemand im Backend anmeldet. In größeren Installationen droht die entstehende Flut an E-Mails zu nerven, und es besteht die Gefahr, dass echte Warnungen über nicht autorisierte Log-in-Versuche darin untergehen.

Ebenfalls relevant ist die Einstellung *[SYS][encryptionKey]* im Abschnitt *System*. Hierbei handelt es sich um den geheimen Schlüssel, der für diverse Verschlüsselungsfunktionen im TYPO3-Backend und -Frontend benutzt wird. Der Installationsassistent sollte hier bei der Erst-Installation von TYPO3 bereits einen zufälligen Wert eingetragen haben. Der eigentliche Wert ist gar nicht so wichtig – achten Sie lediglich darauf, dass er lang genug ist und geheim bleibt.

In der Standardkonfiguration erfolgt der Zugriff auf das TYPO3-Backend über das HTTP-Protokoll. Die Übertragung von Daten erfolgt also unverschlüsselt. Wenn Sie über ein SSL-Zertifikat verfügen, kann (sollte!) die Kommunikation über das HTTPS-Protokoll erzwungen werden, und zwar mit der Einstellung *[BE][lockSSL]*. Aktivieren Sie diese Option, wenn Sie die Anmeldung und die weitere Kommunikation im Backend über HTTPS erzwingen möchten.

Wenn Sie *[BE][lockSSL]* gesetzt haben, können Sie auch die Übertragung von Cookies über eine gesicherte Verbindung, also per HTTPS, durchführen, indem Sie *[SYS][cookieSecure]* auf den Wert 1 setzen.

Warnung Setzen Sie Einstellungen für eine SSL-Verbindung nur, wenn Sie ein SSL-Zertifikat besitzen und das HTTPS-Protokoll genutzt werden kann. Informieren Sie sich darüber bei Ihrem Provider. Andernfalls kann es vorkommen, dass Sie sich nicht mehr im TYPO3-Backend anmelden können. Über das manuelle Anpassen der Datei *typo3conf/LocalConfiguration.php* können Sie jedoch Einträge wie `lockSSL` jederzeit wieder entfernen.

Das Backend-Passwort vergessen?

Huch! Sie haben keinen Zugriff mehr auf das Backend? Keine Panik! Sofern Sie für sich selbst als Nutzer eine E-Mail-Adresse hinterlegt haben, können Sie TYPO3 veranlassen, mit einer Mail an diese Adresse Ihr Passwort zurückzusetzen. Und selbst wenn nicht: Solange Sie noch irgendwie Zugriff auf den Server haben – sei es per FTP oder direkt per SSH –, müssen Sie sich keine Sorgen machen. Im Folgenden wird gezeigt, wie Sie einen neuen Backend-Benutzer als Administrator anlegen und über ihn das Passwort für Ihren alten Benutzer neu setzen können.

Sie haben eine E-Mail-Adresse hinterlegt

Im einfachsten Fall haben Sie für Ihren Backend-Benutzer eine E-Mail-Adresse hinterlegt. In diesem Fall können Sie in der Log-in-Maske im Backend einfach den in Abbildung 14-10 gezeigten Link *Passwort vergessen?* anklicken ❶. Sie gelangen in eine Maske, in der Sie die E-Mail-Adresse Ihres Backend-Benutzers eingeben können ❷. Ein Klick auf den *Link zum Zurücksetzen zusenden*-Button ❸ sorgt dafür, dass TYPO3 Ihnen an die angegebene E-Mail-Adresse eine E-Mail mit einem Link zum Zurücksetzen des Passworts schickt. Der Link in der E-Mail ist für zwei Stunden gültig.

Support Der *Passwort vergessen?*-Link im Log-in-Formular taucht nur auf, wenn es in Ihrem TYPO3-Projekt mindestens einen Benutzer gibt, der diese Funktion überhaupt verwenden kann. Dafür muss sich ein Benutzer mindestens einmal eingeloggt und eine gültige E-Mail-Adresse hinterlegt haben, die nur von ihm und keinem weiteren Backend-Benutzer verwendet wird.

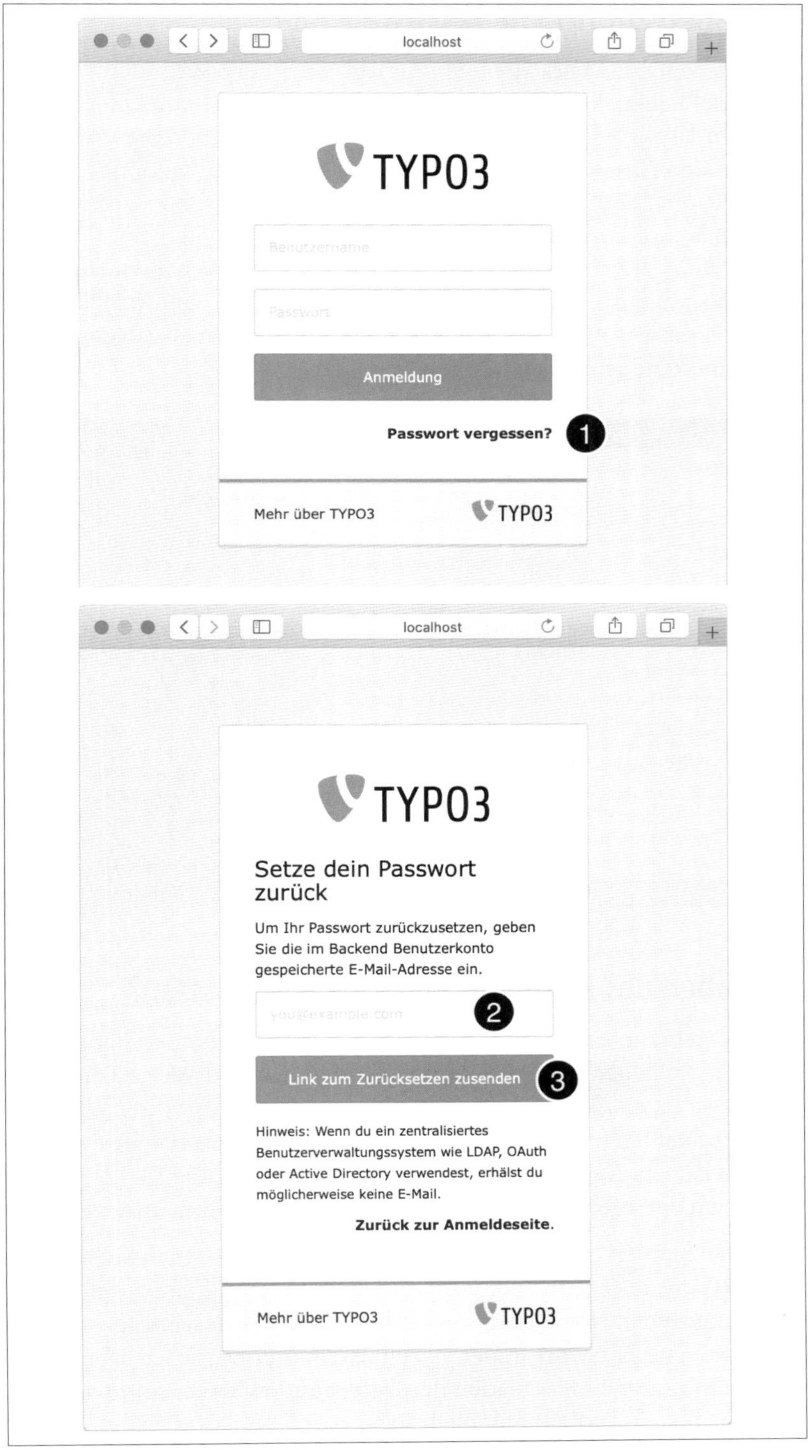

◀ **Abbildung 14-10**
Das Password eines Backend-Benutzers zurücksetzen

Sie haben Zugriff auf das Install-Tool

Falls Sie keine E-Mail-Adresse hinterlegt, aber noch Zugriff auf das Install-Tool haben, können Sie sich ebenfalls entspannen und haben nach wenigen Klicks wieder Zugriff auf das Backend. Gehen Sie im Install-Tool in den Abschnitt *Maintenance*. Hier finden Sie die Option *Create administrative user*, siehe Abbildung 14-11. Geben Sie in den Feldern *Username* und *Password* die gewünschten Zugangsdaten ein. Über das Feld *Add as system maintainer* können Sie den neuen Benutzer auch gleich als Systemverantwortlichen hinterlegen. Nach dem Anlegen eines Administrators sollten Sie sich mit den gerade vergebenen Zugangsdaten in das Backend einloggen können.

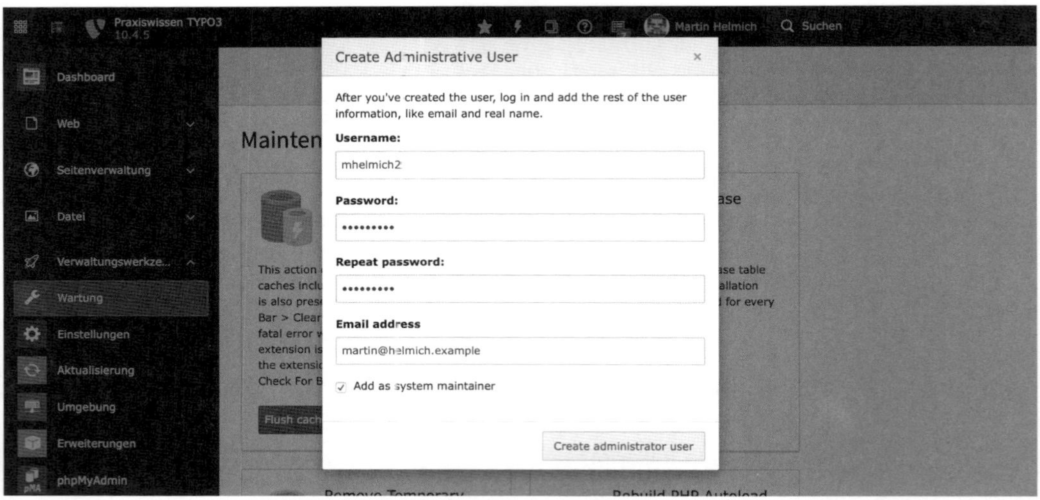

Abbildung 14-11 ▼
Einen Administrator anlegen

Sie haben das Install-Tool-Passwort vergessen?

Auch jetzt brauchen Sie nicht in Panik zu geraten, zumindest dann nicht, wenn Sie noch per SSH, FTP oder auf andere Art und Weise Zugriff auf den Server haben. Wenn Sie im Install-Tool ein Passwort Ihrer Wahl eingeben, sehen Sie nach dem Absenden des fehlerhaften Log-ins im unteren Bereich eine Zeichenkette (zu erkennen in Abbildung 14-12), die das von Ihnen eingegebene Passwort in verschlüsselter Form anzeigt.

Kopieren Sie sich dieses Passwort heraus. Per FTP können Sie jetzt die Datei *typo3conf/LocalConfiguration.php* öffnen und für die in dieser Datei angegebene Konfiguration `[BE][installToolPassword]` das soeben kopierte neue Passwort in der verschlüsselten Form setzen. Nach dem Speichern und dem Hochladen der Datei auf den Server sollte der Log-in in das Install-Tool nun möglich sein.

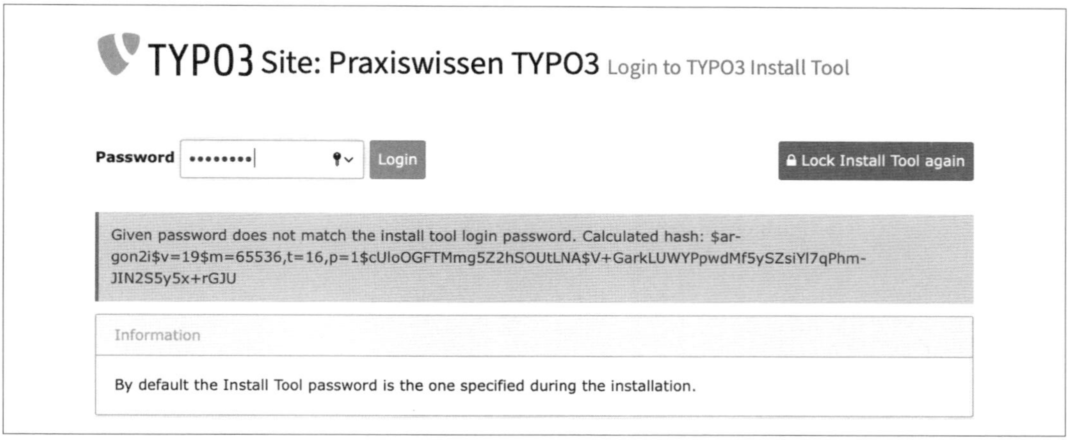

▲ **Abbildung 14-12**
Das eingegebene falsche Passwort in verschlüsselter Form

Sie haben auch sonstige Zugangsdaten vergessen?

Jetzt dürfen Sie langsam nervös werden. Wenn Sie TYPO3 bei einem Provider hosten, bitten Sie diesen darum, das FTP-Passwort neu zu setzen. Wenn Ihr Provider ein auf TYPO3 spezialisierter Provider ist, wird er Ihnen sicherlich das Passwort zum Install-Tool neu setzen bzw. gegebenenfalls sogar gleich einen neuen Backend-Benutzer einrichten. Hosten Sie TYPO3 jedoch selbst, müssen Sie zumindest noch Zugriff per SSH als Benutzer mit Root-Rechten auf den Server bekommen, um die Datei *typo3-conf/LocalConfiguration.php* zu bearbeiten.

Das Passwort für einen anderen Benutzer zurücksetzen

Manchmal trifft es ja auch jemand anderen: Als Administrator eines TYPO3-Projekts ist es in der Regel nur eine Frage der Zeit, bis es einen Ihrer Redakteure erwischt und Sie ein Passwort zurücksetzen müssen. Natürlich können Sie als Administrator das Passwort eines Benutzers einfach über das *Backend-Benutzer*-Modul im Backend zurücksetzen.

Das hat allerdings den gewaltigen Haken, dass Sie danach das (neue) Passwort dieses Benutzers kennen – eine Verantwortung, die man vielleicht auch als Administrator gar nicht haben möchte. Natürlich könnte der Nutzer das Passwort nach dem ersten Log-in wieder ändern – aber seien wir mal ehrlich: Welcher Nutzer tut das schon?

Alternativ können Sie als Systemverantwortlicher den Passwort-Reset per E-Mail auch für andere Benutzer starten. Führen Sie hierzu folgenden Befehl auf der Kommandozeile Ihres Servers aus (je nachdem, ob die TYPO3 per Composer installiert haben, mit *vendor/bin/typo3* oder *typo3/sysext/core/bin/typo3*):

```
$ ./vendor/bin/typo3 backend:resetpassword [BACKEND-URL] [E-MAIL]
```

Der Platzhalter [BACKEND-URL] steht dabei für die URL, unter der Ihr TYPO3-Backend erreichbar ist. Der Platzhalter [E-MAIL] steht für die E-Mail-Adresse des Benutzers, dessen Passwort Sie zurücksetzen müssen.

Diese Lösung ist für den Benutzer sogar komfortabler, da er sich kein Passwort merken muss, das Sie sich für ihn ausgedacht haben, sondern über den Reset-Link in der E-Mail von Anfang an sein eigenes Wunschpasswort setzen kann.

ANHANG

TypoScript-Kurzreferenz

Datentypen

<tag>

Beispiel: `<BODY bgcolor="red">`

align

Gibt eine horizontale Ausrichtung an.

Mögliche Werte: `right/left/center`

Default: `left`

VHalign

Gibt eine vertikale und eine horizontale Ausrichtung durch zwei kommaseparierte Werte an.

Horizontal (`right`, `center`, `left`)

Vertikal (`top`, `center`, `bottom`)

Mögliche Werte: `r/c/l, t/c/b`

Default: `l, t`

Beispiel: `r, c`

resource

Es gibt zwei Arten von Ressourcen (Dateien): eine direkte Dateiangabe inkl. Pfad sowie ein Verweis auf eine Datei innerhalb der Datenbank (z.B. eine Datei innerhalb eines Templates). Befindet sich innerhalb des Werts ein Schrägstrich, wird die Datei aus dem angegebenen Verzeichnis genommen, ansonsten wird innerhalb des Templates (der Ressource) nach einer Datei gesucht.

Das Sternchen am Ende des Dateinamens bewirkt, dass die letzte Dateiversion (bei *toplogo*.gif* z.B. *toplogo_05.gif*) verwendet wird. Das numerische Präfix legt TYPO3 beim Hochladen selbstständig an, wenn der Dateiname bereits vergeben ist.

Beispiel:

```
fileadmin/bild.gif
bild*.gif
```

imgResource

Erwartet als Datei eine gültige Grafik (ähnlich wie bei resource, s.o.). Welche Dateitypen erlaubt sind, kann im Install-Tool im Abschnitt *All configuration* über die Konfigurationsmöglichkeit `$TYPO3_CONF_VARS["GFX"]["imagefile_ext"]` festgelegt werden.

Default: *pdf, gif, jpeg, jpg, tif, bmp, ai, pcx, tga, png*

Beispiel:

```
fileadmin/bild.gif
bild*.gif
```

target

HTML-Target, das in <A>-Tags Verwendung findet. Wird überwiegend bei Frames benötigt. Der Datentyp `target` verdeutlicht, dass ein HTML-Target erwartet wird.

Mögliche Werte: Jede beliebige Zeichenkette wird akzeptiert.

Beispiel:

```
_top
_blank
page
```

int+/posint

Positive Zahl (Integer-Wert größer oder gleich 0).

int

Beliebige Zahl.

string/str/value

Beliebige Zeichenkette.

boolean

True/False, 1/0, ja/nein.

Leere Zeichenketten werden als *falsch* gewertet, beliebige Zeichenketten (außer »=0«) als *wahr*. Üblicherweise werden die Werte `1` für *wahr* und `0` für *falsch* verwendet.

degree

Mögliche Werte: –90 bis 90

rotation

Wie `int+`, jedoch verdeutlicht `rotation`, dass eine Zahl zwischen 0 und 360 erwartet wird.

Mögliche Werte: 0 bis 360

Beispiel:

```
180
```

x,y,w,h

`x,y` geben die Position von der linken oberen Ecke aus an (`x` = nach rechts, `y` = nach unten).

`w,h` geben eine Breite und eine Höhe an.

Beispiel:

```
10,10,5,5
```

HTML-color

Übliche HTML-Farbangaben. Farbwörter werden in einer TYPO3-internen Tabelle in einen Hex-Wert umgewandelt.

Beispiel:

```
red
#ffeecc
```

GraphicColor

Wie `HTML-color`, jedoch ist zusätzlich die Angabe von RGB-Werten möglich.

Beispiel:

```
red
#ffeecc
255,0,255
```

page_id

Angabe einer Seiten-ID. `page_id` erwartet eine positive Zahl oder aber die Angabe von `this` als Verweis auf die aktuelle Seite.

Beispiel:

```
34
this
```

list

Kommaseparierte Liste von beliebigen Zeichenketten.

Beispiel: `item1, item2, item3`

wrap

Ein Wert kann von beliebigen Zeichenketten umhüllt bzw. eingeschlossen werden. Im Beispiel wird dem Wert `<font color="red">` vorangestellt, `</font>` wird am Ende hinzugefügt.

Beispiel: `<font color="red">|</font>`

case

Gibt an, ob eine Zeichenkette in Groß- (`upper`) bzw. Kleinbuchstaben (`lower`) umgewandelt wird. Außerdem können Sie angeben, ob lediglich der erste Buchstabe in Groß- oder Kleinschreibung umgewandelt werden soll (`ucfirst` und `lcfirst`)

Mögliche Werte: `upper, lower, capitalize, ucfirst, lcfirst`

getText

Erläuterung siehe Abschnitt »data (getText)« auf Seite 482.

dir

Gibt eine Dateiliste aus. Im Beispiel werden aus dem Ordner *fileadmin/files* alle *pdf*-, *gif*- und *jpg*-Dateien aufgelistet, sortiert nach dem Dateinamen. Das Durchsuchen erfolgt rekursiv (inkl. Unterverzeichnissen), dem Dateinamen wird der gesamte Pfad vorangestellt.

Syntax:

```
[relativer Pfad] | [Liste von Dateiendungen] | [Sortierung: name, size, ext, date] | [reverse: "r"] | [vollständige Pfadangabe: Boolean]
```

Beispiel: `fileadmin/files | pdf, gif, jpg | name | r | true`

date-conf

Wird genutzt, um eine Datumsformatierung auf einen Wert anzuwenden.

Syntax: Es werden alle Formatoptionen unterstützt, die die PHP-`date()`-Funktion (siehe *https://php.net/de/date*) anbietet.

Beispiel: `d-m-Y`

---

function name

Bezeichnet eine PHP-Funktion (üblicherweise eine Methode in einer Klasse).

Beispiel: `Ihr\Namespace\IhreKlasse->ihreFunktion`

Objektgruppen

An diversen Stellen in der Referenz wird auf eine Objektgruppe verwiesen. Welche Objekte zu einer Objektgruppe gehören, können Sie der folgenden Liste entnehmen.

Objektgruppe	Einzelne, untergeordnete Objekte
cObjekt	HTML, TEXT, IMAGE, ...
frameObj	FRAMESET, FRAME
menuObj	GMENU, TMENU, IMGMENU, JSMENU
GifBuilderObj	TEXT, SHADOW, OUTLINE, EMBOSS, BOX, IMAGE, EFFECT

Funktionen/stdWrap

Daten auslesen

---

field fieldname

Gibt den Inhalt eines angegebenen Feldnamens aus. `field` ist die einfache Form von `getData`.

Beispiel: Dies gibt den Titel der aktuellen Seite aus:

```
page.10 = TEXT
page.10.field = title
```

Hinweis: Mit "`.field = nav_title // title`" wird der Inhalt des Datenbankfelds "`title`" nur dann ausgegeben, wenn "`nav_title`" keinen Wert enthält.

---

data getText

Nähere Informationen im Abschnitt »data (getText)« auf Seite 482.

cObject — cObject

Der Inhalt eines anderen cObjekts (z. B. TEXT, IMAGE usw.) kann angegeben werden.

filelist — dir/stdWrap

Siehe dir im Abschnitt »Datentypen« auf Seite 478.

data (getText)

[.data = ...]

Mit der Funktion data können diverse Werte ausgelesen werden.

Hinweis: Mit // können mehrere Werte angegeben werden. Es wird der erste Wert genommen, der ein Ergebnis größer als 0 enthält.

Beispiel:

```
10.data = GPvar : name // GPvar : username
```

field : [Feldname]

Mit field kann ein beliebiges Feld aus der Tabelle *pages* der aktuellen Seite ausgelesen werden. Identisch zur stdWrap-Funktion field.

Beispiel:

```
10 = TEXT
10.data = field : header
20 = TEXT
20.field = header
```

getenv : HTTP_REFERER

Mit getenv können die üblichen Umgebungsvariablen, wie z. B. der Referer, ausgelesen werden.

Beispiel:

```
10 = TEXT
10.data = getenv : HTTP_REFERER
```

date : d.m.Y

Mit date kann das aktuelle Datum zurückgeliefert werden. Die Formatierung erfolgt dabei mit den in PHP-date()-Funktionen üblichen Buchstaben.

Beispiel:

```
10 = TEXT
10.data = date : d.m.Y
```

GP : irgendwas

Mit GP können GET- und POST-Werte ausgelesen werden (z. B. in Formularen usw.).

Beispiel:

```
10 = TEXT
10.data = GP : username
```

TSFE : [TSFE-Wert]

Mit TSFE können Werte ausgelesen werden, die in einem globalen TSFE-Array stehen.

Beispiel:

```
10 = TEXT
10.data = TSFE : loginUser
```

DB : [Tabelle] : [uid] : [Feld]

Mit DB kann ein beliebiger Datensatz ausgelesen werden.

Hinweis: Es können hier nur Felder angezeigt werden, die in einem TCA-Array enthalten (z.B. im Backend sichtbar) sind. Datensätze, die als `deleted` gekennzeichnet sind, werden ebenfalls nicht ausgegeben.

leveltitle/leveluid/levelmedia: [level], slide

Diese Funktionen laden den Titel, die ID oder die Medienobjekte einer Seite aus dem Seitenbaum. Die `slide`-Option bewirkt, dass (falls diese Seite keinen Titel hat) der Seitenbaum so lange weiter nach oben durchlaufen wird, bis eine Seite mit Titel bzw. Medienobjekt gefunden wurde.

Beispiel: Lädt den Seitentitel der ersten Seite auf der ersten Ebene des Seitenbaums.

```
10.data = leveltitle: 1
```

Lädt den Seitentitel der ersten Seite, die zwei Ebenen oder mehr über der aktuellen Seite im Seitenbaum steht und einen Seitentitel hat.

```
10.data = leveltitle: -2, slide
```

levelfield: [level], [fieldname], slide

Diese Funktion funktioniert genauso wie `leveltitle` oder `levelmedia`, nur mit beliebig definierbaren Feldnamen.

Beispiel: Durchläuft alle Oberseiten der aktuellen Seite und gibt die erste gefundene Unterüberschrift aus.

```
10.data = levelfield: -1, sub_header, slide
```

pagelayout

Liefert das aktuell genutzte Backend-Layout zurück.

site:[fieldname]

Ermöglicht Zugriff auf die Eigenschaften der aktuellen Seitenkonfiguration.

Beispiel: Auslesen der Basis-URL der aktuellen Seitenkonfiguration:

```
10.data = site:base
```

---

siteLanguage:[fieldname]

Ermöglicht Zugriff auf die Eigenschaften der aktuell ausgewählten Seitensprache (konfiguriert in der Seitenkonfiguration). Mögliche Feldnamen sind beispielsweise `base`, `direction` (um zwischen von links nach rechts und von rechts nach links gelesenen Sprachen zu unterscheiden), `hreflang`, `locale`, `navigationTitle`, `title` und `twoLetterIsoCode`.

Beispiel:

```
10.data = siteLanguage:navigationTitle
10.wrap = Aktuell ausgewählte Sprache: |
```

Bedingungen

---

override

string/stdWrap

Wenn `override` einen Wert größer als eine leere Zeichenkette oder `0` zurückliefert, wird der Wert genommen, der sich hinter `override` ergibt.

---

ifEmpty

string/stdWrap

Wenn der Inhalt bis zu diesem Punkt leer ist (oder gleich `0`), wird der Wert genommen, der sich hinter `ifEmpty` ergibt.

---

required

boolean

Wird `required` auf `1` gesetzt, wird das gesamte Objekt nur dann ausgeführt, wenn tatsächlich ein Wert zurückgegeben wurde.

Beispiel: Dieses Beispiel führt jeden Datensatz nur dann aus, wenn im Datenbankfeld `bodytext` auch ein Wert enthalten ist:

```
page.10 = TEXT
page.10.field = bodytext
page.10.wrap = <hr size="1">|
page.10.required = 1
```

---

fieldRequired

Ähnlich wie `required`, jedoch kann hier speziell auf ein bestimmtes Feld hin geprüft werden.

Beispiel: Dieses Beispiel führt jeden Datensatz nur dann aus, wenn im Datenbankfeld title auch ein Wert enthalten ist:

```
page.10 = TEXT
page.10.field = bodytext
page.10.fieldRequired = title
```

if

Nähere Informationen im Abschnitt »if« auf Seite 491.

Parse-Funktionen

listNum int / +calc / +"last"

Teilt einen Inhalt nach Kommata (oder einem anderen Zeichen) auf (explode).

Weitere Eigenschaften:

splitChar: Trennzeichen, Default = Komma. Wird ein numerischer Wert angegeben (z. B. 10), wird das entsprechende ASCII-Zeichen genommen (10 = Zeilenumbruch)

Beispiel: Dieses Beispiel zeigt nur den letzten Satz des Datenbankfelds bodytext an:

```
page.10 = TEXT
page.10.field = bodytext
# Char 46 ist ein Punkt.
page.10.splitChar = 46
page.10.listNum = last - 1
```

parseFunc

Nähere Informationen im Abschnitt »parseFunc« auf Seite 492.

trim boolean

Entfernt Leerzeichen vor und hinter einem Wert.

intval boolean

Wandelt einen Wert in eine Zahl um. Wenn sich ein Wert nicht in eine Zahl umwandeln lässt, wird 0 zurückgeliefert.

case case

Konvertiert eine Zeichenkette in Groß- oder Kleinschreibung.

Mögliche Werte: upper, lower

crop

Schneidet den Inhalt nach einer angegebenen Anzahl von Zeichen ab und fügt die nach einem Pipesymbol angegebenen beliebigen Zeichen an.

Beispiel: Dieses Beispiel liefert als Ergebnis »Dies ist nu... « zurück. Der Rest wird abgeschnitten und durch die angegebenen Punkte ersetzt.

```
page.10 = TEXT
page.10.value = Dies ist nur ein Test
page.10.crop = 11 | ...
```

stripHtml

boolean

Entfernt alle HTML-Tags aus dem Inhalt.

htmlSpecialChars

boolean

Der Inhalt wird durch die PHP-Funktion `htmlspecialchars()` geparst. Dadurch wird HTML-Code nicht ausgeführt, sondern direkt angezeigt.

br

boolean

Konvertiert alle Zeilenumbrüche in ein `<br>`-Tag (bzw. wie im Abschnitt »brTag« auf Seite 486 angegeben).

brTag

string

Alle ASCII-Codes mit 10 (CR) werden durch den angegebenen Wert ersetzt.

Beispiel:

```
brTag = <br>
```

doubleBrTag

string

Alle doppelten Line-Breaks (ASCII-Code 10) werden durch den angegebenen Wert ersetzt.

Beispiel:

```
doubleBrTag = <p>
```

Datums- und Zeitfunktionen

date

date-conf

Formatiert einen Wert in ein Datum. Zu Formatierungsmöglichkeiten siehe Formatierungszeichen für die »date«-Funktion in Tabelle 5-4 auf Seite 134 oder *https://php.net/date*.

strftime

strftime-conf

Wie `date` (s.o.).

age

boolean

String: Min | Std | Tage | Jahre

Wenn `age = 1` gesetzt ist, wird der Inhalt (z.B. ein zurückgelieferter Wert aus einer Datenbankabfrage) als Datum gesehen und die Differenz zwischen dem aktuellen Datum und dem zurückgelieferten Datum berechnet. Beinhaltet `age` eine Zeichenkette, dient diese Zeichenkette zur Formatierung (vier Werte für Minuten, Stunden, Tage und Jahre, jeweils getrennt durch ein Pipesymbol).

EditPanel

editPanel

boolean/editPanel

Siehe Objekt »EditPanel« auf Seite 487.

editIcons

string

Siehe Objekt Seite 487 auf Seite 487.

Debugging

debug

boolean

Ähnlich wie `htmlSpecialChars`: Liefert das Ergebnis in HTML-Darstellung zurück. HTML-Code wird somit nicht vom Browser ausgeführt.

debugFunc

boolean/integer

2 = Darstellung in einer Tabelle

Liefert den Inhalt zurück. Mit `debugFunc = 2` können einzelne Werte in einer Tabelle überprüft werden.

debugData

boolean

Liefert den Inhalt von `$cObj->data` direkt an den Browser.

imgResource

ext

imageExtension/stdWrap

Gibt an, welche Dateiendungen als `imgResource` gewertet werden sollen.

Default: *web (= if, jpg)*

width/height

int/stdWrap

Gibt die gewünschte Breite und Höhe einer Grafik in Pixeln an.

Hinweis: Sind beide Parameter angegeben und die Pixelangabe von einem der beiden Parameter wurde um ein `m` ergänzt, bleiben die Proportionen erhalten, und die angegebenen Größen gelten als maximale Dimensionen.

params

string

Beliebige Zeichenkette. Hier können an ImageMagick beliebige Parameter übergeben werden (per Kommandozeile). – Nähere Informationen finden Sie in der Dokumentation zu ImageMagick.

Beispiel: `–rotate 90`

import

path/stdWrap

Mit `import` wird definiert, dass die Grafik aus einer in der Datenbank gespeicherten Referenz auf eine Datei geladen werden soll.

Beispiel:

```
.import = 1
.import.field = image
.import.listNum = 0
```

maxW/maxH

int/stdWrap

Maximale Breite (maxW) und maximale Höhe (maxH) in Pixeln.

minW/minH

int/stdWrap

Minimale Breite (minW) und minimale Höhe (minH) in Pixeln.

treatIdAsReference

boolean/stdWrap

Wenn dieses Feld gesetzt ist, wird angenommen, dass das mit .import importierte Feld die ID einer Referenz auf diese Datei enthält und nicht die ID der Datei selbst. Das ist beispielsweise dann nötig, wenn Sie Bilder aus der aktuellen Seite mit levelmedia importieren.

imageLinkWrap

enable

boolean/stdWrap

Aktiviert die Erzeugung eines Links zu einer Grafik.

width/height

int (1 bis 1000)

Breite und Höhe der Grafik in Pixeln. Durch ein m hinter einem der Werte (z.B. .width=100m) werden die Proportionen beibehalten, width und height sind dann maximale Werte.

effects

string

Hier können besondere Grafikeffekte angegeben werden. Nähere Informationen zu effects finden Sie im Abschnitt »GIFBUILDER« auf Seite 503.

Beispiel: `.effects = gamma = 1,3 | sharpen=80`

wrap

wrap

Wrap um das Bild. Mit einem wrap wird ein gegebener Inhalt, der durch das Pipesymbol gekennzeichnet wird, im Regelfall mit HTML-Code umhüllt.

Beispiel: `<table border="1"><tr><td> | </td></tr> </table>`

JSwindow
boolean

Das Bild wird in einem neuen Fenster geöffnet, die Dimensionen des neuen Fensters passen sich der Bildgröße an.

JSwindow.expand
x, y

Gibt an, um welche Pixelzahl das Fenster größer sein soll als das Bild.

JSwindow.newWindow
boolean

Wenn `JSwindow.newWindow` gesetzt ist, wird jedes Bild in einem neuen Fenster geöffnet.

title
string

Seitentitel eines neuen Fensters (HTML).

bodyTag
<tag>

`<body>`-Tag eines neuen Fensters.

Beispiel: `<body bgcolor = "white">`

numRows

table
string

Angabe des Tabellennamens.

select
Nähere Informationen im Abschnitt »select« unten.

select

uidInList
Kommaseparierte Liste von Unique-IDs.

pidInList
Kommaseparierte Liste von Parent-IDs.

orderBy
SQL: Order By

Beispiel: `select.orderBy = sorting, title`

groupBy

SQL: Group By

Beispiel: `select.groupBy = CType`

max

int / +calc / +"total"

Es werden maximal x Datensätze ausgegeben.

begin

int / +calc / +"total"

Es wird erst ab dem x-ten Datensatz begonnen.

where

SQL: Where

Erweiterung der Where-Klausel um eigene Bedingungen.

Beispiel: `select.where = colPos = 0 AND CType='text'`

andWhere

SQL: Where

Erweitert eine unter `.where` angegebene Where-Klausel um eine zusätzliche Bedingung.

languageField

Wird bei mehrsprachigen Präsentationen zur Unterscheidung der Sprache benötigt.

Beispiel: `select.languageField = sys_language_uid`

if

Die `if`-Funktion liefert *wahr* zurück, wenn alle (!) verwendeten Abfragen *wahr* sind. Wenn eine einzelne Abfrage *falsch* zurückliefert, ist das Gesamtergebnis falsch.

isTrue

string/stdWrap

Wenn der Inhalt *wahr* ist (kein leerer String und ungleich `0`), wird das, was sich unterhalb von `isTrue` befindet, verarbeitet.

isFalse

string/stdWrap

Wenn der Inhalt *falsch* ist (leerer String oder String = `0`), wird das, was sich unterhalb von `isFalse` befindet, verarbeitet.

isPositive

int/stdWrap + calc

Wenn der Inhalt eine positive Zahl ist (größer als 0), wird das, was sich unterhalb von `isPositive` befindet, verarbeitet.

isGreaterThan

.value/stdWrap

Liefert *wahr* zurück, wenn der Inhalt größer ist als der Wert von `isGreaterThan.value`.

isLessThan

.value/stdWrap

Liefert *wahr* zurück, wenn der Inhalt kleiner ist als der Wert von `isLessThan.value`.

equals

.value/stdWrap

Liefert *wahr* zurück, wenn der Inhalt identisch ist mit dem Wert von `equals.value`.

isInList

.value/stdWrap

Liefert *wahr* zurück, wenn der Inhalt in der kommaseparierten Liste von `isInList.value` vorhanden ist.

Hinweis: Die kommaseparierte Liste darf zwischen den einzelnen Elementen keine Leerzeichen haben!

value

string/stdWrap

Gegebenenfalls Angabe eines zu überprüfenden Werts.

negate

boolean

Das zurückgelieferte Ergebnis (*wahr*/*falsch*) wird negiert.

parseFunc

short

Strings (Array)

Hier können Abkürzungen vereinbart werden.

Beispiele: Alle Vorkommnisse von t3 werden in TYPO3 umgewandelt:

```
.short.t3 = TYPO3
```

Hier wird an einem Anwendungsfall demonstriert, wie eine sich ändernde Versionsnummer innerhalb der Contents dynamisch gehalten werden kann:

```
.short.versionx = 10.4.0
```

Dieses Beispiel demonstriert das Setzen eines Links auf die Homepage:

```
.short.backToHome = <a href="/">
```

---

makelinks

boolean/stdWrap

`makelinks = 1` erzeugt aus jedem Content, der mit *http://* oder *mailto:* beginnt, einen Link.

---

tags

String (Array)

Eigene HTML-Tags.

Beispiel:

```
.tags.fett = TEXT
.tags.fett {
   current = 1
   wrap = <b>|</b>
}
```

---

denyTags

Strings (kommasepariert)

In `denyTags` können HTML-Tags verboten werden.

Beispiel:

```
.denyTags = font, span
```

---

allowTags

Strings

Hier werden erlaubte Tags aufgeführt. Wird ein Tag in `allowTags` gefunden, wird `denyTags` ignoriert.

Objekt-Referenz

PAGE

---

typeNum

Integer

Angabe der `typeNum`, die das gewünschte `PAGE`-Objekt definiert.

Hinweis: `typeNum` muss gesetzt werden und eine eindeutige Nummer erhalten.

1,2,3,...

cObject

Stellt eine Liste zur Verfügung, auf der diverse Objekte in einer geordneten Folge angelegt werden können. Die Ordnung wird durch die Höhe der Nummer angegeben.

Beispiel:

```
page.20 = TEXT
page.20.value = WELT
page.10 = TEXT
page.10.value = HALLO
```

wrap

wrap

Inhalt wird gewrappt. Über das Pipesymbol »|« wird der zu umhüllende Wert gekennzeichnet.

Beispiel:

```
page.10 = TEXT
page.10.value = HALLO WELT
page.10.wrap = <b> | </b>
```

stdWrap

Wrapt den Inhalt mit den stdWrap-Eigenschaften und -Funktionen. Nähere Informationen finden Sie im Abschnitt »Funktionen/stdWrap« auf Seite 481.

bodyTag

<tag>

<body>-Tag (HTML) der Seite.

Default:

```
<body bgcolor = "#FFFFFF">
```

Beispiel:

```
page = PAGE
page.typeNum = 0
page.bodyTag = <body bgcolor = "red">
```

bodyTagAdd

string

Weitere Attribute, die zum <body>-Tag hinzugefügt werden sollen.

Beispiel:

```
page.bodyTagAdd = class="my-css-class"
```

bodyTagCObject

cObject

Dieses Attribut erlaubt es, das <body>-Tag als TypoScript-Objekt zu beschreiben. Das kann etwa dann nützlich sein, wenn Sie CSS-Klassen des <body>-Tags abhängig vom Seitenlayout setzen wollen.

Beispiel

```
page.bodyTagCObject = TEXT
page.bodyTagCObject {
    field = layout
    wrap = <body class="my-layout-|">
}
```

meta

Objekt META

Angabe von Metatags.

Beispiel:

```
page = PAGE
page.typeNum = 0
page.meta.AUTHOR = R. Meyer
page.meta.KEYWORDS.field = title
```

shortcutIcon

resource (*.ico*)

Einige Browser können kleine Icons zur URL hinzufügen. Hier wird ein Verweis zu einer *.ico*-Datei angegeben.

headerData

string

Fügt beliebigen Code (z. B. JavaScript-Code usw.) in den Header-Bereich ein.

config

Nähere Informationen ab Abschnitt »CONFIG« auf Seite 512.

includeCSS.[array]

resource (Array)

Fügt Stylesheet-Dateien in den Header-Bereich der Seite ein.

Beispiel:

```
page = PAGE
page.typeNum = 0
page.includeCSS.f1 = fileadmin/f1.css
page.includeCSS.f2 = fileadmin/f2.css
```

includeJS.[array] und includeJSFooter.[array]

resource (Array)

Ähnlich wie `includeCSS` fügen diese Attribute JavaScript-Dateien hinzu. `includeJS` fügt Dateien in den Head-Bereich der Seite hinzu und `includeJSFooter` an das Ende des Body-Bereichs.

CSS_inlineStyle

string

Hier kann beliebiger CSS-Code direkt an den Browser »durchgereicht« werden (Inline CSS bzw. In-Document CSS). Das `<style>`-Tag selbst wird von TYPO3 erzeugt.

TEXT

value

string

Ausgabe eines beliebigen Texts.

Beispiel:

```
page.10 = TEXT
page.10.value = Hallo Welt
```

(stdWrap-Eigenschaften)

Nähere Informationen finden Sie im Abschnitt »Funktionen/stdWrap« auf Seite 481.

Beispiel:

```
page.10 = TEXT
page.10.field = title
```

COA

1,2,3,...

cObject

Mit `COA` kann ein Objekt in eine geordnete Liste mit mehreren Objekten aufgeteilt werden.

Beispiel:

```
page = PAGE
page.typeNum = 0
page.10 = COA
page.10.10 = TEXT
page.10.10.value = Hallo
page.10.20 = TEXT
page.10.20.value = Welt
```

if

Wenn `if` *falsch* zurückliefert, wird der `COA`-Abschnitt nicht gerendert. Nähere Informationen zu `if` finden Sie im Abschnitt »Funktionen/stdWrap« auf Seite 491.

wrap

wrap

Umhüllt einen Inhalt, der durch das Pipesymbol »|« gekennzeichnet wird, mit einem Wert.

Beispiel:

```
page.10 = TEXT
page.10.value = HALLO WELT
page.10.wrap = <b> | </b>
```

stdWrap stdWrap

Nähere Informationen im Abschnitt »Funktionen/stdWrap« auf Seite 481.

COA_INT

1,2,3,... cObject

Wie Objekt `COA`, jedoch werden die unter `COA_INT` angegebenen Objekte nicht gecacht. Nähere Informationen dazu in Erweiterte Darstellung von Inhalten.

if

Wenn `if` *falsch* zurückliefert, wird der `COA`-Abschnitt nicht gerendert. Nähere Informationen zu `if` finden Sie im Abschnitt »Funktionen/stdWrap« auf Seite 491.

CASE

key string/stdWrap

In `key` wird der zu überprüfende Wert eingetragen.

Beispiel:

```
.10 = CASE
.10.key.field = layout
```

[value-array] cObject

Hier können beliebige Werte angegeben werden, nach denen eine `CASE`-Abfrage überprüft werden soll.

Beispiel:

```
.10 = CASE
.10.key.field = layout
.10.1 = TEMPLATE
[...]
.10.7 = TEXT
[...]
```

Die `1` wie auch die `7` spiegeln in diesem Beispiel gespeicherte Werte des Datenbankfelds `layout` wider: Steht in dem Feld `Layout` eine `1`, wird das `TEMPLATE`-Objekt ausgeführt, steht in dem Feld `Layout` eine `7`, wird das `TEXT`-Objekt ausgeführt.

default cObject

Default, wenn keine Übereinstimmung gefunden wurde.

stdWrap

Nähere Informationen zu `std/Wrap` finden Sie im Abschnitt »Funktionen/stdWrap« auf Seite 481.

if

Nur wenn `if` einen wahren Wert (> `0`) zurückliefert, wird die `CASE`-Abfrage ausgeführt. Nähere Informationen zu `if` finden Sie im Abschnitt »Funktionen/stdWrap« auf Seite 491.

FLUIDTEMPLATE

templateName string / stdWrap

Dieser Name wird zusammen mit der `.format`-Eigenschaft und der `.templateRootPaths`-Eigenschaft genutzt, um die zu ladende Template-Datei zu ermitteln.

Beispiel Folgendes Beispiel wird die Datei *fileadmin/tmpl/Foo.xml* laden:

```
10 = FLUIDTEMPLATE
10 {
  format = xml
  templateName = Foo
  templateRootPaths.0 = fileadmin/tmpl
}
```

template cObject

Beschreibt den Inhalt der Fluid-Designvorlage. Dieses Attribut überschreibt ein eventuell gesetztes `.template`-Attribut. Üblicherweise wird für dieses Attribut ein `FILE`-Objekt genutzt; theoretisch wäre jedoch auch ein `TEXT`-Objekt ebenso gut möglich.

Beispiel

```
10 = FLUIDTEMPLATE
10.template = FILE
10.template.file = fileadmin/tmpl/page.html
```

templateRootPaths, partialRootPaths, layoutRootPaths Liste von Dateipfaden (mit stdWrap)

Dieses Attribut enthält eine Liste von Verzeichnispfaden, in denen nach Fluid-Templates gesucht wird. Die konfigurierten Verzeichnisse werden in absteigender Reihenfolge durchsucht, so lange, bis ein gesuchtes Template gefunden wurde.

format

string / stdWrap

Das gewünschte Ausgabeformat. Dieses Attribut ist nur dann sinnvoll, wenn auch das `.templateName`-Attribut verwendet wird, da nur dieses das Format überhaupt berücksichtigt.

variables

cObject (Array)

Variablen, die im Fluid-Template zur Verfügung stehen sollen. Dies können beliebige Inhaltsobjekte sein.

TEMPLATE

Das `TEMPLATE`-Objekt ist eine ältere Methode zur Darstellung von Designvorlagen. Sie wurde in diesem Buch zugunsten des `FLUIDTEMPLATE`-Objekts nicht betrachtet.

Warnung Seit TYPO3 10 gilt das `TEMPLATE`-Objekt offiziell als veraltet, und es wird von der Nutzung abgeraten. Ab der TYPO3-Version 11 wird das `TEMPLATE`-Objekt nicht mehr unterstützt.

template

cObject

Unter der Eigenschaft `template` wird ein Objekt angegeben, in dem im Regelfall die Designvorlage abgelegt ist, normalerweise das Objekt `FILE`.

Beispiel:

```
.10 = TEMPLATE
.10.template = FILE
.10.template.file = fileadmin/datei.html
```

marks.[Platzhalter]

cObject

Unterhalb von `marks.` werden Platzhalter definiert. Dabei wird direkt hinter `marks.` der Platzhalterbezeichner angegeben und alles einem Objekt zugewiesen.

Beispiel:

```
.10 = TEMPLATE
.10.template = FILE
.10.template.file = fileadmin/datei.html
.10.marks.INHALT = TEXT
.10.marks.INHALT.value = Hallo Welt
```

Hinweis: Die Platzhalterbezeichner unterscheiden Groß- und Kleinschreibung!

workOnSubpart

string

In dem oben genannten Beispiel (von `marks`) wird eine gesamte Datei eingelesen. Mit `workOnSubpart` kann dagegen auf einzelne Teilbereiche einer Datei zurückgegriffen werden, wenn diese angegeben sind. Im Wesentlichen besteht ein Subpart aus zwei Markierungen, ähnlich Platzhaltern, die einen Teilbereich einschließen.

Syntax: Teilbereiche werden eingeschlossen von:

```
<!-- ###SUBPARTBEZEICHNER### begin-->
<!-- ###SUBPARTBEZEICHNER### end-->
```

CONTENT

table

string / stdWrap

Hier wird der Name einer Datenbanktabelle angegeben. Mögliche Tabellen sind *pages* sowie alle Tabellen mit dem Präfix *tx_*, *tt_*, *ttx_*, *fe_*, *user_*.

Beispiel:

```
.10 = CONTENT
.10.table = tt_content
```

select

Hier kann in die SQL-Abfrage eingegriffen werden. Nähere Informationen zu select finden Sie im Abschnitt »Funktionen/stdWrap« auf Seite 491.

Beispiel:

```
.10 = CONTENT
.10.table = tt_content
.10.select.orderBy = sorting
```

wrap

wrap

Umhüllt einen Inhalt, der durch das Pipesymbol »|« gekennzeichnet wird, mit einem Wert.

Beispiel:

```
page.10 = CONTENT
page.10.table = tt_content
page.10.wrap = | <hr size="1">
```

stdWrap

stdWrap

Nähere Informationen finden Sie im Abschnitt »Funktionen/stdWrap« auf Seite 481.

IMAGE

file

imgResource

Angabe des Pfads zu einer Grafikdatei.

Beispiel:

```
page.10 = IMAGE
page.10.file = fileadmin/test.jpg
```

params

string / stdWrap

Angabe von Parametern für das `<img>`-Tag.

alttext/titletext

string/stdWrap

Beispiel:

```
.10 = IMAGE
.10.file = fileadmin/firmengebaeude.gif
.10.titletext = Unsere Firma
```

if

Nur wenn `if` einen wahren Wert zurückliefert, wird `IMAGE` ausgeführt. Nähere Informationen zu `if` finden Sie im Abschnitt »Funktionen/stdWrap« auf Seite 481.

wrap

wrap

Umhüllt eine Grafik, die durch das Pipesymbol »|« repräsentiert wird, mit einem Wert.

Beispiel:

```
page.10 = IMAGE
pege.10.file = fileadmin/firmengebaeude.gif
page.10.wrap = <table><tr><td> | </td></tr>
</table>
```

stdWrap

Nähere Informationen im Abschnitt »Funktionen/stdWrap« auf Seite 481.

sourceCollection

array

Über dieses Attribut können verschiedene Darstellungsformen des Bilds für verschiedene Ausgabegeräte konfiguriert werden.

Beispiel

```
sourceCollection {
  small {
    width = 200
    scrsetCandidate = 600w
  }
```

```
    smallRetina {
      width = 200
      pixelDensity = 2
      srcsetCandidate = 600w 2x
    }
  }
```

layoutKey

string / stdWrap

Gibt an, welches der unter `.layout` definierten Layouts für die Ausgabe des Bilds genutzt werden soll. Der Wert, den Sie hier angeben, muss auch als Attribut in der `.layout`-Eigenschaft existieren.

layout.[name]

Dieses Attribut konfiguriert mögliche Ausgabevarianten für ein Bild. Jeder Eintrag in diesem Array hat üblicherweise ein `.element`-Attribut und ein `.source`-Attribut.

Das `.source`-Attribut definiert eine Vorlage, mit der jede einzelne Variante des Bilds ausgegeben werden soll (also für jedes Element im `.sourceCollection`-Attribut des `IMAGE`-Objekts). Sie können hier Platzhalter wie `###SRC##` verwenden sowie alle anderen Attribute des `sourceCollection`-Elements über dieselbe Syntax ansprechen.

Das `.element`-Attribut definiert eine Vorlage, mit der das gesamte Bild ausgegeben wird. Sie können hier über den Platzhalter `###SOURCECOLLECTION###` auf die Ausgabe der einzelnen Bildvarianten zugreifen.

Beispiel:

```
10 = IMAGE
10 {
  sourceCollection = {
    ...
  }
  layoutKey.field = image_layout
  layoutkey.field.ifEmpty = srcset
  layout.srcset {
    element = <img src="###SRC###"
srcset="###SOURCECOLLECTION###" ###PARAMS### ###ALTPARAMS### />
    source = |*|###SRC### ###SRCSETCANDIDATE###,|*|###SRC###
###SRCSETCANDIDATE###
  }
}
```

GIFBUILDER

XY

x, y (Kalkulation möglich)

Mit XY werden die gesamten Dimensionen der zu erzeugenden Grafik angegeben.

format

gif/jpg

Durch Angabe eines Formats kann manuell auf die Dateigröße zugegriffen werden. Standard ist immer `gif`.

Beispiel:

```
page.10 = IMAGE
page.10.file = GIFBUILDER
page.10.file.format = jpg
```

reduceColors

Integer

Sofern das Format eine *.gif*-Datei ist (Standard), können die Farben reduziert werden.

Mögliche Werte: 1 bis 255

Beispiel:

```
page.10 = IMAGE
page.10.file = GIFBUILDER
page.10.file.reduceColors = 16
```

quality

Integer

Wenn das Format der Grafik `jpg` ist, kann mit `quality` die Qualität der *.jpg*-Grafik angegeben werden.

Mögliche Werte: 10 bis 100

transparentBackground

boolean 1/0

Wird diese Eigenschaft auf `1` gesetzt, wird die Grafik mit der Farbe transparent gemacht, die auf Position 0.0 (Pixel in der linken oberen Ecke) der Grafik gefunden wird.

Hinweis: `niceText` sollte nicht zusammen mit dieser Eigenschaft verwendet werden.

transparentColor

HTML-Color

Hier kann explizit eine transparente Farbe angeben werden.

Hinweis: `niceText` und `reduceColors` sollten nicht zusammen mit dieser Eigenschaft verwendet werden.

Beispiel:

```
page.10 = IMAGE
page.10.file = GIFBUILDER
page.10.file.transparentColor = #F3C6CC
```

transparentColor.closest

boolean 1/0

Transparente Farbe wird die nächstliegende Farbe.

backColor

Color

Hintergrundfarbe für die gesamte Grafik. Standard ist ein weißer Hintergrund.

Beispiel:

```
page.10 = IMAGE
page.10.file = GIFBUILDER
page.10.file.backColor = #333333
```

maxWidth

Integer/Pixel

Mit `maxWidth` kann die maximale Breite der Grafik angegeben werden. Diese Eigenschaft kommt insbesondere bei der dynamischen Angabe von `XY` zum Einsatz.

Beispiel:

```
page.10 = IMAGE
page.10.file = GIFBUILDER
page.10.file.XY = [10.w], [10.h]+20
page.10.file.maxWidth = 160
```

maxHeight

Integer/Pixel

Mit `maxHight` kann die maximale Höhe der Grafik angegeben werden. Siehe auch Abschnitt »maxWidth« oben.

breakWidth

Integer/Pixel

Mit `breakWidth` kann die maximale Breite einer Grafik angegeben werden, nach der ein Zeilenumbruch des `GIFBUILDER`-Textobjekts erfolgt.

Beispiel:

```
10.file = GIFBUILDER

     10.file {
       XY = [20.w]+5,[20.lineHeight]+
                     [20.h]
       20 = TEXT
         20 {
           text = Ein langer text der
                automatisch
                umgebrochen wird ...
           breakWidth = 250
           breakSpace = 1.0
         }
    }
```

breakSpace

Integer/Pixel

Mit breakSpace kann der Abstand zwischen den Zeilen angegeben werden. Siehe auch Abschnitt »maxWidth« oben.

HMENU

1, 2, 3 usw.

Integer

Gibt an, auf welcher Menüebene gearbeitet werden soll. 1 ist z. B. die erste Ebene, wohingegen 2 schon die ersten Unterordner sind, die andere Eigenschaften erhalten können.

Beispiel:

```
page.10.marks.MENU_LINKS = HMENU
page.10.marks.MENU_LINKS {
   1 = TMENU
   1.10 = [...]
   2 = TMENU
   2.10 = [...]
}
```

entryLevel

Integer

Der Einstiegslevel für dieses Menü. Gibt an, ab welcher Ebene ausgehend von der *rootline* (-1) das Menü angezeigt werden soll. Nähere Informationen finden Sie in Kapitel 7, *Menüs erstellen*.

special

string

Mit special können die Menüelemente selektiert werden. Diese Eigenschaft ist nicht zwingend erforderlich, für manche Realisierungswünsche ist sie jedoch sehr nützlich.

Mögliche Werte: directory, list, updated, browse, rootline, keyword

Hinweis: special kann weitere Untereigenschaften wie z.B. value (bei directory) oder range (bei rootline) haben.

minItems

Integer

Die Mindestanzahl von Menüeinträgen. Wenn nicht genügend Menüeinträge vorhanden sind, werden Dummyeinträge mit dem Titel » . . . « mit einem Link auf die aktuelle Seite erzeugt.

maxItems

Integer

Die maximale Anzahl von Menüeinträgen. Falls mehr Menüeinträge vorhanden sind, werden diese bei der Menüerzeugung ignoriert.

excludeUidList

Integer (kommaseparierte Liste)

Hier können Seiten (uids) angegeben werden, die *nicht* im Menü erscheinen sollen. Hierdurch lassen sich bestimmte Seiten einfach verstecken.

begin

Integer

Der erste Eintrag im Menü.

Beispiel: Um die ersten zwei Elemente eines Menüs nicht anzuzeigen, kann man hier `begin = 3` angeben.

wrap

wrap

Umhüllt ein Menü, das durch das Pipesymbol »|« gekennzeichnet wird, mit einem Wert.

Beispiel:

```
page.10 = HMENU
page.10.wrap = <table><tr><td> | </td></tr></table>
```

TMENU/TMENU_ITEM

expAll

boolean

Wenn `expAll` auf `1` gesetzt ist, werden die Untermenüs permanent mit angezeigt.

Default: 0

allWrap

wrap

Umhüllt das gesamte Menüelement mit HTML-Code.

Beispiel:

```
page.10 = TMENU
page.10.allWrap = <b> | </b>
```

linkWrap

Umhüllt die Einträge innerhalb des von TYPO3 erzeugten <A>-Tags mit dem angegebenen Wert.

beforeImg

imgResource

Grafik, die *vor* einem Menüelement angezeigt werden soll.

beforeImgTagParams

stdWrap

Angabe von Parametern für das erzeugte `<img>`-Tag.

beforeImgLink

boolean

Wenn diese Eigenschaft aktiviert ist, wird zusätzlich zum Menütext auch auf die Grafik ein Link gesetzt.

beforeROImg

imgResource

Grafik für einen RollOver-Zustand.

RO

boolean

Wenn für das Textmenü ein RollOver-Zustand aktiviert werden soll, muss diese Eigenschaft auf `1` gesetzt werden.

linkWrap

wrap

Umhüllt die Einträge innerhalb des von TYPO3 erzeugten `<A>`-Tags mit dem angegebenen Wert.

USER/USER_INT

Der Unterschied zwischen `USER` und `USER_INT` liegt insbesondere in der Handhabung des Cache. Das Resultat aus `USER_INT` wird nicht gecacht. Das Resultat von `USER` wird gecacht, sofern nicht innerhalb des PHP-Skripts die Funktion `$GLOBALS["TSFE"]->set_no_cache()` aufgerufen wird.

`USER/USER_INT` benötigen auf höchster Objektebene eine Angabe der zu inkludierenden Datei (`includeLibs`).

userFunc

Name der Funktion

`userFunc` gibt die gewünschte Funktion (üblicherweise in einer PHP-Klasse, die von einer Extension angeboten wird) an.

Beispiel:

```
page = PAGE
page.typeNum = 0
page.10 = USER
page.10.userFunc = klassenname->main
page.10.meinObjekt = TEMPLATE
```

[String-array]

An die eigene PHP-Funktion werden die Eigenschaften unterhalb von `USER` übermittelt. So kann z.B. aus der eigenen PHP-Funktion der gesamte Abschnitt `meinObjekt` gerendert und zurückgeliefert werden.

OptionSplit

`optionSplit` kann einer Eigenschaft mehrere Werte zuweisen, die sich abwechseln (alternieren), oder kann sie in mehrere Bereiche aufteilen (Anfang, Mitte, Ende).

|*|

Teilt einen Wert in die Bereiche Anfang, Mitte und Ende auf (Teilbereiche).

Beispiel:

```
page.10.1 = GMENU
page.10.1.XY = 100,20
page.10.1.backColor = blue |*| red |*| yellow
```

Die Hintergrundfarbe des ersten Elements ist Blau, die des letzten Gelb, und die Hintergrundfarbe aller Elemente in der Mitte ist Rot.

||

Teilt einen Teilbereich (|*|) in erstes, zweites, drittes ... Element auf.

Beispiel:

```
page.10.1 = GMENU
page.10.1.XY = 100,20
page.10.1.backColor = blue || green |*| red |*|
silver || yellow
```

Hier erhält das erste Element eine blaue und das zweite Element eine grüne Hintergrundfarbe. Alle Elemente in der Mitte erhalten eine rote Hintergrundfarbe. Das vorletzte Element erhält eine silberne, das letzte Element eine gelbe Hintergrundfarbe.

Conditions

Bedingungen (engl. *Conditions*) werden in TypoScript seit TYPO3 9 über eine spezielle Ausdruckssprache formuliert. Darin stehen – ähnlich wie in einer »richtigen« Programmiersprache – verschiedene Variablen und Funktionen zur Verfügung, von denen die wichtigsten in dieser Referenz erläutert werden sollen.

page

Variable

Enthält den Datensatz der aktuell dargestellten Seite als Array.

Beispiel:

```
[page["uid"] == 2]
```

tree

Variable

Enthält Informationen über den Seitenbaum bzw. die Position der aktuellen Seite darin. So enthält `tree.level` beispielsweise die Menüebene der aktuell dargestellten Seite, `tree.rootLine` enthält den vollständigen Klickpfad der Seite, und `tree.rootLineIds` enthält die Seiten-IDs des Klickpfads.

Beispiele:

```
# Zweite Menüebene? (Zählung beginnt bei 0)
[tree.level == 1]

# ID der 2. Seite im Klickpfad?
[tree.rootLine[1]["uid"] == 2]

# Ist eine bestimmte Seite irgendwo im Klickpfad?
[2 in tree.rootLineIds]
```

`backend.user`

Variable

Enthält Informationen über den aktuell eingeloggten Backend-Benutzer (sofern vorhanden). Mögliche Attribute sind `isAdmin` (testet, ob der Benutzer ein Administrator ist), `isLoggedIn`, `userId` und `userGroupList` (kommaseparierte Liste der IDs der Benutzergruppen, in denen der Benutzer Mitglied ist).

Beispiele:

```
[backend.user.isAdmin]
[backend.user.isLoggedIn]
[backend.user.userId == 123]
[like(","~backend.user.userGroupList~",",
"*,123,*")]
```

frontend.user

Variable

Wie `backend.user`, nur für Frontend-Benutzer statt Backend-Benutzer.

workspace

Variable

Enthält Informationen über die aktuelle Arbeitsumgebung. Relevante Eigenschaften sind etwa `workspaceId` (die ID der aktuell aktiven Arbeitsumgebung) und `isLive` (die aktuelle Arbeitsumgebung die Live-Arbeitsumgebung).

Beispiele:

```
[workspace.workspaceId == 5]
[workspace.isLive]
```

typo3

Variable

Enthält Informationen über die aktuell eingesetzte TYPO3-Version. Dies ermöglicht Ihnen, je nach eingesetzter TYPO3-Version unterschiedliches Verhalten in Ihrem TypoScript-Template abzubilden. Das ist insbesondere dann interessant, wenn Sie ein TypoScript-Template entwickeln, das in mehreren TYPO3-Projekten (mit potenziell unterschiedlichen Versionen) eingesetzt werden und sich je nach TYPO3-Version gegebenenfalls unterschiedlich verhalten soll. Relevante Eigenschaften sind `version` (enthält die exakte aktuell laufende TYPO3-Version) sowie `branch` (enthält den aktuell laufenden Versionszweig, wie etwa `"10.4"`).

Beispiele:

```
[typo3.version == "10.4.6"]
[typo3.branch == "10.4"]
```

request.getQueryParams()

Funktion

Diese Funktion liefert sämtliche Parameter zurück, die im Query-Part der URL übergeben wurden (also beispielsweise ein `?test=1` am Ende der URL).

Beispiel:

```
[request.getQueryParams()["test"] == 1]
```

request.getNormalizedParams().isHttps()

Funktion

Testet, ob die Seite per HTTPS aufgerufen wurde.

request.getNormalizedParams().getRequestUrl()

Funktion

Liefert die vollständige URL der aufgerufenen Seite zurück.

Beispiel:

```
[request.getNormalizedParams().getRequestUrl() ==
"https://typo3.example/de/aktuelles"]
```

date(format)

Funktion

Diese Funktion führt lediglich die PHP-Datumsfunktion (*https://php.net/de/date*) aus.

Beispiel:

```
[date("Y") == "2020"]
```

like(string, pattern)

Funktion

Überprüft, ob eine Zeichenkette (erster Parameter) einem bestimmten Muster (zweiter Parameter) entspricht.

Beispiele:

```
[like(request.getHeaders()["User-Agent"], "*Fire
fox*")]
[like(request.getNormalizedParams().getSiteUrl(),
"meine-domain.*")]
```

ip(pattern)

Funktion

Überprüft, ob die IP-Adresse des aktuellen Website-Besuchers einem bestimmten Muster entspricht.

Beispiel:

```
[ip("192.168.*")]
```

loginUser(pattern)

Funktion

Überprüft, ob die ID des derzeit eingeloggten Benutzers (Backend-Benutzer, falls die Condition im TSConfig verwendet wird, ansonsten Frontend-Benutzer) dem angegebenen Muster entspricht.

Beispiele:

```
# Irgendein Benutzer ist eingeloggt
[loginUser("*")]
# Benutzer mit ID 1, 2 oder 3 ist eingeloggt
[loginUser("1,2,3")]
# Benutzer 1 ist NICHT eingeloggt
[loginUser("1") == false]
# KEIN Benutzer ist eingeloggt
[loginUser("*") == false]]
```

getenv(name)

Funktion

Ermöglicht den Zugriff auf Umgebungsvariablen, die in der Systemumgebung des Servers konfiguriert wurden. Sie verhält sich genau so wie die PHP-Funktion `getenv` (*https://php.net/de/getenv*).

usergroup(pattern)

Funktion

Überprüft, ob die Benutzergruppen des derzeit eingeloggten Benutzers (Backend-Benutzer, falls die Condition im TSConfig verwendet wird, ansonsten Frontend-Benutzer) dem angegebenen Muster entspricht.

Beispiele:

```
# Benutzer ist in irgendeiner Gruppe
[usergroup("*")]
# Benutzer ist in einer bestimmten Gruppe
[usergroup("1")]
# Benutzer ist NICHT in einer bestimmten Gruppe
[usergroup("1") == false]
```

site(property)

Funktion

Ermöglicht Zugriff auf bestimmte Eigenschaften der aktuell aktiven Seitenkonfiguration. Mögliche Parameternamen sind `identifier`, `base`, `rootPageId`, `languages`, `allLanguages`, `defaultLanguage` und `configuration`.

Beispiele: `[site("identifier") == "snowboardschule"]`
`[like(site("base"), "http*://showboardschule.*"]`

---

siteLanguage(property) Funktion

Ermöglicht Zugriff auf bestimmte Eigenschaften der aktuell ausgewählten Sprache der aktiven Seitenkonfiguration. Mögliche Parameternamen sind beispielsweise `languageId`, `locale`, `base`, `title`, `navigationTitle`, `twoLetterIsoCode`, `hreflang` oder `direction` (um zwischen Sprachen zu unterscheiden, die von links nach rechts oder von rechts nach links gelesen werden).

Beispiele: `[siteLanguage("locale") == "de_CH"]`
`[like(siteLanguage("locale"), "de_*")]`

Primäre Objekte

PAGE

Nähere Informationen im Abschnitt »PAGE« auf Seite 493.

CONFIG

---

doctype string

Der Dokumententyp, der für dieses Dokument genutzt werden soll. Mögliche Werte für dieses Attribut sind:

`xhtml_trans`
`xhtml_strict`
`xhtml_basic`
`xhtml_11`
`xhtml+rdfa_10`
`html5`
`none`

---

linkVars Stringliste

Variablen aus `HTTP_GET_VARS`, die immer an eine erzeugte URL angefügt werden sollen.

Beispiel: `config.linkVars = session`

Dies fügt an einen Link den Parameter `session` mit einem übertragenen Wert an.

Hinweis: Einige Module/Erweiterungen erzeugen direkte Links, hierdurch kann diese Eigenschaft gegebenenfalls unbrauchbar werden.

---

message_preview

string

Alternativer Text (HTML), der erscheinen soll, wenn die Preview-Funktion aktiviert ist.

Default: `PREVIEW`

---

spamProtectEmailAddresses

boolean

Wenn diese Eigenschaft gesetzt wird, werden alle E-Mail-Adressen verschlüsselt, sodass E-Mail-Robots diese E-Mail-Adresse nicht mehr entschlüsseln können.

---

spamProtectEmailAddresses_atSubst

string

Alternative Angabe des @-Zeichens.

Default: (at), sofern `spamProtectEmailAddresses` aktiviert ist.

---

cache_period

int (sec)

Hier kann in Sekunden angegeben werden, wie lange eine Seite im Cache verweilen soll.

Hinweis: Der Wert dieser Eigenschaft kann durch jede angelegte Seite überschrieben werden.

Default: 86400 (= 24 Std.)

---

cache_clearAtMidnight

boolean

Wird diese Eigenschaft aktiviert, verfällt der Cache einer Seite nachts um 0 Uhr.

Default: *false*

---

no_cache

boolean

Wenn diese Eigenschaft aktiviert ist, wird kein Cache verwendet.

Default: *false*

Hinweis: Diese Eigenschaft sollte aus Performancegründen nicht aktiviert werden!

headerComment

string

Hier kann ein beliebiger Kommentar angegeben werden, der vor dem TYPO3-Hinweis im Quelltext erscheint.

admPanel

boolean/ADM-Panel

Wenn `admPanel` aktiviert ist, wird (bei eingeloggtem Backend-User) ein Admin-Panel angezeigt.

Hinweis: Das Admin-Panel muss für jeden Benutzer separat im Feld `TSConfig` aktiviert werden!

index_enable

boolean

Gecachete Seiten dürfen indiziert werden.

index_externals

boolean

Wenn diese Eigenschaft aktiviert ist, werden auch »externe« Medialinks (z.B. PDF, DOC) mit indiziert.

compressCss und compressJs

boolean

Gibt an, ob CSS- und JavaScript-Dateien vor der Ausgabe komprimiert werden sollen, um Bandbreite zu sparen und den Seitenaufbau zu optimieren.

concatenateCss und concatenateJs

boolean

Gibt an, ob CSS- und JavaScript-Dateien vor der Ausgabe in jeweils eine Datei zusammengefasst werden sollen, um den Seitenaufbau zu beschleunigen.

TSConfig : Benutzer

admPanel

Hinweis: Damit das Admin-Panel angezeigt und aktiviert wird, muss auch in TypoScript `config.admPanel` aktiviert werden.

enable.[bereich]

boolean

Hier können verschiedene Bereiche des Admin-Panels aktiviert werden.

Bereiche: `all` (aktiviert alle folgenden Bereiche), `preview`, `cache`, `publish`, `edit`, `tsdebug`, `info`

Beispiel: `admPanel.enable.edit = 1`

Hinweis: Für Admin-User muss `admPanel` nicht explizit gesetzt werden. Hier ist `admPanel.enable.all = 1` immer gesetzt.

hide

boolean

Wenn `hide` aktiviert ist, wird das Admin-Panel nicht angezeigt.

override.[modulname].[attribut]

verschiedene

Erlaubt es, einzelne Werte des Admin-Panels gezielt zu überschreiben.

Beispiel: `admPanel.override.preview.showHiddenPages = 0`

options

clearCache.pages

boolean

Der Benutzer kann den gesamten Cache einer Seite löschen.

clearCache.all

boolean

Der Benutzer kann alle Caches löschen.

lockToIP

String (kommasepariert)

String-Liste mit möglichen IP-Adressen, von denen sich der Benutzer einloggen kann. Wildcards (*) sind erlaubt.

Beispiel: `options.lockToIP = 192.*.*.*, 62.4.*.*`

saveDocNew/saveDocNew.[table]

boolean

Mit aktiviertem `saveDocNew` wird für den Benutzer ein zusätzlicher Button *Speichern und neuen Datensatz anlegen* angezeigt. Mit `[table]` kann diese Option für ganz bestimmte Module aktiviert werden.

Beispiel:

```
saveDocNew = 0
saveDocNew.tt_products = 1
```

disableDelete/disableDelete.[table]

boolean

Deaktiviert den *Löschen*-Button. Mit `[tables]` kann explizit der Button für ein bestimmtes Modul gesteuert werden.

contextMenu.[key].disableItems

String (kommasepariert)

Hier können die einzelnen Elemente aus den Klickmenüs (Element-Browser) deaktiviert werden.

Mögliche Werte für key:

`pageTree, pageList, folderTree, folderList`

Mögliche Objekte für page-Werte:

`view, edit, hide, new, info, copy, cut, paste, delete, move_wizard, history, perms, new_wizard, hide, edit_access, edit_pageheader, db_list`

Mögliche Objekte für folder-Werte:

`edit, upload, rename, new, info, copy, cut, paste, delete`

Beispiel:

```
contextMenu.pageTree.disableItems = delete
```

setup

`setup` hat zwei Unterwerte: `default` und `override`. Sämtliche hier aufgeführten Eigenschaften können somit `setup.default...` oder `setup.override...` sein. `default` gibt an, welche Werte beim ersten Log-in des Benutzers gelten sollen, `override` gibt an, dass die zum Benutzer gespeicherten Werte überschrieben werden sollen.

thumbnailsByDefault

boolean

Thumbnails werden angezeigt.

startModule

string

Definiert das Backend-Modul, das nach dem Log-in im Backend standardmäßig als Erstes geöffnet werden soll.

edit_RTE

boolean

Aktiviert bzw. deaktiviert den Rich-Text-Editor.

copyLevels

int (positiv)

Anzahl der Ebenen, die ein Benutzer rekursiv kopieren darf.

recursiveDelete

boolean

Aktiviert das rekursive Löschen. Alle Unterseiten und deren Inhalte werden mit gelöscht.

TSConfig : Page

mod

web_layout.menu.function

Ermöglicht es, einzelne Menüelemente des Moduls *Web → Seite* ein- oder auszublenden.

Optionen: 1 => Columns
2 => Languages

Beispiel:

```
mod.web_layout.menu.function {
    2 = 0
}
```

web_info.menu.function

Ermöglicht es, einzelne Menüelemente des Moduls *Web → Info* ein- oder auszublenden.

Optionen: TYPO3\CMS\Info\Controller\InfoPageTyposcriptConfigController => Seiten-TSconfig
TYPO3\CMS\Belog\Module\BackendLog
ModuleBootstrap => Log
TYPO3\CMS\Info\Controller\PageInformation
Controller => Seitenbaumübersicht
TYPO3\CMS\Info\Controller\TranslationStatusController => Übersetzungsübersicht

Beispiel:

```
mod.web_info.menu.function {
    TYPO3\CMS\Info\Controller\InfoPageTyposcript
    ConfigController = 0
}
```

web_ts.menu.function

Ermöglicht es, einzelne Menüelemente des Moduls *Web → Template* ein- oder auszublenden.

Optionen: TYPO3\CMS\Tstemplate\Controller\TemplateAnalyzerModuleFunctionController => Template-Analyse
TYPO3\CMS\Tstemplate\Controller\TypoScriptTemplateConstantEditorModuleFunctionController => Konstanten-Editor
TYPO3\CMS\Tstemplate\Controller\TypoScriptTemplateInformationModuleFunctionController => Info/Bearbeiten
TYPO3\CMS\Tstemplate\Controller\TypoScriptTemplateObjectBrowserModuleFunctionController => TypoScript-Objekt-Browser

---

SHARED.colPos_list

Spezielle Eigenschaft, mit der sich die im Backend-Layout definierten Inhaltsbereiche aktivieren bzw. deaktivieren lassen. Die Eigenschaft muss dabei eine kommaseparierte Liste der Spaltennummern sein, die für den Benutzer verfügbar sein sollen.

Beispiel: `mod.SHARED.colPos_list = 0,2`

[mod].tt_content.fieldOrder String (kommasepariert)

Sortierreihenfolge im Backend für `tt_content`-Elemente.

[mod].noCreateRecordsLink boolean

Der Link *Neuen Datensatz anlegen* wird nicht angezeigt.

Index

Symbole

A

B

C

D

E

F

G

H

I

J

K

L